广西通志

铁路志

（1991—2005）

广西壮族自治区地方志编纂委员会编

广西人民出版社

图书在版编目(CIP)数据

广西通志·铁路志：1991—2005 / 广西壮族自治区地方志编纂委员会编. —南宁：广西人民出版社，2016.6
ISBN 978-7-219-09902-5

Ⅰ.①广… Ⅱ.①广… Ⅲ.①广西—地方志 ②铁路运输—交通运输史—广西—1991—2005 Ⅳ. ①K296.7 ②F532.9

中国版本图书馆 CIP 数据核字(2016)第 120507 号

特约编辑 唐放明
责任编辑 韦洁琳 邓 韬
责任校对 李带舅
装帧设计 唐放明

广西通志·铁路志(1991—2005)
广西壮族自治区地方志编纂委员会编

出版发行 广西人民出版社
社 址 南宁市桂春路 6 号
邮 编 530028
印 刷 柳州铁路天元文化传媒印务公司
开 本 889mm×1194mm 1/16
印 张 34
字 数 940 千字
版 次 2016 年 6 月第 1 版
印 次 2016 年 6 月第 1 次印刷
印 数 1-1000 册

书 号 **ISBN 978-7-219-09902-5 / K·1669**
定 价 200.00 元

广西壮族自治区地方志编纂委员会

《广西通志·铁路志（1991—2005）》编纂领导小组

组　　长：张千里　康　维

副 组 长：郑耀明　马侃彦　吴　伟　张柳胜　黄　翔　玉　清　李贺明
任少卿　黄一宁　韩守昌　何曲波　景东平

成　　员：黄　玮　彭丹阳　柯向喜　麻寒松　梁　军　蒋仲升　陈昭志
陈旭荣　胡再贵　黎世春　孔　剑　陈建国　曾其明　张　杰
鲁义元　林景东　吴小军　罗加松　梁后明　陈世亮　张日聪
谭立新　黄　谷　欧乐庆　邓俭余　甘裕新　谷叶民　欧阳仲平
胡胜铭　刘希明　白小军　韦炳干　张小平　旷邕华　王凌云
朱崇友　阎　斌　杨文轩　范海波

《广西通志·铁路志（1991—2005）》编辑部

主　　编：黄　玮

副 主 编：覃克寒　苏　诚　陈永强　谢　鹏　彭绍武

总　　纂：罗国信

责任编审：胡学庄　李　明

编　　辑：覃一钢　何志杰　桑开焕　黄朝松　王崇岳　朱京鸿　徐维春
孙以晶　李冬云　邓自周

广西壮族自治区地方志编纂委员会
审查验收人员

李秋洪　唐中克　秦邕江　龙　力　赵　敏　张　文
唐放明　柳玉秀　韦　言

编 辑 说 明

一、本志以马克思列宁主义、毛泽东思想、邓小平理论、“三个代表”重要思想和科学发展观为指导，坚持辩证唯物主义和历史唯物主义，实事求是地记述广西铁路的发展历程和取得的成就。

二、本志上限为1991年，下限为2005年。由于首轮志书未记述“党群工作”，本志“党群工作”中的相关内容适当上溯。为体现事物的完整性、连续性，个别项目适当下延，部分图片下延至2010年。

三、本志采用述、记、志、图、表、录等体裁。卷首设图片专栏，概述。志分篇、章、节、目，图、表、照片随文穿插其中。志后设大事纪略、附录、后记。

四、本志行文按广西壮族自治区地方志编纂委员会颁发的《广西续修地方志行文规定》执行；铁路专用名词按《铁路技术管理规程》的规定表述；机构按当时的名称，首次出现用全称，其后有的经注明用简称。

五、本志国家铁路的内容大部分由柳州铁路局各部门、单位提供，部分来自铁路局年鉴和档案馆馆存资料；地方和合资铁路的内容由原广西地方铁路有限责任公司（1995年10月前称广西地方铁路公司，1995年10月后简称广西地方铁路有限公司）和广西沿海铁路有限公司（简称广西沿海铁路公司）提供。

六、国家铁路的数据以柳州铁路局计划统计处（简称局计统处，铁路局其他处、室均简称局××处、室）提供的为准，局统计处未提供的，以数据相关部门提供的为准。国家铁路广西境内有统计数据的采用广西境内数据，无统计数据的采用铁路局全局的数据，并加以说明。

七、钦北、钦港、黎钦铁路的数据2002年前（含2002年）按地方铁路统计；2003年起，按合资铁路统计。

八、本志书后备有索引。索引分主题词、表格、图片、人名四部分，按汉语拼音字母顺序排列。

九、本志同时出电子版（光盘）。光盘采用多媒体和全文检索技术。

广西铁路示意图

广西壮族自治区地图院编制

审图号：桂S(2016)16号

2016年3月

1997年9月1日，自治区党委书记赵富林（右三）乘坐南昆铁路南宁至百色段第一趟旅客列车

2003年5月3日，自治区党委书记曹伯纯（左一）在南宁站检查工作

2007年11月26日，自治区党委书记刘奇葆（左一）视察南宁铁路局调度所

2010年9月25日，自治区党委书记郭声琨（右一）视察南广铁路工地

1998年4月7日，自治区主席李兆焯（左二）在柳州客运段379/380次列车上检查工作并为列车乘务组题词

2006年1月21日，自治区主席陆兵（左四）到洛湛铁路建设工地慰问

2008年12月7日，自治区主席马飚（中）检查湘桂铁路扩能改造工程前期工作

1991年4月30日，铁道部部长李森茂（右一）看望柳州客运段职工

1998年2月15日，铁道部部长韩杼滨（前排左一）视察建设中的桂林铁路客运始发站

1999年4月14日，铁道部部长傅志寰（左一）在金城江站与列检人员交谈

1991年9月6日，柳州铁路局局长李蕴（中）代表铁路局接受铁道部授予的安全生产1000天奖杯

1996年7月18日，柳州铁路局局长曾宗标（右一）在柳江铁路大桥察看水情

1997年11月，柳州铁路局局长罗叙德（前左一）添乘机车

2009年7月，南宁铁路局局长陈伯施（右二）在茂名站现场办公

2010年7月6日，南宁铁路局局长张千里（右一）在南宁站欢送先模代表赴上海参加“感受世博，奉献铁路”教育活动

1994年6月13日，柳州遭遇特大洪水袭击，柳州铁路局党委书记李代华（中）在柳江铁路大桥指挥抢险

2004年4月7日，柳州铁路局党委书记姚保国（左一）在南宁客运段检查后勤保障工作

2010年1月28日，南宁铁路局党委书记莫忠（左一）在益湛铁路检查工作，看望职工

1995年5月12日，钦北铁路通车典礼在北海站举行

1997年3月18日，南昆铁路全线铺通。同年9月1日，南宁至百色首趟旅客列车开行

2003年1月18日，湘桂铁路黎塘至南宁段增建二线通车典礼在南宁举行

2004年12月15日，洛湛铁路开工典礼在贺州市举行

2004年12月16日，黔桂铁路扩能改造工程开工动员大会在柳州市柳江县举行

2008年11月9日，南广铁路建设动员大会在梧州市举行

2008年10月13日，贵广铁路开工动员大会在桂林市灵川县举行

2008年12月11日，湘桂铁路、广西沿海铁路南宁至钦州段扩能改造工程开工动员大会在南宁市举行

2009年12月27日，云桂铁路广西段、玉林至铁山港铁路、南宁东站等工程建设动员大会在百色市举行，各族群众兴高采烈参加大会

1994年6月2日，柳州铁路局实现安全生产2000天

1996年2月14日，中越铁路恢复通车典礼在凭祥车站举行，中国外交部、铁道部、广西壮族自治区领导和越南外交部、交通运输部、凉山省领导出席庆典

1996年11月31日，中国职工思想政治工作研究会企业思想政治工作经验交流会在柳州铁路分局召开，图为与会领导和代表在桂林机务段参观

1997年11月1日，柳州铁路局管理体制改革大会在柳州举行

2002年6月18日，广西沿海铁路股份有限公司成立

1996年12月30日，柳州铁路局牵引内燃化庆典在南宁机务段举行

1998年2月22日—25日，柳州铁路局在湘桂铁路桂林至南宁间分段进行提速试验

1998年，柳州铁路局在全国铁路率先进行资产经营责任制试点并在全路介绍试点经验。图为柳州铁路局局长罗叙德与铁道部部长傅志寰签订资产经营责任书

1999年，柳州铁路局组织开行“五定”班列。图为北部湾港口至昆明集装箱“五定”班列首发式

2004年8月28日，柳州铁路中小学移交柳州市政府管理交接仪式在柳州举行

2007年11月26日，南宁铁路局揭牌仪式在南宁举行

2001年4月
车站广场改扩建
后的南宁站

2001年11月
改扩建后的柳州站

2004年改扩
建后的桂林站

2000年的柳州南站编组场

2004年的南宁南站编组场

1997年，柳州铁路局配属的SS_7型电力机车

2000年，在柳州铁路局投入使用的全断面道砟清筛机

2000年，广西合资铁路购置的天安号动车组

2001年，在柳州站安装的全路第一台ZYJ-7型电动液压转辙机

2010年，南宁铁路局配属的DF_8型内燃机车

2010年，NS1600-21型铁路救援吊车在南宁铁路局投入使用

1996年建成时中国最高的铁路桥梁（河底至桥面183m）南昆铁路清水河大桥

2005年，柳州铁路局配属的25K型客车

2008年建成的洛湛铁路浔江大桥

由柳州铁路局电算所和财务处开发的铁路财务会计信息系统铁路局通用软件系列，获1991年度铁道部科技进步一等奖、1992年度国家科委科技进步二等奖

1996年获广西科技进步二等奖的高路堑石方光面爆破技术

1996年，柳州铁路局计量所研制的轮径测量标准器在铁路内外销售61台，取得良好经济效益

1999年1月18日，柳州铁路局微机售票系统投入运行。图为南宁站售票厅

2002年开始在客运机车上推广应用的LKJ2000型列车监控记录装置

2002年，由局运输处和总工程师室研发的微机编制单线列车运行图系统获柳州铁路局科技进步一等奖

柳州机务段完成的机车轮箍轮缘处的探伤方法及定量标准的研究，获柳州铁路局2005年度科技进步二等奖

2003—2004年建设的调度管理信息系统

全国劳动模范、柳州站客运值班员韦志华(右一)

全国劳动模范、玉林机务段司机长李盛富

全国劳动模范、桂林机务段司机长周天赐

全国劳动模范、第二线路大修段线路工长覃焕芳（右一）

全国劳动模范、南宁车辆段质检员侯树德

全国劳动模范、桂林工务段绍水工区工长刘伯凯

全国劳动模范、生活服务总公司第一行车公寓厨师长王建琼

随着运输生产的发展，广西铁路职工的生活水平不断提高，2005年，职工平均工资比1991年增长6.68倍。图为2005年春节前夕，铁路职工在置办年货

1991—2005年，柳州铁路局职工的住房条件逐步改善，2005年职工家庭人均住房面积比1991年增加1.1倍。图为建设中的南宁市中华路铁路职工住宅楼

2002年12月24日，柳州铁路局第八届运动会开幕式在柳州鹅山体育场举行

目　　录

概 述

广西铁路包括国家铁路、地方铁路和合资铁路三部分，国家铁路是广西铁路网的骨干，地方和合资铁路是广西铁路网的重要组成部分。铁路运力大，成本低，占地少，节能环保，安全性好，作为国民经济的大动脉，在广西的综合交通运输体系中，发挥着骨干作用。

广西铁路地处低纬度，北处南岭山地，西延云贵高原，南临热带海洋，属亚热带季风气候区，气候温暖、雨量丰沛、阳光充足，暴雨洪涝、热带气旋等气象灾害较为常见。铁路沿线风光旖旎，有桂林漓江、桂平西山和宁明花山等国家级名胜景区和北海银滩等国家级旅游度假区；有百色、兴安等红色旅游资源；民族风情浓郁，壮、苗、瑶、侗、仫佬等少数民族的独特文化充满迷人的魅力。经济吸引区内有煤、有色金属等丰富矿藏；有水果、蔬菜等南国农副产品。南昆铁路连接广西、贵州、云南等省区；黎湛、南防、钦北、钦港铁路连接湛江、防城港、钦州、北海等众多港口；湘桂铁路纵贯广西，北接京广铁路，南与越南社会主义共和国相连，凭祥是通往东南亚的陆上出境口岸，发展铁路客货运输的条件得天独厚。

1991—2005年，是广西铁路改革发展又好又快时期。15年来，路网规模不断扩大，技术装备水平逐步提升，运输能力得到扩充，科技教育成果丰硕，货物运量增长较快，安全生产整体稳定，管理体制和经营机制改革深入进行，精神文明建设同步推进，职工生活明显改善。广西铁路已经成为西南出海最便捷的大通道，广西交通运输的骨干和广西经济社会持续发展的重要力量。

一

1991年，广西铁路的营业里程增加到2135.1公里，正线长度达到2289.9公里，完成旅客、货物运量分别占广西客、货运总量的30.5%和60.3%。然而，铁路建设与国民经济和广西经济社会的发展仍不适应，铁路制约国民经济发展的“瓶颈”状态仍未得到根本的改变。

1991—1995年为国家实行“八五”计划时期，广西铁路建设投入增加，新线建设步伐加快，路网规模扩大。广西境内第一条电气化铁路南昆电气化铁路1990年12月24日动工修建，线路全长899.68公里，广西境内正线长度342.62公里。由柳州铁路局承建的南宁至那厘段1990年12月24日动工，1993年5月建成，1995年4月1日投入临管运营。那厘至百色段1992年4月动工，1995年5月25日铺通，8月1日开通工程运输，与全国铁路运营线办理整车货物直通业务。1997年3月18日，南昆铁路全线铺通，中央政治局常委、国务院总理李鹏，中央政治局委员、国务院副总理邹家华出席在百色站举行的庆祝大会。12月1日，南昆铁路全线由柳州铁路局、昆明铁路局开通临管运营。南昆铁路的建成，结束了广西境内无电气化铁路的历史，为广西以至西南地区的经济社会发展注入新的活力。1991年11月1日动工的钦北铁路，由自治区筹资修建，正线长度98.4公里，1995年7月1日投入运营。钦北铁路、南防铁路与防城港、钦州、北海三大港口连成一体，构成北部湾的交通网络和大西南出海的最便捷通道。1992 年 2 月，黎湛铁路增建二线工程开工,1995 年年末，黎塘至贵港段 51.8 公里开通使用。1993 年 8 月 16 日,钦港铁路动工。钦港铁路是钦州港区开发配套工程,线路正线长度 29.3 公里,1997 年 1 月 1 日投入运营。通过钦港铁路出海,比南防、钦北铁路出海分别缩短运距 28 公里和 70 公里。

"八五"期间,广西铁路运输装备有所改善,运输能力有所提高。货运:先后对柳州东站、柳州北站、桂林北站货场进行扩能改造,能力提高 285 万吨;新建和改建桂林北等集装箱货场，柳州铁路局集装箱消化能力达到 269 万吨，比"七五"期末提高 177.3%。1993 年 1 月,全路第五个机械保温车辆段——柳州机械保温车辆段投入运营。客运:1995 年,柳州铁路局配属客车 1288 辆,比"七五"期末增加 30%,其中新型客车 414 辆(双层空调客车 36 辆),占全部客车的 32%。每天开行和通过广西境内的客车 31 对,比"七五"期末加开 9 对,改开新型空调车 6.5 对,慢车改快车 3 对。机务:1995 年,柳州、桂林、金城江、融安 4 个机务段实现内燃化;柳州铁路局配属机车 480 台,其中内燃机车 414 台,占 85.2%,比"七五"期末提高 58.4%;机车平均牵引总重提高 10.5%。工务:完成线路换轨大修 690 公里,中修 643 公里,分别比"七五"期间增长 41.9%和 16.9%;养路机械设备投资 4367 万元,比"七五"期间增长 308.9%。电务:建成电力贯通线 1274 公里,电气集中车站 147 个。机车信号设备里程 1839 公里。长途通信线路 1903 公里,其中长途电缆 491 公里、综合光缆 416 公里。柳州通信段 5000 门程控交换机于 1991 年 12 月开通使用。

运输装备的改善和运输能力的提高,促进运输生产的发展。"八五"期间,广西铁路完成旅客发送量 1.19 亿人,货物发送量 1.61 亿吨,换算周转量 1936.7 亿吨公里,与"七五"期间相比,旅客发送量下降 4.2%,货物发送量增长 25.7%,换算周转量增长 29%。

"八五"期间,广西铁路坚持"从严治本,基础取胜"的方针,抓好人员培训,提高职工队伍素质;加大安全投入,改善行车设备质量;建立健全安全生产的逐级负责制,把安全生产的重担逐级传递到运输生产一线每个职工的身上;坚持进行安全大检查,开展安全基础整顿,抓好安全生产薄弱环节和运输生产的结合部。1992 年兴建的焦柳铁路沟头山框架式棚洞,黔桂铁路六甲至北崖间的危石防护网、长山至侧岭间被称为"西线莫高窟"的山体护墙,对确保运输安全发挥重要作用。"八五"期间,柳州铁路局行车事故总件数比"七五"期间下降 30.1%;每百万机车总走行公里行车事故件数下降 2.5 件；全局 56 个主要行车站段共实现 133 个安全整年，比"七五"期间增加 62.2%。职工伤亡事故件数下降 56.5%,1995 年实现全年无职工因公死亡事故。1995 年年末,车务部门实现无行车重大、大事故 4369 天,保持全路车务部门安全生产第一名。党员职工实现无行车重大、大事故 2577 天,创建局 42 年最高纪录。青工实现安全生产 4969 天,居全路青工安全生产首位。八塘站实现安全生产 10500 天,居全路前列。铁路局 1992 年 12 月 10 日实现安全生产 4 周年,第八次获得铁道部安全杯;1993 年 12 月 10 日,实现安全生产 5 周年,第九次获得铁道部安全杯;1994 年 6 月 2 日,实现安全生产 2000 天,第十次获得铁道部安全杯。中央政治局委员、国务院副总理邹家华为柳州铁路局安全生产2000 天题词:"严格管理,安全运输"。

"八五"期间,广西铁路坚持科技兴路的方针,紧紧围绕铁路运输和安全生产的薄弱环节开展科研攻关活动。柳州铁路局两次召开科技大会和科技工作会议,制订《关于调动科技人员积极性,加快铁路现代化建设若干规定》,直接用于科研的投资近500 万元,取得科研成果 800 项,其中通过省部级鉴定 7 项,局级鉴定 59 项,获省部级以上奖励 22 项，创直接经济效益 3.74 亿元。可锁闭式加减速顶、高路堑石方光面爆破技术、单线铁路隧道射流通风技术等一批科研成果获省部级科技成果奖。铁路局组织的“黔桂铁路小半径曲线轮轨安全措施”研究，获自治区科技进步“三等奖”、铁路局科技进步特等奖。铁路局研制的货物列车超偏载检测装置，可对牵引状态下货物列车超偏载进行自动检测，铁道部鉴定意见为“国内首创，实际使用领先”。在全路 12 个铁路局试用，1994 年获铁道部科研成果三等奖。局计量所研制的扭力扳手校验仪等一批计量仪器在全路推广。计算机在运输生产管理中普遍应用。1995 年，全局运营系统配备计算机 1260 台，比“七五”期末增加 1.4 倍并实现铁道部、铁路局、铁路分局及主要站段四级联网。计算机应用软件开发达到全路领先和国内先进水平，其中局办公室和局电算所开发的“办公自动化系统”，经铁道部办公厅和科技局鉴定，处于全国铁路领先地位，在北京、上海、郑州、广州等 10 个铁路局推广应用。局电算所与局财务处联合研发的“铁路财务会计信息系统铁路局通用软件系列”，获铁道部 1991 年度科技进步一等奖，国家科委 1992 年度科技进步二等奖。铁路局通过应用新技术，年节电 243.42 万千瓦时，价值 500 万元。“八五”期间，累计节约标准煤 28.79 万吨，价值 1.4 亿元。

二

1996—2000 年为国家实行“九五”计划时期，广西铁路广大职工克服铁路数量少、等级低，设备陈旧，运能严重不足，计划经济痕迹深，营销手段落后，遭到百年不遇的自然灾害和亚洲金融风暴等各种困难，深化铁路体制改革，努力完成运输生产任务，开创各项工作新局面。

1996 年，柳州铁路局针对铁路运输生产单位原来是在生产力水平较低的情况下设置的，管理跨度小、资源分散、制约运输生产发展的实际，不等不靠，在全路率先进行生产力布局调整。10 月，将宜山工务段与金城江工务段合并，成立新的金城江工务段；将融安机务段与柳州机务段合并，成立新的柳州机务段。通过机构合并，人员精简，共向南昆铁路输送干部工人 409 人。其后，生产力布局调整力度加大，至 2000 年年末，铁路局减少独立设置单位 47 个、减少定员编制 2348 人。

运输管理体制改革取得重大突破。1997 年 11 月，铁道部撤销柳州、南宁铁路分局，实行铁路局直接管理站段的新体制，同时把柳州机车车辆厂划归柳州铁路局领导。这是铁路管理体制的一次重大变革，它减少管理层次，克服两级法人以同一方式经营同一资产的弊端，为建立现代企业制度创造条件。柳州铁路局抓住这一机遇，大胆进行管理创新、制度创新，建立起“一级法人、两级中心，责任明确、各司其职，系统管理、双向协调”为核心内容的管理新模式，形成精简高效、纵横协调、直管站段、面向市场的管理新体制。铁路局的运输管理体制改革和生产力布局调整，得到各级领导的好评。1998 年 11 月，中央政治局常委、国务院总理朱镕基，全国人大常委会副委员长邹家华，国务委员、国务院秘书长王忠禹，国家计划委员会主任曾培炎，国家经贸委主任盛华仁，铁道部部长傅志寰，自治区党委书记曹伯纯等领导都在《柳州铁路局减层改制减员增效》的调查报告中作出批示，肯定柳州铁路局取得的成绩，调查报告在 10 多家中央和地方报刊刊登。

1998 年，铁道部在柳州等 4 个铁路局进行资产经营责任制试点，其主要内容是进一步明确铁路局的市场主体和法人实体地位，承担企业经营责任，确保国家资产安全和保值增值，实现运输生产安全和企业盈亏目标。柳州铁路局积极主动地开展试点工作，制订资产经营责任制实施办法和 7 个配套管理办法，局领导与各法人单位领导签订资产经营责任书,建立领导班子交纳风险抵押金制度。经过努力,全面完成铁道部下达的国有资产保值增值率、经营性资产收益率、投资收益上交率三大指标,实现运输业较计划减亏 1.2 亿元以上的目标。12 月,铁道部召开全国铁路资产经营责任制研讨会,柳州铁路局惟一在会上介绍试点工作的做法与经验。12 月 16 日,《人民铁道》头版大篇幅刊登柳州铁路局试行资产经营责任制专文并配发评论员文章。1998—2000 年,在铁道部资产经营责任制考核中,柳州铁路局 2 年评为优秀,1 年评为良好。

干部人事、劳动用工、工资分配"三项制度"改革逐步深化。在柳州铁路局基本形成职务能上能下、人员能进能出、收入能升能降机制。与此同时,住房、医疗和养老保险制度改革也取得重要成果。住房交纳公积金和按标准价格出售公房;医疗实行大病统筹、小病划卡、医疗消费与个人挂钩;养老实行单位和职工按比例交纳养老保险金,自治区统筹。

广西地方铁路、合资铁路在管理体制和投资体制等方面的改革也迈出重要步伐。继 1995 年 10 月自治区人民政府组建广西地方铁路有限责任公司,授权公司持有自治区在各条地方铁路中的产权,享有出资者权利,按有限责任公司的模式运作后,1996 年 12 月和 1997 年 7 月又相继成立广西黎钦铁路有限责任公司和广西钦北铁路有限责任公司,并将黎钦和钦北铁路运输主业委托广西南防铁路公司(简称南防铁路公司)经营,实现企业法人财产权与经营权的分离。积极探索投资体制改革,拓宽地方和合资铁路建设的筹资渠道,通过自身投资带动其他股东投资、使用国债、发行企业债券、承贷境外商业贷款、向职工个人借款、以土地等资源作价入股、收取地方铁路建设基金、实行中央与地方合资经营等方式,为地方和合资铁路建设和改造筹集到 14 亿元资金,为加快地方和合资铁路的发展探索出一条有效的途径。

"九五"期间,随着国民经济和运输生产的发展,广西铁路投入继续加大,运输技术装备发生令人瞩目的变化,牵引动力、客车车辆、线路及养路机械、通信信号设备数量增加,科技含量提升。1996 年 12 月 13 日,柳州铁路局最后一台蒸汽机车——QJ 型 692 号机车在南宁机务段下线,广西铁路干线的客货列车牵引实现内燃化,柳州铁路局成为全国铁路第二个实现牵引动力内燃化的铁路局。1997 年,随着南昆铁路投入临管运营,电力机车成为广西铁路运输的新动力,广西铁路干线形成内燃和电力机车并驾齐驱的局面。2000 年年末,柳州铁路局配属机车 441 台,其中内燃机车 396 台,电力机车 45 台。装备相对落后的 DF、DF_2 型内燃机车逐步退出运输生产一线,装备相对先进、牵引力较大的 DF_4、DF_7 型内燃机车成为广西铁路运输的主要机型。客车车辆更新速度加快。1998 年,柳州铁路局配属性能比较先进的 25K 型空调客车。2000 年年末,有空调客车 590 辆,比 1995 年增加 41.8%。1996 年,铁路局逐步使用大型养路机械从事线路维修作业。2000 年年末,全局有大型养路机械 16 台,全年完成清筛大修 130 公里,机械捣固率 100%,机械清筛率 65%,大型养路机械综合维修正线 645.5 公里。同年,铁路局在工务设备中创纪录地投入 3.41 亿元,年末全局有 60 公斤/米钢轨 1379.2 公里,比 1995 年增加 275.7%。线路正线开始更换一级(花岗岩)道砟。"八五"时期,铁路专用通信以模拟通信为主,长途通道少,通信质量低。1997 年,铁路局制定铁路通信三年攻坚计划,加大投入,铁路通信技术装备更新进入快速发展期。随着南昆铁路南宁至威舍段,湘桂铁路柳州至黎塘、黎塘至南宁、南宁至凭祥段,黎湛铁路,黔桂铁路柳州至麻尾段,焦柳铁路柳州至牙屯堡段通信光缆的开通,南宁铁路地区通讯网的建成,柳州程控枢纽改造,数据通信网二期工程和湘桂铁路无线列调400 兆改造工程的完成,广西铁路运输通信开始迈入数据通信时代。信号联锁设备,臂板信号(含色灯)电锁器联锁逐步被电气集中联锁代替,1997年起,开始应用计算机联锁。闭塞设备,开始进行自动闭塞改造。1997年8月,湘桂铁路滩头湾至柳州段52个车站、51个区间、397公里计轴自动闭塞全部开通,这是中国铁路第一段单线非电气化计轴自动闭塞。站场设备有所改善。新建桂林北站1998年投入使用,一次可容纳5000人候车和1.14万人上下车。百色站1997年10月竣工,车站有到发线、调车线、货物线等19股。北海站1995年4月竣工,车站有正线、到发线、货物线等10股,站房一次可容纳旅客2045人。柳州南、南宁南、玉林等车站的站场、站房设备先后进行较大的技术改造,编解、装卸能力有很大提升。柳州南站1997年建设车站信息管理系统,1999年进行自动化驼峰改造。南宁南站进行全面扩建,1996年车站由一级二场横列式编组站扩建为南北2个到发场、1个编组场、1个货场,共46股道的一级三场横列式编组站。玉林站,1998年进行大规模改扩建,新建Ⅱ场,车站编解和通过能力提高。

“九五”期间,由于航空事业的高速发展,高速公路的崛起,公路实行市场化经营,运输市场的竞争日趋激烈,广西铁路旅客发送量急剧下降。1996年,广西铁路旅客发送量2033.1万人,比1991—2005年间旅客发送量最高的1994年下降21.1%。面对旅客运输市场的严峻挑战,广西铁路客运部门审时度势,以市场为导向,建立和完善客运营销机制,确立“发展直通客流、争取短途客流、吸引潜在客流”和“做大南宁站、打好桂林牌”的营销战略,调整运输结构,采取停开管内慢车,增开长途快车,开行城际、旅游列车,设立和扩大通票选乘,建设计算机预售票网络,提高旅客列车运行速度等一系列措施,铁路在客运市场中的竞争力有所提升。1997—2000年,广西铁路共发送旅客8514.1万人,平均每年2128.5万人,均高于1996年。铁路货运,努力适应社会主义市场经济的需求和货运市场激烈竞争的挑战,深化货运计划改革,改变货运计划传统编制模式,克服审批环节多、手续复杂、时效性差等弊端,简化计划外要车手续。提高货运计划工作效率和质量,使广西铁路的货物发送量、货物到达量和货物周转量三大指标都做到稳中有升。“九五”期间共完成货物发送量1.82亿吨、货物到达量2.15亿吨、货物周转量1807.5亿吨公里,比“八五”期间分别增长13.3%、25.2%和21.7%。

“九五”期间,广西铁路坚持以运输生产为中心,以增收、节支、安全、高效为重点,建立健全各项管理制度,加强企业基础工作。由于铁道部收入清算办法调整,生产资料价格上涨,人工成本增加和管内连续遭受严重的自然灾害,柳州铁路局运输业从1994年开始出现严重亏损,企业资金运用十分困难。针对这种情况,铁路局开展“学邯钢、转机制、抓管理、增效益”活动,以收定支,倒推成本,净化成本范围和开支渠道,认真做好收、支、利计划管理,实行成本否决和节约奖励制度,1997年以来,年年完成和超额完成铁道部下达的运输盈亏计划。1997—2000年,比铁道部下达的运输盈亏计划减亏3.29亿元。重视发挥资金调度结算中心的作用,使资金运用困难的局面在一定程度上得到缓解。

“九五”期间,柳州铁路局严格控制职工总量,在减员增效中取得显著成果。1996年,铁路局连续出台关于加强工人调整工作管理、进行生产力布局调整和向南昆铁路输送人员的办法。1998年初,铁路局又提出“从严管理紧一块,新线补充分一块,调整布局压一块,竞争上岗活一块,多种经营扩一块”的减员思路,规范劳动合同管理,严格控制临时性用工,在运输工作量增加的情况下,全局职工总数从1995年的83675人降至2000年的81923人。各年度的职工人数都控制在铁道部规定的职工限额以内。运输业劳动生产率从“八五”末的60.1万吨公里/人年,提高到2000年的115万吨公里/人年，提高 91.3%。

1996 年，柳州铁路局制订《“九五”期质量管理工作方案》，提出“九五”期间质量管理工作的目标任务。抓好 QC 小组活动，五年注册 QC 小组 10703 个，获得 QC 成果 4115 项，其中获国家级优秀 QC 成果 14 项，居全路前列；铁道部优秀 QC 成果 97 项；自治区优秀 QC 成果 68 项、先进 QC 成果 94 项。QC 成果创经济效益 9322.3 万元。1998 年 6 月，柳州铁路局在铁道部召开的全面质量管理工作 20 年经验交流暨表彰大会上介绍经验。“九五”期间，柳州铁路局每年发布《企业管理现代化实施方案》，公布企业管理现代化攻关课题，开展立项攻关活动。五年，全局共立攻关课题 2000 多项，获国家级一等奖 1 项，自治区级一等奖 5 项、二等奖 5 项，铁道部二等奖 1 项，铁路局奖 164 项，创经济效益近 3 亿元。1996 年，柳州铁路分局针对铁路线长点多，人员流动分散，职工思想工作难度大问题，组织课题立项攻关，“以‘四职’为核心的人本管理保证体系”成果获国家级企业管理现代化创新成果一等奖。

三

2001—2005 年为国家实行“十五”计划时期，广西铁路树立和落实科学发展观，以内涵扩大再生产为发展取向，抓住机遇，迎接挑战，深化企业改革，挖掘运输生产潜力，各项工作开创新局面。

铁路建设步伐加快。湘桂铁路黎塘至南宁段增建二线工程经过四年施工，2002 年 12 月 30 日全线开通运营，新增正线长度 127.7 公里，该段运输能力从 810 万吨提高到 1300 万吨。南防铁路 2002 年 6 月后，由广西沿海铁路公司筹资 2.14 亿元，增建大拟、大垌车站，增建钦州站到发线、牵出线，对线路进行一次中修，更换钢轨，增加轨枕密度，铺设无缝线路。2004 年年末至 2005 年，由铁道部概算投资 2.17 亿元，再次对线路进行扩能改造，将改造地段的线路提高到国铁Ⅰ级，南宁至马皇段年运输能力由 921 万吨提高到 1919 万吨，钦州至防城港段年运输能力由 972 万吨提高到 1535 万吨。与此同时，广西沿海铁路公司对钦北和黎钦铁路进行大修和整修，钦北铁路线路允许行车速度由 60 公里/小时提高到 80 公里/小时，黎钦铁路由 60 公里/小时提高到 83 公里/小时。

2004 年 9 月，铁道部与广西壮族自治区签订《加快广西国家铁路建设会谈纪要》，广西铁路建设进入快速发展的新阶段。12 月，洛(阳)湛(江)铁路破土动工。洛湛铁路是中国路网“八纵八横”之一的大(同)湛(江)通道的重要组成部分，线路全长 560.638 公里，广西境内洪塘至玉林段正线长度 378.7 公里。洛湛铁路的建设，结束了广西东部“地无寸铁”的历史，2009 年建成通车后，广西 14 个地级市全部通火车。与此同时，黔桂铁路扩能改造工程动工。黔桂铁路修建于抗日战争时期，线路坡度大，曲线半径小，设计等级低，运输能力远不适应大西南建设的需求。进入 21 世纪，国家把黔桂铁路扩能改造纳入《中长期铁路建设计划》，投资 93 亿元，将该线一次改造成电气化Ⅰ级单线铁路。改造后，线路正线长度由 607.8 公里缩短到 489 公里(其中广西境内由296.8 公里缩短到 262.9 公里)，年运输能力由 740 万吨提高到 1500 万吨，远期可达 2500 万吨。“十五”期间，柳州铁路局完成基建投资 66.6 亿元，比“九五”期间增长94.1%；完成更新改造投资 16.3 亿元，比“九五”期间增长 28.6%；完成大修支出 29.9 亿元，比“九五”期间增长 38.5%；完成专项资金投资 12.4 亿元。特别是2005 年，铁路局完成基本建设投资 41.99 亿元，为上年的 9.2 倍。2005 年年末，广西有国家铁路干线5 条、地方铁路 5 条、合资铁路 4 条，营业里程 2732.9 公里，正线长度 3228.9

公里，其中国家铁路营业里程2051.8公里、正线长度2536.3公里，地方铁路营业里程273.1公里、正线长度284.6公里，合资铁路营业里程408公里、正线长度408公里。与1991年相比，广西铁路营业里程增加28%，正线长度增加41%。

“十五”期间，广西铁路运输能力不断提高。铁路部门坚持眼睛向内，挖掘潜力，进行“短平快”扩能改造，重点解决“卡脖子”问题，实现“流图头”的优化组合。南昆铁路增建会让站工程，投资7822万元，2001年建成9个站，2002年16个站全部建成，南宁至百色区段列车通过能力由28对/日增至45对/日，年运输能力由1318万吨提高到1870万吨。2005年，完成湘桂铁路鹧鸪江站股道扩能改造，12个曲线改造，黎南段黎塘Ⅱ场至稔竹段和黎湛铁路黎塘至贵港段的信号自动闭塞改造以及电网改造，更换南昆铁路坡圩至尾芽间19个车站81组道岔，进行百色站站场扩建，进一步提高列车通过能力。取消部分车站列检作业，压缩中转停时，加速车辆移动，提高运输效率。改进机车乘务员的值乘方式，节省机车和机班，提高机车运用效率。2005年与2002年相比，湘桂铁路5个区段增加货车62对、客车16对；焦柳铁路2个区段增加货车8对；南昆铁路2个区段增加货车18对、客车3对；黔桂铁路2个区段增加货车7对；黎湛铁路3个区段增加货车44对、客车7对；5个分界口共增加货车17对，输送能力增加2603万吨。2005年，广西铁路完成旅客、货物运量分别占广西客、货运总量的24%和60.8%。

“十五”期间，广西铁路运输生产连创新高。1999年10月，纵贯广西南北的桂（林）北（海）高速公路全线开通，全国高等级公路加快发展，旅客运输市场的竞争更为激烈。面对客运市场的新形势，广西铁路部门认真落实“转观念、打基础、上台阶、求发展”的客运工作新思路，优化旅客列车结构，扩大直通客车比重。2005年，广西境内开行和通过的旅客列车40.5对，比1991年初增加13.5对；开行和通过的列车中仅保留慢车3.5对，快车占开行列车总数91.4%。广西到北京、上海、西安、武汉、郑州、宁波、济南、南昌、广州、长沙、深圳、成都、重庆、贵阳、昆明等城市都有直达旅客快车，其中直达北京的旅客快车3对，直达上海2对。加大客票发售预定系统开发力度，2004年经过调整后，有56个计算机售票站，除日均发送旅客不足50人的中间站外，实现计算机售票覆盖率100%，计算机联网售票100%。“十五”期间，3次（1997—2005年5次）调整列车运行图，大幅度提高旅客列车运行速度。2005年，经过第五次提速调图后，南宁—北京6次旅客列车运行时间比提速前缩短10小时44分；南宁—上海、南宁—西安旅客列车缩短7小时多；南宁—桂林城际列车运行时间4小时30分，比提速前缩短2小时04分。经过采取一系列营销措施，旅客发送量于2004年止跌回升，2005年广西铁路完成旅客发送量1762.0万人，比2003年增长9.2%，旅客周转量持续增长，2005年广西铁路完成旅客周转量116.4亿人公里，比2000年增长15.2%。

广西铁路货物运输，积极应对公路的挑战，努力适应社会经济发展的要求，深化货运计划改革，克服审批环节多、手续复杂、时效性差等弊端，简化计划外要车手续。做好货运计划营销系统的联网工作，在广西境内设立FMOS信息点70个，提高货运计划工作效率和质量。坚持走内涵扩大再生产的道路，努力挖掘运输潜力。大力组织开行优质列车，始发直达列车和“五定”班列，缓解编组站的工作压力；大力压缩货车周时、停时和中时，利用回空运能顺路装车，利用排空运能增加运量；提高车辆静载重，组织超轴列车和大列开行。2005年，组织开行直达列车8823列；平均静载重比上年增加0.9吨，节约运用车1.87万车，增加货物发送量43万吨；组织开行超轴列车6.84万列，相当于多开6473趟列车。由于坚持优化运输组织，大力挖潜提效，加强市场营销和货源组织，广西铁路货物运输的三项主要经济指标——货物发送量、到达量、周转量逐年提高。“十五”期间货物发送量完成2.3亿吨，比“九五”期间增长26.4%，其中2005年完成5460万吨，比2000年增长43.7%。货物到达量完成3.21亿吨，比“九五”期间增长49.4%；货物周转量完成2723.5亿吨公里，比“九五”期间增长50.7%。

“十五”期间，广西铁路通过加强收入管理、收费管理，加强收入稽查队伍建设，加强站车收入会计基础工作，完善堵漏保收提成分配办法和违反铁路运输收入纪律处罚办法，持续开展增运增收竞赛活动，运输收入大户竞赛活动和“查管理、查漏洞、保收入”活动，运输收入节节攀升。柳州铁路局（广西境内无统计数据）“十五”期间完成运输收入220.43亿元，比“九五”期间增长79.3%，其中2005年完成61.24亿元，比“九五”期末的2000年增长133.3%，比1991年增长366.8%。地方铁路完成4.13亿元，比“九五”期间增长10.7%；合资铁路完成15.79亿元，比“九五”期间增长115.7%，其中2005年完成4.45亿元，比“九五”期末的2000年增长145.8%，比1991年增长10倍以上。

“十五”期间，广西铁路安全生产基本稳定。以建立长效机制为重点，推动安全管理逐步走上科学化、规范化和制度化的轨道。强化专业管理，把安全管理的落脚点放在基层一线，提高基层现场作业的控制能力；加大安全投入，发挥新技术、新设备在安全生产中的重要作用；搞好岗位培训和技术演练，提高职工处理突发事件的能力；建立激励约束机制，充分调动干部职工保安全的积极性；严格责任追究，落实安全逐级负责制；抓住季节性、阶段性安全重点，确保关键时段的运输安全；坚持开展安全大检查，深化安全专项整治，逐一解决安全生产中的突出问题和隐患。截至2005年3月16日，柳州铁路局实现安全生产1676天。截至2005年12月31日，广西地方铁路有限公司实现无责任行车重大、大事故2850天，无责任行车险性事故1556天。广西沿海铁路公司组建以来消灭行车重大、大事故，截至2005年12月31日，实现安全生产1292天。

“十五”期间，广西铁路的各项改革继续深化并取得重要成果。柳州铁路局完成工程、设计部门整体移交和中铁集装箱运输公司、中铁特货运输公司、中铁快运公司柳州分公司的组建、移交工作。根据主辅分离、辅业改制的要求，基本完成房建单位资产重组，多经企业优化整合，生活后勤重组整合。2002年，广西沿海铁路公司成立，公司以构建社会主义现代企业制度为目标，建立由董事会、监事会、总经理班子组成的治理结构，按《公司法》要求运作，基本做到产权明晰，责权明确，政企分开，管理科学，公司成立以来，生产经营状况良好。2003年8月，柳州铁路局开展分离企业办社会职能工作，在自治区党委和政府的重视和支持下，先后与百色、玉林、南宁、崇左、来宾、桂林、河池、柳州市人民政府协商，签订移交协议。截至2005年年末，80个社会职能单位全部移交地方政府管理，其中移交中小学校36所、职业学校4所、医院9所、幼儿园25所、环卫队6个；移交在册职工6511人，退休人员1540人。社会职能移交，彻底改变铁路几十年来大而全的组织结构，有利于铁路企业集中优势资源发展运输生产，增强企业核心竞争力；有利于地方政府在更大范围内配置教育卫生资源，为社会提供更好的公共产品。生产力布局调整继续深化。2004年撤并运输生产单位17个，2005年再次撤并5个。2005年年末，全局运输生产单位31个，较2000年减少21个，减幅40.4%。深化“三项制度”改革，完善工资分配机制。加强劳动用工管理。进一步健全竞争上岗机制，铁路局劳动力调剂站正式挂牌。2005年年末，柳州铁路局在岗职工人数

62254 人，较“九五”期末下降 31.6%，运输业劳动生产率完成 194.1 万吨公里/人年，较 2000 年提高 68.8%。

“十五”期间，广西铁路多元经营按照“发展、创效、重组、改制”的要求，打破企业界限，优化资源配置，培育支柱产业，开发新兴实业，调整产品结构，创新管理手段，大力发展物流配送、旅游饭店、房地产开发、科技信息等产业。五年，柳州铁路局多元经营收入完成 101.92 亿元，比“九五”期间增收近 50%，成为铁路发展的重要经济支柱。

“十五”期间，广西铁路党的建设不断加强，精神文明建设与物质文明建设同步推进。五年，柳州铁路局党委发展新党员 3966 名，为计划的 100.7%。2005 年年末，柳州铁路局党委所属党组织 1473 个，其中党委 59 个、党组 7 个、党工委 2 个、党总支 125 个、党支部 1280 个。有共产党员 30437 名。“五好”党支部动态保持在 70%以上。全局党员实现安全生产 7085 天。局党委实施的“党组织保质增值工程”，获全国职工思想政治工作优秀成果一等奖。

深入进行职业道德教育和行风评议活动，开展路风专项整顿，路风不良反映和路风来信投诉下降。“十五”期间，柳州铁路局受理路风投诉 324 件，较“九五”期间下降 45.5%；收到路风不良反映 29 件，较“九五”期间下降 32.6%。2001 年，柳州铁路局获中国保护消费者基金会颁发的“保护消费者杯”。“十五”期间，在自治区组织的行风评议中，多次获得好评。2005 年年末，铁路局有局级文明单位 61 个，占考核单位总数 93.8%；有自治区级文明单位 30 个，占考核单位总数 46.2%；有国家级文明单位 5 个，占考核单位总数 7.7%。有局级文明列车 14 对，占列车总数 55%；有自治区级文明列车 7 对，占列车总数 27.5%；有国家级文明列车 4 对，占列车总数 15.7%。

建立党风廉政教育大格局，搞好以健全和完善党风廉政责任制为主要内容的党风廉政制度建设，对违纪案件发现一件查处一件。“十五”期间，柳州铁路局纪检部门查处党员违纪案件 231 件，其中大案 161 件；处分 219 人，其中副处级以上领导干部 20 人；挽回经济损失 2013 万元。构筑惩治预防腐败和纪检、监察融入企业中心工作的“双体系”工程，把党风廉政建设的重点放在源头治理上，全局纪检监察组织受理的举报、违纪违法案件、大要案实现“三个下降”，2005 年比上年分别下降 27%、38.6%和 58.3%。局纪委、监察处被评为全国铁路先进纪检组织，获广西纪检监察部门记集体二等功，并被评为自治区反腐倡廉先进集体。

“十五”期间，随着运输生产的发展，经济效益的提高，广西铁路职工的物质文化生活得到改善。五年，柳州铁路局职工住宅投资 7.04 亿元，竣工 8519 套。特别是 2003 年，铁路局提出“三年建设职工住宅 10000 套”的目标，当年开工3115 套，竣工 1552 套；2004 年开工 3058 套，竣工 2605 套；2005 年又扩展为“五年建设职工住宅 15000 套”，当年开工 3718 套，竣工 2843 套。2005 年，全局有职工住宅 583 万平方米，比“九五”期末的 2000 年增加 32.5%，比 1991 年增加 114.7%；职工人均居住面积 11.4 平方米，比“九五”期末的 10.01 平方米增加 13.8%。职工工资收入逐年增加，2003—2005 年，年均增长 14.7%，2005 年，全局职工平均工资24916 元，比 2000 年增长 81.2%，比 1991 年增长 667.8%。各级党政工组织把改善职工生活作为一件大事来抓。在每年的职代会上，局工会与行政都签订以改善职工生活条件为主要内容的集体合同，承诺为职工办好事 10 件，基本做到年年兑现，件件落实。开展旨在改善铁路沿线职工物质文化条件的文化线、生活线建设，给沿线站区建立卫星地面接收站、职工文体活动室、浴室、小食堂，铁路沿线职工的物质文化生活得到显著改善。坚持开展送温暖活动，“十五”期间，全局各级党政工领导走访慰问困难职工、劳模、烈军属等 10.68 万人（次），送温暖支出9000万元。在职工中开展“一帮一”献爱心活动，重点帮扶963户困难职工家庭。每年安排3000名一线职工到北海培训基地休养，“十五”期间，参加休养职工1.5万人(次)。

1991—2005年，广西铁路取得长足发展，但也存在差距与不足。部分线路技术等级不高、部分运输装备技术水平偏低，路网布局仍不完善；安全生产基础还不牢固，专业管理不到位、专项整治不彻底、规章制度不落实的现象依然存在，职工技术水平仍不能适应安全和运输生产发展的需要；客货营销水平不高，经营还比较粗放，运输效率的提高和运输成本的降低仍有较大空间，这些都需在未来的改革发展中不断加以解决。

随着中国—东盟自由贸易区的建成，西部大开发的深入推进，北部湾经济区开发建设上升为国家战略和国务院提出《关于促进广西发展的意见》的落实，广西的战略地位将发生重大变化，经济建设将实现更好更快地发展。作为西南出海的最便捷通道，面向东盟的重要窗口和交通运输骨干的广西铁路将进入建设发展的新阶段。“十一五”“十二五”期间，广西铁路将投入超过2000亿元进行铁路建设，将建成衡柳、柳南、南钦、钦北、钦防、南广、贵广、云桂等1800多公里时速200公里以上的高等级铁路，广西将进入高铁时代。与此同时，益湛、田靖、玉铁等铁路也先后建成，铁路营业里程将超过5500公里，基本形成布局合理、结构清晰、功能完善、衔接顺畅、低碳绿色的“一轴四纵四横”现代化铁路运输网络。机车配属结构改善；新型客车和动车组的比例大幅度提升，“绿皮车”[①]将退出运输一线；铁路的双线率、电气化率都将达到50%左右，线路允许速度大幅度提高，行车调度指挥和列车运行监控实现自动化和现代化。广西铁路将实现由全国路网末梢向区域运输枢纽的转变，为广西的改革发展提供有力的运力支撑。

①绿皮车是指使用时间长，设计装备落后，外皮绿色的客车车辆。

第一篇　铁路路网

1991 年，广西境内有国家铁路干线 4 条、支线 1 条，营业里程 1665.8 公里，正线长度 1808.9 公里；地方铁路 6 条，营业里程 297 公里，正线长度 308.6 公里；合资铁路 1 条，营业里程 172.4 公里，正线长度 172.4 公里；专用线 207 条 375.3 公里。广西国家铁路有车站 176 个，其中一等站 4 个、二等站 8 个、三等站 9 个、四等站 151 个、五等站 4 个；地方、合资铁路有车站 34 个，其中二等站 1 个、三等站 2 个、四等站 31 个。

20 世纪 90 年代以来，随着国民经济的发展，广西境内铁路建设的投入加大，新建铁路步伐加快。1990 年 12 月 2 日，国家南昆Ⅰ级电气化铁路动工修建。它东起广西壮族自治区首府南宁，西至云南省省会昆明，正线长度 863.2 公里，其中广西境内 342.6 公里。南昆铁路建筑难度大，科技含量高，桥隧长度占线路总长度 31%，一些项目创中国铁路建设史上的记录。经过 6 年多的建设，南昆铁路于 1997 年 3 月 18 日全线铺通，同年 11 月 30 日由柳州和昆明铁路局临管运营。2001 年，“复杂地质艰险山区修建大能力铁路干线成套技术”获国家科学技术进步一等奖。南昆铁路的建成，对于完善路网布局促进西南地区经济的发展，增进各民族的团结和社会的进步具有重大的意义。1996 年 10 月 31 日，中共中央总书记、国家主席、中央军委主席江泽民到建设中的南昆铁路视察，在百色站写下“建设南昆铁路，造福西南人民”的题词。1991 年 11 月 1 日、1993 年 8 月 16 日和 1996 年 4 月 18 日由自治区筹资兴建的钦北、钦港和黎钦铁路，新建正线长度 98.4 公里、29.3 公里和 108 公里，分别于 1995 年 4 月 7 日、1996 年 12 月 28 日和 1999 年 7 月 1 日建成通车或投入运营，广西沿海 3 条铁路的建成，使西南物资出海距离缩短，通道拓宽。2004 年 12 月 13 日动工兴建的洛湛铁路永州至玉林段，从湖南永州西站引出，经广西贺州、梧州到玉林全线 560.6 公里，其中广西境内的洪塘至岑溪段正线全长 282.1 公里，岑溪至玉林段正线全长 96.6 公里。它的建设，填补广西、湖南、广东交界大片地区的路网空白，结束广西东部“地无寸铁”的历史。

在加快新线建设的同时，既有线增建第二线和扩能改造也取得重大进展。1989 年，湘桂铁路黎塘至南宁段增建第二线，新建正线 127.7 公里，2002 年 12 月 30 日全线开通运营。二线建成后，黎南段年运输能力从 810 万吨提高到 1300 万吨。1992 年动工新建黎湛铁路黎塘至河唇段第二线，新建正线 269.6 公里，其中广西境内 231.1 公里。二线采取分段设计、分段施工、分段建成投入运营的办法修建。1999 年 8 月 18 日，全线投入运营。通过增建二线，该段客货列车由 47 对/日增至 69 对/日，下行运输能力由 2239 万吨增至 3115 万吨。

黔桂铁路扩能改造是既有线扩能改造的一个最大项目。黔桂铁路修建于抗日战争时期，线路走向不合理，设计等级低。中华人民共和国成立后，多次对线路进行技术改造，使运输能力有了一定提高，但仍远不适应大西南对铁路运输的需求。进入 21 世纪，国家把黔桂铁路扩能改造纳入《中长期铁路建设计划》，将其一次改造成电气化Ⅰ级单线铁路，工程总投资 93 亿元，2004 年 12 月动工，2009 年 1 月开通。改造后，线路经裁弯取直，正线由607.8 公里缩短到 489 公里（其中广西境内由 296.8 公里缩短到 262.9 公里），年运输能力由 740 万吨提高到 1790 万吨。湘桂、黎湛、焦柳铁路和 1997 年建成的南昆铁路也多次进行扩能和提速改造，新建会让站 20 个，30 个车站延长股道，改造小半径曲线 247 个，更换提速道岔 3091 组。经过扩能改造，线路行车速度和运输能力普遍提高。湘桂铁路永州至黎塘段行车速度达到 120 公里/小时（困难区段 110 公里/小时）；黎塘至南宁南段运输能力从 810 万吨提高到 1300 万吨。焦柳铁路运输能力由 1996 年 18 对/日提高到 32 对/日。南昆铁路运输能力，2005 年与 2000 年相比，江西村至百色段，上行提高 51.7%，下行提高 25.4%；百色至威舍段，上行提高 54.4%，下行提高 27.2%。

沿海铁路扩能改造投入加大，成果显著。南防铁路2002—2005年，先后由广西沿海铁路公司投入2.14亿元、铁道部投资2.17亿元，两次进行扩能改造，将改造地段的线路提高到国铁Ⅰ级，南宁至马皇段年运输能力由921万吨提高到1919万吨，钦州至防城港段年运输能力由972万吨提高到1535万吨。黎钦铁路经过整修，线路允许行车速度由60公里/小时提高到83公里/小时。钦北铁路通过技术改造，线路允许行车速度由60公里/小时提高到80公里/小时。

1991—2005年，广西铁路车站的面貌也发生很大变化。国家铁路新建和增开车站43个，其中新建桂林客运始发站，1995年12月动工兴建，1998年12月18日投入使用，新站房一次可容纳1.14万人上下车和5000人候车。新建百色站为三等站，随同南昆铁路修建和投入运营。地方和合资铁路新建和增开车站17个，其中北海站为客货运输二等站，站房建筑面积2456平方米，一次可容纳旅客2045人。

2005年年末，广西境内有国家铁路干线5条、支线1条(按专用线管理)，地方铁路5条，合资铁路4条，铁路营业里程2732.9公里，正线长度3228.9公里，其中国家铁路营业里程2051.8公里，正线长度2536.3公里、地方铁路营业里程273.1公里，正线长度284.6公里、合资铁路营业里程408公里，正线长度408公里。各类专用线240条410.166公里。国家铁路有车站216个(含未列入湘桂铁路统计的天潭、玉洞、桂林南站)，其中特等站2个、一等站7个、二等站4个、三等站19个、四等站172个、五等站10个，尚未划等车站2个；地方、合资铁路有车站46个，其中二等站3个、三等站3个、四等站37个、五等站3个。

广西境内的5条国家铁路干线、4条合资铁路，5条地方铁路和在建的洛湛铁路，与已建的262个、在建的28个车站构成连接所有地级市、覆盖全广西的铁路路网。

第一章 国家铁路干线

第一节 湘 桂 铁 路

湘桂铁路北起湖南衡阳，南至广西凭祥，在K1021+428处与越南铁路接轨，线路全长1021.428公里，其中广西境内正线长度944.7公里。始建于抗日战争年代，1937年9月至1943年9月建成衡阳至来宾段。中华人民共和国成立后修建来宾至镇南关(后称睦南关、友谊关)段，1950年10月开工，1951年11月来宾至凭祥段通车。凭祥至睦南关段1954年11月开工，1955年3月1日通车。湘桂铁路是贯通广西南北的重要铁路干线，是中国连接越南及东南亚地区的重要通道。

黎塘至南宁南段增建二线

湘桂铁路运输能力长期处于不能满足运量需求的状况。1997年，新建南昆铁路投入运营后，湘桂铁路黎塘至南宁南段运输能力更加紧张，成为广西铁路运输的“瓶颈”。经铁道部批准，柳州铁路局对该铁路黎塘至南宁南段分区段实行技术改造。

1998年，实施扩能应急工程，投资2.04亿元，在黎塘至稔竹间增建二线，稔竹站向露圩站方向双插，伶俐站向六景站方向双插，在露圩和芦村站间增加沙江站，新建正线16.73公里。工程由铁道部第二勘测设计院（以下铁道部勘测设计院均简称铁×院）设计；中铁五、十五局集团有限公司(以下中铁××局集团有限公司均简称中铁××局)，柳州铁路局工程处施工；柳州铁路建设监理公司监理。工程于5月1日动工，12月25日开通，创造当年动工，当年建成投产的好成绩。

2001年，湘桂铁路黎塘至南宁南段增建第二线施工

1999年年末，国家计委批准湘桂铁路黎塘至南宁南全段增建第二线。增建第二线从黎塘到邕宁站后离开既有线，新建南环线(建玉洞、天潭2个车站)，从那罗站引入南宁南站。黎塘至邕宁至南宁南站新建线路110.94公里(未含已建成黎塘至稔竹间二线应急工程的16.73公里)。主要技术标准:线路等级国铁Ⅰ级，正线数目双线，限制坡度6‰，最小曲线半径600米，到发线有效长850米;牵引定数3500吨，牵引种类内燃机车;闭塞类型近期继电半自动、远期自动闭塞;桥梁等级中一活载，建筑限界新建隧道采用“隧限-2单线”，新建桥涵采用“桥限-2”，跨线建筑物采用“建限-1”。近期年货流密度:黎塘至沙江上行1620万吨，下行1510万吨;沙江至南宁上行1440万吨，下行

1250万吨；南宁站近期日始发客车21对，通过5对。计划投资19.18亿元，完成18.86亿元，平均每公里造价1700.3万元。工程由铁二院设计；中铁四、五、十二、十六、十九局，中铁电化局，柳州铁路局工程处施工；柳州铁路建设监理公司监理。工程于1999年12月30日动工，黎塘至邕宁段于2001年12月28日开通运营，邕宁至南宁南段（南环线）2002年12月30日开通运营。双线建成后，年运输能力从810万吨提高到1300万吨。

2004年，湘桂铁路黎塘至南宁段小半径曲线改造施工

由于湘桂铁路黎塘至南宁南段增建二线时未考虑百年一遇洪水位方案，2001年7月8日，六景至邕宁段遭遇历史最高水位的洪水袭击，线路被淹没数日，中断行车。经铁道部批准，六景至邕宁段提高防洪水位标准，线路全长33.6公里，抬高线路22.79公里（双线），线路最高抬量1.76米，接长涵洞27座，抬高桥梁6座13孔。工程投资1.46亿元，列入黎塘至南宁南段增建二线工程项目，2003年9月25日开通运营。

提速工程

1995年，铁道部做出在繁忙干线上提高旅客列车运行速度的决定。广西境内铁路干线当时不是提速的重点，但柳州铁路局不等不靠，创造条件，争取支持，对湘桂等铁路干线进行提速改造。1996—2005年，湘桂铁路更换提速道岔1747组。

2000年6月13日，由柳州铁路勘测设计研究院完成《湘桂线永州至黎塘列车提速可行性研究报告》；10月14日，铁路局将可行性研究报告报送铁道部；10月23日—24日，铁道部发展计划司组织部鉴定中心、运输局及有关专家进行审查；12月21日，铁道部发展计划司分别以《关于湘桂线永州—桂林提速工程的批复》《关于湘桂线桂林—新村提速工程的批复》和《关于湘桂线新村—黎塘提速工程的批复》3个文件对提速工程作出批复。湘桂铁路永州至黎塘段主要技术标准：国铁Ⅰ级，最大限制坡度6‰，最小半径800米，到发线有效长度850米，轨道正线铺设60公斤/米钢轨（新长轨25米），YH-E钢筋混凝土枕。永州至黎塘段改造小半径曲线39个，改线长度27.9公里，平交道口改立交道口25处，信号设备改造26处。工程投资1.4亿元，其中铁道部投资9780万元，铁路局投资4175万元，列更新改造项目，工期2年。2000年9月，首期提速改造工程动工，大溪河大桥移址新建，新建大桥长215.4米，2001年6月5日竣工。2001年4月8日，第二期提速改造工程动工，改造大溪河至塘堡、鹿寨至对亭、凤凰至维都等区段线路。2002年1月，提速改造工程全面铺开，年末，完成34个项目；2003年年末完成4个项目。至此，提速改造工程全部竣工。提速区段338公里，占永州至黎塘段总里程64%，最高行车速度120公里/小时，上、下行运行时间比1999年4月实行的运行图分别压缩62.5分钟和67分钟。

2004—2005年，铁路局投资3682.3万元，改造桂林至南宁140个小半径曲线（其中桂林至柳州段26个，黎塘至南宁段114个），改线长度66.12延长公里。改造后曲线半径桂林至柳州段780米，黎塘至南宁段一般地段720米，个别困难地段712米。最高行车速度120公里/小时，困难地段110公里/小时。

铁路立交桥修扩建

根据铁路提速和行车安全的要求以及地方城市规划建设的需要，广西国家铁路通过国家投资、地方集资等方式，在湘桂铁路修建和扩建铁路立交桥。

2001 年 2 月 9 日，桂林两江国际机场配套工程——桂林市上海路立交桥扩建工程动工。中心里程位于湘桂铁路 K358+345、K358+383。在原立交桥两侧各增加 1 孔净宽 7.5 米、高 5.88 米、总长 123.77 米钢筋混凝土框架桥。工程投资 568 万元。由柳州铁路勘测设计研究院设计，柳州铁路局工程处路桥工程公司施工，10 月 20 日竣工。

2002 年 3 月 1 日，新建桂林市凤凰山铁路立交桥动工，5 月竣工。中心里程位于湘桂铁路 K352+231，穿越湘桂铁路、桂林市冷冻厂专用线和石油专用线。工程投资 595 万元。同年 11 月，南宁市江滨路与湘桂铁路立交桥工程动工，2003 年5 月末完工。中心里程位于湘桂铁路 K792+786.6。立交桥采用 4 孔连接钢架地道，其中中孔为机动车道，两边孔为人行道。总投资 460 万元。同年，柳州站北头修建框架式立交桥 1 座（详见第一篇第三章第一节柳州枢纽）。

2003 年，南宁市友爱路立交桥扩建，北大路立交桥改造。同年 9 月，在柳州市柳州站南头新建柳州市龙屯立交桥（详见第一篇第三章第一节柳州枢纽）。连同一批中小立交桥涵的修建，对改善铁路的安全条件和提高列车运行速度发挥积极作用。

1991—2005 年，湘桂铁路的线路、站场、通讯信号设施，虽然经过扩能和提速改造，永州至南宁间的最高行车速度可以达到 120 公里/小时，机车牵引吨位达到 2850 吨—3800 吨，但仍不能适应广西经济社会发展的需要。随着中国—东盟博览会落户南宁，中国东盟自由贸易区的启动，湘桂铁路的战略地位进一步提升，全面扩能改造工程势在必行。

表 1-1　**1991—2005 年主要年份湘桂铁路广西境内主要技术设备**

项　　目	单　位	1991 年	1995 年	2000 年	2005 年
营业长度	公里	817.7	831	830.5	830.1
正线长度	公里	944.7	955.7	981.8	1048.5
双线长度	公里	126.4	124.8	151.7	234.4
站线长度	公里	362.5	362.6	360.4	535.8
50 公斤米/钢轨	公里	948.9	959.9	489.6	284.8
60 公斤/米钢轨	公里	0	44.8	574.4	853.5
无逢线路	公里	557.5	537.6	573.1	794.5
桥　梁	座/米	267/11882	272/11958	341/14752	373/15206
隧　道	座/米	11/1615	11/1615	15/2471	15/2471
涵　渠	座/米	2026/40333	2040/49134	2664/57103	2756/37375
车　站	个	92	91	92	89

注：南环线天潭、玉洞站未列入湘桂铁路统计。

表 1-2　**1991—2005 年主要年份湘桂铁路广西境内区段输送能力**　单位：万吨/年

区　　段	1991 年	1995 年	2000 年	2005 年
永　州—桂林北（215 公里）	1090.0 / 1171.8	855.6 / 1030.5	894.9 / 1168.9	933 / 1176
桂林北—柳州南（182 公里）	1478.5 / 1507.1	1086.3 / 1080.0	1269.9 / 1872.5	1023 / 957
柳州南—黎　塘（135 公里）	2525.7 / 2130.0	3323.1 / 2866.9	4724.8 / 4726.8	3851 / 2930
黎　塘—南宁南（121 公里）	750.8 / 845.0	706.3 / 902.8	2452.8 / 2452.8	2846 / 1654
南宁南—凭　祥（219 公里）	730.5 / 351.8	847.3 / 412.3	262.8 / 306.8	849 / 724

注：斜线上方数字为上行、下方为下行。

表 1-3　**1991—2005 年主要年份湘桂铁路广西境内区段货流密度**　单位:万吨/年

区　　段	1991 年	1995 年	2000 年	2005 年
永　州—桂林北 (215 公里)	871.0 1001.0	813.9 1001.2	720.2 963.8	918.0 1059.5
桂林北—柳州南 (182 公里)	900.2 948.7	871.1 851.4	787.0 835.3	1178.7 991.4
柳州南—黎　塘 (135 公里)	1364.0 2204.1	1907.7 2603.9	1946.8 2714.3	3781.0 3237.5
黎　塘—南宁南 (121 公里)	426.1 546.4	658.2 841.2	1232.8 1067.9	2570.7 1950.1
南宁南—凭　祥 (219 公里)	86.5 48.5	123.3 37.5	169.5 106.8	336.0 240.4

注:1.斜线上方数字为上行、下方为下行。
2.2000 年南宁—凭祥(219 公里)货流密度为南宁南—凭祥国境(224 公里)货流密度。
3.2005 年南宁—凭祥(219 公里)货流密度为南宁—凭祥国境(234 公里)货流密度。

表 1-4　**2005 年湘桂铁路广西境内车站分布**

站　　名	等　级	中心里程(公里)	区间距离(公里)	站　　名	等　级	中心里程(公里)	区间距离(公里)
黄土井	四	192.456	9.650	二　塘	三	369.021	10.696
庙　头	四	201.935	9.479	横　山	四	379.193	10.172
黄沙河	四	210.876	8.941	大溪河	四	390.602	11.409
夏　马	五	215.821	4.945	塘　堡	四	398.212	7.610
永　岁	四	222.421	6.600	永　福	四	403.342	5.130
新塘坪	四	229.742	7.321	葡　萄	四	414.063	10.721
全　州	三	234.877	5.135	石　祥	四	420.032	5.969
才　湾	四	244.019	9.142	亲睦村	四	424.145	4.112
田心铺	四	249.525	5.506	矮　岭	四	430.700	6.555
绍　水	四	257.717	8.192	波　寨	四	439.469	8.769
咸　水	四	267.935	10.218	大端河	四	448.734	9.265
四季田	五	273.044	5.106	黄　冕	四	453.360	4.626
百里村	四	279.413	6.369	幽　兰	四	463.144	9.784
南　塘	四	286.784	7.371	新　村	四	471.841	8.697
兴　安	三	294.380	7.596	鹿　寨	三	481.835	9.994
严关乡	四	304.510	10.130	对　亭	四	490.606	8.771
军田村	五	308.778	4.368	雒　容	四	499.446	8.840
大溶江	四	315.343	6.565	洛　埠	四	510.488	11.042
凉风桥	四	326.628	11.285	龙　塘	四	516.682	6.194
三　街	四	332.608	5.980	鹧鸪江	三	522.467	5.785
灵　川	四	342.246	9.638	柳州北	二	529.401	6.934
桂林北	一	352.100	1.970	柳　州	一	533.085	3.684
桂　林	一	358.325	6.225	柳州东	一	536.450	3.365

续表

站　　名	等　级	中心里程（公里）	区间距离（公里）	站　　名	等　级	中心里程（公里）	区间距离（公里）
柳州南（编组站）	特	538.710	5.625	南宁南（编组站）	一	799.470	4.510
进　德	四	545.062	6.352	金鸡村	四	806.025	6.555
白　山	四	566.226	21.164	江西村	四	813.074	7.049
凤　凰	四	580.052	13.826	维　罗	四	824.035	10.961
来　宾	三	602.872	22.820	岜关岭	四	836.786	12.751
良　江	三	614.283	11.411	扶　绥	四	843.978	7.192
平　塘	四	626.740	12.457	渠　黎	四	859.544	15.566
小平阳	四	642.888	16.148	大　陵	四	870.159	10.615
和吉村	四	658.310	15.422	渠　旧	四	882.801	12.642
黎　塘（区段站）	一	668.808	10.498	濑　湍	四	895.213	12.412
稔　竹	四	683.250	14.442	崇　左	二	911.518	16.305
露　墟	四	696.964	13.714	古　坡	四	922.717	11.199
沙　江	四	706.525	9.561	天　西	四	937.638	14.921
芦　村	三	711.716	5.191	亭　亮	四	947.638	10.000
六　景	四	723.210	11.494	龙伯屯	四	958.482	10.844
伶　俐	四	736.970	13.760	宁　明	四	965.841	7.359
长　塘	四	749.234	12.264	馗　塘	四	977.559	11.718
邕　宁	四	763.056	13.822	夏　石	四	986.054	8.495
屯　里	四	774.906	11.850	上　石	四	993.830	7.776
长岗岭	四	783.527	8.621	凭祥北	四	1005.343	11.513
南　宁	特	789.244	5.717	凭　祥	二	1008.160	2.817
南　化	四	794.960	5.716				

注：1.柳州铁路局管辖线路起点 K147.600，终点 K1021.428。
2.区间距离系指相邻车站的中心里程公里，未考虑长短链长度。

第二节　黔桂铁路

黔桂铁路东起广西柳州市，西至贵州省省会贵阳市，全长 607.75 公里，其中广西境内正线长度 299 公里，始建于抗日战争年代，1939 年 9 月至1944 年6 月建成柳州至清泰坡段 471 公里勉强通车。日本入侵时被破坏殆尽。中华人民共和国成立前只有柳州至金城江段修通。金城江至都匀段 300 公里 1956 底修复。新建都匀至贵阳段 146 公里 1956 年 6 月动工，1958 年 12 月竣工，1959 年 2 月全线通车。是贵州以至西南各省市通往广西及沿海的重要通道。由于历史原因，黔桂铁路坡度大，弯道多，曲线半径小，走向不合理，运输能力低。

1992—1995 年，柳州铁路局累计投资 2905 万元，延长柳州至金城江区段流山、大石、三岔、宜山等 11 个站的股道。1998—2003 年，黔桂铁路更换提速道岔 131 组，其中正线 127 组、延长线 4 组。经过多次扩能改造，黔桂铁路的线路质量有一定的改善，行车速度和运输能力有所提高。但由于先天不足，通过局部的扩能改造，运输能力难有大的提高，成为西南出海的“卡脖子”线路。

2004 年改造前的黔桂铁路拉易回龙道

进入 21 世纪，国家把黔桂铁路扩能改造工程纳入《中长期铁路建设规划》。2004 年 6 月，国家发改委通过黔桂铁路扩能改造工程可行性研究报告。同年 11 月，铁道部批复初步设计，总投资 93 亿元，其中广西境内 50.27 亿元。主要工程有：洛满至金城江段既有线改造，金城江至龙里段沿既有线通道新建单线，柳州至鼓里段电气化改造，柳州站至洛满站增建二线及柳州站“咽喉”改造。主要技术标准：由国铁Ⅱ级升为国铁Ⅰ级单线电气化铁路(预留复线)。经过裁弯取直，广西境内正线由 296.8 公里缩短至 262.9 公里（柳州至贵阳全线正线由 607.75 公里缩短至 489 公里）；限制坡度6‰，加力坡度13‰；最小曲线半径一般地段 2000 米，困难地段 1600 米—1200 米；行车速度 140 公里/小时(柳州至金城江段 160 公里/小时)；机车牵引重量由改造前的 1280 吨提高到 3800 吨；年运输能力由 740 万吨提高到 1500 万吨(远期 2500 万吨)。旅客列车运行时间由 14 小时缩短至 8 小时(远期 5 小时)。工程由铁二院设计，中铁二十五局柳州公司，中铁十四、七、十八、五、四、八、一、二十局，中铁建电气化公司 10 个单位施工，柳州铁路建设监理公司、郑州中原监理公司、铁二院监理公司监理。重点控制工程有北浩龙江大桥，下王祥、大山特大桥，六甲、大湾、打场、大村、大山隧道 8 项。

2004 年 12 月 13 日，铁道部下达黔桂铁路扩能改造工程开工通知，12 月 16 日，在柳州市柳江县福塘乡举行开工动员大会，计划工期 3 年。至 2005 年年末，扩能改造工程完成拆迁房屋 6641 平方米，占总量 5.7%；征地 365.4 公顷，占总量71.7%；开工 722 处，完成路基土石方1254.5 万立方米，占设计总量 60.3%；完成大、中桥 1.22 万折合米，占设计总量 60%；完成涵洞 9369.4 米，占设计总量62.8%；完成隧道 2.43 万成洞米，占设计总量45.7%。

黔桂铁路扩能改造工程于 2009 年 1 月10 日开通，广西境内第二条电气化铁路投入运营。

表 1-5　**1991—2005 年主要年份黔桂铁路广西境内主要技术设备**

项　　目	单　位	1991 年	1995 年	2000 年	2005 年
营业长度	公里	298.1	298.1	298.0	298.0
正线长度	公里	299	299	299	298.9
站线长度	公里	127.2	127.2	127.2	127.2
50 公斤米/钢轨	公里	312.7	312.7	283.7	153.7
60 公斤/米钢轨	公里	—	—	29.0	159
无逢线路	公里	—	—	25.8	138.5
桥　梁	座/米	111/3243	113/3302	113/3302	116/3393
隧　道	座/米	30/6131	30/6131	30/6131	30/6131
涵　渠	座/米	954/19602	961/19695	971/19814	977/19880
车　站	个	35	35	35	35

注：柳州站列入湘桂铁路统计。

表 1-6 **1991—2005 年主要年份黔桂铁路广西境内区段输送能力** 单位:万吨/年

区段	1991 年	1995 年	2000 年	2005 年
柳州—洛满（26 公里）	872.5 / 477.6	288.7 / 1411.5	1164.5 / 668.8	
洛满—金城江（135 公里）	872.5 / 477.6	890.1 / 400.7	1079.3 / 619.9	1089 / 633
金城江—麻尾（144 公里）	552.3 / 394.8	510.9 / 366.5	681.6 / 570.3	702 / 542

注:1.斜线上方数字为上行、下方为下行。
2.2005 年柳州至洛满数字空缺,改为由柳州至金城江。

表 1-7 **1991—2005 年主要年份黔桂铁路广西境内区段货流密度** 单位:万吨/年

区段	1991 年	1995 年	2000 年	2005 年
柳州—洛满（26 公里）	81.3 / 505.7	95 / 492.8	69.6 / 78.2	1024 / 599.6
洛满—金城江（135 公里）	837.1 / 459.4	942.8 / 408.7	969.1 / 569.4	961.2 / 584
金城江—麻尾（153 公里）	601.6 / 405.8	577 / 386.9	672.6 / 555.7	733.3 / 547.6

注:斜线上方数字为上行、下方为下行。

表 1-8 **2005 年黔桂铁路广西境内车站分布**

站名	等级	中心里程（公里）	区间距离（公里）	站名	等级	中心里程（公里）	区间距离（公里）
柳州	一	0	0.000	北崖	四	167.562	7.280
新圩	四	10.548	10.548	六甲	四	177.525	9.963
太阳村	四	15.404	4.856	加必屯	四	187.373	9.848
洛满	四	25.822	10.418	拔贡	四	197.672	10.299
流山	四	33.604	7.782	长山	四	204.611	6.939
大石	四	40.644	7.040	侧岭	四	213.230	8.619
三岔	四	52.779	12.135	六卡	四	222.293	9.063
洛东	四	62.191	9.412	八圩	四	228.531	6.238
龙井村	四	69.076	6.885	关东	四	233.749	5.218
洛西	四	75.831	6.755	瑶寨	四	241.821	8.072
宜山	三	88.212	12.381	关西	四	248.312	6.491
叶茂	四	99.600	11.388	拉易	四	257.098	8.786
怀远	四	110.158	10.558	南丹	三	261.206	4.108
全村	四	118.204	8.046	关上	四	265.990	4.784
德胜	四	130.252	12.048	星店	四	272.821	6.831
都街	四	141.805	11.553	拉麻	四	281.380	8.559
东江	四	151.352	9.547	东晨	四	288.087	6.707
金城江	二	160.282	8.930	鼓里	四	305.837	6.944

注:1.柳州铁路局管辖线路起点 0.000 公里,终点 310.500 公里。
2.区间距离系指相邻车站的中心里程公里,未考虑长短链长度。

第三节　黎 湛 铁 路

黎湛铁路北起湘桂铁路的黎塘站，向东南经贵港、玉林至广东省的湛江港，全长318.3公里，其中广西境内正线长度231.4公里，是中部和西南各省市区出海的重要通道和中国内地与南海海域的战略通道。

增 建 二 线

黎湛铁路黎塘至河唇段自20世纪90年代以来，运能与运量矛盾日益突出，成为制约运输生产发展的“瓶颈”。柳州铁路局一方面积极争取铁道部支持，将该区段的二线建设列入国家基建大中项目，另一方面利用企业的更新改造资金和货运铁路建设附加费，采取分段设计，分段施工，分段建成投入运营的办法修建。1991年，经铁道部批准，在黎塘至玉林间增建二线。1992年，投入资金4600万元，首先在黄练至根竹间增建二线23.1公里，2月破土动工，1993年10月开通运营。期间，黎塘至黄练、根竹至贵港4个区间增建二线工程也相继动工，1995年5月5日竣工。至此，黎塘至贵港间52.78公里增建二线工程全部开通运营。

与此同时，1993年8月，铁二院完成《黎湛铁路增建二线可行性研究报告》；1994年8月，完成初步设计；1995年6月，通过铁道部工程设计鉴定中心评审；1996年，完成技术设计。同年，国家计委批准黎塘至河唇段增建二线项目；1997年，列入国家基建新开工大中项目。主要技术标准：国铁Ⅰ级、正线数目双线、限制坡度6‰、最小曲线半径600米；牵引种类内燃机车，预留电力机车条件，牵引定数3500吨；闭塞类型半自动闭塞。计划工程总投资26.5亿元。工程由铁二院总体设计。黎塘至玉林段（不含黎塘、玉林站）由柳州铁路局勘测设计院、柳州铁路局工务检测设计所设计，柳州铁路局工程处第一、二工程段，桥隧工程段，机械化工程段和中铁二、三、四、五、十一、十二、十六、二十局施工，柳州铁路建设监理公司、长沙铁道学院监理公司监理。

1996年，八塘至蓬塘、雅桥至仁东、米场至陆川、贵港至八塘间新线插入段工程动工。1997年9月27日，八塘至蓬塘、米场至陆川间开通运营。1998年12月15日，蓬塘至玉林段工程竣工。1999年8月18日，广西境内玉林Ⅱ场至佛子岭段增建二线工程全部竣工，黎塘至河唇段增建二线全部投入运营。

黎塘至河唇段增建二线工程，增建正线269.6公里，其中广西境内黎塘站Ⅱ场至佛子岭站231.4公里。工程实际支出26.44亿元。投入运营后，客货列车由37对/日增至46对/日，通过能力提高24.3%。与此同时，对玉林站进行扩建改造，列入增建二线工程项目（详见第一篇第二章第四节玉林站）。

黎塘至河唇段增建二线，环保工程投资4478.43万元，占工程总投资1.7%。新建黎塘机务折返段、贵港机务整备待班线各1条，隔油池1座；改造玉林机务段污水处理设施，修建生活用水净化池9座。施工中的场地平整、复垦、绿化，路基边坡防护，沿线学校噪音防治，都按国家环保规定建设，经评审符合国家环保局的相关规定。

1998年，建设中的黎湛铁路黎塘至河唇段第二线

扩能提速改造

1991—2005 年，黎湛铁路根据运量的快速增长和客车提速的需要，在增建二线的同时，多次进行扩能提速改造。

1995—2000 年，黎湛铁路更换提速道岔 453 组。贵港站增建 2 股道，列入黎塘至河唇段增建二线工程项目。

2001—2003 年，投资 417 万元，玉林站Ⅰ场扩建改造及大修。2003 年 11 月，改造桥圩至石鼓塘、兴业至仁东间上行线，八塘至桥圩、兴业至仁东间下行线 4 个小半径曲线。改造后，列车运行速度提高到 120 公里/小时。

2005 年，更换提速道岔 330 组。投资 115.7 万元，增建根竹、黄练站渡线各 1 条；投资 851.8 万元，增建吹塘、兴业站到发线各 1 条，并改造兴业站站场。同年 3 月，铁道部批复黎塘至河唇段自动闭塞改造，工程投资 2439 万元，双线正线新建自动闭塞电力线路 256 公里，改造黎塘、贵港、兴业、玉林、文里配电所，更换黄练、根竹、八塘、桥圩、石鼓塘、米场、吹塘、文地等站电力贯通线及信号专用变压器，新建自动闭塞专用变压器18 个站，新增信号、电力房屋面积 1703.3 平方米。新建黎塘至河唇段通信线路 256.3 公里，增设 12 芯光缆和 7×4×0.9 低频对称电缆各 1 条，通信光缆 913 公里。投资 1851.8 万元，改造 TDCS 微机监测系统，全段采用四显示自动闭塞，区间采用APW-2000A 移频设备，站内轨道电路改 25Hz 并进行 ZPW-2000A 型电码化改造，增加反方向进站信号机和反方向接车进路，出站信号机增加黄色灯及进路表示器。2006 年 8 月 5 日，工程全部开通使用。信号自动闭塞改造后，区间平图能力由原来 76 对/日提高到 172.5 对/日，能满足区段近期、远期运输需要。

表 1-9　**1991—2005 年主要年份黎湛铁路广西境内主要技术设备**

项　　目	单　位	1991 年	1995 年	2000 年	2005 年
营业长度	公里	231.4	231.1	231.7	232.1
正线长度	公里	231.4	281.6	459.3	461.6
双线长度	公里	0	49.2	231.4	231.4
站线长度	公里	99.6	112.5	141.3	143
50 公斤米/钢轨	公里	239.4	68.6	120.9	80.1
60 公斤/米钢轨	公里	0	223.1	425.9	519.1
无逢线路	公里	186.7	199.2	210.2	265.4
车　站	个	23	23	24	21

注：黎塘站列入湘桂铁路统计。

表 1-10　**1991—2005 年主要年份黎湛铁路黎塘至河唇段输送能力**　单位：万吨/年

区　　段	1991 年	1995 年	2000 年	2005 年
黎　塘—贵　港（54 公里）	1093.3 / 1572.6	2513.7 / 4682.6	2999.3 / 4151.0	30212.2 / 31207.6
贵　港—玉　林（89 公里）	956.6 / 1376.0	1098.0 / 1358.3	2604.6 / 3257.8	29557.5 / 23590.4
玉　林—河　唇（114 公里）	1079.3 / 1466.8	1195.1 / 1129.1	2890.8 / 2894.0	28980.2 / 19048.1

注：斜线上方数字为上行、下方为下行。

表 1-11 **1991—2005 年主要年份黎湛铁路黎塘至河唇段货流密度** 单位:万吨/年

区段	1991 年	1995 年	2000 年	2005 年
黎塘—贵港(54 公里)	1015 / 1734.2	1395 / 1820.7	1593.8 / 2445.8	3021.2 / 3120.8
贵港—玉林(89 公里)	976.4 / 1492.1	1336.4 / 1545.2	1525.2 / 1992.9	2955.8 / 2359
玉林—河唇(114 公里)	918.1 / 1219.1	1279.2 / 1150.7	1482.6 / 1588.4	2898.2 / 1904.8

注:注:斜线上方数字为上行,下方为下行。

表 1-12 **2005 年黎湛铁路广西境内车站分布**

站名	等级	中心里程(公里)	区间距离(公里)	站名	等级	中心里程(公里)	区间距离(公里)
黎塘Ⅰ场	一	0.000	—	兴业(原石南)	三	109.314	9.719
凤鸣	四	5.657	5.657	雅桥	四	122.483	13.169
居仕	四	14.317	8.660	仁东	四	133.396	10.913
黄练	四	20.245	5.928	玉林	一	142.191	8.795
覃塘	三	32.535	12.290	马坡	四	154.482	12.292
根竹	四	43.356	10.821	米场	四	167.824	13.342
贵港	二	52.777	9.421	陆川	三	178.656	10.832
八塘	四	65.841	13.064	美坡	四	188.352	9.696
桥圩	四	78.138	12.297	吹塘	四	197.702	9.350
蓬塘	四	90.508	12.370	文里	四	208.500	10.798
石鼓塘	四	99.595	9.087	文地	四	221.748	13.248

注:1.柳州铁路局管辖线路起点 0.000 公里,终点 490.370 公里。
2.区间距离系指相邻车站的中心里程公里,未考虑长短链长度。

第四节 焦柳铁路

焦柳铁路北起河南焦作,途经湖北、湖南,终到广西柳州,全长 1655 公里,其中广西境内正线长度 256.2 公里,修建于 20 世纪 70 年代,1985 年正式投入运营,是继京广、京沪铁路之后纵贯中国南北的第三条铁路干线。20 世纪 90 年代以来,随着广西区域经济的发展和旅客列车运行速度的提高,铁路部门多次投资对焦柳铁路进行扩能提速改造。

1992 年,经铁道部批准,柳州铁路局投资 8750 万元,修建平寮、贝江、大路底、岸山 4 个会让站。工程由柳州铁路局勘测设计院设计,柳州铁路局工程处施工,1996 年投入运营。会让站建成后,柳州至牙屯堡段列车通过能力由 18 对/日提高到 22 对/日。同年,根据铁道部批复,延长弄卯(今江头)、塘库、平琴、大岭、六孟、福塘 6 个站有效长度不足 850 米的股道,由柳州铁路分局管理和组织施工。

1998—1999 年,柳州铁路局投资4418 万元,将柳州至牙屯堡段 13 个站股道延长至 850 米。由柳州铁路局工程处施工。1998 年,完成更村、八斗、水团等 4 个站;1999 年完成牙屯堡、程村、寨隆、柳江、洛满等 9 个站。至此,柳州至牙屯堡段 19 个站股道延长工程全部竣工。焦柳铁路牵引定数由 3000 吨提高到 3500 吨,平图能力由28.5 对

2005 年，运行在焦柳铁路的旅客列车

提高到 32 对。

2000—2005 年，焦柳铁路更换提速道岔316 组。投资 557.8 万元，增建牙屯堡站到发线。

经过不断的扩能提速改造，焦柳铁路的运输能力有了较大的提高。2005 年，牙屯堡至融安段输运能力上行 1569 万吨/年，下行 1985 万吨/年，比 1991 年分别提高 115%和 65.9%。但仍不能满足社会经济发展的需求，焦柳铁路电气化改造已列入国务院批复同意的《西部大开发“十二五”规划》的重点铁路工程之中。

表 1-13　**1991—2005 年主要年份焦柳铁路广西境内主要技术设备**

项　　目	单　位	1991 年	1995 年	2000 年	2005 年
营业长度	公里	262.8	262.8	262.8	262.8
正线长度	公里	256.2	256.2	256.1	256.2
站线长度	公里	68.3	76.9	103.0	103.9
50 公斤米/钢轨	公里	—	—	268.1	0.03
60 公斤/米钢轨	公里	—	—	—	268.1
无逢线路	公里	—	—	—	264.1
提速道岔	组	—	—	2	314
桥　梁	座/米	130/11721	131/11755	134/11803	134/11803
隧　道	座/米	90/32943	90/32943	90/32943	90/32943
涵　渠	座/米	831/18704	837/18782	842/18837	848/18896
车　站	个	26	29	29	29

注：柳州南站列入湘桂铁路统计。

表 1-14　**1991—2005 年主要年份焦柳铁路广西境内区段输送能力**　单位：万吨/年

区　　段	1991 年	1995 年	2000 年	2005 年
牙屯堡—融　安（117 公里）	729.6 / 1196.8	1096.5 / 1506.0	937.2 /	1569.0 / 1985.0
融　安—洛　满（114 公里）	671.9 / 1200.0	1056.8 / 1545.3	906.3 / 1600.7	
洛　满—柳州南（36 公里）	1877.9 / 3354.3	91.9 / 2507.5	1221.7 / 2157.4	
融　安—柳州南（150 公里）				1530 / 2002

注：斜线上方数字为上行、下方为下行。

表 1-15　**1991—2005 年主要年份焦柳铁路广西境内区段货流密度**　单位:万吨/年

区　　段	1991 年	1995 年	2000 年	2005 年
牙屯堡—融　安（117 公里）	374.4 / 801.7	1018.7 / 1387.9	781.4 / 1558.7	1709.3 / 2216.5
融　安—洛　满（114 公里）	360.6 / 829.8	989.1 / 1421.3	758.0 / 1577.9	1665.5 / 2228.0
洛　满—柳州南（36 公里）	349.6 / 1722.5	964.3 / 2433.8	1347.2 / 2610.8	1651.7 / 2225.4

注:斜线上方数字为上行、下方为下行。

表 1-16　**2005 年焦柳铁路广西境内车站分布**

站　　名	等　级	中心里程（公里）	区间距离（公里）	站　　名	等　级	中心里程（公里）	区间距离（公里）
水　团	四	1385.062	11.158	融　水	三	1517.381	5.179
江　头	四	1394.055	8.993	大路底	四	1524.587	7.206
八　斗	四	1403.507	9.450	永乐街	四	1530.320	5.733
三江县	四	1410.495	6.988	双　蒙	四	1540.230	9.910
程　村	四	1420.815	10.320	罗　笛	四	1552.353	12.123
平　寮	四	1428.307	7.492	古　砦	四	1559.438	7.085
老　堡	四	1434.974	6.667	寨　隆	四	1572.506	13.068
塘　库	四	1442.328	7.354	大　岭	四	1583.841	11.335
六　孟	四	1452.455	10.127	岸　山	四	1589.426	5.588
程　祥	四	1463.751	11.296	更　村	四	1595.247	5.821
富　用	四	1472.691	8.940	洛　满	四	1604.889	9.642
平　琴	四	1482.827	10.236	福　塘	四	1615.297	10.408
融　安	三	1490.926	8.099	成　团	四	1624.883	9.586
浮　石	四	1501.254	10.328	柳　江	四	1633.673	8.760
贝　江	四	1512.202	10.948	柳州南	特	1638.176	4.446

注:1.柳州铁路局管辖起点 1370.000 公里,终点 1638.135 公里。
2.区间距离系指相邻车站的中心里程公里,未考虑长短链长度。

第五节　南 昆 铁 路

南昆铁路东起广西壮族自治区首府南宁、西至云南省省会昆明,北接贵州省红果,途经广西、贵州、云南三省(区)19 个县市。全长 899.68 公里,广西境内正线长度 342.6 公里（柳州铁路局管辖南宁至威舍间 490.4 公里）。

南昆铁路东与湘桂铁路相接，通过黎湛、南防、钦北铁路连接北部湾诸港口,西接成昆铁路,北接贵昆铁路，是西南各省市通往东南沿海的便捷通道。

南昆铁路南宁至百色段曾于 1958—1960 年勘测兴建,1961 年因国民经济调整而停工。1975—1984 年重新勘测设计。1990 年5 月,国务院正式批准建设南昆铁路,同年 12 月 24 日,广西南宁至平果(那厘)段动工;1991 年 12 月19 日云南西段工程开工;1993 年 4 月 18 日,贵州北段工程开工,形成桂、黔、滇“三头并进”局面。

1997 年 11 月 30 日，广西第一条电气化铁路——南昆铁路开通临管运营

自 然 特 征

南昆铁路在地域上跨广西盆地、黔桂山区和云贵高原三大地段。线路东起南宁逆右江而上，沿岸地形开阔、平坦。过百色后，地势逐渐升高，丘陵由疏趋密，地形向低中山区过渡。过南盘江后，山峦陡峻、起伏加大。威舍至昆明段属高原台地。全线东低西高，线路海拔由起点南宁的 80 米上升到昆明的 1900 米（黄海高程）。

南昆铁路地质构造，分别受南宁至安龙的东西向构造体系，安龙至陆良的云南山字型构造体系，陆良至石林的新华夏构造体系和石林至昆明的南北向构造体系控制。沿线出露地层以古生界至新生界为主，寒武系仅零星见于南宁附近。南宁至百色段邕江、右江沿岸以碳酸盐岩为主，岩性为中厚层灰岩、白云质灰岩及白云岩，岩溶普遍发育，尤以石炭系及下二叠纪为甚。南盘江、清水河沿岸以及兴义、威舍一带，由石炭、二叠、三叠系变为碳酸盐岩，分布很广。沿线多数地段断裂构造发育，岩层破碎。石林至昆明之间南北向构造体系形成较晚，近期处于较强烈的地震活动期。在广西境内第三系十分发育，主要分布于南宁、隆安、百色等盆地，上部为含煤碎屑岩系，下部为红色碎屑岩。第四系各类成因的松散堆积物广布全线。南宁至百色段第四系黏土类具有膨胀岩（土）性质。

水文地质的主要类型有孔隙水、基岩裂隙水和岩溶水三种。由于碳酸盐岩沿线分布广，岩溶水是全线地下水的主要类型。南宁、坛洛、隆安一带，第三系地下水中氯离子偏高，具有酸性侵蚀作用。

全线基本属亚热带季风湿润气候。右江谷地，夏热冬暖，雨量充沛，年平均气温 20℃—22℃，最高气温 42.5℃，最低气温-2℃。年均降雨量 1100 毫米以上，雨量集中在 5 月—9 月。

地震基本烈度在 6 度和 6 度以上。

线路吸引范围包括桂、黔、滇三省（区）29 个县（市），土地面积 12.4 万平方公里，人口约 2000 万人，聚居着汉、壮、苗、瑶、彝、傣、白、土家、布依、纳西等 10 多个民族。主要矿产资源有煤炭、磷矿、铝土矿、石油、硫铁矿、水晶矿、萤石、铅锌矿等，贵州西南部、云南东部的煤炭、云南中部的磷矿，广西的平果铝矿均在全国占有重要地位。南盘江和红水河自然落差大，水力资源丰富，已列为国家三大水电开发区之一。广西境内盛产稻谷、油料、甘蔗、杧果和亚热带经济作物，沿线还有丰富的旅游资源。

勘 测 设 计

1958 年 6 月，铁二院开始对滇桂铁路进行勘测设计。1959 年，全国铁路天津路网规划会议确定，为开发广西百色地区和右江北岸的煤、铝、铁等资源，先修建南宁至百色铁路。同年 3 月，铁二院提出南宁至百色铁路的初步设计。

1960 年 2 月，铁二院提报南宁至百色铁路施工设计，线路走向从南宁沿右江北岸经隆安、平果、田东、田阳至百色，不包括南宁、百色枢纽在内，建筑长度 228.4 公里，按Ⅰ级铁路标准设计，投资 8000 多万元。同年 4 月，完成百色至昆明段初步设计。

1975 年 9 月，根据交通部计划安排，铁二院重新编制南宁至昆明铁路方案研究报告，进行全线航测制图。

1979 年下半年，铁二院根据铁道部 1978 年上报国家计委关于南昆铁路设计任务书的要求，对南昆铁路分段开展勘测和初步设计。1982年又补充提报南昆铁路修改方案研究报告。同年8月，国务院批准同意尽早做好南宁至红果段的设计比选工作。

1984年12月，铁二院完成南昆铁路南宁至红果段初步设计。1987年11月，完成板桃至威舍180公里沿江方案和顶效方案的比选工作，并提出顶效方案的补充报告和全线初步设计复查工作报告。

1988年5月，铁道部在南宁组织对南昆铁路初步设计鉴定工作。同年7月，批复《关于南昆铁路初步设计》，同意南昆铁路的线路走向自南宁沙井起，经广西平果、百色，贵州顶效、威舍，云南罗平、师宗、宜良，至昆明东，建筑长度874公里；另自威舍出岔，修建红果联络线，建筑长度64.9公里。为了配合平果铝厂建设，先修南宁至平果(那厘)段107.4公里。南昆铁路设计年运输能力2000万吨。1989年2月完成技术设计。

1990年3月，铁道部在成都对南昆铁路再次进行鉴定，确定全线限制坡度。并确定远期更换大型机车，预留增设分界点位置和延长站线股道有效长度。这次会议，铁道部原则批准南宁至那厘段概算为30806万元。

1991年3月，铁道部在成都召开第三次鉴定会议，确定南昆铁路全线电气化，并就南宁枢纽的规划、设计范围和条件(包括南宁客站、南宁化工厂中间站、南宁南编组站及部分区间改线、扩建工程)，近期扩建南宁南编组站一级三场，预留发展二级四场等分别作出鉴定意见。

1993年6月，铁道部在成都召开第四次鉴定会议，主要确定南昆铁路的站后配套工程以及南宁、昆明枢纽技术设计文件。铁道部批复南昆铁路修正总概算为85亿元(不含通信、勘测设计、建设管理、工程监理等费用)。同年10月，铁二院上报铁道部关于南宁至那厘段的修正概算为45152万元。1994年5月，铁道部批准该段总概算为44434万元。

经铁道部批准，南昆铁路设计主要技术标准：

线路等级：Ⅰ级干线。

正线数目：单线。

限制坡度：南宁至百色段6‰。百色至威舍、威舍至陆良、威舍至红果上行6‰，下行13‰。陆良至昆明上行6‰，加力坡13‰，下行13‰。

最小曲线半径：南宁至百色段600米，百色至威舍至昆明及红果400米。

牵引种类：韶山3型电力机车，牵引定数上行3900吨，下行2050吨。

到发线有效长度：850米(预留1050米)。

隧道净空：电气化净空。

桥梁等级：中—活载。

线路上部建筑：初期按次重型配置，正线50公斤/米新轨，站线44.6公斤/米新轨。

闭塞方式：继电半自动闭塞。

通信设备：全线通信线路Ⅰ级。

信号设备：采用透镜式色灯信号，预告、进站、正线出站为高柱信号机，侧线出站为矮型信号机；全线车站为电气集中，结构形式6502大站电气集中电路。

电力设备：全线设10千伏电力贯通线，设坛洛等24个配电所。

全线电气化(含南宁、昆明枢纽)分别在南宁南、百色、昆明三处设供电段。

机车交路：近、远期南宁电力机务段担任南宁至百色至威舍间客运机车交路及南宁南至威舍间货运机车交路。

年输送能力：近期2000万吨，远期3000万吨以上。

勘测设计中运用航拍遥测、瓦斯防爆、高桥长隧、V型支撑等一系列新技术、新设备、新工艺。

施　　工

1959年12月，自治区决定修建南宁至百色铁路，成立南宁、百色地区修建指挥部组织领导施工。南宁、百色地区分别于1960年2月16日和3月4日正式开工，参加筑路民工和铁路专业队伍1.4万人。同年7月停工。完成主要工程量：土石方123.74万立方米，涵洞6座圬工1455立方米，运输便道30.15公里等工程，全部费用372.96万元，其中停工损失和其他费用52.8万元。

1988年8月，铁道部确定南宁至平果段(以下简称南平段)的建设单位为柳州铁路局。同年11月，自治区成立南昆铁路建设领导小组及办公

1997 年 9 月 1 日，南昆铁路南宁至百色段首趟旅客列车开行。图为沿线各族群众在铁路旁等候列车的到来

室，领导、筹划、协调和处理南昆铁路广西段建设。12 月 3 日，柳州铁路局组建南昆铁路南平段建设指挥部（简称南平段建指），负责组织施工有关工作。同月，自治区南昆铁路建设领导小组召开南宁、百色地区行署，南宁市，隆安、平果县以及自治区各厅、局、委负责人会议，落实建设征用土地、拆迁建筑物和贯彻执行国家规定征地每亩平均 4000 元包干以及地区行署、市、县组建相应机构等事宜。

1989 年 2 月，柳州铁路局南平段建指召集设计和拟议中的主要施工单位和自治区重点工程办公室（简称区重点办）、中国人民建设银行柳州铁道支行等有关单位到现场进行技术交底。同时，研究制定工程施工招标、议标办法。同年 5 月，柳州铁路局南平段建指受铁道部委托组织召开南昆铁路环保大纲审议会议。

1990 年 11 月 28 日，自治区与铁道部共同签署《关于南昆铁路开工建设问题的会议纪要》。同年 12 月 10 日，经报铁道部同意，柳州铁路局南平段建指组成有建设银行柳州铁道支行、区重点办、铁二院参加的招标领导小组，开展招标工作。铁二局中标承包 39.61 公里，总包价 1.015 亿元，铁五局三处中标承包 23.82 公里，总包价 3121.1 万元，柳州铁路局工程处中标承包 43.969 公里，总包价 5793.9 万元。全线铺架工程均由铁二院负责。总计站前工程包价为 1.91 亿元。

1990 年 12 月 24 日，南昆铁路南平段开工典礼在南宁市郊江西村接轨处举行，参加施工的有铁二院、铁五院三处、柳州铁路局工程处等为主的路内外 7 个单位的专业队伍和民工近 10000 人。

南昆铁路南平段的工程质量由柳州铁路局工程质量监督站南平段派驻组监理。

1991 年 6 月，铁道部南昆铁路建设指挥部于昆明组建，负责南昆铁路建设的统一组织领导，并在南宁设铁道部南昆铁路指挥部东段南宁办事处，指导和协调南昆铁路东段施工建设。柳州铁路局南平段建指予以保留，待南平段建成后撤销。计划投资由南昆铁路建设指挥部“切块”交柳州铁路局掌握和管理，报南昆铁路建设指挥部归口统计。

1991 年 11 月 28 日，国家组成南昆铁路建设领导小组，并在北京召开会议，落实云南、贵州、广西三省（区）集资拨款（云南 6 亿元，贵州、广西各 2 亿元）以及三省（区）统一包办征地工作。

1992 年 4 月，南昆铁路那厘至八渡段动工，铁二院、铁道部隧道工程局三处专业队伍和民工 8000 多人参加施工。

1993 年 4 月 18 日，国家南昆铁路建设领导小组审查通过《南昆铁路指导性施工组织设计》，要求达到“三大目标”——工期：1997 年年末建成南昆铁路；工程质量：创全线优质工程；技术水平：具有中国 90 年代的筑路技术水平。同年 5 月，南昆铁路南平段开办工程运输。

1994 年 11 月—12 月，柳州铁路局南平段建指组织对南平段各项工程的检查初验和全面整修线路工作，为移交临管运营作准备。

1995 年 3 月 29 日—31 日，铁道部验收组和自治区领导举行正式验收会议，一致认为南平段的设计、施工质量总评优良。决定于同年 4 月1 日将该段移交柳州铁路局临管运营。

1995 年 5 月 25 日，南昆铁路东段铺轨到百色，8 月 1 日起那（厘）百（色）段开通工程运输，与全国铁路运营线办理整车货物直通业务。

1997 年 3 月 18 日，南昆铁路全线铺通，在八渡站举行接轨仪式。11 月 30 日，全线开通临管运营。1998年12月25日,通过国家验收。

南昆铁路正线建筑长度863.2公里,批准总概算231.2亿元,总成本230.15亿元,形成固定资产(资产价值)229.96亿元,其中柳州铁路局管内124.71亿元。柳州铁路局管内主要工程数量及运营设备:路基土石方5691.98×10^4立方米,桥梁277座4.17万米,隧道135座9.94万米,涵洞1012座16.11万米;正线铺轨505.89公里,站线铺轨189.76公里,铺道岔525组;车站56个;通信干线电缆769.96皮长公里,信号577组;给排水管道333.16公里;电力线路993.13公里,接触网导线744.87条公里;房屋1071栋43.28万平方米;机车、车辆2672台(辆);机械动力设备5859台(套)。

扩能改造及病害整治

南昆铁路开通运营后,运量迅速上升。由于线路会让站少、桥隧重点病害多,制约运能的提升。柳州铁路局在南昆铁路投入运营不久即对其进行扩能改造、线路补强和重点病害整治。

1999年12月,投资138.8万元,对百色站场扩建改造(详见第一篇第三章第三节百色站)。

2000年,铁道部批准南宁至威舍段新建16个会让站,其中广西境内的杨美、定顿、连安、山心、三塘(后改为保安)、喜屯、乐里河、红旗屯、岩龙9个站各增建1股道,仑圩、那何、雁江3个站各增建2股道;工程投资7822万元,其中铁道部投资5480万元,其余由柳州铁路局自筹;由柳州铁路局工程处,百色、兴义工务段施工;2000年动工,2001年建成9个站,2002年全部建成。南宁至百色区段列车通过能力由28对/日增至45对/日,年运输能力由1318万吨提高到1870万吨;客、货运紧张局面得到缓解。同年,柳州铁路局根据铁道部建设司《关于南昆铁路柳局管内7项重点病害整治工程会议纪要》精神,以及铁道部运输基础部组织科研、设计、施工、运营管理单位专家提出的方案对桥隧病害进行整治。马路冲3号桥柔性墩和圬工梁横向振幅超过容许值(第6孔横向振幅最大峰值7.5毫米)及墩台帽裂纹,危及行车安全,4月7日,采取列车通过限速45公里/小时措施组织施工,将柔性墩改为普通刚性墩。平林1号隧道由于衬砌厚度远小于设计尺寸、拱部和边墙开裂掉块,平旺3号隧道拱部和边墙开裂掉块,危及行车安全。对拱部开裂采用临时架设钢拱架铺设钢丝进行防护、整环嵌钢拱及喷射混凝土加固;对圬工厚度不够,采取拆除重砌;对边墙开裂、内挤,采取填脚系统锚杆加固。病害整治由柳州铁路局工务勘测设计所设计,桥隧大修段施工。

2002—2005年,根据全国铁路列车提速调图需要,南昆铁路南宁至威舍段更换60公斤/米钢轨215.64公里;铺设60公斤/米钢轨无缝线路282.051公里;60公斤/米提速道岔218组。2004年,投资12170万元(其中铁道部投资8520万元、铁路局投入更改资金3650万元)实施南昆铁路南宁至威舍段(不含威舍站)牵引供电系统能力加强工程。12月16日开工,2015年9月竣工。牵引供电系统能力满足上下行牵引质量4000吨,运输能力2260万吨/年。柳州铁路局投资417.6万元,分别请中国科学院地球物理研究所及中国铁路工程公司设计部采用雷达、数码摄影、声波等无损检测手段进行全面检测,查清南昆铁路132座9.32万米隧道病害基本情况,制订措施,有计划地逐年进行整治。

表1-17 **1997—2005年主要年份南昆铁路广西境内主要技术设备**

项目	单位	1995年	2000年	2005年	项目	单位	1995年	2000年	2005年
营业长度	公里	343.3	343.3	343.3	无缝线路	公里	0	0	247.6
正线长度	公里	342.6	342.6	342.6	桥梁	座/米	277/48812	277/48812	279/48903
站线长度	公里	107.5	126.4	167.8	隧道	座/米	135/99395	135/99395	135/99395
50公斤/米钢轨	公里	437.3	429.6	208.3	涵渠	座/米	1517/34583	1518/34598	1538/34814
60公斤/米钢轨	公里	53.1	66.9	282.1	车站	个	27	27	36

表 1-18

2000 年、2005 年南昆铁路广西境内区段输送能力

单位：万吨/年

区　段	2000 年	2005 年	区　段	2000 年	2005 年
江西村—百　色（208 公里）	1318.8 / 740.1	2220 / 928	百　色—威　舍（286 公里）	1241.6 / 652.4	1917 / 795

注：斜线上方数字为上行、下方为下行。

表 1-19

2000 年、2005 年南昆铁路广西境内区段货流密度

单位：万吨/年

区　段	2000 年	2005 年	区　段	2000 年	2005 年
江西村—百　色（208 公里）	1148.7 / 643.3	2360.1 / 1502.5	百　色—威　舍（286 公里）	1111.9 / 625.2	2277.0 / 1472.7

注：斜线上方数字为上行、下方为下行。

表 1-20

2005 年南昆铁路广西境内车站分布

站　名	等　级	中心里程（公里）	区间距离（公里）	站　名	等　级	中心里程（公里）	区间距离（公里）
江西村	四	0	0.000	田　阳	三	172.647	9.712
扬　美	五	8.906	8.906	坡　圩	五	181.863	9.216
南武康	五	18.778	9.872	三　塘	五	191.166	9.303
定　顿	五	29.115	10.337	六　塘	五	199.181	8.015
那　桐	四	38.747	9.632	百　色	三	207.222	8.041
双　邓	五	48.306	9.559	永　乐	五	219.246	12.024
连　安	五	58.223	9.917	下　塘	五	230.349	11.103
隆　安	三	66.756	8.533	喜　屯	五	240.420	10.071
雁　江	五	76.819	10.063	田　丁	五	248.870	8.450
平　果	三	86.805	9.986	汪　甸	五	258.985	10.115
那　厘	三	95.375	8.570	乐里河	五	263.925	4.940
山　心	五	105.674	10.299	田　林	五	272.380	8.455
思　林	四	116.191	10.517	红旗屯	四	284.030	11.650
那　何	五	126.250	10.059	潞城乡	五	293.970	9.940
林　逢	五	136.136	9.886	岩　龙	五	303.668	9.698
田　东	三	145.596	9.460	板　桃	五	312.536	8.868
仑　圩	五	154.821	9.225	根　龙	五	323.018	10.482
那　宁	五	162.935	8.114	平林村	五	334.037	11.019

第六节　洛 湛 铁 路

洛阳至湛江铁路，是中国铁路“八纵八横”之一大（同）湛（江）通道的组成部分，与京广、京沪、京九等铁路干线共同构成中国纵向铁路路网骨干，是中西部地区通往湛江等沿海港口的重要出海通道。1999 年 12 月由国家计委批复修建。它的修建对缓解焦柳铁路怀化至柳州段运能饱和，解决湘桂铁路永州以南2010年客车10对、货运552万吨运能缺口，促进湘南、桂东、粤西地区经济发展具有重要作用。

自 然 特 征

洛湛铁路广西境内洪塘至玉林段沿线地势北高南低，北部穿越南岭山脉、大桂山。江村至贺街段为剥蚀、溶蚀残丘及溶岩孤峰平原区，具有典型喀斯特地貌。贺街至容县段为丘陵区，地形起伏较大。容县至玉林段为剥蚀残丘、溶岩孤峰平原，地形开阔平坦。洛湛铁路洪塘至玉林段，上覆盖第四系全新统，更新土层广布；下伏基岩以沉积岩为主，岩层风化厚度大，膨胀性土较发育。沿线地震烈度Ⅱ度及其以下。广西境内沿线河流属珠江水系，有新华河、连山河、贺江、桂江、浔江、思良江、糯垌河、义昌江、黄华河、绣江及其支流。属热带季风湿气候，极端最高气温40℃，极端最低气温-3℃，平均气温21.2℃—22℃。

洛湛铁路广西境内沿线吸引范围有贺州、梧州、贵港、玉林市，面积4.78万平方公里，人口约1700万。主要矿产有锰、铁、稀土、铅锌、钛铁、钾长石、硫铁矿、锂铷矿、锡矿、大理石、花岗岩、高岭土、石灰石、白云石、珍珠岩、石英、滑石等。工业有卷烟、水泥、木材、松脂、松香、造纸、建筑瓷、大理石、花岗岩加工等。农业盛产水稻及油料、蔬菜、甘蔗、茶叶、木薯、柑橙、荔枝、龙眼、香蕉、沙田柚等经济作物。沿线及周边地区森林、旅游资源丰富。

2004年12月15日，洛湛铁路广西段开工。图为梧州开工动员大会会场

勘 测 设 计

洛湛铁路由铁二院设计。由国家计委、发改委、铁道部分区段、分阶段审查批复可行性研究报告以及初步设计。

2002年7月，铁道部向国家计委报送新建永州至岑溪段可行性研究报告。同年12月9日—13日，中国国际工程咨询公司受国家计委委托，对“洛湛铁路通道新建永州至岑溪段工程可行性研究”进行现场评估。2004年11月10日，铁道部审查批复初步设计。广西境内洪塘至岑溪段正线全长282.14公里，设洪塘、福利、富川、井山、钟山、贺州、贺街、长滩、乐善、信都、石桥北、龙田、旺铺、梧州北、梧州、孔良、埌南、富埇、罗同、糯洞、岑溪北、岑溪22个车站。

2004年10月，铁道部召开岑溪至玉林段可行性研究评审会，并向国家发改委报送《洛湛铁路通道新建岑溪至玉林段工程可行性研究报告》。2005年5月，国家发改委批准可行性研究报告。同年8月23日，铁道部审查批复初步设计。正线总长96.6公里，设马路圩、大坡村、容县、北流东、北流、玉林东6个车站。

永州至岑溪段主要技术标准：铁路等级国铁Ⅰ级，正线数目单线，限制坡度6‰，最小曲线半径一般1600米，困难地段1200米，到发线有效长度850米。正线钢轨类型60公斤/米，混凝土轨枕，桥梁等级中—活载，桥梁限界标准国家“建限-1”，预留电气化“建限-2”，隧道限界标准“隧限-2单线”，预留“隧限-2双线”。旅客列车行车速度140公里/小时。牵引种类内燃，预留电气化条件，牵引定数3500吨。闭塞类型继电半自动。运量预测近期客车13对、远期15对；货运密度近期1120万吨/年、远期1430万吨/年。工程投资94.5亿元，其中国家开发银行提供贷款55亿元，其余使用铁路建设基金。

岑溪至玉林段主要技术标准与永州至岑溪段相同。运量预测，客车

2007 年 11 月，洛湛铁路重点控制工程竹塘隧道铺轨

初期 6 对，近期 8 对；货运初期上行 496 万吨/年、下行 442 万吨/年；近期上行 608 万吨/年、下行 552 万吨/年。工程投资17.4 亿元，其中国家开发银行贷款 11.3 亿元，铁路建设基金 6.1 亿元。

施　工

2004 年 11 月，柳州铁路局组建洛湛铁路建设指挥部，作为洛湛铁路的建设单位。通过招投标，中交一公司，中铁十五、十三、三、十九、十七、十二、二十五、一、二十二、十八、五、九、七、十一、十六局，大桥局，隧道局，电气化局等单位中标，分别按标段负责施工。华铁工程咨询公司、铁四院工程监理咨询公司、长沙铁道学院建设监理公司、柳州铁路建设监理公司为监理单位。

洛湛铁路洪塘至岑溪段 2004 年 12 月 15 日开工，岑溪至玉林段 2005 年 10 月 21 日开工。至2005 年末，洪塘至岑溪段完成投资 26.4 亿元。开累完成路基土石方 3662 万立方米，占设计总量49.1%；完成特大、大、中、小桥 3.37 万折合米，占设计总量 51.7%；完成隧道 2.6 万折合米，占设计总量 40.4%。岑溪至玉林段完成投资 2 亿元。完成路基土石方 103 万立方米，占设计总量11%；完成特大、大、中桥梁 463 折合米，占设计总量 3.6%；完成隧道 866 折合米，占设计总量6.5%。

洛湛铁路线路全长 560.6 公里，广西境内洪塘至玉林段正线长度 378.7 公里。于 2009 年 7 月 1 日建成通车，9 月 9 日开行旅客列车。它的建成，填补了湘、桂、粤交界地区铁路的空白，结束广西东部“地无寸铁”的历史，为桂东地区的经济社会发展提供一条人畅其行、物畅其流的“致富路”。

第二章　地方合资及其他铁路

1991年，广西地方铁路有来合、三罗、金红、洛茂、桂海、东罗6条，线路总长415.3公里，正线长度308.6公里，营业里程297公里。有桥梁82座4596.3米、隧道13座3234.9米、涵洞1180座21448.9米。合资铁路有南防铁路，线路总长205.3公里、正线172.4公里、营业里程172.4公里，有桥梁105座10250.5米、隧道21座5104.5米、涵洞599座13598.6米。1991—2005年间，自治区筹资新建钦北、钦港、黎钦铁路。南防铁路增建车站、新建和延长车站到发线和其他线路，来合铁路部分车站站线延长，金红铁路新建金城江西站，东罗铁路拆除。2002年6月，铁道部和自治区协议，组建广西沿海铁路公司，南防、钦北、钦港、黎钦铁路由广西沿海铁路公司经营管理。2005年年末，广西地方铁路有限公司管辖线路总长412.5公里，其中正线长度284.6公里，营业里程273.1公里，桥梁81座4544.8米，隧道13座3249.8米，涵洞1133座20777.3米。广西沿海铁路公司管辖线路总长度522.1公里，其中正线长度408公里、营业里程408公里，桥梁218座24096.9米、隧道23座5775.5米、涵洞1525座3333.6米。

第一节　来合铁路

来合铁路起于湘桂铁路来宾站，经古瓦、桥巩、白鹤隘、河里、王所至合山终点站，正线长度64.2公里，是广西合山矿务局煤炭外运专用线。来合铁路由来合管理段管理。

广西地方铁路有限公司(1991年至1992年8月为柳州铁路局，1992年9月至1997年12月为广西地方铁路公司，下同)根据电煤运输的需求，有计划地对来合铁路进行扩能改造。1991—1992年，投入更新改造资金53.58万元、设备大修资金419.9万元，完成线路大修1.6公里，成段更换50公斤/米再用轨3.29公里，更换混凝土轨枕5.6公里及整治部分路基病害。1993—1997年，投入大修资金500.7万元，更换来宾至白鹤隘间混凝土轨枕4公里、50公斤/米再用钢轨2.6公里、50公斤/米新钢轨4.26公里。2003年6月，投入大修资金3844.3万元，将K0+379—K12+443、K24+710—K54+177间的43公斤/米旧钢轨更换为50公斤/米新钢轨。2005年6月，投资3932.9万元，延长古瓦、白鹤隘、合山站股道，有效长度分别由684、749、850米延长至1104、989、1036米。对K36+150—K37+050线路坡度进行抬道，由3.7‰抬高到6.7‰；对K37+050—K37+500、K37+500—K37+910、K38+300—K38+560、K54+680—K55+420线路实施降坡，坡度分别由12‰、9‰、7.5‰、9.5‰降为7‰、6.3‰、6.1‰、6.5‰。更换50公斤/米新钢轨12号道岔22组，50公斤/米新钢轨9号道岔2组，工程于12月30日竣工。

通过技术改造，来合铁路线路设备改善，行车速度提高到55公里/小时，列车通过能力8对/日，牵引能力下行3500吨，上行3800吨。

1991—2005年，来合铁路完成旅客发送量92.21万人，货物发送量2624.39万吨，货物到达量1158.71万吨。

表 1-21 **1991—2005 年主要年份来合铁路主要技术设备**

项　　目	单　位	1991 年	1995 年	2000 年	2005 年
营业长度	公里	55.8	55.8	55.8	55.8
正线长度	公里	64.2	64.2	64.2	64.0
站线长度	公里	16.8	16.3	16.3	16.9
43 公斤/米钢轨	公里	50.7	44.5	34.8	0
50 公斤/米钢轨	公里	15.4	19.6	29.3	64.2
钢筋混凝土轨枕	公里	65.4	67.3	67.3	74.1
桥　梁	座/米	18/421	18/421	18/421	18/421
涵　洞	座/米	393/4639.6	393/4639.6	393/4639.6	393/4639.6
隧　道	座/米	1/339.6	0	0	0
车　站	个	6	6	4	4

注：来宾站列入湘桂铁路统计。

表 1-22 **2005 年来合铁路车站分布**

站　　名	等　级	中心里程（公里）	区间距离（公里）	站　　名	等　级	中心里程（公里）	区间距离（公里）
来　宾	三	0.400	—	河　里	四	41.718	10.568
古　瓦	四	10.890	10.490	合　山	二	56.245	14.527
白鹤隘	四	31.150	20.260				

表 1-23 **1991—2005 年来合铁路客、货运量**

年度	旅客发送量（万人）	货物发送量（万吨）	货物到达量（万吨）	年度	旅客发送量（万人）	货物发送量（万吨）	货物到达量（万吨）
1991	11.47	258.56	28.97	1999	4.92	186.51	54.22
1992	12.37	273.21	30.48	2000	6.42	157.26	73.72
1993	8.01	265.52	41.17	2001	7.24	123.70	71.78
1994	5.83	230.02	77.68	2002	7.29	90.09	62.93
1995	6.74	221.49	57.30	2003	9.10	80.82	90.86
1996	4.32	228.84	56.18	2004	4.15	72.77	132.10
1997	2.64	185.25	74.41	2005	—	48.88	233.78
1998	1.71	201.47	73.13				

注：注：2005 年，来合铁路旅客列车停止开行。

第二节 三 罗 铁 路

三罗铁路从黔桂铁路三岔站出岔,经查岩、三合、甘棠村、新印至罗城终点站,正线长度 64.4 公里,主要运输品类有煤、矿石、木材、食糖等,由罗城管理段经营管理。

广西地方铁路有限公司自 1992 年以来,多次投入资金对部分线路进行大修改造。1992—1995年,投入大修资金 190 万元,成段更换 K19+000—K25+000、K36+270—K38+500 线路混凝土轨枕。1996—1997 年投入大修费用 243.4 万元,成段更换 K38+550—K43+800 线路混凝土轨枕。2000—2002 年,投资 110.4 万元,成段更换 K25+000—K26+050、K43+800—K45+746 线路混凝土轨枕。1992—2005 年,全线更换混凝土轨枕 37.6 公里。通过成段更换混凝土轨枕,线路质量有所提高,行车速度提高到 35 公里/小时,列车通过能力 4 对/日,机车牵引能力下行 950 吨,上行 1800 吨。

1991—2005 年,三罗线完成旅客发送量 90.35 万人,货物发送量 1092.31 万吨,货物到达量 305.32 万吨。

表 1-24 1991—2005 年主要年份三罗铁路主要技术设备

项目	单位	1991 年	1995 年	2000 年	2005 年
营业长度	公里	64	64	64	64
正线长度	公里	64.4	64.4	64.4	64.4
站线长度	公里	11.1	11.1	11.1	11.1
43 公斤/米钢轨	公里	54.6	54.6	54.6	54.6
50 公斤/米钢轨	公里	9.8	9.8	9.8	9.8
钢筋混凝土轨枕	公里	—	22.9	33.9	37.6
桥梁	座/米	25/1279	25/1279	25/1279	25/1279
隧道	座/米	3/569	3/569	3/569	3/569
涵洞	座/米	169/3637.9	169/3637.9	170/3647.4	171/3657.4
车站	个	6	6	5	4

注:三岔站列入黔桂铁路统计。

表 1-25 2005 年三罗铁路车站分布

站名	等级	中心里程(公里)	区间距离(公里)	站名	等级	中心里程(公里)	区间距离(公里)
三岔	四	—	—	新印	四	44.506	25.065
查岩	四	7.665	7.665	罗城	三	49.299	4.793
三合	四	19.411	11.776				

表 1-26 1991—2005 年三罗铁路客、货运量

年度	旅客发送量（万人）	货物发送量（万吨）	货物到达量（万吨）	年度	旅客发送量（万人）	货物发送量（万吨）	货物到达量（万吨）
1991	7.97	65.79	14.44	1999	6.97	76.28	12.56
1992	9.25	66.24	16.74	2000	8.36	76.14	14.90
1993	5.61	75.76	23.54	2001	7.48	80.36	15.05
1994	3.63	87.65	24.84	2002	5.40	61.85	19.87
1995	3.37	101.55	31.92	2003	6.61	29.94	15.44
1996	3.38	108.18	31.92	2004	5.09	38.99	24.73
1997	5.91	96.05	19.56	2005	4.42	35.92	22.60
1998	6.90	91.61	17.21				

第三节 金红及洛茂铁路

金红铁路从黔桂铁路金城江站出岔，经温平、坡华、普洛、华江、雅脉至上朝站，正线长度 82.9 公里。洛茂铁路，从金红铁路普洛站出岔，经都川、仁德进入贵州省肯甫、平寨至更班站，正线长度 55.5 公里。金红、洛茂铁路分别为运输红山及更班矿务局的煤炭而修建。主要运输品类除煤炭外，还有钢铁、矿石、冶金原材料等。金红、洛茂铁路由金城江管理段经营管理。

1996 年 5 月至 1997 年 5 月，广西地方铁路有限公司投入资金将金红、洛茂铁路各车站煤油灯信号显示和臂板信号联锁全部改造为半自动联锁和色灯信号。

1998 年 4 月，根据金城江卸煤、储煤的需要以及解决机车整备、洗修线路问题，广西地方铁路有限公司投资 1670 万元，在金城江至温平间距离金城江站 K2+102 处出岔新建金城江西站，其中 1500 万元用于新建站线 4 股道 2884 米（不含正线）、机车整备线 4 股道 920 米、洗修线 2 股道 202 米、安全线 1 股道 110 米，170 万元用于建造站房。线路由广西地方铁路有限公司设计院设计，由金城江管理段承发公司施工；站房由河池市综合设计院设计，由河池市市政工程公司施工。线路、站房均由柳州铁道恺建监理公司监理。主要技术标准：站线线路等级工业企业Ⅱ级，到发线有效长 550 米，站场线路平面最小曲线半径 500 米，站场线路最大纵坡 1.5%。铺设 43 公斤/米旧钢轨和新混凝土轨枕。信号设备，站场采用小站电气集中联锁，区间采用 64D 半自动闭塞。站房 2 层砖混框架结构，建筑面积 510.59 平方米。工程于 1998 年 4 月 1 日开工，12 月 15 日竣工。

2003 年 12 月，广西地方铁路有限公司投资 450 万元，在金城江西站（河池市玉峰路 22 号）新建金城江管理段办公楼，建筑面积 3677.66 平方米，6 层框架结构。由河池市综合设计院设计，河南新乡市建设总公司北海公司施工。

1991—2005 年，柳州铁路局和广西地方铁路（有限）公司投入资金 6190 多万元，大修线路、整治路基病害，先后 5 次成段更换混凝土轨枕 116.8 公里。金红、洛茂铁路通过成段更换线路混凝土轨枕，加厚道床石砟及整治部分路基病害，具备运行内燃机车条件，金城江至普洛、普洛至平寨段列车运行速度分别由 50 公里/小时、45 公里/小时，提高到 60 公里/小时，牵引定数金城江至平寨段由下行 750 吨、上行 1350 吨，分别提高到 1850 吨和 3000 吨。

1991—2005 年，金红、洛茂铁路完成旅客发送量 332.32 万人，货物发送量 2994.92 万吨，货物到达量 179.48 万吨。

表 1-27 **1991—2005 年主要年份金红、洛茂铁路主要技术设备**

项　　目	单　位	1991 年	1995 年	2000 年	2005 年
营业长度	公里	135.5	135.5	135.5	135.5
正线长度	公里	138.4	138.4	138.4	138.4
站线长度	公里	24.9	24.9	29.1	29.1
43 公斤/米钢轨	公里	36.8	36.8	36.8	36.8
钢筋混凝土轨枕	公里	59.3	79.8	91.6	157.4
桥　梁	座/米	34/2496	34/2496	34/2496	34/2496
隧　道	座/米	9/2340.9	9/2340.9	9/2340.9	9/2340.9
涵　渠	座/米	508/11603.8	508/11603.8	508/11603.8	508/11603.8
车　站	个	10	10	11	11

注：普洛站列入金红铁路统计。

表 1-28 **2005 年金红铁路车站分布**

站　名	等　级	中心里程（公里）	区间距离（公里）	站　名	等　级	中心里程（公里）	区间距离（公里）
金城江西	四	2.557	2.557	华　江	四	56.373	17.595
温　平	四	12.844	10.287	雅　脉	四	68.336	11.963
坡　华	四	28.639	15.795	上　朝	四	82.455	14.119
普　洛	四	38.778	10.139				

表 1-29 **2005 年洛茂铁路车站分布**

站　名	等　级	中心里程（公里）	区间距离（公里）	站　名	等　级	中心里程（公里）	区间距离（公里）
普　洛	四	0.000	0.00	肯　甫	四	38.703	16.977
都　川	四	13.946	13.946	平　寨	三	51.740	13.037
仁　德	四	21.726	7.780				

表 1-30 **1991—2005 年金红、洛茂铁路客、货运量**

年度	旅客发送量（万人）	货物发送量（万吨）	货物到达量（万吨）	年度	旅客发送量（万人）	货物发送量（万吨）	货物到达量（万吨）
1991	24.57	151.89	11.69	1999	17.05	207.58	5.53
1992	27.57	162.46	12.48	2000	19.59	202.98	6.27
1993	21.91	188.57	13.48	2001	19.63	234.97	7.62
1994	26.56	207.07	10.57	2002	22.36	207.07	11.55
1995	30.40	233.48	5.87	2003	23.69	197.16	25.56
1996	31.23	265.73	6.42	2004	8.05	154.51	26.22
1997	31.45	260.80	3.24	2005	4.89	111.71	26.55
1998	23.37	208.94	6.43				

第四节 桂海铁路

桂海铁路从桂林南站接轨至大圩终点站，正线长17.7公里，站线长4.4公里。线路正线铺设43公斤/米钢轨、站线铺设37或41公斤/米钢轨。有桥梁4座343米，涵渠55座854米。设桂林东、大圩站。主要运输品类有煤、矿石、化肥、木材等。桂海铁路由桂海管理站(1997年9月更名为广西地方铁路有限公司桂林东站)经营管理。

1991—1994年，柳州铁路局和广西地方铁路公司投入设备大修和更新改造资金132.1万元，成段更换钢筋混凝土轨枕5.6公里。2002年4月，广西地方铁路有限公司投资79.46万元改建八桂道口。同年12月，投资36.1万元，修建桂林东站整备线0.491公里。2004年4月，投资81.95万元，新建桂林东站货物线0.6公里。

1991—2005年，桂海铁路完成货物发送量163.63万吨、到达量329.85万吨，其中1991—1995年完成货物发送量51.52万吨、到达量55.44万吨、1996—2000年完成货物发送量44.89万吨、到达量131.47万吨、2001—2005年完成货物发送量67.22万吨、到达量142.94万吨。

第五节 东罗铁路

东罗铁路从湘桂铁路渠黎车站南端出岔至东罗矿区，正线长23.9公里，是广西东罗矿区煤炭外运专用线，由东罗管理站经营管理。

1991年，东罗铁路办理客货运输业务。1992年，因旅客发送量少，停止办理旅客运输业务。1991—1995年，完成货物发送量356.1万吨、1996—2000年，完成货物发送量155.29万吨。

从2000年1月1日起，因东罗矿务局煤炭资源枯竭实施关闭破产，东罗铁路停止铁路运输经营活动，东罗铁路管理站职工由广西地方铁路有限公司分流安置。广西地方铁路有限公司致函自治区经贸委申请拆除东罗铁路。2001年8月5日，自治区经贸委下达《关于对拆除报废东罗站煤炭专用线征求意见的复函》，同意拆除报废渠黎至东罗煤炭专用铁路线。同年9月21日，自治区财政厅下达《关于同意拆除报废东罗管理站铁路专用线资产的批复》。渠黎至东罗煤炭专用铁路线4项固定资产总值2588.48万元，扣除已计提折旧1022.58万元，净值1565.9万元作报废处理，并将上述各项资产清理报废变作收入，扣除清理费用后的净收入与其账面净值(固定资产原值减累计折旧)的差额，按净收益或净损失的性质分别计入营业外收入和营业外支出。

第六节 南防铁路

南防铁路是由自治区与铁道部于1978年3月共同出资修建的合资铁路，正线长度172.4公里，1986年12月全线贯通，1987年5月1日由中铁二局新线铁路运输处投入临管运营。1990年12月26日成立南防铁路公司，1991年1月1日起负责南防铁路的运营管理。南防铁路北接湘桂、南昆（1997年南昆铁路通车后）2条国家铁路干线，南抵北部湾，连接防城、钦州港，是西南各省(市、区)出海最便捷的通道。南防铁路交付正式运营时，完成投资42573.87万元（含茅岭江特大桥），为1984年铁道部批准线路部分及茅岭江特大桥总概算46307.5万元的91.9%；交接核计未开工、未完成工程量8116.68万元。

1991—1994年，投资1.02亿元(其中铁道部基建拨款2000万元，其余由南防铁路公司筹集)，完成南防铁路收尾及配套工程。采取向柳州铁路局、中铁二局和地方专业单位发包方式组织施工。架设通信电线路250公里；安装电动臂板信号联锁9个站，全线实现半自动闭塞；整修正线、站线199.5公里，补充石砟15万多立方米；整治重点路基病害30余处；增开那罗站，扩建防城港站货场；购置南宁南机车运用段洗修库；安装10个车站脉冲轨道电路；配置防城港站和防城港折返段无线对讲机及货车轴温探测仪；架设电力线11.8公里；建设南宁、南宁南、钦州、防城港办公、生活基地等。

1995年10月至2002年5月，南防铁路公司对南防铁路投入“基、大、改”资金3.68亿元，其中用于线路、通信、信号和机车及整备等设备进行更新改造及大修2.11亿元。2002年6月，广西沿海铁路公司成立后，进一步加大更新改造的投入，筹资2.14亿元，新建大拟、大垌站，新建钦州站到发线和牵出线各1条，整修吴圩、钦州、防城港站军用站台。对线路进行一次中修，将K0+000—K129+000段的43公斤/米钢轨陆续更换为50公斤/米再用轨，铺设50公斤/米钢轨无缝线路42公里；线路混凝土轨枕正线由1600根/公里加密至1760根/公里，曲线增加到1840根/公里；7处平交道口改立交。通过初期扩能改造，线路设备大为改善，行车允许速度提高至100公里/小时。

根据铁道部和自治区签订的《关于加快推进广西铁路建设的会议纪要》中关于由柳州铁路局作为铁道部的出资代表向广西沿海铁路公司进行增资扩股并实现控股的精神，铁道部再次投资南防铁路扩能改造。2003年6月，由柳州铁路局委托铁二院对南防铁路扩能改造进行可行性研究，12月完成可行性研究报告。2004年9月20日，铁道部批准南防铁路扩能改造工程项目，概算总额2.17亿元。11月，铁二院提交全部初步设计文件。扩能改造的主要技术标准：线路等级国铁Ⅰ级（非改造地段维持Ⅱ级）；正线数目单线，预留南宁南至马皇段双线条件；曲线最小半径800米，困难地段400米；限制坡度6‰；到发线有效长度850米；牵引种类内燃机车，预留电气化条件，牵引定数3500吨；闭塞方式半自动闭塞。柳州铁路局建设项目中心组建的南防铁路扩能建设工程指挥部为建设单位。广西沿海铁路生瑞工程公司、中铁二十五局柳州公司、广西铁建铁路工程有限公司、上海通号公司、中铁二局电务公司、中铁建筑总公司电化局五公司负责施工。中国华西工程设计建设有限公司负责工程监理。2004年12月16日，扩能改造工程正式动工。主要工程有：增开大王滩、大元2个缓开站；吴圩、宁村、那铺、百浪、小董、钦州、茅岭、防城港站到发线有效长由650米延长到850米；防城港站增加到发线2条、边修线1条、安全线1条；新建长途骨干及本地中继传输通信系统和接入网，对钦州、防城港电话交换机进行扩容；新建450MH2B制式列车无线电话；新建全线DMIS调度信息指挥系统；对信联闭设备进行改造；全线新建10千伏电力贯通线和电力运送系统；新增红外轴温探测系统；完善既有车号识别系统；防城港站配置货车运行故障动态检测设备1台等。2005年10月28日工程全部竣工。经过再次扩能改造，南防铁路南宁南至马皇段列车通过能力38对/日，年运输能力由921万吨提高到1919万吨；钦州至防城港段列车通过能力27.5对/日，年运输能力由972万吨提高到1535万吨。

1991—2005年，南防铁路运输生产快速发展。1991年，完成货物发送量91.41万吨，货物到达接入量164.23万吨；2005年，完成货物发送量983.49万吨，货物到达接入量540.49万吨，分别为1991年的10.8倍和3.3倍。1992—2005年，完成旅客发送量343.73万人。

2005年，运行在南防铁路的旅客列车

表 1-31

1991—2005 年主要年份南防铁路主要技术设备

项　　目	单　位	1991 年	1995 年	2000 年	2005 年
营业长度	公里	172.4	172.4	172.4	172.4
正线长度	公里	172.4	172.4	172.4	172.4
站段岔特线长度	公里	33.0	33.0	50.4	70.8
50 公斤/钢轨	公里	0	0	128.1	150.8
43 公斤/钢轨	公里	172.4	172.4	44.3	21.5
无缝线路	公里	0	0	0	19.7
钢筋混凝土轨枕	公里	157.8	157.8	157.8	157.3
桥　梁	座/米	105/10250.5	105/10250.5	105/10250.5	107/10298.1
隧　道	座/米	21/5104.5	21/5104.5	21/5104.5	21/5104.5
涵　洞	座/米	599/13598.59	599/13598.59	599/13598.59	602/13636.48
车　站	个	10	11	13	15

注：南宁南站列入湘桂铁路统计。

表 1-32

2005 年南防铁路车站分布

站　名	等　级	中心里程（公里）	区间距离（公里）	站　名	等　级	中心里程（公里）	区间距离（公里）
南宁南	一	0	—	大　拟	四	73.943	10.730
那　罗	四	7.855	8.457	小　董	四	86.970	13.027
吴　圩	四	18.472	10.617	大　垌	四	100.140	13.170
大王滩	五	25.060	6.588	马　皇	四	108.274	8.134
宁　村	四	35.314	10.254	钦　州	三	116.950	8.676
大　元	五	44.410	9.096	茅　岭	四	141.084	24.134
那　铺	四	53.234	8.824	防　城	四	154.028	12.944
百　浪	五	63.213	9.979	防城港	二	170.660	16.632

表 1-33

1991—2005 年南防铁路客、货运量

年度	旅客发送量（万人）	货物发送量（万吨）	货物到达量（万吨）	年度	旅客发送量（万人）	货物发送量（万吨）	货物到达量（万吨）
1991	—	91.41	164.23	1999	22.83	398.75	398.33
1992	18.18	149.90	145.67	2000	20.42	424.45	410.54
1993	28.14	175.02	185.40	2001	18.19	530.04	396.14
1994	39.25	204.49	272.25	2002	21.39	592.82	395.54
1995	49.07	207.09	261.34	2003	19.35	680.03	409.32
1996	25.01	221.16	343.36	2004	20.71	773.96	456.25
1997	16.88	261.72	374.47	2005	27.39	983.49	540.49
1998	16.92	313.08	379.03				

第七节 钦北铁路

钦北铁路是由自治区筹资修建的地方铁路，西北从南防铁路钦州站接轨，途经钦州东、那丽、旺乡岭、合浦，东南至北海市，正线长度98.4公里。1991年7月，自治区政府确定南防铁路公司为钦北铁路建设单位；9月，成立自治区主席为组长的自治区钦北铁路建设领导小组；11月1日动工。1995年4月7日全线通车，5月12日在北海站举行通车庆典，7月1日投入临管运营，9月1日与全国铁路运输联网。钦北铁路与南防铁路连成一体，构成大西南便捷出海通道，使北海市与钦州、防城港市形成立体交通运输网，促进广西沿海和北部湾的经济发展。

钦北铁路位于广西南部，濒临北部湾，属高温多雨的亚热带季风性海洋气候，气温平均25℃，5月—10月受台风影响大，年均降雨量1646毫米—2084毫米。地势北高南低，线路所经区域大致分为3个地貌单元，即桂南丘陵、河流三角洲、滨海平原。沿线分布有志留系、泥盆系、侏罗系等几个不同时代的岩地层。南流江区域的线路、桥梁、涵洞位于七级地震区，路基、桥涵地基易产生地震液化。

1985年4月，自治区委托铁二院提出钦北铁路可行性研究报告。1986年8月，完成初步设计。1991年1月，根据中国地方铁路协会的技术咨询意见和北海市人民政府的要求，铁二院对钦北铁路初步设计再次修改、补充，提出中线综合方案。7月，自治区建委批复同意中线综合方案；1994年10月，批准总概算6.41亿元。主要技术标准：线路等级地方铁路I级；限制坡度6‰；曲线半径一般地段600米，困难地段400米；到发线有效长度650米，预留850米；牵引种类蒸汽机车，牵引定数3000吨；桥梁等级中—活载。线路铺设50公斤/米旧钢轨，S-T型钢筋混凝土轨枕及70型板式扣件，轨枕1520根/公里；闭塞方式继电半自动；年输送能力初期200万吨，近期365万吨，远期600万吨。

钦北铁路采取逐段招标、逐段组织施工队伍进场施工的办法，共划分12个施工段进行施工。柳州铁路局工程处，中铁二、五、十一局，武汉铁路工程公司，钦州地区建筑工程公司，钦州市建筑工程公司，合浦县建筑工程公司，北海市政工程处，自治区机械施工公司和航道工程处11个施工企业中标。施工期间，铁路沿线各县、市分别成立支援铁路建设组织，负责征地、拆迁、地方料供应及劳动力安排等工作。钦北铁路1991年10月18日在北海市奠基，11月1日在钦州市举行开工典礼，1995年4月7日全线贯通。完成主要工程量：路基土石方408万立方米；桥梁56座8144米，涵渠337座6205米；房屋建筑3.86万平方米（生产房屋1.49万平方米）；线路铺轨112.642公里（其中正线98.394公里），铺道岔57组；通信线路铝线2对100公里、铁线2对100公里。开设钦州、钦州东、那丽、旺乡岭、合浦、北海6个车站。2个站采用色灯信号联锁器联锁，4个站采用臂板信号联锁器联锁。工程投资6.38亿元。

1995年5月12日，钦北铁路正式通车

北海站至北海港口线路全长8.2公里，工程投资5663万元，1995年7月28日动工，1996年7月1日建成通车，即日起进港正线5.663公里及港前站交由南防铁路公司运营管理。1997 年 6 月,交由广西钦北铁路有限责任公司(以下简称钦北铁路公司)经营。2002 年 6 月交由广西沿海铁路公司管理。

2003—2004 年,广西沿海铁路公司对钦北铁路的桥梁、涵洞,北海站货场,北海载波等通信信号及水电设备进行大修,更换 K48+227—K50+600 线路混凝土轨枕,新建合浦站站房、北海站装卸作业楼。2005 年,K74+000—K98+394 线路更换混凝土轨枕 3.66 万根,线路混凝土轨枕加密至 1760 根/公里,小半径曲线(小于 800 米)加密至 1840 根/公里,桥上木枕更换桥梁混凝土轨枕 1316 根。线路允许行车速度由 60 公里/小时提高到 80 公里/小时。

钦北铁路投入运营后,运量快速增长。1996 年完成货物发送量 40.64 万吨、货物接入到达量 25.06 万吨。2005 年,完成货物发送量 214.75 万吨,货物接入到达量 186.83 万吨,比 1996 年分别增长 4.3 倍和 6.5 倍。1995—2005 年,钦北铁路完成旅客发送量 136.68 万人,货物发送量1138.88 万吨,货物接入到达量 1003.7 万吨。

表 1-34　**1995—2005 年主要年份钦北铁路主要技术设备**

项　目	单　位	1995 年	2000 年	2005 年
营业长度	公里	98.4	98.4	98.4
正线长度	公里	98.4	98.4	98.4
站段岔特线长度	公里	15.9	15.9	17.5
50 公斤/钢轨(再用)	公里	98.6	98.4	98.4
钢筋混凝土轨枕	公里	30.8	32.2	63.1
桥　梁	座/米	56/8144	56/8144	56/8144
涵　洞	座/米	337/6205	337/6205	337/6205
车　站	个	5	5	5

注:南防、钦北铁路联络线 0.965 公里、北海进港线正线 5.663 公里未计入钦北铁路正线长度。

表 1-35　**2005 年钦北铁路车站分布**

站　名	等　级	中心里程(公里)	区间距离(公里)	站　名	等　级	中心里程(公里)	区间距离(公里)
钦州东	四	4.204	5.911	合　浦	四	73.985	16.663
那　丽	四	32.596	28.392	北　海	二	98.307	25.316
旺乡岭	四	56.322	23.726				

表 1-36　**1995—2005 年钦北铁路客、货运量**

年度	旅客发送量(万人)	货物发送量(万吨)	货物到达量(万吨)	年度	旅客发送量(万人)	货物发送量(万吨)	货物到达量(万吨)
1995	11.83	9.26	10.49	2001	15.25	90.46	96.95
1996	13.44	40.64	25.06	2002	8.77	110.38	128.59
1997	17.47	87.31	43.44	2003	5.53	143.79	161.21
1998	15.86	93.29	55.46	2004	5.32	186.10	173.62
1999	16.92	81.53	53.95	2005	6.19	214.75	186.83
2000	20.10	81.37	68.10				

第八节 钦港铁路

钦港铁路自钦北铁路钦州东站北海端出岔，向南终至钦州港，正线长度29.3公里，是钦州港港区经济开发配套工程，终点站钦州港站位于茅尾海东南侧的钦州市大番坡镇水井坑村，附近有三娘湾、七十二泾等景区和海上白海豚景观。1992年10月，自治区人民政府决定，由南防铁路公司（1995年10月起为广西地方铁路有限公司）和钦州市人民政府合资兴建，投资2.3亿元。铁路运输货物通过钦港铁路出海分别比从南防、钦北铁路出海缩短运距28公里和70公里，为广西沿海经济开发和大西南物资出海便捷的新通道。

钦港铁路的地形、地貌、地质、气温、降雨量与钦北铁路基本相同。

钦港铁路由柳州铁路局勘测设计院设计。1993年8月完成初步设计，报经自治区计委审批，同意初步设计的线路走向。1994年年末完成施工设计。主要技术标准：线路等级地方铁路I级，限制坡度6‰，曲线半径最小400米。年运输能力初期180万吨，近期310万吨，远期520万吨。初期开设钦州港站，预留海棠、茅坡站。工程概算1.92亿元。

1993年8月，钦港铁路列入自治区重点工程项目，钦州市人民政府成立广西钦港铁路工程建设领导小组和钦州市铁路发展总公司（投资主体）。南防铁路公司、钦州市人民政府为工程建设单位。9月，南防铁路公司成立钦港铁路建设指挥部。工程由柳州铁路局工程处、中铁十二局一处等13个单位施工。1993年8月16日开工，1996年12月28日建成通车。

1997年6月，自治区人民政府决定，钦港铁路、钦北铁路由钦北铁路公司经营管理。2002年6月，钦港铁路交广西沿海铁路公司经营管理。

2001年11月和2004年7月，从钦州港站至港口作业区7.7公里的钦州港务局勒沟专用线，5.9公里的鹰岭铁路公司鹰岭专用线先后建成。

2005年，钦港铁路正线更换50公斤/米再用轨0.63公里，更换混凝土轨枕27.5公里，更换木枕1.8公里。线路行车速度由60公里/小时提高到80公里/小时。

钦港铁路投入运营后，运量经过前期的缓慢增长后，从2004年起进入快速增长期。1997年，完成货物发送量0.62万吨、货物到达量0.36万吨；2005年，完成货物发送量48.87万吨，货物到达量48.82万吨，分别比1997年增长77.8倍和126.3倍。1997—2005年，钦港铁路完成货物发送量118.60万吨，货物到达量175.18万吨。

表1-37 **1997—2005年主要年份钦港铁路主要技术设备**

项目	单位	1995年	2000年	2005年
营业长度	公里	29.3	29.3	29.3
正线长度	公里	29.3	29.3	29.3
站叉特线长度	公里	2.9	2.9	2.9
50公斤/米钢轨(再用)	公里	23.5	23.5	23.6
43公斤/米钢轨(再用)	公里	0.05	0.05	0
38公斤/米钢轨	公里	5.7	5.7	5.7
钢筋混凝土轨枕	公里	27.6	27.6	27.6
桥梁	座/米	12/1213.5	12/1213.5	12/1213.5
涵洞	座/米	139/3466.63	139/3466.63	139/3466.63
车站	个	1	1	1

表 1-38　　1997—2005 年钦港铁路货运量

年　度	货物发送量（万吨）	货物到达量（万吨）	年　度	货物发送量（万吨）	货物到达量（万吨）
1997	0.62	0.36	2002	8.42	21.33
1998	4.23	8.98	2003	9.41	35.65
1999	6.04	7.36	2004	24.55	18.91
2000	3.65	18.80	2005	48.87	45.82
2001	12.81	17.97			

第九节　黎 钦 铁 路

黎钦铁路是由广西壮族自治区修建的一条单线地方铁路，1996 年 4 月 18 日破土动工，1999 年 4 月 28 日投入临时运营，2000 年 1 月 21 日实现柳州铁路局管内分流，2001 年 2 月 1 日办理全路货物直通运输业务。

黎钦铁路东自湘桂铁路黎塘站西端引出，沿西经沙江站折向南，经横州站、南防铁路马皇站，终至钦州站，全长 154.49 公里，其中黎塘至沙江 37.8 公里，由柳州铁路局结合增建湘桂铁路黎塘至南宁段二线建设；马皇至钦州段 8.7 公里利用南防既有铁路；新建沙江至马皇段，正线长度 108 公里。建成后，湘桂铁路黎塘以北的货物经该线从钦州港出海比经南宁走南防铁路出海近 92 公里，比经黎湛铁路从湛江出海近 130 公里。

黎钦铁路沿线多为低山丘陵区。地质主要为第四系全新统冲积黏性土、砂类土、碎石类土，总厚度在 2 米—7 米间。全线属南亚热带气候区，年平均气温 21.4℃—22℃；年降水量 2043 毫米—2961 毫米，日最大降雨量 269.2 毫米—493.3 毫米，降雨集中在 6 月—9 月；年平均雷暴日数大于 82 天，为强雷暴区。线路吸引区包括广西的钦州、北海、防城港市和横县，土地面积 2.36 万平方公里，人口 604 万。吸引区矿产资源丰富，已发现的矿产有四十余种，钦州市钦北区的石膏矿是广西惟一的大型石膏矿藏。农业盛产稻谷、甘蔗、茶叶等，渔业和旅游资源丰富。

黎钦铁路的勘测设计由铁一院承担。1994 年 12 月，铁一院交出线路走向的东线（经横县、灵山县）、中线（经飞龙、旧州）、西线（经太平、小董）方案以及工程投资、施工难易、路网布局、工程地质条件、郁江桥位及疏港货物的便捷运输等资料进行的方案比选。由于中线方案具有显著的优势而被采纳。1995 年 2 月，完成可行性方案研究报告；同年 9 月，完成方案报告的补充资料；1996 年 1 月—6 月，完成初步设计；8 月下旬，通过初步设计审查；1997 年 5 月，完成施工设计。主要技术标准：线路等级地方铁路Ⅰ级；正线数目单线，限制坡度 6‰，最小曲线半径一般地段 800 米、困难地段 400 米；到发线有效长度 850 米；牵引种类内燃机车，牵引定数 3500 吨；闭塞方式继电半自动；正线与站线均铺设 43 公斤/米再用轨。轨枕为钢筋混凝土枕，1600 根/公里，加强地段 1680 根/公里；木枕 1680 根/公里，加强地段 1760 根/公里。桥梁等级中一活载，桥梁界限标准“桥限-2A”，隧道界限标准“隧限-2A”。运输通过能力初期 10.5 对，近期 14.5 对，远期 20 对；送量预测初期 800 万吨/年，远期 1600 万吨/年。设计概算 10.45 亿元（其中一期工程 9.21 亿元）。

1996 年 2 月，自治区人民政府决定，由广西地方铁路有限公司为建设单位，负责组建“黎钦铁路建设指挥部”。指挥部为派出单位，于 3 月在钦州市挂牌办公。通过招投标，工程施工由中铁二局一处、二十五局一处、三局五处、十六局机工处、五局新运处等 29 个施工企业和广西军区东兰老区民兵团承担。铁二院监理公司监理。1996 年 4 月 28 日，从钦州端 20 公里处先期破土动工，完成投资 235 万元。1997 年 4 月 18 日在马皇站举行开工庆典。1998 年 12 月 1 日全线接轨贯通。2000 年

6月，一期工程竣工通过审计，完成投资6.93亿元，较概算降低24.8%，节约投资2.28亿元。其中，广西地方铁路有限公司（含结余至二期工程）投入为发行三年期一次还本付息债券1.5亿元、建设银行贷款1亿元、工商银行贷款1亿元、国债专项资金借款1.15亿元、广西地方铁路特殊运价（建设基金及附加费）收入0.555亿元，南宁铁路公司特殊运价“2.15分”收入1.405亿元。

1996年11月，广西黎钦铁路有限责任公司（以下简称黎钦铁路公司）成立，负责黎钦铁路的建设和1999年7月1日投入运营后的经营管理。2000年7月7日，黎钦铁路公司与南防铁路公司签订委托经营管理协议，委托南防铁路公司经营管理黎钦铁路的运输主业及相关资产。2002年6月18日，黎钦铁路移交广西沿海铁路公司管理。

广西沿海铁路公司管理黎钦铁路后，加强对线路的维修和技术改造，提高线路质量。2003年，利用大型养路机械对铁路全线进行捣固，线路允许行车速度由60公里/小时提高到80公里/小时。2004—2005年，对桥梁、涵洞、路基进行整修，轨枕密度由原来1600根/公里增加到1760根/公里或1840根/公里，线路允许行车速度提高到83公里/小时。

2000—2005年，黎钦铁路完成旅客发送量42.48万人，货物发送量23.38万吨，货物接入到达量43.02万吨。

表1-39 **2000—2005年主要年份黎钦铁路主要技术设备**

项目	单位	2000年	2005年
营业长度	公里	108	108
正线长度	公里	108	108
站段岔特线长度	公里	14.4	14.4
43公斤/钢轨（再用）	公里	108	108
钢筋混凝土轨枕	公里	101.7	101.7
桥梁	座/米	38/4370.4	38/4370.4
隧道	座/米	2/671	2/671
涵洞	座/米	454/9422.07	455/9430.07
车站	个	5	5

表1-40 **2005年黎钦铁路（沙江—马皇段）车站分布**

站名	等级	中心里程（公里）	区间距离（公里）	站名	等级	中心里程（公里）	区间距离（公里）
沙江	四	0	—	陆屋	四	70.814	23.770
横州	四	11.905	12.497	平吉	四	94.659	23.845
飞龙	四	31.888	19.483	马皇	四	108.660	14.001
沙坪	四	47.044	15.656				

注：沙江站列入湘桂铁路、马皇站列入南昆铁路统计。

表1-41 **2000—2005年黎钦铁路客、货运量**

年度	旅客发送量（万人）	货物发送量（万吨）	货物到达量（万吨）	年度	旅客发送量（万人）	货物发送量（万吨）	货物到达量（万吨）
2000	10.10	4.89	1.34	2003	4.69	4.65	6.45
2001	12.71	3.45	7.11	2004	4.41	4.25	9.60
2002	6.17	4.13	8.75	2005	4.40	2.01	9.77

第十节 其他铁路

屯秋支线

屯秋支线起自湘桂铁路的洛埠站，经东泉、龙婆至屯秋矿区的拉洞站。支线长49.8公里，其中正线长度42.3公里，站线7.1公里，岔线0.2公里，特别用途线0.2公里。有车站3个(不含洛埠车站)，乘降所3个。货运主要运送柳州钢铁厂拉洞铁矿的金属和非金属矿石。1991年发送旅客9.8万人，发送货物10万吨。1992年后，旅客发送量逐年有所上升，但货物发送量逐年下降，1993年发送货物9.8万吨、1994年6.6万吨、1995年4.8万吨，运输收入减少，运输成本加大，运营亏损日益严重，1994年亏损259.8万元，1995年亏损334.3万元。1996年6月14日，柳州铁路分局向铁路局提交将屯秋支线改为路产专用线管理的请示。8月28日，铁路局作出《关于屯秋支线改为专用线管理的批复》，同意撤销东泉、龙婆、拉洞3个营业站；停办客运业务；货运业务按专用线办法或协议运输方法办理，由洛埠站与有关货主签订运输协议；各种运输设备本着盘活存量资产的原则，提出处理意见。9月，柳州铁路分局制订出相应管理办法，支线改为专用线后，仍由桂林车务段管理，拆除部分运输设备及生活设施，柳州工务段、柳州电务段按专用线派人定期对线路设备进行养护维修。

表1-42 **1991—1995年屯秋支线任务完成情况** 单位：万人、万吨

车站 \ 年度/任务	1991 旅客发送	1991 货物发送	1991 货物到达	1992 旅客发送	1992 货物发送	1992 货物到达	1993 旅客发送	1993 货物发送	1993 货物到达	1994 旅客发送	1994 货物发送	1994 货物到达	1995 旅客发送	1995 货物发送	1995 货物到达
石洞	0.2	—	—	0.3	—	—	1.8	—	—	3.6	—	—	4.2	—	—
东泉	5.7	1.1	1	5.7	1	0.8	7.8	0.9	0.6	7.7	0.7	0.4	4.3	0.3	0.4
高田村	0.1	—	—	0.1	—	—	0.1	—	—	0.2	—	—	1.9	—	—
龙婆	1.4	0.1	0.2	1.4	0.03	0.01	2.0	0.2	0.04	2.0	0.3	0.1	1.4	0.03	0.1
榨油	0.04	—	—	0.04	—	—	0.1	—	—	0.5	—	—	3.8	—	—
拉洞	2.4	8.9	0.8	2.4	10.2	2	2.5	7.8	1.6	2.5	5.5	1.6	1.9	4.5	1.3
支线合计	9.8	10.1	2.0	9.9	11.2	2.8	14.3	8.9	2.2	16.5	6.5	2.1	17.5	4.8	1.8

专用线和专用铁路

1991年，广西境内有铁路专用线192条298.537公里；15个企业建有专用铁路183条219.5公里。铁路专用线管理执行1988年12月发布的《柳州铁路局工业企业铁路专用线修建管理办法(试行)》，非路产专用线代维修由辖内工务段与产权单位签订代维修合同，按《中华人民共和国铁路技术管理规程》(以下简称《技规》)规定的标准进行维修；线路中修由产权单位委托设计单位设计，编制预算后与承修单位签订合同进行修理。专用铁路小部分委托工务段代维修，大部分由企业自行维修及管理。7月，铁路局与自治区经委、交通指挥部共同制订《广西铁路专用线共用管理办法》，由自治区经委牵头，建立专用线共用管理办公室，开展专用线共用，在铁路货场能力不足的前提下，组织部分非专用线产权单位的到发货物到铁路专用线装卸，加速铁路车辆周转，挖掘专用线运输潜力，为发展地方经济服务。

1992年3月，柳州铁路局印发《关于进一步加强专用线共用管理工作的通知》，就加强专用线共用管理提出8条补充意见。年内，是广西境内新建铁路专用线最多的一年。南宁、黎塘、宾阳、融安、防城港等地的企业新建专用线7条4.24公里。

1993年3月，柳州铁路局印发《路外专用线、专用铁路设计、评审收费办法》，规范广西境内铁路专用线的新建、改扩建的审批和评审收费。10月，自治区物价局印发《关于统一广西专用线收费标准的通知》，就共用专用线共用补偿和管理费，作业、服务费，装卸费，搬运费，其他杂费的收取做出严格规定。年内，南宁和钦州市的企业新建专用线3条2.75公里。

1994—1996年，随着南昆和广西沿海铁路的建设，广西境内新建铁路专用线增多，南宁、柳州、桂林、钦州、防城、北海、田东、田阳等地的地方企业新建专用线12条16.58公里；新建军用专用线1条1.25公里；新建路产专用线1条0.19公里。

1997年1月，柳州铁路局转发《铁道部关于在铁路专用线上安装防溜脱轨器的通知》，要求凡与国铁接轨的专用线必须安装防溜脱轨器，防止专用线车辆溜逸，保证铁路运输安全。11月，铁路分局撤销后，广西境内的铁路专用线由铁路局和广西地方铁路有限公司管理。年内，广西沿海地区和玉林、柳州等地方企业新建铁路专用线4条2.17公里，新建军用专用线1条0.67公里。

1998年，局工务处印发《关于代维修专用线管理的补充规定》，对专用线代维修工作的管理台账、收费，军事专用线的维修，路产多经专用线代维修费用的收取作出规定。年内，南宁市的地方和铁路企业各新建专用线1条0.8公里和0.34公里。

2000—2001年，贵港、北海、钦州、防城等地的地方企业新建专用线5条17.35公里，其中2000年贵港中转港有限公司新建的猫儿山港专用线和钦州港勒沟专用线最长，都近8公里。

2002年，柳州铁路局开展危险货物运输专项整治，停止部分不符合办理危险货物运输条件的专用线办理危险货物运输业务。与此同时，进一步规范专用线《运输协议》《共用协议》和《装载安全协议》，实行安全风险抵押，保证专用线运输安全。年内，南宁、钦州市的地方企业新建铁路专用线2条1.64公里。

2003—2004年，钦州、全州、兴安、贵港等地的地方企业新建铁路专用线5条12.25公里，其中钦州港鹰岭专用线较长，近6公里。

2005年，印发《柳州铁路局铁路战备专用线管理办法》，对战备专用线的维修养护、使用管理、专用线共用作出规定。6月，铁路局执行铁道部印发的《铁路专用线与国铁接轨审批办法》，新建专用线与国铁接轨须报请铁道部审查批准。年内，钦州港新建专用线1条0.39公里。

1991—2005年，广西境内新建成铁路专用线45条61.49公里，按产权划分：地方企业产权39条58.3公里，军事单位产权2条1.92公里，铁路产权4条1.27公里。2005年年末，广西境内有专用线237条340.02公里；有18家企业建有专用铁路261条303.1公里。

表1-43

1991—2005年广西境内新建铁路专用线

序号	接轨站(点)	专用线名称	长度(公里)	建成年月	产权单位
1	南宁南站	南宁南果品专用线	0.804	1991	广西区果品食杂公司
2	南宁南站	南宁南蔬菜专用线	0.580	1992	南宁市蔬菜公司
3	三街站	三街气站专用线	0.357	1992	柳州生活管理段
4	融安站	融安液化气专用线	1.000	1992	融安液化气石油站
5	黎塘站	黎塘液化气专用线	0.162	1992	宾阳液化气站
6	南宁南站	南宁南粮食专用线	1.223	1992	南宁市粮食局
7	玉林站	玉林果菜专用线	0.466	1992	玉林市果菜公司
8	港务局专用铁路	防城港五矿专用线	0.449	1992	广西五矿进出口集团公司

续表

序号	接轨站（点）	专用线名称	长度（公里）	建成年月	产权单位
9	南宁南站	南宁南液化气专用线	1.600	1993	南宁市液化气站
10	南宁南站	南宁南物资专用线	0.796	1993	南宁物资储运有限公司
11	钦州站	钦州果菜专用线	0.377	1993	钦州南菜北运联营服务公司
12	南宁南站	南宁南储备专用线	1.158	1994	广西储备物资管理局九三一处
13	崇左站	崇左燃料专用线	0.191	1994	南宁生活管理段
14	南宁南站	南宁南粮储专用线	0.333	1995	南宁市储备粮管理有限责任公司
15	田阳站	石油线 3	0.432	1995	田阳石油公司
16	田东站	石油线 1	0.473	1995	田东石油公司
17	田东站	石油线 2	0.309	1995	田东石油公司
18	港务局专用线	防城港新海油脂专用线	1.324	1995	防城港新海油脂工业公司
19	钦州站	钦州地区粮食专用线	0.252	1995	钦州市粮食局
20	港区油脂专用线	防城港外运专用线	0.275	1995	中国外运广西公司防城港分公司
21	二塘站	二塘机场专用线	1.183	1996	华南蓝天航空油料有限公司广西分公司
22	港务局专用铁路	防城港粮食中转库专用线	0.854	1996	广西区防城港粮食中转仓库
23	北海进港线	北海港务局专用线	8.214	1996	北海港务局
24	北海港前站	北海石化厂专用线	1.777	1996	北海石化厂
25	兴业站	兴业饲料专用线	0.557	1997	石南饲料厂
26	进德站	白莲机场民航专用线	0.492	1997	华南蓝天航空油料有限公司柳州供应站
27	茅岭站	茅岭液化气专用线	0.727	1997	防城联泰石油气有限公司
28	吴圩站	吴圩正大专用线	0.454	1997	正大集团吴圩水泥厂
29	南宁南站	广西区农资专用线	0.796	1998	广西富满地农资股份有限公司
30	南宁南站	中铁二局新运处专用线	0.343	1998	中铁二局集团新运工程有限公司南宁分公司
31	贵港站	贵港猫儿港专用线	7.994	2000	贵港中转港有限公司
32	港区专用线	北海中直粮专用线	0.692	2000	北海中央直属粮库
33	港区食油专用线	防城港新宏光专用线	0.296	2000	防城港新宏光仓储有限公司
34	平果站	粮库专用线	0.660	2001	平果粮库
35	钦港铁路	钦州港勒沟专用线	7.706	2001	钦州港务局
36	邕宁站	广西南宁五合国家粮食储备库专用线	1.260	2002	中央储备粮南宁直属库
37	钦州站	钦州简易货场专用线	0.375	2002	广西地方铁路经济技术开发公司
38	全州站	全州油库专用线	0.406	2003	中国石化广西桂林石油分公司
39	贵港站	贵港石油库专用线	1.426	2004	贵港石油公司
40	兴安站	兴安水泥厂专用线	3.098	2004	兴安海螺水泥有限责任公司
41	钦州港站	钦州港鹰岭专用线	5.900	2004	钦州港鹰岭铁路有限公司
42	港区鹰岭专用线	钦州港中石化油气库专用线	1.422	2004	中石化广西分公司
43	港区勒沟专用线	钦州港大洋粮油专用线	0.386	2005	钦州大洋粮油有限公司

注：1991—2005 年，新建 2 条军事单位产权专用线。

第三章　铁路枢纽与主要车站

第一节　柳 州 枢 纽

枢 纽 概 况

柳州枢纽位于柳州市，是湘桂、黔桂、焦柳铁路干线交汇点和联系西南、中南区域与华南沿海地区的重要铁路枢纽。1991年，柳州枢纽辖内有柳州南、柳州、柳州东、柳州北、洛埠、龙塘、鹧鸪江、进德、新圩、太阳村、洛满、福塘、成团、柳江车站14个，营业里程93.7公里。至2005年年末，新增鹿寨、对亭、雒容站，车站总数增至17个，营业里程增至122.4公里。枢纽辖内的柳州站为一等客运站，担负湘桂、黔桂、焦柳铁路5个方向的客货列车到发及通过作业，重点办理客运业务，兼办16条专用线的货物到发业务。柳州南站为纵列式三级三场驼峰自动化编组站、特等站，柳州枢纽主体车站，主要担负湘桂、焦柳、黔桂铁路货物列车解编作业和南宁、衡阳方向通过列车的技术作业，枢纽内小运转的解编作业，以及柳州东站作业车的取送作业。柳州东站（一等站、由柳州南站管辖）是枢纽内主要货场、柳州市及周边地区大宗货物运输的集散地和全路零担中转组织站之一，办理整车货物到发，零担、集装箱货物到发中转业务。柳州北站（二等站）、鹧鸪江站（三等站）是枢纽内重要货运站，与柳州钢铁厂、柳州电厂等19条专用线连接，承担柳州市北工业区及邻县的货物到达和发送作业。洛满站是枢纽内的四等客、货运中间站，车站贵阳端为黔桂、焦柳铁路交会点，柳州端黔桂下行线运行黔桂、焦柳铁路旅客列车及向贵阳、怀化方向发出的货物列车。鹿寨站是枢纽内重要的三等货运站，主要担负非金矿、化肥等重点货物的发送任务。其他车站均为四等中间站。

2005年柳州枢纽平面示意图

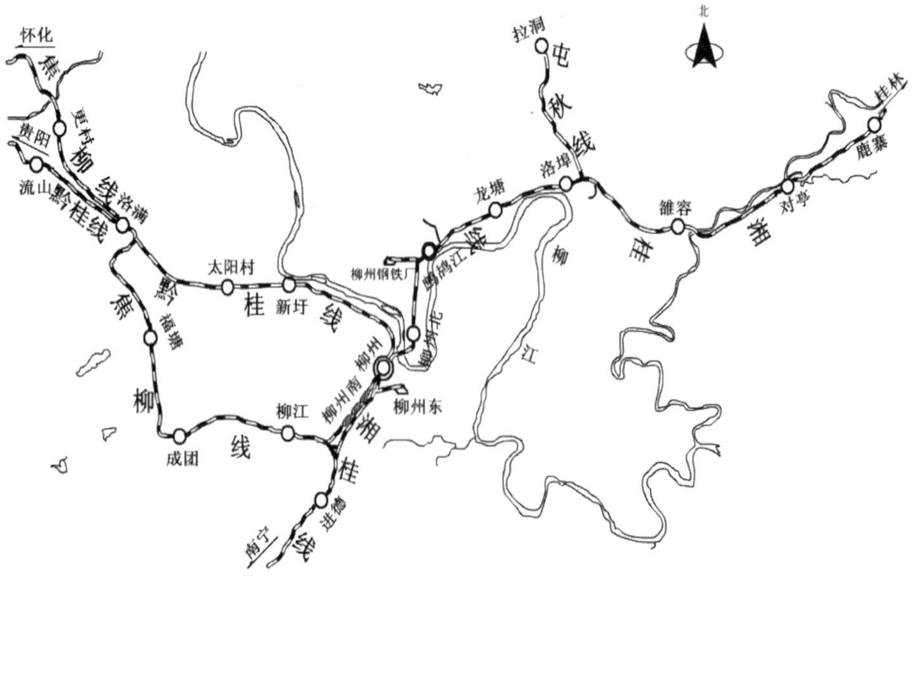

技术改造

1991—1997 年，柳州枢纽（不含主要站）无大的改造工程。

1998—1999 年，铁路局对焦柳铁路柳牙段进行扩能改造时，投资 1081.7 万元对枢纽内的洛满、柳江、太阳村、新圩站进行股道延长。

2000—2001 年，铁路局投资 658 万元，延长鹿寨车站南头 3—6 道，新建 8 道牵出线。投资 2165 万元，改造对亭至洛埠间 3 个小半径曲线。投资 198.9 万元，拆除对亭大桥，在旧桥旁建设新桥，桥长 135.2 延长米，2001 年 6 月，工程全部竣工。2002 年 12 月，柳州站北头湘桂铁路 K532+212 处修建框架立交桥 1 座，桥净空 11×4×20 米。

2005 年春运，柳州站组织旅客有序上车

2003 年、2005 年，铁路局分别投资 427 万元、1200 万元，对鸬鸪江站进行电气集中改造，实施增加股道和股道延长工程。2003 年 9 月，由铁路局和柳州市共同出资，在柳州站南头修建龙屯立交桥。桥主跨位于湘桂铁路 K533+833 处，主桥结构为钢筋混凝土系杆拱桥，总跨度 92.5 米，净跨度单孔 14 米，高 5.5 米，跨越站内 7 股道。2004 年年末，龙屯立交桥建成后，撤销原机动车辆、人行平交道口，城市道路交通和枢纽行车安全改善。

柳州站

柳州站是黔桂铁路的起点站，中心里程湘桂铁路 533.058 公里，是中南、西南 5 省（区）的铁路交通枢纽之一，主要担负湘桂、黔桂、焦柳 3 条铁路干线 5 个方向的客货列车到发及通过作业，办理客运业务，兼办 16 条专用线的货物到发业务。按技术作业为中间站，按业务性质为客货运站，按工作量为一等站。

1991 年，柳州站隶属柳州铁路分局。行政职能机构设劳动人事、计划财务、安全技术、职工教育、客运计划、总务室，企管、路风、退管办，下设运转、客运、售票、行装车间；党群机构设党委、纪委、工会、团委。全站定员 605 人，其中生产人员 474 人、非生产人员 131 人。

1995 年 6 月，铁路局将柳州站定为副处级建制，全站定员 615 人。1997 年 11 月，柳州铁路分局撤销后，柳州站由柳州铁路局直接领导和管理。2001 年 3 月，运输业定员 421 人，其中生产人员 383 人、非生产人员 38 人。

2005 年 9 月，柳州站行政职能机构设办公室（同时称保卫科、人民武装部），计划财务、技术、安全、劳动人事（同时称职工教育科）、客货运管理科，下设运转、售票、客运车间及电算工作站；党群机构设党委、纪委、工会、团委。运输业定员 430 人。

运输设备 1991 年，柳州站有站房 4714 平方米，普通候车室 3 个、软席候车室 1 个、售票厅 1 个；有站台 3 座 1.62 万平方米，雨棚 2 座，长 960 米。站场有 18 股道，其中客车到发线 5 股，有效长 516 米—630 米；货物到发线 8 股，有效长 559 米—898 米；编组线 4 股，有效长 326 米—418 米；救援列车存车线 1 股，有效长 328 米。日均接发客货列车 129 列，其中客车 39 列、货车 90 列。货场有货物专用线 24 条，有效长 84 米—2200 米；专用线有站台 7 个、仓库 29 座、货位 329 个 3.48 万平方米。10 月，铁路局投资 141.25 万元，改造车站上水设备。

2001 年 11 月，铁路局投资 4500 万元，对柳州站房进行扩建改造，新建主站房四层 7366 平方米，一、二层为候车室，设软席候车室、军人（母婴）

候车室各1个，普通候车室3个，一次最高旅客容量5000人；有售票厅1座，设售票窗口20个，日均售票能力8.64万张；有行包仓库2个2621平方米，日存货能力9173件。有旅客地下通道2条，长度65米；建进站天桥1座1292平方米，为二层框架结构；新建一站台雨棚6875平方米。工程于2002年12月28日竣工。

2005年，柳州站站场客货到发线、调车线与1991年相同，日均接发客货列车增至320列，其中客车62列、货车258列。有货物专用线21条，有效长121米—1552米；专用线有站台35个、仓库83个、货位214个8.63万平方米，年办理货运能力438万吨。

运　营　1991年，柳州站完成旅客发送量362.76万人，货物发送量52.4万吨，实现运输收入9164.6万元。1997年，完成旅客发送量385.51万人，比上年增长6.3%。完成货物发送量78.94万吨，创历史最高纪录。其后，旅客、货物发送量逐年下降。旅客发送量，2003年降至谷底246.35万人；2004年，开始止跌回升；2005年，完成290.46万人，比2003年增长17.9%。货物发送量，2005年降至40.83万吨，比1991年下降22.1%。运输收入逐年增加，2005年完成2.71亿元，为1991年的3倍。

表1-44　**1991—2005年柳州站运营情况**

年度	旅客发送量（万人）	货运量（万吨）		运输收入（万元）	年度	旅客发送量（万人）	货运量（万吨）		运输收入（万元）
		发　送	到　达				发　送	到　达	
1991	362.76	52.40	51.47	9164.6	1999	360.17	42.58	76.20	20601.8
1992	418.56	55.48	62.52	10322.7	2000	346.49	43.97	91.13	20564.4
1993	451.08	57.43	87.30	11946.7	2001	323.06	44.88	109.26	22307.3
1994	438.62	61.06	88.40	12798.2	2002	271.19	42.70	103.42	22166.6
1995	413.41	51.53	75.13	15236.6	2003	246.35	39.42	84.32	21228.1
1996	362.58	77.03	80.27	17829.4	2004	256.74	42.09	91.64	25667.3
1997	385.51	78.94	78.85	19723.0	2005	290.46	40.83	93.29	27165.2
1998	366.59	66.81	84.62	20654.6					

柳州南站

柳州南站地处柳州市西南郊，位于湘桂、黔桂、焦柳3条铁路干线的汇合点，是柳州枢纽的主体车站，站型为纵列式三级三场编组站。车站中心里程，到达场湘桂铁路K538+710、焦柳铁路K1638+997，出发场湘桂铁路K535+142。车站主要办理衡阳、贵阳、怀化、黎塘4个方向的货物列车到发、解体、编组和湘桂铁路部分旅客列车的通过作业。

1991年，柳州南站隶属柳州铁路分局。行政职能机构设办公、教育、技术、调度、统计、总务、劳动人事、计划财务、安全质量计量室，下设运转、货运车间、装卸业务室，货车洗刷消毒所，制冰厂；党群机构设党委、纪委、工会、团委。全站有职工1247人，其中干部99人、工人1148人。铁路局核定车站为一等站。

1994年7月，铁路局核定、报经铁道部批准，柳州南站由一等站升为特等编组站，副处级建制。1997年11月，柳州南站由柳州铁路局直接领导和管理。

2005年9月，柳州南站行政职能机构设办公室（同时称保卫科、人民武装部），安全、技术、劳动人事（同时称职工教育科）、计划财务、货运（同时称路风监察）科；生产机构设运转、货运、综合、集装箱车间和电算工作站。党群机构设党委、纪委、工会、团委。党政正职按正处级、副职按副处级配备。年末，运输业定员750人，其中生产人员677人，其他人员73人。

运输设备　1991年，柳州南站站房有办公楼，运转调度楼，运转1号楼，到达场外勤值班室、信号楼,出发场外勤值班室、信号楼等,站房面积4421平方米。站场有60股道,其中峰前到达场14股(含正线1股),有效长764米—1153米;编组场32股(含西联正线1股),有效长873米—1039米;出发场14股,有效长850米—929米。另有驼峰推送线2股、牵出线3股,峰顶平台两侧禁溜线各1股。驼峰为机械化驼峰,作业方式双推单溜,铁鞋制动。车站总接发能力231.3列,其中到达场接车能力108.1列、出发场发车能力123.2列;驼峰解体能力103.6列3626辆,尾部编组能力128.1列4227辆;车站日均解编能力7311辆,其中有调作业7252辆;牵出线编组能力123.1列。

1995年6月,铁路局投资67.6万元,新建成车站货车管理信息系统电算楼766平方米,与站调楼相连。

1997年,车站新建到达、出发场15道开通。信号设备经过改造,到达场、出发场为6502型电气集中联锁,编组场头部为7201型自动集中联锁,尾部为6502型大站电气集中,全站设色灯信号机238架。闭塞设备,到达场与进德站间为双线半自动闭塞,柳州站与到达场间为单线计轴自动闭塞,其余方向为单线半自动闭塞;场间闭塞为电话联系方式。驼峰为半自动驼峰,分东峰与西峰,峰高4.27米和4.16米,加速坡40‰,减速器采用TJK-2、TJK-3-504A型,其中第三级减速器采用多普勒雷达测速、音频测长技术。编组场3—31股道设TDJJ-01、02型可锁闭式加减速顶。调车计划使用微机传递打印,调车作业使用HT数控平面无线调车系统。站内通信使用有线和无线两种设备。

1991年的柳州南站出发场

1998年,由铁道部和铁路局共同投资5753万元,对柳南编组场进行改造,工程包括调车场扩建改造、驼峰自动化改造、编组场线路大修3个部分。7月,实施调车场扩建工程,在调车场东面32道外侧增加1股调车线(33道),原连接禁溜线的32道改与驼峰溜放线相连,改造东侧线束驼峰头部线路。1999年10月,车站线路大修,落坡、抬道19.76公里,更换道岔39组、更换50公斤/米钢轨19.76公里,清筛调车场30股道线路、铺砟7.1万立方米。同年11月12日,自动化驼峰改造工程动工。2000年7月大修改造工程全部竣工。改造后,柳州南编组站实现从调车推峰解体作业开始至钩车溜到调车线与停留车安全连挂的全过程自动控制,解编能力提高10%。

2004年6月,铁路局投资200万元,新建出发场渡线、到达场机待线。同年9月,投资287.01万元,拆除车站二层办公楼,在原址新建2231.8平方米五层办公大楼。

2005年年末,车站有65股道,其中到达场站线15股、出发场站线15股、编组场35股。驼峰为点连式自动化驼峰,分东西峰,峰高3.96米和3.95米,采用双推单溜作业,使用FTK计算机联锁,有三级减速器,峰顶两侧设禁溜线各1条,可容纳禁溜车14辆。峰尾连接调车场和出发场,有3条牵出线。全站有道岔380组,其中电动道岔352组、手动道岔28组。有色灯信号机240架。到达场、出发场为6502型大站电气集中联锁,调车场头部为FTK计算机联锁,尾部为6502型叠加连溜电气集中联锁。闭塞设备,到达场至进德站间为双线半自动闭塞,其余方向为单线半自动闭塞;场间闭塞为电话联系方式。调车作业使用HT数控平面无线调车系统。驼峰解体能力104.4列3910.4辆,峰尾编组能力112.5列4506.2辆,到达场通过能力108列,出发场通过能力116.8列,车站最终能力7965辆。

运输生产 1991年,柳州南站

日均解体 84 列、编组 82.9 列、办理车数 5869 辆。

1992—2002 年，日均解体、编组 80 列—100 列，办理车数 6000 辆—8000 辆。

2003 年，日均解体突破 100 列，编组 98.5 列，办理车数 8606 辆；2004 年，日均解体超过 110 列，编组超过 100 列，办理车数 9391 辆；2005 年，日均解体、编组均超过 100 列，办理车数突破 10000 辆，比 1991 年增长 74.7%。

表 1-45　1991—2005 年柳州南站日均办理车数和解编情况

年度	解体（列）	解体（辆）	编组（列）	编组（辆）	办理车数	年度	解体（列）	解体（辆）	编组（列）	编组（辆）	办理车数
1991	84.0	—	82.9	—	5869	1999	83.6	—	79.3	—	6468
1992	87.4	—	87.9	—	6253	2000	91.7	—	86.0	—	7315
1993	90.6	—	92.0	—	6765	2001	95.5	—	89.8	—	7610
1994	96.2	—	96.4	—	7261	2002	97.7	—	92.0	—	7754
1995	94.9	—	92.8	—	7208	2003	105.0	3971	98.5	4165	8606
1996	93.9	—	91.9	—	7248	2004	112.0	3945	106.9	4288	9391
1997	94.1	—	91.2	—	7491	2005	107.8	4094	104.3	4236	10254
1998	85.6	—	81.4	—	6730						

柳州东站

柳州东站地处柳州市柳南区城站路，是柳州市和柳州地区各县大宗货物运输的集散地和全路零担中转组织站之一，办理整车、零担、集装箱货物到发、中转业务，负责铁路局货运用具、军运备品、装卸机具的保管、回送和整理工作。1991 年 1 月，经铁路局核定车站为一等货运站，由柳州南站领导和管理。

货运设备　1991 年，柳州东站旧营业厅和办公楼已经拆除，利用保价运输资金 135 万元，在原址及西侧重建二层营业厅和六层办公楼 2870 平方米。车站有货场 12.6 万平方米，货物装卸线 8 股、存车线 6 股，总容货车 250 辆；管理专用线 10 条；有各类货物仓库 17 栋 9022 平方米、雨棚 3 座 8552 平方米、货物堆场 2.5 万平方米。设计能力，年办理货物 225 万吨，一次堆货量 1.97 万吨。装卸机械有 36 吨 U 型门式起重机 2 台、20 吨门吊 2 台、装载机 6 台、各类叉车 37 台，装卸机械化作业比重 58%，年综合装卸能力 320 万吨。

2005 年，车站的货场面积、货物装卸线、存车线、仓库、雨棚与 1991 年基本相同。新增 11—13 道渡线、CCU-100 不断轨动态轨道衡以及部分装卸机械。有专用线 12 条，分属 9 家产权单位。车站年办理货运能力319.5 万吨，一次堆货量 2.6 万吨。装卸机械作业比重 64%，年综合装卸能力 550 万吨。

运　营　1991 年，柳州东站完成货物发送量 88.52 万吨，运输收入 3672.3 万元。2000 年，车站运输生产取得突破性增长，完成货物发送量

1991 年，柳州东站职工在装运钢材

150.45万吨,比上年增长50.6%。2004年后,车站运输生产有更大发展。2005年,完成货物发送量215.4万吨,为1991年的2.4倍;货物到达量186.7万吨,为1991年的2.1倍;运输收入1.2亿元,为1991年的3.3倍。集装箱发送33.9万吨3.5万个换算箱,完成集装箱运输收入2687.8万元。

表1-46 **1991—2005年柳州东站运营情况**

年度	货物发送量（万吨）	货物到达量（万吨）	运输收入（万元）	年度	货物发送量（万吨）	货物到达量（万吨）	运输收入（万元）
1991	88.52	90.80	3672.3	1999	99.89	130.78	5775.0
1992	96.77	100.32	4262.9	2000	150.45	143.29	6378.4
1993	103.99	119.36	4686.0	2001	143.92	134.01	7211.4
1994	104.59	134.48	4267.0	2002	112.17	153.95	8168.0
1995	89.07	121.00	4109.0	2003	147.97	170.45	9758.5
1996	124.70	102.90	5238.1	2004	191.96	190.37	12478.7
1997	135.40	118.88	5919.0	2005	215.39	186.70	11952.5
1998	118.25	136.85	6336.0				

柳州北站

柳州北站地处柳州市柳北区跃进路口，中心里程湘桂铁路K529+401,担负柳州市柳北片工业区及邻近县货物到达和发送任务，是柳州枢纽的主要装卸车站之一,为二等客货运站、中间站。

1991年,车站隶属柳州铁路分局。行政职能机构设办公、安全、技术、人劳、财务室;下设运转、客运、货运、装卸车间;党群组织设党委、工会、团总支。全站有职工415人,其中干部43人、工人372人。

2000年7月,柳州北站货场门式起重机在装运矿石

1997年11月，车站由铁路局直接领导和管理。1998年9月18日,柳州北站划归柳州车务段管理,撤销党委机构及党群定员,行政维持原有领导职数、生产车间及建制级别。

2005年9月13日，铁路局核定柳州北站仍为二等站,正科建制。全站有职工162人,其中干部8人、工人154人。

运输设备 1991年，柳州北站有站房2049平方米,其中候车室941平方米、售票厅130平方米、行包房219平方米、其他759平方米;有旅客站台2座7047平方米,一次可容纳5875人;有站台雨棚1座1350平方米。站场有到发线4股,有效长513米—868米;编组线5股，有效长150米—446米;货物线3股,有效长285米—312米;调车存车线1股,有效长188米;牵出线1股,有效长346米;安全线1股,有效长95米;专用线12条,有效长60米—1005米。采用色灯电锁器联锁设备。货场占地面积3.34万平方米,有货物站台3座3383平方米；货物仓库5座3990平方米；货物雨棚1座536平方米。有20吨地磅1台、1吨平台秤1台。装卸机械有20吨门式起重机1台、1吨内燃叉车10台、1.5吨内燃叉车5台、

3立方米装载机1台。货场一次存货量4724吨,年办理货运能力370万吨。

1995年10月底,柳州电厂工业站专用铁路开通使用。1997年5月,新建车站信号集中楼。8月,站场改扩建工程完工,启用6502型大站电气集中联锁设备。

2005年年末,车站站房、货场设备与1991年基本相同,站场有到发线5股,有效长615米—840米;编组线3股,有效长332米—473米;走行线1股,有效长226米;货物线3股,有效长250米—316米;调车存车线1股,有效长133米;安全线2股,有效长46米和72米;牵出线1股,有效长346米;专用线12条,有效长60米—1005米;有专用铁道1条。

运　营　柳州北站货物到达大于发送,卸车量是装车量的3—5倍。1991年,完成货物发送量48.9万吨,货物到达量142.4万吨,旅客发送量15.37万人,运输收入1825.8万元。

1992—2004年,货物发送量在46万吨—58万吨之间,货物到达量从160万吨,增加到241万吨。1994年,旅客发送19.63万人,为1991年以来最多的一年。其后,旅客发送量逐年下降,2003年降至1.97万人,2004年,车站停办客运业务。2005年,完成货物发送量51.43万吨,比1991年增长5.2%;货物到达量256.23万吨,比1991年增长79.9%;完成运输收入3435.8万元,比1991年增长88.2%。

表1–47　**1991—2005年柳州北站运营情况**

年度	旅客发送量(万人)	货运量(万吨)		运输收入(万元)	年度	旅客发送量(万人)	货运量(万吨)		运输收入(万元)
		发　送	到　达				发　送	到　达	
1991	15.37	48.90	142.40	1825.8	1999	7.33	51.84	180.40	2457.0
1992	17.18	50.50	159.96	2023.6	2000	6.11	52.34	210.62	2240.5
1993	17.21	56.84	171.77	2178.0	2001	3.51	53.98	201.28	2471.9
1994	19.63	58.70	189.78	2309.0	2002	3.05	53.94	201.94	2958.6
1995	18.06	48.68	211.82	1887.0	2003	1.97	53.75	232.53	3033.2
1996	15.30	46.50	237.30	2099.0	2004	—	56.42	241.09	3239.0
1997	10.64	47.02	194.81	2421.0	2005	—	51.43	256.23	3435.8
1998	9.21	53.79	204.07	2344.0					

第二节　南宁枢纽

枢纽概况

南宁枢纽位于广西壮族自治区首府南宁市,是全国铁路网中重要的地区性枢纽。南宁枢纽为湘桂、南昆、南防铁路,湘桂南环线交汇点,向北通过湘桂、黔桂、焦柳铁路与全国干线相连接;向东经黎湛、粤海铁路达湛江、海口、广州;向南达钦州、北海、防城港等沿海港口;西南经湘桂铁路与越南铁路接轨;西北通过南昆铁路通达贵州、云南、四川、重庆等西南各省市。

南宁枢纽辖内营业里程107.76公里,以南宁南、南宁站为主体,包括湘桂铁路邕宁、屯里、长岗岭、南化、金鸡村、江西村,湘桂南环线天潭、玉洞、那罗,南防铁路吴圩12个站。南宁南站(一等站)主要办理各方向货物列车到、发、解编以及枢纽内货场、专用线取送作业。南宁站(特等站)主要承担湘桂、南昆、黎湛、南防铁路的旅客列车始发、终到作业,并承担少量货物列车摘挂和枢纽小运转作业。邕宁、江西村、吴圩站办理客货业务,其余7个为中间站,办理货运和列车会让业务。

2005年南宁枢纽平面示意图

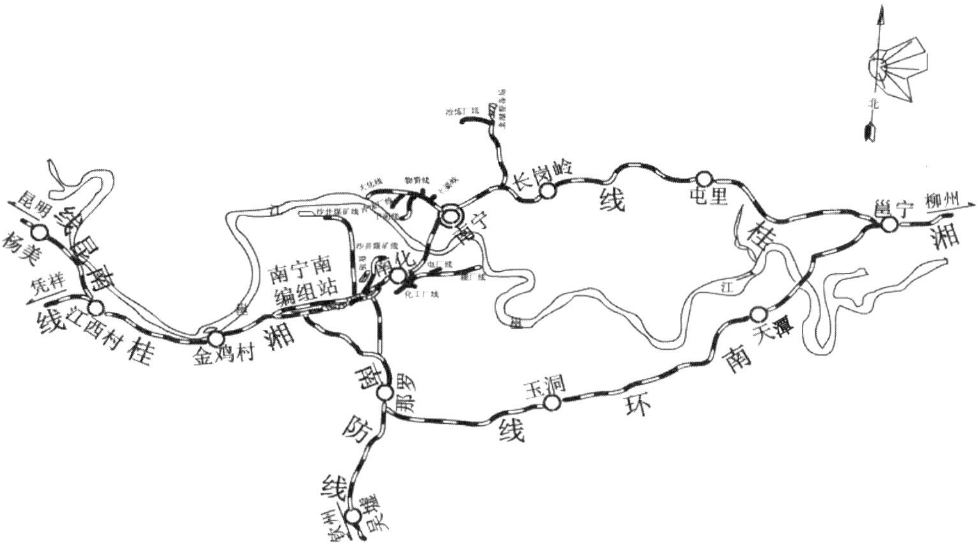

技术改造

1994年11月,南昆铁路接入南宁南站,南宁枢纽实施扩能改造,总投资6.37亿元,属南昆铁路工程建设项目。主要项目有:南宁南编组站扩建、湘桂铁路长岗岭至南宁南线路改造、南宁站站场扩建改造、新建北湖客车整备所以及配套工程建设。

1995年1月,长岗岭至南宁南线路改造工程动工,主要工程有:湘桂铁路K787+000—K792+705线路平面曲线整正,限制坡度6‰;K792+260—K796+600线路改移,曲线最小半径500米,限制坡度6‰。新建南化站动工,新站位于南宁至南宁南间,属南昆铁路引入南宁南编组站工程,新建到发线1股道、站线2股道、存车线4股道,1997年8月14日开通运营。

1996年6月1日,新建北湖客车整备所动工。新建交接场4股道、整备场12股道、生产办公房屋8342平方米;新建具有架修能力的台位3个。分别在1997年5月、1998年8月交付使用。由于设计对出岔线考虑不周,以及将40米宽的明秀路道口按平交设计,整备所建成后,取送车作业受道路交通干扰较大。

1999年12月起,陆续动工扩建南化站,新建邕宁至南宁南南环线,南宁南至江西村增建二线和小半径曲线改造。这些项目属湘桂铁路增建黎塘至南宁南二线投资建设项目和铁路局自筹资金更新改造项目。南化车站增建5、6、7股道,将4、5股道改为到发线,6、7股道为存车线。工程竣工后车站由五等站升为四等站。同年,投资4000万元,修建南宁市环城快速公路下穿越南宁南编组场南端线路立交桥4座,2002年11月20日竣工。

2001—2003年,柳州铁路局投资2824.1万元改造邕宁至长岗岭间32个小半径曲线。改造后,小半径曲线由32个变成30个,最小半径由255米变为600米—903米。投资335.7万元,在北湖客车整备所交接场建成客车自动洗涮装置1套。

2005年3月,铁道部批复柳州铁路局提出的《南宁枢纽湘桂线南宁南至江西村增建二线工程可行性研究报告》,总投资估算1.61亿元,其中由铁道部投资1.13亿元,铁路局投资4831万元。从K802+200—K812+250全长10.05公里。年内,完成投资5000万元。2008年8月23日,工程全线完工。

南宁枢纽改扩建配套工程还包括:新建南宁南(货车)车辆段、牵出变电所、接触网工区、南宁站信号集中楼、南宁电力调度楼等;扩建南宁机务段架修库,新建运用车间机车出入库线污水处理站等。

南　宁　站

南宁站位于南宁市中华路82号，中心里程湘桂铁路K788+638。车站北通柳州、桂林，南连凭祥、北海，西接百色、昆明，是西南出海大通道和中国—东盟国际经贸大通道的铁路交通枢纽，为客货运特等站和区段站。

1991年，车站隶属南宁铁路分局。行政职能机构设办公、安全、教育、统计、财务、总务、劳动人事、技术业务、客运计划室；下设运转、货运、客运、行包车间和装卸管理作业所；党群组织设党委、纪委、工会、团委。全站有职工1025人，其中干部66人、工人959人。铁路局核定南宁站为一等站。

1997年11月，南宁站由铁路局直接领导和管理。1999年3月，经铁道部批准，南宁站由一等站升为特等站，副处级建制。

2005年9月，南宁站行政职能机构设办公室，技术、劳动人事、计划财务、安全、客货运管理科，定员59人，其中行管人员48人、服务人员11人；生产机构设运转、货运、客运、售票、集装箱车间和电算工作站。同年12月，南宁站党群机构编制定员调整为10人，其中党委8人、纪委1人、工会1人、团委1人(兼职)。年末，车站在册职工735人，其中干部95人、工人640人。

运输设备　1991年，南宁站有站房12065平方米，其中候车室4727平方米（含软席候车室839平方米）、行包房2197.8平方米、售票厅324平方米。有站台2座16084平方米。站场有股道10股，其中接发旅客列车股道3股，有效长度2623米；到发线7股。有牵出线3条、存车线2股、专用线17条，段管线27条。车站有货场14万平方米，货物线9条，总有效长3165米；货场仓库11座10509平方米；货物雨棚1座1807平方米；货物站台2座3538平方米；露天货区1处2465平方米，年办理货运能力400万吨。有各类装卸机械49台，其中门式起重机4台、装载机4台、大型叉车2台、小型叉车39台。年内，铁道部批准南宁站为大型集装箱基地，投资450万元修建5300平方米集装箱货场。

1996年3月，铁路局投资450万元，重建货场货一线仓库，使用面积5234.4平方米，其中1347平方米的10仓为全封闭水泥砖混结构；1296平方米的4、5仓为全钢结构。同年10月，站场改造工程动工。仍按原10股道布局设计，1—6道为旅客列车到发线，7—10道为货物列车到发线，股道向站房对面一侧位移13米。

1997年，在南昆电气化铁路南宁枢纽改造工程中，南宁站1—6道到发线完成电力网改造。客运二站台改造加宽3米，新建三站台5550平方米，二、三站台加盖雨棚1496平方米，新建旅客天桥2座，地道由二站台延伸至三站台。1998年7月，车站电气集中大修改造工程竣工，连锁设备由原来的6502型电气集中联锁改为微机联锁。

2000年10月和2004年5月，铁路局分别投资900万元和1700万元对南宁站客运站房进行整体装修与改造，2000年，装修改造主站房和软席候车室，重点是主体站房外貌改进、出站通道改进，对候车大厅服务功能和设施重新规划，旅客候车由5个区域和1个中厅组成，可同时容纳4106人候车。安装全新电子显示引导系统和全新广播语音合成系统。2004年，大修一站台地面、雨棚及天桥，在车站候车室中厅安装2台自动扶梯。

2001年4月1日，车站广场改造扩建工程动工，改造后车站广场总面积7.15万平方米，实际

1996年重建后的南宁站货场货一线仓库

2002 年春运中的南宁站

使用面积 3.08 万平方米，地下建筑 1.19 万平方米，其中东区、西区地下停车场 8063 平方米，机动车停车量 210 辆，地下人防工程 3883 平方米。

2005 年年末，车站客运设施有基本站台 1 座、中间站台 2 座，旅客跨线地道 1 座、天桥 2 座。候车室面积 5296 平方米，设有空调候车室、旅客自动扶梯、电子揭示引导系统、电脑联网售票系统、行包检斤制票系统、电子安全检查仪、查询触摸系统、电话自动查询系统和广播语音合成系统等客运服务设施。行包办理能力为 12000 件/日。车站站场有股道 18 股，其中接发旅客列车股道 5 股，有效长度 774 米—886 米；到发线 10 股、牵出线 3 股，可同时接发 5 列旅客列车。车站有存车线 7 股；专用线 14 条，总长度 2.2 万米，一次可容车 355 辆；有段管线 21 条；北湖客技站有存车线 14 条，可存放客车 130 辆；有货物线 9 条，总有效长2629 米。有货场 14 万平方米，其中货场仓库 18 座 1.43 万平方米；货物雨棚 1 座 1807 平方米；货物站台 5 座 7020 平方米；露天货区 3 处 1.11 万平方米；集装箱货场 1 处 4865 平方米；笨重货物堆场 1 个 4583 平方米。有各类装卸机械 51 台，其中 20 吨以上门式起重机 6 台、装载机 3 台、大型叉车 2 台、小型叉车 40 台。货场年办理货运能力480 万吨。

运　营　1991 年，南宁站完成旅客发送量 258.9 万人，货物发送量 137.8 万吨，运输收入 1.37 亿元。1992—1993 年货物发送量、1992—1994 年旅客发送量逐年上升，1993 年，完成货物发送量 179.82 万吨，比 1991 年增长 30.5%；1994 年完成旅客发送量 390.7 万人，比 1991 年增长 50.9%。货物发送量从 1994 年开始、旅客发送量从 1995 年开始有所下降，从 2002 年和 2004 年开始迅速回升。2005 年，完成旅客发送量 484.75 万人，比 2003 年增长 41.7%，比 1991 年增长 87.2%；完成货物发送量 135.5 万吨，比 2001 年增长 58.3%，比 1991 年下降 1.7%。运输收入稳步增长，2005 年，实现 5.43 亿元，为 1991 年的 4 倍。

表 1-48　**1991—2005 年南宁站运营情况**

年度	旅客发送量（万人）	货运量（万吨）		运输收入（万元）	年度	旅客发送量（万人）	货运量（万吨）		运输收入（万元）
		发　送	到　达				发　送	到　达	
1991	258.90	137.80	262.60	13683.7	1999	351.51	95.52	254.34	27125.1
1992	310.67	147.48	297.03	15537.5	2000	338.71	90.29	259.02	27748.5
1993	357.71	179.82	332.29	18844.1	2001	330.72	85.58	243.00	33937.2
1994	390.70	177.35	344.03	21889.2	2002	356.80	100.84	256.64	38413.4
1995	384.56	155.73	342.21	23986.2	2003	342.06	123.70	257.63	39034.5
1996	313.41	116.11	306.33	23854.5	2004	415.12	145.21	279.17	49830.2
1997	344.68	110.78	274.71	26742.7	2005	484.75	135.50	279.21	54300.9
1998	359.30	98.34	255.95	27742.6					

南宁南站

南宁南站位于南宁市江南区南站路30号。处于湘桂、南昆、南防3条铁路交会处，中心里程湘桂铁路K799+470。站型横列式一级三场，担负湘桂、南昆、南防铁路3个方向的客货列车接发、货物列车解体编组和作业车取送及货物发送任务。为货运站、区段站。

1991年，南宁南站为三等站，隶属南宁铁路分局。车站行政职能机构设办公、技术、人事、财务室；下设运转、货运车间，装卸管理所；党群组织设党委、工会、团委。全站有职工243人，其中干部37人、工人206人。

1994年，南宁南站升为二等站；1999年，升为一等站。

1997年8月16日，五等会让站南化站开通使用，隶属南宁南站。同年11月，南宁南站由铁路局直接领导和管理。

2005年5月8日，铁路局决定，将南宁南站划归南宁车务段领导和管理，车站为一等站，党政正职配副处级干部；车间一级生产性机构维持原设置不变。

运输设备 1991年，车站有站房2万平方米、信号楼675平方米、站调楼585平方米。站型一级二场，东场有到发线8股，有效长855米—919米；西场有到发线7股，有效长625米—877米。日均办理车数854辆。车站有货场13.9万平方米；货物线5股，有效长1904米；货物仓库4座11897平方米；专用线39条，有效长8465米。

1993年3月，车站新货场扩建，货5道延长100米，新建8道门式起重机线、9道散堆装卸线。

1994年11月，因南昆铁路接入南宁南站，车站进行全面扩建。东场既有8股到发线改造为下行到发场(南到发场)，新建20股道自动化驼峰调车场、6股道上行到发场(北到发场)。扩建车站货场，新建货物线5股道，存车线4股道。改扩建工程于1997年11月30日竣工，车站由一级二场横列式编组站扩建为南北2个列车到发场、1个编组场、共46股道的一级三场横列式编组站(预留二级四场条件)，南北到发场股道全部设置电气化接触网。日解体能力2291辆、编组能力1811辆、到发线能力190列、办理车数1490辆。

1995—1998年，车站编组场新建君玉平大桥，桥长150.66米；新建地下通道，通道长46.7米。车站货场新建营业楼；新建和扩建仓库。

2002年、2004年，车站站场两次进行扩能改造。2002年，增加8组道岔，北场增加1股到发线，货场增加1股存车线。2004年，调车场增加6股编组线，有效长1030米—1170米。

2005年，车站南、北场各有到发线9股、7股，编组场有调车线30股，驼峰和峰尾各有牵出线2股。驼峰为半自动化双推单溜驼峰。编组场采用峰头2级减速器、峰下减速顶群及峰尾减速器对编组场调车线溜放车辆进行调速。日解体能力56列，编组能力2669辆，办理车数6269辆。车站有货场25.9万平方米，货物线5股，整车仓库4座9000平方米，露天货区6000平方米，年办理货运能力157万吨。

2004年扩能改造后的南宁南站调车场

运输生产及运营 1997年11月30日，南宁南编组站建成后，编组作业量逐年提高。1998年，日均办理车数2713辆、解体31列、编组1134辆。2005年，日均办理车数6269辆、解体56列、编组2669辆，分别为1998年的2.3倍、2.4倍、2.4倍。

1991年，南宁南站完成货物发送量37.03万吨，实现运输收入

1665.9 万元。2004 年完成货物发送量 130.87 万吨，创历史纪录。2005 年，完成货物发送量 117.58 万吨，为 1991 年的 3.2 倍。实现运输收入1.27 亿元，为 1991 年的7.6 倍。

表 1-49　**1991—2005 年南宁南站日均办理车数和解编情况**

年度	办理车数（辆）	解体（列）	编组（辆）	年度	办理车数（辆）	解体（列）	编组（辆）
1991	854	—	—	1999	3172	36	1540
1992	1008	—	—	2000	3433	39	1662
1993	1088	—	—	2001	3179	38	1565
1994	1204	—	—	2002	3814	41	1830
1995	1158	—	—	2003	4579	43	2050
1996	1343	—	—	2004	5735	51	2377
1997	1490	—	—	2005	6269	56	2669
1998	2713	31	1134				

注：1997 年南宁南区段站正式开通前无解体、无编组

表 1-50　**1991—2005 年南宁南站运营情况**

年度	货运量（万吨）		运输收入（万元）	年度	货运量（万吨）		运输收入（万元）
	发送	到达			发送	到达	
1991	37.03	37.92	1665.9	1999	62.01	106.52	4987.9
1992	59.00	46.96	2746.4	2000	66.98	158.71	5409.6
1993	68.24	56.09	3141.5	2001	64.79	189.92	6335.6
1994	67.25	76.14	3117.2	2002	72.26	182.39	6566.3
1995	85.55	78.38	4554.8	2003	97.90	201.00	8990.3
1996	59.30	77.10	3889.5	2004	130.87	237.73	11561.9
1997	52.02	114.92	4367.0	2005	117.58	274.15	12741.5
1998	64.53	121.06	6092.9				

第三节　一等车站

1991 年，广西铁路有柳州（客运）、柳州南（编组）、柳州东（货运）、南宁 4 个一等站（均属国家铁路）。1994 年，柳州南站由一等站升为特等站；黎塘站由二等站升为一等站。1995 年，桂林北、桂林、玉林站由二等站升为一等站。1999 年，南宁站由一等站升为特等站；南宁南站由二等站升为一等站。2005 年，广西铁路有一等站 7 个（均属国家铁路），其中柳州、柳州东站设在柳州枢纽内（详见第一篇第三章第一节柳州枢纽），南宁南站设在南宁枢纽内（详见第一篇第三章第二节南宁枢纽），其余 4 个为桂林、桂林北、黎塘、玉林站。

桂林站

桂林站位于桂林市中山中路，中心里程湘桂铁路 K358+433，为一等客运站，是旅游名城桂林

1998 年,桂林站站台的餐饮供应

市的重要窗口单位。

1991 年,桂林站隶属柳州铁路分局。行政职能机构设办公、安全技术、劳动人事、计划财务、客运计划、运转室;下设客运、行包装卸车间,旅行服务部;党群组织设党委、工会、团委。全站有职工 326 人,其中干部 35 人、工人 291 人。为二等客运站。

1995 年,桂林站由二等站升为一等客运站。1997 年 11 月,车站由铁路局直接领导和管理。

2004 年 7 月 21 日,铁路局决定将桂林站和桂林北站合并,组建新的桂林站。

2005 年年末,车站行政职能机构设办公室,计划财务、劳动人事、安全技术教育科,电算中心;下设客运、计售、货运、运转、平山(桂林南)车间;党群组织设党委、纪委、工会、团委。全站有职工 910 人,其中干部 94 人、工人 816 人。

运输设备 1991 年,桂林站有站房 8291 平方米,其中候车室 2208 平方米,行包房 563.2 平方米,行包仓库 431 平方米,售票房、办公用房等 5088.8 平方米。年内,车站站场由 4 股道扩建成 6 股道,有效长延长至 691 米—842 米。年内,新建三站台,3 座旅客站台共 1.64 万平方米;改造大站电气集中、照明及客车上水设备。

1993—1995 年,在客运场所安装广播电子引导系统,扩建行包综合仓库,将各候车室改装成空调候车室。

2004 年,铁路局按最高集聚 4000 人的规模对车站站房、跨线天桥、一站台雨棚等进行改扩建;对车站空调、电力、扶梯、消防、安全监控、旅客引导、问讯查询等系统进行更新。工程总投资7900 万元,4 月 9 日动工,10 月 25 日竣工。改扩建后站房面积达 2.02 万平方米,其中新建软席候车室、城际列车候车室、售票厅、国际联检厅、二候车厅、行包房 1.63 万平方米。新建站台雨棚 8010 平方米(其中一站台为无柱倒 U 型钢架结构)。新建跨线旅客天桥 1 座 430 平方米。

运　营 1991 年,桂林站发送旅客 218.4 万人,完成运输收入 6555.5 万元。

1992—1994 年,桂林站旅客发送人数平稳增长,1994 年发送旅客 243.98 万人,比 1991 年增长 11.7%;完成运输收入 8272 万元,比 1991 年增长 26.2%。

从 1996 年开始,由于各种运输方式的竞争加剧,桂林站客流下降,1996 年发送旅客 191.7 万人,比 1995 年下降 18.2%。2001 年发送旅客 165.19 万人,比 1995 年下降 29.5%。

2002 年,柳州铁路局和桂林站实施“引流入桂”营销策略,增开桂林北—南宁快速列车 1 对,各项经营指标出现恢复性增长,全年发送旅客 178.08 万人,比上年增长 7.8%,实现运输收入 1.73 亿元,比上年增长 19%。2003 年受“非典”疫情影响,车站发送旅客和运输收入有所下降。

2004 年,开行北京—桂林 K21/22 次快速列车和桂林—深圳临客,运能有较大增长。7 月 21 日,桂林站和桂林北站合并,实现两站运力优势整合。全年车站发送旅客 237.98 万人,发送货物 143.83 万吨,实现运输收入 3.88 亿元。

2005 年,桂林站进一步加大营销力度,将桂林—深圳旅客列车纳入图定,全年发送旅客 254.64 万人,发送货物 141.6 万吨,实现运输收入 3.97 亿元,旅客发送、运输收入创历史最高纪录。

表 1-51　　1991—2005 年桂林站运营情况

年度	旅客发送量（万人）	货运量（万吨）		运输收入（万元）	年度	旅客发送量（万人）	货运量（万吨）		运输收入（万元）
		发　送	到　达				发　送	到　达	
1991	218.40	—	—	6555.5	1999	174.62	—	—	11220.0
1992	235.50	—	—	6944.7	2000	173.76	—	—	10866.6
1993	238.90	—	—	7193.0	2001	165.19	—	—	14582.1
1994	243.98	—	—	8272.0	2002	178.08	—	—	17347.7
1995	234.39	—	—	9856.0	2003	163.46	—	—	16577.3
1996	191.70	—	—	11383.0	2004	237.98	143.83	286.52	38814.8
1997	194.92	—	—	11389.0	2005	254.64	141.60	276.16	39714.2
1998	174.34	—	—	11198.0					

注：1991—2003 年桂林站无货物发送、到达。

桂 林 北 站

桂林北站位于桂林市群众路，中心里程湘桂铁路 K352+302，为办理客货运业务的区段站，站场设置为混合式二级三场。

1991 年，桂林北站（含桂林南站）隶属柳州铁路分局。行政职能机构设办公、安全技术、劳动人事、职工教育、计划财务、统计、总务室；下设运转、货运、客运车间和装卸作业所，管辖桂林南站；党群组织设党委、工会、团委。全站有职工 1007 人，其中干部 99 人、工人 908 人。为二等站。

1995 年，桂林北站由二等站升为一等站。1997 年 11 月，车站由铁路局直接领导和管理。

2004 年 7 月，铁路局决定将桂林北站和桂林站合并，组建新的桂林站。

运输设备　1991 年，桂林北站有站房 821 平方米，其中候车室 2 个 354 平方米、贵宾室 37 平方米、售票房 210 平方米、广播室 10 平方米、行包房 210 平方米。有旅客站台 2 座 9716 平方米。站场 1—7 道为到发线，有效长 823 米—1056 米；8、9 道为其他用途线；有编组线 5 股，有效长 560 米—860 米。北端设简易驼峰 1 座，峰高 1.63 米，有驼峰牵出线和平面牵出线各 1 股。另有救援列车线、车辆检修线各 1 股，机车走行线、机车待避线各 2 股。车站有南、北货场 4.6 万平方米，其中货物仓库 9 个 7974.8 平方米，货棚 3 个 3256 平方米，露天货物站台 1.64 万平方米。装卸机械，有门式起重机 4 台，最大起重量 36 吨。

1992 年，由铁路局、柳州铁路分局和车站共同投资新建职工教育楼 470 平方米。7 月，由铁道部投资 644 万元，新建用地 1.02 万平方米、年运输能力 30 万吨的集装箱专用货场 1 个。

1993 年，铁路局投资 230 万元，新建直股货

2004 年，桂林北站工人在货场吊装大型货物

场7.73万平方米，直股东侧站台1.68万平方米。同年3月，铁道部、铁路局投资215万元，新建平山(桂林南)站4个货物仓库2920平方米。

1996年8月18日，自治区批准立项的新建桂林铁路客运始发站动工兴建。新站位于湘桂铁路灵川至桂林北间，站房中心里程K356+332。初期建设1、2站台，到发线3股道，机走线1股道；站房建筑总面积4.79万平方米，主站房长238.8米，宽77.3米，最高12层42.9米，建筑面积3.5万平方米。工程总投资2.4亿元(由柳州铁路局投资1.3亿元，自治区、桂林市、桂林地区资助1.1亿元)。工程由柳州铁路局勘测设计院设计，柳州铁路建设监理公司监理，车站主体工程由柳州铁路局工程处第一建筑工程段、机械化工程段施工，1998年12月18日投入运营。在新建桂林客运始发站的同时，铁路局投资2500万元，对桂林北站站场北头“咽喉”进行改造，新建定江铁桥1座，长93.03米。由于客运始发站与桂林市中心有一定距离，建成后运能未得到充分发挥。

2003年，车站增建列车到发线2股道。到2004年7月与桂林站合并前，车站有货物列车到发线7股，有效长826米—971米；编组线5股；简易驼峰1座；救援线1股，牵出线、车辆检修线、机车走行线和机车待避线各2股；客车到发线4股，有效长747米—801米；客技站整备线2股，有效长530米；临修线1股，有效长123米。客运站场有6股道、站房4.79万平方米，站台2个1.38万平方米。车站南、北货场使用面积4.57万平方米，其中有货物仓库及货棚23个，使用面积2.26万平方米；露天货物站台2.14万平方米。装卸机械，有门式起重机4台，最大的起重36吨。每昼夜路工装卸最大能力100辆，机械装卸最大能力263辆。

运　营　1991年，桂林北站完成旅客发送量35.7万人，货物发送量113.5万吨，实现运输收入4818万元。1993年，发送旅客62.63万人，比1991年增长75.4%。1994年，旅客发送量开始回落。2003年，发送旅客34.99万人，接近1991年水平。货物发送量呈波浪式发展，2003年，完成货物发送量123.91万吨，比1991年增长9.2%。运输收入稳步增长，2003年，完成1.12亿元，比1991年增长1.33倍。

表1-52　**1991—2003年桂林北站运营情况**

年度	旅客发送量(万人)	货运量(万吨)		运输收入(万元)	年度	旅客发送量(万人)	货运量(万吨)		运输收入(万元)
		发　送	到　达				发　送	到　达	
1991	35.70	113.50	231.00	4818.0	1998	35.23	84.95	267.88	6236.0
1992	36.06	122.67	276.76	5158.3	1999	39.00	84.04	251.67	7450.0
1993	62.63	120.58	289.72	5610.0	2000	41.62	98.49	262.24	8414.0
1994	56.51	95.82	309.05	5332.0	2001	42.02	111.37	249.84	10075.2
1995	45.48	103.31	301.69	5615.0	2002	37.36	113.33	261.04	10222.2
1996	44.40	99.00	288.30	6083.0	2003	34.99	123.91	265.42	11243.0
1997	35.70	93.64	284.61	6553.0					

注：2004年7月21日，桂林北站和桂林站合并，2004—2005年客、货运量等数据列入桂林站。

黎　塘　站

黎塘站位于宾阳县黎塘镇，地处湘桂铁路南段，中心里程Ⅰ场K666+904、Ⅱ场K668+780，是湘桂、黎湛、黎钦铁路交会点。担负柳州、南宁、湛江(茂名)、钦州4个方向货物列车的到发解编和旅客列车到发任务，是大西南出海的咽喉要道。为客货运站、区段站。

1991年，黎塘站隶属南宁铁路分局。行政职能机构设办公、人事、财务、技术、统计、教育、材料、总务室和离退休办公室；下设运转、货运、客运车间和装卸管理所；党群组织设党委、纪委、工会、团委。全站有职工761人，其中生产人员660人、行管人员49人、政工干部15人、其他37人。为二等站。

1994年，经铁路局审定，黎塘站升为一等站。1997年11月，车站由柳州铁路局直接领导和管理。

2005年9月，黎塘站行政职能机构设办公室，技术、劳动人事、计划财务、安全、客货运管理科；下设运转、货运、客运车间和电算工作站。党群机构设党委、纪委、工会、团委。全站定员601人，其中运输业533人、行管50人、政工9人、服务9人。

2000年的黎塘站编组场

运输设备 1991年，车站有站房1463平方米，其中候车室913平方米、行包房290平方米、售票房260平方米；有站台3座1.32万平方米，雨棚3360平方米。车站Ⅰ场有29股道，其中东到发场6股，有效长873米—983米；西到发场7股，有效长863米—910米；编组场16股，有效长850米—1149米。有驼峰牵出线1股、峰尾牵出线2股，有效长684米—854米。Ⅱ场有到发线7股，有效长847米—909米；编组线和存车线5股，有效长392米—576米；调车场有编组线15股，有效长727米—916米。Ⅰ、Ⅱ站场均采用电气集中设备。查定日接发列车能力157.3列，解体能力40.3列，编组能力46.3列，办理车数3310辆。货场有货物线2股，货物仓库1座，货位20个，年货运能力52万吨。装卸设备有15吨、20吨门式起重机各1台。

1992年1月，Ⅰ场按一级三场规模扩建，Ⅰ、Ⅱ场改为大站电气集中闭塞。

1998—1999年，车站进行大规模扩建改造。1.站场扩建改造。工程包括：Ⅰ场东到达场增建4股道，西到达场增建3股道；驼峰头部、尾部改造；调车场15股道增设减速器；Ⅱ场改造南北两头，延长股道，增建疏解线14.6公里。工程于1998年2月28日动工，Ⅰ场改造和增建疏解线同年12月3日竣工。2.编组场信号改造。工程包括：Ⅰ场微机联锁，峰尾微机联锁，驼峰信号，驼峰调速器四部分。安装信号机198架、电动转撤机209组，敷设各种信号电缆98.4公里，安装轨道区段267个，微机设备3组。工程于1999年4月开工，12月17日全部竣工。3.站房扩建改造。工程包括：Ⅱ场信号楼、车站电器集中信号楼、站修所、存轮场，货场、仓库增扩建等24个项目，总面积6400平方米。工程于1998年7月开工，1999年12月全部竣工。4.客运设施改扩建。工程包括：增建三站台，雨棚扩建，新建地道工程。地道连接一、二、三站台，立交1—5股道，全长41.75米。1998年11月8日动工，1999年年末主体工程完工。经过扩建改造，车站查定日接发列车能力239.9列，解体能力41列，编组能力48.7列，办理车数7418辆，形成大能力出海通道。

2005年，车站候车室、行包房、售票房等站房与1991年基本相同，旅客一站台延长、雨棚增加120平方米。站场Ⅰ场有43股道，其中西场有到发线10股，有效长839米—933米，机待线1股；东场有到发线10股，有效长873米—983米；编组场有编组线16股，有效长727米—919米，牵出线4股、禁溜线1股、安全线1股。Ⅱ场有21股道，其中到发线10股，有效长843米—926米；编组线3股，有效长825米—856米；货物线6股，有效长94米—1470米；牵出线2股，有效长105.45米。Ⅰ、Ⅱ场间有联络线2股，有效长917和448米。日接发列车、编解能力和办理车数仍为1999年的查定数。车站货场有货物线5股，有效长147米—367米；货物仓库3座、货位46个，露天货场2个8775平方米。装卸设备有15吨、20吨、26吨门式起重机各1台。年运货能力75万吨。

运　营　1991年，黎塘站完成旅客发送量79.28万人，货物发送量97.55万吨，运输收入2592.7万元。1992—1994年，完成旅客运量逐年增加，1994年完成98.3万人，比1991年增长24%。完成货物发送量比较稳定，每年保持90多万吨。从1995年开始，旅客和货物发送量逐步下降。1999年，完成货物发送量60.19万吨，比1991年下降38.3%。2002年，货物发送量开始大幅回升。2004年，完成106.03万吨，比1991年增长8.7%。2005年，完成旅客发送量50.91万人，比1991年下降35.8%。货物发送量出现波动，完成91.51万吨，比上年下降13.9%。运输收入完成5732.2万元，比2004年下降11.4%，比1991年增长1.21倍。

表1-53　　**1991—2005年黎塘站运营情况**

年度	旅客发送量（万人）	货运量（万吨）		运输收入（万元）	年度	旅客发送量（万人）	货运量（万吨）		运输收入（万元）
		发　送	到　达				发　送	到　达	
1991	79.28	97.55	68.60	2592.7	1999	56.32	60.19	67.51	3589.0
1992	80.69	90.83	67.75	2913.9	2000	54.93	66.03	66.96	3622.4
1993	97.98	97.50	116.95	3520.0	2001	56.54	68.52	77.75	3959.0
1994	98.30	93.07	120.15	3638.0	2002	55.73	81.75	109.41	4638.5
1995	88.69	76.66	84.15	3500.0	2003	47.60	99.63	120.89	5506.8
1996	68.92	68.79	61.60	3629.0	2004	46.09	106.03	119.19	6471.7
1997	66.25	68.96	64.26	3637.0	2005	50.91	91.51	97.90	5732.2
1998	65.14	62.05	81.55	3879.0					

玉　林　站

玉林站位于玉林市中秀路168号，地处黎湛铁路中部，中心里程Ⅰ场K142+450、Ⅱ场K147+087。车站主要办理黎塘、湛江、茂名3个方向部分列车解编和客货列车到发及作业车取送任务。为客货运站、区段站。

1991年，玉林站隶属南宁铁路分局。行政职能机构设办公、技术、财务、安全教育、总务室；下设运转、客运、货运车间和装卸作业所；党群组织设党委、工会、团委。全站有职工521人，其中干部36人、工人485人。1月，铁路局公布玉林站为二等站。

1995年2月，玉林站升为一等站，党政正职领导定为副处级。1997年11月，玉林站由铁路局直接领导和管理。

2005年5月，铁路局将玉林站划归玉林车务段领导和管理，撤销车站行政职能机构。年末，全站有职工419人，其中干部15人、工人404人。

运输设备　1991年，车站有站房2777.6平方米，其中候车室1997平方米、售票厅138.6平方米、行包房642平方米。有站台2座，雨棚480平

2004年4月，玉林站做好各项准备工作，迎接提速调图

方米。车站站型为横列式一级二场，有到发线8股，有效长851米—921米；编组线5股，有效长828米—883米，以及救援线、蒸气调车机线、临修线、存车线、机车待避线、机车出入库线、轨汽线及卸料线各1股。查定日解编能力57.1列1514辆。车站有东、西货场2个3.9万平方米，其中货物仓库9座1.53万平方米、堆货场6处1.94万平方米、货场雨棚3123平方米。

1992年4月，南宁铁路分局投资93万元，新建车站办公楼1栋1750平方米。11月，由铁路和地方联合投资140万元，在西货场建成果菜专用线(28道)。1997年4月5日，在西货场修建的集装箱掏箱场投入使用。1998年11月10日，新建1754平方米的货运营业大楼投入使用。

1998年，车站站场进行大规模扩建改造，既有玉林站站场改建为Ⅰ场、新建Ⅱ场。拆除天桥，增建地道，原6—16股道拨移，原9—10股道调车线改为到发线，拆除中间站台及2道，增建到发线1股道。在黎湛铁路K143+900—K148+300处新建Ⅱ场。Ⅱ场设到发线6股道(含正线)、编组线7股道、机待线2股道、牵出线2股道、禁溜线1股道、机车出入库线1股道，设简易驼峰1座，预留梧州、北海方向引入条件。同时对车站信号进行改造，主要工程有Ⅰ、Ⅱ场微机联锁，驼峰和列检所信号工程等。1999年1月2日，车站Ⅱ场到发线交付使用。同年2月，站台地道和二站台改造工程动工。10月22日，Ⅱ场驼峰编组场开通使用。11月8日信号改造工程竣工。11月30日，Ⅰ场竣工。

2005年，车站有站房3397.6平方米，其中候车室1997平方米、售票厅138.6平方米、行包房624平方米、站调楼620平方米。站场有线路54股，其中到发线16股，有效长850米—968米；编组线10股，有效长778米—1003米；货物装卸线9股，有效长73米—788米；专用线5条，有效长190米—303米；牵出线4股，有效长478米—942米，以及机车待避线2股，救援列车存车线、检修线、边修线、禁溜线、迂回线、机车进出库线、轨汽线、工务材料线各1股。日接发列车能力125.9列和133.6列，解体能力26.1列，编组能力24.4列，办理车数6664辆。车站有站台2座，其中一站台长450米，雨棚长400米；二站台长600米，雨棚长480米。有东、西货场2个16.4万平方米，其中货场仓库7655平方米，货场站台2座4229平方米，堆货场6处1.94万平方米，一次堆货量2.5万吨，设计年货运能力364.8万吨。

运　营　1991年，玉林站完成旅客发送量104.42万人，货物发送量75.18万吨，运输收入4478.7万元。1993年，完成旅客发送量129.28万人，货物发送量92.57万吨。其后，由于运输市场竞争激烈，客货发送量有所下降。2005年，完成旅客发送量94.09万人，比1991年下降9.9%。完成货物发送量62.19万吨，比1991年下降17.3%。运输收入基本实现逐年提高，2004年，突破亿元；2005年，完成1.21亿元，为1991年的2.7倍。

表1-54　**1991—2005年玉林站运营情况**

年度	旅客发送量(万人)	货运量(万吨)		运输收入(万元)	年度	旅客发送量(万人)	货运量(万吨)		运输收入(万元)
		发　送	到　达				发　送	到　达	
1991	104.42	75.18	240.53	4478.7	1999	76.77	73.79	292.95	6257.0
1992	110.41	82.51	290.50	5132.4	2000	80.08	70.43	327.78	6444.3
1993	129.28	92.57	304.12	5850.0	2001	80.88	73.04	342.17	8652.6
1994	125.77	89.26	341.92	6051.7	2002	82.32	61.53	358.02	8906.7
1995	123.48	86.76	328.89	6939.2	2003	76.15	57.58	367.88	9433.5
1996	97.32	59.75	286.59	6552.8	2004	87.99	60.48	389.78	11190.4
1997	89.97	58.62	255.82	6666.5	2005	94.09	62.19	392.43	12098.3
1998	85.29	64.75	276.21	7165.4					

第四节 二等车站

1991年，广西铁路有桂林北、桂林、柳州北、金城江、黎塘、凭祥、贵港、玉林8个二等站(均属国家铁路)。1994年，黎塘站由二等站升为一等站，南宁南站由三等站升为二等站。1995年，国家铁路桂林北、桂林、玉林站由二等站升为一等站，合资铁路防城港、北海站，地方铁路合山站定为二等站。

2005年，广西铁路有二等站7个，其中国家铁路4个、合资铁路2个、地方铁路1个。柳州北站设在柳州枢纽内（详见第一篇第三章第一节柳州枢纽)，其余二等站有国家铁路的凭祥、金城江、贵港站，合资铁路的防城港、北海站，地方铁路的合山站(2010年降为三等站)。

凭 祥 站

凭祥站位于凭祥市南约3公里，中心里程湘桂铁路K1008+160，是中国与越南接壤的国家一类口岸站和二等客货运站、区段站。

1991年，凭祥站隶属南宁铁路分局。行政职能机构设办公、技术、人事、财务室，下设运转、货运、客运车间和装卸作业所，管辖凭祥北站。党群组织设党委、工会。全站有职工265人，其中干部39人、工人226人。

1997年11月1日南宁铁路分局撤销后，凭祥站由柳州铁路局直接领导和管理。

2004年，凭祥站划归崇左车务段领导和管理，同时撤销车站职能部门，仅保留运转、货运、客运车间。2005年5月8日，崇左车务段撤销后，凭祥站划归南宁车务段领导和管理。

运输设备 1991年，车站有站房998平方米，其中候车室210平方米、1号贵宾室200平方米、2号贵宾室240平方米、行包房48平方米、联检楼200平方米。车站站型一级二场，站场有准轨36股道，其中到发线11股（西场7股、东场4股)；编组线6股，有效长579米—708米；货物线5股，有效长253米—699米，以及站修线3股，存车线4股，南、北牵出线各1股，地磅线和安全线各1股，专用线3条。有套轨4股、米轨12股。货场有货物仓库1座573.3平方米；货物堆场2836平方米。

1992年，车站货场扩建，新建零担仓库、整车仓库、混合仓库4栋3005.7平方米；货物站台1个430.9平方米。在8、9道间安装20吨门式起重机1台。

1996年，铁路局投资2200万元，对站内工务、车务、电务、水电设施作简易大修，为终止17年的中越国际联运恢复通车作准备。

2004年更新改造后的凭祥站

2003年、2004年，铁路局分别投资1441万元、1418万元，对车站通关大楼进行更新改造；拆除旧站房，新建客运大楼4202平方米。

2005年，凭祥站为一级三场站型，有准轨40股、米轨12股。行车采用6502大站电气集中联锁设备。货场有货物线5股；货物仓库4栋3260.8平方米；货物堆场5711.8平方米；集装箱堆场2300平方米。

运 营 1991年，凭祥站完成旅客发送量12.2万人，货物发送量

12.2 万吨，运输收入 660.3 万元。其后，旅客发送量、货物发送量、运输收入螺旋式上升。2005 年，完成旅客发送量 30.89 万人，为 1991 年2.5 倍；货物发送量 72.25 万吨，为 1991 年的 5.9 倍；运输收入 4870.8 万元，为 1991 年的 7.4 倍。

表 1-55 **1991—2005 年凭祥站运营情况**

年度	旅客发送量（万人）	货运量（万吨）		运输收入（万元）	年度	旅客发送量（万人）	货运量（万吨）		运输收入（万元）
		发送	到达				发送	到达	
1991	12.20	12.20	15.80	660.3	1999	27.31	36.26	27.95	2509.0
1992	28.66	13.81	17.18	975.1	2000	27.41	40.34	48.20	2457.3
1993	46.36	14.25	19.55	1116.0	2001	26.05	26.06	54.69	2782.8
1994	25.28	19.10	17.51	1280.0	2002	28.51	28.78	46.51	1934.2
1995	34.13	26.21	14.94	1535.0	2003	23.58	38.58	53.46	2468.4
1996	27.30	34.78	16.20	2029.0	2004	25.75	67.82	90.17	4966.9
1997	25.52	31.56	14.14	2059.0	2005	30.89	72.25	72.89	4870.8
1998	27.60	35.55	25.93	2631.0					

金城江站

金城江站位于河池市解放中路，中心里程黔桂铁路 K160+282，为二等客货运站。主要担负黔桂铁路大部分货物列车的补减轴任务与摘挂列车和金红线到发列车的解编作业，是河池市及周边县主要货物到发和旅客乘降的区段站。

1991 年，金城江站隶属柳州铁路分局。行政职能机构设办公、安全质量、教育、劳动人事、计划财务、统计室；下设运转、客运、货运、装卸车间；党群组织设党委、工会、团委。全站有职工 400 人，其中干部 54 人、工人 346 人。

1997 年 11 月，金城江站由柳州铁路局直接领导和管理。

2000 年 5 月 25 日，车站实行新的机构和定员标准，设行政办公、劳动人事教育、安全技术、计划财务室；下设运转、货运、客运车间和装卸管理所、电算所。

2004 年 11 月，铁路局决定将金城江站划归宜山车务段领导和管理。

2005 年 9 月 13 日，铁路局审定金城江站为二等站，正科建制。全站有职工 268 人，其中干部 10 人、工人 258 人。

运输设备 1991 年，车站有站房 2224 平方米，其中普通候车室 325 平方米、软席候车室 48 平方米、售票房 40 平方米、行包房 323 平方米、办公用房等 1488 平方米。有旅客站台 2 座 6390 平方米。站场有到发线 9 股，有效长 603.9 米—764.4 米；编组线 4 股，有效长 682.4 米—701.4 米；货物线 4 股，有效长 213.5 米—253.5 米，以及牵出线 3 股、专用线 6 条、段管线 4 条、安全线 1 条、其他线

2001 年改扩建后的金城江站

8 条。有货场 2.59 万平方米，其中货物仓库 6 座 3036 平方米、货物站台 2 座 1630 平方米、雨棚站台 2 座 408 平方米、雨棚散装货区 1 处 1080 平方米、散堆货场 3 处 2692.8 平方米、集装箱场地 2 处 1810 平方米。装卸机械有 20 吨门式起重机 1 台、电瓶叉车 14 台。

1994 年 6 月，因洪水灾害，车站集中楼垮塌。8 月，车站新建信号综合楼 568 平方米。1995 年，车站采用 6502 型大站电气集中设备。

2001 年，铁路局投资 1297 万元，对车站站房、货物仓库进行改扩建。拆除旧站房，在原地扩建新站房。新站房占地面积 14964 平方米，其中广场占地 10330 平方米，站房占地 2550 平方米，建筑面积 3177 平方米，主体为钢筋混凝土结构，高 3 层，含候车大厅、售票厅，可供 1000 人同时候车。改造工程 1 月 10 动工，同年 9 月 25 日竣工。

2005 年，车站有客运站房 3501 平方米，其中有候车厅 1473 平方米、售票房 172 平方米、行包房 323 平方米、小件寄存(问讯)处 130 平方米、广播室 51 平方米。有旅客站台 2 座 7290 平方米。站场到发线、调车线、货物线、牵出线、专用线的数量与 1991 年相同。段管线从 4 条减为 2 条，其他线从 8 条减为 6 条。车站采用计算机联锁设备，接发能力 74 列，改编能力 47 列 866 辆，日均办理车数 1906 辆，其中有调 866 辆、无调 1040 辆。车站货场场地与 1991 年基本相同。装卸机械有门式起重机 26 吨、36 吨各 1 台，10 吨、20 吨集装箱吊架各 1 台，内燃叉车 7 台，装载机 5 台。

运　营　1991 年，金城江站完成旅客发送量 50.8 万人，货物发送量 50.68 万吨，运输收入 1830.3 万元。其后，车站的运输生产呈波浪式发展。2005 年，完成旅客发送量 42.69 万人，比 1991 年下降 16%；完成货物发送量 113.85 万吨，为 1991 年的 2.2 倍；完成运输收入 6674.7 万元，为 1991 年的 3.6 倍。

表 1-56　**1991—2005 年金城江站运营情况**

年度	旅客发送量(万人)	货运量(万吨)		运输收入(万元)	年度	旅客发送量(万人)	货运量(万吨)		运输收入(万元)
		发　送	到　达				发　送	到　达	
1991	50.80	50.68	37.90	1830.3	1999	55.00	131.17	50.33	5576.0
1992	52.29	59.13	40.50	1967.9	2000	57.66	133.80	63.15	5488.9
1993	60.54	72.24	47.86	2352.0	2001	50.42	95.83	58.23	4715.1
1994	64.91	101.58	48.90	3075.0	2002	47.79	63.75	57.68	3587.9
1995	64.41	101.18	42.50	3389.0	2003	44.21	71.54	47.66	3879.8
1996	56.84	104.57	39.30	3870.0	2004	40.50	97.92	49.80	5407.0
1997	62.46	110.53	44.28	4331.0	2005	42.69	113.85	46.06	6674.7
1998	69.12	127.02	52.05	5346.0					

贵　港　站

贵港站位于贵港市和平路 518 号，地处黎湛铁路北部，中心里程 K52+777，为客货运二等站、中间站。

1991 年，贵港站隶属南宁铁路分局。行政职能机构设办公、人事、财务、技术、教育、材料、档案室和计划生育办公室；下设运转、客运、货运车间和装卸作业所；党群组织设党委、工会、团委。全站有职工 512 人，其中生产人员 414 人、行管干部 37 人、政工干部 10 人、其他 51 人。

1997 年 11 月，贵港站由柳州铁路局直接领导。2000 年 9 月，车站实行新的机构和定员标准，行政职能机构设办公、劳动人事教育、财务、安全技术、电算室；下设运转、货运、客运车间和装卸管理所。全站定员 291 人，其中运输业 259 人。

2004 年 11 月，铁路局决定将贵港站划归河唇车务段领导和管理。2005 年 5 月河唇车务段撤销后，贵港站划归玉林车务段领导和管理。

运输设备　1991 年初，贵港站有站房 2386.4 平方米，其中各种候车室 972 平方米、售票房 42

平方米、行包房345平方米、其他用房屋1027.4平方米。4月,铁路局投资81.6万元,改建售票综合楼1260平方米。站场有8股道,其中到发线7股,有效长855米;安全线1股。另有货物线2股,有效长325米;存车线4股、专用线14条。有货场7200平方米,其中货物仓库7座1991平方米、货物站台265平方米、露天货场1640平方米。装卸机械有门式起重机2台。

1992年,铁路局投资186万元,在货场内建货物线1股,货物仓库1240平方米。1993年,铁路局投资172万元新建货运营业大楼1689平方米。1994年6月,新增货2线第二台门式起重机。同年9月1日,车站开通使用HT数控平面无线调车设备。

1997年,车站站场全面扩建,黎塘至贵港双线引入车站,拆除1股道,新建3股道、1个站台,新铺51组道岔,信号楼搬迁,6502大站电气集中联锁改微机联锁。1998年,新建二站台4250平方米、二站台雨棚1683平方米,新建一站台通往二站台地道424平方米。2000年8月,站场增建2条交接线和1条调车线。

2005年,车站有站房4178平方米,其中各种候车厅972平方米、售票厅462平方米、行包房345平方米、其他用房2399平方米。有货物仓库18座1.17万平方米、露天货场1.69万平方米、货物站台2025平方米。装卸机械有门式起重机6台,其中10吨3台、20吨2台、36吨1台。有装载机、叉车各3台。

运　营　1991年,贵港站完成旅客发送量57.7万人,货物发送量60.9万吨,运输收入2544.9万元。其后,由于运输市场竞争激烈,客货运量呈波浪式发展。2004年,完成货物发送量87.94万吨,完成运输收入8540.9万元,均创历史最高纪录。2005年,完成旅客发送量59.29万人,比1991年增长2.8%;完成货物发送量59.81万吨,比1991年下降1.8%;完成运输收入7807.1万元,比1991年增长2.1倍。

表1-57　**1991—2005年贵港站运营情况**

年度	旅客发送量(万人)	货运量(万吨)		运输收入(万元)	年度	旅客发送量(万人)	货运量(万吨)		运输收入(万元)
		发　送	到　达				发　送	到　达	
1991	57.70	60.90	249.30	2544.9	1999	39.53	55.60	309.11	3952.8
1992	55.66	62.62	286.15	2809.2	2000	44.60	84.73	401.99	5029.5
1993	66.68	49.29	262.56	3058.4	2001	43.75	67.75	468.18	5206.0
1994	59.84	62.66	275.29	3759.6	2002	45.45	69.71	540.30	5889.2
1995	52.67	76.28	258.53	4180.5	2003	41.35	78.56	655.63	6469.7
1996	41.70	53.67	220.59	4017.5	2004	51.97	87.94	763.85	8540.9
1997	42.42	59.54	217.77	4248.8	2005	59.29	59.81	726.95	7807.1
1998	43.98	61.74	252.37	4351.0					

防城港站

防城港站位于广西防城港区(1993年改设防城港市)渔澫岛中部东侧,中心里程南防铁路K171+695,距防城港约5公里,站、港在南防铁路K172+363处接轨,是南防铁路的终点站。车站担负南防铁路货运列车到发、解编,旅客列车到发和防城港的取送车作业,为二等客货运区段站。

防城港站1987年5月由铁二局新线运输处实行临管运营。1991年1月1日,由南防铁路公司接管运营。车站定为公司非决算基层单位,站长按副科级配备,中心站性质,管辖茅岭、防城站。1992年6月,定为独立核算站段级单位,正科建制,所辖茅岭、防城站划归钦州车务段领导。1996年1月,防城港列检所划归车站管理。1995年2月,铁路局审定车站为二等站。1997年1月,车站与钦州车务段合并成立防城港运输段,保留车站

2005年,防城港站经过技术改造,运输能力大幅提高。图为装载机在装运矿石

名称,实行一套人马二块牌子。2005年年末,防城港站属防城港运输段(副处级建制)段管二等站。

运输设备 1991年,防城港站为横列式Ⅰ级二场站型,有12股道,其中正线1股、到发线4股,有效长861米—1066米;编组线3股,有效长742米—846米,以及客车存车线1股,军用及普通货物线各1股,牵出线1股。有站房1507平方米,旅客站台5024平方米,一次最高可集结旅客300人。有货物站台860平方米、军用站台727平方米、货物仓库1座860平方米。查定站场日解编能力400辆—450辆,货场日装卸能力装50辆、卸20辆(站区加港区日装卸能力为150辆)。

1992年1月,车站尾工配套的电动臂板电锁器联锁和继电半自动闭塞设备投入使用;2005年12月,升级为计算机联锁。

2003年,车站增建存车线1股、安全线1股、调车线2股,接发列车由日办理46列提高到60列,日解编能力由1092辆提高到1628辆。

2005年年末,防城港站站场有17股道,其中正线、货物线、安全线、边修线各1股,到发线4股,调车线6股,牵出线3股。此外,还有渡线9条,联络线4条,段管线(机务)5条,以及进港专用线2条(第二进港专用线在建)。

运　营 1996—2005年,防城港站完成旅客发送量52.01万人、货物发送量4572.65万吨,货物到达量3680.05万吨。货物发送量、到达量和运输收入快速增长,2005年完成货物发送量940.02万吨,为1996年的6.68倍,完成运输收入2.84亿元,为1996年的4陪。

表1-58 **1996—2005年防城港站运营情况**

年度	旅客发送量(万人)	货运量(万吨)		运输收入(万元)	年度	旅客发送量(万人)	货运量(万吨)		运输收入(万元)
		发　送	到　达				发　送	到　达	
1996	9.09	140.79	301.81	7064.4	2001	4.24	451.25	363.05	10213.7
1997	5.88	200.38	333.60	6565.9	2002	4.24	526.93	347.24	12750.1
1998	3.88	246.25	336.22	9839.7	2003	4.20	616.63	357.30	17877.1
1999	4.50	351.82	364.20	12829.4	2004	4.68	730.98	404.20	22481.1
2000	4.93	367.60	376.90	10181.5	2005	6.37	940.02	495.53	28366.9

注:缺1991—1995年运营情况资料。

北　海　站

北海站位于广西北海市北京路南,是钦北铁路终点站,为客货运输二等站。

车站建设 1986年8月,北海站与钦北铁路由铁二院同时完成初步设计。1991年8月,自治区经委正式批准初步设计。之后,铁二院陆续提供施工设计文件。1991年10月18日,在北海市举行车站建设奠基仪式;11月1日破土动工,由承包钦北铁路的11个施工单位担负站场、站房各项工程建设。1995年4月7日竣工。车站站场有正线 1 股，有效长 654 米；到发线 4 股，有效长 634 米—673 米；有货物线 4 股，有效长 219 米—291 米；有牵出线 1 股。车站站房、办公、宾馆综合楼，地上十三层、地下一层，主体为框剪、裙楼为框架结构。投资概算 1.06 亿元，建筑面积 35156 平方米，其中客运站房面积 2456.1 平方米，一次可容纳旅客 2045 人。信联闭设备为电锁器联锁、64D 半自动闭塞。

1995 年 5 月，北海站投入运营

车站管理 北海站 1995 年 6 月隶属南防铁路公司钦北铁路临管处；1997 年 7 月改由钦北铁路公司管理。1997 年 10 月，广西地方铁路有限公司批准车站"暂比照铁路二等站办理"。2002 年 6 月车站划归广西沿海铁路公司防城港运输段领导和管理。

运输设备 1995 年，北海站站房有普通候车室、母子候车室、软席候车室，建筑面积 2456.14 平方米。有旅客站台 4000 平方米。站场有 10 股道，其中正线 1 股、到发线 4 股、货物线 4 股、牵出线 1 股。

1996 年 5 月，建成车站至北海港 8.2 公里的进港铁路。1997—2001 年，北海市和钦北铁路公司投入 3600 万元，新建北海客车事务整备所，从牵出线分岔，建 3 股道，2002 年竣工投入使用。

2005 年年末，北海站客运站房、站场设备与 1995 年基本相同。

运　营 1995 年 5 月 12 日，北海站与钦北铁路同时开通。同年 7 月，纳入全国铁路路网，由南防铁路公司临管运营，开行北海—桂林北 82/81 次特快列车 1 对。9 月 1 日，北海—成都 22/21 次特别快车正式开行，成为广西第一趟跨省、跨国家铁路与地方铁路运行的特别快车。2001 年 5 月 1 日，在北海—南宁间每日开行 818/817 次、820/819 次动车 2 对。

1997—2005 年，北海站完成旅客发送量 107.02 万人，货物发送量 880.29 万吨，货物到达量 603.03 万吨，运输收入 2.96 亿元。旅客发送量 2000 年最大，为 19.08 万人，2004 年最小，为 5.28 万人；货物发送量从 2003 年开始突破 100 万吨，2005 年完成 149.61 万吨，比 1997 年增长 88.6%；运输收入逐年增长，2005 年完成 5652.9 万元，比 1997 年增长 149.1%

表 1-59　**1996—2005 年北海站运营情况**

年度	旅客发送量（万人）	货运量（万吨）		运输收入（万元）	年度	旅客发送量（万人）	货运量（万吨）		运输收入（万元）
		发送	到达				发送	到达	
1996	12.68	—	—	128.7	2001	14.77	66.73	50.02	2231.1
1997	16.51	79.33	38.40	2269.3	2002	8.77	93.62	74.20	3274.0
1998	14.91	81.02	39.84	1914.5	2003	5.53	124.85	96.59	4679.5
1999	15.98	70.97	32.54	1654.2	2004	5.28	150.98	124.92	6168.3
2000	19.08	63.18	41.37	1775.6	2005	6.19	149.61	105.15	5652.9

第四章　铁路桥梁隧道

1991年，广西铁路有桥梁798座，其中国家铁路611座、地方铁路82座、合资铁路105座；有隧道155座，其中国家铁路121座、地方铁路13座、合资铁路21座。随着铁路运输的发展和铁路建设步伐的加快，铁路新建桥梁、隧道增多，技术水平提高。1991—2005年，广西境内新建长度500米以上的铁路特大桥12座，其中国家铁路8座，地方铁路4座；100米—500米的大桥134座，其中国家铁路99座，地方铁路35座。新建长度3000米—10000米长隧道1座，500米—3000米的中长隧道18座，其中国家铁路17座、地方铁路1座。2005年年末，广西铁路有桥梁1308座，其中国家铁路1009座、地方铁路81座、合资铁路218座；有隧道235座，其中国家铁路198座、地方铁路13座、合资铁路24座。

南昆铁路的南盘江特大桥，主桥采用一联(54米+2×90米+54米)V形支撑预应力混凝土连续梁结构，是中国铁路第一次采用的新的结构形式，在国内也属首次。南昆铁路米花岭隧道全长9392米，长度居国内当时已建成的单线铁路隧道的第一位，成洞速度大大超过南昆铁路建设科技进步“八五”规划单口月成洞120米的目标，施工技术，接近国外20世纪90年代水平。

第一节　桥　　梁

柳江特大桥

柳江特大桥位于湘桂铁路柳州北至柳州站间，中心里程K531+287，桥全长616.2米，桥式样12×48.285米下承桁梁，轨面标高92.31米，梁底标高90.68米，是柳州铁路枢纽的咽喉。

柳江特大桥始建于民国35年(1946年)，1950年8月建成通车。50多年来，大桥多次经受洪水的袭击，进行过多次的改造论证和加固整治。

1994年6月，柳江流域连降暴雨。17日，最高洪水水位89.75米。为保证柳江特大桥安全，16日，将桥支座上下摆临时焊接加固。洪水过后，中央政治局委员、国务院副总理邹家华视察柳州灾情，从防洪角度提出柳江铁桥要改造。铁道部要求铁二院结合柳州铁路枢纽改造进行改线改

2005年，列车通过湘桂铁路柳江特大桥

桥研究。铁二院提出在维义村建新桥方案。

1996年7月17日，柳江流域连降暴雨。19日，最高洪水位92.90米，超过柳江特大桥轨面0.59米，水淹桥梁深2.22米。柳州铁路局组成600多人的护桥突击队，采取焊接支座上下摆加固钢梁；用锯子锯，斧头砍，带钩的竹竿、绳索拉等办法排除桥下漂流物；用48辆每辆装载60吨矿石的重车压桥等措施排除大桥险情。7月31日，国家经贸委副主任、国家防汛副总指挥石万鹏听取自治区汇报后，要求铁道部尽快作出改造柳江铁路特大桥方案。8月8日，铁道部召开柳江铁路特大桥改造方案论证会，讨论柳州铁路局《关于请求铁道部投资解决柳江铁路特大桥排洪问题的请示》中提出的改线和抬梁3.34米的两个方案（以改线方案为主）。会议决定：一、铁道部科学研究院进行桥梁水工模型试验。二、柳州铁路局对抬梁方案施工可行性与安全性作进一步论证。11月，柳州铁路局桥梁检定队与郑州铁路局桥梁检定队合作，对柳江特大桥进行动载、静载检定试验，根据试验结果提出三点意见：一、列车最高过桥速度应限制在70公里/小时以下，尽量避开45公里/小时、60公里/小时两个峰值；二、钢梁已运营46年，承载等级有所降低，应将梁的检定等级进行15%折减作为现行荷载等级；3号、11号桥墩状态差，需进行水下摸探。

1997年3月，由铁道部科学研究院铁建所水文室对柳江特大桥11号墩进行水下探测，结论是：基础外露、有溶洞、溶槽。4月，完成柳江特大桥防横移装置安装，永久性对桥梁进行加固。5月16日，铁道部在北京召开柳江铁路特大桥水工模型试验及整治方案论证会，柳州市、柳州铁路局领导参加会议。会上对铁路局提出的《关于湘桂铁路柳江铁路特大桥抬高方案施工可行性与安全性报告》进行论证。按1996年7月19日柳江洪水位(92.90米)需抬高梁4.00米；按柳江百年一遇水位需抬高梁3.34米；在不加高广雅路立交桥的条件下可抬高梁1.6米。建议对柳江大桥暂不抬高，采取增设固定式防钢梁横移措施，待建设洛湛铁路大通道时修建柳江第二大桥。会议决定采用维持现状暂不抬高，增建第二大桥建议。9月，柳江特大桥改铺60公斤/米无缝线路，相应更换60公斤/米K型扣件。

1999—2004年，柳州铁路局工务部门多次对部分钢梁油漆大修，对1—2孔、11—12孔、3—7孔、8—9孔桥面进行整体更换。

红水河斜拉桥

红水河斜拉桥位于湘桂铁路下行线来宾至良江站间，中心里程K606+524，全长398米，桥式样2×23.8米预应力钢筋混凝土T梁+3×23.8米预应力多钢筋混凝土T梁，共10孔9墩2台。1981年9月1日投入运营。是中国铁路第一座、世界铁路第四座预应力钢筋混凝土斜拉桥。

2004年，钢梁经过油漆大修后的湘桂铁路红水河斜拉桥

红水河斜拉桥投入运营后由柳州铁路局工务部门负责维修养护。1994年11月18日—23日，由铁道部科学研究院和柳州铁路局共同对大桥进行动载、静载全面检定测试。试验结论：红水河斜拉桥工作状态正常。

1995年，柳州铁路局立项，请原设计单位（铁道部科学研究院）对斜拉桥缆索检查设备进行设计。1996年4月，在柳州召开有铁道部工务局，铁道科学研究院，西南交通大学，同济大学，柳州铁路局科研所、工务处、工程处、柳州铁路分局等单位参加的红水河铁路斜拉桥缆索检查设备设计方案论证会。会议对铁道部科学研究院的索道车设计方案提出改进意见。9月，铁道部科学研究院交付缆索检查设备设计图纸（缆索检查设备由检查索道和缆索检查小车组成），委托柳州市建筑机械厂制造，柳州铁路局桥隧工程段安装、调试。1997年6月竣工。1998年1月验收交柳州工务段使用。缆索检查、养护、维修难题得到解决。

柳州铁路局桥梁检定队每年对红水河斜拉桥上拱度、缆索索力或索频、梁体与索塔振动、梁跨中动挠度等项目进行检测。检测结果：桥各部状态良好。

八渡南盘江特大桥

八渡南盘江特大桥是新建南昆铁路的重要桥梁之一，位于平林村至八渡间，中心里程K342+619，桥全长530.2米，桥式样4×32米预应力钢筋混凝土T形梁+(54米+90米+90米+54米)钢筋混凝土连续箱形梁+3×32米预应力钢筋混凝土T形梁。

大桥位于广西、贵州交界处324国道八渡村渡口下游2公里，处于南盘江呈U形河床断面，纵坡平缓，河床底宽约150米，桥梁建筑高度115.6米，两岸坡陡30°—45°。河床表层为冲沟，成分以砂岩为主，厚1米—6米；下部为三叠系砂岩夹泥岩，页岩互层为Ⅳ级软石。基本承载力400帕—700帕。支沟、冲沟发育呈树枝状，植被一般。广西侧有一支沟，沟口洪积扇顺河宽度约80米，长度约100米。设计流速3.3米/秒，设计流量1.41万立方米/秒，设计水位高程387.08米，设计桥梁与河流斜效5°。南盘江水及地下水对混凝土无侵蚀影响。极端高气温41℃，极端低气温3.1℃，年均降雨量1100毫米—1200毫米，最大风速12米/秒，属亚热带湿润气候区。地质特征受西江断裂影响，桥址处小型断层及节理发育。

八渡南盘江特大桥由铁一院设计，铁道部确定该项目为以设计为主体工程总承包试点项目。1993年7月，完成技术设计文件；12月，完成墩台及基础施工设计图。大桥V形支撑顶梁拉、弯、剪构件结构设计由西南交通大学负责。1993年7月、1994年8月—11月，铁一院在铁二院提供地质资料基础上，两次进行地质复查，在桥址上、下游1公里范围内进行补充调查。在2—10号墩附近钻探17孔，动探1孔，取岩样44组进行岩石抗压强度试验。根据基坑开挖和钻芯分析，与原地资料有较大出入，同时考虑受规划修建龙滩水库影响及桥高115米的实际，对设计进行部分修改，2—4号墩基础埋置深度适当加深，6号、8—10号墩基础改为钻孔桩。1994年7月23日—28日，铁道部工程设计鉴定中心、建设司邀请国内外10多名专家对八渡南盘江特大桥施工设计审查决定：箱梁宽度由3.2米改为4.2米，V形支撑截面形式由空心变实心，适当加宽下部宽度、支座间距，增大4—8号墩的墩顶尺寸。

八渡南盘江特大桥是中国第一座大跨度铁路V型支撑连续桥梁。建设单位为铁道部南昆铁路建设指挥部，由中铁十八局二处施工，铁道专业设计院监理公司监理。1994年1月开工建设。

基础施工，桥两台及1、2、3、4、5、7号墩为明挖或挖井基础，小爆破结合。6号墩位于水中，设沉井基础，用冲击钻钻孔桩，水下灌注混凝土。8号墩为高桩承台，部分为钻孔桩，部分为挖孔桩。

墩身施工采用DYF型液压翻模板，具有机械

1997年12月投入运营的南昆铁路八渡南盘江特大桥

化程度高、安全可靠、速度快的特点。在 80 余米高空进行 V 型支撑施工是国内首次，施工部门设计和搭建斜拉式轻型悬臂梁平台，6 个高 50 米、3 个高超过 70 米 V 形支撑搭建施工支架，在平台上支立大模板和碗扣式脚手架，用缆索吊供料。5—7 号空心高墩上部结构复杂，施工时预埋锚固钢筋。全长 298.4 米的连续箱梁施工，以箱为断面，单箱单室，采用悬灌施工法。

八渡南盘江特大桥将设计、科研、试验融为一体，科研测试放在施工后进行。西南交通大学对高墩、大跨、V 形支撑连续梁全桥横向刚度进行试验、研究，对高墩、大跨、V 形支撑、部分预应力混凝土连续梁施工技术进行研究、施工监控，竣工后静、动载测验及全桥动性能测试。通过试验、测试，对全桥使用性能作出评价，并验证设计选用的计算参数及分析方法和施工质量。铁道部科学研究院西南分院与铁道部科技司签订合同，对桥的混凝土厚壁空心墩进行温度应力试验。2000 年，铁道部组织上海、沈阳铁路局桥梁检定队对该桥的梁、墩台横向振幅进行测试，除 3 号墩(高 53 米)峰值 5.91 毫米超过参考值外，其余各墩未超限。第 6 孔梁(高 90 米)的横向振幅峰值 2.42 毫米，是参考值 44%，大桥自振频率为 0.8594Hz，满足要求。

八渡南盘江特大桥 1996 年 8 月 1 日竣工，1997 年 12 月投入运营后，由柳州铁路局兴义工务段负责检查、养护、维修。2004 年 10 月，铁路局工务大修中心对圬工梁进行减振加固大修整治。

邕江特大桥

邕江特大桥位于湘桂铁路新建南宁南南环线邕宁至天潭间，中心里程 K769+447，全长 837.56 米，梁式为 64 米+96 米+64 米预应力混凝土连续箱式梁，天潭端为 2×32 米预应力钢筋混凝土 T 形梁。

邕江特大桥跨越邕江，桥位河段为内河Ⅲ级航道，通航净宽 85 米。桥址段河道顺直，河床宽 250 米—400 米，水面宽 250 米—300 米，水位深度一般 10 米—20 米，最深超过 40 米，平均流速 2.39 米/秒。最高气温 44.4℃，最低气温-2.1℃，年均降雨量 1346 毫米，最大风速 26 米/秒，属亚热带湿润气候区。桥址位于六景至上洲平缓并斜构造西部，柔皱发育，桥北岸丘陵为一滑坡，桥 6、7、8 号墩位于滑坡前缘。南岸为丘陵，阶地不发育，地形起伏较大。地震烈度小于Ⅵ度。

邕江特大桥是黎南复线的重点工程项目，由铁二院设计。1999 年 4 月，全线开展定测；6 月 30 日至 7 月 5 日，在南宁召开初步设计审查会；年末，完成技术设计。定测地质勘探查明北岸桥台及路基位于滑坡范围，为安全起见，北岸增加一右偏弯道，绕避滑坡，引桥进入曲线内，桥长增加。技术设计报批方案为〔12×32 米+3×24 米+2×32 米+(50+92+50)米+3×32 米〕梁式桥，全长 841.91 米(3×24 米为南宁至邕宁二级公路穿越桥下而设)。

2000 年 4 月，自治区交通厅因通航要求修改原定桥主跨度(50+92+50)米方案。6 月，完成设计修改，桥主跨度(64+96+64)米。7 月，自治区交通厅发函同意采用修改后的设计方案。铁道部批复同意桥主跨变更为(64+96+64)米预应力混凝土连续梁方案。12 月，完成施工图设计，主跨南移 8 米，邕宁端 16×32 米，主跨(64+96+64)米，天潭端 2×32 米。

2001 年 12 月，围绕确保大桥工程结构安全，满足航运、水利、环保要求，变更部分设计。引桥 11 号墩改为高桩承台；引桥 13、14 号墩高改为 19.9 米；15、16 号墩因砂质土深 12 米—16 米改为摩擦桩；11、13、14、15、16 号墩直径 1 米桩改为 1.25 米，桩长 312 米改为 360 米；主跨桥墩顶帽矩形改为圆端形，托盘相应改为圆端形，托盘高标号混凝土分界线由托盘底以下 0.4 米延伸至 3 米。北岸护岸工程高度 18.2 米，斜长 30 米，顺河纵向长 60 米，以减轻洪水对北岸冲刷。邕江特大桥设计水面宽度大于 500 米，水位 77.04 米，流量 1.86 万立方米/秒，通航最高水位 73.44 米，施工水位 64.20 米。

邕江特大桥建设单位为柳州铁路局建设项目中心，柳州铁路工程集团公司路桥工程公司施工，铁路局建设监理公司监理。2000 年 9 月 10 日动工兴建。

岸上 18 个桥墩台的施工，均采用挖孔桩和冲击钻钻孔桩基础。1 号台、3—13 号墩、22 号墩采用人工挖孔桩(现浇混凝土护壁，内孔石方采用浅眼爆破)；2 号墩、14—16 号墩采用钻孔桩；1—10 号墩、12、21、22 号墩孔桩桩径 1 米；11 号墩、13—

2001年12月，湘桂铁路黎南复线邕江特大桥竣工

16号墩孔桩桩径1.25米。承台基坑开挖以人工木板支撑开挖为主，较大承台机械开挖，辅以人工修理。

水中墩台均为钻孔桩基础，桩孔直径1.5米，桩长16.5米—47米。为解决水中墩和连续梁悬臂施工中的水平运输和垂直运输，在桥跨河部分架高索道，设置70吨的缆索吊系统。17号墩河床基础平坦，采用草土围堰筑岛，混凝土箱下沉施工。18—20号墩为深水钻孔桩，采用内径为12.8米的双壁钢筒围堰施工。因河床起伏较大，围堰下沉前进行水下爆破，找平岩面。并采用定位船，导向船定台，锚碇系统为钢堰定位下沉。

预应力混凝土连续梁采用菱形挂篮进行对称悬壁施工。挂篮由主桁架、悬壁及锚固系统、模板系统组成，施工中采用先进方法进行全程监控。对预应力钢筋采取张拉压浆先进工艺。全桥122根桩基，120根优良、2根合格。连续梁合龙段两端高差5毫米、中线偏差3毫米，质量良好。

引桥预应力钢筋混凝土简支梁，施工单位在工厂预制。2002年11月9日，用长征-Ⅲ架桥机架梁；11月20日架梁结束。12月28日开通运营。工程总造价8592.7万元。

邕江特大桥开通运营后由南宁工务段负责检查、养护、维修。

书林坡特大桥

书林坡特大桥位于湘桂铁路南宁南南环线天潭至玉洞间，中心里程K778+010，全长797.61米，桥式样(7×24+17×32+2×24)米预应力混凝土梁单线桥。

书林坡特大桥的气象、气温、雨量、地震烈度情况与邕江特大桥基本相同，桥周围有微丘山地，裸露岩石起伏较大，岩溶较发育，阶地上覆盖第四系冲积层，自上而下黏土、黏砂土、粉砂、碎石土、灰岩夹白云质灰岩。部分墩台基础下存在溶洞、溶槽。17号墩、25号墩较为严重。

书林坡特大桥由铁二院设计。为少占农田，大桥路段由高路堤变更为高架桥。桥上K777+653—778+149为半径1000米的曲线。1—2号墩、19—27号台位于直线上，7—8号墩、16—18号墩位于缓和曲线上，9—15号墩位于圆曲线上。

书林坡特大桥工程总造价2474.1万元，柳州铁路局建设项目中心为建设单位，桥梁基础及墩台下部建筑由中铁五局第二工程处施工，架梁及桥面等工程由中铁四局施工，柳州铁路局建设监理公司监理。

基础及墩身施工，矩形桥墩17、18、20、23号墩采用机械放坡无支护，明挖扩大基础，挖至距设计标高30米左右，改为人工检底，防止超挖。其余基础均为钻孔桩，采用6毫米钢板制作高2米护筒，内径大于钻头直径100毫米，用加压、震动方式下沉护筒，护筒口埋设高出地面0.3米的自然造浆护壁，根据土质情况选择进尺速度。25、1号墩钻孔桩桩身位于溶洞、溶槽，用XY-100型取芯钻，依据设计压浆孔位钻孔，土层和溶洞充细物采用干钻。全桥100根钻孔桩，经采用低应变动测法检测，Ⅰ类桩63根，Ⅱ类桩37根。承台基坑用人工放坡开挖检平，检查合格后立模绑扎承台钢筋灌筑混凝土。桥台台身采用150号混凝土块镶面，100号浆砌片石填充。托盘、台顶及道砟槽使用木模，采用与桥墩相同常规方法完成混凝土灌筑。

桥梁铺架，采用JQ160型架桥机，32米预应力钢筋混凝土简支梁从株洲桥梁厂购进，24米预应力钢筋混凝土简支梁由柳州铁路局工程处桥隧工程段生产；32米梁支座采用专桥8152系列TGZ2600(Y)型铸钢支座；24米梁支座采用专桥

8152 系列 TGZ2000(Y)型铸钢支座，由铁道部成都桥梁厂生产。桥梁施工质量优良，被评为长塘至南宁段增建二线样板工程。

基础及墩台 2000 年 9 月动工，2001 年 6 月竣工；架梁 2002 年 6 月动工，7 月 15 日竣工。2003 年 1 月，书林坡特大桥交南宁工务段维修养护。

飞龙郁江特大桥

飞龙郁江特大桥位于黎钦铁路横州至飞龙间，中心里程 K29+702，桥全长 589.2 米。桥式样 7×32 米预应力钢筋混凝土简支 T 梁+(62+2×100+62)米预应力钢筋混凝土 T 型钢构。

飞龙郁江特大桥平均气温、降雨量等与黎钦铁路气候条件基本相同。大桥处于西津水库回水区，最深水位 28 米。地质覆盖层为第四系红黏土下伏泥质砂岩。黎塘端岸地势平缓，钦州端岸地势较陡，河谷呈“U”型，河床覆盖层较浅，淤泥、饱和细沙夹砾石土，主流槽基岩裸露。地震烈度 7 度。

飞龙郁江特大桥，由铁一院设计。1995 年 2 月完成可行性方案研究报告，1996 年 6 月完成初步设计，8 月通过设计审查。全桥位于线路直线上，桥墩台 0—10 号为钻孔桩基础，11、12 号圬墩为明挖基础。桥墩身 0 号台采用耳墙式桥台，12 号台为挖方内桥台。1—6 号墩为圆端形桥墩。主桥 7—10 号墩为 1 米厚双壁板式桥墩。桥位河段为内河Ⅲ级通航道。

飞龙郁江特大桥建设单位为黎钦铁路工程建设指挥部，由中铁二局一处施工，铁二院监理公司监理。

基础施工，0—3 号墩为陆上钻孔，4—10 号墩为水中钻孔桩，4 号、5 号墩采用筑岛围堰作钻孔桩平台，6—8 号墩采用钢管桩平台作钻孔桩平台，9 号、10 号墩采用浮式平台作钻孔桩平台；0—8 号墩护筒定位(水上平台用导向架)用 DZ-90 型振动锤下沉至设计位置，9 号、10 号墩护筒定位，平台上设置导向架，在护筒底焊接 4×4×1.5 米钢板定位圈，下沉后进行水下混凝土封底，使其达钻孔要求。11 号墩、12 号台为明挖基础。0—5 号墩承台施工采用明挖基坑立模浇注，6—10 号墩采用有底栓链接钢吊箱围堰封底后绑扎钢筋，浇注承台混凝土。墩台墩身施工，均采用整体钢模，其中圆端形桥墩每节 1.5 米，一次浇注 2—4 节。箱梁采用悬臂灌注法，支座采用盆式支座。

施工中，10 号墩钻孔桩基底比设计规定提高 2 米，对大孔径钻孔桩钢筋笼加密(每米 1 道)，钢筋直径 20 毫米。在浇注桩身钢筋混凝土过程中 0 号台、3 号桩基因混凝土堵塞导管，在约 13 米处发生断桩，采取抽干泥浆，凿毛，洗净混凝土后用干灌措施进行补救，后经长沙铁道学院基桩检测站检测，定为合格。全桥各部位灌筑的混凝土，均预留试验块，通过抗压强度测试，均符合设计要求。

飞龙郁江特大桥 1997 年 3 月 15 日动工，1998 年 9 月 5 日竣工。1999 年 1 月，铁一院和兰州铁道学院对大桥进行静、动载试验，施工质量为优良。大桥建成后由钦州工务段负责养护维修。

1994 年，黎钦铁路南流江 4 号特大桥夜以继日进行施工

南流江四号特大桥

南流江四号特大桥位于钦北铁路旺乡岭站至合浦站间，中心里程 K65+194，全长 2371.23 米，建成时为广西境内最长的铁路大桥。桥式样 72×32 米预应力钢筋混凝土简支 T 梁。

南流江四号特大桥跨越的主河槽为南流江，次河槽为洪潮江。平均气温、降雨量等与钦北铁路气候条件基本相同。墩、台基础地质为细粉砂、中砂、粗砂、砾砂。地震烈度7度。

南流江四号特大桥由铁二院一分院设计。因全桥位于地震烈度7度区域，墩台身采用T型桥台，桥墩采用矩形、圆端形、圆形，墩台基础施工为旋转钻机、加腾钻机、冲击钻机钻孔桩，全部用混凝土圬工，墩身底部加设抗震短钢筋，墩身均设防震钢筋。

施工中因涌水量大，沙砾多，改变原用片石笼围堰抽水设计方案，改为抽沙围堰筑岛，用抽砂机将承台及附近沙砾清除在围堰外。11号墩3号桩、32号墩2号桩和60号墩6号桩，因塌孔导致断桩，在原桩旁增加外桩，同时加大加厚承台；65号墩钻孔桩长由原设计20米改为26米；因建桥处地下水含铁量过高，不能用于混凝十养生，取洪潮江和总江水养生。

南流江四号特大桥桥墩、桥台由中铁十二局一处施工，铺架由柳州铁路局工程处施工，1995年7月30日竣工并开通运营。1997年年末，南流江四号特大桥获铁道部优质工程二等奖。

表1-60 1991—2005年广西境内其他新建铁路特大桥

线别	桥　　名	中心里程	孔数跨度及式样	桥　长（米）	竣工日期	最高墩（米）	技术状况及维修情况
钦　北	南流江6号	K68+130	34×16米普通钢筋混凝土低高T形梁	570.4	1995	—	—
钦　北	南流江8号	K69+924	10×16米普通钢筋混凝土T型梁+1×16米普通钢筋混凝土低高度T型梁+24×24米预应力钢筋混凝土T型梁	793.8	1995	—	—
南　昆	红旗屯乐里河1号	K285+006	18×32米预应力钢筋混凝土T梁	606.7	1997	12.1	
南　昆	百榄乐里河	K289+141	16×32米预应力钢筋混凝土T梁	534.8	1997	24.9	2000年秋检发现，1号墩南端梁片下预帽各有1条裂纹。
南　昆	东洋河	K366+004	6×32米钢筋混凝土T梁+4×30米双桁梁	530.5	1997	—	—
湘　桂南环线	良　庆	K799+023	23×24米钢筋混凝土T形梁	587.4	2001	—	—
湘　桂南环线	利　福	K776+997	19×24+1×20米预应力钢筋混凝土T梁+1×48米下承式栓焊钢桥梁	556.3	2002	—	—

注：已单独介绍的未收入表内。

铁路大桥

广西铁路跨越的较大江河有湘江、漓江、柳江、红水河、邕江、郁江、明江、融江、龙江、茅岭江、钦江、南流江、桂江、浔江、右江、南盘江等，铁路大桥多、建设难度大、推广应用新技术多。1991—2005年，广西铁路新建100米—500米大桥134座，其中国家铁路99座，地方铁路35座。按线路分：南昆铁路89座、黎钦铁路17座、钦北铁路14座，其他14座。南昆铁路平果右江大桥，桥下长年通航，正常水深约10米，无法设置临时桥墩。经反复研究，决定采用长导梁全伸臂纵向拖拉法架设，中孔采用单跨96米下承式栓焊桁梁跨越右江。在主梁极少加固和几乎不增加辅助构件的条件下，安全快捷地完成96米钢梁的全伸臂拖拉架设。在万能杆件导梁长度、导梁与主桁重量比、有边跨单孔钢桁梁全伸臂拖拉架设跨度等方面达到国内先进水平。

第二节 隧　道

彭莫山隧道

彭莫山隧道位于焦柳铁路牙屯堡至水团站间，中心里程 K1381+377，坐落在广西、湖南、贵州三省（区）的交界处。隧道进口在湖南，出口在广西，湘桂两省区的交界线在隧道内 K1381+958 处。隧道全长 5592 米，建成时为广西境内最长的单线隧道。隧道内线路为整体道床，在线路中心设置排水沟。

彭莫山隧道 1975 年 10 月竣工，1983 年 1 月投入临时运营。隧道通风设计由柳州铁路局勘测设计院于 1986 年 12 月至 1987 年 2 月完成，采用洞口帘幕通风技术。由铁路局科研所负责施工，1987 年 8 月开工，10 月竣工。设备包括帘幕、风机、信号及自动控制系统。

1994 年，柳州铁路局针对钢帘幕工作不稳定、多头管理、协调困难问题，投资 144 万元，由铁路局科研所设计，在柳州端出口建引风洞，安装 10 台 15 千瓦的射流风机，用风帘幕取代钢帘幕，并将 2 台 80 千瓦轴流风机改为 95 千瓦，1996 年投入使用。同年，柳州铁路局投资 200 万元改造隧道内照明设备，采用具有防潮、防腐、防砸、节能功能的新型灯具和控制技术。1997 年竣工。

2003 年，根据铁路局关于焦柳铁路货物列车牵引定数由 3000 吨提高到 3500 吨的要求，铁路局科研所再一次承担彭莫山隧道通风系统更新改造任务。1 月动工，5 月竣工。

彭莫山隧道的通风设备通过多次整治和改造，通风条件明显改善。经铁路局环保部门监测，符合铁道部有关运营隧道通风标准的要求。

米花岭隧道

米花岭隧道，1996 年建成时是全国最长的单线电气化铁道隧道，也是南昆铁路最长的越岭隧道，位于南昆铁路板桃至根龙间，中心里程 K317+728，全长 9392 米，采用曲墙复合衬砌、双侧丙式水沟及电缆槽，隧道内线路铺设预应力混凝土宽轨枕、60 公斤/米钢轨。

米花岭隧道坐落于侵蚀、剥蚀低中山区，穿越南盘江与右江分水岭，海拔高程 500 米—1300 米，相对切割深度 300 米—700 米，沟谷深切，山坡陡峻，植被茂密，交通困难。

隧道出露地层岩性有中三叠统兰木组（T2c）和板纳组（T2b）碎屑岩及第四系坡残积层。兰木组上部为中至厚层泥岩，粉砂质泥岩夹钙质泥岩及粉砂岩，局部夹厚层砂岩；下部为中至厚层砂岩夹泥岩，局部为砂泥岩互层，分布于隧道出口段。第四系主要为砂黏土，局部为碎石土。

隧道区的地质构造属北西向构造带（右江系）。区域构造线走向北西，与线路交角 40°—45°。主要构造形迹有米花岭扭性断层（F2），委金沟张扭断层（F4）和九巍峨向斜。次级褶皱曲和节理较发育，节理密度一般为 2—3 条/米，多则 4—8 条/米。

隧道岩层中含裂隙水，但由于山高坡陡，地表排泄畅通，大气降水入渗强度弱，岩层富水性较差，且随季节变化大。九巍峨向斜核部和断层带为

1997 年 12 月，全长 9392 米的南昆铁路米花岭隧道开通运营

相对富水段，可能富集较大量地下水。水质为“HCO3-Ca”型，对混凝土无侵蚀影响。预测隧道雨季最大涌水量1.7万—2.2万立方米/日。

隧道所在地区地震基本烈度小于Ⅵ度。隧道最大埋深约573米。在向斜轴部，压扭性断层等应力集中部位有产生岩爆可能，但属低应力区，现代构造活动微弱，岩爆问题不突出。隧道内最高地温26.3℃—31.6℃。

米花岭隧道由铁二院负责初测初步设计。根据1991年10月29日铁二院与铁道部隧道工程局《关于南昆铁路米花岭隧道勘测设计工作会商纪要》，米花岭隧道作为单项勘测设计任务移交给隧道工程局负责，成立米花岭隧道勘测设计总体组，协调处理勘测设计过程中的问题。

1984年12月，南昆铁路初步设计做出南盘江低线央牙隧道5360米和米花岭隧道8150米2个比选方案，推荐采用央牙隧道线路方案。1987年3月，又做出南盘江高线米花岭隧道6816米、6680米、7880米、10800米4个比选方案。1988年5月，南昆铁路初步设计鉴定采用南盘江高线顶效方案，米花岭隧道按6816米方案，上下行限制坡度6‰、加力坡12‰。1990年2月，南昆铁路初步设计大能力运输方案报告，作央牙隧道5360米及米花岭隧道9500米、10800米3个线路方案比选。3月鉴定审查，同意对央牙隧道5360米及米花岭隧道9500米的初步设计作进一步补充比较，报送铁道部审定。12月，对米花岭隧道9383米、9067米、8848米、10582米4个线路方案再一次进行比选。1991年3月，初步设计鉴定审查，同意米花岭隧道长9383米，上行限制坡度6‰、下行限制坡度13‰方案。9月，铁道部批复，要求再次补充隧道长9383米的单面坡减站和进口端1.5公里上坡双面坡减站与不减站方案并进行比较。10月，铁道部建设司批复，同意按米花岭隧道单面坡减站方案进行定测，米花岭隧道线路平面受地形条件限制，在两端各设一曲线，进口曲线进洞长度258.3米，出口曲线进洞长度293.6米，曲线长度占隧道长度6%。

米花岭隧道部分设计在施工中发现与现场不符，变更原设计13处。加深1号斜井基础，延长洞口里程，改移1号斜井进口端弃砟场地，将Ⅳ类和Ⅲ类围岩降为Ⅱ类围岩。

米花岭隧道由中铁二局和隧道工程局施工。中铁二局承担进口段4293米、1号斜井625米和进口平导2170米施工任务；隧道工程局承担出口段正洞5099米，2号斜井452米和出口平导3024米施工任务。施工按新奥法原理，采用加强衬支护复合式衬砌结构，选用“长隧短做、两斜两平”辅助坑道方案，用轨道式大型机械配套，形成开挖、装运、初期支护与二次衬砌机械化作业线。运用多项新技术、新工艺，不断优化施工方案。

隧道进口端及正洞，1993年4月1日开工，采用断面开挖法和全断面台阶开挖。斜井、平导采用人工手持风钻全面开挖。正洞采用一平一导一斜井辅助坑道方案，用门架式凿岩台车、立爪装砟机、电瓶车牵引梭式矿车系列有轨运输作业。1996年9月15日竣工。

出口段洞口，1993年8月15日开工。开挖路堑上部、刷仰坡，采用喷锚、挂网支撑开挖面，及时作洞顶天沟、截水沟，正沟上半断面先行进洞，待下半断面落底。洞口下偏压衬砌，洞门端墙为20级钢筋混凝土偏压式结构。用150号混凝土片石替代100号浆砌片石，使平导连接处与挡墙协调一致，洞门外观整洁美观。1995年，被评为样板工程。

出口段洞身开挖及初期支护利用出口平导及Ⅱ号斜井，先行开挖贯通正洞下导坑，及时处理不良地质地段。全断面扩大以门式架凿岩台车为龙头，施钻、布设缩杆孔。2台立爪式装砟机平行装砟作业，7台14立方米梭式矿车及12吨、16吨电瓶车运输。阿立瓦温式喷射机、遥控机械手组成喷混凝土作业车组，形成全断面开挖机械化作业。衬砌有平行导坑地段采用不同施工顺序，进行铺底→仰拱→墙脚→拱墙衬砌→填充→水沟→电缆槽作业。拱墙衬砌使用自制拱墙式衬砌台车。该地段2953.45米，设有10个横通道，其中1个反通道。使用ALIMAK风动、电动双臂液压凿岩台车钻眼，布设锚杆孔，光面爆破开挖，LZB立爪式装砟机，S14立方米梭式矿车运砟，12吨电瓶车牵引。Ⅱ号斜井，井身采用人工钻眼、光面爆破开挖，耙斗式装砟机装砟，卷扬机牵引2立方米矿车运砟。正洞下导全断面扩挖，人工手持风钻钻孔，耙斗式装砟机装砟，12吨电瓶车牵引4立方米矿车运砟，Ⅱ号斜井向两端开挖正洞下导坑。1995年8

月30日，隧道全断面贯通。1996年9月15日竣工。

米花岭隧道，首次在长隧道上试验同时设置报警、电控、供水及水幕4个分消防系统。设有消防水管2根、消防水幕2处，在距进口2590米处设有温感式火警报警探头和与平行导洞连通的17处疏散防火门，室内有消火栓86套，并配手提式干粉灭火器、疏散指示标志等。消防系统，采用光纤热敏传感报警，报警及操控装置设在板桃车站值班室内，车站值班室通过电路遥控水幕。水源来自附近山头上的地表水，筑水坝蓄水池，水压12公斤/平方厘米。

1997年3月8日，南昆铁路全线铺通，米花岭隧道交兴义工务段养护。由于设计、施工原因，隧道洞内侧沟边墙倾斜、外移、倾倒，侧沟内有呈火山堆状泥浆挤出，道床翻浆冒泥、下沉，供水管有9处严重喷水，两道水帘幕远程控制开关失灵，与平行导洞连通的17处疏散防火门全部倒塌变形无法使用，源头处蓄水池渗漏，消防水供水不足。为防止隧道内27.5千伏的接触网发生事故，1999年，铁路局桥隧大修段对隧道内水沟边墙倒塌进行整治。2001年5月，把水管源头端总阀门关闭。火灾报警系统已损坏，关闭设在板桃站值班室内的报警、控制装置电源。2002—2004年，对隧道内水沟边墙倒塌进行整治。2005年，隧道内铺设60公斤/米无缝线路。根据铁道部建设管理司对南昆铁路米花岭隧道消防设施有关问题的批复，2006年，由铁路局工务机械段对米花岭隧道内两端枕木头下的消防系统管道压注水泥浆填充。百色工务段对消防灭火器进行周期更换，对17处倒塌或变形的疏散防火门及隧道两端消防通道（平行导坑）进行大修。

由于及时整治病害，更换消防设施，铺设无缝线路，隧道内的线路质量提高，安全状况良好。

中长隧道

广西境内地形复杂，黔桂、南昆、焦柳等铁路沿线地形险峻，中长隧道多，隧道长度占线路总长度比重大，在铁路建设中具有重要的地位。特别是南昆铁路，广西境内有隧道62座，其中中长隧道17座。隧道施工工艺、施工装备配套及施工速度在建设时都处于国内铁路的领先地位。

1997年，南昆铁路投入运营后，柳州铁路局工务部门加强对中长隧道的养护维修和病害整治。

1998年，南昆铁路长517米的平旺3号隧道洞身标145米—260米范围内拱顶掉块。2000年10月，铁路局大修中心用钢拱架、网喷、打锁脚锚杆及系统锚杆整治，对裂纹进行凿补，对出口左翼墙开裂进行翻修。1999年，南昆铁路长678米的百色2号隧道铺底破碎，道床翻浆。2000年，铁路局大修中心进行整治。1999年5月，南昆铁路长2590米的平林1号隧道检查发现进口1700米—1840米段水沟变形，拱顶、拱部、边墙开裂，观测发现隧道在收敛。2000年9月，铁道部隧道工程局对病害进行整治，2001年年末整治完毕。1999年，南昆铁路长506米的幢舍隧道边墙及拱腰喷水漏水严重，侧沟裂损。2001年，柳州铁路局工务部门对部分侧沟进行整治，并用03、02堵漏灵，对排水暗槽漏水处所进行整治。

2000年，秋检发现南昆铁路长1311米的根龙隧道进口430米左边墙水平开裂长30米，735米处边墙粉化开裂长15米. 未按规定设置照明。2001年，铁道部隧道工程局采取压浆，打锚杆等病害整治加固措施。

2002年，铁二局根据2001年中科院对南昆铁路平宜4号隧道的探测，对隧道的病害进行整治。同年，铁道部隧道局根据2001年中科院对南昆铁路那秀隧道的探测情况，对隧道病害开始进行整治。2003年，完成隧道边墙的整治。

2003年，铁路局大修中心对南昆铁路长781米的平林3号、长702米的平林4号隧道边墙裂损进行大修整治。

2005年，铁路局工务机械化段对南昆铁路长1054米的永乐1号隧道进行拱顶开裂及漏水整治。

通过不断维修整治，南昆铁路的隧道病害逐步消除，质量提高。

表 1-61

1991—2005 年广西铁路新建中长隧道

顺号	线别	隧道名	全长（米）	中心里程	进口里程	出口里程	竣工日期	道床类别
1	南昆	陇　血	844	K106+567	K106+145	K106+989	1994	碎石
2	南昆	幢　舍	506	K167+89	K167+637	K168+143	1994	碎石
3	南昆	百色 2 号	678	K211+484	K211+145	K211+823	1996	碎石
4	南昆	永乐 1 号	1054	K215+506	K214+979	K216+033	1997	碎石
5	南昆	永乐 3 号	835	K217+482	K217+065	K217+900	1997	碎石
6	南昆	平候 1 号	1323	K257+882	K257+221	K258+544	1996	碎石
7	南昆	平候 2 号	1127	K260+626	K260+063	K261+190	1995	碎石
8	南昆	平旺 2 号	708	K266+406	K266+052	K266+760	1996	碎石
9	南昆	平旺 3 号	517	K267+355	K267+097	K267+614	1996	碎石
10	南昆	平宜 4 号	621	K306+768	K306+458	K307+079	1997	碎石
11	南昆	根　龙	1311	K325+245	K324+590	K325+900	1997	碎石
12	南昆	板　存	737	K326+907	K326+539	K327+276	1997	碎石
13	南昆	那　香	2415	K329+557	K328+350	K330+765	1997	—
14	南昆	小平塘 1 号	909	K331+881	K331+427	K332+336	1997	—
15	南昆	平林 1 号	2590	K336+462	K335+167	K337+757	1997	—
16	南昆	平林 3 号	781	K339+413	K339+023	K339+804	1997	—
17	南昆	平林 4 号	702	K340+296	K339+945	K340+647	1997	—
18	黎钦	细　山	527	K56+376.5	K56+113	K56+640	1998	碎石

第五章 铁路基本建设

第一节 基建管理

承发包、招投标管理

1991 年,钦北铁路划分 12 个施工段,分段招标,分段组织施工。柳州铁路局基建、更新改造建设工程项目的设计、施工任务,基本上指令性下达到铁路局所属设计、施工单位。施工项目的承包,采取工班、施工队工费包干或工、料、机械费用总承包模式。南防铁路投资 1.02 亿元的收尾及配套工程,采取向柳州铁路局、中铁二局和地方专业单位发包方式组织施工。

1995—1996 年,印发《柳州铁路局经济合同管理实施细则》。局基建处结合基建工程建设项目施工实际,制订《经济合同管理实施办法》,对建设项目承发包合同中的工程勘察设计、施工合同内容、条款作出规定。黎钦铁路建设指挥部通过招投标,决定黎钦铁路建设由 29 个施工、监理企业承担。

1999 年 6 月 17 日,根据国家招投标法,制订《柳州铁路局建设项目施工招标投标管理暂行办法》,初步建立招投标机构和招投标规章制度,在工程施工企业引入竞争机制。同年 7 月 2 日,铁路局对《经济合同管理实施细则》作出补充规定,投资 50 万元以上的建设项目,实行招投标。

2000 年 5 月 8 日,柳州铁路局根据铁道部发布的《铁路有形建设市场管理办法》,制订铁路局招投标暂行办法补充规定。同年 8 月 22 日,铁道部批复成立铁道工程柳州交易中心。11 月,印发铁道工程柳州交易中心章程、交易规则、办事指南、市场守则。12 月 16 日,铁道工程柳州交易中心挂牌成立。2001 年 1 月 1 日起,柳州铁路局工程建设项目施工及工程主要设备、材料采购招标,一律在铁道工程柳州交易中心进行。2002 年 5 月,制订招投标与工程质量安全挂钩暂行办法、招投标承诺及合同兑现考评办法,并开展考评活动。

2003 年 1 月,重新制订《柳州铁路局招投标实施办法》,规定建设工程项目总投资 200 万元以上或施工单项合同估算价 100 万元以上,监理单项合同估算价 10 万元以上,重要设备、主要材料采购单项合同估算价 50 万元以上的,必须进行招投标。同年 4 月,根据国家《合同法》《建筑法》的规定,铁路局重新制订《施工合同管理办法》,进一步规范工程建设招标活动,确保工程施工合同当事人合法权益。

2005 年 6 月,铁道工程柳州交易中心对内更名为铁道工程柳州交易所,对外仍保留铁道工程柳州交易中心的名称。同年 12 月,制订《柳州铁路局建设工程招标评委专家管理办法》,由铁道、物资、机车车辆、工程造价、电气化、通信、信号、房建、财务等专业的专家组成工程招标评委会。

2001—2005 年,铁道工程柳州交易中心进行工程招标 456 段(件),交易金额 13.05 亿元;物资招标 138 项(件),交易金额 2.21 亿元。

设计文件管理

1991 年,局基建处根据铁道部重新发布《国家铁路基本建设工程设计概算编制办法》,编制《柳州铁路局铁路工程预算定额价》。同年 6 月,测算出 1991 年材料价差系数并发文公布执行。铁路设计文件审查按 1978 年 12 月制订的《柳州铁路局设计文件编制和审批暂行办法》执行,局基建处负责铁路局管理的建设项目设计文件的概算审查工作，年审批概预算100项、总金额6.81亿元，核减款额697万元。

1992年，制订《柳州铁路局铁路建设工程设计概预算编制试行办法》和《柳州铁路局工程变更设计暂行办法》，对新开工程项目设计文件的现场调查、会审制度，设计变更的处理，料差补充预算的编制和审批作出具体规定。1994年，局基建处制订《加强设计文件管理的试行措施》，进一步完善工程设计概预算管理办法。

1997年5月，柳州铁路局在计统处设立概预算审查科，负责铁路基本建设、大修、更新改造（含专项资金）项目和基建小项目的概预算及施工技术设计审查。局基建处不再承担设计文件（含概预算）的审查。12月30日，成立柳州铁路局概预算审批中心，行使概预算审查科职责。

1999年7月，根据铁道部发布的《基本建设变更设计管理办法》，重新制订《柳州铁路局基本建设变更设计管理办法》，同时废止1992年印发的《铁路局铁路建设变更设计管理办法》。同年10月，根据铁道部发布的《铁路基本建设工程设计概算编制办法》和《铁路更新改造工程设计概算编制办法》，重新制订《柳州铁路局建设工程设计概、预算编制办法》，进一步规范编制基建工程设计概预算。

2002年12月，重新修订《柳州铁路局建设工程变更设计管理办法》，重申Ⅰ、Ⅱ、Ⅲ类变更设计的划分类别，补充Ⅲ类变更的设计内容和变更设计的管理，规定50万元以下小型工程项目，在签订施工合同前由监理单位组织主管处，设计、施工单位进行图纸会审，对错、漏、缺项目，先办理变更设计审批，批准后再签订施工合同，工程开工后不再办理变更。

1998—2005年，概预算审批中心审批铁路局管理建设项目概预算2.15万项，批准款额80.9亿元，核减款额8.29亿元。

资质管理

1991年，局基建处对广西铁路设计单位、施工企业实行行业指导，并作为建设单位，代表柳州铁路局行使建设单位职责。

1992年7月，根据铁道部转发建设部《工程勘察和工程设计单位资格管理办法》，开始对各设计单位实行工程勘察和工程设计资质审查管理，至1995年年末，柳州铁路局有5个单位分别取得铁道部或自治区颁发的勘察设计资格证书，其中柳州铁路局勘测设计院甲级、柳州铁路局工务检测设计队乙级、柳州铁路分局设计室丙级、广西铁道学会设计所丙级、柳州铁路局直属房建段丁级。通过对工程勘测设计单位的资质认证，明确其设计范围，并引入竞争机制，各勘测设计单位参与市场竞争，勘测设计能力和质量明显提高。同时，按照铁道部《关于铁路施工企业资质管理办法》的规定和建设部印发的《施工企业资质动态管理暂行办法》的要求，对铁路施工企业进行等级申报及动态管理。

1995年，局基建处根据建设部《建筑业企业资质管理办法》《建筑业资质等级标准》，对铁路建筑施工企业的资质进行重新申报和等级审查，有10家施工企业分别取得铁道部或自治区颁发的施工资质证书，其中柳州铁路局工程处为铁路综合一级；南宁工程建设总公司为建筑二级；柳州铁路建筑安装工程公司、柳州铁路地区南方建筑工程公司、柳州铁路地区工程公司、柳州铁路物资建筑工程公司为建筑三级；柳州铁路局第一、第二线路大修段，柳州铁路局桥隧大修段，柳铁工务段工程公司分别为铁路综合和建筑三级。

1996年，局基建处根据建设部要求，对广西铁路施工企业的资质进行重新申报和审核认定，经建设部、自治区审查批准，有9家施工企业获得不同级别的资质，其中柳州铁路局工程处为铁路综合一级，具有铁路电力、工业与民用建筑工程、公路工程施工能力；南宁铁路分局工程建设总公司为建筑二级；柳州铁路建设总公司为总承包二级；柳州铁路局第一、第二线路大修段，柳州铁路局桥隧大修段，柳铁工务段工程公司为铁路综合三级；柳州铁路南方建筑公司、柳州铁路物资建筑工程公司、柳州铁路地区工程总公司为建筑三级。

1998年，局基建处按照建设部的要求，对各工程勘察设计单位资质进行复查，有6家设计单位取得设计资质，其中柳州铁路局勘测设计院为铁路工程设计及配套工程勘察甲级（Ⅱ）、工程地质勘察甲级、工程测量乙级；柳州铁路局工务勘测设计所为工务大修设计及配套工程测量、工程地质勘察、工程测量乙级；柳州铁道设计事务所(原广西铁道学会设计所)为铁道行业设计丙级、建筑设计丁级；原柳州铁路分局设计室为铁路线路及铁路房建设计丙级，原南宁铁路分局设计所为建筑工程设计丙级，原南宁铁路地区勘察设计室为铁路行业设计丙级。铁路施工企业资质进行重新申报，经铁道部、自治区审批，由原来9家增至25家，其中新增建筑三级5家、铁路综合三级5家、铁路综合四级4家、安装和装饰装修公司2家。铁路局建设单位改为铁路局项目管理中心。同年7月，铁路局转发铁道部《铁路建设单位管理暂行办法》和铁道部建设司《铁路建设单位资质管理实施细则(试行)的通知》，正式启动建设单位资质管理工作。对承担铁路固定资产投资(基建、更新改造及其他专项资金）建设项目各单位的资质进行全面评估、初审和申报。2000年，铁路局建设项目管理中心获自治区一级一等铁路建设单位资质。2002年，铁路局建设项目管理中心获铁道部一级一等铁路建设单位资质，可承担各类型建设项目；铁路局房地产开发中心、柳州机车车辆厂基建设备能源处分别获铁道部二级三等、三级一等铁路建设单位资质，可分别承担2亿元、5000万元以下工民建工程项目；铁路局物资工业处、多元经营管理处基建办公室、电子计算管理中心获铁道部四级一等铁路建设单位资质。

2001年1月，根据建设部《关于颁发工程勘察资质分级标准和设计资质分级标准的通知》中关于铁路专业只办理甲级和综合乙级的规定，柳州铁路局工务勘测设计所、柳州铁道设计事务所因设计人员构成达不到规定，乙级和丙级设计资质自动失效。2月，将原柳州、南宁铁路分局设计室，南宁铁路地区设计室重组为柳州铁路局建筑设计所，获自治区建筑丙级设计资质。6月，根据铁道部《铁路建筑企业资质就位工作要求》，解决主业施工企业少、多经施工企业较多问题，对施工企业进行重组。柳州铁路工程集团公司为铁路综合一级，其下属柳州铁路恒元建筑工程有限公司为工民建建筑二级。保留柳州铁路局南宁工程建设总公司、南宁铁路弘广建筑安装公司、柳州铁路地区工程总公司、柳州铁路建筑安装工程公司、柳州铁路物资工业建筑工程公司。将各工务段、大修段、水电段、电务段所属15家施工企业，组建成广西铁建铁路工程有限责任公司。年末，柳州铁路局有9家施工企业，其中铁路综合一级1家、工民建二级2家、铁路综合三级6家，比1998年减少16家。

2002年7月，广西地方铁路工程承发包有限公司获铁路总承包二级资质。

2004年8月，柳州铁路局根据铁道部下发的《铁路建设项目管理机构管理暂行办法》，进一步加强和规范铁路建设单位资质的管理。柳州机车车辆厂基建设备能源处三级一等，铁路局物资工业处、多元经营处基建办公室、电子计算管理中心的四级一等铁路建设单位资质证书停止使用。与此同时，铁路局加大运输主业与辅业分离改革的力度，撤销柳州、南宁房建段，柳州、南宁工程总公司，组建柳州铁路建筑安装总公司(暂用原柳州工程总公司施工资质)。

2005年，柳州铁路局多次进行生产力布局调整和施工企业重组，柳州铁路工程集团有限责任公司及其下属柳州铁路恒元建筑公司成建制移交中国铁道建筑总公司，仅保留广西铁建铁路工程有限责任公司(铁路综合三级)、柳州铁路建筑安装工程公司(建筑三级)、柳州铁路物资工业建筑工程公司(建筑三级)、柳州创力建筑安装工程公司(建筑三级)4家施工企业和铁路局建设项目管理中心、铁路局房地产发展中心两家具有建设项目管理资质企业。广西地方铁路工程承发包有限公司具有铁路总承包二级资质。

工程质量监督管理

1991年1月，柳州铁路局印发《工程质量监督管理办法(试行)》，再次明确1990年10月铁路局成立的铁道部工程质量监督总站柳州监督站(以下简称柳州监督站)为铁道部授权的铁路工程质量监督实施机构，业务上受铁道部工程建设质量监督总站指导，行政受柳州铁路局领导，对广西铁路工程项目的质量行使政府监督职能及权限。柳州、南宁铁路分局及南昆铁路南平段建设指挥部设置工程质量监督分站，业务上受柳州监督站指导，行政上分别受铁路分局和南平段建设指挥部领导，对管辖的基建工程质量实行全面监督。柳州监督站和3个分站分别取得铁道部颁发的质量监察证。

1994年1月，根据基建工程建设项目施工质量监督的需要，柳州铁路局将基建处监察科与柳州监督站合并，仍称柳州监督站。同年8月，组建柳州铁路局工程质量检测中心，加强对工程原材料质量和工程施工工艺参数的试验，发现质量问题，不许进场，在源头上把好质量关。

1999年12月，柳州监督站更名为“柳州铁路工程质量监督站”，对外仍称“铁道部工程质量监督总站柳州监督站”，专业监督工程师由7人增加到12人。制订并实施《保证工程质量十条规定》，加强施工质量管理，完善建设工程监督申报工作。年内培训187名质检员，经自治区建设厅考核有180名合格，取得质检员资质，实行持证上岗。2000年11月，柳州监督站对在建842项工程尾工进行清理，涉及资金12.5亿元。

2001年4月，柳州铁路局转发铁道部《铁路工程质量监督管理办法实施细则》，加强质量监督。对隐蔽工程，采取分项、分部检查监控，重要结构实行旁站监理，防止偷工减料，以次充好，确保工程质量。年内，各项目工程普遍开展检查评比活动，提高项目经理、技术主管、施工人员的质量意识。2002年，局建设处制订《柳州铁路工程质量和施工安全与招标投标挂钩暂行办法》《柳州铁路局工程质量事故报告和调查处理规定》，进一步加强工程质量监督管理。同年9月，开展优秀设计、优质工程检查评比，评出优秀设计3项、优质工程7项。2003年，开展“优质样板工程”评选活动，对评出的优质工程，颁发“优质样板工程证书”。

2004年4月，柳州监督站根据铁道部《铁路建设工程质量安全生产监督管理办法》的规定，更名为铁道部工程质量安全监督总站柳州监督站（以下简称柳州监督站），把生产安全纳入工程质量监督站管理职能，对质量监督管理站“授权”执法改为“委托”执法，行政上受铁路局领导，业务上接受铁道工程质量安全监督总站指导，在铁路建设工程质量安全生产监督范围内履行政府监督职能。同年11月，印发《柳州铁路局建设工程质量和安全监督办法》《柳州铁路局工程质量事故处理办法》，不断完善质量管理措施。

2005年，柳州铁路局项目管理中心和柳州监督站全面修改质量检查评比办法，严格标准，开展工程项目季度质量检查评比。受理质量安全监督注册登记219项，参加工程项目验收98项，审核工程竣工技术资料98项，对参建单位发出整改通知书7份、工程停工通知书4份，实现主体工程零缺陷，一次验收合格率100%。

投资管理

1991—2005年，柳州铁路局大中型工程建设项目计划投资75.17亿元，完成74.98亿元，其中1991—1995年完成4.11亿元，1996—2000年完成20.10亿元，2001—2005年完成50.77亿元。

1991年，铁路局大中型工程建设项目计划投资0.85亿元，实际完成1.05亿元，主要工程项目有新建南昆铁路南宁至那里段等。1992—1995年，柳州铁路局大中型工程建设项目计划投资3.11亿元，实际完成3.06亿元，主要工程项目有新建南昆铁路南宁至那里段、黎湛铁路增建二线等。

1996—1999年，柳州铁路局大中型工程建设项目计划投资11.6亿元，实际完成11.6亿元，主要工程项目有黎湛铁路增建二线，黎塘、贵港站，玉林站区扩能改造，电力贯通线建设等。2000年，柳州铁路局大中型工程建设项目计划投资8.5亿元，实际完成8.5亿元，是近年来完成投资较多的一年。主要工程项目有黎湛铁路黎塘至河唇段增建二线等10项。

2001—2004年，柳州铁路局大中型工程建设项目计划投资12.31亿元，实际完成11.97亿元，主要工程项目有湘桂铁路黎塘至南宁段增建二线、南宁枢纽改扩建等。

2005年，柳州铁路局大中型工程建设项目计划投资38.8亿元，实际完成38.8亿元，为铁路局建局以来大中型工程建设项目投资最多的一年，一年完成的投资超过1991—2004年共14年完成的投资总和。主要工程项目有黔桂铁路扩能改造，新建洛湛铁路永州至岑溪、岑溪至玉林段等。

表 1-62 **1991—2005 年柳州铁路局基建大中型项目投资完成情况**

年度	计划投资	完成投资	大中型工程建设项目
1991	0.85	1.05	新建南昆铁路南宁至那厘段、南防铁路工程
1992	1.08	1.08	新建南昆铁路南宁至那厘段工程
1993	0.43	0.38	营业铁路小型项目建设工程
1994	0.80	0.80	黎湛铁路增建二线工程
1995	0.80	0.80	黎湛铁路增建二线(黎塘至贵港、贵港至玉林、米场至陆川段)等工程
1996	1.40	1.40	黎湛铁路增建二线(黎塘至贵港、贵港至玉林、米场至陆川段),电力贯通线工程
1997	3.00	3.00	黎湛铁路增建二线、电力贯通线、黎塘站、玉林站区扩改工程
1998	1.00	1.00	黎湛铁路增建二线贵港至玉林段、玉林至河唇段,黎塘站、贵港站扩改工程
1999	6.20	6.20	黎湛铁路增建二线玉林至河唇段、玉林(Ⅰ、Ⅱ场)、通信等 12 项工程
2000	8.50	8.50	黎湛铁路增建二线黎塘至河唇段等 10 项工程
2001	1.01	1.01	黎湛铁路增建二线黎塘至河唇段、电力线贯通等 10 项工程,黎塘至南宁增建二线工程
2002	3.60	3.60	黎塘至南宁增建二线、南宁枢纽等 14 项工程
2003	3.70	3.36	黎塘至邕宁段增建二线、南宁枢纽等 14 项工程
2004	4.00	4.00	黔桂铁路扩能改造 5 项工程、新建洛湛铁路永州至玉林段 5 项工程
2005	38.80	38.80	黔桂铁路扩能改造,新建洛湛铁路永州至岑溪、岑溪至玉林段等工程

第二节 勘测设计

勘测设计机构

1991 年,广西铁路基建工程勘测设计任务主要由铁道部所属的设计院和柳州铁路勘测设计院承担。柳州铁路勘测设计院为柳州铁路局直属单位,有工程技术人员 186 人,其中高级技术职称 27 人、中级 68 人、初级 91 人。此外,柳州铁路局工务检测设计队、广西铁道学会设计所、柳州铁路分局设计室、南宁铁路地区勘察设计室等也担负部分铁路大中修、更新改造的勘测设计任务。

1996 年,广西地方铁路有限公司成立广西地方铁路设计院,负责广西地方、合资铁路建设及配套工程的勘测设计工作,并承担外委设计任务。

2003 年 10 月,根据国资委、铁道部的通知,柳州铁路勘测设计院按现状整建制划转中国铁道建筑总公司,更名为铁道第四勘察设计院柳州设计院。2005 年 5 月,更名为铁道第四勘察设计院柳州设计研究院(以下简称柳州设计研究院),院址仍设在柳州。

2005 年年末,柳州设计研究院有工程技术人员 167 人,其中高级技术职称 27 人、中级 85 人、初级 55 人。在各类工程技术人员中,有享受国务院颁发特殊津贴的专家 1 人。有全国一级执业注册结构师 11 人、二级执业注册结构师 2 人;全国一级执业注册建筑师 3 人、二级执业注册建筑师 6 人;全国执业注册监理工程师 12 人、造价师 5 人、岩土工程师 8 人、咨询工程师 3 人。柳州设计研究院持有建设部颁发的工程总承包甲级证书等勘测设计资质证书。在资质证书许可范围内,可以承接全国各地的勘察设计、工程总承包项目。

仪器设备

1991 年,柳州铁路勘测设计院有机具设备 79 台,其中测绘仪器 16 台、钻机 10 台、土工试验仪器 9 台,固定资产原值 446.5 万元。

2003 年 11 月，柳州铁路局勘测设计院移交中国铁道建筑总公司前,有机具设备 226 台,其中钻探测量设备有汽车钻 2 台、100 型钻机 6 台、全站仪 3 台、经纬仪 6 台、水平仪 8 台、掌上测霸 2 台;计算机设备有局域网 1 个、计算机 160 台、绘图仪 3 台、CAD 计算机辅助设计软件 15 套；办公文整设备有扫描仪 3 台、复印机 3 台、大型工程复印机 1 台、晒图机 2 台等，固定资产原值 832 万元。

2003 年,柳州铁路勘测设计院采用计算机辅助设计技术进行设计工作

2005 年年末,柳州设计研究院有机具设备 250 台，其中钻探测量设备有 100 型钻机 6 台、全站仪4 台、经纬仪 6 台、水平仪 8 台、掌上测霸 2 台;计算机设备有局域网 1 个、计算机 180 台、绘图仪 3 台、CAD 计算机辅助设计软件 18 套；文整设备有扫描仪 3 台、复印机 4 台、大型工程复印机 1 台、晒图机 2 台，固定资产原值 952 万元。

主 要 成 果

1991—1992 年,柳州铁路勘测设计院完成主要勘测设计 144 件，概算投资总额 4.38 亿元,完成收入 851 万元。有 4 个项目获自治区奖励,其中获广西优秀工程勘察设计二、三等奖各 1 项。

1993—1994 年,柳州铁路勘测设计院完成主要勘测设计 171 件,概算投资总额 22.73 亿元,完成收入 2231.4 万元。有 2 个项目获铁道部优秀勘测设计三等奖。

1995—1999 年,柳州铁路勘测设计院完成主要勘测设计 213 件，概算投资总额 31.7 亿元,完成收入 3855.2 万元。有 6 个项目获省、部级奖励，其中获广西优秀工程勘察设计一等奖 1 项、广西优秀城镇住宅设计三等奖 1 项；铁道部优秀设计二等奖 1 项、三等奖 3 项。

2000—2002 年,柳州铁路勘测设计院完成主要勘测设计 154 件,概算投资总额 21.04 亿元,完成收入 3138 万元。有 4 个项目获省、部级奖励,其中获广西优秀工程勘察设计一等奖 1 项、三等奖 1 项;铁道部优秀设计三等奖 2 项。

2003—2004 年,柳州设计院完成主要勘测设计 366 件，概算投资总额 27.96 亿元，完成收入 5592 万元。有 1 个项目获广西优秀工程勘察设计二等奖。

2005 年,柳州设计研究院完成主要勘测设计 160 件，概算投资总额 16.73 亿元，为 1991 年的 12.8 倍;完成收入 3900 万元,为 1991 年的近 18 倍。有 5 个项目获自治区奖励,其中获广西村镇设计方案一等奖 1 项、三等奖 1 项。

1991—2005 年,柳州铁路勘测设计院(柳州设计研究院)完成主要勘测设计 1208 件,概算投资总额 124.5 亿元。完成的主要项目有:贵港、兴义、湛江等站的站场、货场扩建改造工程设计;贵港猫儿山中转港、柳州电厂、兴业海螺水泥厂、钦州港、鹿寨化肥总厂等铁路专用线勘测设计;黎湛铁路黎塘至贵港段增建二线、新建洛湛铁路岑溪至罗定段初步设计;桂林站房、金城江站房、柳州铁路局调度楼改造设计；新建广西大学梧州分校体育馆、北海职工培训基地设计;新建灵川至清狮潭二级公路跨线桥、桂林市上海路立交桥、南宁机场高速公路跨线桥等设计。设计项目获自治区、铁道部一等奖 4 项、二等奖 4 项、三等奖 11 项;获铁路局优秀设计一等奖 17 项、二等奖 13 项、三等奖 2 项；获铁路局科技成果特等奖 1 项（合理化建议)、二等奖 2 项、三等奖 4 项、四等奖 10 项、五等奖 1 项,其中桂林铁路新客站、柳州市福利院老人公寓获自治区优秀工程勘测设计一等奖；广西桂南村庄安居型建筑设计方案获广西村镇住宅建筑设计方案竞赛一等奖；柳州汽车总站客运站房大楼、柳州市儿童福利院获自治区优秀设计二等奖；湛江站扩建改造获铁道部优秀工程设计二等奖。

表 1-63　**1991—2005 年柳州铁路勘测设计院任务完成情况**

年度	勘测设计总产值（万元）		总件数	路内			路外		
				产值（万元）		件数	产值（万元）		件数
	投资	收入		投资	收入		投资	收入	
1991	13026	217	40	9194	188	34	3832	29	6
1992	30742	634	104	22206	613	94	8536	21	10
1993	102300	1360	120	61657	752	75	40643	608	45
1994	125000	871	51	61710	460	30	63290	411	21
1995	80000	650	45	30346	247	26	49654	403	19
1996	84300	1046	39	31300	388	25	53000	658	14
1997	45084	705	36	29180	456	27	15904	249	9
1998	44600	715	42	28700	460	33	15900	255	9
1999	63000	739	51	31950	375	35	31050	364	16
2000	63500	930	57	38780	531	39	24720	399	18
2001	69600	1047	45	41866	628	35	27734	419	10
2002	77340	1161	52	46634	639	36	30706	522	16
2003	122500	2450	81	49000	980	43	73500	1470	38
2004	157100	3142	285	71418	1257	188	85682	1885	97
2005	167273	3900	160	53250	995	78	114023	2905	82

表 1-64　**1991—2005 年柳州铁路勘测设计院获省、部级勘察设计奖项目**

获奖时间	项目名称	获奖级别
1991.4	玉林地区楼江水源水文地质及管井	广西优秀工程勘察三等奖
1992.3	广西“八五新住宅设计方案”竞赛	广西住宅设计佳作奖
1992.11	柳州市汽车总站客运站房大楼工程	广西优秀工程勘察设计二等奖
1994.5	桂林北—柳州 10 千伏电力贯通线工程	铁道部优秀工程勘察设计三等奖
1994.5	焦柳铁路牙屯堡列车无线调度电话工程	铁道部优秀工程勘察设计三等奖
1995.5	柳州市社会福利院老人公寓	广西优秀工程勘察设计一等奖
1996.5	柳铁 50 平方米通用住宅	广西优秀城镇住宅设计三等奖
1998.5	黎塘站供水能力加强水文地质勘察	铁道部优秀工程勘察三等奖
1999.5	湛江站站房扩建改造设计	铁道部优秀设计三等奖
1999.5	鹿寨县广场南站（飞鹿）立交桥设计	铁道部优秀设计三等奖

续表

获奖时间	项　目　名　称	获　奖　级　别
2000.6	新建桂林铁路北站站房	铁道部优秀设计三等奖
2001.3	桂林火车新客站	广西优秀工程设计一等奖
2001.4	柳州市防洪工程河堤 2+579.16–2+728 堤段	广西优秀工程设计三等奖
2002.3	柳州铁路地区 5 万吨/日供水工程	铁道部铁路工程优秀设计三等奖
2004.1	柳州市儿童福利院	广西优秀工程设计二等奖
2005.10	广西桂南村庄安居型建筑方案	广西村镇住宅建筑设计方案竞赛一等奖
2005.10	桂北小城镇安居型建筑方案	广西村镇住宅建筑设计方案竞赛三等奖
2005.10	桂北村庄安居型建筑方案	广西村镇住宅建筑设计方案竞赛佳作奖
2005.10	桂北小城镇富裕型建筑方案	广西村镇住宅建筑设计方案竞赛佳作奖
2005.10	桂北村庄富裕型建筑方案	广西村镇住宅建筑设计方案竞赛佳作奖

第三节　工程施工

施工机构

1991 年，广西铁路基本建设工程施工主要由铁道部所属工程局和柳州铁路局工程处承担。局工程处管辖柳州桥隧工程段，柳州第一、二工程段，柳州电务工程段，柳州机械化工程段，柳州第一建筑工程段，柳州工程机械修造厂，柳州工程材料厂等单位。柳州铁路第一、第二线路大修段，桥隧大修段，柳铁工务段工程公司等也担负部分铁路大修更新改造工程的施工任务。

1996 年 3 月，广西地方铁路有限公司成立广西地方铁路工程承发包公司，承担地方、合资铁路和其他工程的承发包任务。

2001 年 11 月—12 月，局工程处改制为股份制企业，更名为柳州铁路工程集团有限责任公司(以下简称柳州铁路工程集团)，管辖柳州路桥工程公司、线路工程公司、建筑工程公司、电务工程公司 4 个子公司；工程机械租赁公司、预制构件公司等 5 个专业公司。管理恒元建筑工程公司、泽汇工程公司、科力爆破公司等 6 个控股公司。有固定资产 5.2 亿元。持有建设部颁发的铁道综合施工(含公路、房建、电务、电气化、拆除及爆破、设备安装、消防等项目施工)一级企业资质证书，是具有年完成 10 亿元工程投资能力的施工企业。

2003 年 11 月，根据国资委的批复，柳州铁路工程集团成建制划转中国铁道建筑总公司。2004 年 5 月，更名为中铁二十五局集团柳州铁路工程有限公司(以下简称柳州铁路工程有限公司)。

施工队伍

1991—1995 年，局工程处施工队伍年均 6600 余人(含计划外用工)。1996 年、1997 年，工程施工任务减少，施工总人数减至 5400 人左右。1998 年黎湛铁路增建二线，施工总人数增至 8000 余人。1999—2003 年，由于施工机械化程度提高，施工人数减少，2003 年与 1998 年相比，施工人数减少 48.2%。2005 年，柳州铁路工程有限公司工程施工总人数 1669 人，其中直接生产人员 540 人，管理人员 150 人，技术人员 380 人。

施工设备

1991 年，局工程处有工程施工设备 1507 台，其中施工机械 266 台，起重运输设备 285 台，动力设备 161 台，金属切割机床 109 台，电器设备 210 台，其他设备 476 台，固定资产原值 3393.4 万元。

1993 年，根据钦北铁路建设需要，更新机械设备 83 台，固定资产原值 586.82 万元，同时报废

2003 年，柳州铁路工程集团的施工队伍

一批落后和陈旧的施工机械设备。年末，有机械设备 947 台(套)，固定资产原值 3390.1 万元。通过设备更新，施工机械化程度明显提高，土石方施工机械化占 93.1%，房建施工机械化占 83%，设备完好率 91.3%。

1994 年 7 月，铁路局投资 699.8 万元购置长征Ⅲ-150 型架桥铺轨机 1 台，结束广西铁路高大桥铺架无大型机械的历史。

1995—1997 年，新增各种施工机械设备 206 台(套)，固定资产原值 2516.85 万元。施工机械化程度，土石方施工 94%，桥梁施工 100%，房屋施工 82.9%。

1998—2001 年，黎湛铁路增建二线和湘桂铁路黎塘至南宁南段增建二线相继开工，新增施工机械设备 488 台(套)，固定资产原值 4854.62 万元；更新施工机械设备 190 台，原值 2032.86 万元，并且逐步淘汰和报废一批施工机械设备。

2005 年年末，柳州铁路工程有限公司有施工机具设备 342 台(套)，其中施工机械 135 台、起重机械 57 台、动力设备 50 台、其他设备 100 台，固定资产原值 5419.83 万元。施工机械化程度，土石方施工 97%、桥梁施工 100%、房建施工 87%。施工设备完好率 93.1%。

施 工 任 务

1991—1995 年，局工程处承担的工程建设项目，主要由柳州铁路局直接下达指令性任务，承揽部分铁路局计划外工程项目，作为年度计划的补充。5 年，完成指令性施工任务 8.59 亿元，完成外揽任务4.7 亿元。

1996 年，局工程处由于受到征地、拆迁和资金不到位影响，1 月—10 月仅完成全年施工计划的 58%。11 月—12 月，施工部门重心下移，靠前指挥，组织施工会战。到年末，重点施工进度基本达到要求，全年完成施工总产值 3.17 亿元，为年度计划 101.8%。1997 年，局工程处组织黎湛复线五站三区间开通、南昆铁路全线开通四个战役，全年完成施工总产值 4.23 亿元，为年度计划 112.6%。

1998 年，中央作出加快铁路建设重要决策，局工程处组织开展“决战九八”工程建设大会战，担负黎湛铁路增建二线、湘桂铁路黎南段应急工程、焦柳铁路扩能改造工程施工任务，全年完成施工总产值 5.97 亿元，比上年增长 40.9%。1999 年，局工程处担负柳州南站、黎塘站Ⅰ场、玉林站Ⅰ、Ⅱ场驼峰自动化改造、黎湛铁路增建二线、焦柳铁路扩能改造、南昆铁路百色站站场扩能改造等工程，全年完成施工总产值 6.45 亿元，超过年计划 12.7%，比上年增长 8%。

2002 年，随着铁路建设事业发展和铁路改革的深入，柳州铁路工程集团开始进入工程开发项目市场，按照“坚持面向社会，立足铁路市场”的工作思路和开发经营策略，加强工程项目的编标、投标、签订中标合同等工作，加大工程开发力度。年内，投标 247 项，中标 77 项，工程造价 3.42 亿元，全年完成总产值 6.32 亿元。

2004 年，柳州铁路工程有限公司成立工程项目开发中心，全面负责工程项目开发，年内投标 316 项，中标 188 项，全年完成施工总产值 5.83 亿元。2005 年，投标 322 项，中标 221 项，全年完成施工总产值 6.33 亿元，超过年计划 47.9%。

2001—2005 年，局工程处(柳州铁路工程集团、柳州铁路工程有限公司)完成施工总产值 67.94 亿元，其中指令性任务 34.99 亿元，外揽任务 32.95 亿元。

表 1-65　1991—2005 年柳州铁路局工程处(柳州铁路工程集团、柳州铁路工程有限公司)任务完成情况

年度	完成指令性任务(万元)			完成外揽任务(万元)			年度完成总产值(万元)		
	计划	完成	%	计划	完成	%	计划	完成	%
1991	11205.5	12703.6	113.4	2991.5	3796.4	126.9	14197.0	16500.0	116.2
1992	15867.2	18452.2	116.3	3927.7	5802.3	147.7	19794.9	24254.5	122.5
1993	24679.0	27663.0	112.1	2070.0	2758.0	133.2	26749.0	30421.0	113.7
1994	13707.8	14026.5	102.3	20003.2	20483.3	102.4	33711.0	34509.8	102.4
1995	13617.0	12953.2	95.1	13101.2	14158.1	108.1	26718.2	27111.3	101.5
1996	16964.1	16560.2	97.6	14138.4	15114.1	106.9	31102.5	31674.3	101.8
1997	36228.1	36643.9	101.1	1375.9	5592.9	413.8	37604.0	42236.8	112.3
1998	55459.9	55424.5	99.9	2952.0	4231.3	143.3	58411.9	59655.8	102.1
1999	51385.3	55505.0	108.0	5813.8	8954.2	154.0	57199.1	64459.2	112.7
2000	52085.3	51199.5	98.3	8268.6	11496.6	139.0	60353.9	62696.1	103.9
2001	45576.9	48789.1	107.0	5039.2	12926.4	256.5	50616.1	61715.5	121.9
2002	—	—	—	18557.2	63132.1	340.2	18557.2	63132.1	340.2
2003	—	—	—	52902.0	39247.0	74.2	52902.0	39247.0	74.2
2004	—	—	—	55000.0	58343.4	106.1	55000.0	58343.4	106.1
2005	—	—	—	42800.0	63295.2	147.9	42800.0	63295.2	147.9
总计	336776.1	349920.7	—	248940.7	329331.3	—	585716.8	67925.2	—

施 工 质 量

1991 年,局工程处开展“安全、质量、效率年”活动,组织优质工程评比,全年验交工程 360 项,一次交工合格率 100%,优良率 73.3%。

1995 年,局工程处成立质量检查科,修订《施工技术管理办法》,全年工程交工 375 项,优良率 87.9%。评出优质工程 21 项,为上年的 3 倍。

1996 年,局工程处制订并经职代会通过《工程质量奖惩办法》《工程质量有限经济责任赔偿办法》,对化州站扩建工程的质量问题进行严肃处理。全年交验工程 423 项,优良率 80.1%。

1997 年,局工程处在南宁召开工程质量工作会议,学习贯彻《质量振兴纲要》《建设工程质量管理办法》,交流推广质量管理经验,表彰奖励质量工作先进集体、先进个人。5 月下旬开展质量大检查,检查重点工程 43 项,查出问题 22 个。全年交验工程 430 项,优良率 86.7%。

1999—2000 年,局工程处开展创优质工程活动,两年获铁路局优质工程奖 24 项,其中一等奖 9 项、二等奖 10 项、三等奖 5 项。

2003 年,柳州铁路工程集团贯彻 GB/T9001:2000 IDTI SO 9001 标准,编制质量管理体系文件并组织实施。8 月获华夏认证中心颁发的《质量管理体系认证证书(CNAB)》和《国际标准认证证书(UKAS)》。年内交验工程 200 项,优良率 95%。湘桂铁路黎塘Ⅰ场铁路综合工程获自治区优质工程奖。集团再次获“广西先进建筑企业”和“广西建筑企业质量管理先进单位”称号。

1991—2005 年,局工程处(柳州铁路工程集团、柳州铁路工程有限公司) 无任何工程施工质量事故。交验工程 5730 件,一次全部合格,优良 5530 件,优良率 87.8%。负责施工的柳州市潭中高架桥工程获国家鲁班奖;桂林上海路立交桥、柳州市雅儒路立交桥、柳州枢纽出发场信号、柳桂高速公路波寨Ⅲ号大桥、黎塘编组Ⅰ场综合工程获广西优质工程奖。桂林新客站工程获铁道部优质工程二等奖;湛江站站房扩改工程、南宁站扩改工程获铁道部优质工程二等奖。新建胶州至新河铁路工程获铁道部“火车头”优质工程一等奖。

科 技 成 果

1991—1994 年,局工程处“粉煤灰资源的开发利用”等两项工程获铁路局科技进步二等奖。

1995—1996 年,“桂柳高速公路罗山石方机械化施工技术及高路堑石方光面爆破技术”获局科技进步一等奖、广西技术进步二等奖。“长征ⅢB-160 型架桥铺轨机技术改进及应用”“四新技术在湛江车站新客站工程施工中的应用”分获铁路局科技进步二等奖。

1997—2000 年,“铁路工程项目审计信息系统”获铁路局科技进步一等奖、铁道部科技三等奖。CF-1 充放电器获铁路局科技进步三等奖。“复杂环境高梯段深孔控制爆破技术和高梯段深孔爆破作业技术”获广西科技进步三等奖。

2002 年,“24 米、32 米后张法预应力混凝土铁路桥简支梁试制”“高空 29 米跨现浇高强混凝土预应力桁架施工技术研究及应用”分获铁路局科技进步三等奖。2003 年,“钢筋混凝土多排孔小型切块”获铁路局科技进步二等奖。

1991—2003 年,“使用龙门吊加装 TJK 缓行器工法”被评为铁道部二级工法;“预应力钢筋混凝土双曲马鞍型壳板施工法”被评为铁道部二级工法并经建设部批准为国家级工法,是铁路运营工程系统惟一获得的国家级工法。“SF 复合装饰膏”“放电试验箱”“粉末或颗粒物自动装袋称量装置”和“评定混凝土构件质量的弹性模量法”获国家专利。

第四节 工 程 监 理

机 构 队 伍

1991 年,柳州铁路局工程质量监督站为铁道部授权的铁路工程质量监督实施机构,业务上受铁道部工程建设质量监督总站指导,对广西铁路基建工程(含更新改造、设备大修、自筹资金等)项目实行质量监督。同年 3 月,印发《柳州铁路局工程质量监督管理办法》。8月，柳州铁路局根据国家对大型建设项目推行监理制的要求，以南宁监督分站为基础，组建南昆铁路南宁至那厘段监理站，对该段工程建设进行监理。

1993年9月，成立柳州铁路建设监理公司(以下简称监理公司)，下辖柳州、南宁监督站，实行局基建处、建设总公司、监理公司一套人马三块“牌子”的管理体制，定员编制110人。同年12月，监理公司经铁道部批准为甲级(临时资质)监理单位。营业范围：主营铁路建筑、工业与民用建筑、公路建筑、给水排水建筑、输变电工程建设监理，兼营技术咨询服务。

1997年4月，监理公司经铁道部核定(暂定)为甲级监理单位，监理工程范围为铁路、房屋建筑、市政公用工程，兼营主营工程项目技术服务。5月，监理公司成为独立法人，实行自主经营、自负盈亏、独立核算。定员编制20人。2002年8月，经建设部审核定为甲级监理企业，主项铁路工程监理甲级，增项市政公用工程(不含燃气)、房屋建筑工程监理甲级。

随着铁路建设步伐的加快，监理队伍大量聘用离退休工程技术人员。2005年年末，监理公司有员工324人(其中聘用人员294人)。监理队伍中有工程技术人员291人，其中高级职称54人、中级151人、初级86人；有全国监理工程师注册证书49人、铁路监理工程师资格证书136人，建设部、铁道部和铁路局监理员培训证书102人；有省部级造价工程师注册证书6人、咨询工程师注册证书3人。

工程监理任务

1991—2005年，监理公司完成监理工程项目900多项，监理总投资115亿多元。完成监理铁路主要工程项目实物工作量：线路总长度1225公里、特大桥梁23座19552.29米、大桥梁208座45458.68米、中小桥梁690座5459米、隧道110座60936米、房屋建筑面积110多万平方米、水源工程21个、输变电线路1546公里。完成监理主要工程项目：新建南昆铁路南宁至那厘段，南宁至威舍段电气化铁路扩能改造，黎塘至河唇段增建二线(含玉林Ⅰ、Ⅱ场和黎塘Ⅰ、Ⅱ场改造)，湘桂铁路黎塘至南宁段扩能应急工程、增建第二线工程，柳州铁路枢纽改造，南宁南、茂名编组站驼峰改造，来宾、贵港电厂铁路专用线，浙赣高速铁路电气化改造工程七标段，黔桂铁路扩能改造工程一标段，新建洛湛铁路永州至岑溪段工程三标段、岑溪至玉林段工程，襄渝铁路安康至重庆段增建二线站前工程三标段，新建桂林铁路客运始发站站房和柳州、南宁、桂林站站房改造，铁路局职工住宅楼工程，南宁江滨路公铁立交桥，友爱路、北大路铁路立交桥，柳州龙屯路铁路立交桥，桂林凤凰山铁路立交桥，柳州铁路地区5万吨/日供水工程等。

监理公司自1993年9月成立至2005年年末，监理工程项目全部达到建设单位要求，7项获省部级奖，60项获铁路局优质工程奖，其中湘桂铁路黎南段增建二线引入南宁枢纽工程，获铁道部2003年度优质工程奖；柳州火车站改扩建综合工程，获中国铁道工程建设协会2005年度火车头优质工程二等奖；湘桂铁路柳黎段自动闭塞工程，获中国铁道工程建设协会2006年度火车头优质工程二等奖。监理公司连续三年获自治区工商行政管理局授予“重合同、重信用企业”称号。

2001年，采用“双曲马鞍型”壳板施工法施工的柳州站站台雨棚

第二篇 铁路运输及工业生产

1991—2005 年，广西铁路运输处在计划经济向市场经济转变的重要时期。1991 年，广西铁路完成旅客发送量 2038.8 万人，比上年下降 2.5%；完成货物发送量 2798 万吨，比上年增长 4.4%。

1992—1994 年，广西铁路的旅客运输由于新开和加开旅客列车、部分旅客列车由隔日开行改为每日开行，以及在南宁—桂林—湛江间开行全列空调特快列车，旅客发送量有所增长。1994 年，完成旅客发送量 2575.7 万人，比 1991 年增长 26.3%。货物运输，由于转变思想观念，变坐商为行商，变坐等货主上门为加强与地方政府和物资单位联系，加大货运组织力度，货物发送量保持一定的增长幅度。1994 年，完成货物发送量 3410.9 万吨，比 1991 年增长 21.9%。

1995 年以来，由于高等级公路的修建，公路运输市场化经营和民航事业的快速发展，广西客货运输市场的竞争日趋激烈，铁路在客货运输市场中所占的份额下降。1995 年，广西铁路完成旅客发送量 2404.1 万人，比上年下降 6.7%；1996 年完成旅客发送量 2033.1 万人，比上年又下降 15.4%；铁路货物运输虽然仍处于卖方市场，但货运量的增长速度明显下降。1995 年完成货物发送量 3515.6 万吨，比上年增长 3.1%，1996 年完成货物发送量 3587.1 万吨，比上年仅增长 2%。面对运输市场的严峻局面，广西铁路运输部门审时度势，转变观念，努力适应市场经济的要求，积极应对各种挑战。铁路旅客运输，建立和不断完善营销机制，确立“发展直通客流、争取短途客流、吸引潜在客流”和“做大南宁站，打好桂林牌”的营销战略，搞好客运新产品的开发，发售旅客列车月票，在桂林—柳州—南宁间实行“通票选乘制”，开行城际列车和旅游专列，召开新闻发布会和邀请新闻单位的记者到铁路的站车采访，以及调整运输结构，停慢车、开快车，停开短途车，多开长途车，那里有客流就在那里开车。通过采取这些措施，有效地遏制旅客发送量急剧下滑的势头，1997—2000 年，广西铁路的旅客发送量每年都保持在 2100 万人左右。货物运输，努力适应市场经济的要求，改革货运计划的传统编制模式，克服审批环节多，手续复杂，时效性差等弊端，简化计划外要车手续，提高货运工作的效率和质量。1996—1999 年，货物发送量虽然无大的增长，但每年仍保持在 3600 万吨左右。2000 年，完成货物发送量 3799 万吨，比上年增长 5.5%。

“十五”期间(2001—2005)，由于横贯广西的桂林至北海高速公路于 1999 年 10 月全线开通，广西铁路的旅客运输又一次受到严重冲击。2001 年，完成旅客发送量 1896.9 万人，比上年下降 9.5%；2002 年，完成旅客发送量 1784.1 万人，比上年又下降 5.9%。货物运输，由于中国加入 WTO 组织，港口的货物吞吐量增加，加上国民经济加速发展，货源比较充足，出现铁路运输能力不能满足运输量增长需求和货车运用车不足的新矛盾。广西铁路运输部门根据运输市场的新变化，针对不同的情况，采取不同的应对措施。旅客运输重点是

2000 年，行驶在黔桂铁路的旅客列车

提高市场竞争力。通过采取增开长途快车，开行中国桂林至越南下龙湾国际旅游专列，完善计算机预售票网络，扩大计算机售票覆盖面，提高旅客列车运行速度等一系列措施，特别是经过1997—2005年全国铁路的5次大提速，旅客列车的速度有了很大提高。2005年，经过第五次提速调图后，南宁—北京6次旅客列车的运行时间比提速前缩短10小时44分钟；南宁—桂林城际列车的运行时间4小时30分钟，比提速前缩短2小时04分钟。旅客列车的开行质量提高，2005年，广西境内开行和通过的旅客列车40.5对，开行和通过的列车中仅保留慢车3.5对，快车占开行列车总数91.7%。广西到北京、上海、西安、武汉、郑州、宁波、济南、南昌、广州、长沙、深圳、成都、重庆、贵阳、昆明等城市都有直达旅客快车，其中直达北京的3对，直达上海的2对。通过强化营销，旅客发送量于2004年止跌回升。2005年，广西铁路完成旅客发送量1762万人，比跌至谷底的2003年增长9.2%。货物运输坚持走内涵扩大再生产的道路，努力挖掘运输潜力。针对影响运能发挥的关键点，进行"短、平、快"技术改造。组织开行始发直达列车和"五定"班列，缓解编组站的工作压力；认真抓好卸车的组织工作，做到快装快卸，压缩货车周时、停时和中时，利用回空运能顺路装车，利用排空运能增加运量；提高车辆静载重，组织超轴列车和大列开行，2005年，组织开行直达列车8823列；每辆车平均静载重比上年增加0.9吨，节约运用车1.87万车，增加货物发送量43万吨；组织开行超轴列车6.84万列，相当于多开6473趟列车。由于坚持优化运输组织，大力挖潜提效，加强市场营销和货源组织，广西铁路货物运输的三项主要经济指标——货物发送量、到达量、周转量，"十五"期间实现大幅度增长。五年完成货物发送量2.3亿吨，货物到达量3.2亿吨，货物周转量2723.5亿吨公里，比"九五"期间分别增长26.4%、49.4%和50.7%。特别是2005年，完成货物发送量5460万吨、货物到达量7761.6万吨、货物周转量667.2亿吨公里，分别比1991年增长95.1%、175.6%、157.7%。铁路货物运输的快速增长为广西经济加速发展提供有力保障。

广西铁路的工业生产，由于设备落后，产品单一，人工成本高，市场竞争力弱，生产经营比较困难。柳州机车车辆厂等通过调整产业结构，大力开发新产品，不断开拓市场，使经营状况改善。有的工厂经过加大投入进行技术改造，进行租赁、承包经营等探索，仍然无法走出困境，则按照"退二进三"的工作思路，逐步退出第二产业（工业生产），向仓储、物流等第三产业转型。

第一章 旅客运输

1991 年，广西铁路每天开行和通过的旅客列车 24.5 对，全年完成旅客发送量 2038.8 万人，旅客周转量 64.9 亿人公里。其后三年，由于开行的旅客列车增加，服务质量提高，完成的旅客发送量、旅客周转量有较大增长。1994 年，每天开行和通过的旅客列车增加至 30 对，全年完成旅客发送量 2575.7 万人，旅客周转量 107.7 亿人公里，比 1991 年分别增长 26.3%和 65.9%。

然而，随着高速公路和民航等交通方式的崛起，广西境内旅客运输市场的竞争不断加剧，从 1995 年起，铁路旅客运输呈下降的趋势。1996 年与 1994 年相比，旅客发送量下降 21.1%，旅客周转量下降 20.8%。

面对旅客运输市场的激烈竞争，广西铁路客运部门审时度势，积极应对。1997 年 9 月，柳州铁路局成立客运营销中心，组织开展客运市场调查，掌握市场动态和信息，适时分析研究营销对策，确立“发展直通客流、争取短途客流、吸引潜在客流”和“做大南宁站，打好桂林牌”的营销战略，策划组织客运市场开发工作。通过召开新闻发布会、组织新闻媒体到铁路站车采访等，向社会宣传广西铁路客运工作新举措。采取发展电子计算机联网售票，发售往返票、旅客慢车月票，实行桂林—柳州—南宁间旅客列车“通票选乘制”，停办部分不停快车车站的客运业务，减开慢车、增开快车，适时开行临时客车、旅游专列等措施，吸引直通客流，减缓管内客流急剧下滑势头。

1998—2001 年，柳州铁路局先后印发《铁路旅客运输服务标准》《铁路旅客运输服务质量监督办法》等 8 个办法标准，推进客运服务工作标准化。开展创建文明列车、文明车站、最佳服务员、挂星上岗等活动，努力提高客运服务质量，增强铁路在客运市场中的竞争力。柳州、南宁、桂林等客运大站，5/6 次、2572/2571 次、1380/1379 次列车长期保持铁道部文明列车称号。

1997—2005 年，全国铁路实施五次大提速，广西铁路虽然不在重点提速范围之内，但广大铁路职工发扬“自强不息，自我加压”精神，通过成段更换重轨道岔，改造小半径曲线，更新 25G、25K 型客车车辆等措施，使旅客列车速度大幅度提高，南宁—桂林城际列车运行时间压缩 2 小时零 4 分，南宁—北京 5/6 次旅客列车运行时间压缩 10 小时 44 分。合资铁路投资 1800 多万元购置动车组，在南宁—北海间开行动车列车，吸引北海的旅游客流。

经过长时间不懈的努力，广西铁路的旅客运输终于遏制住下滑的势头，于 2004 年止跌回升。2005 年，完成旅客发送量 1762 万人，旅客周转量116.4 亿人公里，比谷底的 2013 年提高 9.2%和24.2%。

第一节 运量运价

旅客发送量

1991 年，由于处在铁路旅客票价调整后的适应期，广西铁路发送旅客 2038.8 万人，其中国家铁路 1994.8 万人，均比 1990 年下降 2.5%；地方铁路发送旅客 44 万人，比 1990 年下降 1.3%。

1992—1994 年，随着改革开放和国民经济的发展，广西铁路旅客发送量逐年增长。1994 年，发送旅客 2575.7 万人，比 1991 年增长 26.3%，其中国家铁路 2500.4 万人，比 1991 年增长 25.3%，是 1991—2005 年中旅客发送量最高的一年。

1995年10月起，由于公路客运实行市场化经营，导致铁路旅客发送量明显下降，当年广西铁路发送旅客2404.1万人，比上年下降6.7%，其中国家铁路发送旅客2302.1万人，比上年下降7.9%；1996年，广西铁路发送旅客2033.1万人，比上年又下降15.4%，其中国家铁路完成1955.7万人，比上年下降15%。

1997—2000年，柳州铁路局通过设立营销机构，加强营销宣传，实行通票选乘制和开行旅游专列等措施，铁路的旅行条件有所改善。广西铁路旅客发送量保持在2100万人左右，处于相对平稳状态。

进入21世纪，由于桂林到北海高速公路于1999年10月1日全线通车和广西境内其他一些高等级公路的建成，广西铁路旅客发送量连续三年下滑，2001年完成1896.9万人，比上年下降9.5%，其中国家铁路完成1816.4万人，比上年下降9.7%；2002年完成1784.1万人，比上年下降5.9%，其中国家铁路完成1712.7万人，比上年下降5.7%；2003年受“非典”疫情影响，全年发送旅客1613.7万人，比上年下降9.6%，其中国家铁路完成1544.7万人，比上年下降9.8%，滑至1991年以来的谷底。地方铁路完成39.4万人，按相同口径计算比上年增长12.3%。合资铁路完成29.6万人，按相同口径计算比上年下降18.5%。

2004年，柳州铁路局在南宁—桂林、南宁—玉林间开行3对城际列车，计算机售票覆盖率和计算机联网售票率实现100%，加之其他营销措施继续发挥作用，旅客发送量止跌回升。年内，广西铁路完成旅客发送量1626.0万人，比上年增长0.8%，其中国家铁路完成1578.3万人，比上年增长2.2%；地方铁路完成17.3万人，比上年下降56.1%；合资铁路完成30.4万人，比上年增长2.7%。2005年，广西铁路完成1762.0万人，比上年增长8.4%，其中国家铁路完成1714.7万人，比上年增长8.6%。地方铁路由于管内旅客列车年内先后停开，全年仅完成旅客发送量9.3万人。合资铁路完成旅客发送量38万人，比上年增长25%。

虽然1994年以后旅客发送量下降明显，但由于调整运输结构，停慢开快，停短开长，直通客流在发送量中所占比例增加和旅客平均行程提高，广西铁路完成的旅客周转量比较稳定，2005年，完成旅客周转量116.4亿人公里，比1991年增长79.4%，其中国家铁路完成115.8亿人公里，比1991年增长79.3%。合资铁路完成0.6亿人公里，比1992年增长2倍。

表2-1 **1991—2005年广西铁路旅客发送量完成情况**

年度	旅客发送量(万人)				旅客周转量(亿人公里)			
	广西铁路	其中			广西铁路	其中		
		国家铁路	地方铁路	合资铁路		国家铁路	地方铁路	合资铁路
1991	2038.8	1994.8	44.0	—	64.9	64.6	0.3	—
1992	2320.2	2252.8	49.2	18.2	75.3	74.8	0.3	0.2
1993	2551.3	2487.7	35.5	28.1	101.0	100.3	0.2	0.5
1994	2575.7	2500.4	36.0	39.3	107.7	106.8	0.2	0.7
1995	2404.1	2302.1	52.3	49.7	102.0	100.7	0.4	0.9
1996	2033.1	1955.7	52.4	25.0	85.3	84.3	0.4	0.6
1997	2127.9	2053.5	57.5	16.9	85.7	84.7	0.5	0.5
1998	2175.4	2110.7	47.8	16.9	82.6	81.5	0.5	0.6
1999	2114.1	2045.4	45.9	22.8	93.8	92.7	0.5	0.6
2000	2096.7	2011.7	64.6	20.4	101.0	99.8	0.6	0.6
2001	1896.9	1816.4	62.3	18.2	100.5	99.6	0.5	0.4
2002	1784.1	1712.7	50.0	21.4	103.7	102.9	0.4	0.4
2003	1613.7	1544.7	39.4	29.6	93.9	93.2	0.2	0.5
2004	1626.0	1578.3	17.3	30.4	103.0	102.4	0.1	0.5
2005	1762.0	1714.7	9.3	38.0	116.4	115.8	0.02	0.6

注：合资(南防)铁路1991年无旅客列车开行。

旅客票价和行包运价

1991 年，柳州铁路局客运票价执行 1989 年 9 月经国务院批准的客运票价调整方案，硬座基本票价率每人公里 0.03861 元。包裹运价及运邮费率，折合每公斤公里 0.0003861 元。

1992 年 9 月 1 日，经国家物价局批准，按照优质优价的原则，提高铁路新型空调列车票价。25 型客车编成的全列空调列车，在现行各种票价(一号票价)的基础上提高 50%，行李包裹运价及邮政有关费用暂不提高。根据上述规定，1992 年以后，柳州铁路局开行的全列空调列车，报铁道部批准，票价分别上浮 30%—50%。南防铁路经自治区物价局《关于南防铁路客运价格问题的批复》同意，开行的普通旅客列车票价暂定每人公里 0.049 元。

1993 年春运，经国家物价局批准，柳州铁路局对节后 20 天进入广东的旅客票价上浮 30 元，但学生、小孩、伤残军人票价及二号票价不上浮；上浮票价，实行至 1996 年春运。

1995 年 10 月 1 日起，经国务院批准，调整铁路客运价格，主要内容包括：①提高铁路客运基价。基本票价率每人公里调整为 0.05861 元，上调幅度 51.8%。②合理调整席别比价。对少数旅客乘坐的硬卧和软座，票价调整幅度较大，对多数旅客乘坐的硬座，票价调整幅度较小，硬座、软座、硬卧、软卧的席别比价由 1:1.75:1.83:3.85 调整为 1:2.0:2.2:3.85。空调费不分席别统一按硬座票价率的 25%计算；新型空调列车票价上浮 50%。③继续保留优惠政策。儿童、学生、伤残军人乘车的优惠政策不变。④在调整铁路客票价格的同时，同幅度调整行李包裹运价和运邮费率。包裹由原来的五类调整为四类，一类、二类、三类、四类的比价调整为 0.2:0.7:1.0:1.3。原三、四类品名合并，统一按三类包裹计价，其他品类暂按现行分类方法计价。经自治区物价局批准，南防铁路旅客运价由每人公里 0.049 元调至 0.076 元，增幅 55%，行李包裹运价也作适当调整。

1996 年 6 月 1 日起，再次调整各类包裹范围，将三类包裹范围调整为不属于一、二、四类品名的包裹。10 月 1 日起，对符合规定条件的文艺团体托运演出器材予以优惠，比照行李核收运费。邮政专用车厢托运费率由每轴公里 0.35151 元调整为每轴公里 0.53912 元；租用固定容间费率由每立方米公里 0.01483 元调整为 0.02247 元。

1998 年 7 月 1 日起，广西地方铁路有限公司将南防、钦北铁路旅客票价和行李包裹运价下调 55%，统一执行国家铁路的票价和运价。

1999 年春运，硬座原票价 30 元—70 元的每票加收5 元，原票价 71 元—120 元的每票加收 10 元，原票价超过 120 元的每票加收 15 元，硬座票价上浮幅度不超过 10%，硬卧、软卧不超过 20%。同年 9 月，柳州铁路局按铁道部规定，凡使用新型空调客车开行的旅游列车，票价准予上浮 50%。开行临客，票价可比照办理，但上浮幅度不超过 30%。

2000 年春运，票价上浮幅度新型空调列车 20%，其他列车 30%，加收额度是 1999 年各档额度的两倍。同年 4 月 1 日起，根据铁道部、国家邮政局《关于调整铁路运邮费率的通知》，运邮专用车厢挂运费，编挂于直通列车的由每轴公里 0.53912 元提高到 0.80868 元；编挂于管内列车的每轴公里由 0.53912 元提高到 0.70086 元；租用容间费率每立方米公里直通列车提高到 0.03371 元，管内列车提高到 0.0292 元。

2001 年 1 月起，铁道部决定执行新的旅客票价表。新旅客票价表分为基本票价表和新型空调车票价表，分别适用于普通客车和新型空调客车。空调列车价格、优惠价格分为三档：原票价档、折扣一档、折扣二档。加快票由低到高分为三等，即普通加快票、快速加快票、特快加快票。为体现提速不提价，特快加快票暂按快速加快票核收。少数特等软座、高级软卧票价实行市场调节价。同时规定，列车票价可在国家政策规定的范围内实行一定幅度的上下浮动。5 月 1 日起，合资铁路开行的南宁至北海动车，票价为软座 57 元/人、硬座 40 元/人。

2002—2005 年春运，票价上浮幅度硬座 15%，其他 20%。2002 年春运，改变以往票价上浮与春运起始日同步的惯例，实行节前上浮 10 天、节后上浮 15 天(节前已经上浮的列车节后只允许上浮 13 天，节后上浮的列车在春节 3 天票价下浮 10%)的新规定。2003 年春运，根据客流变化，取消节前始发直通客车的票价上浮，节后上浮增加上海方向。2004 年、2005 年春运，票价上浮延续 2003 年的办法。

第二节 客运组织

车站客运

1991年,广西各铁路干线和4条地方铁路至少开行1对及1对以上的普通(混合)旅客列车,办理客运业务的车站193个,其中国家铁路171个,地方铁路22个。

1992年1月,南防铁路开行旅客列车,增加客运车站10个。

1996年7月,柳州铁路局停办黄土井等53个日均发送旅客少于20人的车站的旅客运输业务。

1997年,南昆铁路投入临管运营,其后两年,在广西境内先后开通34个办理客运业务的车站,至2000年年末,广西铁路办理客运业务的车站196个,其中国家铁路156个、地方铁路20个、合资铁路20个。

从2003年开始,铁路旅客列车开行不断调整优化。至2005年,国家铁路干线除湘桂铁路永州—桂林北、南宁—凭祥,南昆铁路百色—威舍,黔桂铁路柳州—金城江间继续开行普通旅客列车外,其余各区间均已停开,办理客运业务的车站也随之减少。年末,广西铁路办理旅客运输业务的车站133个,其中国家铁路111个,合资铁路22个。

2005年,暑运中的柳州站

列车客运

1991年初,在广西境内开行和通过的旅客列车29对,其中国家铁路开行的直通旅客列车17对、管内旅客列车8对、混合列车1对;地方铁路开行混合列车3对。年内,编制新列车运行图,西安—柳州118/115 116/117次直快旅客列车(简称直快)延长至南宁,桂林北—南宁91/92次特快旅客列车(简称特快)改为桂林—南宁间开行,衡阳—南宁405/406次直通旅客列车(简称直客)改为衡阳—柳州间开行,柳州—南宁间加开507/508次普通旅客列车(简称普客),金城江—茂名534/531 532/533次普客改为柳州—金城江531/532次和柳州—湛江533/534次,南宁—湛江502/503 504/501次普客改为南宁—茂名间开行,停开河唇—茂名593/594次普客。

1992年,南防铁路新开521/522次普客1对,结束北部湾地区无旅客列车开行的历史。

1993年4月1日实行的列车运行图,旅客列车开行方案变化较大。加开南宁—广州(经三茂线)直快1对,贵阳—湛江直快由隔日开行改为每日开行,南宁—重庆直快由隔日开行改为每日开行并延伸至成都,广州—南宁特快改为广州—桂林北(仍隔日开行),柳州—衡阳直客改为直快,柳州—贵阳直客1对停开,加开重庆—广州直快1对,加开南宁—湛江—桂林全列空调特快。管内每个区段只保留1对慢车。年末,广西境内每日开行和通过的旅客列车31对。

1995年7月7日起,湛江每逢周一、五,北京西每逢周一、六加开99/100次特快1对(乘务工作由北京、柳州铁路局共同担当,全列空调)。9月1日起,将成都—南宁直快改为特快并延长至北海，同时利用车体回送南宁库检，加开南宁—北海83/84次特快1对。1996年9月1日起，增开柳州—宜山543/544次普客1对，同时将南宁—湛江502/503 504/501次普客调整为南宁—玉林和玉林—茂名间开行。

1997年以后，随着铁路营销措施的加强和铁路5次大提速的实施，客车开行对数明显增加，客车结构也发生重大变化。1997年4月1日实施的运行图，柳州铁路局每日开行和通过的旅客列车39对，比1993年运行图增加8对。增开柳州—上海479/480次直快1对，原南宁—上海380/379次直快延长至无锡。外局担当的上海—昆明79/80次特快，由经湘桂、黔桂铁路运行改为经湘黔铁路运行，不再通过广西境内；增开郑州（武昌）—昆明323/322次和贵阳—广州488/485 486/487次直快2对，经由广西境内运行。同年9月1日，南昆铁路南宁—百色间开始办理客运业务，开行南宁—百色865/866次普客1对。10月15日，增开南宁—百色613/614次管内快车（简称管快）1对。12月1日，南昆铁路全线办理客运业务，开行百色—威舍987/988次混合列车1对。

1998年5月5日，柳州—怀化客车开行区段调整，柳州—怀化503/504次与柳州—湛江207/208次接续开行并延长至张家界，停开桂林北—湛江207/208次特快。同年10月1日，实行新列车运行图，柳州铁路局开行和通过旅客列车45对，比原运行图增加5对，其中直通23对、管内22对。增开北京西—柳州157/158次特快1对、桂林北—湛江607/608次管快1对、柳州—老堡846/845次普客1对、南宁—昆明501/502次直快和上海—昆明181/182次特快各1对。实行新图后，乘坐北京、上海、昆明方向列车的旅客日均增加2500人。

2000年10月21日，实行新列车运行图，柳州铁路局每日开行和通过旅客列车46.5对，其中铁路局担当33.5对，外局途经直通客车13对，这是铁路局和广西境内开行客车对数最多的时期。

2001年10月21日，全国铁路实施第四次提速和新的列车运行图，柳州铁路局停开管内客车6对。调整部分直通客车开行区段：上海—柳州149/150次延长至湛江；南昌—柳州1557/1558次延长至南宁，由南昌、柳州铁路局共同担当改由柳州铁路局担当；张家界—湛江2011/2012次由广铁（集团）公司和柳州铁路局共同担当改由柳州铁路局担当；长沙—湛江2241/2242次改在郑州—南宁间开行；新开柳州—贵阳2303/2304次直快1对；北海—成都144/141 142/143次改在南宁—成都间开行；由柳州、郑州铁路局共同担当的西安—南宁1318/1315 1316/1317次改为318/315 316/317次，由郑州铁路局担当。年内，南防铁路公司利用新购置的动车组在南宁至北海间开行917/918、919/920次动车2对。

2004年7月1日，南宁客运段列车乘务人员出乘

2002—2003年，柳州铁路局继续实行管内客车停慢开快，直通客车以短接长，并调整开行区段。停开南宁—百色、河唇—茂名、柳州—金城江慢车3对，井头圩—柳州慢车改为桂林北—东安/永州间开行；增开南宁—桂林北、南宁—玉林快速列车各1对。2002年7月，张家界—湛江直快改在张家界—南宁间开行；2003年1月调整为南宁、桂林北隔日开行。湛江—昆明直快调整为湛江、桂林北隔日开行至昆明。柳州—贵阳直快两头延长到湛江—重庆间开行，相应停开柳州—湛江管快1对。由于受客流影响，广西沿海铁路公司在南宁—北海间开行的2对动车停开1对。

2004年4月19日，全国铁路实施第五次大面积提速调图。柳州铁路局采取调整客车开行区段、压缩列车运行时间、调整客车结构、提高列车等级等措施优化客车开行方案。加开北京西—桂林21/22次快速列车，从“五一”黄金周起，增开桂林—深圳108/105 106/107次临客，翌年7月1日，改为图定40/37 38/39次特快列车。

2005年，广西境内开行和通过的旅客列车41.5对，其中柳州铁路局开行直通旅客列车14.5对、管内旅客列车15.5对、通过外局旅客列车9.5对，广西沿海铁路公司开行动车1对、普客1对；广西地方铁路公司开行的3对混合列车于2004年、2005年先后停开。年末，在广西境内开行和通过的旅客列车中仅保留慢车3.5对，快车占开行列车总数由1998年提速初期的68.9%上升到91.4%。

重点旅客运输

春节旅客运输 1991—1993年，铁路春节旅客运输为期40天(节前15天，节后25天)。由于学生、民工、探亲和旅游客流叠加，形成客流高峰。柳州铁路局成立春运工作领导小组，采取扩大旅客列车编组，加挂车辆，开行临时客车和学生专列等措施，保证旅客都能出行。1991年春运期间发送旅客332万人，比上年增长5.4%。1992年增开临客5对。针对春节期间有6000多名港澳游客到桂林旅游，加开3对旅游专列。春运期间发送旅客334万人，比上年增长0.6%。1993年，利用直通客车预留空位运送短途旅客，增开临客6对，加挂客车758辆，春运期间，发送旅客373.3万人，比上年增长11.8%。

1994—1995年，客流高峰延续时间长，春运时间延长至60天。针对民工客流数量大、流向集中的特点，柳州铁路局以理顺民工流的接运和中转为重点，合理调整运能。1994年春运期间，加开临客8对，发送旅客520.7万人。1995年春运期间，加开临客6对，发送旅客436万人，短途客流比上年下降，长途客流上升。

1996—1998年，春运为期50天。1996年春运，柳州铁路局通过加开临客、编组中加挂车辆，保证途经广西境内的50多万民工有序流动，18万学生及时回家和返校，春运期间发送旅客381万人。1997年春运，组织开行南宁—贵阳、湛江—桂林北、柳州—上海等方向临客243列，开行学生专列2列，加挂客车919辆，发送旅客402.7万人。1998年春运，加开临客329列，其中直通228列，发送旅客446.5万人，其中直通旅客114.5万人。

1999—2003年，春运为期40天。1999年春运，加开临客366列，其中直通135列，加开北京、上海、郑州至桂林的旅游专列11列，发送旅客377.2万人。2000—2003年，发送旅客1390万人。

2004—2005年，春运的特点是管内(短途)客流下降，直通(长途)客流比重大幅度上升。柳州铁路局采取停短开长、停冷线开热线等措施合理配置运力，临时客车安排在运力紧缺方向开行。2004年春运，停开6对管内客车，抽调车底开行长途客车。连续17天开行金城江—广州A70次临客，运送农民工2万人。春运期间，发送旅客308.2万人，其中直通旅客108.2万人，占总发送量的35.1%。2005年春运，发送旅客266.7万人，其中直通旅客126.3万人，占总发送量的47.4%，40天中有15天直通客流量超过管内客流量。

2004年春节前夕，柳州客运段150次旅客列车乘务员张灯结彩和旅客欢度春节

表 2-2　　1991—2005 年柳州铁路局春运旅客发送量

年 份	期　　限	天 数	发送量(万人)			
			合 计	日 均	直 通	管 内
1991	1 月 31 日—3 月 11 日	40	332.0	8.3	45.0	287.0
1992	1 月 20 日—2 月 28 日	40	334.0	8.4	50.0	284.0
1993	1 月 20 日—2 月 28 日	40	373.3	9.3	58.3	315.0
1994	1 月 21 日—3 月 21 日	60	520.7	8.7	106.5	414.2
1995	1 月 11 日—3 月 11 日	60	436.0	7.3	108.0	328.0
1996	1 月 30 日—3 月 19 日	50	381.0	7.6	86.0	295.0
1997	1 月 18 日—3 月 8 日	50	402.7	8.1	92.7	310.0
1998	1 月 8 日—2 月 26 日	50	446.5	8.9	114.5	332.0
1999	2 月 1 日—3 月 12 日	40	377.2	9.4	97.0	280.2
2000	1 月 21 日—2 月 29 日	40	367.3	9.2	103.3	264.0
2001	1 月 9 日—2 月 17 日	40	343.2	8.6	101.0	242.2
2002	1 月 28 日—3 月 8 日	40	340.0	8.5	109.0	231.0
2003	1 月 17 日—2 月 25 日	40	339.5	8.5	102.4	237.1
2004	1 月 7 日—2 月 15 日	40	308.2	7.7	108.2	200.0
2005	1 月 7 日—2 月 15 日	40	266.7	6.7	126.3	140.4

暑期旅客运输　1991—2005 年，广西铁路暑期旅客运输每年从 7 月 1 日起至 8 月 31 日止，为期 62 天，主要输送学生客流和旅游客流。

1991—1993 年，柳州铁路局暑运的旅客发送量较年日均发送量高 4%—11%。

1994—2005 年，随着人们利用学生放假举家外出旅游渐成时尚，新生入学家长陪送现象越来越普遍，暑运直通旅客日均发送量比全年日均发送量逐年增加，暑期旅客运输任务日益繁重。柳州铁路局采取扩大客车编组、加开临客和旅游专列、调整票额等措施，做好暑运工作。1994 年暑运，图定加开柳州—贵阳、湛江—北京临快 2 对，加开临客 252 列，加挂、扩编客车 435 辆。1997 年暑运，将南昌—柳州、襄樊—柳州 2 对直快分别延长至南宁、湛江开行，加挂客车 857 辆。1998 年暑运，加开北京西—柳州、广州—湛江临快 2 对，开行临客 78 列。1999 年暑运，加开湛江—昆明、广州—湛江、广州—桂林、济南—桂林北临快 4 对，并加开图外临客和旅游专列 30 列。2001 年暑运，开行茂名(柳州)—贵阳临快 1 对，临客 83 列。2004 年暑运，开行北京西—南宁、广州—内江、南宁—玉林、桂林—深圳临快 4 对，临客、专列 348 列，扩编、加挂客车 2465 辆。2005 年暑运，在桂林—深圳、桂林北—茂名 2 对临快变为图定列车以后，开行桂林—武昌临客 1 对。在暑运客流增幅较大的 1997—2005 年，柳州铁路局加开临客 12 对，增开临客 659 列，加挂客车 7571 辆。

黄金周旅客运输　2000 年，国家调整法定休假办法，“五一”节成为第一个旅游黄金周，广西境内特别是桂林方向的旅游客流猛增。柳州铁路局除做好票额临时调整外，开行临客和旅游专列 16 列，在图定列车中扩编和加挂客车 1116 辆，日常编组 18 辆的 T5/6 次，节日期间扩编到 20 辆。4 月 29 日至 5 月 7 日，发送旅客 84 万人，直通客流同比增长 22.9%，管内增长 34.8%。

2001 年，柳州铁路局在“五一”“十一”黄金周成立假日客运办公室，加强对黄金周客运工作的组织领导。“五一”黄金周开行旅游专列 22 列，其中直通 6 列；“十一”黄金周，开行旅游专列 23 列其中直通 8 列。黄金周期间，旅客运输做到安全有序。

2002 年，柳州铁路局针对外地游客“有票则来，无票不到”的特点，在“五一”“十一”黄金周中提前公布运能计划，提前向旅游单位发售团体客票。“五一”黄金周开行旅游专列14列、临客37列；“十一”黄金周开行旅游专列14列、临客4列，基本满足旅客需求。

2003年，受“非典”疫情影响，国家有关部门取消“五一”旅游黄金周。在“十一”黄金周中，柳州铁路局制订三套方案，应对正常、高峰和突发客流。黄金周期间加挂客车197辆，增加运能12720位，增开直通临客3对、旅游专列6对，发送旅客75.9万人。

2004年，柳州铁路局在“五一”“十一”黄金周中，重点抓好桂林、北海等热点旅游城市的客流组织工作，合理安排运能，“五一”黄金周发送旅客64.9万人，“十一”黄金周发送旅客66.6万人。

2005年，柳州铁路局在“五一”“十一”黄金周中，重点保证到桂林等热点旅游城市的游客走得了、走得好，实现客流平稳有序。“五一”黄金周发送旅客68.9万人，“十一”黄金周发送旅客74.6万人，分别比上年同期增长6.2%和12%。

新老兵运输 1991—2005年，在通常情况下，老兵运输期限1个月，新兵运输20天。柳州铁路局针对新老兵运输时间紧、要求高、组织难度大等特点，在较大车站成立有驻局(站)军代表参加的新老兵运输工作领导小组，下设办公室，专门负责新老兵运输工作。针对新兵运输集中的特点，基本采用选用整列旅客列车、在旅客列车中预留车厢或加开临客专列等方式。老兵运输比较分散，则主动与当地驻军协调，根据运输期限和人员去向情况，统筹安排，纳入旅客运输计划，提供车票，并实行购票、候车、进站上车、中转换乘、行李托运“五优先”。1991年，发送老兵2.5万人，开行新兵专列11列。1992—1997年，每年发送老兵1.8万人左右，新兵继续开行专列。1998年后，每年发送老兵保持1.8万人左右。新兵运输由于开行的旅客列车增多，选线运输逐步成为主要手段。2004年、2005年新兵运输分别使用选线列车（包括输出、输入)51列和59列(详见第二篇第三章第二节新老兵运输)。

第三节 客运服务

服务质量

1991年，柳州铁路局转发铁道部《铁路旅客列车客运乘务工作标准》，铁路客运部门以《标准》中的安全秩序、服务规范、设施设备、车容卫生，广播、行包等作业标准为尺子，开展“学标、对标、达标”活动。同年，第四届全国少数民族传统体育运动会在南宁召开，广西铁路客运部门开展“当好东道主，热情迎嘉宾”活动，努力提高服务质量，让全国各族运动员满意，为广西争光。柳州铁路局、局客运处、南宁铁路分局、南宁站、5/6次列车车队被自治区评为“第四届全国少数民族传统体育运动会做出突出贡献先进集体”。年内，在全国铁路进京、进沪、进穗快车和较大站客运工作竞赛评比中，柳州铁路局的5/6次列车保持“红旗列车”称号，179/180次列车获分组第二名，桂林站获分组第一名，柳州、南宁站获分组第二名。桂林站、5/6次列车被评为全国卫生先进单位，179/180次旅客列车被评为全国铁路先进班组。

1992年，柳州铁路局在客运职工中开展星级评比竞赛，实行挂星上岗，按星计奖，掀起创“最佳服务员活动”热潮。91/92次旅客列车被自治区命名为“文明列车”，511/512次旅客列车和新圩站被铁道部命名为“文明列车”“文明车站”。在铁道部组织的进京、进沪、进穗快车和较大站客运工作竞赛评比中，5/6次旅客列车保持“红旗列车”称号；桂林站连续两年获分组第一名，被铁道部命名为“文明车站”。

1993年10月，柳州铁路局转发铁道部《关于加强站车管理，提高服务质量的若干规定》，结合客运工作实际，对站车卧铺票管理，车站订票合同单位的对象、数量，铁路局内各类公司和旅行社车票订购，地方旅行社订票，车站从事票额管理人员定期轮换，车站代收费，站台饮食供应等作出补充规定，防止发生以票谋私行为。1995年3月，柳州铁路局印发《关于简化行李、包裹、运杂费票种和实行承运行包一次收费的通知》，简化手续，方便旅客托运行李包裹。

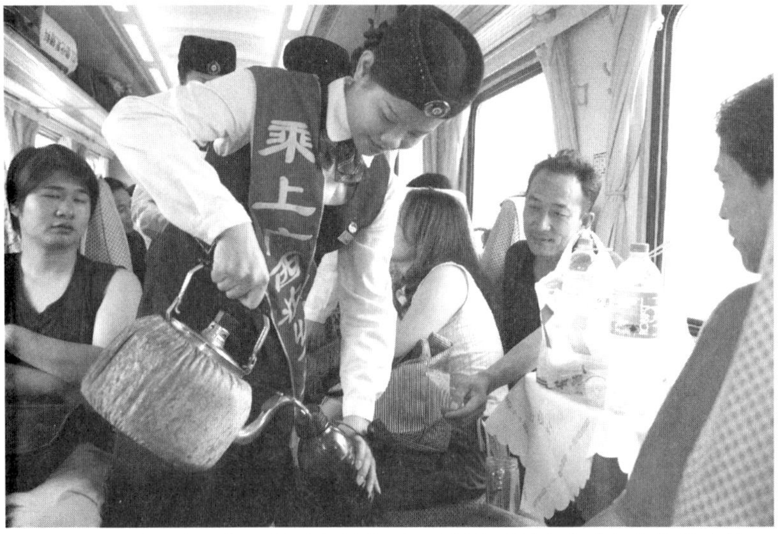

2002 年，南宁客运段列车员在“客运服务质量年”活动中热情为旅客服务

第三组第一名。

1998—1999 年，柳州铁路局先后转发和印发《铁路旅客运输服务标准》《旅游专列运输管理办法》和《铁路旅客运输服务质量监督监察办法》等以提高站车服务质量为主要内容的 8 个办法、标准。开展提高铁路运输质量活动，针对旅客关心、社会反映强烈的问题制订整改措施，落实责任部门和目标要求。经检查验收，客运服务质量明显提高，活动目标基本实现。同年 9 月，开展规范客运服务收费活动，规定除《客规》规定的票价、行包运价、特定运价、客运杂费外，不得以任何名义向旅客收取其他费用。允许站车为方便旅客开展的延伸服务项目有：候车茶座、行包代办服务、打包服务和经铁道部批准的其他服务项目。

同年，柳州铁路局对客运工作进行“六整顿”（整顿旅客列车运行秩序、旅客列车服务工作、站容车容和客运设施、乘车证管理、作业标准、站车秩序）。针对客车正点率低问题，制定整顿方案，客运调度逐班逐趟抓落实，严格调度纪律和按图行车，列车运行正点率由整顿前的 92.6%提高到 96.3%。参加铁道部进京、进沪、进穗快车和较大站客运工作竞赛评比的 3 对旅客列车、3 个车站都取得好成绩。5/6 次旅客列车保持“红旗列车”称号，179/180 次、271/272 次旅客列车获直快第三组第二名，柳州站被评为“文明车站”，南宁站获车站第二组第一名。年内，5/6 次旅客列车被中国质量管理协会用户委员会评为“全国满意服务列车”，南宁站和 91/92 次旅客列车被国家爱国卫生委员会命名为“全国卫生车站” 和 “全国卫生列车”，柳州站和 179/180 次旅客列车被铁道部评为 “全路卫生车站”“全路卫生列车”，桂林、柳州、黎塘站和南宁站客运车间被铁道部评为“信得过给水单位”。

1996 年，柳州铁路局落实铁道部《关于改进铁路客运工作若干措施》的通知，客运服务工作初步实现“一年上水平，两年大变样”的目标。柳州客运段被铁道部授予“全路先进安全优质客运段”称号；5/6 次旅客列车被评为全路 10 趟示范列车之一，获“全路优质标准列车”称号。参加铁道部进京、进沪、进穗快车和较大客运站竞赛，桂林、柳州、南宁站获“文明车站”称号，5/6 次旅客列车连续七年被评为“红旗列车”，179/180 次旅客列车被评为直快

2001 年，柳州铁路局集中时间、集中力量、突出重点，对 20 列 532 辆“绿皮车”进行专项整治，把整治重点放在列车设备破损、备品不全、服务卫生不达标、班组管理薄弱及资料台账不规范等问题上。经过几个月的整治，“绿皮车”基本达到铁道部规定要求，如期实现整治目标。经铁道部检查组明察暗访验收，对柳州铁路局“绿皮车”整治工作给予肯定，8511/8512 次在全国铁路普通旅客列车质量整治现场会上介绍经验，并获得全国铁路“质量达标列车”称号。年内，铁道部站车竞赛检查评比改为以铁路局为主、以日常工作为主、以提高服务质量为主、以改革创新为主。铁道部先后组织有关司局和各铁路局客运部门，对参赛站车进行不定交路、不打招呼、不分时间、上车查车、下车查站、暗访为主、明察为辅的综合检查。柳州铁路局 5/6 次、1379/1380 次、2571/2572 次、157/158 次旅客列车获“红旗列车”称号。南宁、柳州站获“文明车站”称号（桂林站因站场改造不参加评比）。

2002 年，柳州铁路局面对客运直接从市场取得收入的改革和客运市场竞争激烈的严峻形势，开展“客运服务质量年活动”，执行质量标准，树立品牌形象，探索特色化服务，车容站貌改观。铁道部检查组对西南各大站暗访后排出名次，南宁、桂林站分别获第一、二名。

2004 年，制订《柳州铁路局旅客列车客运作业标准》《柳州铁路局车站客运服务质量标准实施细则》等 6 个铁路旅客运输标准、办法。将旅客列车按普通、快速、特快，车站按大站、中等站、小站 3 个层次进行分级管理；全面规范站车的安全秩序、设备设施、餐饮供应、服务质量、作业流程、广播宣传、售票组织、列车上水、环境卫生和行包运输等工作。

2005 年，制订《柳州铁路局客运单位专业管理办法》，明确局客运处、车站、客运段的管理定位和工作职责，规范站车专业管理职能，构建一个上下贯通、职责明晰、权责匹配、分层管理、全程控制的客运专业管理新体系。组织南宁、桂林、柳州站参加在全路 43 个较大车站中开展的“树标塑形”竞赛活动。3 个站结合各自的实际，创新服务理念。南宁站的“广西之门、首府之窗”；桂林站的“优质服务与山水同美”；柳州站的“服务创造价值”等服务理念各具特色，对提高客运服务质量产生积极影响。铁路局多次召开“树标塑形”活动现场会和经验交流会，把活动不断引向深入。各车站夯实基础，规范管理，创新机制，严格标准，优化服务环境，建立长效服务管理机制，实现以建立值班站长首问首诉负责制为核心的车站客运服务流程再造，促进客运服务工作登上新台阶。同年 10 月，在铁道部组织的检查验收中，桂林、柳州、南宁站全部合格达标，均被评为“全路树标塑形”活动先进车站，南宁站被评为小组第一名，受到铁道部表彰。印发《柳州铁路局站车客运工作竞赛评比办法》。2004—2005 年度，站车客运工作竞赛评比结果为：车站第一组第一名南宁站，第二组第一名玉林站，第三组第一名百色站。柳州、桂林、黎塘、凭祥、贵港、金城江、全州、融安、宜山、来宾、崇左等 14 个车站评为合格车站。列车第一组第一名 21/22 次旅客列车、第二组第一名 801/802 803/804 次旅客列车、第三组第一名 805/806 次旅客列车。在铁道部组织的进京、进沪、进穗快车和较大站客运工作竞赛评比中，南宁—北京西 5/6 次旅客列车 1991—2005 年、南宁—广州 2572/2571 次旅客列车 1999—2005 年、南宁—无锡 1380/1379 次旅客列车 1997—2004 年被铁道部评为“红旗列车”；柳州站 1994—2005 年、南宁站 1996—2005 年，被铁道部评为“文明车站”，桂林站自 1992 年以来，除个别年份未参加评比外，均被铁道部评为“文明车站”。

2003 年 3 月，柳州铁路局按照《旅游专列运输管理办法》组织旅游专列开行

饮食供应

1991 年，柳州铁路局开行的直通和部分管内旅客列车挂有餐车，向旅客供应客饭和快餐盒饭，在较大站站台上有各种食品供应。

1992—1995 年，柳州铁路局适应市场经济要求，放开铁路饮食供应价格，重新修订《列车饭菜定质、定量、定价表》，要求站车销售的食品明码标价，严禁向旅客搭售或强买强卖。站车以旅客需求为导向，以快餐为主，扩大旅客饮食供应面。1995 年，餐饮销售额完成 9185 万元，比上年增长 5%；实现利润 569 万元，比上年增长 46.9%。

1997 年，柳州铁路局对桂林、柳州、南宁站和柳州、南宁客运段等 20 多个单位站车旅客饮食收费情况进行清查，看是否执行国家计委的价格政策；是否根据市场行情做到优质优价，按质论价，明码标价，质价相符；列车餐车供应是否坚持以快餐、大众化为主，高、中、低档结合。经清查，未发现餐饮供应有乱涨价、乱收费行为。

2002 年，柳州铁路局在旅客列

2005年，南宁客运段餐车工作人员在交流技艺

车上开展“舒心旅途、放心食品”活动，印制发放宣传资料3万份，宣传如何预防食物中毒和肠道传染病、什么是“绿色食品”、列车旅途应注意哪些饮食卫生等知识。要求各次旅客列车采取措施，贯彻落实《食品卫生法》和食品卫生“五四制”，严格把好食品生产、采购、保管、发放卫生关，不制作、不销售不符合卫生标准的食品，对餐、茶具做到“一用、一清洗、一消毒”。利用列车广播和列车“生活园地”，开展普及《食品卫生法》和食品卫生知识宣传活动，保障旅客身体健康和旅途安全。

2005年，柳州铁路局在“服务旅客争先创优”活动中，认真抓好餐饮供应服务质量，分方向确定餐饮风味，分车次优化菜谱，分等级制订价格，丰富各档次供应品种，满足不同层次的餐饮需求。年内，对乘坐旅客列车老兵用餐实行半价优惠。

第四节　客 运 营 销

20世纪90年代以来，由于民航和高速公路等交通方式的崛起，旅客运输市场竞争日益激烈。1995年，广西铁路的旅客发送量开始下降，特别是短途运输市场下降幅度更大，1996年发送旅客2033.1万人，比1994年下降21.1%。柳州铁路局审时度势，建立和完善客运营销机制，制订“发展直通客流，争取短途客流，吸引潜在客流”的营销战略，采取设立和扩大通票选乘，建立计算机售票系统，开行城际、旅游、假日列车，培育品牌列车，完善行包运输组织管理等措施，加强客运营销工作，2004年，旅客发送量止跌回升。2005年比2004年增长8.6%。

营 销 机 制

1997年2月22日，柳州铁路局撤销局客运处客运科和旅行服务科，设立客运营销科，负责市场营销策略、政策、措施的研究和组织实施以及旅客运输组织、售票组织、旅客餐饮供应等工作。同年9月22日，铁路局撤销客运营销科和票务中心，成立客运营销中心，由局客运处领导和管理，具有管理与客运市场开发的双重职能，主要负责研究拟订全局客运营销管理办法和规章制度，指导和协调客运营销业务；搞好客运组织、售票组织、行包企业化管理和客运单位的精神文明建设；组织开展客运市场调查，掌握市场动态和信息，适时分析研究营销对策，策划、组织客运市场开发工作，拓展经营门路，开发经营渠道，改进营销手段，不断提高营销水平；负责研究和完善适应市场变化的客运价格机制，争取地方支持，改善外部环境，规范收费管理；组织和开发餐饮供应、旅游服务等项目，形成旅客吃、住、行、游一条龙服务，使客运营销工作走上规模化经营的轨道；负责全局电子售票业务的规划、开发以及设备软件的运用、养护的归口管理工作；加强营销队伍建设，组织客运营销人员培训等。

1999年，成立柳州铁路局客运公司，撤销局客运处，公司为专门从事旅客运输业务及经营的非法人实体，模拟法人运作。设立营销策划部，负责客运营销工作。

2002年，柳州铁路局构建适应市场变化的客运营销新机制，建立全路首个列车营销信息追踪系统，及时掌握旅客列车运营情况，坚持市场导向，及时调整旅客列车结构，搞好运能配置，提高营销决策的时效性和准确性，满足旅客方便、快捷、安全出行的需求。

2004 年 1 月，柳州铁路局实行客运管理新体制，撤销客运公司，成立局客运处，负责客运营销工作。

2005 年，柳州铁路局进一步健全客运段和主要客运站的营销机构，形成以铁路局客运营销机构为中心，各站段营销组织为基本队伍的营销体系，形成以市场信息、运能运量日统计分析、列车上座率日统计分析为基础的反应迅速、适应市场变化的运能配置方式。

营销宣传

1997 年以来，柳州铁路局通过召开新闻发布会，组织新闻采访团到铁路站车采访，在报纸、电台、电视台等大众传媒发布列车开行信息等形式，宣传铁路客运新产品、新举措，宣传站车优质服务品牌和客运先进人物事迹，提高铁路客运产品的知名度，增强铁路对旅客的吸引力。

1998 年，在桂林—柳州—南宁间实行“一票选乘制”，柳州铁路局及时向各新闻单位通报，新华社、《参考消息》、香港《文汇报》等 30 多家新闻媒体予以报道。1999 年 3 月，由柳州、昆明铁路局牵头，广西、云南、贵州三省（区）联合开行南宁—昆明旅游考察专列。铁路局邀请国家旅游局和中央电视台等新闻媒体的人员随车采访，宣传专列开行。

2002 年 6 月，柳州铁路局宣传部门分别在南宁、桂林召开新闻发布会，向《人民日报》等中央、地方新闻单位及旅游部门宣传铁路运能调整、开行旅游专列等举措。8 月，柳州铁路局在全国铁路首家建立“列车营销信息系统”，《人民日报》《经济日报》等 6 家中央新闻媒体迅速报道，受到铁道部领导好评。

2004 年，柳州铁路局增开北京西—桂林 K21/22 次、深圳—桂林 L105/108 次跨局旅客列车，铁路客运部门先后在广西、桂林、柳铁电视台及其网站登发广告；向列车停靠城市的旅行社发出商业信函，发放 28 万份宣传资料和彩色宣传折页；组织广西、深圳的 10 多家主流媒体上车采访，对列车的现代化设备和服务进行全方位报道，使两趟新开列车的知名度迅速提高，21/22 次旅客列车全年上座率达到 90%以上。

客运新产品开发

1997 年 7 月 1 日起，柳州铁路局在柳州—金城江、柳州—融安等 6 个区段试行发售旅客慢车月票，票价根据旅客乘车里程给予不同程度优惠。在柳州—宜山、金城江、融安、来宾间的慢车和柳州—桂林、桂林北的 6 趟列车发售返程票。由于实行停短开长的营销策略，慢车开行对数减少，2001 年 1 月 1 日起慢车月票停止发售。

2003 年 11 月，柳州铁路局客运职工在南宁开展旅客运输营销宣传

1998 年 7 月 1 日起，在桂林—柳州间实行旅客列车“通票选乘制”，1999 年 1 月 1 日起延至南宁。实行通票选乘制，旅客买一张车票，可任意选乘柳州铁路局担当的桂林—柳州—南宁间的任何一趟列车，并实行票价优惠，铁路客运在桂林—南宁间的市场占有率提高，实行当月，桂林站发至柳州的旅客 2.18 万人，同比增长 31%。由于计算机售票系统不断完善，2004 年 3 月 11 日起，“通票选乘制”停止实

2002年,柳州铁路局开行中国桂林—越南下龙湾旅游专列

行。

1999年5月1日至10月31日,柳州铁路局以昆明世界园艺博览会为契机,从南宁、桂林、柳州、湛江、北海等地开往昆明的专列25列;开行学生“夏令营”、夕阳红、港澳等旅游专列24列。全年开行旅游专列63列,其中直通53列、管内10列,发送旅客4.6万人,实现客运收入400多万元。2000年,开行旅游专列100列、学生专列22列。茂名—吹塘(谢鲁山庄)中小学生春游专列、南宁—乌鲁木齐“广西旅游大篷车”等独具特色的旅游专列收到良好的经济效益和社会效益。

2002年,柳州铁路局依托接壤越南的区位优势,将旅游客运市场向国际领域拓展,组织开行中国桂林—越南下龙湾“友谊号”国际旅游专列。3月8日,试运成功;4月6日在桂林举行首发仪式。全年开行31列。由于专列设备精良、个性化服务特色鲜明,受到游客的青睐和社会的褒奖。

2003年8月29日,柳州铁路局客运部门召开有茂名、湛江、玉林、桂林等城市旅行社参加的“两广六市”旅游洽谈会,形成广东、广西旅游专列合作联盟体,引流入桂。全年开行旅游专列165列,是1999年开行旅游专列以来最多的一年。11月16日起,在南宁—桂林(北)间开行901/902次、903/904次,南宁—玉林间开行898/900次城际列车,在南宁—桂林、南宁—玉林间初步形成有密度、高速度、快速舒适的运输组织模式。

2005年,由于线路施工,北京、杭州等热点方向的旅游专列不能开行。柳州铁路局客运部门积极应对,从春运后就组织旅游专列,全年开行55列,其中管内37列,比上年增加8列。年内,南宁至桂林、柳州、玉林、百色、等地的城际列车增加到7对。12月,由铁路局和铁道科学院共同研制的城际乘车卡及短信订位系统在南宁—柳州城际列车开通使用。旅客持“城际乘车卡”可通过手机短信,随时确认车次、席位,在火车站刷卡上车,一卡可使用10次,也可多人同时使用一卡乘车。

1999—2005年,柳州铁路局开行旅游专列650列,发送旅客47万多人,对扭转旅客发送量下滑,增加旅客运输收入发挥重要作用。

旅客列车提速

1997—2005年,全国铁路实施五次大提速,广西境内铁路虽然不在铁道部确定的提速重点范围之内,但柳州铁路局不等不靠,通过成段更换重轨、道岔,改造小半径曲线等,使干线质量改善,旅客列车运行速度提高。1997年4月1日第一次提速后,南宁—上海的旅客列车运行时间缩短7小时19分钟,南宁—西安的旅客列车缩短7小时16分钟。南宁—北京的5/6次旅客列车第一次提速后缩短4小时,1998年调图后又缩短2小时。1999年,南宁—桂林北202/201次旅客列车上下行运行速度由63.3公里/小时、57.1公里/小时,提高到67.4公里/小时和69.7公里/小时。10月微调图,金城江—柳州844次旅客列车运行时间压缩50分钟。2003年,南宁—桂林的城际列车全程运行4小时59分钟,比提速前压缩1时35分钟。2004年,压缩至4小时30分钟。2005年,第五次提速后,柳州—南宁间的客车平均旅行速度84.4公里/小时,比2001年提高27.5公里/小时;各类快车在管内的旅行时间比2001年缩短1小时10分钟至1小时30分钟;南宁—北京的5/6次旅客列车运行时间比提速前缩短10小时44分钟。

第五节　国际联运及涉外运输

国 际 联 运

1991—1995 年,中国和越南铁路国际联运处于中断状态。

1996 年 1 月 31 日，中国铁道部副部长国林和越南交通运输部副部长斐文倡在越南河内签署《中华人民共和国铁道部和越南社会主义共和国交通运输部关于恢复国际铁路客货联运问题的会谈纪要》,中国柳州铁路局局长曾宗标和越南铁路第一区域联合企业总经理王庭庆签订《中华人民共和国铁道部和越南社会主义共和国交通运输部国境铁路第 21 次例会议定书》。双方商定自 1996 年 2 月 12 日起，正式恢复凭祥—同登、山腰—新铺(老街)铁路口岸办理国际联运(包括过境运输)。同年 2 月 14 日,分别在中国凭祥站、越南同登站举行中越铁路恢复通车庆典，中国外交部副部长唐家璇、铁道部副部长国林、越南外交部副部长武宽、交通运输部副部长斐文倡以及中国广西壮族自治区主席、副主席,越南谅山省人民委员会主席等出席庆典。中断 17 年的中越铁路恢复开行北京—同登—河内国际换乘旅客列车,年内运送旅客 3447 人。

1998 年 11 月，越南第一区域铁路运输联合企业总经理阮发率铁路代表团对柳州铁路局进行工作访问，共同商议国际铁路联运和在更广泛领域合作问题。全年开行联运旅客列车 208 列(含往返),运送 52 个国家和地区的旅客 5369 人,比上年增长 10.9%。

1999 年 9 月 16 日—21 日，中越国境铁路第二十三次会议在桂林举行。柳州铁路局局长罗叙德作为中方代表团团长率团参加会议。双方就运输组织、旅客运送、货物交换等方面签署会议《议定书》。

2000 年 5 月 13 日，中国柳州铁路局与越南铁路第一区域运输联合企业就中越国际旅游合作意向进行会谈,双方达成共识,开辟中国桂林—越南下龙湾国际旅游“绿色通道”。2001 年 10 月 13 日—17 日,越南第一区域铁路联合企业副总经理黎维云率越南铁路代表团一行 14 人,到柳州铁路局进行合作洽谈。2000—2002 年,中越国际联运运送旅客人数逐年增加,2002 年运送旅客 9377 人,为 1996 年的 2.7 倍。

1998 年,5/6 次列车员在为外宾服务

2003 年 12 月 5 日,中国铁路代表团团长、柳州铁路局局长邵力平与越南铁路代表团团长武春洪在柳州签订中越国境铁路第二十七次会议《议定书》。

2004 年,中国铁路实行新运行图,经与越南铁路部门协商，北京西—同登—河内国际联运换乘客车在北京由每周一、五改为每周二、四开行。同年,12 月 7 日—10 日，以柳州铁路局局长邵力平为团长的中国铁路代表团与以越南铁路局局长武春洪为团长的越南铁路代表团，在河内举行中越国境铁路第二十八次会议。

2005 年,凭祥站改造工程竣工,新建站房面积 6776 平方米，其中用于联运检查的站房面积

2572平方米，实行国内、与出境功能分设。年内，中越国际联运运送旅客7702人，比上年增长13.5%。

表2-3 1996—2005年中越国际旅客联运量

年度	旅客联运(人)			年度	旅客联运(人)		
	总量	入境	出境		总量	入境	出境
1996	3447	1950	1497	2001	8913	5408	3505
1997	4839	2777	2062	2002	9377	5963	3414
1998	5369	2759	2610	2003	6530	4011	2519
1999	4864	2465	2399	2004	6784	4224	2560
2000	7162	4166	2996	2005	7702	4595	3107

涉外运输

1991年，广西铁路涉外旅客(外籍、华侨旅客和港、澳、台旅客)运输按照铁道部和柳州铁路局公布的涉外旅客运输的规定(办法)进行，全年发送涉外旅客6.4万人(其中外宾1.9万人)。1991—1995年，由于民航和公路运输迅速发展，铁路涉外旅客发送量持续下降。1992年发送5.9万人(其中外宾1.4万人)。1993年发送3.5万人(其中外宾0.4万人)。1994年发送2.8万人(其中外宾0.4万人)。1995年1月—9月发送1.5万人(其中外宾0.3万人)。

1995年10月1日，铁道部决定将一、二号票价合并，涉外旅客运输不再单独统计。

第六节 客运设施

车站客运服务设施

1991年初，广西铁路有办理客运业务的车站193个，其中国家铁路171个，地方铁路22个。这些车站多数站舍规模不大，客运设备比较落后。

1991—1993年，柳州铁路局投资1400多万元对柳州、桂林、玉林、金城江、黎塘等车站的旅客列车上水设施进行改造，增加上水井，增大上水管径，增设水阀。为各主要站的部分候车室安装空调机，添置彩色电视机，红外线茶具消毒设备。

1994年，柳州铁路局投资在柳州、南宁、桂林站安装旅客电子引导系统，行包微机售票、售票微机结账系统。1996年，安排客运服务基金220万元，改善车站客运服

1998年12月，新建桂林铁路客运始发站投入运营

务设备，为柳州、南宁站的旅客电子引导系统扩容。

1995—2004 年，广西铁路一批新客运站房建成，部分车站客运站房改造，客运能力显著提高。1995 年 4 月，钦北铁路北海站建成，站房建筑面积 2456.14 平方米，旅客站台 4000 平方米，雨棚 3410 平方米，一次可容纳旅客 2045 人。1997 年 3 月，南昆铁路百色站投入运营，车站候车室总面积超过 1000 平方米，可同时容纳 1000 名旅客候车。1998 年 12 月，桂林客运始发站建成，车站站房建筑面积 4.79 万平方米，候车大厅一次可容纳旅客 5000 人。2001 年，柳州站和金城江站进行较大规模改扩建。2004 年 4 月，桂林站按最高集结 4000 人的规模进行改扩建，改扩建后站房面积 2.02 万平方米，候车大厅新建电动扶梯，更新空调、旅客电子引导系统，问讯查询设施。南宁站结合装修改造，在旅客集散厅增设电动扶梯，进一步完善旅客电子引导系统、电话查询系统和广播语音合成系统。

2005 年，南宁站职工使用计算机售票系统为参加中国—东盟博览会的客人售票

2005 年，在办理客运业务的 8 个特等、一等站中，候车最高集结人数在 4000 人以上的 4 个，在 2000 人以上的 2 个。

列车服务设施

1991 年，柳州铁路局旅客列车配属客车 1004 辆，其中软座 17 辆、硬座 532 辆、软卧 43 辆、硬卧 248 辆、餐车 60 辆，行李车 58 辆，其他车 46 辆。客车中有空调车 97 辆。地方铁路各管理段配属硬座客车 15 辆。4 月 30 日，柳州铁路局开行桂林—南宁 91/92 次空调特快列车，编组空调软座车 3 辆、硬座车 12 辆、餐车 1 辆、发电车 1 辆。

1992—1997 年，柳州铁路局投资将部分客车改装成空调车，将部分旅客列车更换成新型客车，列车服务设施改善。1992 年，投资 214 万元，将南宁—凭祥315/316 次旅客列车改成空调列车。1993 年，投资 2821.3 万元，将部分列车改造成空调列车，用于 4 月 1 日开行南宁—湛江 94/95 96/93 次、桂林北—湛江 87/88 次、桂林—南宁 91/92 次“大三角”空调特快列车。1994 年 4 月，北京—南宁 5/6 次旅客列车更换 25G 新型空调客车。7 月，上海—南宁 179/180 次旅客列车更换新型空调车。1996 年，投资 402 万元，更新 179/180 次、161/162 次优质优价旅客列车卧具、备品。1997 年，上海—柳州 479/480 次旅客列车更换部分新型空调车和普通车混编。

2001 年，柳州铁路局投资 1.23 亿元，购置 70 辆 25G 型新型空调客车。投资 72 万元，对“绿皮车”破损设备进行整治，修理窗锁、水阀、车底绝缘不良等故障 12 类 5 万多件。按车辆破损程度分期分批安排“绿皮车”厂修 56 辆，段修 158 辆。投入 40 万元，更换补充“绿皮车”的卧具、备品、标志，使“绿皮车”的质量基本达到铁道部的要求。投资 853 万元，添置其他列车卧具、备品。同年，南防铁路公司投资 1805 万元，购置二动四拖动车组 1 列，在南宁—北海间开行动车。2002 年 1 月，南昌—南宁 1557/1558 次旅客列车更换新型空调车。2003 年 1 月，成都—南宁 K141/142 次旅客列车更换新型空调车。

2005 年，柳州铁路局配属客车 1345 辆，其中软卧车 102 辆、硬卧车 485 辆、软座车 12 辆、硬座车 491 辆、餐车 77 辆、发电车 49 辆、行李车 72 辆、其他车 57 辆。客车中有空调车 841 辆。与 1991 年相比，软卧车增加 137.2%，硬卧车增加 95.6%，空调车增加 767%。广西沿海铁路公司配属动车组 1 列（含软座车 1 辆、硬座车 3 辆），客车车辆16辆。

客票发售和预订系统

1996年9月,柳州铁路局投资1800万元,建设四大客运站客票计算机发售、预定系统。至1997年1月,南宁、柳州、桂林等4个大站先后实行计算机售票。1998年10月,新增金城江、宜山、黎塘、贵港、玉林、桂林北等8个计算机售票车站。

1999年1月18日,柳州铁路局地区客票中心正式运作。同年12月,广西境内的柳州、桂林、桂林北、南宁、玉林、贵港、黎塘、宜山、金城江等车站与地区客票中心联网,联网站通过公共网发售异地票、联程票、局内返程票。年内,陆川、文地、来宾、鹿寨、全州、融安、崇左、百色等10个车站开始使用计算机售票。年末,柳州铁路局有22个车站(广西境内有18个)实现计算机售票,其中联网站12个,有计算机售票窗口121个,南宁、柳州、桂林等地还设有远程售票点21个,计算机售票量占旅客发送量的70.6%。

2000—2002年,柳州铁路局继续投资建设计算机售票系统,新增计算机售票车站33个。2002年1月,移动补票系统在5/6次列车投入使用,年末,有14对列车使用移动补票系统。

2004年,柳州铁路局重新规划计算机售票车站布局,调减关闭不再办理客运业务的13个计算机售票站,建成最后11个办理客运业务车站(含广西沿海铁路公司北海、钦州、防城港站)的计算机售票系统并进一步实现联网。调整后,柳州铁路局有58个计算机售票站,除日均发送旅客不足50人的中间站外,实现计算机售票覆盖率100%,计算机售票联网100%。

2005年1月1日,广西沿海铁路公司北海、钦州、防城港站实现全路联网售票。12月1日,柳州铁路局客票发售和预订系统专用服务网站投入使用,实现客票信息网上发布、浏览,有效解决客票系统点多面广、信息交换困难等问题。

客流监控系统

2003年1月和12月,柳州铁路局分两期建设车站动态客流视频传输监控系统。各站点由1台嵌入式网络视频服务器和安装在站台两端、候车室、车站广场等地的摄像机作为现场音视频信息采集传输设备,采用H·264国际运动图像压缩标准和TCP/IP协议,通过EI(2M)通道与监控指挥中心连通。客运监控系统由铁路局客运指挥中心和各车站的分站点构成。监控指挥中心可实现对各车站分站点的现场语音对话,可监控各车站旅客乘降组织,及时掌握车站站台、候车室、售票厅和车站广场客流情况,提高客运组织工作决策的实效性。

2004年,客运远程监控系统扩容,监控系统涵盖柳州、南宁、桂林、桂林北、金城江、黎塘、贵港、玉林、百色、全州10个客运量较大的车站和4个农民工旅客源头站。

客运安全设施

1991年,柳州、南宁、桂林站配置危险品X射线检查仪,柳州、南宁站安装电视监控系统。

1994—1996年,柳州铁路局投资200多万元和使用客运服务基金购置危险品检查仪14台,装备柳州、南宁、贵港等车站,为凭祥站安装电视监控系统。

2004年,桂林站在站房扩建时,更新车站的安全监控设备。南宁站在装修站房时进一步完善车站视频监控系统。

2005年年末,柳州铁路局主要客运站有危险品检查仪45台、摩尔探测仪17台、手持金属探测仪28台、金属探测门14台,对防止易燃、易爆、危险品进站上车,保证旅客运输安全发挥重要作用。

第二章 货物运输

1991—1994年，广西铁路的货物运输平稳增长，铁路货物运输工作的三大指标——货物发送量、货物到达量、货物周转量每年的增长幅度都在4%以上，最高达10.9%。

1995年以后，由于受亚洲金融危机、广西境内自然灾害频繁和公路短途运输快速发展等因素的影响，铁路出现货源不足的状况，货物运输增速明显放缓。根据运输市场的变化，广西铁路货运部门深化货运审批制度改革，简化计划外要车手续，基本做到随到随批，实行电话审批，节假日或紧急货物，可以先装车后补办计划。建设货运信息管理系统和货运营销、生产管理系统，缩短货运计划审批时间，提高货运工作的效率和质量，为拓宽货源渠道创造条件。成立货运营销机构，加强市场调查，稳住重点货源，开辟新增货源。

大力发展集装箱运输业务。国家、地方和合资铁路分别成立集装箱运输中心或集装箱运输有限公司。搞好铁路集装箱运输的对接。增加集装箱办理车站，增建和扩建集装箱货场，开展自治区内集装箱铁水联运业务和国际集装箱海陆联运业务，扩展适箱有效货源。实行集装箱运输“四优先”政策，组织开行集装箱专列，促进集装箱运输货物快进快出，组织集装箱“门对门”运输，实行集装箱运输“一口价”收费办法，增加收费透明度，提高服务质量，使集装箱运输快速发展。2005年，柳州铁路局发送集装箱13万换算箱，发送货物294万吨，比1991年分别增长6.6倍和9.6倍。广西沿海铁路公司2005年发送集装箱11.35万箱，发送货物120.18万吨，占当年货物发送量10%以上。

“十五”期间，国民经济快速发展，特别是中国加入“WTO”后，进出沿海港口的货物大幅度增长，运输能力不足上升为铁路运输的主要矛盾。广西铁路部门通过对运输设备进行“短、平、快”的技术改造，重点解决通过能力的“卡脖子”关键问题，努力实现运输主要要素的优化组合。提高列车运行速度，增加牵引重量和列车对数，配套点线能力，改善运输组织，开行直达列车，使铁路运输能力快速扩充。针对运用车不足的矛盾，提高列车编组质量，开行直达列车，加强卸车组织，提高卸车效率。“十五”期间，广西铁路完成货物发送量2.3亿吨、货物到达量3.21亿吨、货物周转量2723.5亿吨公里，分别比“九五”增长26.4%、49.4%和50.7%。

第一节 运量运价

货物运量

1991—2005年，广西铁路坚持内涵扩大再生产的工作取向，优化运输组织，强化货运营销，努力适应社会经济发展带来的货运需求，铁路货物运输的三项主要经济指标——货物发送量、到达量、周转量基本呈现逐年上升的趋势。15年间，完成货物发送量57245.4万吨，其中国家铁路42576.5万吨、地方铁路8023万吨、合资铁路6645.9万吨；货物到达量70687.4万吨，其中国家铁路62358.2万吨、地方铁路2552万吨、合资铁路5777.2万吨；货物周转量6016.8亿吨公里，其中国家铁路5743.2亿吨公里、地方铁路67.9亿吨公里、合资铁路205.7亿吨公里，为广西经济的快速发展作出贡献。

2005 年，运行在南昆铁路的货物列车

1991 年，广西铁路完成货物发送量 2798 万吨、到达量 2816 万吨、周转量 258.9 亿吨公里，比上年分别增长 4.4%、4.1%和 7%，其中国家铁路完成货物发送量 2142.1 万吨、到达量 2585.9 万吨、周转量 252.2 亿吨公里，比上年分别增长 1.1%、12.9%和 9.2%；地方铁路完成货物发送量 564.5 万吨、到达量 65.9 万吨、周转量 2.7 亿吨公里，货物发送量比上年增长 1.4%，货物到达量和周转量比上年略有下降；合资铁路完成货物发送量 91.4 万吨、到达量 164.2 万吨、周转量 4 亿吨公里（上年因由工程施工部门中铁二局临管运营，无具体数据，增长幅度无法比较）。

1992—1995 年，在邓小平视察南方讲话精神的推动下，广西的改革、发展步伐加大，铁路货运量有较大的增长。1992 年，完成货物发送量突破 3000 万吨，比上年增长 9.6%，完成货物到达量 3137.2 万吨，比上年增长 11.4%；1993 年，完成货物发送量 3269.6 万吨，比上年增长 6.6%，完成货物到达量 3448.7 万吨，比上年增长 9.9%，完成货物周转量 303.3 亿吨公里，比上年增长 7.2%；1994 年，完成货物发送量 3410.9 万吨，比上年增长 4.3%，完成货物到达量 3874.3 万吨，比上年增长 12.3%，完成货物周转量 318.4 亿吨公里，比上年增长 5%；1995 年完成的货物运量比上年也有一定幅度的增长。

1996—1999 年，由于受亚洲金融危机和国民经济调整等因素的影响，广西铁路的货物发送量保持在 3500 万吨—3600 万吨，到达量保持在 3900 万吨—4300 万吨、周转量保持在 320 亿吨公里—370 亿吨公里之间。

2000—2002 年，亚洲金融危机过后，广西铁路的货运量有新的增长。2002 年，完成货物发送量 4042.3 万吨，比 1999 年增长 12.3%；完成货物到达量 5627.5 万吨，比 1999 年增长 32.1%；完成货物周转量 472.2 亿吨公里，比 1999 年增长 29.9%。

2003—2005 年，广西地方铁路由于广西各主要煤矿煤炭资源减少，货物发送量比“八五”和“九五”计划期间有所下降。广西国家铁路和合资铁路大力挖掘运输潜力，提高列车运行速度，提高牵引重量，增加列车对数，货运量实现更大增长。2003 年，广西国家铁路完成货物发送量 3289.7 万吨，比上年增长 11.3%；完成货物到达量 5560.4 万吨，比上年增长 12.4%；完成货物周转量 500.2 亿吨公里，比上年增长 11.6%。合资铁路完成货物发送量 837.8 万吨，完成货物到达量 612.7 万吨，完成货物周转量 24.3 亿吨公里，比上年都有较大幅度增长。2004 年，广西国家铁路完成货物发送量 3775.2 万吨，比上年增长 14.8%；完成货物到达量 6200.8 万吨，比上年增长 11.5%；完成货物周转量 585.4 亿吨公里，比上年增长 17%。合资铁路完成货物发送量 989 万吨，比上年增长 18%；完成货物到达量 658.4 万吨，比上年增长 7.5%；完成货物周转量 28.2 亿吨公里，比上年增长 16%。2005 年，广西国家铁路完成货物发送量 3997.6 万吨，比上年增长 5.9%，完成货物到达量 6667.5 万吨，比上年增长 7.5%；完成货物周转量 630.6 亿吨公里，比上年增长 7.7%。合资铁路完成货物发送量 1249.1 万吨，比上年增长 26.3%；完成货物到达量 782.9 万吨，比上年增长 18.9%；完成货物周转量 33.9 亿吨公里，比上年增长20.2%。

2001—2005 年广西铁路完成货物发送、到达量增长图

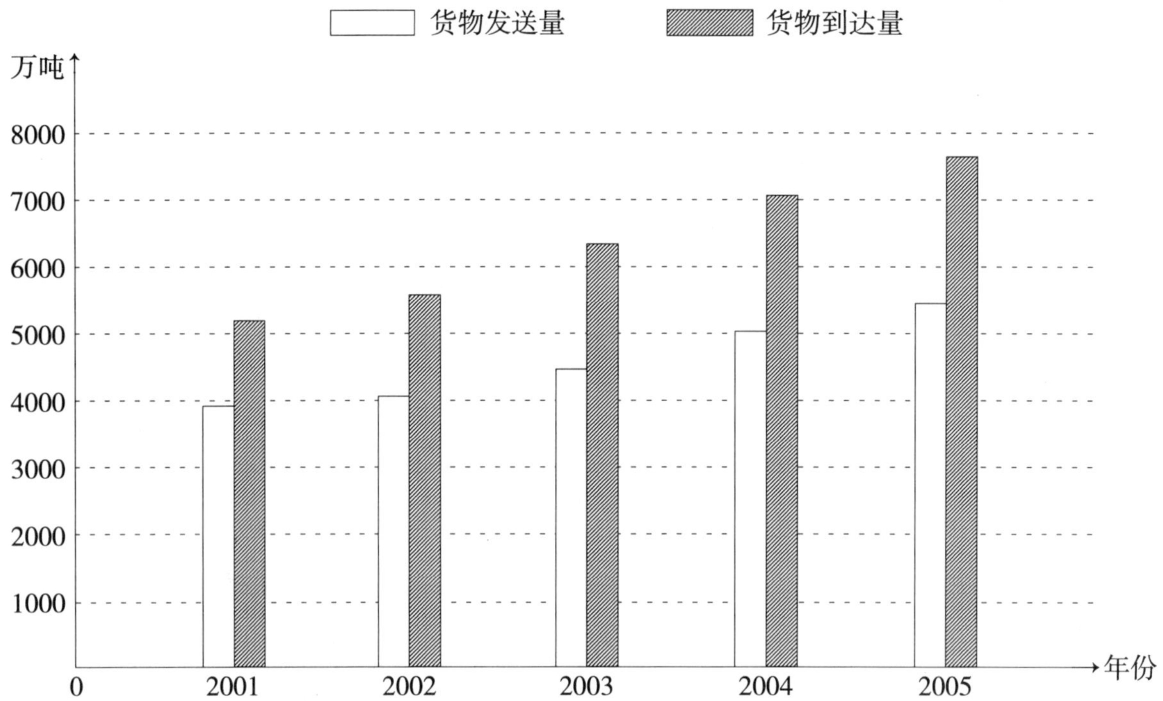

表 2-4

1991—2005 年广西铁路货运量完成情况

年度	发送量(万吨)				货物到达量(万吨)				货物周转量(亿吨公里)			
	广西铁路	其中			广西铁路	其中			广西铁路	其中		
		国家铁路	地方铁路	合资铁路		国家铁路	地方铁路	合资铁路		国家铁路	地方铁路	合资铁路
1991	2798.0	2142.1	564.5	91.4	2816.0	2585.9	65.9	164.2	258.9	252.2	2.7	4.0
1992	3067.3	2323.8	593.6	149.9	3137.2	2920.6	70.9	145.7	282.9	275.4	2.9	4.6
1993	3269.6	2481.7	612.9	175.0	3448.7	3175.8	90.5	182.4	303.3	294.5	3.2	5.6
1994	3410.9	2607.2	599.2	204.5	3874.3	3478.3	123.7	272.3	318.4	307.5	3.5	7.4
1995	3515.6	2678.5	630.0	207.1	3872.6	3493.3	118.0	261.3	322.3	311.1	3.7	7.5
1996	3587.1	2666.2	699.7	221.2	3982.1	3503.3	135.4	343.4	319.1	304.9	4.4	9.8
1997	3611.1	2680.4	669.0	261.7	3982.5	3438.1	169.9	374.5	337.8	321.0	4.9	11.9
1998	3597.5	2649.5	634.9	313.1	4302.1	3734.1	189.0	379.0	365.5	347.9	4.5	13.1
1999	3599.3	2606.4	594.1	398.8	4260.4	3696.7	165.4	398.3	363.6	344.5	4.2	14.9
2000	3799.0	2815.0	559.5	424.5	4937.5	4314.0	213.0	410.5	421.5	401.3	6.7	13.5
2001	3994.2	2906.8	557.4	530.0	5287.8	4644.5	247.2	396.1	440.8	418.5	10	12.3
2002	4042.3	2956.4	493.1	592.8	5627.5	4944.9	287.1	395.5	472.2	448.2	9.3	14.7
2003	4444.8	3289.7	317.3	837.8	6331.9	5560.4	158.8	612.7	527.1	500.2	2.6	24.3
2004	5048.7	3775.2	284.5	989.0	7065.2	6200.8	206.0	658.4	616.2	585.4	2.6	28.2
2005	5460.0	3997.6	213.3	1249.1	7761.6	6667.5	311.2	782.9	667.2	630.6	2.7	33.9

货 物 运 价

1991年初，柳州铁路局执行铁道部1990年2月修订的《铁路运价规则》规定的货物运价。3月1日起，经国务院批准调整铁路货物运价，调价幅度整车货物每计费吨公里2.5厘，每计费轴公里7厘，调价收入全部作为铁路建设基金上缴铁道部。对与农业生产和人民生活有直接关系的粮食、盐、食用植物油、化肥、硫铁矿、磷矿石和零担、集装箱以及普通货车装运的肉、蔬菜运费不提价。广西地方铁路的运价，在全国地方铁路中最低，但较国铁运价稍高，每吨公里0.109元。合资(南防)铁路执行自治区物价局《关于调整南防铁路货物运价的通知》规定的货物运价，粮食、煤炭、食盐、化肥、农药、农机、军用品七类货物，每吨公里0.09元，其他货物每吨公里0.10元。

表2-5　**1991年初国家铁路整车、零担货物运价率**　单位:元

整车货物				零担货物	
运价号	100公里运价率(吨)	运价号	100公里运价率(吨)	运价号	100公里运价率(10公斤)
1	5.70	7	6.90	21	0.08
2	5.70	8	7.10	22	0.09
3	6.10	9	7.40	23	0.10
4	6.10	10	7.60	24	0.13
5	6.30	11	7.70	25	0.18
6	6.40	12	7.70	—	—

1992年7月1日起，柳州铁路局按铁道部的规定征收铁路建设基金，凡通过国家铁路正式营业线和实行统一运价的运营临管线的整车货物，每计费吨公里征收0.01元，零担货物每10公斤公里征收0.0001元，每轴公里征收0.03元。

1993年1月1日起，根据自治区物价局《关于地方铁路货物运价问题给广西地方铁路公司的批复》，地方铁路运价在1991年实际收入率的基础上增加0.039元，即每吨公里为0.148元。同年4月15日起，经由国家电气化铁路运输的货物征收电气化附加费。费率标准，整车货物每计费吨公里0.004元(2000年7月调整为0.012元)。经国务院批准，自1993年7月1日起调整国家铁路货物运价，在原有基础上，除农业用的化肥、农药外，其他货物整车运价每计费吨公里提高1.5分，零担每10公斤公里提高0.015分，每轴公里提高5.25分。提价收入全部作为铁路建设基金。

1994年3月1日起，柳州铁路局实行《货车使用费核收暂行办法》，明确在专用线、专用铁路内及其他根据规定由托运人、收货人自行组织装卸的铁路货车装卸作业时间超过规定标准的，按车核收货车使用费。

1995年7月，经自治区物价局批复，钦北铁路整车货物运价每吨公里0.15元。

1996年4月1日起，凡通过国家铁路正式营业线和实行统一运价的运营临管线运送的货物核收新路新价均摊运费和铁路建设基金。同年12月，自治区物价局批复，钦港铁路整车货物运价每吨公里0.15元。

1997年6月1日起，柳州铁路局按铁道部的规定，调整国家铁路货物运输运价，每吨公里平均调升0.005元。计费办法改按发到作业费、途中作业费和中转作业费分别计算。12月1日南昆铁路开通临管运营后，实行整车货物每吨公里0.08元，零担货物每10公斤公里0.0008元的临管运价。

1998年4月1日，柳州铁路局按铁道部的规定进行货物运价调整。新的铁路货物运价由到发作业费(基价1)和运行作业费(基价2)两部分组成。到发作业费和运行作业费又按整车、零担和集装箱运输以及各种货物的运价号、集装箱种类的收费标准计算。新运价对农产品和农用物资实行优惠。

表 2-6　　1998 年 4 月 1 日起实行的国家铁路货物运价率

办理类别	运价号	基价 1		基价 2	
		单位	标准	单位	标准
整车	1	元/吨	4.60	元/吨公里	0.0210
	2	元/吨	5.20	元/吨公里	0.0239
	3	元/吨	6.00	元/吨公里	0.0273
	4	元/吨	6.80	元/吨公里	0.0311
	5	元/吨	7.60	元/吨公里	0.0348
	6	元/吨	8.50	元/吨公里	0.0390
	7	元/吨	9.66	元/轴公里	0.0437
	8	元/吨	10.70	元/轴公里	0.0490
	9			元/吨公里	0.1500
	冰保	元/吨	8.30	元/吨公里	0.0455
	机保	元/吨	9.80	元/吨公里	0.0675
零担	21	元/10 公斤	0.085	元/10 公斤公里	0.000350
	22	元/10 公斤	0.101	元/10 公斤公里	0.000420
	23	元/10 公斤	0.122	元/10 公斤公里	0.000504
	24	元/10 公斤	0.146	元/10 公斤公里	0.000605
集装箱	1 吨箱	元/箱	7.20	元/箱公里	0.0318
	4、6 吨箱	元/箱	55.20	元/箱公里	0.2438
	10 吨箱	元/箱	85.30	元/箱公里	0.3768
	20 英尺箱	元/箱	149.50	元/箱公里	0.6603
	40 英尺箱	元/箱	292.30	元/箱公里	1.2909

注:整车棉花(籽棉、皮棉)按发到基价 4.90 元/吨、运行基价 0.0224 元/吨公里执行。
整车化肥、磷矿石按发到基价 4.20 元/吨、运行基价 0.0192 元/吨公里执行。

1999 年 9 月 1 日起,柳州铁路局按铁道部的规定,在集装箱运输办理站实行“一口价”收费办法。“一口价”是指集装箱自进发站货场至出到站货场铁路运输全过程各项价格的总和。

2000 年 1 月 1 日起,柳州铁路局执行铁道部制定的《铁路货物运价下浮管理办法》,根据市场需求和运输成本,决定是否适度降低运价。2002 年 4 月 1 日至 2005 年 12 月 31 日,对整车运输的稻谷、小麦、大米、小麦粉、玉米、大豆、籽棉、皮棉免征铁路建设基金。对农用化肥实行运价优惠政策。2002 年,根据自治区物价局批复,广西沿海铁路运价以国家铁路现行各货物品类运价(含建设基金等)为中准价,上下浮动 8%。初步形成广西合资铁路运价机制。

2003 年 12 月 16 日起,柳州铁路局按铁道部的规定,对正式营业线和实行统一运价的运营临管线货物运价进行调整,焦炭(03)由 4 号调为 5 号运价,铁矿石(0410)和其他金属矿石(0490)由 2 号调为 3 号运价,原 7 号运价的货物调为 6 号运价,原 8 号运价调为 7 号运价,原 9 号运价调为 8 号运价。原在国家铁路正式营业线和实行统一运价的运营临管线核收的 0.11 分/吨公里新路新价均摊运费,并入统一运价的运价率中不再单独核收。

2004 年 1 月 19 日,自治区物价局《关于调整部分铁路货物运价的复函》,同意 1 月 20 日起,广西地方铁路货物运价号比照国铁进行相应调整。调整后，地方铁路货物运价号与国家铁路衔接。同年7月1日，经自治区物价局批准，来合铁路电煤运价由0.2048元/吨公里调整为0.3048元/吨公里。

2005年4月1日起，柳州铁路局按铁道部的规定，调整国家铁路货运价格，正式营业线和实行统一运价的运营临管线，货物平均运价每吨公里提高0.5分。整车农用化肥运价暂不作调整。取消原整车6号运价，执行原6号运价的各货物品类改按5号运价执行。原整车7、8号运价改为6、7号运价。零担货物4个运价号合并为2个。原21、22号运价的各货物品类按21号运价执行，原23、24号运价的各货物品类按22号运价执行。广西合资铁路经自治区物价局批准，货物运价中准价，按调整后的国家铁路运价执行。同年5月1日，自治区物价局批准广西地方铁路货物运价在原运价基础上，平均每吨公里提高0.5分。

表2-7　**2005年4月1日起实行的国家铁路货物运价率**

办理类别	运价号	基价1		基价2	
		单位	标准	单位	标准
整车	1	元/吨	5.40	元/吨公里	0.0276
	2	元/吨	6.10	元/吨公里	0.0310
	3	元/吨	7.00	元/吨公里	0.0352
	4	元/吨	8.60	元/吨公里	0.0395
	5	元/吨	9.20	元/吨公里	0.0459
	6	元/吨	13.10	元/吨公里	0.0655
	7	—	—	元/轴公里	0.255
	加冰冷藏车	元/吨	8.30	元/吨公里	0.0466
	机械冷藏车	元/吨	9.80	元/吨公里	0.0686
零担	21	元/10公斤	0.105	元/10公斤公里	0.000450
	22	元/10公斤	0.155	元/10公斤公里	0.000650
集装箱	1吨箱	元/箱	7.40	元/箱公里	0.03356
	10吨箱	元/箱	86.20	元/箱公里	0.39104
	20英尺箱	元/箱	161.00	元/箱公里	0.73040
	40英尺箱	元/箱	314.70	元/箱公里	1.43090

注：整车农用化肥基价1为4.20元/吨公里、基价2为0.0213元/吨公里。

第二节　计划运输

货运计划

1991年，铁路货物运输实行计划运输。柳州铁路局按照国家和地方经济发展的需要，在充分发挥铁路运输设备效能的基础上，制定全年货物发送量计划，根据全年货运计划制定月度货运计划和技术计划。南防铁路公司编制合资(南防)铁路的货运计划，其中防城港到发运量报铁路局同意，将资料上报铁路局备案；南防铁路公司交口月度货运计划的原提、核实、建议数，按时分别通知南宁铁路分局和南宁南站；铁路局向南宁铁路分局下达月度货运量的同时，注明其中南防铁路公司交口总运量。柳州铁路局全年货物发送量计划3180万吨。广大铁路职工克服运输任务重、货源车流偏、线路施工多、自然灾害重的困难，超额

2.6%完成全年货运计划。

1992 年,柳州铁路局完善使用计算机编制货运计划、技术计划程序,提高计划管理水平。1993 年 9 月,实行货运计划编制人员轮换制、计划外要车集体审批制、集体圈车制、点装车登记制以及商务变更、调整装车等有关规定。

1994 年, 柳州铁路局货物发送量计划 3660 万吨。运输部门根据运输市场的变化,简化计划外要车手续,除港口、石油、到达限制口货物外,实行随到随批、延长审批日期、取消发站加盖货源核实章等规定,对港口、石油等急运物资采用电话审批办法,全年计划外审批 56.68 万车。超额 1.6%完成全年货物发送量计划。l995 年 6 月 1 日,印发《关于月度货物运输计划改革暂行方案的通知》,改革现行货运计划。实行月编计划和日常计划相结合的管理办法,月编计划允许预留待批运量,日常计划实行随到随批、全月受理,取消月编货运计划的变更计划。1997 年,改革货运计划审批方式:一是将石油以外的日常计划审批权下放到铁路分局(站段),日常计划实行随到随批;二是实行电话审批;三是在节假日期间或对紧急物资,可采取先装车后补计划的办法。

1999 年,柳州铁路局做好货运计划营销系统(TMIS)的联网工作,制订管理使用办法 29 条,6 月 1 日开通试运行,8 月 15 日后逐步与全国铁路联网, 至年末基本完成货物终到 5 个铁路局的日常计划的微机审批工作。2000 年 6 月,正式使用铁道部组织编制的新的货运计划编制程序(FMIS 系统),使货运计划的管理朝着方便、快捷、优质的方向发展。全年,货物发送量计划 3680 万吨,超额完成计划 11.5%。

2004 年,由铁道部组织开发具有货运计划原提上报和审批、日常计划和月度计划编制以及站段、铁路局、铁道部间货运计划数据交换等功能的货运营销及生产管理(FMOS)系统,经多年的修改完善、优化升级,移植条件基本成熟。至年末,柳州铁路局站、段设立 FMOS 系统信息点 56 个,缩短货运计划审批时间, 提高货运计划工作效率和质量,为拓宽货源渠道创造条件。

1995 年,柳州铁路局针对湘桂铁路上行运力紧张状况,组织鲜活列车改经焦柳铁路运行

2005 年,柳州铁路局运输部门加强货运计划审批工作。一是编制下月方案前,提前做好货源摸底, 由运输部门召集相关部门共同研究, 制定方案;二是编制计划时,加强与铁道部联系,争取运力支持,提高计划编制质量;三是合理调整站段装车计划,提高计划兑现率;四是组织实施直达列车开行方案,提高运输组织效率;五是根据不同阶段货源变化情况,灵活掌握计划审批限制条件,改变装车审批手续烦琐、计划审批困难状况,把好计划审批关;六是按照铁道部、铁路局货运计划审批有关规定,实行规范运作,逐级负责,防止违章审批、违章操作,提高计划审批工作效率和质量。铁路局全年货物发送量计划 7418.2 万吨, 超额 0.2%完成计划。

合 理 运 输

1991—1992 年,柳州铁路局运输部门认真做好三茂铁路分流工作, 根据分流引起的货流车流变化, 从实际出发调整修改列车运行图和编组计划,理顺车流,由铁路局总调度室与三茂公司签订茂名分界口协议,维护分界口正常秩序。1992 年 4 月 1 日起,铁道部实施三茂铁路第三步分流方案,柳州铁路局重点抓凤鸣分界口过车和柳州南、黎塘等站的畅通。从 7 月 1 日起,实施保畅通及分界口多过车奖励办法;从 10 月 18 日起,柳州南站编开10趟3500吨大列列车由DF_4型内燃机车牵引通过黎塘站到玉林站减轴，扩大黎玉段下行输送能力。

1993年4月，西南运输分流会议在北海召开，会议决定从5月1日起，给南防铁路每日增加到重50辆。7月1日，铁道部将凤鸣站作为全路限制口实行定量交接，使到达黎湛铁路车流得到有效控制。1995年1月—2月，冷水滩分界口(以下简称冷口)上行车流增大，湘桂铁路上行能力紧张，柳州铁路局运输部门征得铁道部同意，组织原经冷口到石家庄以远的鲜货重车，在柳州南站集结编组整列直达，改经焦柳铁路牙屯堡分界口迂回运输，共迂回84列3070辆，使湘桂铁路上行压车的矛盾得以缓解。1996年，由于货流、车流变化和运输设备的改进，铁道部先后于4月30日和9月20日下令取消凤鸣、坪石和余家3个分界口限制，原实行车流的“定量交接”和“经济制约”办法亦同时停止执行。

2000年1月，柳州铁路局同意黎钦铁路实行管内运输分流。

2004年，柳州铁路局运输部门针对管内装卸货源地点分布不对称，货源充足的湛江、防城港等港口卸车量分别为装车量的49%、36%，而空敞车主要在柳州地区产生的状况，采取在柳州东、鹿寨站每天分别固定组织40车、20车左右的重晶石装往港口，港口利用卸后空敞车循环使用，减少空车走行。全年空车率降低4个百分点。

2005年，柳州铁路局运输部门在装卸车作业量及车流量加大、输送能力紧张的情况下，及时采取措施，加大车流组织和编车组织力度，组织好柳黎、黎湛茂、焦柳、南昆等线路和区段超轴列车和大列的开行。全年组织开行超轴列车6.84万列，相当于多开6473趟列车。采取赶线、换挂等措施组流上线，将中间站分散车流加快集结到编组区段站。组织好编组区段站的列车编组，各编组区段站编组始发列车9.4万列，违编列车7489列，占始发列车总数的8%，违编列车比上年下降5.8个百分点。

直达运输

1991年1月5日起，南防铁路的货物列车延伸开行至南宁站，图定国铁湘桂铁路与合资（南防）铁路经由南宁南分界站每日交接货物列车4对，其中直达列车3对。

2003年，运行在广西铁路的长大直达货物列车

1992年，因车流径路变化，黎塘站直达列车减少，加之黎湛铁路凤鸣口控制，影响煤炭运输直达列车开行，直达列车数和直达比重呈下降趋势。当年开行直达列车4685列，直达比重16.3%。

1995年6月27日，根据柳州铁路局运输部门的请求，铁道部运输局同意钦北铁路与国家铁路营业线及与国家铁路营业线办理直通运输的其他营业线相互间办理直通运输，使用国家铁路货物运单和货票，一票直通。

1996年初，柳州铁路局运输部门制订《开行直达列车审批办法》，简化开行直达快运列车的审批手续。全年开行快运直达列车102列，增收快运费165.1万元。

1998—1999年，柳州铁路局运输部门重点做好果菜直达运输工作，组织开行果菜直达列车。1998年10月，召开专题会议具体研究果菜北运货源组织方案，走访果菜装车大户，铁路局领导在新闻发布会上宣传铁路运输的优势和装载保温技术，并对社会各界作出服务承诺。11月，在报纸、电台、电视台先后刊登消息，作出“提速不提价”的承诺。12 月 26 日，第一趟到郑州北以远的“五定”(定发站、定到站、定编组、定时、定线)班列开行，结束广西铁路无“五定”班列开行的历史。1999 年，采取运价适度下浮政策，参与运输市场竞争。在果菜运输旺季的 1 月—5 月，组织开行果菜“五定”班列 178 列 5633 车，日均 1.4 列，列均 31.6 辆，运输鲜货 27 万吨。冬菜上市前夕，及时派员进行市场调查，组织货源，提前于 11 月 30 日恢复开行果菜班列，坚持每天 1 列，至 12 月 31 日，开行 32 列 816 车，运输果菜 4 万多吨。

2003 年 5 月 1 日起，柳州铁路局运输部门在主要装车站大力组织通过柳州南、南宁南站的直达列车和重点摘挂列车，延长货车中转距离，缓解两个编组站的压力，提高车辆运用效率。在月度方案中，每天开行跨局、短途直达列车 18 列，全年累计开行 4400 多列，柳州南、南宁南站的无调比重分别比上年提高 5 个和 12 个百分点。12 月 8 日，广西沿海铁路公司向柳州铁路局申请并获批复，防城港站每日开行直达列车 2 列，1 列到成都铁路局弄弄坪站，1 列到昆明铁路局读书铺站。

2004 年 4 月 18 日，柳州铁路局调整列车运行图，大幅提高列车运行速度，增加分界口和各干线列车通过能力。分界口货车总数 104 对，增加 3 对；管内各区段增加 12 对。新增远程技术直达列车 35 对、始发重车直达列车 18 列、空车直达列车 6 列、“五定”班列 4 对。

2005 年，柳州铁路局和广西沿海铁路公司运输部门组织开行防城港等港口至鹧鸪江 3 对高质量管内循环始发直达货物列车，压缩 29 个区间货车运行时间。在运输能力紧张、运用车少、主型空车紧缺的情况下，进一步优化各区段编组站的作业，采取整列配空、优先安排、整列装车、直达开行的办法，减少列车在站作业时间，缓解编组站解编列车的压力。全年组织开行直达列车 8823 列(日均 24 列)，其中跨局直达列车 2246 列、管内直达列车 2975 列、空车直达列车 3602 列，有效缓解柳州南、南宁南站解编列车的压力，加快车辆周转、压缩列车在站作业时间。

第三节 货运组织

整车运输

1991 年，柳州铁路局货运部门加强货源组织，重点急运物资优先保证，大宗稳定货源均衡安排，小量分散货源精心组织，做到淡季不淡、旺季不乱，煤炭、石油、化肥三大宗货物发送量分别完成 400.42 万吨、382.79 万吨、144.22 万吨，超过计划的 5.1%、13.8%和 8.5%。

1993 年，由于凤鸣分界口施工，停限装多，列车运行秩序不好，柳州铁路局上半年货物发送量仅完成进度 48.7%。下半年，国家实行宏观调控，货源编紧，给完成全年货物发送量造成较大困难。柳州铁路局货运部门加强与地方政府和物资部门联系，抓住大宗货源不放，大力组织计划外货源和零星货源，给地方铁路多进空车、多装车。铁路沿线各级地方政府出台铁路装卸车倾斜政策，在人力、物力上大力支持，终于超额完成全年货物发送计划。

1994 年，广西铁路遭受罕见的自然灾害和货源减少等困难。柳州铁路局货运部门变坐商为行商，主动上门组织货源，并发放组织货源奖，取得大灾之年夺高产的好成绩，全年，广西国家铁路完成整车货物发送量 2607.2 万吨。

1997 年，柳州铁路局货运部门改进微型汽车整车装载方案，开展技术攻关，一辆平板车装载微型汽车由 6—8 部增加到 12—16 部，降低微型汽车整车运费，提高微型汽车铁路运输份额。

1999 年，柳州铁路局针对铁路运输货源不足的状况，优化列车运行图，本着哪里有货源，运行图就往那里安排，哪个区段货源丰富，就调整那个区段运行图的原则，全年 6 次调整运行图，在南昆铁路南宁—兴义、南宁—清水河间开行 2 对摘挂专列，满足该区段整车货物运输需求。

2004 年，柳州铁路局和广西沿海铁路公司坚持内涵扩大再生产工作取向，与重点港口建立路港联席会议和信息交流制度，抓好港口整车货物的组织工作。全年，防城港铁路发送货物 730 万

1992 年，融水站在装运木材

吨，比上年增长 18.4%；钦州港铁路发送货物 24.5 万吨，比上年增长 160.1%。

2005 年，受广西白糖减产、石油管道运输分流、煤矿安全整治、自然灾害干扰、外局到重不足等不利因素影响，铁路货源阶段性下滑。柳州铁路局和广西沿海铁路公司货运部门建立与站段对话机制和交班制度，加强与地方政府和各大电厂、港口的联系，及时掌握重点物资运输信息，按照“保电煤、保疏港、保重点，向贫困地区倾斜”的“三保一倾斜”运力配置原则，确保重点物资运输。与上年相比，防城港铁路货物发送量增长 30.8%，柳州钢铁集团货物到发量增长 52.7%，南昆铁路增长 17.7%。广西国家铁路完成货物发送量 3997.6 万吨，比上年增长 5.9%；合资铁路完成货物发送量 1200.3 万吨，比上年增长 24.5%。

零担运输

1991 年 4 月，柳州铁路局重新制订《零担货物运输组织办法》，规定黔桂、焦柳铁路和湘桂铁路来宾以南各站（含黎湛铁路）及三罗、来合地方铁路与柳州北站相互间的零担货物运输必须组织直达整零，不得经由柳州东站中转。广西境内始发组织整零的车站有黎塘、贵港、玉林、南宁、金城江、融安、鹿寨、柳州北、桂林北、全州、柳州东等车站。

1992 年 9 月 1 日起，广西境内最后 1 对沿零摘挂列车南宁—凭祥 3019/3020 次停开。

1993—2005 年，零担货物运输量和零担货物办理站逐年减少。铁路货运部门通过发展拼车拼箱运输业务，合理分流，引导零担货物实行拼车拼箱运输，2005 年年末，基本完成零担运输向拼箱拼车运输的转型。

集装箱运输

柳州铁路局的集装箱运输始于 1976 年。1991 年 5 月，印发《关于加强国际集装箱海铁联运的通知》，开展国际集装箱海铁联运业务。同年 6 月 1 日，玉林站开办全路 1 吨和 10 吨箱运输。8 月 15 日，开办 5 吨、10 吨箱经湛江至海口往返运输。全年，完成集装箱运输 1.7 万换算箱，比上年增长 16.3%；发送货物 27.8 万吨，比上年增长 14.4%。

1992 年 5 月 1 日，贵港站开办全路 5 吨和 10 吨箱、金城江站开办全路 10 吨箱、柳州东站开办全路 40 英尺箱运输。同年 6 月 23 日，首次从南宁站发出集装箱专列 40 车重箱到上海。7 月，铁道部批准投资 300 万元新建桂林北站年能力 30 万吨的集装箱专用货场。7 月 26 日，南宁站集装箱货场竣工；10 月 1 日，开办全路 40 英尺箱运输。年内，柳州铁路局运输部门对发展集装箱运输采取十三条措施，促进集装箱快装快出，组织集装箱“门到门”运输，提高服务质量，提升运量。全年发送集装箱 2.6 万换算箱，比上年增长 52.9%，受到铁道部通报表扬，并获 1992 年度全路集装箱运输工作考核评比第三组第一名。

1994 年 1 月，经自治区经委批准，开办防城港站至南宁、柳州、桂林等地集装箱铁水联运业务。

1995 年 6 月，根据铁道部《关于中铁集装箱运输中心有关问题的通知》精神，成立柳州铁路局集装箱运输中心，制定经营范围，机构设置，经营管理、财务管理办法及有关政策。柳州、南宁铁路分局和基层站段积极筹备组建机构。南宁站在广西铁路率先成立集装箱运输有限责任公司，7 月 1 日挂牌营业，并在北海设立营业点，与上海西站建立自备箱对发业务。年内，实现防城港国际集装箱装车业务零突破和玉林柴油机专用箱运营新突破。全年完成集装箱运输5.0万换算箱，比上年增长13.6%，其中国际箱2506换算箱，为上年的2.8倍。

1996年3月，自治区批准成立广西柳铁集装箱运输中心，柳州、南宁铁路分局相继建立集装箱中心，26个站段建立公司或营业所，初步形成广西铁路集装箱运输中心系统。

1997年，柳州铁路局制订“借港设站，借船出海，力争将铁路集装箱打入国际运输市场”的措施。1月4日，一批集装箱装载的货物，首次装海轮运往泰国曼谷。5月，与湛江港务局协商成立柳州铁路局湛江港集装箱办理站，突破原有路港分家、互不联系的传统管理模式，实行海铁联运、装卸存储报关检验一体化经营。1998年，把集装箱办理业务扩展到具备一定条件的非办理站，组织来宾、凤凰、雒容、宁明、扶绥等站白糖集装箱运输。积极推行普通平车加固代用措施，解决白糖集装箱运输专用平车不足问题，全年装运白糖8700多换算箱。

1999年，柳州铁路局运输部门针对管内适箱有效货源不足，抓住白糖大宗货源，盯住港口硫黄货源，扩展家电、酒类、百货等高附加值货源，全年运送白糖3万换算箱、硫黄1000换算箱，占装箱总量的25%。9月1日，集装箱办理站实行“一口价”收费办法，增加集装箱运输收费的透明度，为扩大适箱货源创造条件。年内，铁路集装箱运输首次打入微型汽车运输市场，至年末使用板架式箱装运13车130辆五菱微型汽车。加强集装箱调度工作，确保箱源货源匹配，全年调整空箱2.4万个，基本保证运用需求和合理的保有量。由于措施有力，全年发送集装箱、发送货物和运输收入均创历史最好成绩。

2000年6月起，运输微型汽车专用板架式集装箱和液体罐式集装箱正式投入使用，下半年发送板架式集装箱156车，运输罐式集装箱酒精18箱次。组织集装箱专列往返运输，下半年开行集装箱专列31列。10月13日，广西地方铁路有限公司成立集装箱运输中心，加强集装箱运输的经营管理，与铁路局的集装箱运输实现对接。2001年，采取专箱专用、循环套用等方法，开行防城港等港口到云贵川集装箱专列115列，装运硫黄27.7万吨。年内，铁路局对白糖运输实行箱源、装车、挂运、卸车、出货“五优先”，使用20英尺箱装运白糖1.16万箱25.5万吨。开发专用箱运输，用酒精、桔水罐式集装箱运输酒精、桔水645车1290箱；用板架式集装箱装运五菱汽车275车550箱2994台。全年发送集装箱8.6万换算箱货物165万吨，分别比上年增长22.8%和26.5%。

2003年，柳州铁路局成功组织20英尺干散货集装箱试运，专用箱运输取得新发展。全年发送集装箱11.6万换算箱货物250.3万吨，比上年增长16%和25%，其中国际箱3.5万箱货物80万吨，占集装箱总量29.3%和货物的32%，比上年增长61%和70.6%。实现运输收入3.02亿元，比上年增长32.5%。

2003年，柳州东站集装箱货场

2004年10月，铁道部重新公布广西沿海铁路公司北海站、防城港站定为20英尺、40英尺通用箱办理站。广西沿海铁路公司全年完成集装箱货物发送量94万吨。

2005年，柳州铁路局发送集装箱13万换算箱货物294万吨，其中国际箱5.1万箱货物123万吨，均创历史最好成绩。同年9月广西沿海铁路公司成立沿海铁路集装箱运输有限公司，全年发送集装箱11.35万箱货物120.81万吨，亦创历史最好成绩。

表 2-8　**1991—2005 年柳州铁路局集装箱运输情况**

年度	发送换算箱数			发送货物吨数			平均停时（天）	门到门比重（%）
	完成（万箱）	比上年增长（%）	其中国际（箱）	完成（万吨）	比上年增长（%）	其中国际（万吨）		
1991	1.7	16.3	298	27.8	14.0	0.1	4.9	64.0
1992	2.6	52.9	1066	40.8	47.0	0.5	5.8	64.3
1993	3.3	28.6	928	52.3	28.2	0.7	5.8	70.9
1994	4.4	32.4	2566	70.7	35.2	1.2	4.9	69.7
1995	5.0	13.6	2506	80.6	14.0	0.9	5.1	67.8
1996	4.8	-4.0	1172	78.7	-2.4	0.5	6.6	67.0
1997	5.3	10.4	5102	84.8	7.8	2.0	6.8	67.0
1998	5.7	7.5	2282	97.3	14.7	1.9	7.6	59.7
1999	6.8	19.0	946	123.5	26.9	0.1	5.6	59.1
2000	7.0	2.9	9244	130.5	5.7	8.9	5.6	56.7
2001	8.6	22.8	12018	165.0	26.4	25.4	5.8	57.6
2002	10.0	16.3	21020	200.0	21.2	46.9	5.6	60.3
2003	11.6	16.0	34629	250.3	25.2	80.0	5.8	23.8
2004	12.3	6.0	48840	265.0	5.9	119.0	5.9	24.1
2005	13.0	5.7	51344	294.0	10.9	123.0	12.5	29.2

第四节　货运营销

1991—1993 年，柳州铁路局货运部门的货运营销工作停留在加强货源组织、搞好计划运输的层面上。

1994 年，由于运输市场的竞争日趋激烈，加上遭受百年罕见的自然灾害影响，出现货源不足的状况。柳州铁路局货运部门在货源组织上变坐商为行商，主动到厂矿企业调查研究，及时掌握货源情况，同时放宽、简化计划外要车手续，在装车组织上采取较为灵活的办法并设立货源组织奖，为加速市场性货源的集运和超装超运创造条件。1995 年，采取计划内兑现和计划外补充一起抓、大宗货源和零散货源一起抓、重点货源和一般货源一起抓的“三个一起抓”货运营销措施，全年超额 4.9%完成货物发送量计划。

1996—1997 年，由于广西境内部分地区发生特大洪灾，加上货运市场竞争更加激烈，铁路货源短缺。柳州铁路局制订加强货运营销工作措施 18 条，货运部门以市场为导向，建立和完善市场营销机制，提出“一抓糖、二抓矿、三到海南抓果菜、四到南昆铁路抓补充量”的营销策略，组织货运营销小组深入厂矿广揽货源。1997 年，柳州东站选聘的 6 名营销人员，每月找回近 400 车货源，车站全年完成货物发送量 135.4 万吨，超额 16.7%完成年度计划。柳州北站选聘的货运营销人员对来车站办事的货主热情接待，代办一切手续，车站超额 4.4%完成年度货物发送计划。

1998—1999 年，面对货运量下滑的严峻形势，柳州铁路局制订《铁路货物运输报价暂行办法》和《铁路货物运费下浮管理暂行办法》，货运部门坚持“稳住大宗货源、广揽零星货源、开辟新的货源”的营销策略，主动参与市场竞争，有效遏制货源下滑势头。矿石是铁路的大宗货源，铁路货运部门与矿石发货单位建立定期联系制度，对矿石运费适度下浮，对信誉好而资金周转有暂时困难的企业，同意使用承兑汇票，使矿石运量有较大幅度增长。1999 年,铁路局发送矿石 814.8 万吨,比上年增长 25.2%。

2001 年,柳州铁路局实行“量少争量,有量选优”的货运营销策略,货源充足时多装长距离、运价高的货物,货源少时,“西瓜芝麻一起捡”,在争取大宗货源的同时不放过零星货源。全年货物发送量超额完成年度计划 8.6%,比上年增长 8.9%。

2004 年,柳州铁路局加大重点物资运输组织工作力度,对重点物资实行运力倾斜,关系国计民生的煤炭、石油、粮食、化肥等重点物资运输取得显著成绩,全年发送煤炭 918.6 万吨,比上年增长 27.3%;发送石油 744 万吨,增长 22.3%;发送粮食 61.9 万吨,增长 46.3%;发送化肥 216 万吨,增长 15.2%。全年发送电煤 5.39 万车 329 万吨,为确保广西电力顺利过冬和迎峰度夏作出贡献。广西沿海铁路公司货运部门开展大客户基本信息调查工作,全面掌握产、运、销基本情况,全年,南防铁路发送货物 773.96 万吨,比上年增长 13.8%;钦北铁路发送货物 186.1 万吨,比上年增长 29.8%;钦港铁路发送货物 24.55 万吨,比上年增长160.9%。

2005 年,柳州铁路局、广西地方铁路有限公司、广西沿海铁路公司采取措施,加强货运营销和货源组织工作。针对西南成品油管道分段开通,铁路石油运量逐渐下降的情况,注意抓好管道石油二次转运,扩大北海、田东的成品油运输,最大限度弥补下滑的石油运量。从部分钢厂代理商资金周转困难的实际出发,调整承兑汇票期限。根据公路分流加大的趋势,采取灵活运价政策,对白糖、高岭土运价实行部分下浮,广西铁路全年发送货物 5460.0 万吨,比上年增长 8.1%。

第五节　特殊货物运输

鲜活货物运输

1991 年,广西铁路发送鲜活货物的主要车站有扶绥、崇左、南宁南、南宁、屯里、芦村、黎塘、贵港、玉林、防城港等车站。鲜活货物主要以香蕉、柑橘、冬瓜、西瓜、甘蔗、辣椒、大蒜等果菜及冻鱼等水产品为主,柳州铁路局全年发送鲜活货物 265 万吨。

1992 年 11 月,根据反季节西瓜运输的需要,柳州铁路局运输部门发出通知,在报请求车、配车以及挂运上给予优先。全年发送鲜活货物 241.9 万吨。

1995—1996 年,柳州铁路局报请铁道部同意,组织石家庄以远鲜货重车在柳州南站集结编组直达,经焦柳铁路牙屯堡分界口迂回运输,缩短鲜活货物在途时间,两年发送鲜活货物 323 万吨。

1998 年 12 月,柳州铁路局首次开行绿色通道果菜运输“五定”班列,加快鲜活货物运输速度。1999 年,采取运价适度下浮政策,经过周密组织,全年开行果菜班列 210 列运送疏果 6449 车,发送鲜活货物 88.9 万吨。

2000—2005 年,由于北方蔬菜大棚的推广和公路运输的分流,铁路鲜活货物的运量逐年下降。2005 年,柳州铁路局发送鲜活货物 4480 车19.7 万吨,发送量仅为 1991 年的 7.4%。

1998 年 12 月,柳州铁路局首列鲜活果菜快运班列开行

表 2-9　**1991—2005 年柳州铁路局鲜活货物运量情况**

年　度	发送吨（万吨）	年　度	发送吨（万吨）	年　度	发送吨（万吨）	年　度	发送吨（万吨）
1991	265.0	1995	194.9	1999	88.9	2003	29.6
1992	241.9	1996	128.1	2000	61.5	2004	25.9
1993	191.0	1997	157.9	2001	67.9	2005	19.7
1994	233.3	1998	115.8	2002	41.0		

危险货物运输

1991 年，广西铁路危险货物运输严格执行铁道部制订的《危险货物运输规则》，确保危险物品运输安全。1992 年 3 月起，凡在广西铁路托运放射性货物，须申请铁路卫生防疫部门核查，车站凭卫生防疫部门签发的《放射性货物剂量核查证明书》办理承运。8 月起，跨省、市、县运输烟花爆竹，托运人需出具收货人所在地地、市、县公安局的《爆炸品运输证》车站方受理。

1995 年，柳州铁路局按照铁道部要求，对设备简陋、安全作业无保证和保管条件差、运量小的 54 个车站停办危险货物运输业务，危险货物办理站减少到 92 个，占货运营业站的 53.2%。8 月，铁道部重新公布《危险货物运输管理规则》。12 月 5 日，铁路局货运部门在桂林召开新《危规》说明会，组织学习，贯彻实施。1996 年，铁路局再一次停办设备简陋、危险货物运量少的 52 个车站的危险货物运输业务，办理危险货物运输业务的车站保留 40 个。

1998 年，柳州铁路局和广西地方铁路有限公司重点抓液化气等危险货物的安全运输。在液化气装车较多的北海、防城港站安装轨道衡，消除超载带来的隐患。先后开展 3 次危险货物运输专项检查，重点检查 14 个液化气装卸站的装车作业、防火安全设施，保证液化气运输安全。

1999 年，柳州铁路局货运部门组织研制危险货物运输事故施救信息网络图，印发站段，提高职工应急处理突发事故的能力。组织力量再一次对 14 个液化气装卸站的装卸作业、安全防火措施进行检查，防止液化气超载和泄漏。

2002 年，柳州铁路局货运部门开展危险品货物运输专项整治，对不符合办理危险货物运输条件的车站（专用线）采取关、并、停等措施，全局危险货物办理站压缩到 30 个。根据铁道部下发的《铁路危险货物托运人资质审查暂行规定》和《铁路剧毒品运输跟踪管理暂行规定的通知》，制订补充规定，从 5 月 1 日起对剧毒品运输实行实时跟踪管理。年内基本完成危险货物托运人资质审查工作，从严把好危险货物托运的准入关。

2003—2004 年，广西沿海铁路公司印发《危险货物运输管理办法》《危险货物事故救援应急预案》。柳州铁路局制订《局化学品运输事故救援应急预案》，成立组织机构，明确事故处理响应程序、制度、应急措施等，为及时有效地处理铁路危险货物运输事故，迅速控制危险源，最大限度减少人员伤亡、财产损失和社会影响提供依据。

2005 年，柳州铁路局、广西地方铁路有限公司和广西沿海铁路公司货运部门深入开展危险货物运输安全生产专项整治，建立健全管理制度和基本台账，指导站段制订《危险货物运输管理细则》，成立组织机构，制定工作职责、作业程序和标准、检查考核办法、事故救援应急预案，建立路外单位救援信息网络。将南宁南、柳江站的剧毒品，防城港的硫黄，各站的酒精运输等列为重点卡控对象，每季组织 1 次检查，强化危险货物运输安全控制，进一步压缩办理点和规范业务范围，对不符合办理要求的车站（专用线、专用铁路）采取“关、停、并、转”措施，全年停办危险货物办理站 4 个、专用线 10 条，取消剧毒品办理站 1 个，清理调整危险品品名 15 个。

第六节 保价运输

1991年4月22日，柳州铁路局根据《铁路法》的规定和铁道部关于在全国铁路各级运输企业成立管理保价运输的专门机构，开展货物保价运输业务的要求，撤销局运输处安全科的机构与定员，成立安全保价科。5月1日《铁路法》实施后，铁道部印发《铁路货物保价运输办法》《铁路国际联运货物保价运输办法》《关于开展代办货物保价运输的通知》等65个(份)文电。柳州铁路局货运部门根据铁道部有关文电精神，运用报纸、广播、电视、墙报、板报、编印《保价运输专刊》、召开货主恳谈会、开展保价运输业务咨询和保价运输知识解答等各种宣传形式，宣传铁路货物保价运输的优越性。铁路局、铁路分局、站段、南防铁路公司召开货主会议103次2335人参加会议；举办保价运输学习班63期培训业务骨干1959人次。从装车组织、车辆使用、车门施封上采取措施，保证保价货物运输安全；保价货物一旦发生事故，及时办理赔偿，从而迅速打开铁路货物保价运输的局面。5月—12月，办理保价货物21.6万批592.3万吨，货物保价金额71.8亿元，实现保价收入1055.6万元。期间，保价货物发生事故136件，铁路向货主赔款24.2万元。

1992—1995年，柳州铁路局加大保价运输宣传力度，开行食糖保价运输快运直达专列，实行武装押运，并由公安部门对货盗严重的区段进行整治，增加铁路货物保价运输的吸引力。4年，实现保价收入1.55亿元。

1996年，柳州铁路局发展委托代办保价、保险业务，先后与广西地方铁路有限公司和中国人民保险公司、太平洋保险公司广西分公司签订《委托代办保价协议书》和《代理保险协议书》，不断扩大保价业务范围，在铁路运输货源不足的情况下，保价运输收入仍完成4469.5万元。

1997—2000年，柳州铁路局继续加强货物保价运输工作，在《柳州铁道》报上开辟“保价运输专栏”，广泛宣传铁路货运保价优越性；积极开展委托代办保价运输，拓宽保价运输领域；妥善处理保价事故，提高理赔服务质量和效率，增强保价信誉，4年完成保价收入超过1.4亿元。

2001年，柳州铁路局开展“保价运输10周年”宣传活动，柳铁有线电视台制作并播放保价运输专题片《十年磨砺写春秋》，柳州铁道报制作宣传广告、刊登纪念文章，宣传保价运输的经验和取得的成绩；邀请10万元以上保价大户参加“柳铁保价货物运输10周年纪念暨货主恳谈会”和联谊活动，促进保价运输工作健康发展。

2003年4月，广西沿海铁路公司制订《广西沿海铁路公司保价运输管理办法》，加强保价运输管理工作，年内完成保价收入471.8万元，比上年提高37.6%。

2004—2005年，柳州铁路局、广西沿海铁路公司进一步加大保价运输宣传工作力度，提高铁路货物保价运输的知名度。同时制定保价收入奖罚办法，健全保价任务承包机制，实行站段保价收入年度承包制度，不断提高做好保价运输工作的主动性。柳州铁路局两年完成货物保价收入7323.2万元，比上两年增长8.2%；广西沿海铁路公司两年完成保价运输收入1230.4万元，比上两年提高51%。

表2-10 1991—2005年柳州铁路局、沿海(南防)铁路公司货物保价运输收入情况

年度	保价收入(万元)		年度	保价收入(万元)		年度	保价收入(万元)	
	铁路局	沿海(南防)铁路公司		铁路局	沿海(南防)铁路公司		铁路局	沿海(南防)铁路公司
1991	1055.6	17.3	1996	4469.5	685.1	2001	3458.3	262.4
1992	2938.3	291.1	1997	4172.5	525.6	2002	3349.2	343.0
1993	3727.0	493.0	1998	3580.4	325.8	2003	3419.6	471.8
1994	4368.5	621.9	1999	3151.2	184.3	2004	3664.4	638.4
1995	4478.5	851.6	2000	3478.7	156.3	2005	3658.8	592.0

注：2002年前为南防铁路公司货物保价运输收入情况。

第七节 货运设备

货场建设

1991—1992 年，兴安、南宁、凭祥、融水等车站各新建货物线 1 条总有效长 1813 米，仓库 4736 平方米，站台 5620 平方米，堆场 1.92 万平方米。1992 年年末，广西国家铁路有办理货运业务的车站 173 个，仓库 8.9 万平方米，雨棚 2.6 万平方米，站台 25.54 万平方米，货物装卸线 208 条总有效长 64 公里，年货运设备总能力 3874.8 万吨。有年发送能力百万吨以上的货场 9 个。广西地方铁路有货物仓库 7 座建筑面积 2053.2 平方米，有雨棚 5 座建筑面积 2577 平方米，有货物站台 57 座建筑面积 5.8 万平方米，有装卸线 16 股有效长 3472 米。广西合资铁路有货物仓库 7 座建筑面积 938.4 平方米，有货物站台 8 座建筑面积 509 平方米，有装卸线 11 股有效长 2128 米。各货场不断采用新技术、新设备，运营和劳动条件有较大改善。柳州东站货场安装电视监控系统和货物超偏载检测仪，配置电子计量装置，实行微机管理；桂林北、柳州北、柳州、南宁等车站的货场均实行微机管理。

1993 年 3 月，南宁南站货场扩建，货 5 道延长 100 米，新建 8 道门式起重机线、9 道散堆装卸线。南防铁路公司投资 40 万元，改扩建防城港站货场。1995 年，柳州铁路局安排保价运输专项资金扩建全州、鹿寨站货场仓库、雨棚，改造南宁站雨棚等，扩大场库的到发能力。

1996—1997 年，钦北铁路公司新建货物仓库 1 座建筑面积 2160 平方米，货物站台 3 座建筑面积 6856.9 平方米，新建装卸线 6 股有效长 1080 米。柳州铁路局投资 450 万元，重建柳州东站货场货一线仓库，使用面积 5234.4 平方米。

2001 年，柳州铁路局投资 1437.4 万元，改造南昆铁路百色站货场，货物线由 3 股 1193 米增至 5 股 1566 米，装卸容车由 105 辆增至 137 辆。

2005 年，柳州铁路局投入货运计量安全检测设备 20 台，其中 CPZ-Ⅱ型超偏载检测装置 10 台，分别安装在柳州南站 4 台、南宁南站 6 台；站场动态轨道衡 10 台，分别安装在金城江、桂林北、鹿寨、柳州东、南宁、凭祥、兴义和崇左等车站。年末，柳州铁路局有货物线 198 条，仓库 295 座，建筑面积 20 万平方米，使用面积 17.6 万平方米；雨棚 43 座，建筑面积 4.5 万平方米，使用面积 4 万平方米；货物站台 167 座，建筑面积 36.3 万平方米，使用面积 29 万平方米；堆场使用面积 57.5 万平方米；集装箱货区使用面积 7.6 万平方米，年货运设备总能力 9553 万吨。广西境内设计能力超百万吨的货场有桂林北、柳州东、南宁、南宁南、百色、贵港、玉林 7 个。广西沿海铁路公司有货物仓库 13 座，建筑面积 1.27 万平方米，货物站台 21 座，建筑面积 3.33 万平方米。

1991 年，柳州铁路局重要的货物集散地柳州东站货场

货运信息管理系统建设

1995—2002 年，柳州铁路局进行货运制票信息系统建设。1996 年，有 18 个车站实现微机制票和在小型计算机上建立票据库。1998

年，有45个站实现微机制票，40个站与铁路局联网。2000年，有70个车站实现微机制票，微机制票率95%，货票信息入库率95%以上。2002年，实现微机制票率100%；货票信息入库率100%。

1998—2002年，柳州铁路局进行集装箱追踪系统建设。2000年，有22个车站完成集装箱追踪系统建设。2002年，完成已建成车站集装箱追踪系统软件升级。

1998—2003年，柳州铁路局完成货运营销生产计划信息系统建设。1998年，37个车站实现与铁路局联网开通。1999年，54个货运站、车务段的计划工作岗位实现与铁路局计划调度直接联网。2003年，68个车站货运营销系统全面换代升级。

2005年，柳州铁路局建立健全货运业务信息系统，建成货运处网站，搭建货运信息交流交换平台，实现货运信息交流交换网络化，资源资料共享化。加强货车超偏载信息网络系统的管理，建成柳州南和南宁南两大编组站超偏载信息网络管理系统，实时对超偏载仪检测信息进行收集、整理、监控、统计、分析；完善南宁、桂林北、柳州东等货场安全监控电视系统建设。广西沿海铁路公司开通货运计划、货运五、货票信息共享系统。

篷布与衡器

1991年，柳州铁路局货运部门印发《关于加强使用企业自备篷布的通知》，规定运输毒害品、腐蚀性货物必须使用企业自备篷布；以敞车代替棚车装运怕湿、易燃货物时，为弥补铁路篷布不足，提倡、鼓励使用企业自备篷布；用敞车装载水泥、化肥、矿粉、白糖等装后高度未能超过车板的重质怕湿货物，建议企业改用“漏斗”“异型”和“船型”篷布取代支架篷布。同年，根据铁道部要求，自第三季度起进行货车动态称重装置试验，在不同环境下考核货车动态称重装置的性能。年末，柳州铁路局运营单位有衡器361件，其中货车动态称重装置2件、电子钩秤5件。路外单位的专用线、专用铁路有轨道衡24台。

1992年，柳州铁路局维修货车篷布6.74万张444.07万米，超额32.1%和61.5%完成铁道部下达的任务。对港口装运进口物资(包括粮食)所需篷布重点掌握，及时提供质量良好的货车篷布。同年2月，要求有条件的专用线、专用铁路有计划地装设轨道衡、货车动态称重装置等先进设备，改变检衡设备的落后状态。

1997年，柳州铁路局货运部门认真贯彻铁道部新印发的《关于货车篷布管理规则》，严禁非标篷布上路使用，取消彩条编织布使用。对34家企业单位的自备篷布进行技术鉴定、检查和重新登记；对管内篷布维修点的维修数量、质量和台账进行全面检查；开展篷布绳购销代理，加强篷布管、用、修工作。

1998—2004年，南防铁路公司投入122.76万元建设的防城港站双台面轨道衡、广西沿海铁路公司投入119.66万元建设的北海站双台面轨道衡、柳州东站在货场8道安装的CCU-100不断轨动态轨道衡先后投入使用。

2005年，柳州铁路局加大资金投入，购置防湿篷布1100张。投资320.3万元，在鹿寨、南宁南站各安装轨道衡1台，在南宁南站安装超偏载仪1台，购置轮重测定仪20台。

第八节　货场管理

1991年，柳州铁路局货运部门开展“用户评价”活动，加强货场特别是柳州东、柳州北、桂林北、南宁等主要“窗口”单位货场的管理，提高货运工作质量和服务水平。

1992年，柳州铁路局重新印发《文明货场评价考核办法》，改进货场检查制度，对桂林北、柳州东、南宁等重点货场进行检查验收。在货运部门开展提高货运质量，让货主放心活动；在货运职工中开展“做合格、争优质、创最佳”活动。年内，授予10名货运员“四星级货运员”称号。1993年，重新制订《货场评比办法》和评分标准，组织主要站修订《货场管理细则》，使货场管理逐步实现规范化、制度化。加强货场统一管理，排除各种干扰，收回货场的管理权，在货场建立起正常的作业秩序。

1995年，柳州铁路局各货运办理站逐步采用微机管理货运业务，使用铁路局研制的统一程序制发送货票的站（点）由12个车站增加到40个车站的43个点，到达货物使用微机管理的有9个车站。6月21日，根据铁道部《关于铁路车站货场实行内部企业化经营管理的实施意见》，印发《关于车站货场实行内部企业化经营管理试点的通知》，在柳州东、南宁站进行货场内部企业化经营管理试点，赋予货场自主经营权，确定经营管理服务范围、经营方式及有关政策，制定货运服务订单试行办法、运输服务费核收项目和收费标准。年内，对柳州东、桂林北等6个主要货场进行文明货场检查验收，均被评为一级文明货场。柳州东、南宁、桂林北站货场参加铁道部货场评比，柳州东、南宁站货场被评为一级文明货场，桂林北站货场被评为二级文明货场。

1996年，柳州铁路局将《文明货场考核办法》修订为《优质货场考核评分办法》，采取临时抽查和按季检查的办法进行考核。制订《货物装车质量考核办法》，加强对木材、竹子、钢材及超限、长大、集重散堆装货物装车点的检查监督。

1998年，柳州铁路局重新调整和理顺柳州东、南宁站两个内部企业化经营管理试点货场的经营范围，健全完善管理制度，规范经营管理和服务工作。根据铁道部《关于加快推进铁路货场内部企业化经营管理的通知》要求，将试点扩大到玉林、贵港等5个车站货场。根据铁路分局撤销后运输管理体制的变化，重新修订《柳州铁路局优质货场考核评比办法》，分甲、乙、丙三个站组进行考核，有16个货场被评为铁路局优质货场。柳州东站货场获铁道部三星级优质货场、南宁站货场获铁道部二星级优质货场、桂林北站货场获铁道部优质货场称号。1999年，桂林北、贵港、金城江等站现车管理系统开通，实现现车管理微机化。

2003年，南宁站货场被铁道部评为三星级优质货场，桂林北站货场被铁道部评为二星级优质货场；南宁南、贵港、融安等13个车站货场被铁路局评为优质货场。2004年，广西沿海铁路公司制订《货运管理细则》，规范管内各作业站的货场管理及作业标准。南宁、桂林北、玉林等12个车站货场被铁路局评为优质货场。

2005年，柳州铁路局货运部门严格按照铁道部《铁路星级优质货场考核标准》和铁路局《优质货场考核评比办法》要求，将日常考核与年度检查结合起来，严格优质货场检查考核，推进优质货场创建工作。南宁站货场被铁道部评为三星级优质货场，桂林北站货场被铁道部评为二星级优质货场，凭祥、玉林、金城江、黎塘、贵港、南宁南、融水、百色等12个车站货场被铁路局评为优质货场。

第九节　货物装卸

装卸组织

1991年，广西国家铁路、地方铁路货物装卸工作由铁路局、铁路分局、主要站和车务段（管理段）三级管理。铁路局、铁路分局设装卸作业科，主要车站、车务段（管理段）设装卸作业所（队），配备专职管理人员。装卸队伍由铁路职工（以下简称路工）和委外人员两部分组成。年末，有路工2017人，委外人员11173人。11月，南防铁路公司成立钦州作业所，负责钦州和南防铁路沿线车站装卸作业的组织管理。

1993年5月，各主要站、车务段成立装卸管理所，实行独立核算、自负盈亏。铁路局货物装卸管理部门为局运输处装卸管理科—铁路分局货运科—各主要站、车务段装卸管理所。

1995年6月，柳州铁路局印发《关于改革装卸管理体制的实施意见》，明确铁路分局可自主确定装卸企业的机构设置，站、段的装卸管理所在站（段）长领导下，统一管理装卸部门的生产、技术、安全、设备、财务、计划、材料等工作，服从站（段）长的运输生产统一指挥，作为运输生产部门的组成部分，由铁路分局货运部门归口管理。年末，柳州铁路局有柳州东、贵港、金城江、南宁、黎塘、凭祥、桂林北、玉林、柳州北站和全州、桂林、来宾、宜山、融安、崇左车务段等装卸管理所15个，有路工2063人。

1997年11月，柳州铁路局装卸组织实行铁

1995年,柳州东站铁路装卸工人在装运化肥

2002年5月,装卸管理中心的建制级别调整为副处级。

2003—2004年,广西沿海铁路公司制订《沿海铁路公司委托装卸管理实施细则》,规范委托装卸双方的责任义务,明确公司和基层单位在委托装卸管理中的分工。印发《关于加强装卸管理工作的通知》,进一步加强装卸管理工作。

2005年1月,柳州铁路局、局党委印发《关于调整装卸管理体制、职能及机构编制的通知》,将原隶属局运输处的装卸管理中心改按铁路局直管单位编列,更名为柳州铁路局运输装卸管理中心。实行装卸业务管营分开、站装分离。将原按铁路局直管单位编列的柳州装卸机械厂和原隶属于各车务段、铁路局直管站的装卸管理所及原隶属于南宁站的南宁装卸机械维修厂的业务、人员、资产一并划归运输装卸管理中心统一领导和管理。运输装卸管理中心是集货物装卸(含短途运输搬运)业务、装卸机械制造(维修)业务为一体的工附业单位,业务上接受局运输处指导,财务上实行自负盈亏、独立核算。站、段装卸管理所作相应调整:凭祥装卸管理所并入崇左装卸管理所,宜山装卸管理所并入金城江装卸管理所,融安装卸管理所并入柳州北装卸管理所。年末,铁路局在广西境内有桂林北、桂林、柳州北、柳州东、金城江、黎塘、南宁、南宁南、崇左、百色、贵港、玉林装卸管理所12个。

路局和站段两级管理。同年,国家计委和铁道部联合发出《关于铁路委托装卸组织服务费有关问题的通知》,至此,铁路装卸部门沿用40年的委外装卸改称委托装卸,铁路装卸管理部门原收取的委外装卸管理费相应改为组织服务费。

2000年5月,柳州铁路局成立装卸管理中心,由局运输处领导和管理。中心为非法人的经营性管理机构,实行独立核算、以收抵支,主要负责装卸管理和经营开发工作。站段装卸管理所在经济上实行独立核算、自负盈亏,运输生产服从站段的统一指挥,人员由站段管理,装卸业务受装卸管理中心领导和管理,并向装卸管理中心提交财务报表。同年8月,铁路局印发《装卸管理体制主附分离的暂行办法》,装卸纳入多元经营体系,实行自主经营、独立核算、自负盈亏。装卸管理中心为独立核算单位,在局运输处的领导下,统一管理全局装卸部门的生产、技术、安全、设备、计划、财务和劳资等工作。各运输站、段成立装卸管理所,为站、段下属的独立核算经济实体,在站(段)长的统一领导下,继续接受运输生产的集中统一指挥,并做好装卸经营管理等工作。装卸管理所统一管理路工及委托装卸的生产、技术、业务、设备、财务、劳资、安全教育、材料配件、经营开发等工作。9月,铁路局运输生产力布局调整,增设南宁南站装卸管理所;全州车务段、桂林车务段装卸管理所合并。年末,铁路局装卸管理所仍为15个,有路工1729人。2001年,增设百色车务段装卸管理所。

装卸作业

1991年,柳州铁路局部分车站中时、停时较长,货场堵塞比较严重。运输部门把卸车工作当作运输工作的"牛鼻子"来抓,加强对装卸队伍的形势任务、效率观念、质量意识和主人翁责任感教育,做好卸车组织工作,以卸保排,以卸促装,全年日均卸空车2069辆,比上年多卸108辆,完成装卸作业总量3607.4万吨。

1992—1993年,柳州铁路局按照铁道部的安排,开展"坚持文明装卸,提高货运质量,让货主放心"活动,装卸作业安全稳定、文明生产及爱货风尚形成。1992年，柳州东站桥吊甲班、南宁站门吊三班被评为全国铁路文明装卸班组，4人被评为全国铁路文明装卸标兵。1993年，铁路局完成总装卸量4114万吨，实现利润2249万元，均创历史最好成绩。全年未发生责任货损事故，路工实现连续880天无因工死亡事故、584天无重伤事故。

1995年，柳州铁路局继续把卸车工作放在重要位置，各级领导动手抓，有关部门层层抓，依靠地方政府抓。坚持开好卸车会，充分利用到卸车资料，掌握到重动态，做好接卸准备；对到达重车多、卸车困难的车站临时增加调车机车，加快取送对位；抓好夜间卸车组织，提高夜卸比重；修改卸车奖励办法，召开卸车表彰会，调动装卸人员积极性。全年日均卸空车2300辆，超应卸355辆；日均待卸车372辆，比上年减少209辆。

1996—1997年，柳州铁路局开展“装一辆重车、保一路平安”活动，制订《货物装载处罚办法》，加强对木材，钢材，超限、长大、集重散堆状货物装车的检查监督工作。由于装卸作业总量下滑，铁路局提出在铁路货场内，所有装卸队伍归口由站、段装卸主管部门实行“五统一”管理；取送车必须坚持“先站内后专用线、先机械后人力、先路工后外委”的原则，在货场货物未饱和的情况下，货场的货物不得送专用线装卸。

1998年，柳州铁路局继续抓紧卸车工作，特别抓好柳州北、鹧鸪江站的卸车工作，抓好编组站、区段站，合理安排车流，减少管内重车密集到达。与地方政府加强联系，路地共同抓好装卸机械、运输车辆、装卸人力安排，抓好夜间卸车作业，提高卸车效率，全年完成装卸作业量3678.1万吨。

2000年，柳州铁路局对装卸部门实行资产经营责任制考核，调动装卸职工的积极性，全年完成装卸作业量4155.3万吨，比上年增长4.9%。路工作业量1700.9万吨，比上年增长5.7%。

2002—2004年，柳州铁路局始终把抓好货物装卸作业作为提高货运量、减少运用车、提高运输效率的一项重要工作来抓，每年完成的装卸作业量都有较大的增长。2002年完成4177.7万吨，比上年增长2.8%；2003年完成4440.3万吨，比上年增长6.3%；2004年完成4746.3万吨，比上年增长6.3%。

2005年，由于货物发送量的增幅下降，货物装卸作业量也有所下降。全年完成装卸作业量4658.5万吨，比上年下降1.8%。

表2-11　**1991—2005年柳州铁路局装卸作业量完成情况**

年度	路工人数	委托装卸人数	全局装卸总作业量（万吨）	路工作业量（万吨）	路工全员劳效（吨/人月均）
1991	2017	11173	3607.4	1640.2	678
1992	2099	11431	3914.1	1776.9	705
1993	2092	11557	4114.0	1856.6	740
1994	2064	11725	4350.2	1891.8	764
1995	2063	11826	4163.1	1849.7	747
1996	2018	11372	3968.8	1755.5	725
1997	1977	10058	3710.8	1635.5	689
1998	1859	9248	3678.1	1628.7	730
1999	1748	9455	3962.4	1609.8	767
2000	1729	8799	4155.3	1700.9	820
2001	1740	8764	4063.1	1701.3	815
2002	1749	8819	4177.7	1736.6	827
2003	1711	8600	4440.3	1860.8	906
2004	1639	8544	4746.3	1953.1	993
2005	1502	8400	4658.5	1820.1	1010

装 卸 机 械

1991年初，柳州铁路局有装卸机械293台，其中龙门吊等各种吊机45台，装载机、卸煤机等29台，各式叉车205台，牵引车9台，其他装卸机械5台。1991—1993年，柳州铁路局更新装卸机械31台，其中新增龙门吊2台，装载机18台，叉车4台；报废淘汰装卸机械一批。1993年年末，铁路局有装卸机械290台，全年完成机械装卸作业量1736.4万吨，机械作业比重42.3%。

1995年，柳州铁路局有装卸机械作业站23个，拥有装卸机械314台，其中大型机械79台，全年机械完成的装卸作业量1769.3万吨，机械作业量占总作业量42.5%。

1996年，柳州铁路局利用装卸更新改造费、装卸管理费和外委专用资金1004万元，为桂林北、柳州东、金城江、融安、玉林、贵港、南宁等9个车站，桂林、黎塘等3个车务段，柳州、南宁装卸机械厂新增装卸机械和维修设备。同时，对18台超期服役的龙门吊进行安全技术特检。

1997—1998年，柳州铁路局根据新增20英尺集装箱的箱货总重达24吨，超过20吨门式起重机的额定重量的情况，投资197万元，对二塘、柳州北、玉林、金城江、兴安等7个车站货场的20吨龙门吊进行改造，使起重能力提高到26吨。装卸部门组织对296台装卸机械进行考核评比，完好率保持95%以上。

2002年，柳州铁路局投资611.8万元，对装卸机械进行更新改造，重点满足集装箱运输需求，为鹿寨等车站购置26吨和36吨龙门吊各1台。

2003—2005年，柳州铁路局进一步加大投资力度，3年间投入2074万元，用于143项设备及基础设施更新改造。2005年，有装卸机械252台，装卸机械固资8766万元，完成机械作业量1810万吨，机械作业比重48%。路工基本实现机械化作业。广西沿海铁路公司新增装载机械7台，其中装载机4台、叉车2台、龙门吊1台。

2002年，南宁南站装卸工人使用装卸机械装卸货物

表2-12　**1991—2005年主要年份柳州铁路局装卸机械配置情况**

年度＼机械类型	桥吊	蒸汽吊	履带式起重机	轮胎式起重机	装矿机	门式起重机	装载机	车叉			牵引车	卸煤机	汽车吊	总计
								电瓶	内燃	2吨以上				
1991	2	3	1	1	3	40	19	178	22	5	9	10	—	293
1993	2	2	1	—	3	45	19	169	27	8	8	6	—	290
1996	2	1	—	—	—	54	20	185	29	9	3	4	—	307
1998	—	1	—	—	—	54	22	173	34	8	2	2	—	296
2000	—	1	—	—	—	57	17	163	34	8	2	2	—	284
2002	—	—	—	—	—	60	20	151	39	5	2	2	1	280
2005	—	—	—	—	—	60	22	109	51	6	2	1	1	252

第三章 军交运输

广西铁路军交运输主要担负新老兵运输、专项军事运输、部队演练运输、军油运输、部队参加抗灾抢险运输等任务。

新老兵运输是军交运输的一项重要任务。每年，柳州铁路局和中国人民解放军驻柳州铁路局军事代表办事处(简称驻局军代处)都成立新老兵运输工作领导小组,印发《做好新老兵运输工作的通知》或《新老兵运输方案》,统一安排新老兵运输工作。1991—1992年,采用开行军用专列、选用部分图定旅客列车、在旅客列车中预留车厢等办法运送。1993年改革新老兵运输办法,全部用图定客车运送新兵。对相对分散的老兵运输,统筹安排纳入运输计划,实行购票、候车、进站上车、中转换乘、行李搬运“五优先”,年年圆满完成新老兵运输任务。1991—2005年,运输新兵76.73万人,运输老兵26.36万人。

驻局军代处和广西铁路部门牢固树立国防意识,严密组织、科学指挥,切实做好专项军事运输、部队演练运输等各项军交运输工作,做到时间、地点、人员“三落实”,计划、物资、车辆“三清楚”,安全、优质、协调“三保证”。 1991—2005年,广西铁路军事运输完成装载14.6万辆，卸载8.58万辆。

驻局军代处把军油运输作为日常的一项重点工作,加强与驻炼油厂军代表和部队的联系,随时掌握油料生产和部队油库的容量等情况，及时向铁路运输部门通报。每月详细掌握请求车、承认车、车源、装车等情况,1991—2005年,年年完成军油运输任务,共运输军油337.65万吨。

驻局军代处认真做好军交战备和铁路军事运输技术保障工作。对铁路新线建设、既有线重大技术改造，及时向铁路相关部门提出交通设施等军事要求。截至2005年，先后修建军用装卸线43条、军用站台29座,军用备品仓库5座,新增一批军用装卸设备和备品。与铁路部门密切配合,搞好军事专用线的维修管理,29条军专线保持良好状态。1991—2005年,117条(次)获得军区“红旗线路”称号。

驻局军代处坚持开展军交运输正规化建设。1992年编写25万多字的《军交工作正规化建设规范》,规定驻广西铁路各级军代处和各类人员的职责、制度、细则、办法和工作程序。如期组织军交运输正规化建设检查、评比、表彰工作。1991—2005年,受到铁道部、民政部、总后勤部表彰的军交运输正规化建设先进单位7个，受到广州军区表彰的军交运输正规化建设先进单位17个。

第一节 体制机构

1991年,广西铁路军事交通运输任务由驻局军代处协同柳州铁路局遂行。驻局军代处是中国人民解放军派驻柳州铁路局遂行军事交通任务的代表，也是铁路局完成军事运输任务和做好交通战备、战时交通保障工作的助手。其主要职责是根据上级的军事意图,借助国家运力,协调部队、铁路和当地人民政府民政部门共同遂行铁路军事交通运输任务。受部队上级党委和铁路局党委双重领导。驻局军代处机关设政治处、运输处、技术动员处和管理处,下设柳州、南宁铁路分局2个团级军代处和柳州、桂林、黎塘、南宁、崇左等6个营级军代处。同年8月14日,根据广州军区司令部《关于设立军代处的公函》和军区后勤部《关于派驻南防铁路公司(合资铁路)军事代表办事处筹建办的通知》精神，驻局军代处党委决定成立驻南防铁路公司军事代表办事处筹建办，隶属驻南宁铁路分局军代处领导，于9月1日起正式开展工作。

1992年5月15日，根据广州军区后勤部的决定，在柳州设立广州军区军事运输干部培训中心。中心的党政工作由局军代处领导，业务工作由广州军区后勤部军交运输部负责。

1994年12月，广州军区下达驻局军代处编制命令：①机构调整。撤销驻崇左站军代处；驻柳州、南宁站军代处分别并入驻柳州、南宁铁路分局军代处，对外仍保留驻车站军代处名称；暂不组建南防铁路公司军代处，其军事运输工作由驻南宁铁路分局军代处负责。②机关部门设置。驻局军代处机关设办公室、运输财务处、技术动员处、政治部，各处室为团级，办公室可使用管理处名称；团级军代处不设机关部门。③领导职数。师级军代处设主任1名、政治委员兼政治部主任1名；团、营级军代处设主任1名；驻局军代处设副主任1名，运输财务处设副处长1名；柳州、南宁铁路分局军代处各设副主任2名；其余团、营级军代处不设副职。

2001年11月，根据广州军区联勤部第270号命令，驻柳州、南宁铁路军代处各增设1名政治协理员。

2004年10月16日，根据总参谋部军务部280号通知和广州军区第264号命令，调整驻局军代处编制：①军代处为师级，政治部为副师级，综合计划处、管理处、运输调度处、技术动员处为团级单位。②综合计划处负责军事行政、综合性业务和财务管理、文档保密工作；管理处负责后勤、保障及机关行政管理工作。驻柳州铁路军代处为团级，驻桂林铁路军代处为营级单位。柳州铁路军代处派1—2人负责柳州站军事运输工作，对外称驻柳州站军代处。驻南宁铁路军代处为团级，南宁铁路军代处1名副主任带2名参谋负责广西地方铁路有限公司和广西沿海铁路公司军事运输工作，对外称驻广西地方铁路有限公司和广西沿海铁路公司军代处；1名副主任带1名参谋负责南宁站军事运输工作，对外称驻南宁站军代处；2名参谋负责贵港站军事运输工作，对外称驻贵港铁路军代处。

2005年，驻局军代处编制按总参谋部军务部280号通知和广州军区第264号命令执行。

表2-13 **1991—2005年驻局军代处历任主要领导**

姓 名	职 务 级 别	任 职 时 间
陈清禄	主任 正师	1990年7月—1995年12月
王桂洲	主任 正师	1996年3月—1998年3月
罗功成	主任 正师	1998年3月—2000年12月
黄晓军	主任 正师	2000年12月—2004年6月
余乃全	主任 正师	2004年8月—
李 蕴	第一主任(柳州铁路局局长兼任)	1987年9月—1992年7月
曾宗标	第一主任(柳州铁路局局长兼任)	1992年7月—1997年12月
罗叙德	第一主任(柳州铁路局局长兼任)	2000年2月—2003年12月
邵力平	第一主任(柳州铁路局局长兼任)	2004年2月—
黄德元	政委 正师	1991年8月—1998年3月
吴维君	政委 正师	1998年3月—2004年12月
李 蕴	第一书记(柳州铁路局党委书记兼任)	1987年9月—1993年6月
李代华	第一书记(柳州铁路局党委书记兼任)	1993年6月—1996年2月
罗叙德	第一书记(柳州铁路局党委书记兼任)	1996年2月—2000年3月
邵力平	第一书记(柳州铁路局党委书记兼任)	2000年4月—2003年8月

续表

姓 名	职 务 级 别	任 职 时 间
姚保国	第一书记（柳州铁路局党委书记兼任）	2003 年 9 月—2005 年 4 月
于孔峰	第一书记（柳州铁路局党委书记兼任）	2005 年 12 月—
魏阳明	副主任 副师	1990 年 7 月—1996 年 11 月
黄晓军	副主任 副师	1996 年 11 月—2000 年 12 月
高党生	副主任 副师	1997 年 1 月—1997 年 6 月
傅家振	副主任 副师	1997 年 6 月—2005 年 6 月
邹建奇	副主任 副师	2003 年 10 月—
伍志叶	副主任 副师	2005 年 6 月—

第二节 军运工作

1991—2005 年，驻局军代处协同柳州铁路局、广西地方铁路有限公司、广西沿海（南防）铁路公司，质量良好地完成部队调防、执勤、兵员复补、训练、演习、防空兵实弹射击、抗洪救灾、联合国维和部队等运输任务，以及军需、油料、器材、装备的运输任务。

1991—1994 年，驻局军代处管理柳州铁路局管内湘桂、黔桂、焦柳、黎湛 4 条铁路干线和南防铁路公司管理的南防铁路共 1900 多公里营业线路的军事运输工作。4 年共装载 39519 辆、卸载 22648 辆，其中 1993 年是 15 年中军交运输任务最重的一年，全年完成装载 11544 辆、卸载 7058 辆。

1995 年 7 月，钦北铁路交由南防铁路公司临管运营、1997 年 12 月南昆铁路南宁至威舍段交由柳州铁路局临管运营、1999 年 7 月黎钦铁路交由黎钦铁路有限责任公司运营后，这 3 条 500 多公里营业线路的军事运输工作，由驻局军代处管理。1995—2000 年，军交运输完成装载 51669 辆、卸载 26960 辆。

2001—2005 年，是军交运输比较繁重的 5 年，共完成装载 54796 辆、卸载 36233 辆。

表 2-14 **1991—2005 年驻局军代处军事运输统计**

年 度	装载（辆）	卸载（辆）	年 度	装载（辆）	卸载（辆）	年 度	装载（辆）	卸载（辆）
1991	9823	6990	1996	8497	3164	2001	11334	7364
1992	9639	5159	1997	9194	4864	2002	11341	7637
1993	11544	7058	1998	7496	5108	2003	11219	7935
1994	8513	3441	1999	8652	4624	2004	9584	6407
1995	9429	3689	2000	8401	5511	2005	11318	6890

新老兵运输

1991—2005 年，新老兵运输在每年的 11 月下旬至 12 月末进行。每年新老兵启运前，柳州铁路局、柳州、南宁铁路分局与驻局、分局军代处都成立新老兵运输领导小组，下设办公室，负责新老兵运输工作。在新老兵运输比较集中的南宁、贵港、黎塘、崇左、柳州、桂林等车站由站长、驻站军代表、公安派出所所长成立新老兵运输联合办公室，各车务段指定专人负责新老兵运输工作。每年铁路局和驻局军代处都发出做好新老兵运输工作的通知或新老兵运输方案的通知，统一安排新老兵运输工作。15 年间，柳州铁路局管内运输新兵

76.73万人、老兵26.36万人。

1991年，柳州铁路局管内的新老兵运输采取开行军用专列、选用部分图定旅客列车、在旅客列车中预留车厢等办法运送，开行军列11列、客车留座375辆（含中转77辆）、加挂17辆、客车选线6列，共运送新老兵8.5万人（含中转、接入），其中老兵2.54万人，新兵5.96万人。

2004年，在新兵运输中，柳州客运段列车员与入伍新兵联欢

1993年，柳州铁路局改革新老兵运输办法，全部用图定客车运送新兵。对相对分散的老兵，统筹安排纳入运输计划，在新老兵运输比较集中的车站开设军人售票窗口、设立军人候车室，实行购票、候车、进站上车、中转换乘、行李托运"五优先"。同一方向满50人预留车厢，不同部队分别安排席位。12月1日—28日，使用客车530辆，运送新老兵6.34万人（含中转、接入），其中老兵1.71万人，新兵4.63万人。

1997年，柳州铁路局、驻局军代处认真学习贯彻国家六部（局）颁布的《入伍新兵和退伍老兵运输规定》，进一步提高国防意识和做好新老兵运输工作重要性的认识。铁路与部队加强联系，提前安排乘车计划，重点做好中转换乘的组织工作，严格按方案组织运输。新老兵运输工作做到安全、有序，受到新老兵好评。全年运送新老兵5.24万人，其中老兵1.63万人，新兵3.61万人。

2000年，柳州铁路局、驻局军代处、地方政府召开三方联席会议，制订做好新老兵运输的措施。驻柳州、南宁铁路军代处将办公室前移至车站，及时掌握现场情况，新老兵运输做到无一人伤亡，无一人漏乘。全年运送新老兵8.28万人，其中老兵2.14万人，新兵6.14万人。

2004年，驻局军代处与自治区人民政府民政厅联合下发《关于做好新老兵运输期间饮食供应工作的通知》，要求各军供站认真做好新老兵运输中的饮食供应工作。11月25日至12月10日发送老兵1.51万人，托运行李5285件；12月10日—27日，运送新兵5.82万人，饮食供应137批7120人。

2005年，柳州铁路局、驻局军代处与广西军区联系，制订新兵运输计划。召开有车站、部队和驻局军代处领导参加的老兵运输协调会，要求部队提前6天给车站提供购票计划，保证每个老兵乘车都有座位。军代处人员坚持在现场做好组织引导工作，全年运送新老兵6.94万人，其中老兵1.73万人，新兵5.21万人。新老兵运输无一人伤亡、无一人漏乘。

表2-15 **1991—2005年驻局军代处新老兵运输统计**

年度	新兵（万人）	老兵（万人）	年度	新兵（万人）	老兵（万人）	年度	新兵（万人）	老兵（万人）
1991	5.96	2.54	1996	4.30	1.55	2001	5.77	1.39
1992	3.95	1.34	1997	3.61	1.63	2002	5.15	1.88
1993	4.63	1.71	1998	5.48	1.71	2003	4.78	1.79
1994	4.82	1.96	1999	7.27	1.71	2004	5.82	1.51
1995	3.84	1.77	2000	6.14	2.14	2005	5.21	1.73

专项军事运输

1992年10月22日至11月6日，根据广州军区部署,广西军区边防守备部队进行调整精简,柳州铁路局和驻局军代处组织开行23个整列,使用车辆982辆。

1994—1998年,分别完成广州军区后勤仓库部队调整精简运输，历时46天，装运77批325辆;41集团军部分部队经铁路输送前往湖南执行国防光缆施工任务,装车10列283辆。

2002年2月，完成41集团军一个师装备换装运输任务,装车254辆,开行物资专列4列。同年6月至2005年年末,组织代号0182运输,装车153批540辆2.07万吨。

2005年,驻局军代处组织部队演练运输

2003年11月中旬，广西军区边防团撤编，按计划装车11批55辆。年内的“0182”(报废弹药)专项运输任务,等级高、要求严,为确保万无一失,驻局军代处做到时间、地点、人员“三落实”,计划、物资、车辆“三清楚”,安全、优质、协调“三保证”。装载时,做到上级的计划与部队提供的计划、物资品名数量和实际装载、组级代号和运输条件、部队提供的装载方案与《装载标准》“四个一致”。驻铁路分局军代处每次派主任、副主任到现场监装,严格按照上级有关规定和驻局军代处与铁路局联合下发的《关于加强军用危险货物铁路运输安全管理的通知》实施。经过军队和铁路双方的共同努力，圆满完成运输任务。2004年3月,完成广州军区下达的紧急限时运输任务,装车31批174辆。

2005年2月20日至4月25日，完成41集团军某师高炮团的调防运输任务，接入与卸载7列210辆。同年3月—7月,完成“1112工程”建材物资运输任务,装车60批603辆。

部队演练运输

1991年8月至2005年，柳州铁路局和驻局军代处完成防空兵部队实弹射击运输任务，装车399 列1.3万辆,卸车386列1.2万辆。

1993年6月—9月,完成“934”联合军事演习运输任务，装车44列1312辆、卸车43列1252辆。同年6月至2005年,完成部队海练运输装车296列1.01万辆。

1999年8月31日至9月20日,完成“广字20号”演习部队运输任务，装卸车各21列739辆。2000年,防空兵部队实弹射击铁路输送与“海军2000-08演练”铁路输送交织在一起。驻局军代处与铁路局双方严密组织,科学指挥,克服时间紧、任务重、组织协调复杂等困难,圆满完成输送任务,受到上级的通报表彰。

2003年10月6日—22日,完成“广字26号”演习运输任务，装车36列1234辆、卸车29列961辆。7月—8月,部队海练运输因受“非典”疫情影响,车源比较紧张。铁路局加强对车辆的选扣工作,先后检查铁路车辆1800余辆,选扣合格车辆1200余辆,组织车辆段抢修车辆90多辆,与友邻铁路局协调、组织管内25列车底循环套用,圆满完成68列2320辆的部队海练铁路输送任务。

2004—2005年,分别完成“广字28号”演习铁路运输任务,装车8列227辆;“砺剑-2005”“广字30号”演习和防空兵实弹射击铁路运输任务,装车53列1877辆、卸车65列2258辆。

军用油料运输

1991—1992 年,茂名出厂军油运输是驻局军代处日常军事运输的重点工作。通过加强与驻厂军代表及管内部队的联系，随时掌握油料生产和部队油库容量的情况,每年装车 4100 多车,运输军油 17.5 万吨左右。

1993—1997 年,军油运输任务较重。驻局军代处加强与柳州铁路局运输部门的联系和情况通报,每月详细掌握请求车、承认车、车源、装车等情况,采取月初抢装、月中检查、月末调整的方法,做好军油运输工作。5 年运输军油 28816 车 121.15 万吨。

1998—1999 年，军油运输任务相对较轻,驻局军代处组织均衡装车，两年运输军油 7792 车，36.15 万吨,均提前完成军油运输计划。

2000—2001 年,军油运量增加,驻局军代处加强与驻厂军代表和柳州铁路局调度的联系,准确掌握油料生产情况和车辆使用动态，适时调整装车去向,2000 年运输军油 4845 车 24.23 万吨;2001 年运输军油 5420 车 26.39 万吨，是 1991 年以来运输军油最多的一年。

2002—2005 年,军油运输比较稳定。驻局军代处加强与柳州铁路局运输调度的协调，保证出厂军油装车的均衡性与连续性，每年装车都在 5000 车左右,运输军油 24 万吨左右。至 2005 年,驻局军代处已连续 22 年提前完成军油运输任务,受到上级业务部门的好评。

表 2-16 **1991—2005 年驻局军代处军油运输统计**

年 度	装车(辆)	装载(万吨)	年 度	装车(辆)	装载(万吨)	年 度	装车(辆)	装载(万吨)
1991	4122	17.50	1996	6059	25.70	2001	5420	26.39
1992	4154	17.64	1997	5771	25.20	2002	4935	22.00
1993	5357	21.43	1998	3575	17.88	2003	4935	24.68
1994	5953	24.00	1999	4217	18.27	2004	4866	24.51
1995	5676	24.82	2000	4845	24.23	2005	5078	23.40

抢险救灾运输

1991 年 7 月，全国有 10 多个省市遭受巨大的洪涝灾害,广州军区下达代号“712”抢险救灾运输任务。驻局军代处与柳州铁路局有关部门协商,制订措施，完成抢险救灾运输 16 批 49 辆和部分零担救灾物资运输任务。

1994 年 6 月中旬，柳州遭遇百年罕见洪灾。驻局军代处营区大院被洪水淹没。驻局军代处成立抗洪抢险救灾领导小组,在做好自救的同时,积极支援铁路和柳州市的抗洪抢险救灾工作，与铁路局有关部门组织装卸军列 2 列。同年 7 月下旬,贵港市遭受特大洪涝灾害,41 集团军一个师的营区全部被淹，生活物资供应和用水中断。驻局军代处接到广州军区紧急运送救灾物资命令后,边组织货源、边申报计划、边通报铁路局,快速装运救灾物资 8 车 300 余吨。在抗洪救灾中,驻局军代处运输处被柳州市人民政府授予抗洪抢险救灾先进集体称号;柳州铁路局向驻局军代处赠送“抗洪抢险鱼水情深”锦旗;驻柳州站军代处干部杨春喜被国家防汛抗旱指挥部、人事部、水利部、解放军总政治部授予全国抗洪模范称号；一批官兵受到上级和驻局军代处表彰。

1996 年 7 月 16 日—24 日，柳州市遭遇比 1994 年更大洪灾,驻局军代处的生活营区和培训中心全部受淹,受灾面积 100%。驻局军代处成立抗洪抢险救灾领导小组,在做好自救的同时,积极支援铁路和柳州市的抗洪救灾工作。向广州军区报告，从 41 集团军抽调 400 多名官兵到湘桂、焦柳铁路水毁地段参加抢修。在抗洪抢险救灾中,驻局军代处机关公勤班和 10 名官兵立三等功;一批官兵受到广州军区的通报嘉奖。

1998 年 7 月底,长江流域湖南、湖北段出现洪涝灾害。8 月 5 日 15 时 50 分,驻局军代处接到上级命令,紧急运送 41 集团军的官兵和救灾物资赴湖南、湖北灾区抗洪抢险，前后仅用3小时50分，就发出第一列救灾专列，比上级要求缩短2小时10分，受到军区首长的好评。在这次抗洪抢险救灾运输中，装车34列1094辆，动用汽车1105辆，运送人员2.2万人、救灾物资3050吨。抗洪抢险救灾后部队归建时，卸车40列1236辆。广西铁路沿线的桂林、柳州、融安、黎塘、玉林、南宁等军供站，积极做好保障铁路输送部队的饮食供应工作，接待部队98批5万多人次，送开水9500多担，补助部队伙食费13万多元。9月22日，新华社"每日电讯"在头版显要位置刊登《运用高科技，发挥高效率，驻局军代处创造全军装载新纪录》一文，报道驻局军代处在抗洪抢险救灾运输中的事迹。

第三节　交通战备与技术保障

铁路军交战备

1991年，驻局军代处按照总后勤部和广州军区要求，组织收集绘制南防铁路17个车站平面示意图，并对《铁路军交技术资料》的31种表格、16种图进行全面修改、补充。重新绘制处直、驻铁路分局军代处运输、战备工作挂图，充实资料内容，提高资料质量。

1994—1996年，根据军交正规化建设要求，驻局各级军代处绘制《铁路军交运输工作图》和《军事交通保障图》。根据广州军区司令部、后勤部联合下发的关于修订《部队战备铁路输送方案》的精神，组织有关人员协助第41集团军及广西军区联勤部20分部汽车二营完成《部队战备铁路输送方案》的拟制任务。按照总后勤部的要求，全面修改铁路军交技术资料，经过4个多月的连续工作，终于完成具有13类47种图表370页的成册资料，并达到规范化要求。

2000年2月—6月，驻局军代处对柳州铁路局管内1990—1995年军交技术资料进行收集、整理和绘制，全部制作成光盘，对军交资料实现计算机管理。

2005年，驻局军代处在各装载点开设指挥所，配置专用电话，保证指挥顺畅和运输组织的安全保密。

铁路军事运输技术保障

1991年，驻局军代处完成总后军交部下达的《铁路军事运输装载标准—装载的基本要求》编写任务。它是军交规章资料系统的"母系统"，涉及面广，要求高，难度大。驻局军代处组织5人写作班子，历时14个月写出初稿后，广泛征求铁路、部队及各大军区、军兵种的意见，经过8次修改，广州军区和总后勤部军交部会审通过，受到总后勤部军交部和军区首长的好评。同年10月，驻局军代处会同铁路局战备武装处拟制运输保障方案，修订完善机车车辆的疏散、抢修、供水供电等方案；完成铁路局、铁路分局两级战时应急保障措施和铁路局重点目标保障方案的编制；参与6个三级目标抢修方案的研究与会审，提出修改意见。

1992年年末，广州军区交通战备领导小组向柳州铁路局下达《关于编修交通保障计划和重点目标保障方案》。1993年1月，由铁路局战备武装领导小组组织、驻局军代处参与进行《交通保障计划方案》编制工作，经过有关部门的共同努力，1993年年末全部完成。方案体现平战结合，能应对未来战争、国内突发事件、自然灾害、行车重大事故等情况的发生。

1996年1月，由柳州铁路局组织，驻局军代处派人参加，进行5个三级目标保障方案会审。驻局军代处同时派人协助广州军区交战办完成"国防潜力调查资料"整理工作。1997年，驻局军代处根据《铁路军交运输正规化建设概则》和部队应急输送保障的要求，绘制《柳州铁路军交运输综合保障图》。

2003年11月25日—27日，驻局军代处派员陪同广州军区交战办领导，在柳州参加由铁道部组织的柳州枢纽战备保障方案评审会。2004年7月，会同铁路局战武处等部门在管内原有34个三级保障目标的基础上，重新确定湘桂铁路、黎湛铁路、河茂铁路、焦柳铁路上的15个三级保障目标。

2005年3月3日—4日，驻局军代处派员参加广州军区交战办2005年战区一、二级交通重点目标保障方案编修工作会议，确定柳州铁路局管内2个枢纽、1座大桥3个二级交通重点目标。9月底完成目标保障方案编修工作，12月在军区会审通过。年内，编制《铁路交通应急保障方案》，完善广州战区交通应急保障方案。

交通设施的军事要求

1992年2月13日，驻局军代处致函柳州铁路局总工程师室，就《南昆铁路那里至百色技术设计方案》中的军事要求提出三点意见。

2002年4月至2003年1月，驻局军代处两次派人参加铁道部组织的建设项目评审会。在洛湛铁路永州至岑溪段建设项目评审会上提出5项军事要求，被铁道部全部采纳，落实到设计文件中。在黔桂铁路扩能工程可行性研究审定会上，提出结合金城江站改造修建三级军运备品仓库1座；建议保留新圩站及其货运条件，满足军用仓库物资器材装卸的要求；在枢纽、站场改建以及线路电气化改造中，涉及军专线接轨和电气化时，设计单位应及时与驻铁路军代处联系，按有关规定做好军专线改造方案的论证。这些要求被军区军交部和总后军交部全部采纳，总后军交部以正式文件将要求通知铁道部工程设计鉴定中心。

2004年4月30日，驻局军代处按照广州军区要求，对“南宁铁路枢纽总体规划”提出三项军事要求：①在南宁南站适当地点修建1个三级军用饮食供应站，并修建相应的供应线、站台、上水井、照明设备和通站道路。②在南宁南站货场修建1座三级军运备品仓库。③修建适合部队重型装备装卸的铁路顶端、侧面站台。9月22日，驻局军代处在铁路局召开的《黔桂铁路扩能改造》论证会上又一次提出四项军事要求。

2005年2月18日，柳州铁路局召开合河铁路可行性研究会，驻局军代处就合河铁路建设提出两项军事要求。

军交专业训练与学术研究

1991年，驻局军代处执行总后勤部1990年下达的编写《铁路军事运输装载加固基本要求》任务，经过科研小组6年多的努力，按总后勤部要求完成编写任务。经专家组审查，《铁路军事运输装载加固基本要求》是中国铁路军事运输领域的第一个国家军用标准，总结吸收几十年来全国军事运输的科研成果和经验，具有可靠的理论实践基础，内容全面、结构合理、文字简要，达到国内先进水平，获1998年度军队科学技术进步奖二等奖，“九五”军交运输和交通战备优秀科技成果奖，是中华人民共和国成立以来全国铁路沿线军代处获得的最高奖项。

1992—1994年，驻局军代处和柳州铁路局组织军交干部和铁路有关人员，学习总后勤部军交部印发的铁路《军交知识问答600题》和《交通保障知识问答500题》。先后举办“军交业务”“铁路运输调度”和“部队铁路输送”“军事高科技”等多期军交干部集训班和“铁路军交业务知识竞赛”，并派员参加军区举行的业务训练竞赛。

1995年5月，驻局军代处55人参加广州军区开展的“军交百日业务训练”活动，作业成绩优秀率98%，9份答卷被军区评为优秀答卷。

1996年7月至1997年7月，驻局军代处组织50名干部分两批参加解放军军事交通学院举办的“军事交通专业专升本函授班”学习，学习时间三年，经考试合格，全部获得本科学历，并有4人获学士学位，提前五年完成总政治部下达的科学文化教育任务。

1997年，根据总后勤部、广州军区和军区后勤部高科技知识学习三年规划的要求，驻局军代处制订《科技练兵三年规划》。分批选派团职领导干部到铁路局基层站段代职；选派参谋到军区军交部助勤；定期抽调基层军代处参谋到机关参加运输值班；安排人员参加铁路局组织的调度学习班；结合每年部队演习、海练、防空兵实弹射击等铁路输送任务，组织新学员和新调入干部到现场锻炼。

2001年9月，驻局军代处围绕广州军区联勤部下达的“军运设施保障研究对策”课题，研究撰写论文，被收入《对台军事斗争课题研究汇编》。同年，开展军交运输保障大比武，领导带头，全员参赛，营造学科技、钻业务氛围；选派2名干部参加军区科技练兵比武，获得后勤指挥专业团体第二名。

2003年，驻局军代处在参谋新“六会”(读、写、传、算、记、画)基本功训练和夯实业务基础上下功夫，进一步提高参谋人员的分析判断、运筹谋划、组织协调、检查指导和研究创新五种能力。同年，完成伊拉克战争研究论文的撰写上报广州军区；做好《军交专业网训练考核管理系统》的论证和研制工作，并完成立项报告。

1991—2005年，驻局军代处先后输送50人到各类院校深造。向《国防交通》《后勤学术》《人民日报》《解放军报》和《战士报》等报刊、电台投稿4000多篇，刊用2500多篇。这些文章大都以实际工作为依据，纵观未来战争的发展趋势和特点，在军交工作领域中进行认真探索和总结，对开阔军交干部的视野，做好平时和战时军交运输保障具有重要作用。

第四节　军 运 设 施

1991—2005年，柳州铁路局、广西地方铁路和广西沿海铁路公司按照中央军委、总后勤部、铁道部的有关规定和驻局军代处提出的意见，在旧线改造、新线规划和建设时，将军事要求纳入总体规划，在既有线技术改造中，将军运设施项目列入年度基建计划实施，先后在桂林南、柳州北、鹿寨、吴圩、钦州、防城港、北海等站新建、改建军用站台与军用备品仓库，扩建军用装卸股道，改造、硬化通站道路与站场。管内铁路军事运输保障能力不断提高，基本满足实际需要。截至2005年，修建军用装卸线43条，军用站台29座，军用备品仓库15座，新制一批军用装卸设备备品及乘人棚车备品。在桂林、桂林北、柳州、南宁、贵港等车站设置军人候车室。

车站军运设施

1991年，驻局军代处根据湘桂铁路北段全部使用DF_4型机车牵引，原有军专线已不能适应要求的状况，经上级批准，投资548万元，对军专线进行大修换轨枕和技术改造，全部工程于年末完成。

1999年，柳州铁路局和驻局军代处按照铁道部、总参谋部、总后勤部《铁路军事专用线修建和维修管理办法》要求，加强军事专用线(以下简称军专线)的维修和管理，辖内军专线有近40%被评为军区级“红旗线路”。

2001年5月14日—23日，驻局军代处和铁路局有关部门组成联合检查组，对管内桂林、南宁、柳州等地区的军运设施进行实地勘察，提出军运设施新建、维修改造计划16个项目，总投资598万元，3年内完成。2002年上半年，先后完成桂林北、鹿寨等车站军用线路中修和场地硬化等任务。6月28日至7月18日，铁路局投资130多万元，对鹿寨站北头装卸站台、进出站公路等军运设施进行修建，按要求保质、保量地提前完成工程建设任务。

2003年，铁路局加大管内铁路军运设施投资力度，先后投资450万元，新建顶端站台2座，新建车站军运楼1幢，扩建和硬化车站站台3座。同年6月6日，驻局军代处对柳州北站红卫仓库新(改)建军运设施进行验收。该工程项目包括新(改)建军用顶端站台和侧面站台各1座，站台地面、进出站道路硬化。7月30日，驻局军代处会同铁路局有关部门对鹿寨站新建二级军运备品库工程进行验收，要求施工单位对提出的问题限期整改。8月13日—16日，驻局军代处会同广西沿海铁路公司对北海、吴圩、钦州、防城港等站新建、改建军运装卸载站台工程进行检查验收，对存在的问题提出整改意见。2004年初，投资545万元，建设用地20.14亩，在鹿寨站新建牵出线和顶端站台。9月13日竣工，16日开通使用。

2005年1月下旬，驻局军代处会同新组建的雒容部队对部队驻地附近的车站进行现场勘察。经过综合研究，决定在鹿寨站6道北头新建1座顶端站台，南头附近靠东侧新建1座侧面站台、拆除线路南北两端民房等建筑物，硬化场地，作为部队装备集结、疏散地域。2月16日—17日，驻局军代处会同驻地有关部队以及铁路局有关部门，勘察桂林北货场、桂林南3公里、二级站等装卸载点以及桂海线接轨方案，经过协商，对新、改(扩)建达成一致意见，形成初步设计方案。6月15日，鹿寨、柳州、贵港等4个车站8个军运设施项目建设的前期设计审核、图纸会审陆续完成并全部开工建设。10月20日—26日，根据9月12日军委批准的立项计划，编制管内军运设施建设计划任务书和概算。铁路局军运设施战备专项建设计划涉及鹿寨、南宁南、柳州、柳州北、桂林南、桂林北、洛埠、贵港等站。驻局军代处会同铁路局有关部门、铁四院柳州设计院、有关部队对这些车站的军运设施建设进行现场勘察设计，形成初步建设方案。11月20日，根据军委下达的军运设施战备专项建设计划，驻局军代处委托铁四院柳州设计院完成上述车站的军用站台、军运备品库、通站道路、装卸载场地等军运设施建设初步设计、概算文件。12月14日，铁路局投资77.2万元建设的柳州站7、8道军用列车客车上水栓工程竣工，新建上水栓20组，上下范围550米，有效地解决军用列车在柳州站受客车到发线长度限制无法上水问题。

军运备品管理

1991年，柳州铁路局和驻局军代处对管内军运备品的制作、使用与保管实行岗位责任制，建立军运备品台账，进行制度化、规范化管理。

1992年4月6日—10日，驻局军代处技术动员处和铁路局运输处分别派员，陪同广州军区军运部领导对管内军运设施情况进行调查摸底。调查组重点对南宁站、柳州东站和南宁、柳州军用饮食供应站的军用设施状况及管理情况进行检查，分别召集南宁、柳州铁路有关部门座谈。通过检查和召开座谈会，决定对管内部分不合格的军用备品作报废处理，并撤销上石、夏石、玉林军用备品保管站。

1999年3月22日—26日，驻局军代处与铁路局派人对桂林、南宁、柳州东站等军用备品仓库储存的军用备品进行清点，落实新年度军用备品添置计划，购置1000块铁泥塑三角木、500块木渡板。

2001年，驻局军代处根据新装备陆续装备部队和铁路干线不断提速的实际，与铁路局联合下发《关于加强军用备品管理的规定》，规范军用备品管理和使用，并根据实际需要，制订落实军用备品添置和调配计划，为快速、安全完成军事运输任务提供保障。

截至2005年年末，柳州铁路局管内有军用备品仓库15座，能满足部队铁路输送的需要。

军专线管理

1991年，柳州铁路局管内有军专线29条，总长57.6公里。铁路局与驻局军代处密切配合，加强对军专线的维修和管理，使其始终保持良好的技术状态。

1992年10月30日，湘桂铁路冷水滩至黎塘段军专线技术改造工程全面完成，投资500万元，改造线路22.3公里。

1997年5月初，根据总后勤部和铁道部关于在铁路军专线上安装防滑脱轨器的要求，驻局军代处与生产厂家联系，分三批于9月底全部按要求安装完毕，并督促军专线管理单位与军专线接轨站、代维修养护单位签订管理、维修等协议。

1998年4月，驻局军代处抓住南昆铁路电气化工程指挥部即将撤离的时机，对空军南宁油料转运站军专线进行电气化改造，建成广西境内第一条电气化军专线，受到总后勤部和广州军区首长的赞扬。

2004年，驻局军代处与铁路局干部职工研究加强军专线管理，保证军事运输安全问题

2000年初，驻局军代处召开军专线管理工作会议，举办军专线管理人员业务培训班，会同铁路有关部门对军专线的管理使用和维修养护进行全面检查，完成灵川军需库铁路军专线隧道第一期整治。

2003年，驻局军代处与铁路局联合印发《铁路军事专用线大中修、局部改建管理办法》及实施细则，理顺关系，规范管理，提高军专线大中修质量，节约修理经费。

2004年4月，铁路局与驻局军代处在柳州召开2002—2003年度铁路军专线军区级“红旗线路”表彰会暨军专线管理人员培训班，表彰41集团军油库等11条军区级“红旗线路”和桂林工务段等10个维修养护先进单位，总结交流铁路军专线管理和维修养护工作经验，探索军专线维修管理工作的特点和规律。

2005年6月24日，驻局军代处根据铁道部和总后军交部关于“铁路军专线平交道口警示标志移交地方”的指示精神，开始对管内29条军专线平交道口警示标志进行移交。到11月底，广西境内铁路军专线警示标志移交工作基本完成，移交无人看守道口27处，警示标志114块，其中警34标志59块、禁40标志55块。9月，会同铁路局有关部门对铁路军专线进行检查评比，9条铁路军专线被评为军区级“红旗线路”。1991—2005年，驻局军代处坚持参加广州军区军交部开展的军专线“红旗线路”评比活动。与铁路局有关部门联合检查评比军专线384条(次)，获得军区级“红旗线路”117条(次)，军专线设备质量始终保持良好状态。2005年年末，柳州铁路局管内有军专线29条，延长里程55.91公里，其中陆军18条35.74公里、海军6条9.92公里、空军5条10.25公里。

第五节　军交运输正规化建设

军代处正规化建设

1991年3月，驻局军代处召开军交工作座谈会，邀请柳州铁路局，柳州、南宁铁路分局兼职领导和铁路局机关有关部门负责人参加会议。会议主要围绕贯彻落实军委三总部和铁道部、交通部联合颁发的《关于加强驻交通沿线军事代表工作的通知》和《驻交通沿线军事代表办事处兼职领导工作暂行办法》，对开展军交工作正规化建设和如何加强兼职领导工作等问题进行探讨并达成共识。会后，驻局军代处会同铁路局印发《驻局、分局军代处兼职领导工作暂行办法》，对各级兼职领导的工作职责、工作制度和待遇等问题作出规定。

1992年5月，柳州铁路局与驻局军代处在柳州召开军事交通暨兼职领导工作会议，总结全局军交工作和兼职领导工作经验，审议驻铁路局、铁路分局、车站(地区)军代处兼职领导工作实施细则。10月，驻局军代处修订、补充《正规化建设规定》，编写25万多字的《军交工作正规化建设规范》，明确规定驻局各级军代处和各类人员的工作职责、制度、细则、办法、程序和工作设备。

1994年4月，总后勤部会同铁道部、交通部和广州军区，对驻局军代处10年间开展军交工作正规化建设情况进行检查调研。同年7月，广州军区通报表彰柳州、南宁铁路分局等20个军区军运基础建设先进单位。8月2日，铁道部、交通部、民政部、总后勤部在北京召开全国交通沿线军交运输正规化建设10周年表彰大会，驻柳州铁路分局军代处再次被评为全军军交正规化建设先进单位。8月底，广州军区通报表彰驻柳州铁路分局军代处等5个军区军交工作正规化建设先进单位。10月，驻局军代处会同铁路局联合召开“全局军交运输工作正规化建设10周年总结表彰会”，表彰7个正规化建设先进单位，16名正规化建设先进个人；66个军运基础建设先进单位，155名军运基础建设先进个人。

1998年5月—6月，柳州铁路局与驻局军代处组成检查组，对全局各主要站、段，团、营级军代处和广西合资铁路单位的军交运输工作正规化建设进行全面检查，重点检查近几年来开通运营的铁路新线开展军交运输工作正规化建设的情况，在建立健全军运组织机构、落实军交工作制度、明确军运工作职责、制定军运程序标准、完善军运基

2005 年，驻局军代处热情为过往的部队官兵服务

础设施建设等方面是否达标；驻铁路分局（公司）军代处在职能和任务发生变化后，落实军交运输工作职责、制度、程序、标准的情况。同年 8 月，总后军交部、铁道部、民政部和广州军区军运部组成的军交正规化建设 15 周年调研组，对柳州铁路局开展军交正规化建设情况进行调研检查并给予肯定。

2000 年 10 月，柳州铁路局和驻局军代处联合召开军交运输正规化建设 15 周年表彰大会，表彰全州车务段等 11 个局级军交正规化建设先进单位。驻柳州铁路分局军代处和桂林北站等 3 个单位被铁道部、总后勤部评为先进单位。驻桂林铁路军代处、驻柳州站军代处和柳州站等 6 个单位被广州军区评为先进单位。

2004 年，是开展军交运输正规化建设 20 周年，也是铁道部、总后勤部联合颁发《铁路军事交通运输工作正规化建设规定》实施 5 周年。10 月，总后勤部、铁道部、民政部在北京联合召开军事交通运输正规化建设工作会议，桂林站等 3 个单位被评为军交工作正规化建设先进单位，在会上受到表彰。11 月初，广州军区国防动员委员会通报表彰柳州铁路局 6 个先进单位、6 名先进个人。11 月底，驻局军代处与柳州铁路局联合召开全局军交运输正规化建设 20 周年表彰大会，全面总结全局军交运输正规化建设主要成绩和基本经验，部署工作任务，明确今后一个时期军交运输正规化建设的指导思想和建设目标，表彰在军交运输正规化建设中做出突出成绩的先进单位和先进个人。

2005 年，铁路局与驻局军代处根据铁道部、总后勤部颁发的《铁路军事交通运输正规化建设工作规定》要求，结合铁路局实际，组织人员对局机关处（室）、局直管站、车务段、客运段、车辆段、机务段、工务段、电务段、供电段等单位的《军事交通运输正规化建设工作规定实施细则》进行全面修改，印刷成册，下发执行。驻局军代处对师、团、营级军代处的《军事交通运输正规化建设工作规定实施细则》进行修改补充，印发执行。制订《广西沿海铁路股份有限公司军事交通运输正规化建设实施细则》《铁路军事交通运输工作质量考核评比办法》，组成联合考评小组，按照考评标准，对主要站段军交运输工作进行考评。年终对军交运输正规化建设先进单位及先进个人进行通报表彰和奖励。

军供站正规化建设

1991 年，驻局军代处协助地方民政部门重点抓好《军用饮食供应站供水站管理办法》的学习和贯彻，总结军供站正规化建设的巩固、创新经验。在广州军区召开的军供站会议上，南宁、柳州、桂林 3 个军供站和 11 名个人受到通报表彰。

1992—1993 年，驻局军代处会同自治区民政厅安置办，对广西区内军供站进行综合性检查，重点检查桂林、柳州、黎塘、南宁、崇左和玉林军供站的正规化建设、平战结合和生产经营情况；广州军区后勤、军运部组织湖北、湖南、广西、海南、广东省（区）民政厅联合检查组，对广西推荐的桂林、柳州、南宁军供站的正规化建设情况进行检查。检查组对这 3 个军供站的正规化建设给予较高评价。

1994 年 8 月，铁道部、民政部、总后勤部在北京召开全国交通沿线军交运输正规化建设 10 周年表彰会，桂林、柳州、南宁军供站被评为军供工作正规化建设 10 周年先进单位。同年 11 月，自治区民政厅和驻局军代处联合召开全区军供站正规化建设10周年表彰会议，总结交流军供站正规化建设经验，表彰在正规化建设中成绩突出的7个先进单位和20名先进个人。

1995年2月，民政部、总后勤部颁发《军供站正规化建设规定》，要求各军供站人员认真履行自己的岗位职责，实现军供工作制度化、程序化、标准化。11月，驻局军代处与自治区民政厅组织12个军供站（含梧州军供站）站长和军代处有关人员，对自治区军供站正规化建设以及落实自治区人民政府办公厅《关于加强军供站建设的通知》情况进行检查。

1998年，在抗洪抢险救灾部队紧急输送中，桂林军供站在14小时内连续供应运送部队列车13列6446人次，创广西境内军供史上最高纪录。

1999年，新建百色军供站挂牌运营。5月，在金城江召开自治区军供站站长会议。8月，通过总后勤部、广州军区的调研检查，柳州铁路局管内有4个军供站被民政部、总后勤部评为军供站正规化建设先进单位；3个军供站被广州军区评为正规化建设先进单位。2000年3月，驻局军代处与自治区民政厅在玉林召开快速供应保障能力研讨会。同年11月，对自治区内军供站快速保障能力落实情况和军供站建设情况进行检查讲评。

2004年10月，桂林、南宁军供站被评为军供工作正规化建设20周年先进单位，受到民政部、总后勤部通报表彰。11月，广州军区国防动员委员会通报表彰金城江、柳州、黎塘军供站等军供工作正规化建设先进单位。

2005年5月，驻局军代处与自治区民政厅、军区航务军代处在南宁联合召开广西军供工作正规化建设总结表彰会议，总结自治区军供工作正规化建设情况，部署新时期军供工作任务；传达全军军交运输正规化建设工作会议精神，表彰一批先进集体和先进个人。年末，广西境内设柳州、桂林、南宁、百色、凭祥、崇左、黎塘、金城江、融安、玉林、贵港11个军供站；柳州、桂林、南宁为一级军供站，其余8个为二级军供站，基本形成有效的军供保障网络。

第四章　行 车 组 织

1991 年 4 月，广西铁路实行新运行图，广西境内开行和通过旅客列车 29 对。货物列车局间分界口接入 50 列，交出 48 列。

1995 年以前，一般 2—3 年对列车运行图进行一次较大调整。为了使运输生产更好地适应运输市场的变化，满足旅客货主的需求，从 1997 年起，运行图调整的次数明显增多。1997—2000 年，共调整运行图 22 次。每次调图，旅客、货物列车的开行对数、列车运行速度、牵引总重都有所提高。2005 年，6 次调整运行图，调整后与上年相比，增加货物列车 20 对、客车 2 对，提高 18 对旅客列车速度，货物列车平均总重提高 58 吨。

广西铁路运输部门，根据运输市场的变化，改革技术计划和调度日班计划的编制，开展创建安全优质调度所活动，开展技术培训，提高调度人员的技术业务水平。积极参与建设和推广使用运输管理信息系统(TMIS)，TMIS 计划调度子系统、铁路调度指挥管理信息系统(DMIS)和数字调度系统，提高调度指挥的科学化、信息化水平。

针对运输能力不能满足运量需求的状况，广西铁路运输部门在对运输设备进行“短、平、快”技术改造的同时，加强运输的组织工作，通过科学、合理地编制列车运行图和技术计划，优化列车开行方案，提高列车编组质量，停办部分作业量小的中间站的货运业务，组织开行直达、超轴列车，正确处理设备维修与运输生产的关系，增加区间列车对数，增加牵引总重，提高列车运行速度，压缩区间运行时间，使运输能力快速得到扩充。

针对运用车不足这一影响铁路运输能力的主要矛盾，广西铁路运输部门制订《压缩中间站停时的办法》，开展多拉满载活动，组织开行超轴列车，组织顺路装车，取消部分车站列检作业，加速车辆周转。抓好卸车组织工作，提高夜班作业比重，实现快装快卸，以卸车保装车。

通过加强和改善运输组织，2005 年与 2002 年相比，广西铁路 5 个局间分界口增加货车 17 对，增加运输能力 2603 万吨。与“九五”期末的 2000 年相比，货车周转时间压缩 20.1%；完成货物发送量、到达量、周转量分别提高 43.7%、57.2% 和 58.3%。

第一节　列车运行图与区段通过能力

列车运行图编制

1991—1999 年，广西铁路的列车运行图一直使用人工编制，耗时费力，质量不高。

2000 年 10 月，柳州铁路局与西南交通大学合作，成功开发页面计算机编制运行图系统，投入试用。2002 年 8 月，经过两年的完善和铁路局验收后向全路推广。计算机编制列车运行图系统，具有运行图数据管理、运行图编制及调整、时刻表输出、运行图绘制、车站股道运用绘制及指标统计等功能，只要将运行图有关资料输入数据库，确定客运列车的停站时分后，即可生成客车运行图，经过人工微调后，客车运行图即可确定。在此基础上再根据各站货车车流的情况，确定各阶段货车开行的种类与数量即可生成初步的列车运行图，经过人工调整后，便形成新的列车运行图，编图的效率和质量提高，获得自治区科技进步一等奖。

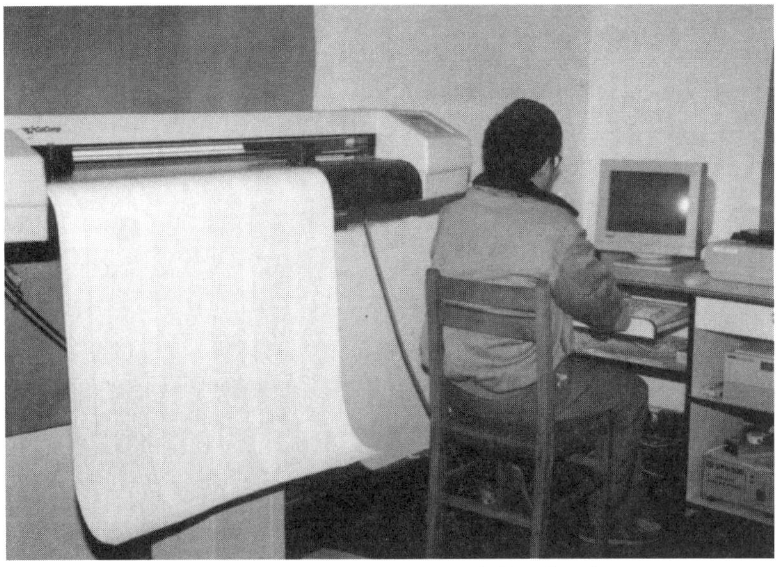

2003 年，柳州铁路局工程技术人员使用微机编制列车运行图

新运行图实施与区段通过能力

1991 年 4 月起，南防铁路公司根据柳州铁路局的运行图定方案，编制南防铁路列车运行图，并纳入铁路局运行图，与国家铁路开行直通货物列车。南防铁路与柳州铁路局南宁分界口交接货物列车 4 对；列车通过能力，南宁至钦州间 15.8 对，钦州至防城港间 17.8 对；南防铁路牵引定数下行 2100 吨、上行 1800 吨；旅行速度 28 公里/小时、技术速度 36.7 公里/小时。4 月 21 日，铁路局实行新运行图，图定客车 30 对。货车柳州南至黎塘间由 30 对增至 32 对；黎塘至玉林间由 21 对增至 22 对；玉林至湛江间由 18 对增至 20 对；柳州南至金城江间因线路中修施工由 24 对减为 20 对，上行货车在东江站至 K138 公里处使用补机，在金城江至德胜间普超牵引 2200 吨(每列多拉 500 吨)；黎塘至南宁间由 10 对增至 11 对；南宁至凭祥间由 5 对增至 7 对。柳州至都匀和柳州至南宁间的零摘列车取消。柳州南站日解体货车 99 列，编组 97 列。全局列车旅行速度、技术速度分别为 25.1 公里/小时、40.8 公里/小时，机车日车公里 410 公里/日。

1992 年 4 月 1 日起，三茂铁路提前实施第三步分流，焦柳铁路牙屯堡至柳州南货车由 15 对增至 20 对；茂名口由 6 对增至 12 对；黎塘至玉林区段列车换长由 65.0 增至 70.0。同年 7 月 24 日，黎塘至玉林间的高岗会让站开站运营，区段通过能力由 21.5 对提高到 23 对。

1993 年 4 月 1 日起，柳州铁路局实行新的列车运行图。新图体现挖潜、扩能、提效的成果，其主要变化有：①客车由 1991 年图定 31 对增至 37 对，其中慢车由 16 对减为 13 对，快车由 15 对增至 24 对。②管内 11 个区段中，桂林北至柳州南、柳州南至金城江、金城江至麻尾、黎塘至玉林、玉林至湛江 5 个区段通过能力利用率达到 100%。③在能力超饱和的桂林北至柳州南、黎塘至玉林两个区段采取调减上下行列车区间运输时分、上行起车附加时分等扩能措施。④冷水滩至柳州南间除严关乡、鹧鸪江、柳州北站外，均完成电气集中改造，各站接发车的不同时到达和会车间隔时间标准由 5 分、3 分减为 4 分、2 分，冷水滩至桂林北间的通过能力由 24 对增至 25 对。⑤新图的旅行速度、技术速度分别为 25.5 公里/小时、40.9 公里/小时，机车日车公里 416 公里/日。⑥冷水滩至柳州南区段间直通货物列车机车在桂林北实行半循环牵引(上行直通、下行进库)；柳州南—黎塘区段直通，区段列车机车在黎塘改立即折返交路。

1994 年 4 月 1 日，实行新的列车运行图及编组计划，桂林北—柳州南间增加 2 对客车、3 对货车。优化黎玉段的施工“天窗”，提高黎玉段的输送能力。1995 年 7 月，铁道部在北海召开柳州、成都铁路局调图会，决定从 9 月 1 日起，将原成都—南宁 225 次直快列车改为成都—北海 21 次特快列车。

1996 年 4 月，黔桂铁路金城江—麻尾区段货车实行 DF7 型机车双机重联牵引，牵引定数从 1050 吨提高到 1300 吨，缓解该区段通过能力紧张的状况。取消凤鸣分界口限制，增大黎湛铁路下行通过量。

1997 年 4 月 1 日起，铁道部实施新运行图，车次、时刻、速度、牵引总重、机车交路等方面变化都比较大。按照新图，柳州铁路局增加旅客列车 5 对，其中跨局和管内“夕发朝至”列车 3 对；货车增加 35.5 对，其中限制区间增加 13 对。有 7 个区段提高列车牵引定数 300 吨—1500 吨,有 4 个区段提高列车换长 4.0—10.0。运行时间压缩,列车技术速度与旅行速度提高,与 1993 年相比,客货列车技术速度分别提高 4 公里/小时和 2.5 公里/小时,旅行速度分别提高 2 公里/小时和 1 公里/小时,货车在编组、区段站接续时间压缩。机车日车公里、货物列车平均牵引总重提高。列车种类由 13 种增加到 16 种,减少沿零摘挂列车,除保温、超限、救援列车外,其他客货列车全部改变车次。

2003 年,柳州铁路局运输部门三次调整列车运行图,南昆铁路年输送能力提高 170 万吨

1998 年,1999 年,柳州铁路局运输部门根据运输市场的变化和运输生产的需要,分别 6 次调整列车运行图,使之更贴近运输生产实际。1999 年,柳州铁路局在铁道部的统一安排下,经过调图,增加或延长长距离客车 6 对,增开货物列车 5 对,提高货车旅行速度 0.7 公里/小时,按系数节省机车 8 台。同时,通过牵引试验,将南昆铁路下行货物列车牵引重量由 2300 吨提高到 3900 吨,实现上下行牵引重量相等,增加线路通过能力。

2000 年 10 月,全国铁路实行新的列车运行图和新的列车编组计划。新的运行图将旅客列车调整为特快旅客列车、快速旅客列车、普通旅客列车三个等级,货物列车车次由原来的 4 位数变为 5 位数。新图实行后,柳州铁路局担当旅客列车 33 对,其中直通 14 对、管内 19 对;外局担当经广西境内的直通客车 12 对。2001 年 10 月,全国铁路实施第四次提速和新的列车运行图,柳州铁路局担当旅客列车 27 对,其中直通 14.5 对、管内 12.5 对,外局担当经广西境内的直通旅客列车 13 对。

2003 年,柳州铁路局充分利用新增运输能力,先后 3 次调整列车运行图:5 月,调整湘桂铁路桂林北—凭祥及焦柳、黎湛、南昆铁路各区段列车运行图,全局各区段增开货物列车 20 对;7 月,调整柳州南—南宁南及黎湛、南昆铁路各区段列车运行图,增开货物列车 11 对;11 月,增开南宁—桂林、南宁—玉林间快速旅客列车各 1 对,增开柳州南—黎塘间货物列车 1 对。三次调图,增开城际旅客列车 2 对、货物列车 32 对,焦柳、南昆铁路年输送能力分别增加 400 多万吨和 170 万吨,威舍分界口年输送能力增加 350 万吨。年内,焦柳铁路牙屯堡—融安段货物列车牵引定数由 3000 吨提高到 3500 吨。

2004 年 4 月,全国铁路实施第五次大提速,柳州铁路局调整列车运行图。新图客车提速里程占营业里程的 78%,运行时间压缩 110 小时,平均每列客车在管内压缩 1 小时 26 分,旅行速度 62 公里/小时。货车对数分界口 104 对,增加 3 对;管内各区段增加列车 12 对,其中新增远程技术直达列车 35 列、始发重车直达列车 18 列、空车直达列车 6 列、"五定"班列 4 对。增开桂林—北京西旅客列车 1 对,停开运营效益较差的管内慢车 7 对。

2005 年,柳州铁路局 6 次调整列车运行图。与上年相比,增开货车 20 对、客车 2 对,提高 18 列客车的旅行速度,压点 7 小时 56 分。开行湛江、防城港—鹧鸪江 3 对高质量管内循环始发直达货物列车;压缩 29 个区间货车运行时间;提高黎玉段通过能力 3.5 对、玉河段 4 对、南环线 3 对、南昆铁路 2 对。在管内各区段安排 1 小时左右的维修"天窗",解决施工与运输的矛盾。

表 2-17

1991—2005 年广西铁路各区段列车开行对数

线别	区段	客车/货车	1991	1992	1993	1994	1995	1996	1997	1998	1999	2000	2001	2002	2003	2004	2005
湘桂铁路	冷水滩—桂林北	客车	10	10	12	12	12	13	14	13	13	15	15	15	15	15	16
		货车	24	24	19	19	19	19	21	21	21	20	20	20	20	20	20
	桂林北—洛埠	客车	11	11	12	12	14	14	14	14	14	15	19	16	18	16	16
		货车	23	23	19	21	21	19	21	21	21	19	18	19	19	20	20
	洛埠—柳州南	客车	12	11	12	13	15	14	14	14	14	15	19	16	18	16	16
		货车	27	23	19	22	23	23	25	24	24	21	18	19	19	20	20
	柳州南—来宾	客车	11	11	12	12	12	13	12	12	14	17	17	18	19	19	23
		货车	34	34	34	35	36	36	40	36	36	37	34	35	41	42	56
	来宾—黎塘	客车	11	11	9	12	12	13	12	12	14	17	17	15	19	19	23
		货车	32	32	15	32	34	34	40	36	36	34	34	35	41	42	56
	黎塘—南宁	客车	9	9	9	9	9	9	9	9	9	11	12	12	14	17	23
		货车	11	11	15	15	18	18	20	22	22	20	20	22	31	33	56
	南宁—渠黎	客车	1	2	2	2	2	4	3	3	3	3	3	3	3	3	3
		货车	7	7	8	8	8	8	10	6	6	6	6	6	4	4	4
	渠黎—崇左	客车	1	2	2	2	2	4	3	3	3	3	3	3	3	3	3
		货车	7	7	8	8	8	8	10	6	6	6	6	6	4	4	4
	崇左—凭祥	客车	1	2	2	2	2	4	3	3	3	3	3	3	3	3	3
		货车	2	7	8	5	5	5	6	2	2	2	2	2	2	2	4
黔桂铁路	柳州南—洛满	客车	7	5	6	8	8	8	9	9	10	11	10	10	10	7	10
		货车	21	21	23	24	24	26	26	26	26	24	19	19	19	19	19
	洛满—金城江	客车	5	5	6	6	6	6	6	7	8	9	10	10	10	7	10
		货车	20	21	23	23	19	19	22	22	22	19	19	19	19	19	19
	金城江—麻尾	客车	6	6	7	7	6	7	7	6	7	8	9	9	9	9	7
		货车	25	25	22	22	22	23	25	26	26	25	24	24	24	25	26

续表

线别	区段	客车/货车	1991	1992	1993	1994	1995	1996	1997	1998	1999	2000	2001	2002	2003	2004	2005
焦柳铁路	牙屯堡—融安	客车	2	2	2	2	3	3	3	3	4	5	5	5	5	3	3
		货车	15	20	21	21	23	23	23	23	23	23	23	25	26	28	29
	融安—洛满	客车	3	2	2	3	3	3	3	3	4	5	5	5	5	3	3
		货车	15	20	21	21	23	23	23	23	23	23	23	25	26	28	29
	洛满—柳州南	客车	2	3	3	2	2	1	1	1	1	3	5	5	5	3	3
		货车	29	20	21	21	23	20	22	23	23	20	23	25	26	28	29
黎湛铁路	黎塘—贵港	客车	7	7	8	8	8	9	8	8	10	15	15	13	15	15	17
		货车	25	25	22	22	22	25	29	26	26	30	28	31	40	44	45
	贵港—玉林	客车	7	7	8	8	8	9	8	8	10	15	15	13	15	15	17
		货车	22	22	19	19	19	22	26	24	24	27	28	31	41	44	45
	玉林—河唇	客车	7	7	8	8	8	9	8	8	10	15	17	13	14	14	16
		货车	20	20	17	19	19	19	24	22	22	24	24	25	31	33	38
南昆铁路	江西村—百色	客车	—	—	—	—	—	—	—	2	2	6	6	5	5	7	7
		货车	—	—	—	—	—	—	—	16	16	17	17	23	27	27	32
	百色—威舍	客车	—	—	—	—	—	—	—	1	1	5	5	5	5	7	6
		货车	—	—	—	—	—	—	—	16	16	16	16	23	27	27	32
南防铁路	南宁南—防城港	客车	0	1	1	1	1	1	1	1	1	1	1	1	2	2	2
		货车	3.3	3.4	3.3	5	5	5.3	6.3	7.3	6.4	6.6	6.1	6.0	7	7	10
钦北铁路	钦州东—北海	客车	—	—	—	—	—	1	2	2	2	1	1	1	1	1	1
		货车	—	—	—	—	—	1.3	1.4	1.4	1.5	1.5	1.5	1.5	1.5	2	2
黎钦铁路		客车	—	—	—	—	—	—	—	—	1	1	1	1	1	1	1
		货车	—	—	—	—	—	—	—	—	/	/	2.8	3.6	5	5	8

表 2-18

1991—2005年广西铁路各区段列车通过能力

单位：对

线别	区段	1991	1992	1993	1994	1995	1996	1997	1998	1999	2000	2001	2002	2003	2004	2005
湘桂铁路	冷水滩—桂林北	36	38.9	42.3	42.3	41.1	42.3	43.6	43.6	43.6	43.6	43.6	43.6	43.6	46.5	41.5
	桂林北—洛埠	38.9	38.9	41.1	36.9	41.1	41.1	42.3	42.3	42.3	42.3	42.3	42.3	42.3	46.5	41.5
	洛埠—柳州南	57.6	38.9	41.1	48.6	46.4	49.6	49.6	49.6	49.6	51.4	68.5	68.5	68.5	68.5	68.5
	柳州南—来宾	84.7	84.7	84.7	84.7	84.7	84.7	90	90	90	90	90	90	90	90	171
	来宾—黎塘	54.7	84.7	84.7	84.7	84.7	84.7	90	90	90	90	90	90	90	90	171
	黎塘—南宁	33.4	33.4	35.1	32	33.4	33.4	35.1	35.1	35.1	35.1	42.3	68.5	68.5	68.5	68.5
	南宁—渠黎	32	32	32	27.6	32	32	32.7	34.2	34.2	33.4	33.4	30	31.3	31.3	31.3
	渠黎—崇左	27.6	27.6	27.6	33.4	27.6	27.6	28.8	30	30	30	30	30	31.3	31.3	31.3
	崇左—凭祥	33.4	27.6	27.6	40	33.4	32.7	33.4	34.2	34.2	36	36	36	36	36	36
黔桂铁路	柳州南—洛满	40	32	32	31.3	35.1	41.1	41.1	41.1	41.1	40	40	40	40	40	40.5
	洛满—金城江	32	32	32	32.7	31.3	33.4	32.7	32.7	32.7	33.4	33.4	33.4	33.4	35.1	40.5
	金城江—麻尾	33.4	33.4	32.7	26.6	31.3	32.7	36	36	36	36	35.1	35.1	36	35.1	33.5
焦柳铁路	牙屯堡—融安	28.8	28.8	28.8	28.8	26.6	26.6	27.6	28.2	28.2	30	28.8	31.1	32.7	33.5	34.5
	融安—洛满	28.8	28.8	28.8	37.8	27.6	31.3	33.4	33.4	33.4	34.2	35.1	35.1	35.1	35.1	38
	洛满—柳州南	28.8	28.8	28.8	38.9	37.8	38.9	40	40	40	41.1	41.1	41.1	41.1	41.1	41.1
黎湛铁路	黎塘—贵港	35.1	36	36	33.4	60	60	70	72	72	84.7	80	80	72	72	72
	贵港—玉林	32	32	33.4	32.7	31.3	34.2	36.9	40	40	68.5	72	75.7	72	72	72
	玉林—河唇	32	32	32	33.4	32.7	32.7	36	35.1	35.1	75.7	75.7	75.7	72	72	72
南昆铁路	江西村—百色	—	—	—	—	—	—	—	23.6	23.6	26.5	28.1	38.3	38	43.1	44.5
	百色—威舍	—	—	—	—	—	—	—	20.2	20.2	23.7	24.6	31.3	36.3	37.3	41.5
南防铁路	南宁—钦州	15.8	15.8	15.8	15.8	15.5	16.4	16.9	22.9	25.7	25.7	25.7	25.7	26.2	26.2	27.2
	钦州—防城港	17.8	17.8	17.8	17.8	17.8	19.5	21.5	21.5	22.2	22.2	22.2	22.2	23.6	23.6	24.4
钦北铁路		—	—	—	—	13.2	16.4	16.6	16.6	16.6	16.6	16.6	16.6	16.6	16.6	16.6
钦港铁路		—	—	—	—	—	—	—	10.4	10.4	10.4	10.4	10.4	10.4	10.4	10.4
黎钦铁路		—	—	—	—	—	—	—	—	—	16.6	20.9	20.9	20.9	20.9	20.9

表 2-19　　1991—2005 年柳州铁路局列车运行图定货物列车旅行速度及技术速度　　单位:公里/小时

类别	旅行速度	技术速度	类别	旅行速度	技术速度	类别	旅行速度	技术速度
1991	25.1	40.8	1996	24.1	40.4	2001	26.7	43.5
1992	25.1	40.5	1997	26.3	42.8	2002	26.7	44
1993	25.5	40.6	1998	25.9	42.3	2003	26.8	44.2
1994	24.1	40.6	1999	26.6	41.6	2004	27.0	46.2
1995	24.1	40.5	2000	26.3	43.2	2005	28.3	46.4

表 2-20　　1991—2005 年广西沿海(南防)铁路公司列车运行图定货物列车旅行速度及技术速度　　单位:公里/小时

类别	旅行速度	技术速度	类别	旅行速度	技术速度	类别	旅行速度	技术速度
1991	28.3	36.7	1996	24.7	38.8	2001	35.0	45.5
1992	28.0	38.3	1997	25.1	39.7	2002	33.0	43.5
1993	26.5	37.5	1998	25.8	38.9	2003	31.4	43.9
1994	25.2	36.2	1999	33.9	48.0	2004	33.2	48.1
1995	25.4	38.0	2000	34.7	44.8	2005	33.0	46.9

第二节　技术计划与运输方案

技 术 计 划

1991 年,广西国家铁路技术计划由柳州铁路局和柳州、南宁铁路分局分工负责编制。铁路局每月根据铁道部下达的运输任务和各项经济技术指标,确定各类别运用车及货车运用指标计划、分界口货物列车列数计划、车种别空车调整计划等。铁路分局根据铁路局下达的有关运输指标及车流数据查定各站装卸车计划，合理安排各区段货物列车列数计划、空车调整计划、车站中停时计划,计算确定铁路分局货车运用指标计划、车种别运用车计划。年内,柳州铁路局开始使用计算机辅助编制技术计划，使手工编制耗时费力的状况有所改变。合资铁路根据铁路局核定的使用车去向、分界口及主要限制口交接计划，由南防铁路公司编制技术计划。

1993 年,广西铁路派员参加铁道部组织的技术计划、货运计划计算机辅助编制系统的开发工作。1995 年 4 月,技术计划、货运计划计算机辅助编制系统研发基本完成,柳州铁路局据此下发《技术计划改革实施意见》，对技术计划的编制办法、时间、内容、运作要求、执行分析作出新的规定,其中最主要的是将每月集中在铁路局编制技术计划改为在铁路分局编制。1996 年 1 月,通过对技术计划、货运计划编制系统的二次开发与完善,正式使用新系统。

1998 年,柳州铁路局开始使用自行开发的货运营销及生产管理系统(FMOS),完成货运计划的原提上报和审批,日常计划和月编计划的编制以及站段、铁路局、铁道部间货运计划数据交换等工作。

2002 年 6 月,广西铁路使用铁道部组织开发的新的货运计划编制程序(FMOS 系统),完成货运计划数据入库、装卸车计划管理、接交空车管理、各项运输指标计算与传输、各报表查询与打印、站名字典与车流径路自动更新等工作。2004 年，各站段设立货运营销及生产管理系统信息点 70 个。

2005 年 10 月,广西铁路根据铁道部的部署,在主要车站进行货运计划、运货五、货票信息共享建设，实现车站(车务段)货运各相关岗位信息互联互通，加强从计划到装车全过程信息流的规范与管理，有效提升货运计划专业管理水平。

运 输 方 案

1991年，柳州铁路局、铁路分局及相关站段及南防铁路公司都成立运输方案领导小组，配置专人负责运输方案(含货运工作方案、列车工作方案和机车工作方案三部分)的编制、执行和分析考核工作。推广黎塘、柳州南站推行运输方案经验，充实方案分析内容，改进车站月方案执行分析工作。在日常执行中，各级调度严格按照运输方案编制日班计划，确保运输方案的落实。在装车组织工作上，坚持计划的严肃性。在机车运用方面，严格防止放单机和欠轴开车，积极组织开行超轴列车，严格执行空车挂线、重车挂线、摘挂列车甩挂作业方案和列车接续方案。

1992年9月，广西铁路在北海召开运输方案分析工作座谈会，总结交流方案分析工作的经验和存在问题，探讨压缩停时的办法，收到较好效果。10月，柳州铁路局停时完成21.1小时，创全年最好成绩。

1996年1月起，广西铁路使用计算机编制技术计划，运输方案的编制与下达也随之发生较大变化。柳州铁路局原要求铁路分局、相关站段工作人员到铁路局进行梳流准备、查定卸车资料、安排卸车计划等工作由编制系统自动完成，通过网络交换，汇总铁路局、铁路分局的装车去向，自动计算到各站的重车车流，通过对各区段的车流进行人工调整，即可编制列车、机车工作方案，减少工作量。

1997年11月1日撤销铁路分局后，柳州铁路局运输方案直接下达至各站段，要求站段建立健全相关台账，每月及时上报月度运输方案执行情况分析材料，加强对站段运输工作的指导与管理。南防铁路公司制订加大疏港运输方案，促进防城港货物吞吐量大幅增长。

2005年，广西铁路运输部门采取措施，不断提高运输方案质量。编制方案前提前做好货源摸底，由运输部门领导召集相关部门共同研究，充分考虑货源变化，合理调整装车计划，提高装车效率。

施 工 方 案

1991年，广西铁路运输方案中的施工方案，由于内容较多实行单独编制。柳州铁路局年度施工计划由铁路局各施工主管业务处于当年1月中旬向局运输处提报，由局运输处商有关业务处室研究后于1月下旬提出年度施工建议安排，送铁路局局长审批，以施工文件下达执行。季度施工计划，由铁路局主管业务处于每季度最后一个月15日前将下一季度行车设备大中修、既有线大型技术改造和大型基建施工的施工计划提报局运输处，局运输处汇总后报综合“天窗”修领导小组。月度施工计划，由各施工单位向铁路局主管业务处提报，业务处审核汇总后报局运输处。局运输处制定初步方案，于每月会同相关业务处召开施工计划审定会，协调重点施工事项，会签下月月度施工方案并报分管副局长审批。维修“天窗”由日计划安排，施工项目如涉及站线、专用线，由站段负责审批；区间维修项目，提前一日报铁路分局总调度批准安排(1997年11月撤销铁路分局后，区段维修项目改由铁路局总调度室安排)。1991—1996年，合资铁路由于列车密度不大，未设专人负责施工方案编制。

1997—2002年，地方铁路线路里程增加，车流密度加大，把编制施工方案摆上议程，逐步建立综合“天窗修”制度。

2004年，根据施工要求的变化，柳州铁路局施工计划由铁路局、站段分别审定、编制，并在运行图中留出固定的综合“天窗”供施工用。铁路局成立综合“天窗”修领导小组，负责全局综合“天窗”修工作。建立健全综合“天窗”修管理、考核办法，督促检查综合“天窗”修各项措施的落实，协调、解决综合“天窗”修中出现的问题。局运输、机务、工务、电务处，安全监察室，建设管理中心设专(兼)职人员，负责综合“天窗”修的日常管理及考核，检查指导施工单位实施“天窗”修基础管理、现场作业及安全措施的制订和落实，协调、解决“天窗”利用出现的问题，优化施工和运输组织。

2005年，广西铁路根据铁道部要求，将营业线施工等级划分为3级，并成立相应的施工领导小组，加强对施工的组织领导。

第三节 调 度 指 挥

调 度 系 统

1991年1月,广西国家铁路调度机构为柳州铁路局调度科,柳州、南宁铁路分局调度所。铁路局调度科由局运输处领导,铁路分局调度所由铁路分局运输科领导。地方铁路的调度工作由各管理段(站)负责。合资铁路的调度工作,由南防铁路公司运输科下设的调度所负责。

1994年2月24日,广西地方铁路公司在柳州成立调度所,负责地方铁路运输调度指挥,并从6月30日起行使对各管理段(站)运输生产指挥权。同年8月,柳州铁路局撤销调度科成立总调度室,内设值班科长、分析、车流、货运、军(间)运、南台列车、北台列车、机车、客运调度台,其中机车调度由机务处、客运调度由客运处领导。柳州、南宁铁路分局调度所设值班主任、值班副主任(区长)、分析、车流、计划、列车、货运、客运、特(罐)运、军(商)运、预确报、机车、牵引供电(南宁铁路分局调度所)调度台。12月,增设自备车调度台。

1995年10月,广西地方铁路有限公司设立调度科,管理地方和合资铁路调度工作。

1997年11月,柳州、南宁铁路局调度所统一归铁路局总调度室领导,办公地点、机构设置和人员暂时不变。

1998年9月至1999年6月,柳州铁路局对调度机构进行第一次大调整,调整分为两个阶段进行:第一阶段,1998年9月11日,柳州铁路分局调度所合并到铁路局总调度室,同时将原隶属柳州铁路分局调度所的机调划归局机务处,客调划归局客运处领导。第二阶段,1999年6月8日,铁路局总调度室搬入新调度大楼;16日撤销南宁铁路分局调度所,该所的各调度台合并到铁路局总调度室,原隶属南宁铁路分局调度所的机调、牵引供电调度划归局机务处,客调划归局客运处,集装箱调度划归局运输处集装箱中心。调整后,铁路局总调度室定员215人(第一阶段分流110人,第二阶段分流83人),内设分析室、技术教育室、运输十八点统计室和行政管理员。调度工作设值班主任,值班副主任一、二台,车流主任,车流,主任计划,日计划一、二台,湘桂北、黔桂、枢纽、湘桂南、黎湛、南昆计划,永全、全桂、桂鹿、枢纽、柳融、融牙、洛金、金麻、柳黎、黎玉、玉河、河湛茂、黎南、南凭、江百、百威列调,货调主任,日勤、中心台、北台、西台、南台、东台货调,军特调主任,军特调,篷商调主任,篷商调,预确报,自备车主任,自备车,共44个调度台。局机务处调度科定员50人,设机调长,日勤计划和机调一、二、三台;主任电调(牵引供电),南百、百威电调和水电调度台。局客运处客调定员8人,设主任客调,客调日勤(甲)、(乙)和值班客调台。

2005年,局调度所经过调整,实现减员增效

2000年3月,铁路局总调度室撤销日计划二台,将黎湛计划分为黎玉计划和玉湛茂计划台。同年5月,运输十八点统计室划归局计划统计处管理。2002年1月,撤销黎玉、玉河列调台,成立黎河列调台。同年6月,广西沿海铁路公司设立调度中心,内设值班主任、列车、货运、机车、分析、统计

调度台，定员18人，负责南防、钦北、钦港、黎钦铁路行车调度工作。2003年1月，铁路局的客运调度、机车调度、牵引供电调度和运输十八点统计计划归总调度室，原机调长台改为机调中心台。2004年1月，铁路局总调度室增加生产调度人员和十八点统计人员定员54人。4月22日，增设施工调度台，负责日常综合维修“天窗”和施工调度。

2005年，局调度所调度人员发布行车调度命令

2005年5月11日—30日，铁路局对总调度室进行第二次大调整。列车调度台由15个调整为10个，计划台由8个调整为4个，货调台由5个调整为3个，牵引供电调度台由2个合并为1个，运输十八点统计台由9个调整为7个，统计室并入分析室，同时撤销值班副主任、车流主任、主任计划、日勤计划、篷商调主任、篷商调、预确报、自备车主任、统计主任、机调中心、机调日勤计划和客调日勤计划台。同年6月，局运输处总调度室更名为柳州铁路局调度所，仍属局运输处领导。7月1日，局车辆处的车辆和红外线调度划归铁路局调度所管理。第二次大调整后，铁路局调度所内设分析统计室、技术教育室和车流调度；湘黔桂、枢纽、黎湛茂、黎威凭计划；滩桂、桂柳、洛牙、柳金、金麻、柳玉、玉湛茂、黎凭、江百、百威列调；货调主任，货调日勤，中心、南台、东台货调；军特调主任，军特调；客调主任，客调；机调主任，机调一台、二台、三台；电调（牵引供电）主任，牵引供电调度；车辆调度主任，车辆、红外线调度；施工调度和自备车调度34个调度台。调度人员由铁路分局撤销前的408人（未含车辆、红外线调度）减至168人（含车辆、红外线调度）。

作业组织

1991年，广西铁路运输调度工作按照铁道部制订的《铁路运输调度规则》进行。9月，柳州铁路局召开调度工作会议，制订提高日（班）计划质量，加强分界口间日（班）计划交换资料以及提高调度人员素质等措施。

1992年4月，柳州铁路局运输调度部门针对三茂线实行第三步分流，牙屯堡、茂名分界口接入列车对数增加、到达重车增大，导致黎湛铁路运能更趋紧张的状况，进一步加强日班计划，调整机车交路，组织柳州南站编开南宁及其以远列车通过黎塘，减轻黎塘站压力；协调好茂名分界口的列车交接；开展黎湛铁路列车正点攻关活动，使货物列车正点率由6月的70.6%上升到12月的95%。9月、10月，麻尾、牙屯堡分界口在全路运输“红旗口”竞赛中，被评为红旗分界口。1993年，组织柳南编开河唇以远的直通列车，黎塘开好湛江直达列车；黎塘—玉林区段的列车牵引定数由3200吨提高到3580吨，有效加速车辆周转，减少凤鸣分界口车流积压，7月—11月，凤鸣分界口日均通过车比计划多131辆。

1994年，广西铁路管内面临自然灾害多、行车事故多、设备故障多、施工多、临客占线多、装车货源少的“五多一少”困难局面。调度部门在抓好卸车和分界口交车的同时，在日常装车组织上采取因时因地制宜的灵活方式，变“货等车”为“车等货”，遇特殊情况允许先装车后补报计划。柳州铁路局全年超额完成货物发送量19.9万吨，换算周转量、日均装车、卸空车、运输收入均创历史最好成绩。合资铁路完成货物发送量204.49万吨，周转量73840万吨公里，分别比上年增长16.9%和32.1%。1995年3月1日起，对坪石、余家、礼陵、凤鸣4个分界口的装车实行经济制约，既减少分界口车流积压，又防止分界口能力浪费。在日常组织工作中，采取开大列和超轴挂车等方法，加快管内重车的输送。

1996 年，局运输处先后印发《柳州局调度部门安全标准线建设标准》《运输部门主要工种及分局调度所调度员应知应会范围的通知》和《关于规范创建安全优质调度所活动的通知》等文件。柳州、南宁铁路分局调度所从整章建制入手，重新制定完善调度所管理细则，建立健全调度所基本台账，抓好调度员基本功训练。12 月，柳州铁路分局调度所被铁道部命名为全路安全优质调度所。针对春节期间装车下滑的状况，铁路局调度部门采取可先发令装车后补办手续等措施，抓好装车组织，使节日期间日均装车同比增加 276 车。尽管铁路局管内遭到“7·19”特大洪灾和 9 月台风的巨大影响，全年货物发送量仍超额 0.7%完成计划。

1999 年 6 月，制订《柳州铁路局总调度室基本制度》，总结原柳州、南宁铁路分局调度所和铁路局总调度室编制调度日班计划的经验，细化编制调度日班计划的程序，提高调度日班计划质量。2000 年，柳州铁路局改变以往调度人员奖金跟随机关吃“大锅饭”的做法，对铁路局总调度室的奖金实行与运输指标挂钩考核。铁路局总调度室制定内部经济挂钩考核分配办法，激发调度人员提高日班计划质量、提高运输效率和效益的积极性。4 月，针对南昆铁路、黔桂铁路西段等运输能力紧张、区段装车问题较多等情况，铁路局总调度室制订《关于运能与运量矛盾突出区段的装车组织办法》，对关键区段车站实行日历装车。

2001 年 1 月，广西铁路执行铁道部重新修订的《铁路运输调度规则》，新增加直管站段的调度工作职责。年内，铁路局总调度室制订《关于加强军运工作组织措施》《关于开行军用列车的有关补充规定》，加强军运组织工作。制订《关于加强电务信号中修和“天窗”修的调度组织措施》，提高电务信号中修和“天窗”修计划兑现率。4 月—5 月，在北海培训基地举办 4 期调度系统培训班，对铁路局总调度室调度员、车站调度人员、车务段业务骨干、合资和地方铁路调度员、驻局军代处相关人员共 500 多人进行系统培训，加强调度队伍的建设，提高调度人员的业务素质。

2002 年 4 月，铁路局总调度室制订《计划大表填记的有关规定》，进一步明确日班计划编制、第二班计划调整，停运、加开临时定点列车等计划大表的填写方法。2003 年，从加强日班计划组织落实入手，重点对中、停、周时指标进行攻关。制定车站大停时车辆报告制度，要求车站每日对停时达到 72 小时以上的车辆进行统计、分析、汇总上报，对大停时车辆重点追踪处理，并制定压缩中、停时的组织措施，全年周时完成 3.06 天、中时完成 5.6 小时、停时完成 23.1 小时，分别比年计划压缩 0.39 天、0.9 小时和 1.4 小时。

2004 年 9 月—10 月，铁路局总调度室落实铁路局“三保一倾斜”（即保疏港，保煤炭，保成都、昆明铁路局物资运输和运力向国有重点企业倾斜）措施，42 天内，突击运送疏港物资 301 万吨（同比增长 27.1%），日均装到成都、昆明铁路局的货物 1517.2 车（同比增长 26.5%），为疏港保运和大西南建设当好先行。年内，柳州至黎塘双线自动闭塞施工，铁路局总调度室对运输影响较大的大型施工列车调度台实行双人双岗，一人负责施工调度命令的拟发，一人负责列车运行的调整，保证调度命令及时、准确发布，及时调整列车运行，最大限度地减少施工对运输的影响。

2005 年，铁道部再次修订《铁路运输调度规则》，统一全路调度机构设置名称，细化各级调度部门的工作职责、运输组织和施工措施，制订新技术设备下的调度工作方法，同时新增加客运调度工作规则。年内，铁路局总调度室针对调度台整合、减员和调度 TMIS 计划子系统开通试用出现的人员新、设备新、作业方法新、工作量增大等问题，分别制订《计划调度员使用 TMIS 系统作业组织程序》《关于加强作业组织、提高日班计划质量的通知》《日班计划质量考核办法》《日班计划整顿要求》《关于规范 TDCS 列车调度指挥系统中间站站存车上报的通知》和《关于维修施工调度命令发布的有关规定》等办法、措施，并成立以铁路局总调度室主任为组长的领导小组，下设各专业小组，从货运、列车、机车工作计划三个方面重点抓好调度日班计划的编制，提高日班计划的质量。

表 2-21 1991—2005年柳州铁路局周时及相关指标完成情况

年度＼指标	运用车（车/日）	装　车（车/日）	卸　车（车/日）	周　时（天）	停　时（小时）	中　时（小时）	旅　速 公里/小时	货车日产量 万吨公里	平　牵（吨）
1991	8671	1701	2007	2.85	21.3	5.1	24.4	68.2	2084
1992	9377	1746	2050	2.79	23.3	5.3	24.7	68.7	2125
1993	10584	1832	2126	2.98	25.3	5.8	24.3	71.2	2190
1994	10874	1851	2277	2.97	24.0	5.5	23.9	73.2	2230
1995	10493	1934	2224	2.82	22.6	5.3	24.0	73.4	2310
1996	10726	1869	2158	2.94	23.7	5.5	23.7	70.6	2317
1997	11227	1895	2097	3.05	23.8	6.1	24.7	75.9	2415
1998	13649	1888	2208	3.60	26.9	7.0	24.3	83.2	2458
1999	12914	1834	2252	3.32	24.4	6.2	24.6	87.3	2479
2000	14817	2050	2595	3.34	23.6	5.8	26.2	95.9	2554
2001	14753	2232	2754	3.18	23.0	5.9	26.3	97.8	2637
2002	15121	2360	2854	3.13	23.2	5.4	26.9	103.3	2657
2003	16235	2725	3200	3.06	23.1	5.6	27.3	109.1	2741
2004	16871	3202	3485	2.77	18.6	4.9	27.3	113.4	2863
2005	17181	3440	3624	2.67	16.2	4.9	28.3	115.7	2921

表 2-22 1991—2005年广西沿海（南防）铁路公司周时及相关指标完成情况

年度＼指标	运用车（车/日）	装　车（车/日）	卸　车（车/日）	周　时（天）	停　时（小时）	中　时（小时）	旅　速 公里/小时	货车日产量 万吨公里	平　牵（吨）
1991	223	43	78	1.86	35.1	19.9	28.3	55.7	1483
1992	220	71	73	1.59	25.7	26.4	28.0	60.1	1559
1993	435	82	91	2.58	46.6	80.2	26.5	70.6	1975
1994	654	95	130	3.01	49.4	52.0	25.2	83.2	2230
1995	440	96	124	2.11	40.6	126.0	25.4	81.8	2206
1996	453	120	174	1.58	24.0	52.8	24.7	84.9	2071
1997	542	162	196	1.53	26.7	50.6	25.1	86.6	2267
1998	590	190	212	1.51	27.7	125.7	25.8	84.1	2216
1999	586	220	211	1.36	24.6	70.5	33.9	124.1	2782
2000	607	233	233	1.32	20.7	66.0	34.7	125.6	2872
2001	694	288	236	1.34	21.4	56.0	35.0	119.5	2846
2002	777	327	254	1.35	23.0	56.7	33.1	118.5	2834
2003	863	385	279	1.31	22.5	34.1	32.0	120.4	2888
2004	862	453	313	1.14	18.3	6.1	32.9	127.4	2943
2005	980	557	358	1.08	19.1	5.7	32.7	128.9	2927

注：自2004年起，钦北铁路车辆不再全部按中转车统计，只有在钦州站实际产生中转作业时才统计为中转车、计算中转停留时间，因而公司平均中转停时有较大幅度下降。

调度新技术新设备

1991年初,柳州铁路局,柳州、南宁铁路分局以及南防铁路公司行车调度人员使用手工铺画列车运行计划、电话下达调度命令和收取列车运行时刻的落后方式指挥行车工作。年内,柳州铁路局开始在行车调度台安装声控通讯记录仪,为分析研究行车安全工作提供原始资料。

1993年,柳州铁路局开始推进调度信息化建设。1995年1月,铁路局、铁路分局启用通过调度电话会议系统开发的事故救援现场静止图像系统和汇接系统,实时传送事故现场救援工作图像,为领导进行事故救援决策提供现代化手段。

1997年6月1日起,铁路局总调度室采用计算机铺画列车运行图,改变手工画图的传统方式。年内,运输管理信息系统(TMIS)建成,完成桂林北、黎塘、南宁、南宁南等14个车站与柳州、南宁调度所,铁路局总调度室列车确报系统开通并联网。1998年年末,铁路局列车确报系统全部开通使用。1999年,铁路集装箱信息追踪系统有11个车站列入TMIS系统管理。2000年6月,TMIS系统升级,由DOS系统升为WINDOS系统。同年10月,由铁路局总调度室与电算中心共同开发的调度日况信息管理系统正式使用,摆脱数十年手抄、复写报送调度生产日况表的落后方式,使铁路局机关各部门可随时通过系统网络了解每日生产情况。年内"运货五"装车去向网络报告系统完成。年末,茂名、牙屯堡分界站AEI设备安装调试完毕并试用。

2002年4月,柳州至黎塘区段TMIS列车调度系统在柳黎台试用,列车调度员可以使用计算机铺画列车运行图,使用计算机直接指挥列车运行。年内,投资4686万元的DMIS工程正式启动。12月12日,由上海卡斯柯公司研发并施工的铁路调度指挥管理信息系统(DMIS系统)在湘桂铁路桂林北至鹿寨段开通试用;27日,在全州至桂林北段开通试用。该系统与轨道监测、调度监督相融合,具有自动采集列车在车站的到发时刻,自动生成列车运行图和车站行车日志,自动铺画和下达列车运行计划,自动生成和下达调度命令,自动追踪和校核列车车次,实时显示车站的股道运用、列车进路和列车运行的情况,自动收集和分析区段通过能力使用状况,自动进行列车正晚点统计,收取车站上报的施工请求计划和站存车等功能。2003年3月,DMIS系统在永州至桂林北段正式使用。其后,柳州铁路局DMIS系统建设步伐加快,4月,湘桂铁路桂林北至鹿寨;5月,湘桂铁路黎塘至江西村、黎湛铁路风鸣至湛江、南昆铁路杨美至品甸;11月,焦柳铁路牙屯堡至柳江、河茂铁路龙田面至茂名等区段正式投入使用。2004年湘桂铁路对亭至和吉村,黔桂铁路新圩、太阳村站正式投入使用。至此,全局开通DMIS系统车站203个,覆盖面80.6%,全局运输调度步入运用现代化、信息化手段直接指挥运输生产的新阶段。与此同时,数字调度系统于2003年5月28日在焦柳铁路柳州至牙屯堡段,9月25日在湘桂铁路黎塘至南宁段,2004年在南昆铁路全线、湘桂铁路柳州至黎塘段、黎湛铁路全线开通使用。数字调度系统通过闭环网络,形成各自独立的列调、货调、无线列调和区间应急电话等调度和专用通信系统,替代调度电话总机、专用电话总机、汇接分配器等专用通信设备,集中机等站场通信设备,有力地保证调度安全。

2004年,柳州铁路局调度人员运用列车调度指挥系统指挥行车

2004年4月,TMIS货运调度子系统在柳州铁路局开通试用。该

子系统以货运计划、技术计划等为依据，通过计算机网络实现全局各站装、卸车计划的审批、下达和信息上报，以及每日装、卸车完成情况的自动统计。同年12月，局运输处与中南大学共同研发的货物运输经营综合分析系统投入运行。该系统自动选择最优化的方案对每日的请求车进行审批，并对人工干预实行记录，大大减轻日勤货调人员的劳动强度，提高工作质量和效率。

2005年1月12日，湘桂铁路柳州至永州段和柳州枢纽数字调度系统全线开通。湘桂铁路数字调度系统将柳州枢纽、桂鹿、全桂、永全4个列调和柳州枢纽中心货调、北台货调、区间应急通信和桂林车务段管内各站专用电话纳入数字调度系统，并采用封闭的数字通道环及西南保护环，确保运输调度指挥系统不间断运行。至此，铁路局有200个车站开通使用数字调度设备。同年3月，铁路调度指挥管理信息系统（DMIS系统）更名为铁路列车调度指挥系统（TDCS系统）。7月，TMIS计划调度子系统在铁路局正式使用。该系统可通过网络收取、查看全局各车站的车流情况和现在车分布状况，根据车流情况和车辆运用状况，使用计算机编制调度日班计划下达各区段、编组站实施，并自动生成、打印日班计划大表。

第四节　车站管理

1991年，广西国家铁路有车站176个，其中铁路分局直管站14个（柳州铁路分局8个、南宁铁路分局6个），车务段管车站162个。广西地方铁路有车站24个，由各管理段管理。合资铁路有车站10个，由南防铁路公司管理。

1995年，钦北铁路投入运营，南防铁路扩能改造，广西境内新增车站5个、线路所1个。

1997年，南昆铁路投入临管运营，广西境内新增中间站23个；钦港铁路投入运营新增车站1个。同年11月撤销铁路分局后，原铁路分局的直属站由铁路局直接领导和管理。

1999年7月1日，黎钦铁路投入运营，广西境内新增车站5个。

2005年，广西国家铁路有车站217个，其中铁路局直管车站7个，直管车站管车站4个，车务段管车站206个。广西地方铁路有车站20个，合资铁路有车站26个，分别由广西地方铁路有限公司和广西沿海铁路公司管理。

管理方式

段管方式　1991年，柳州铁路局在广西境内有全州、桂林、来宾、黎塘、崇左、宜山、融安7个车务段（河唇车务段在广东省境内），管辖中间站162个。7个车务段的管辖范围：全州车务段滩头湾—灵川23个站（广西境内18个站、湖南省境内5个站）；桂林车务段二塘—鹧鸪江及洛埠—拉洞23个站；来宾车务段进德—和吉村、新圩—洛满—柳江19个站；黎塘车务段稔竹—长岗岭、凤鸣—仁东21个站；崇左车务段金鸡村—上石19个站；宜山车务段流山—鼓里32个站（广西境内31个站、贵州省境内1个站）；融安车务段牙屯堡—更村25个站（广西境内24个站、湖南省境内1个站）。地方铁路来宾管理段管辖6个站，罗城管理段管辖6个站，普洛管理段管辖10个站。南防铁路公司钦州车务段管辖8个站。

1997年1月，广西地方铁路有限公司撤销钦州车务段，成立防城港运输段，管辖南防、钦北、黎钦、钦港铁路所有车站。8月4日，柳州铁路局成立南宁南车务段和百色车务段。南宁南车务段管辖南昆铁路坛洛至那厘各车站；百色车务段管辖南昆铁路思林至品甸各车站。

1998年9月，柳州铁路局撤销来宾车务段，成立柳州车务段；撤销桂林车务段和全州车务段成立新的全州车务段；撤销黎塘车务段和崇左车务段，成立新的崇左车务段。柳州车务段为一等段，负责原来宾车务段的管辖范围、柳州北站和原桂林车务段管辖的对亭至鹧鸪江站（含屯秋专用线）的领导和管理，管辖28个车站和柳州乘务室。新的全州车务段为一等段，负责原全州车务段的管辖范围和原桂林车务段管辖的二塘至鹿寨站的领导和管理，管辖41个车站和桂林乘务室。新的崇左车务段为一等段，负责原崇左车务段的管辖范围和原黎塘车务段管辖的稔竹至长岗岭站的领导和管理，管辖27个车站和南宁乘务室。与此同时，将原黎塘车务段管辖的凤鸣至仁东12个车站划归河唇车务段领导和管理。1999年2月，南宁南车务段并入百色车务段。

2004年11月，柳州车务段与融安车务段合并，组建新的柳州车务段。2005年5月，撤销崇左车务段，成立南宁车务段；撤销河唇车务段，成立玉林车务段。南宁车务段负责原崇左车务段管辖范围及南宁南站的领导和管理。玉林车务段负责原河唇车务段管辖范围及玉林站的领导和管理。6月，全州车务段改设于桂林，更名为桂林车务段，管辖范围不变。年末，柳州铁路局有柳州、桂林、南宁、玉林、百色、宜山6个车务段(均在广西境内)。各车务段管辖范围：桂林车务段蓝家村至鹿寨40个站(其中湖南省境内4个站)；柳州车务段对亭至和吉村、牙屯堡至柳江、新圩、太阳村46个站(其中湖南省境内1个站)；宜山车务段流山至鼓里33个站(其中贵州省境内1个站)；南宁车务段稔竹至凭祥37个站；玉林车务段凤鸣至遂溪、山底岭至龙田面37个站（其中广东省境内16个站)；百色车务段杨美至品甸51个站(其中贵州省境内16个站)。

站管方式 柳州铁路局直管车站的管理方式分为两个阶段：1991年1月至1997年10月，铁路分局管理；1997年11月起，铁路局直接管理。

1991年，柳州铁路局在广西境内有桂林北、桂林、柳州北、柳州、柳州南、融安、金城江、黎塘、南宁、南宁南、凭祥、贵港、玉林13个直管站，前7个站由柳州铁路分局领导和管理，后6个站由南宁铁路分局领导和管理。

1997年6月6日，融安站并入融安车务段。1998年9月18日，柳州北站划归柳州车务段管理。2004年7月21日，桂林站与桂林北站合并，组建新的桂林站。同年11月，金城江站划归宜山车务段领导和管理，贵港站划归河唇车务段领导和管理，凭祥站划归崇左车务段领导和管理。2005年5月8日，南宁南站划归南宁车务段管理，玉林站划归玉林车务段管理。年末，柳州铁路局在广西境内有柳州、柳州南(管辖柳州东)、桂林(管辖桂林南)、南宁、黎塘5个直管站。

编　组　站

柳州南站是广西铁路惟一特等编组站。车站位于湘桂、黔桂、焦柳3条铁路干线的汇合点，担负衡阳、贵阳、怀化、黎塘4个方向货物列车的解编及货车中转任务，被誉为柳州铁路局的“心脏”。

1991年，柳州南站重新修订编制《行车工作细则》，对班计划、阶段计划和调车作业计划的编制作出具体规定：班计划由主管副站长或运转(调度)主任编制，站长(或副站长)负责审批。阶段计划由站调根据班计划和有关规定编制，其中到发线运用计划由站调分别和到达场、出发场车站值班员共同确定，由车站值班员掌握；调车作业计划根据阶段计划和现车分布情况、到达列车编组确报、驼峰和牵出线利用情况以及调车机工作动态进行编制。日均办理车数5869辆。

1992—1996年，柳州南站日均办理车数从6253辆提高到7248辆。

1997年4月，柳州南站进行扩能改造，成为纵列式三级三场编组站（详见第一篇第三章第一节)，日均办理车数7491辆；2000年7月，柳州南站驼峰由机械化半自动化改造为自动化、联锁电气集中改为微机联锁，日均解编182.1列，办理车数7523辆；2001年，柳州南站经查定，到达场日接车能力109.7列，出发场日发车能力112.6列，驼峰日解体能力104.4列，峰尾日编组能力112.5列，办理车数7965辆；2003年，柳州南站日均办理车数8606辆，超过7800辆的设计能力和7965辆的查定能力。

2005年，柳州南站完成解体3.9万多列，比1991年提高28%；编组3.8万列，比1991年提高26%；日均办理车数10254辆(最高1.2万辆)，比1991年提高75%。

区　段　站

1991年，广西铁路有桂林北、黎塘、南宁、凭祥、金城江、玉林、融安7个区段站。

1997年，南宁南站建成区段编组站。8月，由铁道部科学研究院研制的铁路局第一套微机联锁系统在该站投入运用。1998年12月，桂林北站和黎塘Ⅱ场先后开通信号微机联锁系统，3个站的信号设备进入微机联锁的新阶段。1999年，区段站现车管理TMIS工程先后在桂林北、贵港、金城江等4个站开通，实现现车管理计算机化，车站站调人员甩掉使用数十年的纸和笔传统作业方式。

2003年，局运输处重新调整相关车站的工作量。在贵港、黎塘站组织整列空车通过南宁南站；调整柳州南、南宁南站编组到茂名站直通货物列车的编组计划，增加茂名站空、重车的分组组号，减少到达茂名站后的调车作业，让茂名站腾出能力编好上行出发列车。编组计划调整后，南宁南、黎塘等站列车编组工作量得到较合理的分配，全局货物列车编组质量明显提高。在主要装车站组织通过柳州南、南宁南站的直达列车和重点摘挂列车，延长货车中转距离，缓解南宁南站的编组压力，提高车辆运用效率。南昆铁路组织一站或两站分装通过南宁南站的煤炭重点摘挂列车；黎塘、贵港站组织通过南宁南站到南昆铁路整列空车。在月度方案中，铁路局每天开行跨局、短途直达列车18列。由于高质量直达列车的组织开行，南宁南站的无调比重比上年提高12个百分点。

2004年，柳州铁路局重新调整关键区段站南宁南、黎塘、茂名站的编组计划、列车运行图及相关车站的工作量，特别是大力减少黎塘站编组作业量，不断优化点线能力的配置和车流接续。集中资金，进行一些“短、平、快”项目的技术改造，南宁南站增加6股分类线，改造驼峰，增强编解能力。

2000年，焦柳铁路区段站融安站

中　间　站

1991—2005年，广西铁路中间站，国家铁路由车务段、地方铁路由管理段、合资铁路由运输段管理。中间站一般实行车站、班组两级管理，业务量较大的中间站实行车站、车间、班组三级管理。1991年，广西铁路有中间站193个，其中国家铁路155个、地方铁路24个、合资铁路14个。1996年7月，柳州铁路局对日均发送旅客少于20人的黄土井等53个中间站、年货物到发量少于5000吨的凉风桥等62个中间站停止办理客、货运输业务。1997年12月，南昆铁路广西境内的35个中间站交付柳州铁路局临管运营。1999年9月，黎湛铁路蓬塘至雅桥间复线开通，撤销其间的六联、高岗站。12月15日，湘桂铁路黎塘至南宁间新增那楼站开通使用，为行车会让站，不办理客货业务。2001—2002年，南昆铁路广西境内新建成杨美、定顿、连安、雁江、山心、那何、仑圩、三塘（后改为保安）、喜屯、乐里河、红旗屯、岩龙12个会让站。2004年，柳州铁路局为实现规模经营，停办24个中间站的货运业务，撤销湘桂铁路柳黎段百朋、维都、佳田、古梦和黄坡5个中间站。

1991—2005年，广西铁路运输部门贯彻落实铁道部颁布的《铁路中间站管理标准》，加强中间站的管理工作。1991年，经检查、考核、评分，六卡站被评为全路先进中间站。1992年，柳州铁路局保持全路先进中间站称号的有八塘、蓬塘、宜山、庙头、夏石、吹塘、新圩、六卡、叶茂、雒容10个中间站。1998年，融安车务段程祥站、柳州车务段柳江站获全路先进中间站称号。

1991—2005年，广西铁路加大资金投入，改善行车设备，搞好中间站建设。1994年2月至1997年8月，湘桂铁路滩头湾至柳州52个车站51个区间全长397公里计轴自动闭塞先后开通，这是中国第一段单线非电气化计轴自动闭塞。1996年，在15个中间站安装使用平面调车设备。1997年12月，湘桂铁路南宁至凭祥段14个中间站小站继电开通使用。至此，柳州铁路局所属中间站行车信号基本实现小站继电方式，铁路运输技术条件改善。2004年4月，湘桂铁路柳州至黎塘区段信号自动闭塞工程完成，经过自动闭塞改造，列车追踪间隔时间8分，区间平图能力180对，货物列车使用能力128.5对，货物输送能力8192万吨，能满足柳黎区段近、远期运量的需要。

第五节 列车乘务

1991年，柳州铁路局设柳州、南宁、桂林、玉林、融安、金城江7个乘务室，分别由来宾、崇左、桂林、河唇、融安、宜山车务段管理。各乘务室的主要职责是：负责运转车长的日常管理工作。南防铁路公司设运转车长指导队1个，由南宁南机车运用段管理。年内，局运输处修订标准运转车长考核内容，组织各车务段、乘务驻在所（室）加强对运转车长作业标准的考核，有5名运转车长评为铁路局标准运转车长。

1992年5月，柳州铁路局制订《站车交接作业标准》，规定编组、区段站车号员（长）、货运检查员、守车整备员与运转车长以及运转车长相互间在站车交接中的作业程序和技术要求，保证行车安全。

1996年7月，柳州铁路局运输部门在南宁站举办全局运转车长运动会，有6个乘务室24名选手参赛。同时召开乘务主任座谈会，检阅运转车长的技术业务水平，交流乘务工作经验。

1998年11月，柳州铁路局运输部门在柳州至黎塘区段试行使用货物“列车尾部安全防护装置”，取消守车，减少运转车长62人，每天节省守车30多辆。同年，南防铁路开始使用“列车尾部安全防护装置”，逐步取消运转车长。1999年7月、9月、10月，在柳州至黎塘至凭祥、柳州南至永州和黎塘至湛江等区段的货物列车全部使用“列车尾部安全防护装置”。2000年8月，南昆铁路南宁至威舍区段货物列车全部使用“列车尾部安全防护装置”，取消守车，每趟货车可多挂1辆车，每天增加运输能力34车，增运货物2000多吨。同年11月，黔桂、焦柳铁路货物列车相继使用“列车尾部安全防护装置”。至此，柳州铁路局货物列车全部取消守车和运转车长，实现货物列车“无守化”，取得提高铁路运输科技含量、减少600名运转车长、节省守车维修和冬季生火费用、提高列车运输能力的好效果。实现货物列车“无守化”以后，行驶在广西境内的旅客列车继续实行运转车长值乘，严格按照铁道部颁布的《运转车长乘务工作标准》执行各项值乘工作任务，保障旅客列车运行安全。柳州、桂林、南宁、玉林、宜山5个车务段乘务室仍承担旅客列车运转车长的日常管理职能。

2005年3月，广西沿海铁路公司的旅客列车不设运转车长，其工作由列车检车员兼任。年末，柳州铁路局有旅客列车运转车长328人。

1998年，获“全国五一劳动奖状”的全国铁路先进中间站八塘站

第五章 铁路工业

20世纪90年代初，广西铁路工业主要有机车车辆修理及为铁路运输和建设服务的其他工业。机车车辆修理，主要担负中南、西南地区铁路蒸汽机车厂修及客车车辆修理。其他工业有木材防腐，机车车辆配件生产，工务、电务、机电设备修造以及水泥、砖瓦等建筑材料的生产。工业企业有柳州机车车辆厂，桂林铁路配件厂，柳州铁路机电厂，柳州铁路工务工厂，柳州铁路电务器材厂，柳州、南宁装卸机械厂，柳州铁路局印刷厂，柳州木材防腐厂，柳州铁路局桂林、白山、黎塘水泥厂，柳州铁路砖瓦厂，柳州铁路木材厂等。1991年，完成蒸汽机车厂修275台，客车厂修100台；生产各种机车车辆配件4570吨；新制轨道台车8台，完成轨道汽车大修40台；生产电源屏14组；生产水泥6.5万吨。

1992年以后，随着社会主义市场经济的发展、国家产业结构调整，铁路工业生产由于设备落后、产品单一、人工成本高，遇到巨大困难。面对挑战，各企业逐步走向市场，参与市场竞争，通过改革求生存、求发展。

木材防腐企业面对木枕被钢筋混凝土轨枕替代，枕木防腐任务逐步减少的困难，大力开发新产品，1994年开始生产竹材人造胶合板；2001年，向物流业转型。

水泥等建筑材料生产因规模小、产量低，2000年前通过增加投入，改造设备，提高产量。2000年后，渐渐失去市场竞争力，有的工业企业撤并转产；有的深化改革，转换机制；有的面向社会，引进资金，实现企业转型。柳州铁路局物资工业总公司利用黎塘采石水泥厂的场地和办公用房，引进路外和台商资金，组建合资企业，生产预应力混凝土轨枕，2002年投产，2005年产量达到160.6万根，填补广西无预应力混凝土轨枕产品的空白。

机电和工电产品生产通过不断开发新产品，艰难地维持生产。2005年，完成轨道平板车新制2台，DF型机车汽缸盖2217组；生产电气集中组合柜221组。

机车车辆修理，产品由单一向多样化转变，由周边地区性修理转变为面向全国铁路市场，由只承担蒸汽机车和客车厂修，拓展到内燃、电力机车和货车厂修。2005年，柳州机车车辆厂轻大修SS7型电力机车试修取得成功。全年厂修内燃机车140台，厂修货车1259辆、K2货车转向架760辆，厂修客车516辆、翻新改造客车227辆，主业销售收入4.84亿元，为1991年的9.1倍。

第一节 机车车辆工业

机车厂修

广西铁路的蒸汽、内燃、电力机车以及客、货车辆的厂修主要由柳州机车车辆厂（以下简称工厂）承担。1997年10月以前，工厂隶属中国铁路机车车辆工业总公司。1997年11月1日，铁道部将其划归柳州铁路局领导。

1991—1994年，工厂以厂修蒸汽机车为主要任务，年均完成蒸汽机车厂修274.8台。

1995年，工厂围绕蒸汽机车厂修工艺开展攻关，改进摇枕、煤水车滚动轴承、机车平斜铁检修工艺，蒸汽机车年厂修能力提升至300台。

1996—1997年，随着铁路牵引动力改革，蒸汽机车逐步被内燃机车替代，工厂承揽到的蒸汽机车厂修任务减少，1997年仅承揽到160台，比

1998年，柳州机车车辆厂开始厂修内燃机车

1995年下降46.7%。

1998年1月，工厂开拓市场，成立厂修内燃机车筹备组，做好厂修内燃机车厂房改造、设备搬迁、工艺配套、人员配备及管理机制的准备。7月，首台内燃机车厂修试修成功。全年，厂修内燃机车3台。

1999年3月，工厂组建厂修SS_7型、SS_3型电力机车调研组，完成电力机车厂修可行性分析报告及电器、电力部分的检修工艺装置。7月，成立厂修电力机车筹备组，派员赴株洲电力机车厂学习，完成电力机车车间厂房改造、扩建及工装设备的安装、工艺流程布置。

2000年，通过完善内燃机车厂修工艺，提高工装设备效率，厂修内燃机车生产能力稳步提升。全年，厂修内燃机车48台。

2005年12月18日，工厂举行最后1台厂修蒸汽机车出厂仪式，厂修蒸汽机车历史宣告结束。经过几年的不懈努力，12月14日，首台SS_7型电力机车轻大修顺利落车。内燃机车厂修能力不断提高，全年厂修内燃机车140台，为2000年2.9倍。

表2-23 1991—2005年柳州机车车辆厂厂修机车情况

年度	机车厂修（台）			蒸汽机车质量		内燃机车质量		电力机车质量	
	蒸汽机车	内燃机车	电力机车	一等品率（%）	返修率（%）	一等品率（%）	返修率（%）	一等品率（%）	返修率（%）
1991	275	—	—	95	4.5	—	—	—	—
1992	277	—	—	94.8	4.67	—	—	—	—
1993	277	—	—	95.7	5.18	—	—	—	—
1994	270	—	—	95.9	4.4	—	—	—	—
1995	300	—	—	98.3	2	—	—	—	—
1996	270	—	—	100	6.4	—	—	—	—
1997	160	—	—	100	0.94	—	—	—	—
1998	114	3	—	100	0	—	—	—	—
1999	63	30	—	98	0	100	0	—	—
2000	44	48	—	100	0	100	2.08	—	—
2001	40	85	—	100	0	100	3	—	—
2002	43	100	—	98	0	100	4	—	—
2003	34	123	—	100	0	100	0	—	—
2004	40	122	—	100	0	100	1.3	—	—
2005	0	140	1	—	—	100	1.3	100	0

客车修理

1983年3月24日，工厂接到铁道部《转发国家计委〈关于柳州机车车辆厂扩建客车修理系统设计任务书的批复〉的通知》，同意工厂扩建修理客车，设计年修理能力500辆。

1991—1992年，厂修客车370辆。

1994年，工厂在1993年成功试修软卧车和年内成功厂修软卧空调车的同时，根据铁路旅客运输的需求，从9月起承担硬座、硬卧、餐车、广播车等5种车型在厂修中进行加装改造的任务。1995年，加装改造增加软座车、行李车两种车型。1996—1997年，对25G型、25B型客车，SY97099试验车进行技术改造，对74辆202型客车转向架进行补强改造。1998—2000年，完成各型客车改造85辆。2001—2004年，完成南昌铁路局宿营车、指挥车、休息车、餐车、发电车、救援列车加装改造以及德国进口RW24型高级软卧车，22、25型邮政车的加装改造任务。

2005年，工厂承担客车翻新改造任务。上半年，完成22(23)型客车翻新改造4辆；7月4日通过专家评审；8月8日获铁道部批量翻新改造22型客车批复。当月，铁道部运输局装备部对客车厂修转向架、台车、制动、钩缓装置4个检修单元进行对规检查，工厂得924.5分，在全国铁路客车修理厂排名第二位。全年，工厂厂修客车516辆，翻新改造客车227辆。

2005年，柳州机车车辆厂厂修的硬座客车

货车修理

1999年8月，工厂成立厂修货车筹备组；9月完成工艺技术方案、工艺布置以及工装、土建改造等准备工作；10月15日，首批C62A型货车试修成功；11月通过铁道部厂修货车资质认证。

2000年，工厂继续做好厂修货车设备配套，完善货车厂修技术标准和工艺，形成年修1000辆货车的能力。全年完成厂修货车495辆。同年，工厂根据铁路运送微型汽车需要装载量多、安全性能好的运输车辆的情况，自行研制通用型板架式集装箱，通过铁道部运输局中铁集装箱运输中心验收审定，认为通用型板架式集装箱较其他同类箱具有通用性强、装载量多等优点，运输能力提高3倍，处于全国铁路领先水平，获铁道部批量生产资格。2001年3月，获国家颁发专利证书。

2002年9月，工厂按铁道部厂修货车增加转8AG转向架改造任务的要求，成功试修转8AG转向架改造的厂修货车5辆。2003年完成476辆。

2004年，工厂根据铁路货物列车增载提速的要求，对K2型货车转向架进行改造，10月，获得铁道部运输局装备部试改货车K2转向架的批复；12月，完成提速120公里/小时K2转向架货车试改4辆，经专家论证，获得铁道部K2改造车生产资格。

2005年，工厂完成厂修货车1259辆、K2货车转向架改造760辆，厂修货车的产量和质量稳步提高。

表 2-24　**1991—2005 年柳州机车车辆厂厂修客、货车辆情况**

年度	厂修客车（辆）	厂修货车（辆）	客车质量			货车质量	
			一等品（%）	一次交验合格率%	厂外返修率（%）	一次交验合格率（%）	厂外返修率（%）
1991	100	—	—	—	—	—	—
1992	270	—	98.31	—	0.53	—	—
1993	279	—	95.12	—	0	—	—
1994	370	—	96.97	—	0.26	—	—
1995	510	—	96.67	—	0.06	—	—
1996	550	—	98.30	—	0.36	—	—
1997	700	—	98.00	—	0.44	—	—
1998	720	—	98.30	—	0.60	—	—
1999	575	10	98.70	—	0.20	—	—
2000	617	495	100	—	—	—	—
2001	668	900	—	81.23	—	97.32	—
2002	750	1000	—	87.07	—	98.20	—
2003	704	1100	—	76.95	7.3	78.15	—
2004	764	1441	—	80.18	9.0	82.14	1
2005	516	1259	—	82.39	—	88.24	—

第二节　铁路附属工业

机车车辆配件生产

广西铁路的机车车辆维修配件主要由柳州铁路局桂林铁路配件厂供应，柳州机车车辆厂和柳州铁路机电厂，也生产部分机车车辆配件。1991年，桂林铁路配件厂生产蒸汽机车配件 629 种，同时经铁道部批准，生产内燃机车铸钢配件、中磷闸瓦、高磷闸瓦等，年内生产铸造钢件 473 吨、中磷闸瓦 533 吨、高磷闸瓦 2200 吨。柳州铁路机电厂经铁道部批准，生产内燃机车汽缸盖，年内生产 265 组。柳州机车车辆厂生产部分蒸汽机车配件。同年，桂林铁路配件厂在中国铁路物资总公司印发的《关于公布首批机车车辆维修配件生产厂家及生产项目的通知》和《关于公布第二批机车车辆配件扩散生产厂及生产项目的通知》中，有 72 个项目列入铁道部产品目录，成为铁道部、铁路局车辆配件定点生产厂家。

1992 年，桂林铁路配件厂生产货车配件侧架，由于生产工艺复杂，产量较低。1994 年，引进侧架磨耗板表面淬火新工艺，自制自动传递设施，形成加工生产流水线，年生产能力 6 万块，在全国铁路车辆配件生产厂家中处于领先地位。同年，更新一套工频炉，内燃机车铸钢配件年产能力由 850 吨增加到 1500 吨，质量也有较大提高。研制开发的 DF7 型内燃机车、SS7 型电力机车中磷闸瓦产品，通过局机务处技术鉴定，正式投产，年内生产中磷闸瓦 531.5 吨。1995 年生产 769.2 吨。随着铁路牵引动力的变革，1996 年年末，柳州铁路局停止使用蒸汽机车牵引，桂林铁路配件厂蒸汽机车配件全面停产。柳州机车车辆厂仍然担负外局蒸汽机车厂修任务，继续生产蒸汽机车配件。

1997年，柳州铁路机电厂投资50万元，对内燃机车汽缸盖生产线进行技术改造，生产能力由上年1000组增至1500组。1998年生产1666组。

1999年，桂林铁路配件厂获铁道部运输局质量认可和生产资格，开始生产货车贝铁斜楔和客车高磷闸瓦两项产品。年内，购置贝铁斜楔ZI45-1造型机2台。全年生产铸造铁件517.4吨、高磷闸瓦981.2吨。2000年，贝铁斜楔QC小组获铁道部、自治区和全国"优秀质量管理小组"称号。同年，桂林铁路配件厂与航天工业部科技集团公司165厂联合开发研制SS7型电力机车时间继电器和DF4型内燃机车中间继电器。9月，通过铁道部驻柳州铁路局机车验收室和局机务处技术鉴定，开始批量生产。柳州机车车辆厂由于厂修蒸汽机车任务逐年减少，停止蒸汽机车配件生产。

2002年，桂林铁路配件厂试制客车奥贝球铁衬套成功，通过局车辆处认可，小批量生产。同年，货车不锈钢制动配件列入铁道部定点厂家，当年销售收入45万元。

2003年，柳州铁路机电厂投资25万元，将生产内燃机车汽缸盖的铸钢工频炉更新为中频炉，汽缸盖铸造能力比上年提高22.8%。投资152.7万元，购置北京机床研究所制造的TH6363型双工作台式加工中心设备，投入使用后，内燃机车汽缸盖的产量、质量进一步提高，全年生产内燃汽缸盖2473套，能满足广西铁路内燃机车修理的需求。

2005年，桂林配件厂生产机车车辆配件15.87万套2172.8吨，其中生产高磷闸瓦1389.7吨、中磷闸瓦792吨。根据列车提速的需要，与上海智诚科技投资有限责任公司合作生产高摩合成闸瓦。年内，建设生产线；2006年建成投入使用。

表2-25 **1991—2005年广西铁路机车车辆配件产量**

年度	铸铁件（吨）	铸铜件（吨）	球铁件（吨）	铸钢件（吨）	锻钢件（吨）	中磷闸瓦（吨）	高磷闸瓦（吨）	内燃汽缸盖（组）
1991	687	48	485	473	152	533	2200	265
1992	882	31	198	869	268	626	2566	121
1993	787.6	7	91.5	729.3	239.1	377	1878.9	375
1994	532	26.8	88.1	767.1	190.7	531.5	972.4	252
1995	683.7	28	94.9	352.8	123.6	769.2	852.2	504
1996	704	24.2	53.5	386.9	103.1	795.6	340.2	723
1997	764.7	22.3	41.5	378.6	90.3	704.4	379.9	882
1998	597.9	12.8	32	513.5	118.7	825.9	666	1666
1999	517.4	2.7	14.9	556.6	152.2	1109.7	981.2	2045
2000	557.4	1	12.3	502.1	186.4	13.4	1096.3	1596
2001	768.2	1.4	7.1	351.8	95.5	33.3	1325.3	1821
2002	517	2	14.5	1437.2	86.2	17.3	1177.1	2142
2003	431.6	0.4	5.6	1352.3	85.4	0	700.7	2473
2004	2879	0.1	5.27	404.9	43.67	0	1392.7	2099
2005	1292.6	0	23.61	715.07	39.7	792	1389.7	2217

机电产品生产

广西铁路的机电产品主要由柳州铁路机电厂生产。1991年，柳州铁路机电厂成功研制30吨轨道汽车平板车、平板吊车，当年生产轨道汽车台车8台，工业产值112万元；承担轨道汽车、轨道汽车台车等各类机电产品大修任务，大修轨道汽车41台、轨道台车30台。

1992—1995年，生产轨道汽车台车26台、大修轨道汽车140台、大修轨道汽车台车113台。1995年，轨道汽车台车获自治区新产品开发优秀成果三等奖。1997 年,调整轨道汽车台车生产线,年产轨道汽车台车 26 台,工业产值 420 万元。

1999 年,柳州铁路机电厂完成 290HP 大马力轨道汽车大修 2 台。2000 年,大马力轨道汽车大修 QC 小组获铁道部优秀成果奖。同年 9 月,成功研制高强度铝合金复轨器,通过铁路局安全监察室、机务处评审,获得生产认可,年内,生产 399 套,工业产值 259 万元。

2002 年 3 月,柳州铁路机电厂生产 100 套 43 公斤/米钢轨专用高强度铝合金机车复轨器,通过中铁对外服务公司出口越南河内铁路分公司,开拓国际市场。同年 10 月,与西南交通大学、眉山机车车辆厂联合成功研制 GPC30-120 高速轨道汽车台车;2003 年 10 月,通过铁科院车辆所测试,各项数据全部良好。根据铁路提速的需要,对 GPC30-120 高速轨道汽车台车进行技术改造。成功研制 GPC-30Ⅱ型轨道汽车台车,2005 年 1 月,通过柳州铁路局工业产品技术委员会鉴定,认为性能良好。年内,生产 2 台,工业产值 244 万元。

表 2-26 **1991—2005 年广西铁路机电产品产量**

年度	新制台车(台)	轨道汽车大修(辆)	机床大修(台)	轨道台车大修(辆)	年度	新制台车(台)	轨道汽车大修(辆)	机床大修(台)	轨道台车大修(辆)
1991	8	41	22	30	1999	10	23	/	32
1992	8	40	14	28	2000	3	27	/	42
1993	5	34	14	33	2001	8	24	/	49
1994	5	39	12	29	2002	6	27	/	50
1995	8	27	/	23	2003	2	15	/	26
1996	8	32	/	29	2004	2	7	/	31
1997	26	29	/	40	2005	2	7	/	58
1998	3	8	/	13					

工电产品生产

广西铁路的工电产品主要由柳州铁路工务工厂和柳州铁路电务器材厂生产。1991 年,柳州铁路工务工厂生产的小型养路机械液压捣固机,经铁道部工务局评审,定为合格产品。10 月,由铁道部投资 180 万元,从乌克兰巴顿电焊厂进口固定式 K190ⅡK 闪光焊轨机 1 台,淘汰原有气压焊设备,长钢轨焊接的生产效率和质量明显提升。采用卧式带锯机、自制矫直机、切除钢轨肥边机等技术设备整修旧轨,替代新轨。柳州铁路电务器材厂面对铁路通信设备更新发展迅速、电务器材市场竞争激烈的状况,加大电务器材的研制开发力度,通过对小站电源屏技术改造,成功开发中站信号电源屏,年内生产并销售 14 组,中站信号电源屏 QC 小组获铁道部质量管理优秀成果奖。全年生产尼龙绝缘件 106.9 万件、方钢连接杆 330 组。

1997 年,柳州铁路工务工厂分别进行翼形钢轨和整组道岔试产;1999 年,经局总工程师室和工务处验收,批准正式投入生产。铁路局投资 488 万元购置钢轨全长淬火设备。11 月,钢轨全长淬火试验成功,通过铁道部质量监督检查中心验收,批准正式生产。年内,完成长钢轨淬火 46.49 公里。柳州铁路电务器材厂对中站电源屏进一步研究改进,生产 5 千伏安信号电源屏 60 组,生产电气集中组合柜 150 套,同时生产与信号设备相关的防磨耗道岔拉杆、信号显示杆等新产品。

1998 年,柳州铁路工务工厂试制钢轨胶接绝缘接头,解决超长无缝线路关键技术。当年,通过铁道部质量监督检查中心验收,正式生产 82 根。同年,由铁道部投资 438 万元,从乌克兰巴顿电焊厂购进悬挂式 K900 闪光焊轨机(2002 年,改造为安装在平板车上的移动悬挂式闪光焊机,淘汰线路原来使用的钢轨气压焊接设备)。12 月,柳州铁路电务器材厂生产的 5 千伏安信号电源屏通过局总工程师室、科委等部门联合技术鉴定。年内,生产中站电源屏 3 组、电气集中组合柜 45 套。1999 年,柳州铁路电务器材厂研制的槽型50.6公斤/米两段式钢轨绝缘件获铁道部颁发生产制造特许证。

2001年6月，柳州铁路电务器材厂成功研制电气化铁路区段小站25赫兹相敏轨道电路PXT-800/25型信号电源屏，产品具有输入电压范围宽、输出电压稳定、启动快等特点(2003年投入批量生产)。同年，与天津川铁技术有限公司联合研制5千伏安三相转辙机稳压电源屏，通过局总工程师室技术鉴定，供柳州电务段试用。全年生产中站电源屏19组、电器集中组合柜74套。

2002年，柳州铁路电务器材厂对电气集中组合柜进行技术改进，生产新型电气集中组合柜；2003年，投入批量生产，年产182台。年内，尼龙挡板产品质量通过中铁产品认证中心认证，各类尼龙绝缘件产品质量普遍提升，全年生产尼龙绝缘件162万件。

2004年2月，投资762万元(其中铁道部投资463.4万元、柳州铁路局投资298.6万元)，柳州铁路工务工厂从乌克兰巴顿电焊厂进口固定式闪光K1000焊机1台，取代K190ⅡK焊机。3月，经过调试焊机参数，试焊取得成功，年内投入生产，长钢轨焊接速度和产量进一步提升。

1991—2005年，柳州铁路工务工厂生产小型养路机械捣固机771台，新制翼形钢轨3623根，60公斤/米12号整组道岔776组，道岔锁闭器105台，道岔尖轨1809根，焊接长钢轨2035.99公里，完成旧钢轨整修672公里，完成钢轨淬火2092.43公里。柳州铁路电务器材厂生产中站电源屏227组、电气集中组合柜1242套，尼龙绝缘件2522.44万件。

表2-27 **1991—2005年广西铁路电务器材主要产品产量**

年度	产品产量					
	尼龙绝缘件(万件)	方钢连接杆(组)	各种引跳线(百根)	钢轨接续线(百根)	中站电源屏(组)	电气集中组合柜(套)
1991	106.9	330	27.23	351.6	14	0
1992	123.2	344	245.2	92.2	34	0
1993	89.74	102	201	267.8	27	0
1994	116.1	152	0	0	2	13
1995	58.5	1059	0	0	4	77
1996	10	1672	12	88	15	9
1997	720	538	108	32	60	150
1998	377	1351	107	83	3	45
1999	130	1032	139	297	9	161
2000	134	1273	217	264	6	4
2001	112	788	60	219	19	74
2002	146	587	51.6	124	7	123
2003	162	848	49	98	14	182
2004	131	849	18	61	2	183
2005	106	884	0	0	11	221

装卸机械修造

1991年，广西铁路装卸起重机械的研制和修造由柳州铁路局柳州、南宁装卸机械厂承担。1991—1993年，柳州、南宁装卸机械厂制造各类门吊5台，各类型号抓斗6台，老虎车100台。

1994年，柳州装卸机械厂经广西机电设备进出口公司推荐，为澳门石材公司制造1台32/10吨A型门式起重机；为贵港糖厂制造2台10/10

2001 年，柳州装卸机械厂生产的门式起重机

吨 A 型门吊。制造老虎车 200 台。32/10 吨 A 型门式起重机获柳州铁路局科技进步二等奖。

1995—1996 年，柳州装卸机械厂为澳门石材公司制造 5 吨单梁电动葫芦吊起重机 4 台；为桂林北、柳州东、茂名、化州、全州站各制造安装 U 型、MD26/10 吨双梁门吊各 1 台。

1997 年，柳州装卸机械厂成功研制集装箱吊架 13 台(其中:30 吨 1 台、20 吨 8 台、10 吨 4 台)，生产各类门吊 8 台，完成遂溪站 U 型、MD20/10 吨双梁起重机改造和迁移安装。

1998—2003 年，根据铁路使用 20 英尺集装箱(可装 26 吨货物)大幅增加的实际，柳州装卸机械厂将 13 台 20/10 吨门式起重机改造为 36/10 吨，经长沙铁道学院检测，改造后的起重机符合国家标准，满足铁路局集装箱运输需要。期间，柳州、南宁装卸机械厂新造各类抓斗 18 台、门吊 30 台、1 吨电瓶叉式车 100 台，老虎车 532 台。

2004—2005 年，柳州装卸机械厂为柳州铁路机械化工程段、兴义工务段、来宾市吉龙铸造有限责任公司制造各类小吨位起重机 13 台。柳州、南宁装卸机械厂新造各类抓斗11 台、门吊 15 台、1 吨电瓶叉式车 12 台，集装箱吊架 80 台，老虎车 201 台。

表 2-28　**1991—2005 年广西铁路装卸机械主要产品产量**

年度	各类抓斗(台)		各类门吊(台)		卸煤机(台)		门吊滑线(条)		1 吨电瓶叉式车(台)		集装箱吊架(台)		老虎车制造(台)
	制造	修理	制造	大修改造	制造	大修	制造	大修	制造	大修	制造	大修	
1991	4	—	1	6	—	7	—	1	—	1	—	—	—
1992	—	—	2	6	—	7	—	1	—	—	—	—	—
1993	2	9	2	10	—	—	—	—	—	—	—	—	100
1994	4	11	3	11	—	—	—	—	—	—	—	—	200
1995	10	7	6	12	—	1	—	—	—	—	—	—	150
1996	5	12	2	16	—	—	—	—	3	—	—	—	10
1997	6	2	8	11	—	—	—	—	—	—	13	—	20
1998	3	1		21	—	1	—	—	—	—	2	—	50
1999	4	7	3	19	—	—	1	—	80	—	2	—	187
2000	—	2	6	13	—	—	2	1	—	—	3	—	35
2001	4	7	6	15	—	—	2	—	10	—	30	—	80
2002	5	4	8	6	—	—	3	—	10	—	4	—	90
2003	2	9	7	16	—	—	4	—	—	—	20	—	90
2004	4	5	5	19	—	—	4	—	6	—	—	—	23
2005	7	7	10	27	—	—	1	—	6	—	80	—	178

印刷工业

1991年,广西铁路内部使用的报表、票据、文件以及书刊、报纸等由柳州铁路局印刷厂(以下简称局印刷厂)承印。年内,局印刷厂完成工业生产总值280.5万元。获自治区“重合同守信用”单位的称号。

1992年,投资56万元,购置北大方正电子出版系统,获铁道部财务司发给《铁路客、货运票证印刷许可证》,为广西铁路各站段印刷客货运输票据。承印铁路局党委机关报《柳州铁道》和铁路局机关各部门创办的16开刊物《企业管理》《柳铁政工》和《广西铁道》,全年完成工业总产值307.4万元。

1995年,承印《铁道运营技术》《柳铁青年》《柳铁工运》《柳铁职工教育》《敦行》和《柳铁公安》等刊物,实现工业产值488.6万元。

1997年、1998年承印的《柳州铁路局志》《柳州铁路局年鉴》,分别被国家出版署评为“国优产品”。

2000年4月,局印刷厂贷款140万元购置北人J2205双色胶印机1台及78701卷筒纸胶印机(转轮机)、激光照排机、冲片机,结束单色套印历史,全年完成工业生产总值483.5万元。

2003年8月,局印刷厂与广西日报社各出资350万元,购进上海高斯SSC轮转印报机1台。8月18日,开始承印《南国今报》,四开四版(平均每期40版),每天一期,每期平均10万份—11万份。全年完成工业总产值743.6万元。

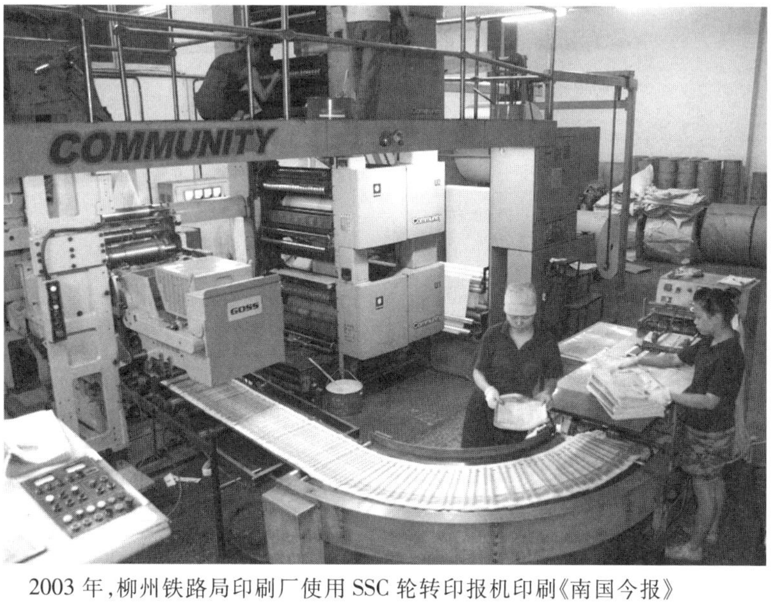

2003年,柳州铁路局印刷厂使用SSC轮转印报机印刷《南国今报》

2004年,局印刷厂自筹资金65.9万元,购进日本进口网屏照排机、印报车间中央空调机等配套设备。年内,通过北京世标认证中心ISO 9001:2000质量体系认证。

2005年,局印刷厂投资495万元,购进德国产(原装)海德堡四色胶印机1台,填补高端彩色印刷技术设备的空白。全年完成工业总产值1800.3万元。被自治区科技厅评为“广西制造业信息化工程示范企业”,首批获得“全国诚信印刷企业”称号,并连续15年获自治区“重合同守信用单位”称号。

木材防腐工业

1991年,广西铁路线路、桥梁木枕,木电线杆等木材防腐加工主要由柳州木材防腐厂负责。柳州木材防腐厂由铁道部物资总公司领导和管理。

1991—1995年,柳州防腐厂生产木材防腐产品22.61万立方米。随着铁路线路、桥梁的木枕被钢筋混凝土轨枕替代,电力、通信线路的木电杆被钢筋混凝土杆替代,木材防腐产品产量逐年下滑。

1995年,柳州木材防腐厂根据建筑市场需求建筑模板量较大的实际,试产竹材人造胶合板。1996年7月,成功研制“复膜型竹胶合板模板”,批量生产投放市场。1997年12月,竹材人造胶合板产品通过中国商检局质量认证中心ISO 9002国际质量管理体系认证。1999年,开展“高强复塑竹胶合板模板生产工艺”研究。2000年11月,开发“竹模板施工应用特性研究”科研项目。2002年,两个项目分别获自治区科技进步三等奖和中国铁路物资总公司科技进步一等奖。“高强复塑竹胶合板模板生产工艺”,被建设部列为科技成果,推广应用。

2001年,柳州木材防腐厂利用现有铁路线路、仓库等优势,组建物流公司,承揽客户钢材、汽车配件及其他货物仓储、取送，实行门对门物流服务。

2004 年，柳州木材防腐厂由划转国资委管理的中国铁路物资总公司领导，系中央直属国有二级企业。

1991—2005 年，柳州木材防腐厂生产木材防腐产品 46.85 万立方米；生产竹材人造胶合板 6.74 万立方米，实现销售收入 2.19 亿元。2001—2005 年物流实现经营收入 1882 万元。

2006 年 4 月 28 日，柳州木材防腐厂停止木材防腐生产，将生产木材防腐产品的空气压缩机、真空泵、蒸汽机、起重设备分别调拨鹰潭、武汉木材防腐厂。

第三节 建材工业

1991 年，广西铁路水泥生产企业有柳州铁路局桂林、白山、黎塘水泥厂，全年水泥产量 6.5 万吨，比上年略有回升。红砖生产企业柳州铁路砖瓦厂有 24 门轮窑 1 座，450 砖机及搅拌机、皮带运输机、推土机、装载机等机械动力设备一批，年产红砖 2813 万块，工业产值 314.5 万元，销售收入 292.1 万元。

1993—1995 年，柳州铁路局水泥产量以 10% 平均速度增长。1995 年，水泥产量 11.2 万吨。

1996 年，局物资工业处投资 20 万元，引进 GRC 轻质多孔墙体材料生产技术，利用页岩土生产承重多孔砖。12 月 25 日，经自治区墙体改革办公室和自治区技术监督局质量检验，获得自治区颁发的生产资质证书。1997 年，生产多孔砖 80 万块，销售 70 万块。

1997 年，柳州铁路局根据市场需要，投资 604 万元对各水泥厂机械立窑、球磨机进行改造。1998 年，水泥产量 20.8 万吨（设计能力 29.3 万吨），是 1991 年产量的 3.2 倍。各水泥厂建立健全产品质量管理体系，引进“复合矿化剂”新工艺，水泥合格率 100%。柳州铁路砖瓦厂获中国砖瓦协会、国家建材局墙体屋面材料监测中心授予“1997 年砖瓦产品质量优等达标企业”称号。

从 1999 年起，柳州铁路局根据国家对水泥工业实行控制总量、发展先进、淘汰落后的产业政策和自治区加强水泥工业结构调整升级的要求，一方面，转换经营机制，对桂林、白山、黎塘水泥厂分别实行租赁、承包经营，引导企业面向市场，加强营销，提高产品质量，严格控制成本，在激烈的市场竞争中坚持生产；另一方面，调整水泥工业产业结构，面向社会，引进资金，实行企业转型。

2000 年，局物资工业处投资 88.8 万元，对制砖生产线进行技术改造；9 月，采用 JZK50/45-30 型砖机和 LN-315 型湿式轮碾机生产工艺试产烧结多孔砖样品，经检验产品质量符合国家公布的 GBI3544-2000 优等标准，新生产线班产多孔砖 4.5 万块。由于烧结多孔砖生产工艺复杂，制作成本比普通砖高 30%，销售价位偏高，市场竞争力低。

2001 年 1 月，经过深入的市场调查和论证，由柳州铁路局物资工业总公司（甲方）、浙江三维橡胶公司（乙方）、台湾台中县太平乡彭成文（丙方）共同组建广西宾阳成跃铁路轨枕有限责任公司，生产预应力混凝土轨枕。甲方向公司提供黎塘水泥厂 1.5 万平方米土地使用权及办公室、宿舍，为期 15 年；乙方提供资金 688 万元人民币，负责引进生产工艺和技术；丙方提供资金 28 万美元，按照《中华人民共和国台湾同胞投资保护法》的规定，实行合作经营。公司设址黎塘水泥厂。3 月 15 日，宾阳县批准公司成立；8 月投产；12 月通过铁道部产品质量检测中心检查试验和铁路局技术鉴定；年内，试产预应力混凝土轨枕 6120 根，这是在广西生产的第一批混凝土轨枕。2002 年，正式投产，产量逐年上升。2005 年，公司生产预应力混凝土轨枕 160.6 万根。柳州铁路砖瓦厂全年生产红砖 1160.8 万块。

2005 年 1 月 10 日，桂林水泥厂（甲方）与桂林市力源粮油食品有限责任公司（乙方）共同组建临桂力源粮油饲料公司，年内，生产饲料 2.7 万吨。

2006 年 12 月，桂林、白山、黎塘水泥厂水泥生产许可证期满，全面停止水泥生产。

第三篇 铁路运输技术装备

1991—2005年，广西铁路运输技术装备处于重大发展变化时期，数量增加，科技含量提高，有的已处在全路的领先地位。

1991年，广西铁路的牵引动力为蒸汽、内燃机车。年内，配属蒸汽机车159台，其中柳州铁路局配属131台、地方铁路各管理段配属20台、南防铁路公司配属8台；配属内燃机车277台，均为铁路局配属。配属客车1019辆，其中柳州铁路局配属1004辆、地方铁路配属15辆。在柳州铁路局配属1004辆客车中，有软、硬卧车291辆、占客车总数的29%；空调车97辆，占客车总量9.7%。广西铁路线路总长度3467.4公里(正线2289.9公里)，其中国家铁路2895公里（正线1808.9公里)；地方铁路367.1公里（正线308.6公里）；合资铁路205.3公里(正线172.4公里)。电务通信设备有架空明线1749.5杆公里，电缆1257.6皮长公里。信号设备在1892.2公里闭塞线路中，有半自动闭塞1845.9公里、路签闭塞46.3公里；有联锁设备的运营车站202个，其中电器集中车站78个，非电器集中车站124个。负责铁路运输技术装备管理、维修、使用的主要单位，国家铁路有机务段6个，水电段2个，车辆、车辆运用段3个(柳州铁路局4个，其中1个在广东境内)、工务及工务大修段12个(柳州铁路13个，其中1个在广东省境内)，电务、通信段7个；地方铁路有管理段、站5个。年内，柳州铁路通讯枢纽数字程控交换机一次切割开通，广西铁路通信从纵横交换机进入程序控制式数字交换机时期。

1992年，柳州铁路局配属蒸汽机车减少22台，占机车总数下降至26%；内燃机车增加33台，占机车总数提高至74%。通信设备中最后一台磁石交换机在凭祥站拆除，14个铁路单位比较集中的地区实现自动长途拨号通话。年内，合资(南防)铁路开通通信明线170.9杆公里。

1993年，柳州铁路局配属25G型空调客车105辆，用于南宁—北京的5/6次旅客列车。全局空调客车增至310辆，为上年的2.8倍。

1994年，柳州铁路局开始使用大型养路机械(以下简称大机)进行线路大修的起拨道和捣固作业。投资8699.9万元的湘桂铁路柳州至冷水滩段通信明线改光缆工程竣工，综合光缆开始在广西铁路投入使用。

1996—1997年，广西铁路的牵引动力发生重大变化。柳州铁路局蒸汽机车退出运输一线，成为全国铁路第二个实现牵引动力内燃化的铁路局。1997年，南昆电气化铁路开通临管运营，电力机车成为新的牵引动力。与此同时，柳州铁路局开始进行生产力布局调整，持续对运输生产单位进行合并重组，以利于新技术装备作用的发挥和运输生产力的发展。

1998年，合资铁路购置DF_{4B}型内燃机车4台，牵引动力向内燃化过渡。柳州铁路局运输调度指挥管理系统(DMIS)一期工程竣工，运输调度指挥开始向数字化、网络化发展。5/6次旅客列车使用的客车由25G型更换为25K型，广西铁路客车装备跨入全国铁路先进行列。铁路线路加快更换60公斤/米钢轨和铺设无缝线路，年末，柳州铁路局无缝线路长度达1080.3公里。

1999—2001年，合资铁路配属内燃机车从4台增至14台。2001年末，蒸汽机车全部下线，合资铁路实现牵引动力内燃化。柳州铁路局99台技术装备相对落后的DF型内燃机车退出运输一线，内燃机车主力机型从DF型向DF_4系列和DF_7型转变。

2002年，投资1.6亿元的黔桂、黎湛、焦柳铁路通信光缆工程竣工，新增通信光缆766.1公里。2003年末，湘桂铁路南宁至凭祥段通信光缆开通后，柳州铁路局的通信全部实现光缆传输。

2003年，柳州铁路局配属25K型提速客车。工务部门应用哈克、施必牢MK和MT绝缘等新技术新材料，消灭道岔轨缝，实现道岔无缝化。年内开始铺设跨区间无缝线路。

2004年，广西地方铁路有限公司购置内燃机车7台，洛茂、金红铁路实现内燃机车牵引。

2005年，柳州铁路局配属高档25K型客车，该型客车科技含量高，设计更具人性化，使用在桂林—深圳的40/37 38/39次旅客列车上。年末广西铁路配属内燃机车487台，其中柳州铁路局配属458台、广西地方铁路有限公司配属9台、广西沿海铁路公司配属20台。柳州铁路局配属电力机车92台。地方铁路公司配属蒸汽机车8台。配属客车1367辆，其中柳州铁路局配属1345辆、广西地方铁路有限公司配属6辆、广西沿海铁路公司配属16辆、动车组1组。在柳州铁路局配属的1345辆客车中，有软、硬卧车587辆，占客车总数的43.6%，为1991年的2倍；空调客车841辆，占客车总数的62.5%，比1991年增长767%。主要旅客列车实现空调化，旅客的旅行环境得到很大改善。铁路线路总长度4715.2公里（正线3228.9公里），比1991年分别增加36%和41%，其中国家铁路3850公里（正线2536.3公里），地方铁路351.6公里（正线284.6公里），合资铁路513.7公里（正线408公里）。柳州铁路局管辖的正线钢轨平均重量53.6公斤/米，比1991年提高6.3公斤/米；有无缝线路1636.9公里，比1991年增加718公里；有混凝土枕2992.4公里，比1991年增加1258.9公里；有道岔3914组，比1991年增加1101组，其中锰钢辙岔3356组，奥贝氏体合金钢辙岔307组。更换一级道砟587.2公里。配置起拨道抄平双枕捣固车、道岔捣固车、全断面道砟清筛机、配砟整形车、轨道动力稳定车等大机24台，线路大修机械捣固率100%，大机换砟率96.6%，正线综合维修全部大机作业。线路大、中修和综合维修基本实现机械化。光缆线路及数字通信已经覆盖柳州铁路局所有运营线路，数字通信已成为铁路运输生产的重要手段。闭塞公里合计2419公里，其中自动闭塞580.5公里，半自动闭塞1791公里，其他闭塞47.5公里，电气集中车站占车站总数99.2%。

经过持续的生产力布局调整，柳州铁路局所属的机务段由7个撤并到3个，车辆段由4个撤并到3个，工务、大修段由12个撤并到6个，电务、通信段由8个撤并到1个。管理跨度增大，管理人员减少，资源配置更加合理，运输生产效率提高。机车运用实行长交路、肩回制和机车集中配属，乘务工作推行轮乘制，机车节省、工作效率提高。大力组织牵引试验，各区段牵引定数大幅度提高，2005年平均牵引重总2832吨，比1991年提高35%。客车车辆变到期修理为以走行公里为主、以时间周期为辅的计划修理；货车调整列检方式，取消部分列检所的直通货物列车作业和到达列车作业，安全间隔距离平均由182公里延长到363公里。工务部门实行“检修养”分开的维修体制改革；电务部门铁路通信设备维修由“日巡视、月检查、季测试、年整治”四大修程改为“巡视监测、集中检修”两大修程；工务、电务设备实行“天窗”修。铁路运输技术装备的改善，为运输生产发展提供可靠的保障。

第一章 机 务

第一节 机车配属

1991 年，广西铁路配属机车 436 台，其中柳州铁路局配属 408 台。在 408 台机车中有内燃机车 277 台（DF 型 186 台、DF_2 型 5 台、DF_4 型 85 台、DF_{10} 型 1 台），占机车总配属 67.9%；蒸汽机车 131 台（QJ 型 79 台、JS 型 52 台），占机车总配属 32.1%。地方铁路配属蒸汽机车 20 台、合资铁路配属蒸汽机车 8 台（均为 JF 型、JS 型）。

1992—1996 年，柳州铁路局内燃机车的主力机型逐步从 DF 型过渡到 DF_4 型。蒸汽机车逐步退出运输一线。1992 年，DF_4 型内燃机车增到 108 台，比上年增加 27.1%；，蒸汽机车报废 22 台，比上年减少 16.8%。1993 年，配属 4 台 DF_5 型内燃机车，该型机车为调车机车，采用交直流电传动，机车功率 1210 千瓦。1995 年，配属 4 台 DF_{7D} 型内燃机车，该型机车适应曲线半径小、弯道多的山区线路，通过最小曲线半径 100 米，装车功率 1840 千瓦，最高速度 100 公里/小时，担当黔桂铁路金城江至麻尾区段客货列车牵引任务。1996 年 12 月，柳州铁路局最后一台蒸汽机车在南宁机务段落火，退出运输一线。干线客货列车全部使用内燃机车牵引，成为全国铁路第二个实现牵引动力内燃化的铁路局。

1997 年，南昆铁路开通运营。3 月，第一台 SS_7 型电力机车到达南宁机务段。全年配属 24 台 SS_7 型电力机车，担当南宁至威舍客货列车牵引任务，电力机车成为柳州铁路局牵引的新动力。SS_7 型电力机车轴式为 3B0 交直流传动相控电力机车，机车功率 4800 千瓦、牵引力 385 千牛、持续速度 44 公里/小时，适用于山区小曲率半径线路。

1998—2000 年，钦北、黎钦、钦港、南防铁路逐步使用内燃机车牵引列车。1998 年，购置 DF_{4B} 型内燃机车 4 台，年末，配属 DF_{4B} 型内燃机车 4 台；蒸汽机车 24 台，其中 JF 型 1 台、JS 型 7 台，QJ 型 16 台。1999 年，投资 3987 万元，购置 DF_{4B} 型内燃机车 6 台。2000 年购置 DF_5 型内燃机车 2 台、DF_{5D} 型内燃机车 1 台、DF_{10D} 型内燃机车 1 台。2001 年，蒸汽机车全部下线，南防、钦北、钦港、黎钦铁路实现牵引动力内燃化。

2000—2002 年，柳州铁路局配属 3 台 DF_{7C} 型内燃调车机车，该型机车主要零部件和 DF_{4B} 型内燃机车通用，标定功率 1620 千瓦，最大运用功率 1470 千瓦。配属 20 台 DF_{4D} 型大功率内燃客运机

2005 年，柳州铁路局配属的主型机车

车，该型机车构造速度145公里/小时，柴油机装车功率2940千瓦。2002年末，DF型内燃机车全部报废。

2003年，柳州铁路局配属4台DF_{7G}型机车，该型机车为全新交流传动内燃调车机车，总装机功率2200千瓦，适用于重载列车编组和调车作业。年内，全国铁路首台径向转向架机车——DF_{4D}型内燃货运机车7001号在黔桂铁路进行运用考核，年末，配属35台。同年，配属构造速度175公里/小时的DF_{4D}型内燃客运机车5台，配属全国铁路仅有的轴重25吨的SS_{7B}型电力机车2台以及SS_{7C}型客运电力机车7台。

2004年11月—12月，广西地方铁路有限公司购置内燃机车7台，先后在来合和金红、洛茂铁路投入使用。2005年，广西地方铁路有限公司金城江管理段最后一台蒸汽机车落火，标志着金红、洛茂铁路实现内燃机车牵引。2004—2005年，广西沿海铁路公司先后购置DF_{4B}型内燃机车4台、DF_{7C}型内燃机车1台。柳州铁路局陆续增配DF_{7G}型、DF_{4D}型内燃机车，为缓解焦柳和南昆铁路运用机车不足，还从外局调入部分DF_{7D}型内燃机车和SS_3型电力机车。

2005年末，广西铁路配属机车587台，其中内燃机车487台、电力机车92台、蒸汽机车8台。在587台机车中，柳州铁路局配属550台，其中内燃机车458台（DF_4型309台、DF_5型52台、DF_7型96台、DF_{10}型1台），占机车总配属83%；电力机车92台（SS_3型15台、SS_7型77台），占17%。干线客货运机车统一为内燃DF_4系列、DF_7和电力SS_7三种机型，调车机车统一为内燃DF_5、DF_7型。广西地方铁路有限公司配属机车17台，其中内燃机车9台、蒸汽机车8台，广西沿海铁路公司配属内燃机车20台（DF_{4B}型15台、DF_5型2台、DF_{5D}型1台、DF_{10D}型1台、DF_{7C}型1台）。

表3-1　**1991—2005年柳州铁路局机车配属情况**　单位：台

年度	总计	蒸汽			内燃							电力		
		QJ	JS	合计	DF	DF_2	DF_4	DF_5	DF_7	DF_{10}	合计	SS_3	SS_7	合计
1991	408	79	52	131	186	5	85	—	—	1	277	—	—	0
1992	419	68	41	109	196	5	108	—	—	1	310	—	—	0
1993	431	58	38	96	191	5	134	4	—	1	335	—	—	0
1994	458	53	30	83	177	5	181	11	—	1	375	—	—	0
1995	480	44	22	66	182	2	206	19	4	1	414	—	—	0
1996	523	39	8	47	172	—	218	27	58	1	476	—	—	0
1997	504	—	2	2	152	—	233	32	60	1	478	—	24	24
1998	498	—	2	2	114	—	242	39	60	1	456	—	40	40
1999	443	—	—	0	36	—	252	39	70	1	398	—	45	45
2000	441	—	—	0	18	—	262	42	73	1	396	—	45	45
2001	451	—	—	0	15	—	267	45	73	1	401	—	50	50
2002	454	—	—	0	—	—	273	52	73	1	399	—	55	55
2003	514	—	—	0	—	—	311	52	73	1	437	—	77	77
2004	526	—	—	0	—	—	309	52	77	1	439	10	77	87
2005	550	—	—	0	—	—	309	52	96	1	458	15	77	92

第二节 机车运用

机车交路

1991年，柳州铁路局的机车交路为：桂林机务段DF_4型内燃机车担当冷水滩—柳州区段货运机车循环交路；柳州机务段DF型内燃机车担当冷水滩—南宁—湛江（茂名）区段，柳州—融安、黎塘区段客运机车交路；蒸汽QJ、JS型机车担任柳州—融安、黎塘、拉洞区段客、货运机车交路；融安机务段DF型内燃机车担当融安—怀化区段客货运机车交路；金城江机务段DF型内燃机车担当金城江—柳州、麻尾（双机）区段客货运机车交路；南宁机务段QJ型蒸汽机车担当南宁—黎塘区段货运及南宁—凭祥区段客、货运机车交路；玉林机务段DF_4型内燃机车担当玉林—黎塘、玉林—湛江—茂名区段货运机车交路，QJ型蒸汽机车担当茂名—河唇区段客运机车交路。地方铁路的客货列车交路由各管理段的蒸汽机车担当。

1992年7月，合资铁路南宁南机车运用段投入使用后，由该段蒸汽机车担任南防铁路客货机车交路。

1994年5月，融安机务段DF_4型内燃机车担当融安—柳州区段客货运机车交路。1995年10月，玉林机务段DF型内燃机车担当黎塘—湛江—茂名区段客运机车交路，DF_4型内燃机车担当黎塘—湛江—茂名区段货运机车交路。1996年初，金城江机务段DF_{7D}型内燃机车担当金城江—麻尾区段客货运机车交路。同年10月14日，柳州机务段与融安机务段合并，1997年4月，融安机务段原担当的柳州—怀化区段客货运机车交路改由柳州机务段DF_4型机车担当。同年，南昆铁路通车，南宁机务段SS_7型电力机车担当南宁—威舍区段客货运机车交路；南宁—凭祥区段客货运机车交路改由DF型内燃机车担当。

1999年，金城江—柳州区段货运机车交路、黎塘—湛江—茂名区段客运机车交路分别改由金城江、玉林机务段的DF_4型机车担当。7月，黎钦铁路投入运营后，由南宁南机车运用段担当防城港—黎塘间肩回式机车交路，机车在黎塘立即折返。8月，黎钦铁路上下行列车在横州站更换机车。

2000年4月，桂林机务段DF_4型客运机车担当南宁—永州区段客运机车交路。

2001年4月，柳州—南宁—湛江—茂名区段客货运机车实行大交路调整，客运机车交路由柳州机务段担当，黎塘—柳州(玉林方向) 区段直通货车交路交由玉林机务段担当。2002年4月，南宁—玉林区段直通货车交路交由玉林机务段担当，取消黎塘的换挂作业。2003年10月，玉林—南宁、玉林—湛江—茂名区段客运机车交路由玉林机务段担当，实行客运机车跨段继乘。

2004年4月，柳州铁路局实施机车集中配属，电力机车配属南宁机务段，内燃客运机车以柳州为中心，管内始发及各分界口接入途经柳州的客车采用肩回制，在柳州上下行均入库；内燃货运机车以柳州为中心，采用肩回制，从南宁南、湛江、茂名、怀化、永州到达柳南的机车均入库整备，直通货运机车在桂林、玉林上下行均不入库。7月，柳州—玉林区段客运机车交路改由玉林机务段担当。11月，金城江机务段与柳州机务段合并，原担当交路改由柳州机务段担当。

2005年4月，柳州—湛江区段3对客运列车改由桂林机务段担当；5月，桂林机务段与柳州机务段合并，原担当交路改由柳州机务段担当。11月，柳州—玉林区段直通货物列车改由柳州机务段担当。年末，广西铁路干线机车交路为：DF_{4D}（客）型内燃机车担当永州—南宁区段客运机车交路；DF_{4B}（客）型内燃机车担当桂林北—柳州、永州—桂林北及柳州—怀化、南宁—湛江—茂名区段客运机车交路；SS_{7C}型电力机车担当南宁—威舍区段客运机车交路；DF_4（货）型内燃机车担当永州—柳州、柳州—金城江、柳州—怀化、柳州—南宁—湛江—茂名区段货运，南宁—凭祥区段客货运机车交路；DF_{7D}型内燃机车担当金城江—麻尾区段客货运机车交路；SS_7、SS_3型电力机车担当南宁—威舍区段货运机车交路。柳州机务段担当永州—南宁、怀化—柳州、柳州—麻尾区段客货运，柳州—湛江区段客运，柳州—玉林区段货运机车交路；玉林机务段担当柳州—茂名、南宁—湛江—茂名区段客运，南宁—湛江—茂名区段货运机车交路；南宁机务段担当南宁—威舍、南宁—凭祥区段客货运机车交路。

机车牵引定数

1991年初，湘桂铁路各区段牵引定数为：柳州—冷水滩区段QJ型蒸汽机车上行2100吨、下行2300吨；柳州—黎塘区段QJ型蒸汽机车上下行3000吨；黎塘—南宁区段QJ型蒸汽机车上下行2100吨；南宁—凭祥区段QJ型蒸汽机车上行1800吨，下行2000吨。黔桂铁路柳州—金城江区段DF型内燃机车上下行1300吨；金城江—麻尾区段DF型内燃机车上下行1050吨。焦柳铁路柳州—牙屯堡区段DF型内燃机车上下行2700吨。黎湛铁路黎塘—湛江—茂名区段QJ型蒸汽机车上行2800吨，下行3000吨。南防铁路牵引定数上行1800吨、下行2100吨。

1991—2000年，随着牵引机型由蒸汽向内燃过渡，内燃机车从DF型向DF_4系列变换，湘桂、黔桂、黎湛、焦柳铁路各区段的牵引定数相应提高。1995年7月，钦北铁路投入运营，蒸汽机车牵引，上下行牵引定数3000吨。1997年，南昆铁路广西境内各区段相继投入运营，SS_7型电力机车牵引定数上行3000吨，下行2300吨。2001年1月，黎钦铁路投入运营，上下行牵引定数3500吨。

2002年1月，在湘桂铁路邕宁—南宁间组织加DF_4补机牵引试验，将黎塘—南宁区段牵引定数提高到3500吨。8月，柳州铁路局与铁二院共同组织南昆铁路牵引供电能力试验，试验后报铁道部对南昆铁路牵引供电系统进行补强。10月，铁道部组织在金城江—麻尾区段进行径向转向架DF_{4D}(货)型机车牵引试验。

2003—2004年，广西铁路各区段提高牵引定数试验力度进一步加大。2003年5月，柳州铁路局在柳州—怀化区段组织牵引试验，将牵引定数提高到3500吨。12月，组织永州—柳州区段DF_4型机车3000吨牵引试验，下行牵引定数提高到3000吨。广西沿海铁路公司钦北铁路货物列车由DF_{10D}型内燃机车牵引，定吨3000吨。2004年2月，柳州铁路局组织柳州—怀化区段DF_{4D}型机车3800吨牵引试验，4月，铁道部批准该区段牵引定数提高到3800吨。5月，广西沿海铁路公司进行机车牵引试验，沙江—防城港区段成功牵引3618.81吨，防城港—南宁南区段成功牵引3579.8吨。10月，柳州铁路局组织兴义—南宁区段SS_7型机车上行4500吨牵引试验，品甸—南宁区段牵引普超至4580吨。

2005年末，广西铁路各区段牵引定数为：柳州—永州区段DF_4型内燃机车上行2700吨、下行3000吨；柳州—南宁—湛江—茂名区段DF_4型内燃机车上下行3500吨；柳州—怀化区段DF_{4D}型内燃机车上下行3800吨、DF_{4B}型内燃机车上下行3500吨；柳州—金城江区段DF_4型内燃机车上下行2600吨；金城江—麻尾区段DF_7型内燃机车上下行1280吨；南宁—凭祥区段DF_4型内燃机车上行1200吨、下行1400吨；南宁—威舍区段SS_7型电力机车上下行3900吨，其中百色—威舍区段下行单机2050吨、品甸—南宁区段上行普超4580吨。黎钦铁路内燃机车上下行3500吨；钦北铁路DF_{10B}型内燃机车上下行3000吨；防城港开行的循环直达列车牵引定数3500吨；开行弄坪、昆明东、威舍等地的直达列车牵引

2003年，柳州铁路局组织提速增吨试验

定数3900吨。

机车乘务

1991—1993年，柳州铁路局蒸汽机车实行包乘制，内燃机车实行轮乘制。地方、合资铁路蒸汽机车实行包乘制。

1994—1998年，随着配属机车的更新换代，柳州铁路局内燃机车相继恢复包乘制，实行包乘组、指导组、机车队三级管理。

2004年，柳州机务段内燃机车司机曾庆翔实现安全行车1800趟74万公里，获铁道部“十佳机车司机”称号

1999年起，机车交路不断延伸，机车换挂作业减少，在黎塘—湛江—茂名区段开始试行轮包结合制度，并逐步在其他区段推广。2001年，柳州机务段成立地勤整备组，在柳州—黎塘区段恢复轮乘制取得成功后，推广到金城江、玉林、南宁机务段。年末，除永州—柳州区段客货运机车实行轮包结合制、南宁—凭祥区段客货运机车实行包乘制，其他区段客货运机车均实行轮乘制。

2001年，合资铁路蒸汽机车退出支运输一线后，内燃机车实行轮乘制。

2003年，桂林机务段成立地勤整备组，在永州派驻整备人员，永州—柳州区段客货运机车实行轮乘制。局机务处组织轮乘制班组管理调研，确定以指导组为管理基础，将各机务段指导组划小为13—20个机班。

2004年，南宁—凭祥区段客货运机车实行轮乘制。至此，柳州铁路局客货运机车均实行轮乘制，为机车交路的延伸奠定基础。实行轮乘制，机车运用效率提高，货运机车日车公里2005年完成464公里，比1991年提高15.7%；日产量2005年完成115.7万吨公里，比1991年提高69.6%。

表3-2　**1991—2005年柳州铁路局机车运用指标完成情况**

年度	日车公里	平均牵引总重（吨）	日产量（万吨公里）	技术速度（公里/小时）	年度	日车公里	平均牵引总重（吨）	日产量（万吨公里）	技术速度（公里/小时）
1991	401	2084	68.2	41.1	1999	406	2479	87.3	42.3
1992	404	2125	68.7	41.0	2000	429	2554	95.9	43.6
1993	411	2190	71.2	41.1	2001	420	2515	92.0	43.0
1994	411	2230	73.2	40.8	2002	438	2657	103.3	44.3
1995	400	2310	73.4	40.4	2003	445	2741	109.1	44.6
1996	387	2317	70.6	40.2	2004	452	2863	113.4	44.9
1997	395	2415	76.0	42.0	2005	464	2921	115.7	45.8
1998	401	2458	83.2	41.9					

表 3-3　**1991—2005 年广西合资铁路机车运用指标完成情况**

年度	日车公里	平均牵引总重（吨）	日产量（万吨公里）	技术速度（公里/小时）	年度	日车公里	平均牵引总重（吨）	日产量（万吨公里）	技术速度（公里/小时）
1991	391.4	1484	55.6	36.7	1999	453	2782	124.1	48.0
1992	389.0	1598	60.2	38.3	2000	477	2872	125.6	44.8
1993	389.1	1602	61.2	38.3	2001	468	2846	119.5	45.5
1994	388.0	1752	66.1	38.8	2002	454	2834	118.5	43.5
1995	388.1	1759	67.3	38.9	2003	450	2888	120.4	43.9
1996	386.0	2071	84.9	38.9	2004	469	2943	127.4	48.1
1997	389.0	2267	86.6	39.1	2005	467	2927	128.9	46.9
1998	388.0	2216	84.1	38.9					

第三节　机车检修

机车检修基地

1991 年，柳州铁路局柳州、金城江、南宁机务段为中修段，负责铁路局机车的中修及本段配属机车小修、洗修工作。柳州、金城江机务段各有 2 个内燃机车中修台位、6 个和 5 个小修台位，南宁机务段有 2 个蒸汽机车架修台位、2 个洗修台位。其他机务段为小修段，负责本段配属机车小修、辅修工作。桂林、融安、玉林机务段各有小修台位 4 个、5 个、6 个。地方铁路来宾管理段合山机车检修车间、罗城管理段机务折返段负责地方铁路机车的洗修任务。合资铁路机车的洗修、架修委托南宁机务段代办。

1993 年，柳州铁路局南宁机务段新增 1 个内燃机车小修台位。同年，合资铁路南宁南机务运用段洗修库投入运用，有蒸汽机车检修台位 1 个，担负南防铁路机车洗修任务。地方铁路罗城管理段撤销机务折返段，成立罗城机车车间，担负普洛、罗城管理段的机车洗修任务。

1996 年，南宁机务段取消 1 个蒸汽机车架修台位和 2 个洗修台位，新增 1 个内燃机车小修台位。10 月，融安机务段机车检修的人员及设备迁入柳州机务段。1997 年，南宁机务段新增 2 个电力机车小修台位。

2000 年，合资铁路新建南宁南机务整备基地建成后，南宁南机务运用段的 2 个检修台位承担南防、钦北、黎钦铁路内燃机车的小修、辅修任务。

2003 年 5 月，柳州、玉林机务段设立质量检测中心，负责原由检修和运用车间负责的机车检查和地勤保养工作，检修车间更名为修理车间，主要负责机车各种修程和机车配件的修理工作。年

2005 年，南宁机务段有 2 个电力机车中修台位，承担全局电力机车中修任务

内，广西地方铁路有限公司金城江机车检修库竣工，承担2004年投入运营的内燃机车小修、辅修任务。

2005年5月，桂林机务段停止内燃机车小修工作。12月，柳州机务段金城江综合车间停止内燃机车中、小修工作。年末，南宁机务段有2个电力机车中修台位、2个小辅修台位，2个内燃机车小辅修台位，承担南昆铁路电力机车中、小、辅修工作及湘桂铁路南凭段内燃机车及段管调小内燃机车的小、辅修工作。柳州机务段有内燃机车中修台位2个，小、辅修台位6个，承担柳州铁路局内燃机车中修及湘桂、黔桂、焦柳铁路的内燃机车小、辅修工作。玉林机务段有小修台位6个，承担黎湛、河茂铁路内燃机车小、辅修工作。广西地方铁路有限公司来宾管理段合山机车检修车间、金城江管理段金城江机车检修库负责地方铁路内燃机车的小、辅修工作；罗城管理段机务车间负责地方铁路蒸汽机车洗修工作。广西沿海铁路公司南宁南机务运用段担负合资铁路内燃机车的小、辅修任务。

2004年，柳州机务段工人检修内燃机车电机

机车检修组织管理

1991年，广西铁路机车检修执行铁道部的蒸汽和内燃机车检修规程和柳州铁路局修订的蒸汽、内燃机车段修细则。内燃机车检修周期沿用1983年铁道部制订的《内燃机车段修细则》，客货运机车大修51万—60万公里，架修17万—21万公里，定修1.9万公里；调车机车大修6—7年，架修2—2.5年，定修2个月—2.5个月。1个大修期包括2个架修期；1个架修期包括10个定修期，其中第5次定修为大定修。

1992年，柳州铁路局完成内燃、电力机车检修管理信息系统软件的程序编制并通过铁道部评审；1993年铁道部机务局在全路推广使用；1994年，柳州铁路局全面使用该系统进行机车检修技术管理。

1993年，柳州铁路局根据铁道部《DF_{4B}型内燃机车大修规程》及《DF_4型内燃机车段修规程》，制订《DF_4型机车检修周期暂行办法》，修程分为大修、中修、小修、辅修四级，检修周期结构为大修—中修—中修—大修，大修周期80万±10万公里，中修25万公里±10%，小修2.5万公里±10%，辅修1.2万公里±10%。编审印发《内燃机车固资互换配件管理标准》，规范内燃机车固资互换配件管理工作。年内，铁路局开始实行机车主要部件专业化集中修。1月，桂林机务段筹建桂林增压器大修厂；5月，通过资格审查并进行试修；1994年1月通过由局机务处、铁道部驻铁路局机车验收室共同主持的评审验收，正式实行增压器集中修。1994年开始，对DF_{4B}型内燃机车增压器进行技术改造，加装增压器转速检测仪和增压压力表，在桂林机务段将45GP802增压器改造为ZN310型增压器，用4年时间将DF_4型机车增压器全部改造完毕。1995年，组织专业技术人员编写《增压器大修范围》，健全增压器检修质量保证体系。同年5月，410电机电枢局部大修点在柳州机务段立项；1997年8月通过资格审查同意小批量试修；1998年5月通过由局机务处、铁道部驻铁路局机车验收室共同主持的评审验收，同意批量生产。

1995年，柳州铁路局把机车整修工作列为正常检修工作，铁道部补助280万元、铁路局自筹300万元用于机车整修。具体做法是：在春运前后各组织一次机车整修工作，平时根据机车状态进行一些阶段性整修，针对机车的惯性故障进行专题整修。1996年，印发《机务段标准化技术室工作标准》《机务段标准化检修车间工作标准》。铁道部补助整修费154万元、铁路局拨整修专款75万元，各铁路分局拨整修专款75万元，共304万元投入机车整修工作。1997年5月，印发《柳州铁路局机务段行修管理细则》《柳州铁路局机车外段折返管理细则》；6月，印发《DF_5型机车中修、验收范围》。针对DF_{7D}型机车在金麻区段运用中存在多方面质量问题，经铁道部、中国铁路机车车辆工业总公司、二七机车厂、柳州铁路局、金城江机务段多次研究，决定投入整治费514万元(其中二七机车厂出资378万元，铁路局出资136万元)对该型机车进行简易中修。铁路局还投入机车整修补助费用195万元对其他机车进行整修。

1998年3月，柳州铁路局印发《内燃机车段修管理细则(修正稿)》；8月，印发《ZN310增压器集中修、中修范围和验收范围》。11月，设在玉林机务段的内燃机车冷却器集中修点通过大修资格审查；1999年11月，通过由局机务处、铁道部驻铁路局机车验收室共同主持的评审验收，同意批量生产。年内，铁路局与大同机车厂、株洲电力机车研究所、成都机车工厂等共同攻关，对SS_7型电力机车按项目逐项进行整治，取得明显成效。在DF_{4B}型内燃机车中修时，将15台货比机车改为客比机车。设在南宁机务段的内燃机车轮对集中修点通过大修资格审查，同意小批量试修；2000年3月，通过由局机务处、铁道部驻铁路局机车验收室共同主持的评审验收，同意批量大修内燃机车轮对。

1999年，柳州铁路局DF_{7D}型内燃机车试装VTC214-13A型增压器，5年改装26台，后因经费不足停止改造。年内在DF、DF_4型内燃机车上全部更换使用钢顶铝裙活塞。在机车上推广使用乌克兰轮箍和阀控式机车蓄电池。

2000年，柳州铁路局组织编写《DF_{7D}型内燃机车段修工艺》《ZN285型增压器检修工艺》《SS_7型机车中修范围》以及《SS_7型机车中修工艺》。推广机务段检修车间管理信息系统，该系统具有机破、临修、碎修分析功能，能实现实时查询，有针对性地指导修车工作。年内，开始电力机车中修。电力机车检修周期为：大修160万—200万公里(其中SS_{7C}型200万—240万公里)，轻大修80万—100万公里，中修40万—50万公里(其中SS_{7C}型50万—60万公里)，小修8万—10万公里，辅修或层次修2.5万—3万公里。在DF_{4D}型内燃机车上推广使用钢顶铁裙活塞、新型钢顶铝裙活塞，在DF_{7D}型内燃机车上推广使用球铁活塞，并对410电机H2、C2线，碳刷压指弹簧等进行改造。在内燃机车上推广使用新型胀管式中冷器、沙尔特宝电器，推广使用JM2新型踏面。2001年，组织编写《DF_{4D}型内燃机车段修工艺》。在大修机车上推广使用JM3型弧形踏面，部分中修机车推广使用JM2型弧形踏面。

2002年，柳州铁路局编写《铁路机务轴承检测工艺规程》，金城江、柳州机务段机车轴承检测走上正轨。实行《机车途中故障考核办法》，加大考核力度，逐步推行修、检分开。推广安装“GZ-1机车走行部传动装置车载故障诊断系统”及“GZ-2机车走行部顶轮检测系统”。2003年，改造焦柳铁路内燃机车的冷却单节、中冷器、冷却风扇，提高柴油机冷却能力。

2004年，柳州铁路局DF_{4D}型、DF_{4B}型内燃机车喷油器全部改为90°针阀副，内燃机车控制系统引入ZY2000、ZY3000系统。南宁机务段轮对大修点开始试修DF_{4D}型机车全悬挂轮对、SS_7型机车滚动抱轴承轮对。

2005年，柳州铁路局推广应用与长沙科创系统集成有限公司共同研发的检修质量过程管理系

2004年，南宁机务段工人查找机车受电弓故障

统，随时掌握机车在修状态和机车日常的基本状态，并建立机车各系统的专业分析平台，为各级管理人员提供机车技术状态信息，提高分析和决策能力。对内燃机车检修周期进行调整。客、货运本务机车大修：DF_{7D} 型机车 65 万—85 万公里，其他型机车 70 万—90 万公里。中修：DF_{7D} 型机车 20 万—30 万公里，DF_{4D} 型机车 40 万—50 万公里，其他型机车 23 万—35 万公里。小修：4 万—6 万公里。辅修或层次修：2 万—3 万公里。补机和小运转机车大修：8—10 年；中修：2.5—3 年；小修：4 个月—6 个月；辅修或层次修：不少于 2 个月。同年，SS_7 和 SS_{7C} 型电力机车及 DF_{4D} 型内燃机车执行轻大修，对 DF_{4D} 型机车执行一中一大修制，减少机车过剩修理。年内，全部电力机车加装自动过分相装置，实现电气化线路的机车自动过分相点。玉林机务段通过水泵、主机油泵、静液压泵及马达（简称“三大泵”）专业化集中修资格评审，对“三大泵”实行专业化集中修。

表 3-4 1991—2005 年柳州铁路局内燃机车检修主要指标完成情况

年度	检修率(%)		大修		中修		小(辅)修		途故	机破(故)	临修
	总率	段率	台数	停时(天)	台数	停时(天)	台数	停时(天)	(件数)	(件数)	(件数)
1991	10.6	7.1	50	53.2	97	8.7	1462	55.5	—	56	832
1992	9.0	6.9	32	60.1	139	8.1	1706	49.8	—	60	842
1993	9.1	7.0	47	55.1	157	8.1	1934	2.1	—	93	1109
1994	8.8	6.3	53	58.7	146	8.5	1770	2.1	—	60	1152
1995	8.8	6.1	73	49.3	119	8.0	1680	2.1	—	149	1184
1996	9.1	7.1	58	46.4	142	7.6	1643	2.2	529	150	1276
1997	9.8	7.7	57	48.6	142	10.0	1337	2.1	775	164	1422
1998	6.9	5.5	28	57.6	131	8.9	1109	2.0	363	79	1206
1999	5.8	4.3	46	42.9	130	8.2	1136	1.9	246	58	1407
2000	6.1	4.1	51	45.3	124	7.9	1003	1.8	130	46	1337
2001	5.9	3.9	56	41.5	131	7.9	1027	1.6	185	54	1299
2002	5.7	3.8	43	44.6	156	9.0	978	1.5	124	47	1206
2003	7.5	4.6	73	41.2	165	10.1	1005	1.6	140	53	1370
2004	5.7	3.2	90	42.2	114	8.6	1116	1.7	160	47	1306
2005	6.6	4.3	84	39.6	115	10.1	1483	1.6	214	104	1071

表 3-5 1997—2005 年柳州铁路局电力机车检修主要指标完成情况

年度	检修率(%)		大修		中修		小(辅)修		途故	机破(故)	临修
	总率	段率	台数	停时(天)	台数	停时(天)	台数	停时(天)	(件数)	(件数)	(件数)
1997	—	—	—	—	—	—	—	—	26	—	—
1998	14.1	14.1	—	—	—	—	27	1.2	168	—	419
1999	5.1	5.1	—	—	—	—	53	1.8	73	—	256
2000	5.9	5.9	—	—	5	34.4	80	1.7	50	19	254
2001	6.4	6.4	—	—	30	15.3	51	1.9	42	15	230
2002	4.8	4.8	—	—	14	15.3	71	1.7	48	19	213
2003	4.0	4.0	—	—	22	12.7	87	1.8	62	20	287
2004	3.6	3.6	—	—	23	15.7	118	1.9	35	7	262
2005	6.7	5.5	7	56.4	13	13.6	126	2.8	114	38	621

机务验收

1991年，柳州铁路局机务验收机构有铁道部驻铁路局机车验收室(简称驻局验收室)；铁路局驻柳州、南宁、桂林、玉林、金城江、融安机务段，桂林配件厂，柳州电机厂验收室，有验收人员51人。依据国家和铁道部、铁路局颁布的质量法规、标准、技术条件、标书和合同等，坚持对机车检修和配件质量进行检查验收。根据铁道部《机车重要件验收管理办法》，加强对购入、委外修理和铁路局内生产的机车重要件的验收及产品合格证的监督确认工作，加强机车质量的源头管理。年内，局机务处和铁道部驻铁路局机车验收室制订《DF_4型机车验收范围》。

1994年，印发《局机务处关于公布驻段(厂)验收员代号专用章签发合格证的有关规定》《柳州铁路局机务处关于公布增压器及转子大修验收范围的通知》。1996年，印发《关于公布DF_{7D}型内燃机车小修验收范围的通知》。同年，铁路局驻融安机务段验收室撤销。

1997年，南宁机务段开始配属电力机车，驻段验收人员刻苦学习，在较短时间内担当起电力机车的中小修验收工作。

1998年，柳州铁路局重新制订《内燃、电力机车验收范围》，印发《机务处关于玉林机务段内燃机车冷却器件大修资格审查结果的通知》。1999年，根据铁道部《铁路机车验收规程》，制订柳州铁路局《验收管理细则》，对机车验收的组织领导、验收人员管理、验收工作标准、技术及基础管理、机车重要件管理等作出规定。2002年，印发《柳州铁路局内燃、电力机车验收范围》，公布修订后的DF_{4B}、DF_5、DF_{7D}型内燃机车，SS_7型电力机车中、小修验收范围。年内，驻南宁机务段验收室配备专职轮对大修验收员。2003年，局机务处根据铁道部重新修订的《机车重要件验收管理办法》，制订《机车重要配件合格证验收管理办法》，通过建立健全管理制度，使机车、配件和牵引供电设备的验收工作做到有规可依，有标准可以遵循。南宁机务段试行DF_{4D}型半悬挂轮、SS_7型轮对大修，驻段验收室对每一道工序严格验收，确保轮对大修质量。

2004年，铁道部决定驻柳州铁路局验收室增加牵引供电设备质量、施工质量验收职能，增设主管牵引供电验收人员1人。铁路局在百色供电段设立驻段验收室，定员3人，负责电气化基本建设工程、更改工程、大中修工程的施工质量以及牵引供电设备及零部件的产品质量检验。同年，铁路局驻金城江机务段验收室撤销。

2005年，铁道部驻柳州铁路局验收室印发《电力机车及大部件标准化作业程序》，规范电力机车作业标准。南宁机务段进行SS_7型电力机车轻大修，驻段验收室经过认真准备，顺利开展电力机车轻大修验收工作，轻大修质量高于其他工厂。同年，铁路局驻桂林机务段验收室撤销。年末，铁路局机务验收机构有铁道部驻铁路局机车验收室；铁路局驻柳州、南宁、玉林机务段，百色供电段，桂林配件厂，柳州机电厂验收室，有验收人员41人。广西沿海铁路公司南宁南机务运用段有验收员1人。

第四节 机务设备

1991年，柳州铁路局机务部门有机械动力设备518台，主要分布在柳州、南宁、桂林、金城江、玉林、融安机务段，由各机务段设备车间进行管理。

1991—1994年，柳州机务段由蒸汽段改造为内燃段，增添内燃机车检修设备，形成内燃机车架修和定修能力。

1997年，南宁机务段配属电力机车，同时配置电力机车检修设备，逐步形成电力机车小修、中修、轻大修能力。

从2002年起，柳州铁路局投资，把柳州机务段建成内燃机车中修基地。

2005年末，柳州铁路局机务部门有机械动力设备1567台，分布在柳州、南宁、玉林机务段。柳州、南宁机务段拥有不落轮车床、数控车轮车床、精密车床、500吨车轴压装机、机车轴承检测流水线、牵引电机反馈试验台等一批大型先进设备。广西沿海铁路公司机务部门有内燃机车油泵，制动、电器、车钩试验台等动力设备220台。

设 备 管 理

1991 年，柳州铁路局机务部门使用设备管理软件辅助设备管理。

1995—2001 年，柳州铁路局机务部门按照铁道部《机务段设备工作检查评比办法及设备工作标准化单位评定条件》进行设备检查评比；按照铁道部《机务部门机械动力设备鉴定办法》开展设备鉴定。在柳州、桂林、金城江机务段进行设备状态修试点，探索新的设备检修方法。推广使用铁道部机务设备管理软件管理设备。1999 年，金城江机务段获铁道部设备管理先进单位称号。

2002 年，柳州铁路局机务部门使用 V1.0 通用设备管理系统管理设备，对桥式起重机等特种设备实行规范化管理。9 月，要求各机务段制订起重吊具、索具管理办法。12 月，柳州机务段通过 ISO 9000 国际质量认证体系的第三方审核。年内，南宁机务段获得铁道部优秀设备管理单位称号。

2003 年，柳州铁路局机务部门公布抱轴瓦镗床、不落轮车轮车床、柴油机翻转架升降机、电动落轮机等 10 项主要机务专用设备大修规程。柳州机务段加大科技投入，建立完善机车运用安全管理、机车检修管理、智能信息网、生产指挥网、办公局域网五大网络系统，实现管理网络化、信息化、系统化。金城江机务段获第六届全国设备管理优秀单位称号。2004 年，柳州铁路局机务部门印发《接触网检修作业车段修规程（试行）》的通知。将通用设备管理系统软件升级为 V2004 版。

2005 年，柳州铁路局机务部门印发柴油机机体、电力机车高低压柜试验台、机车冷却水反渗透制水设备、机车整流装置均流试验台、喷油泵试验台、气缸盖检修作业流水线、内燃机车负荷（水电阻）试验台、Jz-7 型制动机试验台、中频轮箍加热设备等 10 项主要机务专用设备大修规程。

设 备 能 力

1991 年 1 月，柳州铁路局投资2000 万元将柳州机务段从蒸汽机车检修段改建成内燃机车检修段，第一期新建定修库及边库工程年内投产。第二期架修库改造、柴油机间新建工程 1994 年 4 月底全部完工。改建规模按 DF_4 型内燃机车 2 个架修、6 个定修台位能力配套，形成年架修内燃机车 120 台、定修 1000 台，年检修柴油机 200 台份的能力。南宁机务段为蒸汽、内燃机务段，具备蒸汽机车架、洗修和内燃机车检修能力。

1995—2000 年，柳州机务段将存轮库改造成轮轴间，添置单、双梁桥式起重机，第二个机车负荷试验台，柴油机检修作业线、不落轮车轮车床、数控车轮车床等机械化修车工装设备，修车机械化水平提高。1997 年，南宁机务段机车检修从蒸汽、内燃向内燃、电力过渡；新建 3 股道 2 台位电力机车小修库 1 个，在主边库配置 5 吨—30 吨桥式起重机 4 台，不落轮车轮车床、数控车轮车床、电机换向器自动下刻机等一批先进的修车设备和工艺装备。2000 年，设 1 个台位中修电力机车。

从 2002 年起，柳州铁路局投资把柳州机务段建成铁路局内燃机车中修基地，新建 2700 平方米解体清洗库，688 平方米台车库，1481 平方米材料库，1083 平方米地勤行修综合楼，在清洗库配置转向架清洗设备和牵引电机清洗烘干设备。南宁机务段新建电机库 1 个，配置牵引电机反馈试验台，牵引电机清洗、洪干、浸漆等设备。

2003 年，柳州机务段调整修车工艺布局，扩建台车库，新建解体清洗库，并添置一批新设备和工装。南宁机务段建成水阻试验线 1 条和水阻试验库 1 个。

2005 年，南宁机务段内燃机车架修库改造为电力机车中修库，配置 32 吨和 15 吨桥式起重机，形成电力机车中修台位 2 个，承担电力机车中修任务。同时，分出 1 个中修台位对电力机车进行轻大修，使该段具备电力机车轻大修能力。柳州机务段机车转盘投入使用，该段具备包括 DF_{4D} 型客比机车的中修能力和 DF_{4D} 径向转向架中修能力，并成功地进行 DF_4 型内燃机车大修。

设备维修养护

1991 年，柳州铁路局机务部门制订设备自检自修范围和设备润滑管理制度，加强机务段机械动力设备的检修和养护工作。

从 1994 年开始，实行新的机务机械动力设备鉴定办法，于每年 5 月至 8 月开展设备鉴定，根据鉴定结果，提报次年设备大修、更新计划。

1997年，柳州、桂林、金城江机务段进行设备状态修试点，探索设备检修新方法。从1998年起，柳州铁路局应用状态检测技术诊断设备故障。

1999—2005年，随着科学技术的发展，机务设备检修与养护开始大量采用新技术、新材料和新工艺。桂林机务段自制热气流自动烘砂、上砂设备，获得柳州铁路局科技进步三等奖并在全局推广。在柳州、玉林、金城江、桂林机务段10座油罐表面大修时，涂刷高科技反光隔热的“凉凉”漆。柳州机务段增设机车冷却水反渗透制水设备，对修车库实行色彩管理。

第五节 供水供电

管理机构

1991年，广西国家铁路的供水供电工作由局机务处，柳州、南宁铁路分局水电科管理。基层单位有柳州、南宁水电段，分属柳州、南宁铁路分局领导。柳州水电段负责柳州至冷水滩（含）、牙屯堡（含）、麻尾（不含）、黎塘（不含）的水电业务；南宁水电段负责南宁至黎塘（含）、凭祥（含）、湛江（含）、茂名（含）的水电业务。地方铁路的供水供电由各管理段（站）管理。合资铁路的供水供电由南防铁路公司管理，钦州水电房建领工区负责水电业务。

1995年5月，钦北铁路投入运营，钦北临管处水电管理所负责其水电业务。1996年，成立钦州管理段，负责南防铁路的水电业务。

1997年4月，成立百色供电段，负责南昆铁路管内水电和牵引供电业务。11月，铁路分局撤销后，水（供）电段由铁路局直接管理。同年，钦北铁路有限责任公司设北海综合领工区，负责钦北铁路水电业务。

2004年11月，柳州铁路局撤销南宁水电段、百色供电段，成立南宁供电段，管理原南宁水电段、百色供电段的水电和牵引供电业务。

2005年末，柳州铁路局有柳州水电段、南宁供电段。柳州水电段负责柳州至冷水滩（含）、牙屯堡（含）、麻尾（不含）、黎塘（不含）的水电业务；南宁供电段负责南宁至黎塘（含）、凭祥（含）、湛江（含）、茂名（含）的水电业务和南宁至威舍（不含）的牵引供电和水电业务。

铁路供水

机车给水 1991年，柳州铁路局有机车上水站46个、水鹤113座（其中封存40座），负责运用中的131台蒸汽机车给水任务。南防铁路公司有机车上水站3个、水鹤6座，负责南防铁路蒸汽机车给水任务。随着铁路机车牵引内燃化，水鹤逐步拆除，至1996年末，柳州铁路局有机车上水站25个、水鹤59座。

1997年1月，柳州铁路局印发《关于撤销机车上水站的通知》。2001年后，合资铁路的水鹤被拆除。2005年末，柳州铁路局所有上水站水鹤全部拆除，撤销后的上水站改为生活给水站。

生产生活供水 1991年初，柳州铁路局有给水站53个，其中有净水设备的18个，有消毒设备的30个；有给水设备2072座，管道设备759.3公里。地方、合资铁路的生产、生活用水，大多由地方供应。

1993—1997年，在黄冕、来宾等铁路地（站）

1999年，柳州水电段5万吨/日供水工程完成，并建成日供水能力8万吨的水厂

区新打管井和新建泵井 10 多座，新增水源能力 2 万多立方米。柳州铁路第一给水所在江边新建水泵井、集水井和进水口各 1 座，新增水源能力5 万立方米/日。兴安、凭祥等铁路地(站)区新建一批净水设施，新增净水能力 1.3 万立方米/日。

1998—2003 年，南宁铁路地区水源取水部新建取水设施 1 套，江边给水所一级抽水能力从3.2 万立方米/日增加到 5.5 万立方米/日；改造南宁江边给水所二级扬水设备，安装变频设备 1 套。江边新建 3 万立方米/日净水工程投入使用。柳州铁路地区完成 5 万立方米/日净水工程，建成供水能力 8 万立方米/日的水厂，形成 10 万立方米/日的供水能力。桂林北铁路地区新建取水头部 1 座，集水井 1 座，新增水源导水能力 2 万立方米/日。改造宁明给水所水源取水头部，新增给水能力 1000 立方米/日。玉林铁路地区南流江取水工程交验使用，地区职工用水问题得到解决。贵港铁路站区取水和净水设施投入使用，取、净水能力提高 3000 立方米/日。百色铁路地区江边取水泵和铁路给水所净水工程投入使用，新增取水和净水能力各 3000 立方米/日。宜山铁路站区新建 3000 立方米/日净水设施 1 套。

2005 年，柳州铁路局购置化学法二氧化氯发生器 16 台，在柳州、融安、桂林北、南宁南、玉林等 11 个铁路地(站)区采用二氧化氯消毒饮用水。年末，铁路局有给水站 47 个，其中建有净水设备的 28 个，有消毒设备的 41 个，外购地方自来水的 16 个；给水所 65 处，水道设备 415 台，用水设备 522 座(个)，管道设备 769.2 公里，动力机电设备 787 台(面)，水处理设备 248 套(座)。广西沿海铁路公司有给水所 5 个、水厂 1 个，给水管路 66.95 公里，进水口、集水井 9 座，有内燃机、电动机、发电机、深水泵、离心泵等给水设备 151 台(面)。

列车上水　1991 年初，黎塘、凭祥、崇左、玉林、柳州、南宁、桂林等车站拥有旅客列车上水设备。

1991—1992 年，铁道部与柳州铁路局共同投资，对管内客车上水设备进行建设和扩能改造。第一、二期工程完成的有：柳州、桂林、融安、玉林、金城江、南宁、崇左、凭祥等站客车上水设备。

1993 年，柳州铁路局投资，对南宁、柳州客技站和桂林北站客车上水设备和管路进行改造并形成客车上水能力。

1996—1997 年，南昆铁路百色、平果等车站建设客车上水设施。

2005 年，柳州站 7、8 道新增客车水栓一排，新建排水沟 500 米。年末，柳州铁路局的柳州、桂林北、桂林、融安、玉林、金城江、南宁、黎塘、崇左、凭祥、百色、平果等 12 个车站建有客车上水设备，在用客车上水站 11 个(平果站上水设备封存)。

表 3-6　**1991—2005 年柳州铁路局供水量完成情况**

年　度	供水量(万吨)	年　度	供水量(万吨)	年　度	供水量(万吨)	年　度	供水量(万吨)
1991	6216.5	1995	7037.74	1999	6519.2	2003	6002.2
1992	6312.3	1996	7364.39	2000	6294.3	2004	5634.24
1993	6485.8	1997	5914.32	2001	6135.9	2005	5430.25
1994	6737.8	1998	6481.3	2002	5971.6		

沿线小站、工区供水　柳州铁路局沿线小站工区，大多处于山区和丘陵地带的缺水缺电地区。从 20 世纪 60 年代起，铁路局每年都筹措一定资金，解决沿线站区的饮水问题。1990 年末，沿线有 67 个站区已解决饮水问题。

“八五”期间，铁道部根据柳州铁路局的建议，补助 908 万元，解决沿线职工的饮水问题。1991 年，铁路局安排投资 127 万元，打水井 9 口，建泵房 7 座、水塔水池 6 座、水管路 12.4 公里，解决鹧鸪江等 10 个小站、工区的饮水困难。1992 年完成投资 361 万元，打水井 17 口、建泵房 15 座、水塔水池 20 座、水管路 23 公里，改善黄沙河、黄冕等 27 个小站、工区的饮水条件。1993 年，投资 530 万元，打水井 4 口，新建水塔 4 座，解决山底岭等 4 个车站、工区的饮水问题，完成拉易、小平阳等 10 个站区的水源工程改造。1994 年，投资356.8 万元，打水井 3 口，建水塔 3 座，完成长塘等 19 个站区的给水工程。

1995—1999 年，柳州铁路局投资 1427.8 万元，完成双蒙、陆川、矮岭、永乐街等 58 个站区的给水工程。

2000年，柳州铁路局投资356万元，完成罗笛—古砦站区的长管路和大石、古梦等14个站区的给水工程。

2001—2004年，柳州铁路局投资2284.2万元，完成八贡、山尾等16个站区的给水工程。

2005年，柳州铁路局投资802.9万元，完成23个站区的给水工程、5个站区改接地方水工作。年末，柳州铁路局有沿线小给水站186个，外购地方自来水站区14个，沿线站区供水基本正常，职工饮水问题基本解决。

铁 路 供 电

生产生活供电 1991年初，柳州铁路局有柳州、黎塘、程村3个35/10千伏变电所，桂林、鹿寨、柳州北、柳州南、南宁、南宁南、凭祥、贵港、玉林、融安、金城江、六甲、拨贡、南丹等23个10千伏配电所，有各型变压器797台总容量90752千伏安，架空线路1927.4公里(含电力贯通线199公里)，电缆68.4公里，各种高低压配电装置2346台(面)。铁路局属207个车站中，高压有电站191个、低压有电站16个。年内，投资建设鹿寨至桂林北、桂林北至冷水滩、柳州至黎塘、柳州至金城江区段电力贯通线，配套新建永福、来宾、全州、宜山等6个配电所，改扩建黎塘变电所。合资铁路有钦州、南宁、防城港变电所3个，电力线150.8公里，高低压配电盘61面。

1992—1995年，柳州铁路局投资新建洛满至融安区段电力贯通线，柳州铁路地区35千伏配电所增容；更新柳州688发电基地的8647和8648发电车柴油发电机组，开工建设贵港至湛江等区段的电力贯通线。改造柳州北环电力设施，同杆架设柳州给水所和体育场环路，新建黎塘至南宁区段电力贯通线，建设鹿寨配电所鹿寨化肥厂二电源。新建柳州老干部处配电间，改造柳州鹅山二区配电间，在鹿寨至永福区段引进贯通线故障自动分断装置，始建南宁110千伏变电站。

1996—2000年，柳州铁路局投资新建柳州铁路地区110千伏变电站。新建桂林始发站、柳州调度楼、柳州保价楼、水团配电间。新建或改扩建玉林、兴业等地的8个配电所。完成柳州鹅山5区等6个配电间的改造和35千伏变电站1台主变压器增容。黎塘配电所升级为35千伏变电所。

2005年，南宁供电段工人检修供电设备

1996—2003年，广西地方铁路有限公司新建钦北铁路北海站10千伏变电站3个，钦北、黎钦铁路架空电力线路125.7公里。

2001—2005年，柳州铁路局新建柳州至黎塘、黎塘至河唇区段自动闭塞线路。新建融安配电所长安电源线。增设牙屯堡站区和彭莫山隧道等二电源。完成柳州540、南宁、百色等11个配电所(间)的综合自动化改造工作。在柳州铁路地区建成110千伏变电站配套工程35千伏变电站(铁二变)，完成10千伏高压环路改造，实现以鹅山路为界，分南北两片供电。改造湘桂铁路柳州至东安区段，黔桂、黎湛铁路中间站的低压变电箱，在各中间站引进信号电源监控装置。改造南宁铁路地区高压环路供电能力、柳州铁路地区部分高低压线路。完成南宁枢纽电力改造工程、黎塘至邕宁区段中间站电力改造和柳州站高低压线路的改造。对柳州铁路地区、鹿寨站区、田林至根龙区段35千伏电源线和桂林机务段高压线等15处线路或电源线进行大修。完成东安至柳州、柳州至黎塘、黎塘至湛江、金城江至南丹、黎塘至南宁、江西村至品甸等区段电力贯通线分断装置安装工作，并逐步升级使其具有电力远动自动化功能。南宁水电段和柳州水电段“水电调度自动化系统”建成投入使用。从2001年柳州110千伏变电站采用综合自动化系统以来至2005年,19个变电所(站)完成综合自动化改造,采用微机保护、免维护型大容量直流电源屏、真空断路器等新设备。移动式箱式变电站普及应用,全局有移动式箱式变电站62座。推广应用节能型变压器,引进路灯智能化控制装置。

2005年末,柳州铁路局有柳州、南宁2个110千伏变电站,柳州、程村、黎塘等5个35/10千伏变电所和其他39个变配电所;有各型变压器2033台总容量9.82万千伏安;供电线路4774公里,其中电力贯通及自闭线路2520.3公里,电缆线路860公里;高低压变配电装置2456面;投光灯桥(塔)1071座,年供电量29785万千瓦时。电力运行指标:力率98.7%、负荷率66.9%、变压器利用率48.8%、自用及损失率6.6%、年节电量2065.6万千瓦时。广西沿海铁路公司有35/10千伏变配电所1个、10千伏配电所4个、10/0.4千伏发配电所17个;有电力贯通架空线路367.6公里、电缆线路77.2公里;有高低压变配电设备577台(面)。

牵引供电　1997年,南昆电气化铁路开通运营。柳州铁路局有接触网817.8条公里,采用BT供电和直接供电方式,接触网为全补偿简单链型悬挂,由百色供电段管理。建有南宁南、平果、百色等9个牵引变电所,另有一条供电臂由昆明铁路局管辖的威舍牵引变电所供电。

1998—1999年,铁道部投资对南昆铁路牵引供电系统进行第一次扩能改造,南昆铁路列车牵引重量由改造前上行2300吨、下行3900吨,增至上、下行3900吨。

2000年,南昆铁路那桐至双邓、百色至六塘等6个区间接触网分相绝缘器迁移至缓坡地段,便于电力机车滑行通过无电区。

2001—2002年,南昆铁路新开山心等中间站16个,新增接触网29.7条公里。在百色牵引变电所新增1条(214)馈线单独对百色站场供电。在20个站新增架空地线57公里,减少牵引网对信号轨道电路的影响。完成南宁南牵引变电所微机保护和综合自动化系统改造。

2003—2004年,在南昆铁路新增接触网12.9条公里。将接触网线材质由铜导线改为银铜导线,承力索材质由铜绞线、钢绞线改为镁铜合金绞线,换线28.1条公里。在江西村、安龙等16个站新增架空地线49条公里。对百色牵引变电所进行微机保护和综合自动化系统改造。

2005年,铁道部投资对南昆铁路牵引供电系统进行第二次扩能改造,主要内容包括:那桐等牵引变电所进行微机保护和综合自动化系统改造,变压器更换并扩容;百色、田林、平林、册亨牵引变电所共新增7套动态电容补偿装置;那桐、百色、田林、平林等6个牵引变电所各更换6台110千伏电流互感器;百色、田林、平林、龙广牵引变电所共新增7台增压装置;平果、百色等4个牵引变电所和2个车站各新增1套、田东站新增2套串联电容补偿;更换THJ-120型承力索427.3条公里,更换接触网H78型支柱635根,更换整体吊弦5.28万根;新安装承力索预型保护条4519套。年末,柳州铁路局有电气化营业里程518公里、接触网863.2条公里、牵引变电所9个、牵引变压器14台、牵引供电专用轨道车辆22辆(其中接触网作业车16辆),年牵引供电355.7万千瓦时。

表3-7　**1998—2005年南昆铁路柳州铁路局管内牵引供电情况**

年度	牵引供电运行情况				接触网天窗兑现情况分析		
	受电量(Mkwh)	供电量(Mkwh)	损失率(%)	功率因素	计划“天窗”数(h)	兑现“天窗”数(h)	兑现率(%)
1998	98.5	108.36	-12.2	0.738	2313	1276.8	55.2
1999	137.7	131.6	4.4	0.69	2444	1382.9	56.6
2000	194.5	188.6	2.4	0.81	3741.5	2218.6	59.3
2001	193.2	179.9	12.9	0.81	3903	3129	80.2
2002	233.7	202.3	12.2	0.84	4062.3	3600.8	86.2
2003	263.2	248.5	4.3	0.9	3830.1	3481.4	90.9
2004	299.4	285.5	3.2	0.91	3633	2557.2	70.4
2005	375.4	355.7	4.2	0.89	3449	2697	78.2

第二章 车 辆

第一节 车 辆 配 属

客 车 配 属

1991 年,柳州铁路局配属客车 1004 辆,其中硬座车 532 辆、硬卧车 248 辆、软座车 17 辆、软卧车 43 辆、餐车 60 辆、行李车 58 辆、其他车 46 辆。地方铁路各管理段配属客车 15 辆,全部为硬座车。

1992 年,柳州铁路局配属国产 25B 型双层空调硬座车 30 辆,双层空调软座车 6 辆。自行投资购置发电车 3 辆,将 31 辆 22 型硬座车改造为空调车。同年 2 月,铁路局决定将南宁车辆段的客车 20 辆(硬座车 15 辆、硬卧车 2 辆、行李车 2 辆、餐车 1 辆)调拨南防铁路公司。

1994 年,柳州铁路局配属 25G 型全列空调客车,用于南宁—北京的 5/6 次特快列车。25G 型客车定员增加,构造速度和舒适度较 22 型提高。1995 年,南宁—上海 179/180 次直快、湛江—北京 99/100 次特快旅客列车由 22 型更换为 25G 型。1998 年,柳州铁路局配属 25K 型空调车,用于南宁—北京的 5/6 次特快旅客列车上,该型客车构造速度 160 公里/小时。

2000 年,合资铁路投资 1865 万元购买动车组 1 组。2001 年 5 月,开行南宁—北海动车列车。

2004 年,广西沿海铁路公司购置客车 10 辆,原配属客车先后报废。

2005 年,柳州铁路局配属高档 25K 型客车,使用在年内开行的桂林—深圳 40/37 38/39 次旅客列车上,该型客车科技含量高,设计更具人性化,构造速度 200 公里/小时,软卧车设双人间,餐车设酒吧。列车边门采用气压自动控制,列车起动门会自行关闭;通过门采用触摸式控制,旅客通过,用手指轻触便可开门。配属该型客车标志着广西铁路客车装备跨入全国铁路先进行列。年末,柳州铁路局配属客车 1345 辆,其中软卧车 102 辆、软座车 12 辆、硬卧车 485 辆、硬座车 491 辆、双层软座车 6 辆、双层硬座车 29 辆、餐车 77 辆、发电车 49 辆、行李车 72 辆、邮政车 16 辆、试验车 5 辆、维修车 1 辆,客车中有空调车 841 辆。与 1991 年相比,客车数量增加 34%,软卧车增加 137.2%,硬卧车增加 95.6%,空调车增加 767%。广西地方铁路有限公司配属客车 6 辆,均为硬座车。广西沿海铁路公司配属客车 10 辆,其中硬卧车 5 辆、硬座车 5 辆。配属动车组 1 组。

1998 年,柳州铁路局配属的 25K 型客车在厂修

表 3-8 **1991—2005 年柳州铁路局客车配属情况** 单位：辆

车种	数量＼年份	1991	1992	1993	1994	1995	1996	1997	1998	1999	2000	2001	2002	2003	2004	2005
硬座	配属	532	510	565	617	570	506	497	500	486	480	491	488	480	460	491
	其中空调	16	16	74	74	96	150	159	167	171	161	194	196	197	196	227
硬卧	配属	248	273	350	394	392	374	364	387	383	380	399	424	443	445	485
	其中空调	36	39	118	125	168	217	225	248	236	220	238	271	295	296	336
软座	配属	17	17	19	19	19	12	12	12	12	12	12	12	12	12	12
	其中空调	10	10	12	12	12	12	12	12	12	12	12	12	12	12	12
软卧	配属	43	48	56	65	66	70	71	81	76	76	87	87	97	97	102
	其中空调	26	31	42	49	50	62	64	74	74	74	86	86	97	97	102
双层	配属	—	36	36	36	36	36	36	36	35	35	35	35	35	35	35
	其中空调	—	36	36	36	36	36	36	36	35	35	35	35	35	35	35
餐车	配属	60	60	62	68	65	60	59	65	64	64	68	70	72	72	77
	其中空调	6	7	14	20	22	28	30	36	38	38	42	45	48	48	53
发电	配属	3	6	14	14	18	26	28	33	36	38	43	43	49	49	49
	其中空调	3	6	14	14	18	26	28	33	36	38	43	43	49	49	49
行李	配属	58	58	62	68	77	77	70	75	75	75	88	90	76（代管）	72（代管）	72（代管）
	其中空调	0	0	0	0	6	6	6	13	7	7	11	13	23	13	13
邮政	配属	24	24	24	24	24	16	20	16	12	12	16	13	13（代管）	16（代管）	16（代管）
	其中空调	0	0	0	0	6	6	6	5	5	5	5	5	6	12	12
合造		10	10	10	10	10	10	10	7	7	—	—	—	—	—	—
试验		7	6	6	7	7	7/1	7	7/1	7/1	5	5	5	4	4	5/2
医疗		1	1	1	1	1	1	1	1	1	—	—	—	—	—	—
维修		1	2	2	2	2	2	2	2	2	1	1	1	1	1	1
救援		—	—	—	—	—	—	—	—	—	—	—	—	—	—	—
公务	配属	—	1	1	1	1	—	—	—	—	—	—	—	—	—	—
	其中空调	—	1	1	1	1	—	—	—	—	—	—	—	—	—	—
合计	配属	1004	1052	1211	1326	1288	1197	1174	1222	1195	1188	1255	1269	1282	1265	1345
	其中空调	97	146	311	331	416	543	567	625	614	590	666	706	762	760	841

货车配属

1991 年，铁路货车的棚车、敞车、平车、罐车、集装箱等车型统一属铁道部管理，通行全国铁路。一些特殊车辆如毒品车、保温车、行包快运车辆实行配属使用和管理。广西铁路未配属货车。

1993 年 7 月，南防铁路公司购置 K_{18} 型、K_{13} 型货车各 10 辆，C_{50} 型货车 20 辆，按自备车管理和使用。同年，柳州铁路局成立柳州机械保温车辆段开始配属机械保温车，当年配属 $B_{22\text{-}2}$ 型、B_{23} 型机械保温车 14 组 70 辆。此后，配属保温车逐年增加，至 2003 年 12 月移交中国铁路特货运输有限责任公司时，增加至 63 组 351 辆。

1995—1996 年，南防铁路公司将 K_{18} 型自备车 10 辆、C_{50} 型自备车 19 辆调拨广西地方铁路有限公司来宾管理段；报废 C_{50} 型自备车 1 辆。

2005 年，广西地方铁路有限公司有自备货车 29 辆（K_{18} 型 10 辆、C_{50} 型 19 辆）、广西沿海铁路公司有 K_{13} 型自备车 10 辆。

第二节 车 辆 检 修

客 车 检 修

1991 年，柳州铁路局客车检修基地南宁车辆段有 9 个修车台位。检修的机械设备有车床、钻床、铣床；专用修车设备有油漆作业升降机，轮对煮洗机，镟轮机，轴颈车床，客车发电机、日光灯逆变器、电扇试验台等。客车检修工艺有底架，外体，测量与架车，空气制动配件，车体、钢结构和相关部件，蓄电池、车电设备，茶炉、厕所、洗脸间，车钩缓冲器，转向架，轮对、轴承，柴油机、发电机、控制柜，空调机组、控制柜，底体架，整车组装、调试、交验等 13 大项。主要检修 22 型客车，重点对轮对、转向架、车钩缓冲装置、空气制动、基础制动、车体、车辆照明、电扇等进行检修。检修周期：非提速客车（标记速度 140 公里/小时以下）按 1.5 年进行段修。地方、合资铁路不设客车检修基地，不承担客车检修任务。

1992—1993 年，南宁车辆段开展柴油机、发电机、单元空调机组日常检修。根据铁道部新颁发的《客车车电装置检修规程》，对车电装置进行检修。

1995—1998 年，柳州铁路局在检修中对客车进行加装改造，将方型水箱改成圆型不锈钢水箱，解决水箱漏水问题，增加水箱储水量；在 5/6 次、379/380 次、461/462 次旅客列车上加装客车集中控制轴温报警器，使每辆车都可显示全列车各车轴的轴温；在客车 206 型转向架上加装纵向牵引拉杆，提高车辆运行平稳性。

1999 年，柳州铁路局车辆部门根据列车提速和客车换型的实际，编制《发电车检修工艺》《25K 型客车 A1、A2 修程检修工艺》和《25K 型客车八项作业标准》。年内，改造 24 辆单节式客车空调机。对 202 型转向架客车实施七项补强改造，跨局旅客快车改用进口轴承，已采用集中轴温报警装置的旅客列车加装无线传呼轴温报警装置，发电车应用智能型控制柜（屏），加装柴油发电机组微机监控装置，逐步实现设备监测智能化。

2001 年，对客车加装漏电保护装置，2002 年 12 月完成。

2003 年，铁道部改革客车修制，变车辆到期修理为以走行公里为主、以时间周期为辅的计划修理。从 2004 年 1 月起，非提速客车修程分为厂修、段修和辅修，必要时可增加一级翻新（重造）。厂修周期：运行 240 万公里（±60 万公里）或距新造、上次厂修 22（23、31）型客车 8 年，其余各型客车 10 年。段修周期：60 万公里（±20 万公里），或距上次辅修及以上修程 22（23、31）型客车 2 年，其余各型客车 2.5 年。辅修周期：20 万公里（±2 万公里），或距上次辅修及以上各修程 8 个月。25K、25T 型提速客车不执行厂修、段修、辅修的定期检修制度，实行 A1、A2、A3、A4 修的新检修制度。A1 级修程为安全检修，周期：运行 20 万公里（±2 万公里），或运行不足 20 万公里，

2003 年，南宁车辆段工人检查客车轮对

但距上次A1级以上各修程时间超过1年。A2级修程为40万公里段修，周期：运行40万公里(±10万公里)，或运行不足40万公里，但距上次A2级以上各修程时间超过2年。A3级修程为80万公里段修，周期：运行80万公里(±10万公里)，或运行不足80万公里，但已做过一次A2修，距上次A2级修程超过2年。A4级修程为大修，周期：运行240万公里(±40万公里)，或距新造或上次A4级修程超过10年。提速客车车辆A1、A2、A3修的修程范围为车体、车体内部设施、车钩缓冲装置、转向架、轮对、滚动轴承和轴箱装置、制动装置、车电装置、空调装置、油漆标记9部分。

表3-9 **1991—2005年柳州铁路局客车检修任务完成情况** 单位：辆

年 度	段(A2、A3)修	年 度	段(A2、A3)修	年 度	段(A2、A3)修	年 度	段(A2、A3)修
1991	420	1995	430	1999	552	2003	586
1992	420	1996	400	2000	557	2004	564
1993	430	1997	503	2001	530	2005	560
1994	430	1998	500	2002	544		

货 车 检 修

1991年，柳州铁路局在广西境内的货车检修基地为柳州车辆段，设计检修台位24个，实际有效使用18个。检修设备中的机械设备有普通车床、钻床、铣床等；专用修车设备有转向架检修小车、转向架冲洗机、镟轮机、轴颈车床、超声波探伤机、磁粉探伤器、轴瓦浇铸台、三通阀试验台等。货车检修工装设备落后和不足，检修场所陈旧狭小。其后，以保证轮对、轴承检修为重点，配置电动架车镐、轴承固定式压装机、微机控制超声波探伤仪、滚动轴承不分解故障检测机、超声波轴承精洗机、远红外轴承烘干机、轮对动平衡试验台等，并对车轮车床进行微机控制升级改造。年内，柳州铁路局车辆部门实行的货车检修工艺包括预检、进位、分解拉条圆销；架车，分解制动配件、车钩缓冲装置，推出转向架；转向架清洗、分解、检修、组装、部件交验；轮对冲洗、外观检查、判断修程、探伤、镟轮，轴承检修、压装和部件交验；空气制动装置分解、检修、组装；制动阀、软管、安全阀分解、检修、部件交验；分解车钩缓冲装置，检修车钩及配件，检修缓冲器、钩舌，钩尾框探伤，组装车钩缓冲装置，部件交验；检修车体及底体架；油漆及打车辆标记；车辆组装、性能检验、整车交验等。在货车检修中严格实行工序质量控制。在货车段修车间班组中开展标准化活动，重点对“三室四组”(挂瓦、油线、制动室；轮轴、探伤、轴承、台车组)每年进行一次验收、评比。根据铁道部下达的年度任务安排，1991年，柳州铁路局车辆部门完成车辆段修5501辆、辅修9417辆。地方、合资铁路不设货车检修基地，不承担货车检修任务。

1992年，柳州铁路局货车检修执行铁道部《货车检修规程》。开始承担P_{61}和P_{62}型棚车厂修。全年，完成车辆段修5619辆、辅修8432辆。

1993年，柳州车辆段、柳州车轮厂对轴承间进行改造，调整工艺布局。局车辆处以《货车检修规程》为依据，根据工艺装备的发展情况，利用微机对货车检修工艺进行全面修改，并按铁道部车辆局的规定，实行《货车段修质量评估、鉴定办法》。全年，完成车辆段修5528辆、辅修8549辆。

1995—1997年，柳州铁路局车辆部门采取从运用车扣回进行分解检查，对货车检修质量进行鉴定，柳州车辆段3年分获83.6分、86.75分、88.2分，均为二级车。柳州车轮厂轮对检修质量得分都在94分以上，为一级产品。对制动阀、安全阀加装防盗装置。在货车上加装闸瓦间隙调整器，将制动缸改造为密封式或半密封式前盖制动缸等。

1998年1月，南宁南车辆段成立，有货车检修台位9个，并配备相应的货车检修机械和专用设备，形成货车段修和段做厂修能力。同年，铁道部对货车段修和辅修质量进行抽查，柳州铁路局货车段修排第八位，货车辅修滑动轴承车排第二位，滚动轴承车排第五位。全年，铁路局完成货车段修5960辆、辅修14402辆。

1999年，柳州、南宁南车辆段更新主库10吨吊车，改造轮轴间、钩缓间、制动室检修工艺线。柳州车轮厂新建客车轴承轴箱组装工艺线，配置专用数控车床。通过检修制度改革，设施装备改造，理顺修车工艺布局，具有智能型的检验、检测试验设备和数控、数显、微控设备广泛使用，检修装备现代化水平提高。在车辆检修加装改造中，开始将原装2号、Mx-1型缓冲器换装为ST型缓冲器。年内，柳州铁路局车辆部门组织货车段修质量鉴定，柳州和南宁南车辆段分获89.8分和86.5分，为二级车，车轮厂轮对检修质量94.7分，为一级产品。

2004年，柳州车辆段工人检修车辆转向架底盘

2000年，柳州铁路局车辆部门在车辆厂修时将斜楔更换为贝氏斜楔，心盘、钩托板螺栓更换为防松螺栓。年内，在铁道部组织运用货车段修质量鉴定中，排名第六位。在铁路局组织的质量鉴定，柳州车辆段获91.4分，南宁南车辆段获92.1分，为一级车。柳州车轮厂轮对检修质量获96.7分，为优质产品。

2001—2002年，柳州车辆段完成轮轴、转向架、车钩、缓冲器、制动梁检修工艺线建设，车辆检修主库地面改造。南宁南车辆段建成制动梁、转向架检修工艺线。柳州车轮厂完成货车轮轴、轴承检修工艺线。柳州铁路局车辆部门对转8型转向架进行提速改造，开始装用组合式制动梁。加装空重车自动调整装置。货车段修、辅修任务采取择优分配办法，对修车质量好，经营管理好的车辆段实行任务倾斜。组织货车段修质量鉴定。2001年，柳州、南宁南车辆段分获94.4分和92.35分，均为一级车；柳州车轮厂轮对检修质量为优质产品。2002年，柳州车辆段获93.8分，为一级车；南宁南车辆段获89.25分，为二级车；柳州车轮厂轮对检修质量为优质产品。

2003年，铁道部对货车厂修、段修、辅修任务实行招标。柳州铁路局根据中标结果再在局内车辆段进行招标。年内，铁路局车辆部门根据铁道部《关于提速转向架车辆检修资格论证办法的通知》要求，对装用转8AG、转8G型提速转向架车辆段修、检修资格进行论证，柳州、南宁南车辆段均取得装用转8AG、转8G型提速转向架车辆的检修资格。局车辆处编制新的货车厂修、段修工艺规程和机械冷藏车检修工艺目录，完成内制动、外制动制动架、配件、架落车、电焊、木工、铆工、油漆标记、质量检查、轴承、探伤等15个工种的质量标准。9月1日起，全面应用货车技术管理信息系统(HMIS)对货车检修、运用进行管理。铁路局车辆部门在组织的货车段修质量鉴定中，柳州车辆段获93.9分，为一级车；南宁南车辆段获88.9分，为二级车；柳州车轮厂轮对检修质量获97分，为优质产品。2004年，柳州铁路局在铁道部组织运用货车检修质量鉴定中，获入段厂修第三名，段修第五名，辅修第六名。

2005年，柳州铁路局在广西境内有柳州、南宁南2个车辆段担负货车检修任务，柳州车辆段有检修台位18个，南宁南车辆段有检修台位9个。厂修时对符合提速改造条件车辆的轮对、摇枕弹簧、摇枕、侧架、旁承进行改造并加装交叉杆，改造后的车辆在车型后增加"K"字标记。年内完成货车转向架提速改造1500辆。继续加强检修质量管理，组织货车段修质量鉴定，柳州、南宁南车辆段分获94.2分、90分，为一级车。年内，柳州铁路局根据铁道部的安排开展货车制动故障关门车整修，共整修1360辆，超过铁道部计划的81.3%。在铁道部的两次抽查鉴定中，柳州铁路局开出列车的关门车均压缩在2%以下，在全路12个铁路局中一次排名第一、一次排名第四。全年，完成货车段修7305辆、辅修15300辆。

表 3-10　　1991—2005 年柳州铁路局货车检修任务完成情况　　单位:辆

年度	段修	辅修	年度	段修	辅修	年度	段修	辅修
1991	5501	9417	1996	5650	10500	2001	7502	16080
1992	5619	8432	1997	5750	11920	2002	7139	16630
1993	5528	8549	1998	5960	14402	2003	6828	17266
1994	5322	9279	1999	7121	15406	2004	6836	14156
1995	5540	10305	2000	7320	14432	2005	7305	15300

第三节　车辆运用

客车运用

1991 年,柳州铁路局客车运用工作由客车技术整备所(以下简称客技站)、旅客列车检修所(以下简称客列检)、客车包乘组承担。客技站负责对旅客列车到达终点车站后入库车辆的全面检修。年内,广西境内有柳州、南宁 2 个客技站。客列检负责按规定范围对始发、通过、到达列车进行技术检查、制动试验和不摘车修。年内,广西境内有柳州、南宁、金城江 3 个客列检。旅客列车包乘组由检车员、车电员组成,编挂发电车的空调列车,配空调乘务员,设检车乘务长负责包乘组工作。年初,广西境内有包乘组 36 个,其中南宁车辆段 20 个、柳州车辆段 15 个,金城江车辆运用段 1 个。组织旅客列车秋季质量鉴定,鉴定客车 625 辆,其中一级车 553 辆,二级车 60 辆,三级车 10 辆,不及格车 2 辆。在铁道部组织的进京、进沪、进穗(以下简称“三进”)旅客列车秋季质量鉴定中,柳州铁路局的 5/6 次、149/150 次列车被评为 A 级。

1993 年,柳州铁路局组织旅客列车秋季整修和质量鉴定,鉴定车辆 674 辆,其中一级车 636 辆,二级车 37 辆,三级车 1 辆,消灭不及格车。

1998 年 8 月,作为南昆铁路南宁枢纽组成部分的北湖客技站正式开通使用。该站有 10 条整备线、2 条临修线和建筑面积 8342 平方米的生产、办公用房。北湖客技站开通使用,使南宁客车整备能力不足的问题得到缓解。年内,柳州铁路局组织旅客列车秋季整修和质量鉴定,鉴定列车 53 列,其中一级车 22 列,二级车 31 列,无三级和不及格列车。在铁道部组织的“三进”列车秋季质量鉴定中,柳州铁路局的 5/6 次、157/158 次旅客列车被评为 A 级,2571/2572 次、149/150 次旅客列车被评为 B 级。

2002 年 7 月,桂林客技站一期工程建成,有 2 条整备线、1 条临修线和固定式空压机、单梁桥式起重机、电动落轮机、电动架车机、单车试验器、列车试验器、内燃叉式车、300A 交流电焊机、500A 硅整流电焊机、压装液压机、联合剪冲机等设备 37 台。年内,在铁道部组织的“三进”列车秋季质量鉴定中,柳州铁路局的 5/6 次、2571/2572 次、149/150 次、157/158 次旅客列车均被评为 A 级。

2004 年 4 月,全国铁路第五次大提速前,桂林客技站二期工程投入使用,新建地沟整备线 2 条、存车线 1 条。增加电控集中试风装置、客车逆变器测试台、客车电风扇试验台、客车发电机试验台、轴温报警器试验台、电茶炉试验台、车床、刨床、钻床等设备 61 台,负责终到桂林、桂林北站旅客列车入库车辆的检修和整备作业。年内,柳州铁路局车辆部门组织旅客列车秋季整修和质量鉴定,鉴定列车 53 列,其中一级车 48 列,二级车 5 列,无三级和不及格列车。在铁道部组织的“三进”旅客列车秋季质量鉴定中,柳州铁路局的 5/6 次、2571/2572 次、149/150 次、157/158 次、21/22 次旅客列车均被评为 A 级。

2005 年,柳州铁路局在广西境内有南宁北湖、柳州、桂林 3 个客技站;南宁、柳州、金城江 3 个客列检;有客车包乘组 63 个,都由南宁车辆段管理。年内,组织旅客列车秋季整修和质量鉴定,鉴定列车 58 列,其中一级 49 列,二级 8 列,三级 1 列,在铁道部组织的“三进”列车秋季质量鉴定

2003 年，柳州到达场列检所工人黄开（右二）创连续检车 5 万多辆无漏检漏修好成绩

中，柳州铁路局的 5/6 次旅客列车被评为 B 级，2571/2572 次、149/150 次、157/158 次旅客列车被评为 A 级。

货车运用

1991 年，货物列车和加挂车辆的技术检查、扣留定检到期和过期车辆由设在编组站、区段站、路矿厂交接站、国境站及运输上有特殊要求地点的列检所负责。柳州铁路局在广西境内有柳州到达场、出发场，桂林北、来宾、金城江、南丹、南宁、黎塘、凭祥、玉林、融安 11 个列检所，其中柳州到达场、出发场，南宁列检所为主要列检所。南防铁路公司有防城港站列检所。列检所的工装设备主要有列检工具小车、架车镐、脱轨器、试风装置和第一代红外线探测设备等。柳州铁路局车辆部门规定，金城江列检所对编入下行货物列车各型标载 60 吨棚车的旁承间隙进行全数检查，逐辆测量记录，发现过限旁承间隙，立即进行处理。柳州南站到达、出发场列检所，严格检查车辆旁承间隙，确保符合限度要求。年内，铁路局车辆部门坚持开展标准化活动，制订《列检所管理工作标准》《列检所标准化工作验收考核办法》，进行标准化评比表彰，有 1 个列检所被评为铁道部优秀标准化列检所，2 个列检所被评为铁路局优秀标准化列检所。

1992 年、1993 年 9 月的第一周，柳州铁路局车辆部门开展“爱车宣传周”活动，出板报，张贴标语，在地方电视台进行爱车宣传，召开厂矿、企业爱车座谈会，与他们签订爱车协议。通过爱车宣传，办理车辆技术交接时损坏车辆数下降。坚持开展标准化活动，两年，被评为铁道部优秀标准化列检所 2 个，优秀标准化个人 8 人。被评为局级优秀标准化列检所 4 个，优秀标准化个人 20 人。

1995—1997 年，柳州铁路局开展“万辆无漏检，安全优质无事故”竞赛活动。1995 年 1279 人参加竞赛，有 576 人实现安全优质检车 1 万辆。1996 年有 59 人实现安全优质检车 3 万辆，柳州、南宁南车辆段获铁路局优秀组织奖。继续开展标准化活动。三年，被评为铁道部优秀标准化列检所 3 个（次）、优秀标准化个人 31 人（次）。1997 年，成立百色列检所。

2000 年，柳州铁路局重新修订《列检所作业过程及一日作业标准》。被评为铁道部优秀标准化列检所 2 个，优秀标准化个人 4 人。被评为局级优秀标准化列检所 4 个，优秀标准化个人 20 人。11 月 2 日—3 日，铁路局车辆部门在黎塘列检所召开列检自控型班组建设现场会，交流自控型班组建设经验，提出《列检自控型班组建设指导意见》，提高列检所安全生产的自控能力。

2003—2004 年，制订《柳州铁路局优秀标准化列检所评比办法》《运用货车对规考核标准》《柳黎安全示范线（列检）部分标准》《长交路直通货物列车作业标准》《新型车辆技术作业标准》和《列检所作业控制标准》，深化标准化列检所建设，规范现场作业和管理行为。两年，被评为铁道部优秀标准化列检所 3 个（次），优秀标准化个人 12 人（次）。被评为局级优秀标准化列检所 13 个（次），优秀标准化个人 48 人（次）。2003 年，撤销来宾列检所。

2005 年，柳州铁路局调整列检方式，先后取消桂林北、融安、黎塘、百色、玉林 5 个区段列检所的直通货物列车作业以及柳州出发场整列终到鹧鸪江的列检作业，安全间隔距离由平均 182 公里延长到 363 公里，最长 508 公里（南宁至威舍）。年末，铁路局在广西境内有柳州到达场、柳州出发场、桂林北、金城江、南宁、百色、融安、黎塘、凭祥、玉林货车列检所 10 个，南丹制动检修所 1 个。柳州到达场、柳州出发场、南宁3个列检所为主要列检所。广西沿海铁路公司有防城港站列检所1个。各列检所配备微控电动脱轨器、滚动轴承故障诊断仪、第二代红外线轴温探测器、微控试风设备、标签读出器、HMIS运用子系统、无线对讲机。柳州到达场列检所配备现场安全监控系统，桂林北列检所装备货物运行故障动态图像检测系统(TFDS)，一些智能化、微机系统的检查设备在列检工作中发挥重要作用。年内，继续开展标准化活动。有1个列检所被评为铁道部优秀标准化列检所，4人被评为铁道部优秀标准化个人，8个列检所被评为局级优秀标准化列检所。28人被评为局级优秀标准化个人。在标准化活动中，柳州车辆段到达场列检所成绩优异，连续3年被评为铁道部优秀标准化列检所、2次被评为铁道部“三星级优秀列检所”、3次被评为铁道部“四星级优秀列检所”。1995年，被团中央命名为“全国青年文明号”；2001年，被人事部、铁道部命名为“全路先进集体”。

表3-11 **1991—2005年柳州铁路局货车列检所完成检修工作量**

年度	检修工作量							
	到达		始发		中转		合计	
	列	辆	列	辆	列	辆	列	辆
1991	73780	2597037	75510	2673065	67372	2297400	216662	7567502
1992	—	—	—	—	—	—	—	—
1993	84897	3100789	95171	3286335	73774	2533237	253842	8920361
1994	89066	3338538	99502	3534108	74764	2681492	263332	9554138
1995	88650	3301104	98120	3502943	73802	2672710	260572	9476757
1996	85710	3289143	97560	3456732	69475	2496735	252745	9242610
1997	83315	3230171	93104	3473523	61279	2321157	237698	9024851
1998	92181	3682509	101406	3922136	62625	2288053	256212	9892698
1999	96341	3893673	105453	4053478	71462	2671542	273256	10618693
2000	101186	4051118	109318	4352234	83353	3202135	293857	11605487
2001	97871	3828731	102930	4135627	76146	2826308	276947	10790666
2002	98578	4195622	108750	4368352	77569	2918439	284897	11482413
2003	120174	4997353	131126	5076332	78413	3025743	329713	13099428
2004	118017	4852524	128189	5241236	56235	2019365	302441	12113125
2005	125090	5284391	150359	6289966	51797	1764066	327246	13338423

红外线轴温探测

1991年，柳州铁路局在广西境内有红外线轴温探测站14个，装有HW-132型第一代红外线探测设备35套。

1992年，柳州铁路局新建宜山、凭祥红外线检测站。南防铁路公司新建防城红外线轴温探测站。原有红外线轴温探测设备一代机改装为一代半机，全年改装25套。1993年，柳州铁路局车辆部门制订《红外线维修备用材料、检修仪器仪表及工具配备标准》。1995年，铁路局在广西境内的红外线探测站增加到17个，装有红外线轴温探测设备44套，其中二代机3套。

1997—1998年，柳州铁路局建成湘桂铁路永州至柳州段第二代红外线轴温探测网，设区间探测站12个、列检所热轴信息复示站3个、铁路分局轴温预报中心1个、终端查询1个；建成柳州至黎塘段第二代红外线轴温探测网，设区间探测站3个，有探测设备6套。建成南昆铁路南宁南至威舍段第二代红外线轴温探测网，设区间探测站31个、列检探测站2个、轴温预报中心1个，有探测设备34套。铁路局发文规范第二代红外线探测设备联网使用管理。

1999 年，柳州铁路局完成原南宁铁路分局红外线监测中心搬迁至柳州工作，实现既有红外线二代网系统内的车辆轴温集中监控。对红外线监测中心、湘桂铁路二代机网络系统中心主机的软、硬件进行升级，提高系统的稳定性和可靠性。重新修订《红外线轴温探测系统管理细则》。

2000—2004 年，完成黎湛铁路红外线二代网设备安装、调试和交验。新建黎塘至南宁复线黎塘、南宁南红外线探测站，沙江、伶俐、邕宁站红外线探测站。焦柳铁路第二代红外轴温探测网投入运用。制订《柳州局红外线轴温探测系统运用和故障处理督办制度》，配齐红外线二代机中的修用仪器、仪表设备。红外线探测设备开机率 99%，使用率 98%。实施红外线轴温探测系统与全路联网，实现红外线轴温探测系统数据“车辆段—铁路局—铁道部”三级联网、三级复示要求。购入红外线动态检测车，用于检测红外线探测系统设备的运行质量。

2005 年，柳州铁路局红外线轴温探测设备基本完成一代机向二代机的升级。广西境内 49 个车站有红外线轴温探测设备 109 套，其中第二代红外线轴温探测设备 99 套，有列检复示站 9 个、轴温监测中心 1 个，实现红外线轴温探测站的联网管理和集中监控，基本达到铁道部每 30 公里线路设置1 个轴温探测站的网点布局要求。

第四节　机械保温车辆

柳州铁路局柳州机械保温车辆段（以下简称柳州机保段）于 1993 年 1 月 1 日成立，占地 24.4 万平方米，有修车台位 10 个，乘务组 28 个，主要担负易腐货物的国内冷藏运输业务和机保车的定期检修任务。2003 年 12 月 26 日，柳州机保段从柳州铁路局划归中铁特货运输有限责任公司管理。

机保车配属

1993 年，柳州机保段配属机械保温车(以下简称机保车)70 辆，其中 $B_{22\text{-}2}$ 型 50 辆，B_{23} 型 20 辆。

1994 年起，配属机保车逐步增加，至 2003 年，配属机保车增至 351 辆，其中 $B_{22\text{-}2}$ 型 50 辆、B_{23} 型 265 辆、B_{10} 型 34 辆、B_7 型 2 辆。

2004 年，配属机保车 317 辆，B_{10} 型比上年减少 34 辆。

2005 年，配属机保车 337 辆，其中 $B_{22\text{-}2}$ 型50 辆，B_{23} 型 285 辆，B_7 型 2 辆。

机保车运用

1993 年，柳州机保段配置机冷车组 14 列，有包乘组 28 个。运输中的机保车由机组包乘组负责日常的检查保养、修理和对运行中车辆温度的调控。每个包乘组由 3 人组成，机长 1 人、乘务员 2 人，实行轮班制。包乘组在装车前一小时对车辆进行预冷，装货时进行监装，到达有列检所作业的地方对车辆进行检查，临时停车对车辆进行查看。年内，完成冷藏运输任务 6947 万吨公里。

从 1994 年起，完成冷藏运输任务逐年增加，1999 年，完成冷藏运输任务 100680 万吨公里，为建段以来完成任务最好的一年。

2000—2004 年，每年完成冷藏运输任务 90000 多万吨公里。2005 年末，配置机冷车组 67 列，有包乘组 134 个，完成冷藏运输任务 95068 万吨公里。

表 3-12　**1994—2005 年柳州机保段冷藏运输任务完成情况**

年 度	万吨公里	年 度	万吨公里	年 度	万吨公里	年 度	万吨公里
1994	22188	1997	80892	2000	96852	2003	98355
1995	38127	1998	84768	2001	98301	2004	94436
1996	73145	1999	100680	2002	95543	2005	95068

机保车检修

1993年，机保车检修分为厂修、段修、辅修和临修4种。B_{22}、B_{23}型机保车厂修周期8年，段修周期2年，辅修周期半年。机保车厂修、段修的修理范围基本相同，分车辆和柴油机、制冷机、发电机4个部分。车辆部分分转向架、轮对、车钩缓冲装置、制动装置、车号自动识别标签、底架和车体、车内设备、车辆油漆及标记8个部分；柴油机分固定机件、配气机构、曲柄连杆机构、燃油供给系统、润滑系统、冷却系统、启动系统7个部分；制冷机分压缩机、润滑系统、热交换器及其他容器、管路及阀门、自控元件及仪表、机架及附件、制冷设备7个部分；发电机分交流发电机及附属装置、配电装置、变压器等器件、蓄电池、测温及控温装置、车电配线及电气连接器、柴油机附属电气装置、制冷机组附属电气装置、电气照明装置10个部分。柳州机保段以保障机保车的辅修、段修为目标，配备各型机床10台，2吨燃煤锅炉2台，10立方米空气压缩机2台，起重机18台，架车机12台，喷油泵试验台2台，油压减振器试验台1台，制动室检修检测设备12台，柴油机、电机、制冷机试验、检查、清洗设备17台(套)，干燥箱4台，内燃叉车2台，各型焊机8台等设备。年内，完成冷藏车辅修工艺编制，工艺分车辆、柴油机、电机、制冷机4个部分。8月，开始进行机保车辅修试修，当年完成辅修25辆。

1994年，经柳州铁路局鉴定组鉴定，同意从4月1日起正式开展机保车辅修并开展段修试修。年内，完成辅修149辆，段修7辆。

1995年，柳州机保段完成机保车厂修工艺编制。7月16日，经柳州铁路局鉴定组鉴定，同意柳州机保段从8月1日起正式开展机保车段修，承认其段修修程修车资格。全年，完成段修73辆、辅修238辆。

1996年，柳州机保段对第一列机保车进行试厂修，年内完成厂修10辆，段修86辆，辅修364辆。1996—2000年，柳州机保段以提高机保车辅修、段修质量，保证机保车厂修为重点，新建打砂库、喷漆库，新添转向架冲洗机、各型探伤机、抛丸除锈机、架车机、弹簧试压机、碳弧气刨、立式镗床、剪板机等设备，新制洗车架并配套相关设备，制订《机保车段修质量鉴定办法》。

2001—2004年，柳州机保段重新编制机保车段修工艺，完成工艺布局调整，建成车钩、钩尾框、柴油机缸头、发电机、制冷机检修工艺线，完成转向架检修库、机械车库、保温车库地面改造及制动室改造，新建钳工间、木工间、冰保车检修棚，扩建机械车库、保温车库，新增8个车辆检修台位。建成HMIS系统，实现对机保车的信息化管理。购置车辆配件抛丸除锈机、空气干燥机、钩舌仿形刨床、钩舌埋弧电焊机、车钩分解组装台、摇枕翻转机、电机浸漆烘干机、线切割机、三通阀通过式外部清洗机、构架翻转机、二号缓冲器分解组装机、无轨液压升降车、工频耐压试验仪、电动数控绕线机、布洛维硬度计、仿形切割机、内燃叉车等设备。对701、705型三通阀试验台进行微机控制改造。完成整车抛丸除锈装置改造，更新油压减振器试验台，主要检测和试验设备实现数字化、智能化，检修能力基本满足需要。2002年，编制B_{10}单节机保车段修范围和技术标准。开始B_{10}单节机保车段修。

2005年，完成机保车厂修50辆、段修622辆、辅修450辆。

2000年，柳州机保段工人检修机保车制冷设备

表 3-13　**1993—2005 年柳州机保段机保车检修任务完成情况**　单位:辆

年度	厂　修	段　修	辅　修	年度	厂　修	段　修	辅　修	年度	厂　修	段　修	辅　修
1993	—	—	25	1998	30	110	402	2003	57	133	456
1994	—	7	149	1999	30	121	406	2004	50	270	444
1995	—	73	238	2000	40	120	432	2005	50	622	450
1996	10	86	364	2001	50	102	430				
1997	10	90	420	2002	50	109	440				

第五节　轮　　对

轮 对 检 修

1991 年,柳州铁路局的客、货车轮对新组装、换件修、拼修、检修分别由柳州车轮厂,柳州、南宁车辆段承担。柳州车轮厂主要开展客、货车轮对新组装、换轮、换轴、拼修、轴承一般检修等工作。轮对加修的主要工序有检测、探伤、轮对解体、车轴车轮加工、轮轴压装。南宁车辆段负责客车,柳州车辆段负责货车轮对、轴承的一般检修工作,主要对轮对、轴承技术状态进行检查、修理。年内,柳州车辆段配齐轴承检修所需的工装设备和仪器、仪表,建立轴承拆卸、清洗,分解检测和组装 3 条作业线,承担车辆轴承的检修工作。柳州车轮厂开始组装 RD_{10} 型轮对,解决民主德国空调车轮对检修问题。

1992 年,柳州车轮厂和各车辆段建立健全轴承间清洁、质量控制、清洗管理、轴承检测、轴承及配件储存制度。

1993 年,柳州铁路局车辆用轴承实行质量保证制度。1995 年,将载重 60 吨、装用转 8A 型转向架车辆的滑动轴承轮对更换为滚动轴承轮对。1997 年,制订"防燃、防切、防断"措施 137 条,加强对轴颈、轴承、轴瓦和车辆大部件的质量控制。重新制订车轮厂和车辆段的轮对检修范围,改变轮对检修清算办法,调动车辆段检修轮对的积极性,减少轮对送车轮厂修理的数量,有效地扭转滚动轴承(RD_2)轮对供应紧张的局面。

1998 年 3 月 1 日起,柳州铁路局货车的轴瓦、油卷、后档板由柳州车辆段统一生产供应。年内,柳州车轮厂开始生产轴承前盖和后挡,为轮对检修提供方便。南宁南车辆段开始担负轮对轴承的一般检修工作。2000 年,柳州车轮厂开始组装 RD_{3A} 型轮对。2001 年,柳州车辆段开展 SKF197726 型滚动轴承的一般检修工作,负责铁路局 SKF197726 型滚动轴承检修。

2004 年 11 月 25 日,柳州铁路局撤销柳州车轮厂,由柳州车辆段车轮车间负责客、货车厂修轮对的供应、轮对组装和部分轮对的检查修理工作。2005 年,车轮车间开始组装 RD_{3A1} 型轮对,满足客车使用轮对需要。

1991 年,柳州车辆段工人检修轮对

表 3-14 **1991—2005 年柳州铁路局轮对修理完成情况** 单位:对

年度	货车轮对					客车轮对				合 计
	新组装	换 轮	换 轴	拼 修	检 修	新组装	换 轮	换 轴	检 修	
1991	400	0	800	180	4832	310	0	100	—	6622
1992	235	33	800	0	5076	208	103	52	—	6507
1993	390	536	0	502	4821	88	140	90	170	6737
1994	456	640	0	200	4730	100	100	20	160	6406
1995	480	730	0	200	5127	105	100	40	161	6943
1996	382	961	0	216	6236	105	55	45	324	8324
1997	669	1100	0	201	3501	112	145	30	191	5949
1998	518	1042	0	451	3444	134	70	80	139	5878
1999	633	700	600	303	1495	124	50	55	119	4079
2000	750	582	500	401	1767	229	0	80	190	4499
2001	361	1100	100	101	2569	324	52	80	190	4877
2002	488	1110	100	0	2065	345	210	15	80	4413
2003	850	832	1398	60	1355	239	0	0	623	5357
2004	327	1102	901	7	122	334	310	0	122	3225
2005	285	842	939	0	48	232	474	18	23	2861

轮对探伤

1991 年,柳州铁路局车辆部门使用的轮对探伤机已基本定型。柳州车轮厂、南宁车辆段先后采用 LWZCT 型轮轴无损自动探伤机，车轴表面探伤使用 3000 型荧光车轴探伤机,车轴镶入部表面和车轴内部缺陷使用超声波探伤检查。柳州车辆段配置 6000 型轴承探伤机,开始对无轴箱轴承的外圈进行湿法荧光探伤。南宁车辆段配置 5000 型轴承零件探伤机。

1992 年 2 月 25 日起，车辆滑动轴承及有轴箱的滚动轴承轮对第一次组装超过四年、无轴箱滚动轴承轮对第一次组装超过五年的,每次入厂、段检修对车轴施行超声波穿透检查。货车开展滚动轴承轮对不退套探伤，对轴颈卸荷槽处进行超声波探伤,消除轮对探伤盲区。

1994 年，柳州车辆段使用 3000 型湿法荧光磁粉车轴探伤机,取消干法马蹄形磁粉探伤,提高探伤效率和质量。

1998 年,柳州铁路局车辆部门以湿法探伤取代干法探伤,以多通道取代单通道超声波探伤。

2003 年,柳州铁路局车辆部门加强对探伤工作的管理，规定所有探伤材料由柳州车轮厂统一采购、统一检测、统一管理。选送 12 人参加铁道部在山海关举办的超声波探伤班学习，全局轮轴探伤工由 25 人增加到 31 人。

2004 年,柳州铁路局制订《轮轴超声波探伤作业标准》《3000 型磁粉探伤一日作业标准》。

第三章 工　　务

第一节 线 桥 设 备

线　　路

线路长度　1991年，广西国家铁路线路总长度2894.9公里，其中正线1808.9公里（复线128.8公里）、站线891.6公里、段管线112.8公里、岔线71公里、特别用途线10.6公里。广西地方铁路线路总长度367.1公里，其中正线308.6公里，站段岔特线58.5公里。合资铁路线路总长度205.3公里，其中正线172.4公里，站段岔特线32.9公里。

1995年4月，钦北铁路建成通车，新增线路长度114.3公里，其中正线98.4公里，站段岔特线15.9公里。1996年12月，钦港铁路建成通车，新增线路长度32.2公里，其中正线29.3公里，港区岔特线2.9公里。

1997年末，由于南昆铁路临管和黎湛复线的分段投入运营，广西国家铁路线路总长度增至3407.8公里，其中正线2047.7公里（复线233.7公里），站线1110公里，段管线129.4公里，岔线104.7公里，特别用途线16公里。

1999年4月，黎钦铁路建成通车，新增线路长度122.4公里，其中正线108公里，站段岔特线14.4公里。

2001年，广西地方铁路有限公司拆除正线长23.9公里的东罗铁路支线。

2005年末，由于湘桂铁路黎塘至南宁段增建二线于2003年9月投入运营，广西国家铁路线路总长度增至3850公里，其中正线2536.3公里（复线483.5公里）、站线1109.6公里、段管线134.6公里、岔线50.9公里、特别用途线18.6公里。与1991年相比线路总长度增加955公里，正线长度增加727.4公里。广西地方铁路线路总长度351.6公里，其中正线284.6公里，站段岔特线64.2公里。广西合资铁路线路总长度513.7公里，其中正线408公里，站段岔特线105.7公里。

表3-15　**1991—2005年主要年份广西国家铁路干线起讫里程、延展长度**　单位：公里

1991年

线　名	省界（站名）	起点里程	省界（站名）	终点里程	延展长度
湘桂下行	湖　南—广　西（省界）	190.400	凭　祥	1008.547	818.147
湘桂上行	柳州到达场	538.950	黎塘一场	666.046	127.096
湘桂套轨	凭祥站	1008.547	隘口（国界）	1021.428	12.881
焦柳铁路	湖　南—广　西（省界）	1382.000	柳州到达场	1638.176	256.176
黔桂下行	柳　州	0.000	广　西—贵　州（省界）	304.500	304.500
黔桂上行	侧　岭	213.073	侧　岭	210.834	2.239
黎湛铁路	黎塘二场	0.000	广　西—广　东（省界）	231.188	231.188

续表

1995 年

线 名	省界(站名)	起点里程	省界(站名)	终点里程	延展长度
湘桂下行	湖 南—广 西(省界)	190.400	凭 祥	1008.547	818.147
湘桂上行	柳州到达场	538.950	黎塘一场	664.776	125.826
湘桂套轨	凭 祥	1008.556	隘口(国界)	1021.428	12.872
焦柳铁路	湖 南—广 西(省界)	1382.000	柳州到达场	1638.176	256.176
黔桂下行	柳 州	0.000	广 西—贵 州(省界)	304.500	304.500
黔桂上行	侧 岭	210.801	侧 岭	213.041	2.240
黎湛上行	黎塘二场	0.000	根 竹—黎 塘	44.293	44.293
黎湛下行	黎塘二场	1.262	广西—广东(省界)	231.188	299.926

1997 年

线 名	省界(站名)	起点里程	省界(站名)	终点里程	延展长度
湘桂下行	湖 南—广 西(省界)	190.400	隘口(国界)	1021.428	831.028
湘桂上行	柳州到达场	538.950	黎塘一场	664.780	125.83
焦柳铁路	湖 南—广 西(省界)	1382.000	柳州到达场	1638.176	256.176
黔桂下行	柳 州	0.000	广 西—贵 州(省界)	304.500	304.500
黔桂上行	侧 岭	210.801	侧 岭	213.041	2.240
黎湛上行	黎塘二场	0.000	陆 川—美 坡	179.700	179.700
黎湛下行	黎塘一场	1.262	广 西—广 东(省界)	231.366	230.104
南昆铁路	江西村	0.000	广 西—贵 州(省界)	342.619	342.619
外 包 线	南 化	0.000	南宁南	7.717	7.717

2000 年

线 名	省界(站名)	起点里程	省界(站名)	终点里程	延展长度
湘桂下行	湖 南—广 西(省界)	190.400	黎塘一场	664.385	473.985
湘桂下行	黎塘二场	668.091	隘口(国界)	1021.428	353.337
湘桂上行	柳州到达场	538.950	邕宁	763.804	224.854
焦柳铁路	湖 南—广 西(省界)	1382.000	柳州到达场	1638.176	256.176
黔桂下行	柳 州	0.000	广 西—贵 州(省界)	304.500	304.500
黔桂上行	侧 岭	210.801	侧 岭	213.041	2.240
黎湛上行	黎塘二场	2.000	广 西—广 东(省界)	231.366	229.366
黎湛下行	黎塘一场	1.262	广 西—广 东(省界)	231.366	230.104
南昆铁路	江西村	0.000	广 西—贵 州(省界)	342.619	342.619
外 包 线	南 化	0.000	南宁南	7.717	7.717
屯 秋 线	洛 埠	0.000	拉 洞	41.864	41.864

续表

2005 年

线 名	省界(站名)	起点里程	省界(站名)	终点里程	延展长度
湘桂单	湖 南—广 西(省界)	190.400	柳州南到达场	538.950	348.55
湘桂单	邕 宁	763.514	凭祥	1008.556	245.042
湘桂套轨	凭 祥	1008.556	隘口(国界)	1021.428	12.872
湘桂下行	柳州南到达场	538.950	邕 宁	763.568	224.636
湘桂上行	柳州南到达场	538.950	邕 宁	763.514	224.564
焦柳铁路	湖 南—广 西(省界)	1382.000	柳州到达场	1638.176	256.176
黔桂下行	柳 州	0.000	广 西—贵 州(省界)	304.500	304.500
黔桂上行	侧 岭	210.801	侧 岭	213.041	2.240
黎湛上行	黎塘一场	0.000	广 西—广 东(省界)	231.366	231.366
黎湛下行	黎塘一场	0.000	广 西—广 东(省界)	231.366	231.366
南昆铁路	江西村	0.000	广 西—贵 州(省界)	342.619	342.619
外包线	南 化	0.000	南宁南	7.717	7.717
屯秋线	洛 埠	0.000	拉 洞	41.864	41.864
南环线	邕 宁	763.804	南宁南	802.049	38.245
南环联络线	南宁南	0.000	南宁南	1.406	1.406

钢轨 1991 年，广西国家铁路有 60 公斤/米钢轨 0.5 公里，占线路延展长 0.02%;50 公斤/米钢轨 1695.4 公里,占线路延展长 61.3%;43 公斤/米钢轨 1030.5 公里,占线路延展长 37.3%;其他钢轨 38.9 公里,占线路延展长 1.4%。正线钢轨平均重量 47.3 公斤/米。广西地方铁路正线铺设 50 公斤/米钢轨 10.7 公里,45 公斤/米钢轨167.9 公里,43 公斤/米钢轨 101.8 公里,42 公斤/米以下钢轨 28.4 公里。广西合资铁路正线 172.364 公里均铺设 43 公斤/米钢轨。

1992—2000 年，广西国家铁路 60 公斤/米钢轨的比重和钢轨的平均重量逐年增加,43 公斤/米钢轨的比重逐年下降,特别是 2000 年,工务设备投入达到创纪录的 3.41 亿元，年末，有 60 公斤/米钢轨 1138.5 公里,50 公斤/米钢轨 1687.4 公里,43 公斤/米钢轨 867.8 公里,其他钢轨 13.3 公里。正线钢轨平均重 51.47 公斤/米。1995 年,钦北铁路投入运营,正线 98.394 公里铺设 50 公斤/米再用轨。其后 2 年,更换 28.6 公里 50 公斤/米新轨。1999 年,黎钦铁路投入运营,正线 107.970 公里铺设 43 公斤/米再用轨。

2001—2005 年，工务设备投入继续加大。2005 年末,柳州铁路局管辖的广西国家铁路有 60 公斤/米钢轨 1905.4 公里,50 公斤/米钢轨 1174.8 公里,43 公斤/米钢轨 759.9 公里,其他钢轨 9.9 公里。正线钢轨平均重量 53.6 公斤/米，比 1991 年提高 6.3 公斤/米。正线除黔桂铁路金城江至广西与贵州省界、南昆铁路百色至广西与贵州省界、湘桂铁路江西村至国境段为 50 公斤/米钢轨外，其他地段均为 60 公斤/米钢轨。合资铁路有 50 公斤/米钢轨 319.659 公里、43 公斤/米钢轨 194.759 公里、其他型号钢轨 7.663 公里,平均轨重 47.7 公斤/米。

枕木 1991 年,广西国家铁路有混凝土轨枕 1733.3 公里,木枕(油浸木枕)1016.08 公里,宽轨枕 5.1 公里,钢枕及其他轨枕 1.5 公里,正线道岔主要为木枕。合资铁路有混凝土轨枕157.302 公里。

1992 年,柳州铁路局开始在正线有砟桥上铺设混凝土枕，并继续将线路部分木枕更换为混凝土枕。至 1995 年末，广西国家铁路有混凝土枕 1727 公里,木枕 844.7 公里,宽轨枕 5.4 公里,其他轨枕 10.3 公里。

1995—1999 年,钦北、钦港、黎钦铁路先后建成，共铺设混凝土轨枕 163.940 公里。

2001 年末，在接管南昆铁路及湘桂铁路黎南段复线后，广西国家铁路有混凝土轨枕2802.2 公里，木枕 562.2 公里，宽轨枕 68.18 公里，其他轨枕 359.8 公里。

2005 年末，广西国家铁路有混凝土轨枕 2992.4 公里，宽轨枕 68.68 公里，木枕 405.2 公里，其他轨枕 367 公里。混凝土轨枕失效率 0.4%，木枕失效率 7.7%。广西合资铁路正线有混凝土枕 353.84 公里，较各线路铺设初期增加 35.94 公里。

道岔　1991 年，广西国家铁路有道岔 2813 组，其中锰钢辙叉 2317 组；广西地方铁路有道岔 240 组；广西合资铁路有道岔 109 组。其后，在新建铁路和既有线改造中均使用与线路相匹配的辙叉号道岔，逐步减少特殊道岔，并将拼装辙叉更换为锰钢整体铸造辙叉。

从 1999 年开始，广西铁路主要干线道岔大修全部用 60 公斤/米混凝土岔枕道岔取代 50 公斤/米、60 公斤/米木岔枕道岔。

2002 年，从焦柳铁路开始，在速度每小时 120 公里及以上的线路正线道岔大修时，铺设 SC330 道岔，同时试验使用 60 公斤/米奥贝氏体合金钢辙叉心，其后在主要干线上推广使用，提高辙叉的使用寿命。

2005 年末，广西国家铁路有道岔 3914 组，其中锰钢辙叉 3356 组，奥贝氏体合金钢辙叉心 307 组，有 62 组道岔不符合技规要求。广西合资铁路有道岔300 组，其中锰钢整体辙叉 299 组。

路基　1991 年，广西国家铁路道砟为石灰岩道砟。2000 年开始，正线更换一级道砟（花岗岩道砟），至 2005 年末，更换一级道砟 587.2 公里。

桥涵　隧道

桥涵　1991 年，广西国家铁路有桥梁 611 座 29894.5 米，其中特大桥 1 座 616 米，大桥 52 座 10653 米，中桥 257 座 14139 米，小桥 301 座 4486.5 米；有涵洞 5558 座 115002 米。广西地方铁路有桥梁 82 座 4595 米；有涵洞 1158 座 21467.4 米。广西合资铁路有桥梁 105 座 10250.5 米，其中特大桥 3 座 2038 米，大桥 24 座、中小桥 78 座 8212.5 米；有涵洞 599 座 13598.6 米。

1992—1999 年，修建黎湛铁路复线，广西境内增加桥梁 79 座 2886.7 米（其中大桥 5 座 912.8 米）。

1995—1996 年，钦北、钦港铁路投入运营，增加桥梁 66 座 9214.6 米（其中特大桥 3 座 3735.4 米）。

1997 年接管南昆铁路，广西境内新增桥梁 196 座 27902 米，其中特大桥 4 座 2202.2 米、大桥 110 座 22053.4 米。

1999—2002 年，修建湘桂铁路黎南复线和南环线，新增桥梁 29 座 7480.2 米（其中特大桥 3 座 2185.6 米、大桥 1 座 193 米）。新建涵洞 2428 座 59410 米。黎钦铁路投入运营，增加桥梁 38 座 4370.4 米（其中特大桥 1 座 589.2 米）。

2005 年末，广西国家铁路有桥梁 1009 座 68222.47 米，其中特大桥 9 座 5597.07 米，大桥 196 座 39887 米，中桥 413 座 15861 米，小桥 391 座 6877.4 米。有涵洞 7986 座 174412 米，其中有孔径小于 0.75 米涵洞 2139 座 31764 米需要改造。广西地方铁路有桥梁 82 座 4595 米，涵洞 1149 座 21312.8 米。广西合资铁路有桥梁 213 座 24026 米，其中特大桥 7 座 6362.6 米，大桥 59 座 11072.8 米、中小桥 147 座 6590.6 米。有涵洞 1573 座 32558.2 米。

1995 年，列车通过焦柳铁路平善二号隧道

隧道 1991年，广西国家铁路有隧道122座39234.1米，其中长隧道1座5592米，中长隧道14座14396米，短隧道107座19246.1米。广西地方铁路有隧道13座3249.5米。广西合资铁路有隧道21座5104.5米。

1996年，黎湛铁路增建二线广西境内增建隧道1座238米。

1997年，南昆铁路交付运营，广西境内新增隧道73座39906.75米，其中长隧道1座9232米，中长隧道17座16814米。

1998年，黎湛铁路增建二线广西境内新增隧道1座156米。

1999年，黎钦铁路投入运营，新增隧道2座671米，其中长隧道1座527米。

2001年，湘桂铁路黎塘至南宁段增建二线和南环线新增隧道5座3712米。

2005年末，广西国家铁路有隧道202座74355.9米，其中长隧道(3000米—10000米)2座14824米，中长隧道31座(500米—3000米)31210米，短隧道169座(500米以下)28321.9米。广西地方铁路有隧道12座2909.9米。广西合资铁路有隧道23座5775.5米，其中中长隧道4座2531米，短隧道19座3244.5米。

第二节 线桥隧维修

维修机构及人员

1991年，柳州铁路局线桥隧维修机构有：工务段9个，工务段下辖的领工区78个，工区327个，有维修人员8490人。合资铁路维修机构有工务队1个，下辖19个工区、1个修配所，有维修人员412人。

1996—2004年，柳州铁路局工务部门经历生产力布局调整和接管南昆铁路等一系列重大变化，至2004年末，工务段减少到5个，领工区减少到66个，工区增加到377个，维修人员减少到7725人。

2005年10月，柳州铁路局工务部门实行“检修养分开”的维修体制改革，领工区管辖范围由原来的40公里—60公里营业里程扩大到100公里—150公里(复线50公里—80公里)，管理人员由4人增加到9—11人；撤销桥隧、路基、道口、机械化领工区，实行线桥合一，领工区减少到32个，初步形成以领工区为生产单元的模式，维修人员8547人。年末，广西沿海铁路公司有工务段1个，下辖领工区12个、工区54个，有维修人员660人。

维修管理

1991年，柳州铁路局线桥隧维修管理主要按照铁道部颁布的《铁路线路维修规则》(以下简称《维规》)进行，坚持“预防为主、防治结合、修养并重”的原则和综合维修、经常保养、临时补修相结合的方法，实行成区段的周期修。维修周期钢梁桥1—2年、圬工桥3年、隧道5年。维修计划由铁路局、铁路分局下达。工务段以此编制分季度的维修计划下达各领工区和机械工队。计划的主要内容为线路、道岔、桥梁、隧道综合维修数量和进度，经常保养的重点安排，各项技术指标，劳动力和材料消耗计划。领工区会同机械工队和养路工区编制月度维修计划。地方、合资铁路运用综合维修、经常保养和临时修补相结合的方法，根据不同线路、设备的新旧、病害程度确定修制、修程。

1993年，柳州铁路局工务设备维修采用“修养合一”的组织形式和三种管理模式。一是全州、桂林、宜山、金城江、融安5个工务段，采取每个养路领工区管理4—6个养路工区和1个机械工队，每个工区管辖10公里左右线路，机械工队负责领工区管内线路的计划维修，养路工区负责道岔的计划维修和线路的保养工作。二是柳州、崇左工务段，养路领工区下设3—4个机械化养路工区，线路、道岔的维修保养工作由机械化养路工区完成。三是南宁、玉林工务段，养路领工区管理3—5个养路工区和1个机械工队，部分线路由机械工队维修、工区保养，部分线路由养路工区既维修又保养。

1995年，针对湘桂铁路永州至桂林段计轴自动闭塞开通，在全州工务段试行小机群开“天窗”维修线路作业。合资铁路改革线路维修周期，实行轮修制，综合维修每三年一次。

1996 年，工务设备维修工作实行“线桥结构现代化、施工作业机械化、企业管理科学化”的方针，制订《工务行车设备包保制度》，印发《柳州铁路局安全标准线建设标准》，以柳州工务段来宾工区为试点，全面开展安全标准线建设。同年 6 月，湘桂铁路通过铁道部验收，铁道部在柳州铁路局召开 6 大干线工务现场会。年末，柳州铁路局主要干线安全标准线建设全部达到铁道部的验收标准。

1998 年，铁路分局撤销后，线桥隧维修计划由铁路局下达。根据铁道部的新《维规》和铁路局的线路状况，重新确定综合维修周期:正线到发线，黔桂铁路金麻段每 2 年 1 遍，湘桂铁路南凭段每 5 年 1 遍，其他线路每 4 年 1 遍。道岔，正线到发线原则上每年维修 1 遍(60 公斤/米道岔和安装整体分开式扣件的道岔可每 2 年维修 1 遍)，其他站特线道岔每 2 年维修 1 遍。新《维规》对经常保养周期也做出规范，正线、到发线的保养每年不少于设备数的三分之一，其他站线不少于四分之一。对不安排维修的道岔，每年保养 1 次。将大机维修作业纳入计划，制订《柳州铁路局大型养路机械线路维修作业配合施工办法》《大型养路机械线路综合维修工务段与大修段配合细则》，规范大机综合维修作业。

2000 年，柳州铁路局工务设备维修以“规范管理、强基达标”为主线，以“自控型”班组建设为重点。3 月，在桂林工务段幽兰工区召开“自控型”班组建设现场经验交流会；4 月—8 月，组织各工务段领工员抽查融安、玉林、百色、金城江、南宁等工务段的“自控型”班组建设。

2001 年，深入探索维修制度改革，正线线路维修全部由大机作业，工务段不再进行正线维修；工务段的小机队负责道岔和站线维修，工区不再进行维修工作，只负责对线路经常保养。月度重点保养任务由工务段根据线路设备状态和轨检车的动态检查情况作出安排，工区对管内线路原则上每年保养一遍。

2002 年，柳州铁路局工务部门制订《深化“三控”“三重”建设实施办法》，年初以南宁工务段扶绥工区为示范点，召开“自控型”班组建设现场会，交流各工务段“自控型”班组建设经验，重点介绍南宁工务段班组自控“双达标”活动管理办法，班组自控达标考核重点为“四达标一规范”(安全管理、设备质量、人员素质、班组管理达标，劳动工时使用规范)；职工岗位自控考核重点为“三个自控”(安全生产、任务质量、纪律)。制订《关于加强无缝线路地段施工管理及养护维修工作的通知》《工务施工作业后巡查养护暂行办法》和《工务处直管工务段、工务大修中心、工务工厂、林管所暂行办法》，加强线路维修养护工作的管理。

2003 年 12 月 1 日起，工务设备维修实行“天窗修”，做到行车不施工，施工不行车。

2004 年，进行工务设备修程修制改革，实行大机综合维修和“修养分开、线桥合一”的维修管理模式。工务设备综合维修由大机担任，工务段不再承担线路设备的综合维修工作，只负责线桥设备的经常保养、临时修补和巡检工作。工务段实行线桥合一，撤销线路领工区、线路工区、线路机队、桥隧领工区、桥隧工区，重新组合成工务领工区、工务工区。领工区管辖线路由原来平均 56 公里增加到 80 公里—100 公里，工区管辖单线约 20 公里和 2 个站场，双线约 40 公里和 2 个站场。组建机械化领工区，下设线路机队、桥隧机队、焊修机队。线路机队负责全段线路的保养和站线(不含到发线)的综合维修工作，每个机队配备 12 台—16 台小型液压捣固机，以小机群的形式利用维修“天窗”进行作业，每年完成约 200 公里线路的保养工作。道岔机队负责道岔的综合维修和保养工作。桥隧机队负责桥隧设备维修保养工作。成立综合领工区，修配车间改为修配所，归综合领工区管理。

2005 年，柳州铁路局根据铁道部的要求，进一步深化工务设备维修体制改革，实行“检养修”分开的维修管理模式。制订《柳州铁路局工务维修检养修分开指导性意见》，在玉林工务段贵港领工区试点，年末在各工务段实施。工务段成立大领工区，管理人员由 4 人增加到 9 人—11 人，工务领工区数量减少 44%，初步形成领工区为生产组织的单元模式。研究制订《“天窗”修管理办法》，加强“天窗”修管理。制订《柳州铁路局桥隧设备检查管理办法(试行)》《柳州铁路局桥隧维修保养管理办法(试行)》，加强桥隧设备的维修管理。广西沿海铁路公司贯彻“安全经济，固本简末，优化实用”方针，平均每公里正线维修人员 1.29 人。

维 修 作 业

1991年,柳州铁路局线路维修分为综合维修、经常保养和临时补修。综合维修根据线路变化规律和特点,以改善轨道弹性、调整轨道尺寸和更换失效的零部件为重点,按周期、有计划地进行。年内,线路维修工作以优质曲线、优质道岔整治为主线,以状态修为主要手段,以全面清筛道床为重点项目,综合维修正线857.5公里,站线521.4公里,维修正线、到发线道岔2085组,站特线道岔625组。工务设备完好率75.4%、线路状态评定合格率73.5%。综合维修桥梁268.5座1.72万米、隧道52座1.75万米、涵渠1670座3.58万米。重点工作有:更换枕木59根、钢梁油漆36孔、加盖面漆27孔、修补圬工梁137孔、整修支座430个、墩台压浆2个、整治隧道漏水12座204米、防护设备翻修34处493米、更换人行道25座1345米、翻修涵洞9座、更换橡胶支座25孔180个等。合资铁路综合维修线路385公里,补充道床石砟6807.立方米,换新混凝土轨枕14906根,维修道岔27组、道口7处。

1992—1995年,柳州铁路局综合维修正线4099.7公里,站线2291.1公里;维修正线、到发线道岔8673万组,站特线道岔2869组。1995年末,工务设备完好率79%,线路状态评定合格率76.5%。综合维修桥梁1099座6.66万米、隧道196座6.43万米、涵渠6229座13.33万米。重点工作有:更换枕木250根、钢梁油漆151.5孔、加盖面漆82孔、修补圬工梁238孔、整修支座431座、墩台压浆9个、整治隧道漏水9座232米、防护设备翻修86处892立方米、更换人行道82座4013.9米、更换橡胶垫54孔432个,翻修涵洞25座。合资铁路以清筛道床、补充石砟为重点,综合维修线路77公里,新换钢轨30根、混凝土轨枕22487根,补充道床石砟76701立方米,维修道岔386组,更换尖轨29根。

1996—1997年,柳州铁路局工务部门深入开展安全标准线建设,线路维修以消灭重伤钢轨、失效枕木、翻浆冒泥为重点,开展设备质量大整治活动。两年综合维修正线1804.7公里,站线1089.7公里,维修正线、到发线道岔4402组,站特线道岔1394组。综合维修桥梁583.3座3.4万米、隧道89座3.08万米、涵渠3369座6.77万米。1997年末,工务设备完好率79.5%,线路状态评定合格率77.4%。

1998—1999年,线路维修工作以施工机械化为目标,由大机一次性完成线路起道、拨道、捣固等工作项目。两年,完成正线综合维修2102公里,站线维修769.5公里,维修正线、到发线道岔4601组,站特线道岔1420组。综合维修桥梁551座3.31万米、隧道89座2.51万米。1999年末,工务设备完好率81.5%,线路状态评定合格率77.4%。

2000年,完成综合维修正线1670.2公里,维修站线477.8公里,维修道岔3430组。维修抽换新钢轨26.3公里、抽换新木枕4.15万根、抽换新混凝土枕16.2万根。由于南昆铁路的桥隧逐步出现一些质量问题,桥隧综合维修任务大幅度增加,全年综合维修桥梁433座4.82万米、隧道93座7.08万米、涵渠1562座35.7万米。重点工作有:更换枕木、修补圬工梁、整修支座、整治隧道漏水等。1996—2000年,合资铁路综合维修线路976.25公里,更换新钢轨8.87公里、混凝土轨枕2.75万根、木枕7366根,补充道床石砟10.5万立方米,维修道岔777组,更换尖轨38根,岔心42个。

2005年,玉林工务段职工更换轻型钢轨

2001—2005年,柳州铁路局加大工务设备维修的投入,依靠科技进步,加强线桥隧道病害整治。5年,综合维修正线7637.4公里,站线 2712.8 公里，正线、到发线道岔 12968 组，站特线道岔 3567 组。综合维修桥梁 1348.9 座 11.63 万米、维修隧道 218.9 座 17.49 万米、涵渠 366 座 8.49 万米。重点工作有：更换枕木 1387 根、钢梁油漆、修补圬工梁、整修支座、墩台压浆、整治隧道漏水、更换橡胶支座、更换高强度螺栓等。

表 3-16 1991—2005 年柳州铁路局线路、道岔维修任务完成情况

年度	线路维修(公里)			道岔维修(组)		年度	线路维修(公里)			道岔维修(组)	
	正 线	其中：大修维修	站 线	正线及到发线道岔	站特线道 岔		正 线	其中：大修维修	站 线	正线及到发线道岔	站特线道 岔
1991	857.6	—	521.4	2085	652	1999	1151.5	635.3	449.9	2388	687
1992	943.4	—	615.3	2173	687	2000	1670.2	645.5	477.8	2687	743
1993	1031.8	—	653.4	2207	713	2001	1238.3	1238.3	520.3	2708	734
1994	1051.5	—	542.9	2186	743	2002	1392.5	1392.5	594.7	2863	763
1995	1073	—	497.5	2170	726	2003	1771.4	1771.4	486.8	2679	735
1996	1060.8	400	486.1	2208	721	2004	1688.6	1688.6	524	2204	667
1997	743.9	400	603.6	2194	673	2005	1546.6	1516.6	587	2514	668
1998	950.5	465	319.6	2213	733	合计	18171.3	10153.2	7880.3	35479	10645

表 3-17 1991—2005 年柳州铁路局桥梁、隧道维修任务完成情况

年度	桥 梁 维 修		隧 道 维 修		年度	桥 梁 维 修		隧 道 维 修	
	座	米	座	米		座	米	座	米
1991	268.5	17180.1	52	17500	1999	268	15667	33	11498.3
1992	282	17355.2	53	19281.9	2000	433	48240.3	93	70775.4
1993	293	16792.7	50	13266	2001	298	30012.3	41.4	20219.2
1994	258	16442.4	44	20660.5	2002	279	25718.1	55.2	33637.9
1995	266	16015.1	49	11096.6	2003	331	25479	51.8	48664
1996	291	17597.1	49	14440.7	2004	246.9	17390.4	48.5	56164.7
1997	292.3	16403	40	16319	2005	194	17967	22	16230
1998	283	17418.3	56	13644	合计	4283.7	315678	737.9	513364.5

安全优质活动

1991 年，柳州铁路局工务部门开展优质曲线、优质道岔整治的“双优”活动和参加铁道部组织的工务安全优质单位评比活动。完成优质曲线 89 个、优质道岔 116 组，经检查评定有 7 个工务段被评为铁道部安全优质工务段。

1992—1994 年，柳州铁路局工务部门完成优质曲线 1290 个、优质道岔 1655 组。1992 年有桂林工务段等 7 个单位、1993 年有南宁工务段等 7 个单位、1994 年有全州工务段等 8 个单位被评为铁道部安全优质单位。

1995 年，柳州铁路局工务部门既参加铁道部组织的安全优质单位评比活动，又在局内开展安全优质单位评比。年内，完成优质曲线 661 个，优质道岔 700 组，崇左工务段等 4 个单位被评为铁道部安全优质单位，融安工务段等 3 个单位被评为铁路局安全优质单位。

1996—1997 年，柳州铁路局工务部门修订《安全优质工务段评定标准》，制订《工务大修系统开展安全优质活动办法》，把第一、第二线路大修段，桥隧大修段纳入安全优质活动之中。1996 年，完成优质曲线 810 个、优质道岔 980 组。玉林工务段等 6

个单位被评为铁道部安全优质单位，第二线路大修段等3个单位被评为铁路局安全优质单位。1997年完成优质曲线690个、优质道岔720组。崇左工务段等6个单位被评为铁道部安全优质单位，桥隧大修段等3个单位被评为铁路局安全优质单位。

1998年，铁道部因管理体制改革，不再进行安全优质工务段评比。柳州铁路局工务部门再一次修订《工务系统安全优质活动内容和标准》，制订《工务系统安优单位开展对标检查活动的内容和标准》，使安全优质单位评选更规范、更具可操作性。年内，金城江工务段等6个单位被评为铁路局安全优质单位。

1999—2000年，柳州铁路局工务部门结合安全基础建设，继续开展安全优质活动。1999年，柳州工务段等5个单位成绩突出，被评为铁路局安全优质单位；2000年，百色工务段等4个单位被评为铁路局安全优质单位。

2001—2002年，柳州铁路局工务部门以“规范管理强基达标”为载体，深入开展安全优质活动。2001年，南宁工务段等4个单位被评为铁路局安全优质单位。2002年，由工务处领导带队，组成联合检查组，对全局各工务段进行全面安全评优考核，工务大修中心等7个单位被评为铁路局安全优质单位。

2003—2005年，柳州铁路局工务部门每年两次对工务单位进行安全检查、评定。2003年，百色工务段等7个单位被评为铁路局安全优质单位；2004年，玉林工务段等8个单位被评为铁路局安全优质单位；2005年，柳州工务段等3个单位被评为铁路局安全优质单位。

第三节 工务设备大中修

机构队伍

1991年，广西国家铁路工务设备大中修管理机构为局工务处，柳州、南宁铁路分局工务科。基层单位有第一、第二线路大修段，桥隧大修段，工务检测设计队，工务工厂。工务大修系统有职工2400人。地方铁路工务设备大中修委托柳州铁路局管理。合资铁路工务设备大中修管理机构为南防铁路公司。

1995年，广西地方、合资铁路大中修管理机构为广西地方铁路有限公司。

1996年，柳州铁路局成立工务大修中心，与工务处合一设置，负责归口管理直属工务大修单位和工务修配单位的行政业务，人员编制17人。

1999年，柳州铁路局成立大修焊轨段，由工务处领导和管理。2001年1月，撤销第一、第二线路大修段和桥隧大修段，成立柳州铁路局大修中心，大修中心为特等大修单位，职工计划控制数1113人，下设施工一队负责换轨大修和换岔大修施工，施工二队负责清筛换砟和配套换枕大修施工，施工三队负责路基和桥隧大修施工，施工四队负责正线、到发线及道岔综合维修施工。

2002年6月，合资铁路工务设备大中修由广西沿海铁路公司基础部管理，钦州工务段负责组织单项大中修工作。

2005年1月，柳州铁路局大修中心更名为柳州铁路局工务机械化段。7月，铁路局撤销与工务工厂合一设置的大修焊轨段，相关业务划归工务机械化段，在该段成立焊轨车间。

大中修管理

1991年，柳州铁路局工务设备（线、桥、隧）大中修计划由各工务段根据线路通过总量和工务设备秋季检查资料于上年的12月向局工务处提报，局工务处根据铁道部《铁路工务设备大修规则》组织复查后统筹作出安排，于年末向铁路局提报；经铁路局审核后由财务处下达年度工务设备大中修计划。工务设备大中修的鉴定检查、计划实施、验收等工作由局工务处负责管理，施工由大修单位和工务段担任。合资铁路工务设备大中修实行公司、工务段两级管理，实施程序基本按柳州铁路局的制度执行。

1996—2004年，制订《柳州铁路局大修安全基础建设标准》《线路清筛大中修施工十项控制措施》，印发《关于工务大修施工质量动态考核办法的通知》《关于加强无缝线路地段施工管理及养护维修工作的通知》《无缝线路铺设中若干问题的说明》，制订《柳州铁路局线路中修管理办法》，印发《关于实行大中修工程施工安全技术组织措施会审制度的通知》。

2005 年，柳州铁路局制订《工务设备大中修件名管理制度》《工务设备大中修施工管理办法（试行）》和《工务机械化段安全评估检查办法》。通过完善规章制度，使工务设备大中修管理实现制度化、规范化，确保大中修施工安全和线桥隧质量提高。

大中修作业

1991—1992 年，柳州铁路局工务部门坚持“线路结构现代化，施工作业机械化，企业管理科学化”的方针，在线路大修中进行清筛道床，成段更换新钢轨、再用轨、更换失效和严重损伤轨枕、修换道岔、整治病害路基，对桥梁、隧道进行换梁，钢梁加固，在钢梁桥上铺设混凝土枕、桥梁墩台包箍加固等作业。两年完成工务设备大修投资 1.93 亿元，其中铺设 50 公斤/米无缝线路19.5 公里，60 公斤/米无缝线路 61 公里，换轨 366.3 公里（其中换再用轨 91.3 公里），完成线路清筛大修 275.3 公里，成段换轨枕 22.38 万根，结合大修修换道岔240 组。完成桥隧大修 1069.7 万元。完成线路中修 268.2 公里。广西地方铁路投入大修和更新资金 473.48 万元，完成来合铁路线路大修 1.6 公里，成段更换 50 公斤/米再用轨 3.29 公里，更换混凝土枕 5.6 公里。

1993—1994 年，柳州铁路局完成工务设备大修投资 3.26 亿元，铺设 50 公斤/米新轨 56 公里，换再用轨 40.8 公里，铺设无缝线路 220 公里，完成清筛大修 276 公里，结合大修修换道岔 56 组，更换 50 公斤/米道岔 83 组，成段更换混凝土轨枕 11.81 公里。完成桥隧大修 40 件 1060.1 万元。完成线路中修 245.6 公里。

1995 年，柳州铁路局完成工务设备大修投资 1.57 亿元，铺设 60 公斤/米无缝线路 100 公里，铺设 50 公斤/米无缝线路 5.7 公里，铺设 50 公斤/米新普通钢轨 24.5 公里，更换再用轨 30.1 公里，成段更换混凝土轨枕 3.61 万根。完成桥隧大修 27 件 475 万元。完成线路中修 130.1 公里。广西地方铁路公司 1992—1995 年投入大修和更改资金 322 万元，成段更换桂海铁路混凝土枕 5.6 公里；三罗铁路混凝土轨枕 8.23 公里。1994 年，合资铁路开始安排线路大修，至 1996 年，投资482.97 万元，完成线路大修 12.88 公里，整治路基病害 48 处，更换重伤钢轨 6.6 公里。大修隧道 3 座。

1996—1997 年，柳州铁路局工务部门完成工务设备大修投资 3.34 亿元，铺设 60 公斤/米无缝线路 245 公里、50 公斤/米新普轨 20 公里，换再用轨 98.5 公里，完成线路大修清筛 265.3 公里，结合大修换 60 公斤/米道岔 101 组、50 公斤/米道岔 89 组，成段换混凝土轨枕5.92 万根。完成桥隧大修 57 件 930 万元。完成线路中修 210.6 公里。广西地方铁路有限公司投入大修资金 744.1 万元，成段更换来合铁路混凝土轨枕 4 公里，更换 50 公斤/米新钢轨 4.26 公里、再用轨 2.6 公里；成段更换三罗铁路混凝土轨枕 5.3 公里。1997—1998 年，合资铁路更换南防铁路钦州—南宁南段 50 公斤/米钢轨124.7 公里，更换失效轨枕 17403 根，新铺道岔 22 组。

1998—2000 年，柳州铁路局工务部门以“规范管理，强基达标”为主线，加大设备投入，三年完成工务设备大修投资 5.96 亿元，完成铺设 60 公斤/米无缝线路 390 公里、50 公斤/米新普轨 2 公里，换再用轨 204.8 公里，完成线路大修清筛 400.3 公里（换一级道砟 49 公里），结合大修换 60 公斤/米道岔 268 组，换 50 公斤/米道岔 128 组，成段更换轨枕 21.95 万根。完成桥隧大修 67 件 1379 万元。完成线路中修 394 公里。从 1999 年起，对南昆铁路进行大修，年内，完成大修投资6391.2 万元，其中路基大修 198 件 6078 万元；桥隧大修 27 件 313.2 万元。2000 年，完成大修投资5973.8 万元，其中路基大修 127 件 4733 万元；桥隧大修 31 件 1240.8 万元。1999—2000 年，合资铁路投资 1733.53 万元，完成线路大修 43.4 公里。

2001—2002 年，柳州铁路局工务部门进行大修体制改革，加大设备大修投入，依靠科技进步，全面完成工务设备大中修任务。两年，完成工务设备大修投资 4.37 亿元，铺设 60 公斤/米无缝线路 268 公里，更换再用轨 90.4 公里，完成线路大修清筛 245 公里（全部更换一级道砟），结合大修修换 60 公斤/米道岔 132 组，更换 50 公斤/米道岔 88 组，成段更换轨枕 13.5 万根。完成桥隧大修 50 件 738.1 万元。完成线路中修 301.1 公里。南昆铁路完成工务设备大修投资 2.01 亿元，其中路基大修

280件1.24亿元；桥隧大修58件0.76亿元。广西地方铁路有限公司投入110.4万元，在三罗铁路成段更换混凝土轨枕3公里。合资铁路投资2705.44万元，完成线路大修32.42公里，中修45.16公里。

2003年，柳州铁路局工务部门在设备大、中修中开展“四新”(新工艺、新技术、新材料、新设备)活动，提高设备科技含量，加强轨道结构。线路大修方面研究无缝线路铺设办法及扩大铺设范围；应用哈克、施必牢、MK和MT绝缘等新技术、新材料消灭道岔轨缝，实现道岔无缝化，铺设跨区间无缝线路，并取得焦柳铁路管内首次半径曲线等于或大于300米地段铺设无缝线路成功经验；大力推广和采用SC330道岔和贝氏体叉心，延长道岔使用寿命。全年，完成工务设备大修投资2.77亿元，铺设60公斤/米无缝线路200.34公里，配合换轨更换混凝土轨枕0.6万根、60公斤/米12号道岔93组、60公斤/米9号道岔1组；完成换砟大修121公里，结合换砟更换失效钢筋混凝土轨枕3.76万根、封闭基床4.5公里；成段更换钢筋混凝土轨枕8.42万根；路基大修58件1983.4万元；桥隧大修33件517.4万元；50公斤/米道岔大修48组(其中再用道岔25组)，更换60公斤/米18号提速道岔5组。完成线路中修138.13公里，其中换砟123.5公里。南昆铁路完成大修投资6831万元，其中路基大修89件3769.6万元，桥隧大修44件2892.4万元；线路中修换砟25公里865万元。广西地方铁路有限公司投入大修资金3844万元，更换来合铁路50公斤/米新钢轨41.52公里。合资铁路完成线路大修7.104公里，中修29.9公里。

2003年，柳州工务机械段职工在黎塘站更换提速道岔

2004年，柳州铁路局工务部门根据线路提速需要，加快、加大设备改造的步伐，继续推广新工艺、新技术、新材料、新设备，提高设备科技含量，加强轨道结构。全年完成工务设备大修投资2.2亿元，完成湘桂铁路小半径曲线改造128个，改造长度58.52公里；铺设60公斤/米无缝线路41.5公里，配合换轨更换60公斤/米12号道岔16组；换砟大修135.7公里，结合换砟大修更换失效钢筋混凝土轨枕13.5万根；成段更换钢筋混凝土轨枕3.02万根；更换再用混凝土轨枕3.7万根；更换混凝土岔枕330组；路基大修43件775.1万元；桥隧大修25件1039.6万元；道岔大修26组。完成线路中修153.3公里，其中正线换砟134.07公里，完成投资4780.82万元。南昆铁路完成大修投资1.38亿元，其中铺设60公斤/米无缝线路113.82公里6736.25万元，更换60公斤/米12号道岔64组2114.64万元，路基大修71件2366.5万元，道口大修整治63处191万元，桥隧大修34件1951.8万元，道岔大修26组89.6万元。完成线路中修换砟34.5公里1238万元。合资铁路完成线路大修9.598公里，中修38.364公里。

2005年，柳州铁路局工务部门加大设备病害整治力度，进一步加强线桥结构。完成大修投资2.97亿元(含南昆铁路大修投资)，铺设60公斤/米无缝线路140公里9837.4万元，更换SC330混凝土轨枕60公斤/米钢轨12号道岔83组2596.9万元；换砟大修156.246公里10023.4万元，结构换砟大修更换69型混凝土轨枕18.4万根；成段更换再用混凝土轨枕5.2万根112.9万元；成组更换道岔混凝土岔枕196组1916.6万元；路基大修126件3229.7万元；桥隧大修37件725.7万元；道岔大修32组255.4万元。完成线路中修47.58公里，其中换砟30.575公里、完成投资1224.7万元。广西地方铁路有限公司投资3922.9万元，延长来合铁路3个站3股道，线路抬道0.92公里，降低1.86公里，更换50公斤/米新道岔29组。合资铁路完成线路大修36.133公里。

表 3-18

1991—2005年柳州铁路局工务设备大中修任务完成情况

顺号	项　目	单　位	1991 年	1992 年	1993 年	1994 年	1995 年	1996 年	1997 年	1998 年
一	既有线工务设备大修	万元	7994.1	11261	15917	16638	15747	17581	15853	18749
（一）	线路大修	公里/万元	—	150/7417	145/10680	130/12393	140/13072	135/12914	130/13073	130/15200
1	换　轨	公里	125	150	145	131	130	135	130	130
（1）	铺设 50 公斤/米无缝线路	公里	—	19.5	—		5.7	—	—	—
（2）	铺设 60 公斤/米无缝线路	公里	—	61	110	110	100	115	130	130
（3）	铺设 50 公斤/米新普轨	公里	—	69.5	35	21	24.5	20	—	—
2	清筛大修	公里	125	150.3	146	130	140	135	130.3	140
3	结合大修换道岔	组	150	90	40	16	57	37	64	62
4	钢轨淬火	公里	—	—	—	—	—	—	37.3	93
5	成段换轨枕	万根	11.38	11	7	（4.81）	（3.61）	（2.44）	（3.48）	5.6
（二）	换 50 公斤/米道岔	组	—	49	42	41	39	52	37	47
（三）	换再用轨	公里	40.1	51.2	40.8	—	30.1	32.3	66.2	92.4
（四）	路基大修	件/万元	/890	/1025	/1100	17/666	29/898	34/668	18/686	43/1054
（五）	桥隧大修	件/万元	/500	33/569.7	23/500	17/560.1	27/475	22/428.8	35/501.2	18/660.8
（六）	道口大修	件/万元	/20	/239	/190	/123	/31.5	/30	35/61	51/70.2
（七）	水害工程	件/万元	/332.3	/434	54/937	74/3200	29/5500	17/2900	6/156	26/463
（八）	防洪预抢	件/万元	—	34/50.8	56/78.3	84/260.5	73/461.2	114/668.2	52/246.5	43/250
二	线路中修	公里	135.1	133.1	129.2	116.4	130.1	115.8	94.8	110
三	南昆铁路工务设备大修		—	—	—	—	—	—	—	—
（一）	路基大修	件/万元	—	—	—	—	—	—	—	—
（二）	桥隧大修	件/万元	—	—	—	—	—	—	—	—
（三）	道口大修	件/万元	—	—	—	—	—	—	—	—
（四）	水害工程	件/万元	—	—	—	—	—	—	—	—

续表

顺号	项　　目	单　位	1999 年	2000 年	2001 年	2002 年	2003 年	2004 年	2005 年
一	既有线工务设备大修	万元	19324.5	21487	20610	23114	27727.3	21990.1	29715.7
（一）	线路大修	公里/万元	130/16587	130/18443	130/17674	138/19279	200/23238.9	1426/15118.3	140/9927.4
1	换　轨	公里	130	132	130	138	200	142.6	140
(1)	铺设 50 公斤/米无缝线路	公里	—	—	—	—	—	—	—
(2)	铺设 60 公斤/米无缝线路	公里	130	130(跨区间)	130	138	200(跨区间)	142.61	140
(3)	铺设 50 公斤/米新普轨	公里	—	2	—	—	—	—	—
2	清筛大修	公里	130.3	130 （换一级砟 49）	130 （换一级砟）	115 （换一级砟）	121 （换一级砟）	135.7 （换一级砟）	156.2 （换一级砟）
3	结合大修换道岔	组	78	128	73	59	93	80	83
4	钢轨淬火	公里	130	132	130	138	83.6	—	—
5	成段换轨枕	万根	7.85	(8.5)	0.5(7.5)	1(6)	8.4	18.68	18.445
（二）	换 50 公斤/米道岔	组	49	32	66	22	23	24(再用)	12(再用)
（三）	换再用轨	公里	45.2	67.2	32.2	58.2	76.1	86.9	122.4
（四）	路基大修	件/万元	47/1239	45/1161	35/1065	15/775	58/1983.4	47/4480.8	126/3183.3
（五）	桥隧大修	件/万元	34/425.4	15/292.8	21/354.9	29/383.2	33/517.4	25/1039.6	37/725.7
（六）	道口大修	件/万元	50/110.8	22/101	47/150.2	21/105	33/85	44/153	17/127.3
（七）	水害工程	件/万元	29/338	48/545	282/17133	127/1703	20/257.9	20/267	14/192.1
（八）	防洪预抢	件/万元	92/385	107/440	122/416	110/387	128/400	82/400	62/269.5
二	线路中修	公里	138	146	155.7	155.4	163.1 （南昆 25）	187.8 （南昆 34.5）	47.6 （换一级砟30.6）
三	南昆铁路工务设备大修	万元	6391.2	5973.8	10531.5	9527.9	6831	13798.1	并入既有线
（一）	路基大修	件/万元	198/6078	127/4733	174/7014	106/5395	89/3769.6	82/2654.6	—
（二）	桥隧大修	件/万元	27/313.2	31/1240.8	24/3517.5	34/4117.9	44/2892.4	34/1951.8	—
（三）	道口大修	件/万元	—	—	—	—	7/19.0	9/38.0	—
（四）	水害工程	件/万元	—	—	—	—	—	—	—

注：南昆铁路路基大修项目统计包括路基大修和水害复旧，既有线防洪预抢项目统计包括既有线和南昆铁路防洪预抢。

提速改造

1997年4月1日，铁道部实行新运行图，柳州铁路局有368.5公里线路提速。工务部门以大中修为手段，通过成段更换新轨，使全局正线钢轨平均重量由52.3公斤/米增加到52.6公斤/米；在曲线半径大于和等于600米的区段铺设超长无缝线路92.95公里，在湘桂铁路铺设钢纤维混凝土轨枕7900根；整修曲线379个，整治道岔691组，为线路提速奠定基础。南防铁路进行第二期技术改造，线路允许速度南宁至钦州、钦州至防城港段从70公里/小时分别提高到100和80公里/小时。2000—2001年，黎钦铁路沙江至马皇段进行技术改造，线路允许速度从45公里/小时提高到60公里/小时。1996—2001年，钦北铁路先后3次共投资2347.56万元对线路进行技术改造，线路允许速度从通车时的45公里/小时提高到80公里/小时。

2003年11月，柳州铁路局投资324.7万元，对湘桂和黎湛铁路72个小半径曲线进行提速改造，使湘桂铁路黎南段、黎湛铁路线路允许速度提高到120公里/小时。黎钦铁路通过第二期技术改造，线路允许速度从60公里/小时提高到80公里/小时。

2004—2005年，柳州铁路局投资3682.3万元，对湘桂铁路桂林至柳州、黎塘至南宁的140个小半径曲线进行改造，延长66.1公里，其中黎塘至南宁间改造小半径曲线114个，延长55.9公里（拨量3米以上53个，最大拨量16.9米）。改造工程分3期进行：一期对72个曲线进行拨移，延长30.9公里；二期对32个曲线进行拨移，延长19.2公里；三期对10个曲线进行拨移，延长5.9公里。改造地段运行速度目标值120公里/小时，曲线最小半径一般地段720米，困难地段712米。改造施工由工务大修中心和南宁工务段担任。桂林至柳州间改造小半径曲线26个、延长10.3公里，其中2004年改造24个、延长8.5公里，2005年改造2个、延长1.8公里。曲线最小半径一般地段780米、缓和曲线长度110米；困难地段660米、100米。由工务大修中心施工。改造后二塘至塘堡、新村至雒容、洛埠至鹧鸪江的81.9公里线路允许速度提高至120公里/小时，其他96.5公里线路速度至110公里/小时。南防铁路2003—2005年再次进行技术改造，线路允许速度提高到100公里/小时。

2004年8月，南昆铁路提速改造工程施工

勘测设计

1991年，广西铁路线路、桥涵大中修、路基病害整治工程设计主要由柳州铁路局工务检测设计队（以下简称局工务检测队）负责。工务检测队由工务处领导和管理，有工程技术人员36人，拥有铁道部基本建设总局颁发的《工程设计证书乙级》资质证书。全年完成无缝线路188公里，线路大中修换砟268公里，更换混凝土轨枕8.8万根，桥梁、路基大修和水害复旧116件等检测设计任务，决算投资额1.17亿元。

1993年，工务检测设计队取得建设部颁发的《工程勘察证书乙级》和《工程设计证书乙级》资质证书。1992—1993年，完成无缝线路447公里、线路大中修换砟684公里，更换混凝土轨枕24.06万根，更换道岔242组，桥梁、路基大修和水害复旧276件等检测设计任务，决算投资额3.36亿元。

1996年1月，广西地方铁路设计院成立，负责地方和合资铁路建设配套工程的勘测设计工作。

1994—1996 年，局工务检测队完成无缝线路 465 公里，线路大中修换砟529 公里，更换混凝土枕 2.44 万根，隧道、路基大修和水害复旧 261 件等检测设计任务，决算投资额 5.44 亿元。

1997 年，局工务检测队更名为工务检测设计所，全所 62 人，其中技术人员 30 人。全年完成无缝线路 131 公里，线路大中修换砟156 公里，桥梁、路基大修和水害复旧 51 件等检测设计任务，决算投资额 1.28 亿元。

1998—2005 年，完成无缝线路 1398 公里、线路大中修换砟 1393 公里、更换混凝土枕13.27 万根、桥隧大修 254 件、路基大修 404 件等检测设计任务，决算投资额 17.76 亿元。2005 年 7 月，局工务勘测设计所与工务设备检测中心合并，成立工务检测所，由局工务处领导和管理，全所 54 人，其中技术人员 43 人。

表 3-19　**1991—2005 年工务检测所完成工务检测设计任务情况**

年度	无缝线路（公里）		线路换砟（公里）		更换混凝土枕（根）	更换道岔（组）	道口及道改（件）		桥隧大修（件）		路基大修（件）			完成钻探进尺（米）	曲线改造（件）	线路隔离栅栏改造（公里）	年度决算投资额（亿元）
	更换P60钢轨	更换再用钢轨	换砟大修	换砟中修			道口及道改	新建立交桥	桥梁大修	隧道病害整治	路基大修（件）	水害复旧	重点				
1991	87	101	122	146	88025	11	18	—	36	—	60	20	—	100	—	—	1.17
1992	145	93	150	263	132830	139	24	—	37	—	90	20	8	929	—	—	1.47
1993	209	—	176	95	107802	103	20	—	32	—	77	20	1	1020	—	—	1.89
1994	149	—	124	97	22666	65	20	—	22	—	32	38	—	830	—	—	2.17
1995	203	—	122	42	1760	—	2	—	35	—	29	27	1	826	—	—	1.87
1996	113	—	115	29	—	—	7	—	18	—	23	37	—	94	—	—	1.40
1997	131	—	130	26	—	—	7	—	29	—	18	4	2	63	—	—	1.28
1998	132	—	145	75	56338	—	1	1	19	—	30	—	10	487	—	—	1.57
1999	130	—	126	54	68786	3	19	—	30	2	49	1	—	235	—	—	2.12
2000	130	—	130	49	7550	—	23	—	35	5	69	—	—	789	—	—	2.22
2001	183	—	140	38	—	2	1	—	14	14	65	6	—	869	—	—	3.00
2002	192	—	115	25	—	—	7	—	12	17	46	5	—	—	—	—	2.43
2003	170	47	140	31	—	—	—	—	36	11	52	—	—	359	11	—	2.23
2004	144	—	140	21	—	—	—	—	32	4	31	—	—	—	57	—	2.19
2005	141	129	164	—	—	—	—	—	20	3	62	—	—	—	7	94	2.00

第四节　大　　机

大机配置

1994 年，柳州铁路局开始配置大型养路机械，自筹资金购买昆明机械厂生产的 08-32 型起拨道抄平双枕捣固车 1 台、配砟整形车 1 台。

1996 年，配置起拨道抄平双枕捣固车 2 台。

2000 年，购置全断面道砟清筛机、起拨道抄平双枕捣固车、配砟整形车、轨道动力稳定车等大机 9 台，是配置大机最多的一年。

2005 年末，柳州铁路局有大机 24 台，其中 08-475 道岔捣固车 1 台、PM80 清筛机 2 台、08-32 捣固车 8 台、09-32 双枕连续式捣固车2 台、WD320 动力稳定车 4 台、SPZ-160A 配砟整形车 1 台、SPZ200 配砟整形车 4 台、GTC 钢轨探伤车 1 台、K900 型移动闪光焊轨机 1 台。

表 3-20 **2005 年柳州铁路局大机配置情况**

设备名称	型 号	规 格（作业效率）	制造单位	开始使用年月	设备原值（万元）
全断面道砟清筛机	RM80	600 立方米/小时	昆明机械厂	2000 年 12 月	1373.53
全断面道砟清筛机	RM80	600 立方米/小时	昆明机械厂	2000 年 12 月	1373.53
起拨道抄平双枕捣固车	08-32	1 —1.3 公里/小时	昆明机械厂	1994 年 12 月	500.00
起拨道抄平双枕捣固车	08-32	1 —1.3 公里/小时	昆明机械厂	1996 年 7 月	712.83
起拨道抄平双枕捣固车	08-32	1 —1.3 公里/小时	昆明机械厂	1996 年 7 月	712.83
起拨道抄平双枕捣固车	08-32	1 —1.3 公里/小时	昆明机械厂	2000 年 12 月	485.28
起拨道抄平双枕捣固车	08-32	1 —1.3 公里/小时	昆明机械厂	2000 年 12 月	485.28
起拨道抄平双枕捣固车	08-32	1 —1.3 公里/小时	昆明机械厂	2000 年 12 月	485.28
起拨道抄平双枕捣固车	08-32	1 —1.3 公里/小时	昆明机械厂	2000 年 12 月	882.49
起拨道抄平双枕捣固车	08-32	1 —1.3 公里/小时	昆明机械厂	2000 年 12 月	882.49
起拨道抄平双枕捣固车	09-32	1.4 —1.8 公里/小时	奥地利	2001 年 10 月	1367.41
起拨道抄平双枕捣固车	09-32	1.4 —1.8 公里/小时	昆明机械厂	2003 年 12 月	1328.00
道岔捣固车	08-475	0.5 公里/小时	昆明中铁大型养路机械集团	2004 年 12 月	1577.00
配砟整形车	SPZ-160A	12 公里/小时	昆明机械厂	1994 年 12 月	110.46
配砟整形车	SPZ-200	12 公里/小时	昆明机械厂	1999 年 7 月	250.13
配砟整形车	SPZ-200	12 公里/小时	昆明机械厂	1999 年 7 月	249.28
配砟整形车	SPZ-200	12 公里/小时	昆明机械厂	2000 年 12 月	264.94
配砟整形车	SPZ-200	12 公里/小时	昆明机械厂	2002 年 12 月	277.91
轨道动力稳定车	WD320	2.5 公里/小时	昆明机械厂	1999 年 5 月	712.50
轨道动力稳定车	WD320	2.5 公里/小时	昆明机械厂	2000 年 12 月	778.08
轨道动力稳定车	WD320	2.5 公里/小时	昆明机械厂	2002 年 12 月	804.69
轨道动力稳定车	WD320	2.5 公里/小时	昆明机械厂	2003 年 12 月	797.21
钢轨探伤车	GTC-101	40 公里/小时	宝鸡工程机械厂	2005 年	1305.85
移动闪光焊轨机	K900			2005 年	—

大 机 使 用

1995 年，柳州铁路局第一批大机 08-32 型起拨道抄平双枕捣固车、SPZ-160A 配砟整形车在第二线路大修段投入使用，和原有的 TVD-12 型液压捣固车、中型清筛机配合，完成 114 公里线路大修起拨道捣固作业。

1996 年 7 月，有 2 台 03-32 型起拨道抄平双枕捣固车在第一线路大修段投入使用，连同原有的大中型养路机械，完成线路清筛大修 135 公里，机械捣固率 100%，机械清筛 29.6 公里，机筛率 22.4%。在湘桂铁路黎南段和南凭段试用 08-32 型大机，利用封锁“天窗”参与正线综合维修，由大机一次性完成线路起道、拨道、捣固作业，全年完成综合维修正线400公里。

1997—1998年，完成线路清筛大修170.3公里，机械捣固率100%，机械清筛46.5公里，机筛率17.2%。大机维修纳入正常维修计划，在第一、第二线路大修段成立大机维修队，继续试用大机开“天窗”综合维修正线，两年完成大机综合维修正线989.2公里。

2003年，柳州铁路局工务大修中心使用配砟整形车进行换砟作业

1999年，柳州铁路局有2台SPZ-200型配砟整形车和1台WD-320型轨道动力稳定车投入使用，全年完成清筛大修130公里，机械捣固率100%，机械清筛18公里，机筛率14%。继续推进大机维修作业正常化，完成大机综合维修正线635.3公里。

2000年，是柳州铁路局大机投入使用最多的一年。12月，有2台RM80型全断面道岔清筛机、5台08-32型起拨道抄平双枕捣固车、2台SPZ-200型配砟整形车、2台WD320型轨道动力稳定车同时投入使用，全年完成清筛大修130公里，机械捣固率100%，机械清筛84.1公里，机筛率65%，比上年提高51%；大机综合维修正线645.5公里。

2002—2004年，柳州铁路局投入使用的大机继续增加，2004年，增加到22台，装备大机清筛机组1个。3年完成换砟大修368.5公里，机械捣固率100%，大机换砟327.8公里，机械换砟率89%。大机维修覆盖正线2700公里，3年，大机综合维修正线4851.6公里。

2005年，GTC-101型钢轨探伤车、K900型移动闪光焊轨机投入使用，大机从22台增加到24台。完成换砟大修156.2公里，机械捣固率100%；机械换砟151公里，大机换砟率96.6%。完成正线综合维修1516.6公里。钢轨探伤车检测线路3450公里，发现各种伤损78处，准确率85%。K900移动闪光焊轨机现场焊接无缝钢轨304.9公里，合格率100%。

2003—2005年，广西沿海铁路公司租用柳州铁路局大机完成正线综合维修107.9公里。

大机管理

1996年，柳州铁路局工务部门制订《大型养路机械参与线路维修暂行办法》，要求大机执行铁道部颁布的《线路维修规则》的规定，按周期、有计划地对线路进行综合性维修。

1998年，制订《大型养路机械线路综合维修工务段与大修段配合细则》《柳州铁路局大型养路机械线路维修作业配合施工办法》，进一步规范大修段和工务段在大机维修线路中的作业分工，明确安全责任，加强相互配合。

2003—2005年，印发《大型养路机械维修作业标准》《养路机械管理办法》《柳州铁路局自轮运转特种设备管理办法》《关于颁布大型养路机械化线路维修队维修作业内容、标准及验收办法的规定》《柳州铁路局08-475道岔捣固车综合维修管理办法（试行）》和《关于大型养路机械无火回送附挂的规定》。进一步加强大型养路设备的管理，规范大机、大机线路维修队和工务段的维修作业。

柳州铁路局工务机械化段（工务大修中心）自2001年1月1日成立以来，先后制订《大型养路机械设备管理细则》《大型养路机械设备管理办法》《设备安全管理制度》《设备使用操作维修制度》，检定车、RM80清筛机、SPZ配砟整形车、捣固车岗位责任制等文件，使大机的管理、使用、维修、保养逐步实现制度化、规范化。

第五节　线桥检测

线路复测

1991年，广西铁路的既有线复测工作由局工务检测队的旧线复测组承担。复测任务由工务部门安排。复测内容包括线路里程丈量、中线测量、水准测量。线路里程采用钢尺丈量，曲线使用经纬仪采取角图法测量并按规定程序计算曲线半径、缓和曲线长和曲线的拨量，线路水准使用水准仪进行高程测量。

1992年，局工务勘测队开发《曲线拨道程序》，曲线平面复测资料改用计算机计算。

1995年，引进《线路纵断面设计程序》，使线路复测计算更准确，设计图纸更规范。

1997年，线路复测全面使用计算机计算绘图。

1991—2005年，完成线路复测5194公里，其中干线正线3134.2公里，重测绘制车站地形图384.7公里。

桥梁检定与界限检查

1991年，广西铁路的桥梁检定、界限检查工作由局工务检测队的桥梁检定队承担。利用INY306数据乘集仪等设备检定湘桂、黔桂、焦柳铁路钢梁的承载系数，采用“二院法”测算桥涵孔径，使用简易隧道限界检查架检查隧道限界。

1993年，检算运用中的圬工梁，查到跨度范围2.4米—32米各类定型图、设计图18类98种。检算结果有7种钢筋混凝土梁、2种低高度钢筋混凝土梁的承载系数少于1。年内，开始检定焦柳、南昆铁路的钢筋混凝土梁。完成南防铁路21座隧道的限界测量和105座桥梁检定。

1994—1996年，会同铁道部科学研究院两次对红水河斜拉桥进行检定，桥梁工作状态正常。会同郑州铁路局桥梁检定队检定柳江大桥，发现承载等级下降约15%。完成湘桂、黔桂、焦柳铁路钢梁承载系数检定工作。

1998年，完成南昆铁路135座隧道限界勘测。2000年起，对南昆铁路7座柔性墩桥进行横向振动测试和裂纹检查，提供病害整治资料。

2001—2002年，检定南昆铁路7座14孔钢梁。进行无缝线路桥梁测算。完成湘桂、黔桂等铁路的桥涵孔径测算，确定9座孔径不足。完成地方和合资铁路每座桥隧的综合最小建筑接近限界的检测和绘图任务。

2004年，检定定型图号2066、2018等12种圬工梁，承载系数均大于1。完成焦柳、南昆铁路103座钢筋混凝土梁检定工作，有16座偏心值超《桥隧大维修规则》的限值，承载系数相应降低。

2005年，完成无缝线路49座大桥的结构检算工作，提出桥上轨条布置方案。

2002—2005年，局桥梁检定队采用隧道限界检查车大批量自动测量隧道断面。配合电算中心完成铁路限界综合信息管理系统开发，运用该系统编制331座桥梁、隧道及区段最小限界图。

表3-21　**1991—2005年桥梁检定队检测任务完成情况**

年度	限界测绘（座）	水文检算（座）	桥梁承载能力检算（孔）	桥梁结构测试（座）	大桥水位资料收集（座）	桥梁普查（座）	大件运输检算（线）
1991	50	10	65	3	35	30	—
1992	90	10	—	9	35	—	—
1993	—	15	2	6	32	11	—
1994	2	15	5	4	29	50	3
1995	—	16	51	2	30	—	—
1996	—	9	12	13	20	—	—
1997	—	11	13	3	20	—	—

续表

年度	限界测绘（座）	水文检算（座）	桥梁承载能力检算（孔）	桥梁结构测试（座）	大桥水位资料收集（座）	桥梁普查（座）	大件运输检算（线）
1998	151	8	4	—	19	—	—
1999	220	—	8	6	19	—	—
2000	4	7	50	12	12	—	—
2001	8	9	53	25	12	17	—
2002	183	—	10	6	12	—	—
2003	2	—	2	29	12	—	—
2004	—	—	6	19	12	—	—
2005	270	—	26	28	12	—	—

轨检车检查

1991 年，柳州铁路局轨检车人员属局工务处编制，有定员 13 人。担负正线动态检测任务，参与提速试验。使用 GJ-2 型轨检车，运用弦测法原理检查线路高低、水平、扭曲、车体垂直加速度、车体水平加速度 5 个项目。判分、统计手工作业。对主要正线每季度检查 2 遍。轨检车线路动态检查质量按铁道部的标准进行评定，扣 0 分—50 分为优良公里、扣 51 分—300 分为合格公里、扣 300 分以上为失格公里，全年轨检车检查合格率 98%。

1993 年，配置铁道部研究院新造的 GJ-3 型轨检车，运用惯性基准法测量原理继续对上述 5 个项目进行检查，使用电脑采样、判分、统计。1994 年，新轨检车按Ⅲ级扣分：Ⅰ级扣 1 分，Ⅱ级扣 5 分，Ⅲ级扣 100 分；扣 50 分以下为优良，扣51 分—200 分为合格，扣 200 分以上为失格。1996 年，轨检车加装轨距梁，增加轨距、轨向两个检查项目(2001 年 2 月因影响行车安全被拆除)。

1998 年，轨检车对主要正线每月检查 1 遍。

1999 年，轨检车技术人员研发达到国内先进水平的Ⅲ型轨检车实用软件，轨检车的工作效率和工作质量提高。

2000—2002 年，柳州铁路局使用 GJ-3 型轨检车检查线路 93469 公里，其中优良 87544 公里，优良率 93.7%；合格 5143 公里，合格率 5.5%；失格 782 公里，失格率 0.8%。优良率逐年提高，失格率逐年降低

2003 年，轨检车技术人员研发的轨道质量指数(TQI)应用软件在柳州铁路局工务维修会议上推广运用，为各工务段掌握线路动态质量、实施状态修服务。轨检车使用 GPRS 网 (2004 年改用 CDMA 网)将检查的详细数据上网，供各工务段下载。年内，对主要正线检查每月增加到 2 遍。全年检查线路长度 48161 公里，其中优良 47235 公里，优良率 98.1%；合格 821 公里，合格率 1.7%；失格 105 公里，失格率 0.2%。

2004 年，轨检车技术人员研发 GPS 自动校正里程系统，自动校正轨检车里程，准确定位病害处所，并完成轨道几何参数变化率设计开发，方便线路病害查找和整治。年内，线路动态检查质量按柳州铁路局《关于重新公布 GJ-3 型轨检车动态检查评定标准的通知》进行评定，扣 0 分—10 分为优良公里、扣 11 分—15 分为合格公里、扣 15 分以上为失格公里。对主要正线检查每月增至 3 遍。全年检查线路长度 61247 公里，其中优良 51650 公里，优良率 84.3%；合格 9565 公里，合格率 15.6%；失格 32 公里，失格率 0.1%。年内，实施《柳州铁路局轨检车线路动态考核奖罚办法(试行)》，局每年用于轨检车检查奖励 70 万元，每处Ⅲ级扣分扣罚 1000 元。

2005 年，轨检车检查奖励增加到 120 万元，每处Ⅲ级扣分扣罚增加到 2000 元。全年检查线路长度 66679 公里，其中优良 55928 公里，优良率 83.9%；合格 10748 公里，合格率 16.1%；失格线路仅有 3 公里。

1993—2005 年，广西合资铁路的动态检测委托柳州铁路局轨检车进行，评判标准与国家铁路相同，正线平均优良率 97%。

表 3-22

2000—2005 年柳州铁路局线路轨检车检查评分情况

年度	检查长度（公里）	其中						病害扣分								平均扣分	四级个数	三级个数	二级个数	一级个数
		优良（公里）	合格（公里）	失格（公里）	优良（%）	合格（%）	失格（%）	高低	轨向	轨距	水平	扭曲	垂加	横加	合计					
2000	30735	27897	2482	356	90.77	8.07	1.16	120484	45285	129825	408	118208	262544	51901	728655	23.7	323	1920	—	—
2001	28853	27118	1533	202	94	5.3	0.7	123082	23630	26601	15431	106558	144551	27137	455990	16.2	159	1114	31473	150366
2002	33881	32529	1128	224	96	3.3	0.7	175253	81208	32668	5980	97997	90023	21889	505018	14.9	340	911	25791	183024
2003	48161	47235	821	105	98.08	1.7	0.22	232579	0	0	2944	74227	69642	18167	397559	8.3	106	712	26847	160218
2004	61247	51650	9565	32	84.33	15.62	0.05	307585	0	0	1747	15426	44660	28854	398272	6.5	16	312	31191	206351
2005	66679	55928	10748	3	83.88	16.12	0.00	243412	7165	60167	10428	17827	83190	71872	494061	7.4	1.5	289	33390	297809

表 3-23

2002—2005 年广西沿海铁路公司线路轨检车检查评分情况

年度	检查长度（公里）	优良（公里）	合格（公里）	失格（公里）	优良（%）	合格（%）	失格（%）	平均扣分	年份	检查长度（公里）	优良（公里）	合格（公里）	失格（公里）	优良（%）	合格（%）	失格（%）	平均扣分
2002	755	746	8	1	98.8	1.1	0.1	7.7	2004	1508	1492	15	1	98.9	1.0	0.1	3.5
2003	1135	1091	30	14	96.1	2.7	1.2	14.5	2005	1130	1109	21	0	98.1	1.9	0	1.4

钢 轨 探 伤

1991 年,柳州铁路局工务部门成立钢轨探伤管理组,属局工务处生产机构。拟定全局工务探伤工定员 242 人。核定探伤设备 107 台。钢轨探伤周期每年 7 遍,时间主要集中在冬季和其他各季季末;焊缝探伤每年 2 遍;隧道内钢轨接头每季拆开检查 1 次。南防铁路公司在钦州工务队成立钢轨探伤组,定员 7 人,购置探伤小车等设备 2 台。

2005 年,金城江工务段工人对钢轨进行探伤检查

1995 年,由于实行新的钢轨探伤周期,柳州铁路局新增探伤工定员 60 人。新增探伤设备32台。年内,铁道部把钢轨探伤周期由每年 7 遍改为按轨型和通过总重量计算,铁路局每年根据通过总重量核定下一年的探伤周期,平均每年 10.3 遍。

1998 年,由于大型钢轨探伤车投入使用,柳州铁路局将探伤管理组、探伤车和轨道检查车合并成立工务设备检测中心,定员 17 人。百色、兴义工务段分别成立探伤组,定员共 40 人。铁道部分配给柳州铁路局 1 台利用世界银行贷款购买的美国 HTT 公司生产的大型钢轨探伤车。大型钢轨探伤车投入使用后,按照铁道部的规定,每年对管内线路检查都在 2 遍以上。

2004 年 8 月,大型钢轨探伤车划归工务大修中心管理。2005 年,工务设备检测中心与工务检测设计所合并,探伤管理定员划入工务检测所。由工务工厂代管的铁路局探伤仪器修理组划入工务机械段。广西沿海铁路公司有钢轨探伤组 1 个,定员 32 人,探伤设备 15 台。

第六节 道 口

1991 年,柳州铁路局有道口 803 处,其中有人看守道口 229 处,无人看守道口 574 处。在有人看守道口中,已安装自动通知、自动信号设备 206 处,安装电话 31 处,自动化道口占 96.7%。有立交桥 79 座、立交涵 374 座。广西地方铁路有道口 201 处,其中有人看守道口 36 处。广西合资铁路有道口 39 处,其中有人看守道口 3 处。根据国家七部委公布的《铁路道口管理暂行规定》,广西铁路每年分批对道口进行大修改造,改善道口设备。年内,制订《柳州铁路局道口维修管理办法》,加强道口维修管理,保证道口安全、畅通。

1992 年,广西铁路按照国家十部委公布的《关于铁路道口暂行规定》和广西各级地方政府共同加强道口管理,规范道口各种标志。

1994 年,柳州铁路局修改《道口管理暂行细则》。1991—1994 年,投资 1304.8 万元,修建立交桥 1 座,立交涵 12 座,取消道口 46 处;公路裁弯取直 2 处,取消道口 2 处。

1995—1996 年,柳州铁路局完成道口自动信号、自动报警、自动通知设备大修 23 处,道口设备大修 12 处,增加有人看守道口自动信号、自动通知设备 1 处。

1997 年,柳州铁路局投资 156 万元,改造有人看守道口自动信号设备 34 处。投资 30 万元大修道口设备 21 处,大修道口自动信号、自动通知设备 6 处。开展安全优质道口先进单位评比活动,到2002年不再进行评比时止，共评出优质道口先进单位25个(次)。

1999—2000年，柳州铁路局投资211万元，大修22处道口铺面，大修和改造5处道口自动信号及报警设备。局工务处与科研所共同研制道口作业监控无线预警装置，2000年安装10台。1995—2000年，投资2924万元（其中1996年自治区政府出资200万元)，修建立交桥涵72座，改移公路接涵洞通过铁道51处，取消道口51处；公路裁弯取直2处，取消道口2处。

2004年，桂林工务段工人更新道口安全设施

2001年，柳州铁路局安装道口作业监控与无线预警装置16台；对10处道口铺面大修，铺设橡胶铺面板；按照国家新的《道路交通标志和标线》规定，更换道口新标志。加大立交桥涵建设的投入。年内，投资2074万元，拟建立交桥涵47座，建成27座，改移公路连接涵洞通过铁路59处，取消道口59处。

2004年，印发《关于印发柳州铁路局道口管理细则的通知》，对道口设置与审批、道口设备、道口标志、道口看守、道口管理作出规定。2002—2004年，安装道口作业监控无线预警装置35台。道口大修125处，其中铺设橡胶铺面板44处。

2005年，安装道口作业监控无线预警装置10台，铺设橡胶铺面板10处，硬化道口平台22处。年末，柳州铁路局累计安装道口作业监控无线预警装置71台，铺设橡胶铺面板113处。在安全专项整治中，对191处监护道口全部安装半遮断式路障。

1991—2005年，柳州铁路局因修立交桥涵和公路改移拆除道口264处，其中有人看守道口105处，无人看守道口159处；因其他原因拆除道口82处.广西合资铁路建立交桥涵7座，减少道口7处；按技术规范要求拆除道口22处。在接管南昆铁路新增道口36处的情况下，2005年末，柳州铁路局有道口453处，其中有人看守道口122处，无人看守道口331处。广西地方铁路有限公司有道口186处，其中有人看守道口18处。广西沿海铁路公司有道口127处，其中有人看守道口8处，无人看守道口120处。

第四章 电　务

第一节 通　信

通 信 线 路

1991 年,柳州铁路局专用通信主要以模拟通信为主，长途通道较少，仅有长途电缆 237.5 公里。年内,通信线路开始向大通道、信息高度集成、高保密及高可靠性方向发展，通信架空明线呈逐年减少趋势。

1992 年,柳州铁路局铺设冷水滩至柳州光电综合缆 424.5 公里,该缆有光导纤维 8 芯,可开通 140Mb/s 光传输系统，其高频电缆可开设 3 个 PCM 系统,低频 4 芯组及对绞线可作为区段通信开通使用。南防铁路配套架空明线开始使用,明线长 170.9 杆路公里,2 排铁横担挂 2 铝 4 铁 6 对线。1993 年,湘桂铁路柳州至桂林段通信光缆线路竣工。

1995 年 7 月,钦北铁路 96.4 杆路公里通信明线投入使用。同年 8 月 20 日,总投资 8689.91 万元、全长 385.5 公里的湘桂铁路柳州至冷水滩段通信明线改光缆工程全线开通，同年 11 月 20 日在桂林召开庆典大会，铁道部副部长国林出席剪彩。年内,钦北铁路长途通信线开始使用,长 96.4 杆路公里,1 排铁横担挂 2 铝 2 铁 4 对线。

1996 年后,柳州铁路局长途通信光缆建设进入快速发展期。1997 年,全长 518.9 公里的南昆铁路南宁至威舍段长途光电综合缆、全长 136.62 公里的湘桂铁路黎塘至南宁段光电综合缆开通,型号 GDL23/P8D95/125,具有 8 芯光缆、7 组对称高频电缆和 9 组低频对绞电缆芯线。1998 年 11 月，全长 146 公里、总投资 3519.9 万元的湘桂铁路柳州至黎塘段通信光缆开通,型号 GYSTA53-20D≠20 芯单模直埋光缆,它不仅是沟通南昆、黎湛铁路的重要通道,也是全国铁路长途通信网、分组交换网、会议电视网在西南片的咽喉通道。湘桂铁路柳州至黎塘长途光缆开通，柳黎小同轴电缆改为备用。黎湛铁路长途电缆开通,型号 HEYEL23,全长 354.4 公里。

1999 年 4 月,黎钦铁路长途通信明线开始使用,2 排铁横担挂 2 铝 4 铁 6 对线，长 108.4 杆路公里。

2000 年 6 月，黎湛铁路通信光缆全线开通，该工程包括延伸的柳州、南宁通信站共 7 个通信站,29 个中间站,光缆全长 317.3 公里,型号 GYTA16B4≠16 芯光缆。它的开通,有效缓解黎湛铁路运输通信日益紧张的局面。同年,合资(南防)铁路南宁—钦州段铺设 134.43 公里 8 芯和 12 芯光缆。

2002 年 6 月，全长 315.5 公里的黔桂铁路柳州至麻尾段长途通信光缆和柳州至金城江段长途电缆开通,型号 GYSTA53 32 芯(柳洛段)、24 芯(洛金段)、8 芯(金麻段)纯光缆。它的开通,大大缓解黔桂铁路通信线路严重不足的状况，并为该线电气化改造创造通信条件。同年 7 月，全长 281.7 公里的焦柳铁路柳州至牙屯堡段长途光缆开通,型号 GYSTA53≠32 芯(柳州至柳江段)、24 芯(柳江至牙屯堡段)纯光缆。与此同时,先后在南环线邕宁至南宁南间、黔桂铁路柳州至金城江间、焦柳铁路柳州至牙屯堡间开通长途电缆，电缆长度分别为 39.9 公里、160.3 公里和 234.7 公里,型号为 HEYFLT23。

2003 年 9 月,总长 235 公里、型号 GYTA53-24B1 的湘桂铁路南宁至凭祥段长途光缆开通,彻底扭转南凭段长途通信系统陈旧落后的局面。

2005年，广西沿海铁路公司在南宁至防城港间直埋敷设低频对称电缆1条、16芯光缆1条。年末，柳州铁路局长途电缆线路总长度1224.1公里，占全部通信线路总长度32.5%。长途光缆线路总长度2519.979公里，(纯光缆线路1478.939公里，光电综合缆线路1041.04公里)，占长途通信线路总长度63.6%，是1995年光缆线路的6.5倍，实现管内运营线上光缆线路全覆盖和通信从模拟向数字化制式的发展。广西沿海铁路公司有长途通信电缆349.3公里、长途架空明线376.15杆路公里。

地区通信

1991年，柳州铁路局地区通信处在纵横制交换机进入程控制数字交换机时期。年初，柳州铁路地区电话仍采用大容量纵横制交换机。12月，柳州通信枢纽5000线数字程控交换机(S1240程控交换机)一次割接开通，柳州铁路地区电话从4位数升号为5位。作为柳州铁路局枢纽汇接局(C2局)，开设干线、局线长途全自动中继和长途半自动中继电路。干线长途中继方向有铁道部、武汉、广州、昆明等方向；局线长途对南宁、黎塘、玉林、湛江、桂林、全州、金城江、宜山、融安等方向开通直达电路。柳州(013)、南宁(0142)和玉林(0148)组成柳州铁路局自动交换专网三大编号区。柳州(局枢纽C2局)和南宁、玉林(分枢纽C3局)以及局管内各本地汇接局、端局，共同组成柳州铁路局自动电话交换网。

1992年1月，柳州铁路局最后1台磁石交换机在凭祥拆除，凭祥铁路地区安装200门纵横交换机，全局铁路地区交换机容量达到1.23万门，其中纵横制6215门，程控6094门，程控电话占49.5%。全局有长途接续机37台，沟通212条点对点长途自动通路，14个铁路地区实现长途自动拨号通话。同年4月，合资(南防)铁路南宁至钦州开通三路载波机2对；钦州至防城港开通十二路载波机1对及三路载波机2对。钦州、防城港通信机械室建成，设200门纵横制自动交换机各1台，钦州至防城港开通长途自动电话。

1994年，合资(南防)铁路南宁通信机械室建成，设200线MD110程控交换机，内设DZY-Ⅰ音频调度总机2套，南防铁路的行调、货调电话分别接入这2台总机。

1995年，柳州铁路局大力发展程控交换通信系统，新开通程控交换机容量5200线，其中桂林S1240程控交换机3200线、黎塘S1240程控交换机1000线、融安SSU12AL程控交换机1000线。程控电话装备率上升到67%。钦北铁路北海通讯机械室建成，设200线MD110程控交换机。

1997年3月，柳州铁路局电务部门根据铁道部《中国铁路信息化(基础)工程——铁路通信三年攻坚战实施计划》要求，拟订《关于实施铁路通信三年攻坚战计划的报告》，规划未来三年通信发展。7月，南宁铁路地区万门程控交换机割接开通。南宁、崇左、凭祥分别安装5000、1000、1000线华为C&C08程控交换机，原来由纵横制交换机承担的话务全部割接到程控交换机，分别增加南宁南、百色、平果C&C08程控交换机2000、3000、2000线。同年9月1日，建成南宁铁路地区本地通信网，该网南至凭祥、北至黎塘、西至百色，跨越6个铁路地区，网内所有2、3、5、8字头的用户均能实现等位拨号，0142编号区的自动电话交换机由1993年的2400线增加到1.55万线。年内，宜山、金城江铁路地区安装华为C&C08程控交换机1824和1280线，南丹安装RSA12程控交换机256线。随着南昆铁路，湘桂铁路柳黎、南黎段，黎湛铁路通信光缆开通，南宁铁路地区本地通信网建成，柳州程控枢纽改造，数据通信网二期工程和湘桂铁路无线列调400兆改造工程基本完成，柳州铁路局运输通信开始迈入数字通信时代。

1998年，柳州铁路局开通来宾ZXJ10A程控交换机1360线。利用世界银行贷款进行交换设备程控化改造，柳州铁路地区新增程控设备1.1万门用户线，并且淘汰原设在分话所和机车车辆厂的纵横制交换设备，使柳州铁路地区全面进入程控交换时代。合资(南防)铁路南宁程控交换机由200线的MD110程控交换机换型扩容为512线的C&C08型程控交换机。南宁的MD110型程控交换机移至防城港安装。

1999年，柳州中心汇接局S1240E型机升级为J型机，扩容用户线5000线、中继线5000线，增加柳州机车车辆厂远端模块局2000线、柳州分话所 1240 交换局 4000 线，同时完成与市话 SDH 连通及扩容 360 线工作，使市话出入更加畅通。合资（南防）铁路钦州开通 768 线 ZXJ10 型程控交换机，防城港至钦州开通十二低频环路载波机 1 套。

2000 年 6 月，玉林、贵港安装 ZXJ10A 程控交换机，容量分别为 3000 线和 612 线，原来由纵横制交换机承担的话务全部割接到程控交换机上。年内，柳州铁路局电话机拨号方式从脉冲发号改为音频发号，接续速度提高。

2001 年，铁道通信信息有限责任公司广西分公司（简称铁通公司广西分公司）成立后，与各电信运营商实现互联互通，提高专网用户与电信、移动等运营商用户间呼叫的接通率，彻底改变铁路专用电话拨打市话难的局面。各专网端局通过专网汇接局与本地公网汇接局间开通网间直达中继电路，专网用户拨打“10”后使用公网交换网资源，可进行国内、国际固定或移动电话的全自动呼叫。8 月，湘桂铁路柳州至永州段接入网开通，桂林北、鹿寨、全州分别安装中兴 ZXMF 程控交换机 3000、588、2048 线，停用鹿寨、全州 200 门纵横交换机。至此，柳州铁路局实现程控电话交换机全面覆盖，所有纵横制交换机被淘汰；实现全国铁路专网长途自动全覆盖，长途人工及半自动接续及区段各站、养路工区音频电话已基本完成历史使命。

2004 年，根据洛湛铁路建设需要，柳州铁路局在梧州、贺州利用铁通公网交换机虚拟专网的形式开通梧州地区专网，纳入玉林 0148 编号区，扩展专网覆盖区域。

2005 年末，柳州铁路局已由 1993 年的 16 个电话所减少到柳州、南宁、金城江 3 个电话所。柳州铁路局专网用户实装数 41532 线。广西沿海铁路公司程控交换机合计容量 4048 线，专网用户实装 1845 线。

长途通信枢纽和长途通信网

1991 年初，柳州铁路局有载波机 181 端，点对点长途电路 30 个方向。

1992 年 2 月，黎湛铁路黎塘至玉林段超 24 路载波机开通，湘桂铁路柳州至冷水滩段光纤综合电缆敷设并完成部分配套设施安装，湘桂铁路柳州至衡阳间具有一个大容量，多迂回，可靠性高，能传输、交换和处理语言、文字、数据、图像等信息的通信网，长途及区段通信步入新阶段。同年，新建铁路局通信枢纽柳州通信段通信大楼。柳州通信枢纽与桂林、南宁、金城江、玉林、融安、黎塘、凭祥等通信楼共同组成柳州铁路局长途通信网。通信方式为模拟通信。合资（南防）铁路在钦州—防城港间开通十二路载波机 1 对，南宁—钦州间开通三路载波机 2 对。

1995 年 8 月，开通柳州铁路局第一条数字大通道柳州至衡阳段 PDH 准同步光传输数字传输系统，传输速率 140Mbt/s，大大增加柳州铁路局与广铁（集团）公司、铁道部的信息通信能力，标志着铁路局运输通信开始迈入数字化光传输时代。

2001 年，柳州铁路局程控电话交换机实现全覆盖

1997—1998 年，柳州至南宁、柳州至湛江段开通 GPT 传输设备。湘桂铁路柳州至黎塘段采用更为先进的 SDH 同步光传输系统，构成铁道部至昆明铁路局、柳州铁路局至昆明铁路局干线传输通道，对打通西南、黎湛铁路通信，组成全国铁路数字通信网起着重要作用。

2000 年，合资（南防）铁路南钦段 APDH 光缆通信设备和沿线车站工区自动电话陆续开通使用。

2001 年，广西铁通成立后，积极采用和引进国内外先进技术，改造、扩建、完善基础骨干网、传输网、交换网、城域网、数据网，大力发展宽带网，还自筹资金先后建成具有世界先进水平的数字高速环网西南环DWDM（密集波分高速数字环网）和桂东南环网。

2002—2003年，用SDH2.5G同步数字传输设备装备柳州至永州段的柳州、鹿寨、桂林、全州传输室。西南环DWDM全路联网。柳州铁路局各级通信枢纽柳州、南宁、桂林等传输室先后安装DWDM设备。该环网容量10Gbt/s、具有双向四纤保护功能，将柳州铁路局的重要地区南宁、柳州、桂林、百色与武汉、郑州、成都、贵阳等相连成环。即使环网某处光纤发生中断，其强大的环网保护功能仍可保证信息流畅通无阻。同年，广西铁通筹措资金自行开通DWDM桂东南环网系统，并与西南环联网，将桂林、柳州、南宁、玉林、梧州、贺州等重要城市连成环。南昆、焦柳、黔桂铁路传输还先后装备SDH2.5G同步传输设备，其中焦柳、黔桂铁路光传输系统建成湘桂黔环，将湘桂、黔桂和焦柳铁路的通信系统通过其他铁路局连成大环。

2005年末，柳州铁路局所有运营线路开通光传输数字系统，长途光传输设备覆盖率100%，运输通信质量和数量实现历史性飞跃。模拟通信设备（各路载波机及其相关设备），除南凭线凭祥至越南同登段还保留12路载波机外，其余全部退出历史舞台，湘桂铁路柳州至衡阳段PDH准同步数字传输设备也完成历史使命，停止使用。数字通信已成为铁路运输生产的重要手段。广西沿海铁路公司光传输设备有OPTIX2500+型4台、OPTIX155/622H型27台；载波机有十二路、三路各1对，低环载波机2套。

数据通信网

1993年，柳州铁路局开始数据通信网建设，一期工程基本完成运输管理信息系统（TMIS）等计算机应用系统的联网、用户线改造。

1994年，数据通信网开通，标志着柳州铁路局专用通信的非话业务迈上现代化道路。铁道部电务局发文对柳州铁路局完成数据通信网一期工程建设成绩显著的班组和个人予以通报表扬。

1995年，由柳州铁路局设计、总投资800万元的分组数据通信网一期工程竣工。开通分节点机及PAD终端设备6套，长途载波设备17套，地区电缆26条。柳州、南宁、玉林无线寻呼台进入数据通信网，实现与全国铁路通信网联网。铁路局车辆信息系统（CMIS）信源点在该网内不断增加，系统中的车号、调度18点和计划3个子系统正式投入运用。

2000年，分组交换数据网二期工程完成安装调测及设备验收工作，实现柳州铁路局数据网一期工程提速，并为TIMS、PMIS及车号识别系统增开部分数字通道。

无线列车调度通信

1991年初，柳州铁路局有各类无线电台5088台。年内，黔桂铁路柳州至麻尾段配备TW42系列400兆赫单双工兼容制式无线列车调度电话，有漏泄电缆40.6公里。

1992年，焦柳铁路柳州至牙屯堡段配备TW42系列车站台39台、机车台76台、携带台442台，同时开通湘桂铁路南宁至凭祥段、屯秋支线150MHz无线列车调度电话。年末，1067公里运营线开通使用无线列调电话，有车站台280台、机车台654台、便携台241台，转接总机10台、分机189台。

1993年，黔桂、焦柳铁路开通铁路列车无线调度系统，采用450MHz同异频单工制式，实现车站值班员、机车司机、运转车长的“小三角”通信。两线开通71个车站，有机车台202台、车站台71台、中继器72台、漏泄电缆50公里。

1997年，柳州铁路局针对湘桂铁路无线通话不够理想问题，实施无线列调400MHz改造工程，整治工程全长660公里，总投资4600万元，局电务处为总负责单位，进行三年攻关。将原来C制式151MHz同频单工系统改造为B制式450MHz同异频单双工兼容系统，在管内首次开通车站值班员、机车司机、行车调度员的“大三角”通信。改造76个车站、机车台255台，Ⅰ型中继器63台、Ⅱ型中继器96台、漏泄电缆114.3公里，安装高20米以上铁塔35座，立设电杆1200根，新建中继房69处，安装调度汇接分配器8台，发放便携电台1337台处，有效地解决同频干扰问题，提高场强覆盖率，延长站车无线通信距离。

1993 年,柳州铁路局有 202 台机车安装使用无线列车调度电话

2002—2003 年,湘桂铁路永州至南宁段、黎湛铁路、南昆铁路江西村至品甸段、焦柳铁路 DMIS 无线车次号校核系统开通,新增车站解码器 240 台,机车编码器 581 台。该系统与 MDIS 系统相配合,能使行车调度员直观、准确地掌握列车运行情况,提高指挥效率,保证运输安全,为铁路信息化建设提供无线传送平台。

2004 年,首批 15 台通用式机车电台在南昆铁路机车上运用,在机车台上新增 GPS 定位系统,实现机车频组自动切换。12 月,广西沿海铁路公司开始建设无线列调系统。

2005 年,柳州铁路局无线列调设备覆盖湘桂、黎湛、黔桂、焦柳、南昆等铁路干线,247 个车站全部安装 450MHz 车站电台,533 台客货运机车安装机车电台,湘桂、黎湛、焦柳、南昆铁路开通无线"大三角"功能和 DMIS 无线车次号校核系统。无线列调装备有车站台 247 台、机车台 533 台、无线调度总机 11 台、区间中继器 329 台。广西沿海铁路公司无线列调系统覆盖南防铁路,设备有 450MHz 制式车站台 16 台、机车台 22 台、便携台 38 台。

专用通信

1991 年,柳州铁路局专用通信包括行车调度电话、铁路数调通信系统、铁路电话会议系统等。年内,电话会议系统为单纯的音频系统,使用 BDH-1 型会议电话总机与转接机、BDH-2 及 HYF-3 型电话会议分机,总机为半分配式 24 路双向四线回线。通过长途回线和本地实回线与系统内的其他总机及所属分机汇接,组成铁路会议电话网。有会议总机 17 台、分机 177 台、会议电路 156 条,可同时接通 105 个分会场。

1992 年,北京对柳州的客调和集装箱调度用远程自动电话分机与铁道部调度指挥中心的集团电话主机联网。年末,柳州铁路局专用通信有调度总机 19 台,分机 413 台;车站、养路总机 73 台,分机 1195 台;共线分配器 22 台。

1993 年,柳州铁路局行调系统分为柳州、南宁 2 个分局调度枢纽,主要使用 YD-Ⅲ,YD-Ⅳ型音频调度电话总机和与之配套的调度所选叫通话设备、音频调度电话分机,作为调度员与所管辖调度区段内各站段值班员进行业务通话、指挥列车运行及车辆货物装卸工作的铁路专用通信设备。业务范围覆盖湘桂、黔桂、焦柳、黎湛、河茂等运营线。

1994 年 3 月,南防铁路公司南宁通信机械室建成,安装 DZY-1 型音频调度总机 2 台,分别汇接南防铁路的行调、货调电话;1995 年 7 月和 1998 年 4 月,在钦州通过汇接机,先后汇接钦北线和黎钦线的行调、货调电话。1994 年 12 月,南防铁路公司开通音频电话会议系统。

1996 年 12 月,柳州铁路局对会议电话系统进行扩容改造,改用 HYQ48-1 型会议电话总机与 ZJH48-1 型会议转接机、HYF-4 型电话会议分机等构成电话会议系统。与此同时,开通第一套可视电话会议系统,使用美国 CLI 视讯可视会议设备,12 月 30 日,实现与铁道部会议电视系统联网,但因设备编解码技术尚不成熟,一直无法在带内传输音频,只能与另一音频系统同时运行。

1997 年,南昆铁路试运营,行调设备增加DC-7 型程控调度电话,调度指挥台新增江百段行调、南百段电调、百威段行调、百威段电调及南昆铁路货调，新增调度电话总机 5 台，分机 143 台。

1998 年 9 月，柳州调度所的调度指挥系统迁到铁路局调度楼。12 月，柳州铁路局投资 356 万元的 DMIS(后改为 TDCS)系统一期工程开通。新装设干线调度程控交换机、调度台、录音装置、桌面会议以及维护终端等设备，并利用数字中继 2Mb/s 接口平台与铁道部运输调度指挥中心汇接，加入全路干线调度通信网。TDCS 干线调度系统的建成，使铁路运输调度管理系统向现代化、数字化、网络化迈进一大步。

1999 年 6 月，南宁调度所迁到铁路局调度楼，铁路局总调度室有调度总机 24 台，调度分机584 台。

2002 年 12 月，柳州铁路局开通第二套可视电视会议系统，下挂接柳州及南宁两地终端，但因传输音频效果亦不理想，也只能使用其视频功能。

2003—2005 年，柳州铁路局行车调度系统通信进入快速发展时期。2003 年 6 月，焦柳铁路正式开通北京佳讯 FH98 铁路数字调度通信系统(以下简称“数调”)，拉开铁路区段调度数字化建设的序幕。9 月，湘桂铁路黎南段开通北京中软 CTT2000M 铁路数调系统。2004 年 3 月、4 月、6 月，南昆铁路、湘桂铁路柳州至黎塘段、黎湛铁路开通北京佳讯 FH98 铁路数调系统。2005 年 1 月，湘桂铁路柳州至永州段开通北京中软 CTT200M 铁路数调系统。至此，除黔桂铁路、湘桂铁路南宁至凭祥段外，铁路局的其他运营线均开通先进的数字调度系统。5 月，将原有的 15 个行调台、2 个电调台、9 个货调台和 12 个无线列调台撤并、整合成 10 个行调台、2 个电调台、6 个货调台、8 个无线列调台，并移设桂柳、黎凭等 6 个行调台，西货、柳麻货等 4 个货调台。年末，柳州铁路局开通铁路数调主系统 5 个、分系统 203 个、数字环 16.5 个，其中调度操作台 17 台、车站值班台 221 台、数字分机 354 台、DZY-1 型音频总机 4 台、音频调度分机 118 台。广西铁通为 TDCD 系统提供的传输通道有抽头 39 个、站间 354 个、监测 5 个。与 1991 年相比，数调系统增加 100%，模拟行调使用率仅占全局运营线行调业务的 28%。同年，广西沿海铁路公司安装 CTT2000L/M 型数字调度系统 1 套，行车指挥自动化程度有很大提高。年末，TDCS 系统有无线列调台 1 个，调度操作台 1 个，车站值班台 18 台，数字分机 19 台；仍在使用的音频调度总机 2 台，音频调度分机 13 台，均用于黎钦、钦北铁路。

2005 年 9 月，由广西铁通投资，开通华为标清可视会议系统的第三套可视电话会议系统和中兴高清可视会议系统的第四套可视电话会议系统，实现图像和声音的高质量接收，成为会议主用设备。年末，柳州铁路局有音频会议总机(含汇接机)18 台(套)，各型音频会议分机 200 台，华为 8620MCU、中兴 8900MCU 各 1 套，华为 8062 可视会议终端 13 台、8036 可视会议终端 1 台，中兴 6000A 高清会议终端 2 台、4050 可视会议终端 2 台。这些设备分布在铁路局会议室及各基层站段会议室，为生产指挥与信息交流服务。广西沿海铁路公司有音频电话会议总机 1 台、分机 4 台。

事故应急通信

1991 年，柳州铁路局应急通信系统已初具规模，建立起以柳州铁路局抢险救援指挥中心为核心、以长途通信电路为载体、以各运营线区间通话柱为终端、以“117”人工立接方式为主、自动电话为辅的应急通信系统。

1994 年，铁道部和柳州铁路局投资配备 9 套环二路抢险载波机，使应急通信覆盖面扩大到站段所在地两侧增音段。

1996 年，柳州铁路局电务部门设置 3 套应急通信系统，即调度事故救援电话系统接入“117”台的专用回线电话系统，延伸至事故现场的自动电话系统，在光缆区段的应急通信自动电话系统。

1999 年 9 月，开通应急通信静止图像传输系统，该系统由网络平台和终端设备组成，网上采用 TCP/IP 协议，并专为图像系统设置服务器。它的开通，使铁路局领导能够迅速、直观地了解事故(灾害)现场的真实情况，在救援中发挥重要作用。

2002 年，随着数字环网的开通，应急通信电路陆续倒入环网系统，各种应急倒线方案不断完善，基本上实现非常时期应急抢险电话“零”中断。

2005 年末，柳州铁路局实现“三机一化”(行调分机、“117”人工立接分机、自动电话机全部改用自动电话机)的运营线占总运营线的 78.6%。有静止图像系统固定端 2 套、移动端 10 套、环二路抢险载波机 2 套、“1+3”数字复用设备 37 套。有抢险用电话调度分机 130 台、“117” 分机 139 台、自动电话分机 490 台。广西沿海铁路公司有抢险用的载波机 2 套,音频电话分机 5 台,自动电话分机 16 台。能较好地满足铁路应急抢险通信需要。

电报通信

1991 年,电报通信仍是柳州铁路局运输管理、业务联系中的重要通信工具。1991—1993 年,柳州铁路局对电报设备进行较大的更新改造,由机械的电传方式+传真方式更改为电子式(智能电报机)+传真方式。智能终端机引入电脑中的存贮、数据处理技术,实现自动转报,自动译报,中文输入、输出自动转换,报文格式打印,使电报质量和传送效率大幅提高。1992 年,柳州至北京及柳州至桂林、南宁、玉林、金城江、融安建成 CTP1 型智能终端系统,并开通联网。年末,有载波电报机 48 路 1 台、8 路 29 台,电报交换机 4 台,电传打字机 75 台,传真机 52 台,智能电报交换机 1 台,智能电报终端机 25 台,电报电路 32 条。普报全部采用自动存储、转发的电报自动交换机和智能终端,实现电报自动交换,报文规范化、公文化。

1995—1996 年,程控交换机迅速推广使用,载波电报机彻底淘汰。

2005 年末,柳州铁路局有柳州、桂林、金城江、南宁、玉林、百色 6 个电报所,有电报员 30 多人。主要电报设备有 CTT-2000 电报交换机 2 套(1 主1 备)、电报传真机 14 台、智能终端机 14 台、电报电路 9 条。电报通信在业务量变化不大的情况下,机构、人员、设备、电路数量大幅度减少。

第二节 信 号

联锁设备

1991 年初,柳州铁路局电务信号联锁设备主要为电锁器联锁、电气集中联锁。年内,铁路局继续对车站联锁设备进行改造,逐步将电锁器联锁改造成 6502 电气集中联锁,以色灯信号机逐步取代电动臂板信号机。1991 年改造湘桂铁路 4 个站。1992 年改造湘桂铁路 23 个站、黔桂铁路 6 个站、焦柳铁路 1 个站共 27 个站。1993 年改造湘桂铁路 3 个站、黔桂铁路 7 个站、黎湛铁路 3 个站、焦柳铁路 4 个站共 17 个站,同时将黔桂铁路 4 个站的 6036 型电气集中联锁设备改造成 6502 型。1994 年改造黔桂铁路 7 个站、黎湛铁路 2 个站、焦柳铁路 2 个站共 11 个站。1995 年改造焦柳铁路 1 个站。1991 年,地方铁路车站的信号为油灯显示,臂板信号联锁。1991 年 1 月,合资(南防)铁路仅吴圩 1 个车站使用机械臂板联锁器联锁,其他车站无联锁设备。4 月,信号尾工配套工程开工,年末,全线车站安装电动臂板联锁器。

1995 年 7 月,钦北铁路投入运营。北海站使用色灯信号电锁器联锁,其余 4 个站为臂板信号电锁器联锁。年内,柳州铁路局继续将湘桂铁路 17 个站、黎湛铁路 8 个站、焦桂铁路 5 个站的电锁器联锁改造为 6502 电器集中联锁。

1997 年 5 月,广西地方铁路有限公司投资 508 万元,将金红、洛茂铁路各站的油灯信号显示和臂板信号联锁全部改为半自动联锁和色灯信号。同年,柳州铁路局开始应用计算机联锁。8 月 30 日,第一套微机联锁系统在南宁站投入运用,接着又在贵港站、南宁南驼峰开通运用。继续将车站的电锁器联锁改造为 6502 电器集中联锁。年内,改造黎湛铁路 8 个站、焦柳铁路 5 个站、湘桂铁路 2 个站并将进德站的联锁由 6512 型改造成 6502 电气集中联锁。

1998—1999 年,湘桂铁路邕宁、伶俐、桂林北、稔竹站,黎塘Ⅱ场、黎塘Ⅰ场、黎塘驼峰、玉林驼峰,百色站开通计算机联锁。黎湛铁路 10 个站的电锁器联锁改造成 6502 电器集中联锁。黎钦铁路投入运营,各站采用色灯电锁器联锁。

2001—2002 年,柳州铁路局陆续在湘桂铁路的柳州站,柳南到达场,黎塘Ⅰ、Ⅱ场,邕宁站,南化站,南宁南站,焦柳铁路洛满、太阳村、程村、八斗、融安、塘库站,黎湛铁路的玉林Ⅰ场、凤鸣站的正线道岔上安装 S700K 型或 ZYJ7 液压转辙机 79 组。改造鹧鸪江站。至此,柳州铁路局臂板信号(含色灯)电锁器联锁车站设备全部改造完成。南昆铁路的所有车站信号设备为6502电气集中联锁。

2004年1月,来宾站的计算机联锁开通。将南昆铁路的平果、田阳等16个站正线的66组道岔更换ZYJ型液压转辙机,并在2年内对南昆铁路的33个站和南宁北湖客技站进行25Hz相敏轨道电路改造,除百色站外,南昆铁路将已属淘汰型的不对称轨道电路全部改造为25Hz相敏轨道电路。

1996—2005年,广西沿海(南防)铁路公司先后在那罗和南防线11个车站,泥桥线路所安装6502电气集中联锁设备;在马皇、钦州、防城港站安装计算机联锁设备。2005年末,柳州铁路局的266个联锁车站(场),全部为电气集中联锁和计算机联锁,其中电气集中联锁站(场)247个,占92.9%,计算机联锁车站(场)19个,占7.1%。广西沿海铁路公司的26个营业站、1个线路所中,有计算机联锁车站3个,占11.1%,6502电气集中联锁车站13个,占48.1%,色灯电锁器联锁车站7个,占25.9%,电动臂板电锁器联锁车站3个,占11.1%,无联锁线路所1个,占3.7%。

2004年,南宁电务段工人调试ZYJ7道岔

闭塞设备

1991年初,柳州铁路局管内的湘桂、黔桂、黎湛、枝柳铁路已全部实现继电半自动闭塞。合资(南防)铁路仅吴圩—南宁南1个区间为继电半自动闭塞,其余9个区间为电话闭塞。

从1992年起,根据铁道部电务局、运输局《关于改造半自动闭塞设备的通知》要求,柳州铁路局把64D(F)型继电半自动闭塞设备全部改造升级,使其具有防错办功能。首先在湘桂铁路的桂林北至波寨、焦柳铁路平琴至牙屯堡间进行试验,取得成功后全面推开。年内,合资(南防)铁路全线实现继电半自动闭塞。

从1994年开始,柳州铁路局逐步应用自动闭塞设备。年内,投资1.11亿元,改造湘桂铁路计轴自动闭塞设备,2月开通灵川至桂林站试验区段;1995年1月开通滩头湾至灵川、桂林北至桂林28个站26个区间;1997年1月—8月开通桂林至柳州南25个车站、23个区间。至此,湘桂铁路滩头湾至柳州间52站、51个区间、397公里计轴自动闭塞设备全部开通。这是中国铁路第一段单线非电气化计轴自动闭塞。1991—1994年,南防铁路安装信号联锁11个站,其中电动臂板信号10个站、机械臂板信号1个站,全线实现半自动闭塞。

1995年7月、1999年7月,钦北、黎钦铁路先后投入运营,使用继电半自动闭塞。

2003年,新建湘桂铁路黎塘至邕宁段双线计轴自动站间闭塞、邕宁至江西村段及南环线单线计轴(或轨道电路)自动站间闭塞投入运用,每天可增加列车2.5对。1993—2002年,柳州铁路局继续对半自动闭塞设备进行改造。至2003年末,64D(F)型继电半自动闭塞改造升级工作全部完成。

2004年,柳州铁路局开始应用ZPW-2000A型四显示自动闭塞设备。投资2500万元,新建柳州至黎塘段ZPW-2000A型四显示自动闭塞,站内电码化设备为ZPW-2000A型,发码方式接车正线为预叠加发码、到发线为叠加发码。

2005年,柳州铁路局在湘桂铁路黎塘至稔竹,黎湛铁路风鸣至贵港等区段相继开通ZPW-2000A型四显示自动闭塞,区段内的图定列车对

2004 年,柳州电务段工人检查测试 ZPW-2000A 设备

数由 68 对提高到 105 对。南防铁路闭塞方式泥桥至钦州为自动闭塞，其余为 64D 半自动闭塞,并在此基础上应用计轴设备形成站间自动闭塞。年末,柳州铁路局有单线计轴自动闭塞 382.2 公里、自动站间闭塞 168.6 公里、继电半自动闭塞 1622.4 公里、电话闭塞 47.5 公里。广西沿海铁路公司正线有继电半自动闭塞 378.8 公里。

驼峰信号

1991 年初,柳州南、黎塘、玉林站各有 1 个驼峰场。柳州南编组站为半自动化驼峰,黎塘、玉林站为机械驼峰。年内,柳州南站编组场建成并开通具有单钩溜放和连续溜放功能的峰尾电气集中(即平面调车电气集中)，并将 T.JK 车辆减速器大修更换为新型的 T.JK3 车辆减速器。

1997 年,新建南宁南自动化驼峰场,采用 TW 组态式自动化系统，雷达设备采用 TCL-2 型,测长设备采用 T.C 型工频测长，空压机系统采用 FYIT-2 型系统,空压机采用 l10/8 型。室外 19 股道的转辙机采用 ZK3 型，轨道电路采用驼峰 2.3 型,车辆减速器二部位采用 TJK3-43 型,三部位采用 TJK2A-43 型,停车器采用 T.K92 型,峰尾平面调车采用 TYJL-Ⅱ型计算机联锁。

1999 年 5 月—12 月，根据铁路运输的发展，柳州铁路局对驼峰设备进行大规模改造：把黎塘站的 7024 驼峰系统改造为 TZX-JZ8 系统，雷达设备采用 TCL-2 型、测长设备采用音频 T.CJ 型、缓行器(三部位)采用 TJK2A 型、空压机系统采用 TKWK-2 型、空压机采用 WF6/7 型、转辙机采用 ZD7 型、轨道电路采用驼峰 23 型并将峰尾平面调车由电气集中联锁改造为 TYJL-Ⅱ型计算机联锁,改造后,大大地提高车辆的编解能力。同年 11 月，投资 800 万元对柳州南站半自动驼峰进行自动化改造。驼峰设备采用进一步优化的 FTK-3A 分布式自动控制系统,一、二部位采用 TJK3A-50 型缓行器,三部位采用 TJKlC-50 型缓行器。实行出口速度自动控制，将可锁闭式风动加减速顶更换为减速顶，目的制动制式更改为点加连续减速制式,驼峰联锁电气集中改为微机联锁,编组场调车尾部安装停车器并设置自动控制系统。驼峰信号自动化系统具有自动传输调车作业通知单、自动跟踪溜放车辆、贮存和传递命令、自动转换道岔以及对道岔控制过程的监测、报警、检错等功能。2000 年 7 月 26 日投入运用后，大大减轻职工劳动强度,日均解编 182.1 列,办理车数 7523 辆,比改造前增加 8.2 列和 488 辆。

2000 年,对玉林站驼峰进行改造,驼峰系统采用 TWD 可控顶系统,减速设备为可控顶,转辙机采用 ZD7 型，轨道电路采用驼峰 23 型。2001 年，将南宁南站驼峰升级为 TW-Ⅰ型系统;2004 年,再次升级为 TW-Ⅱ型系统。

2005 年末,广西国家铁路有柳州南、南宁南自动化驼峰 2 个,黎塘半自动驼峰 1 个,玉林机械驼峰 1 个。

机车信号

1991 年，柳州铁路局有 204 个车站、1839.8 公里线路、411 台机车装有机车信号,其中使用双频点式机车报警装置的有 115 个车站、1108.2 公里(含双线 4.33 公里)线路、92 台机车,使用接近连续式移频机车信号的有 85 个车站、731.5 公里(含双线 118.8 公里)线路、308 台机车(含驼峰调车机车 3 台)。机车的接收设备为电子总箱设备。

从 1993 年起,柳州铁路局对机车信号地面发送设备进行技术改造,逐步淘汰点式报警装置。

1994 年,湘桂铁路桂林至冷水滩段开通计轴+单轨条单线自动闭塞,这是柳州铁路局第一次使用连续式移频机车信号;1995—1997 年,相继开通洛埠至桂林 18 个区间,雒容至柳州 5 个区间。至此,湘桂铁路柳州至滩头湾 396.9 公里线路全线开通连续式移频机车信号。

1998 年,新建南昆铁路 34 个站 490.4 公里运营线路全部使用接近连续式移频机车信号。黔桂铁路 310.5 公里 36 个站,焦柳铁路 269 公里 29 个站的双频点式机车信号设备改造为接近连续式移频机车信号。从当年起,柳州铁路局加快对机车信号主机技术改造,用通用式机车信号设备逐步取代移频机车信号设备。年内,在 77 台机车上安装JX-XZH 和 JT1.Z-A 型通用式机车信号主机。此后,每年都用 JT1.Z-A、JT.Z2-B、JT.Z3-B、JT.Z4-B、JT1-2000B 等型号的通用式机车信号主机更新机车上的信号主机。

2000 年,对黎湛铁路 316.7 公里、湘桂铁路 16.2 公里双频点式报警装置进行技术改造。

2001 年,柳州铁路局根据铁道部关于正线出站信号直进弯出信号开放时,机车信号电码必须发“双黄码”的规定,对 29 个站、59 架信号机(出站、发车进路、总出站信号机)的发码方式进行改造。年末,柳州铁路局双频点式报警装置已全部改造成接近连续式或连续式机车信号。

2004 年,湘桂铁路柳州至黎塘段 130.4 公里进行无绝缘 ZPW-2000A 自动闭塞改造,机车信号由接近连续式改造为连续式,站内电码化设备 ZPW-2000A 型,发码方式接车正线预叠加发码,到发线叠加发码。完成 252 个车站(场)出站进路为弯出进路的出发信号机改发“双黄码”工作。随着列车运行速度的提高,对湘桂铁路南宁至江西村段、南昆铁路江西村至品甸段 55 个站、103 个接近区段,焦柳铁路 34 个站(含黔桂铁路新圩、太阳村、洛满 3 个站,湘桂铁路柳州、柳州南 2 个站)、68 个接近区段中的 56 个区段,黎湛铁路 33 个站、68 个接近区段中的 64 个区段,湘桂铁路黎南段 6 个站、6 个接近区段的发码距离从原来的 800 米延长至 1300 或 1800 米,保证列车运行的安全。在南昆铁路的 10 台 SS_3 型电力机车上安装JT1-2000B 型机车信号主机,该型信号主机能把列车的运行情况记录到电脑芯片里。年内,根据实施机车集中配属和湘桂铁路柳州至黎塘段无绝缘 ZPW2000A 自动闭塞开通的情况,对 237 台内燃机车的机车信号设备进行改造,更换主机芯片,机车Ⅰ、Ⅱ驾驶室增设单、双轨条转换装置。

2005 年,柳州铁路局改造单套通用式机车信号CPU 芯片及底座 289 块,解决通用式机车信号主机芯片松动造成机车信号掉码的问题。年末,铁路局有机车 528 台,除 60 台 DF_{7D} 型机车使用移频电子总箱机车信号和 6 台驼峰调车机车外,其余机车均为通用式机车信号设备。有接近连续式机车信号 1777.7 公里,连续式机车信号 580.5 公里(含 198.3 公里 ZPW-2000A 区段)。广西沿海铁路公司的 22 台机车,全部使用移频电子总箱机车信号设备;南防铁路有接近连续式移频机车信号 172.945 公里(含那罗站至国家铁路南环线玉洞站间 0.581 公里),机车信号覆盖率 100%。

2005 年,南宁电务段工人检查机车双面八显示信号机

表 3-24 **1991—2005 年柳州铁路局车站联锁设备发展情况**

年份	站数	电气集中		计算机联锁		色灯电锁器		电动臂板电锁器		机械臂板电锁器		钥匙联锁器		辅助所	
		站数	%	站数	%	站数	%	站数	%	站数	%	站数	%	站数	%
1991	204	89	43.6	0	0	19	9.3	57	27.9	35	17.7	2	1	2	1
1992	205	125	61	0	0	16	7.8	51	24.9	9	4.6	2	1	2	1
1993	210	129	61.4	1	0.5	16	7.6	42	20.0	18	8.6	2	1	2	1
1994	209	141	67.5	1	0.5	12	5.7	34	16.3	17	8.1	2	1	2	1
1995	210	151	71.9	1	0.5	8	3.8	34	16.2	12	5.7	2	1	2	1
1996	208	182	87.5	1	0.5	4	1.9	12	5.8	8	3.8	0	0	1	0.5
1997	209	194	92.8	2	1	1	0.5	8	3.8	4	1.9	0	0	0	0
1998	242	238	98.4	3	1.2	1	0.4	0	0	0	0	0	0	0	0
1999	246	239	97.2	3	1.2	1	0.4	1	0.4	0	0	2	0.8	0	0
2000	249	231	92.8	17	6.8	1	0.4	0	0	0	0	0	0	0	0
2001	265	250	94.3	14	5.3	1	0.4	0	0	0	0	0	0	0	0
2002	267	252	94.4	14	5.2	1	0.4	0	0	0	0	0	0	0	0
2003	267	253	94.8	14	5.2	0	0	0	0	0	0	0	0	0	0
2004	267	249	93.3	18	6.7	0	0	0	0	0	0	0	0	0	0
2005	266	247	92.9	19	7.1	0	0	0	0	0	0	0	0	0	0

表 3-25 **1991—2005 年柳州铁路局机车信号设备发展情况**

年份	站数（个）	机车	移频			接近报警		接近连续		驼峰	双频点式	
		合计（台）	机车（台）	连续（公里）	接近连续（公里）	机车（台）	长度（公里）	机车（台）	长度（公里）	机车（台）	机车（台）	长度 411（公里）
1991	204	411	315	0.000	562.909	93	1276.848	0	0	3	0	0
1992	205	424	306	218.490	665.304	110	955.963	0	0	8	0	0
1993	210	424	306	218.490	665.304	110	955.963	0	0	8	0	0
1994	209	447	314	367.000	540.491	129	932.266	0	0	4	0	0
1995	210	452	326	367.000	596.380	122	876.377	0	0	4	0	0
1996	208	473	344	367.000	816.095	125	661.205	0	0	4	0	0
1997	209	490	402	391.280	1051.294	82	416.639	0	0	6	0	0
1998	242	507	421	396.894	1540.686	80	397.090	0	0	6	0	0
1999	246	500	414	939.082	1544.498	80	397.090	0	0	6	0	0
2000	249	473	468	369.894	1921.584	0	16.192	0	0	5	0	0
2001	265	469	460	391.817	1935.089	0	0	0	0	9	0	0
2002	267	474	465	387.808	1975.964	0	0	0	0	9	0	0
2003	267	497	492	387.562	1976.210	0	0	0	0	5	0	0
2004	267	512	507	523.583	1839.177	0	0	0	0	5	0	0
2005	266	528	522	580.467	1777.709	0	0	0	0	6	0	0

表 3-26　**1991—2005 年柳州铁路局线路区间闭塞制式发展情况**

年份	营业里程(公里)	自动闭塞(公里)	继电半自动闭塞(公里)	电气路签(牌)闭塞(公里)	电话闭塞(公里)
1991	1892.714	0	1855.885	32.702	4.127
1992	1892.715	218.490	1637.396	32.702	4.127
1993	1892.715	218.490	1637.396	32.702	4.127
1994	1892.715	479.498	1376.389	32.702	4.127
1995	1892.715	477.177	1378.709	32.702	4.127
1996	1850.411	477.177	1369.107	—	4.127
1997	1865.324	501.995	1359.202	—	4.127
1998	2340.781	501.994	1834.660	—	4.127
1999	2383.086	391.817	1958.983	—	32.286
2000	2383.085	391.817	1944.837	—	46.431
2001	2423.725	391.817	1984.499	—	47.409
2002	2423.501	387.808	1988.284	—	47.490
2003	2424.757	387.562	1989.786	—	47.409
2004	2422.489	512.682	1862.398	—	47.409
2005	2418.965	580.467	1790.977	—	47.521

表 3-27　**1991—2005 年广西合资铁路车站联锁设备发展情况**

年　份	总站数	电气集中联锁	计算机联锁	色灯电锁器	电动臂板电锁器	机械臂板电锁器	钥匙联锁器	无联锁	辅助所
1991	10	0	0	0	0	1	0	9	0
1992	10	0	0	0	9	1	0	0	0
1993—1994	11	0	0	0	10	1	0	0	0
1995	16	0	0	2	13	1	0	0	0
1996	18	1	0	3	13	1	0	1	(1)
1997	18	1	0	4	12	0	0	1	(1)
1998	20	1	0	6	12	0	0	1	(1)
1999—2001	25	1	0	11	12	0	0	1	(1)
2002—2004	25	2	0	11	11	0	0	1	(1)
2005	27	13	3	7	3	0	0	1	(1)

注：辅助所目中，“(1)”表示有辅助所 1 个，但该所设备已计入电气集中联锁目。

表 3-28　**1991—2005 年广西合资铁路线路区间闭塞制式发展情况**　单位：公里

年　份	营业里程	自动闭塞	继电半自动闭塞	电器路签(牌)闭塞	电话闭塞	无闭塞
1991	172.364	0	18.460	0	153.900	0
1992—1994	172.364	0	172.364	0	0	0
1995	272.549	0	272.549	0	0	0
1996	307.463	0	272.549	0	0	34.914
1997—1998	305.672	0	270.758	0	0	34.914
1999—2005	413.666	0	378.717	0	0	34.914

注：1.2005 年末的继电半自动闭塞 378.717 公里中有 165.244 公里可结合应用计轴设备形成自动站间闭塞。
2.钦港铁路和钦北铁路进港线正线 34.914 公里为无闭塞区间，用调车作业转场办法进入。

第三节 设备维修

1991年初，柳州铁路局通信、信号等设备的维修由各电务段的信号、通信、驼峰、机车信号领工区，信号、通信中修队，信号修配所，信号通信检修所承担。年内，铁路局有的放矢地开展设备维护管理规章制度的"修、建、补、废"工作。电务设备维修实行轮修和集中修模式，由过去以信号工区为主的现场维修改为修配所、检修所和修理队为主的入所修和逐站轮修，把分散修改为集中修，把较大工作量的维修纳入运输方案，实行"要点"停用修。修理队、修配所、检修所作为基本的维修力量，工区只承担运用中设备的检修巡视、季节性工作和一些必要的整治工作。地方、合资铁路通信、信号设备维修以铁道部铁路和通信、信号设备维修规则为依据，借鉴柳州铁路局的经验，结合自身的实际进行。

1992年，柳州铁路局电务设备以中修为主。信号方面全面开展以室外"十化"(配线标准化、设备安装规范化、器材标准化、安装装置通用化、轨底过道地线电缆化、箱盒密封化、紧固件标记化、电特性标准化、设备文明化、作业台面硬化规格化)、室内"五化"(图物相符，联锁关系正确化；分线盘保险，继电器名牌标准化；机械室地沟配线电缆化；组合架走线槽文明化；控制台密封良好，调整标准化)为内容的达标整治。通信方面贯彻铁道部电务局印发的《通信线路中修基础工作实施细则》，开展通信线路机械强度和电特性整治。制订《柳州铁路局信号设备中修管理办法》《信号中修技术、中修验收标准》和《智能电报设备质量管理、测试项目与周期的规定》，印发《柳州铁路局电务处关于开展通信大通道百日无中断活动的通知》，加强设备维修管理。年末，电务设备综合合格率97.3%，其中有线通信合格率96.3%，无线通信97%，信号设备98.7%。

1994—1995年，柳州铁路局制订《通信室基础工作实施细则》《标准化中修队基础建设实施意见》《电务段、通信段安全优质段考核评定标准》《五所一队一室管理细则》《无线通信设备中修暂行管理办法》《车站信号维修作业程序标准》和《移频机车信号检修作业程序标准》，加强电务基础工作。根据铁路电务新设备、新技术的大量应用，印发《关于调整电务运输生产岗位工程技术人员配备比例的通知》，将各生产岗位的工程技术人员比例调整为：载波、自动、通信联合机械、电报机械、驼峰电器集中电务机械、信号试验、程控、数传室和特种工区为100%；电源室(工区)50%；通信检修所、无线检修所、信号检修所、机车信号检修所40%；信号修配所和其他工区30%。对电务段的高级技术职务也进行增配。对设备检修提出"三加强、一杜绝、一保证"要求，加强机车信号、无线列调设备的整治，加强设备修、管、用工作，加强日常检修作业现场控制和施工管理，杜绝违章作业，保证旅客列车安全。通信线路中修全面推广"四保一挂"(保质量、工期、安全、概算与经济收入挂钩)和中修预算承包制，贯彻执行中修管理办法。

2001年，柳州电务段工人维修信号设备

1997 年，柳州铁路局对原有的制度、办法，措施进行全面梳理、整顿，重新界定管理标准，建立健全工作制度、职责范围和各级岗位责任。实行维修体制改革，印发《关于信号维修体制改革试点的通知》，在柳州、桂林、南宁 3 个电务段进行试点。改革内容一是把现行《铁路信号维护规程》规定的维修工作“日巡视、月检查、季测试、年整治”四大修程改为“巡视监测、集中检修”两大修程，并实行维护与检修基本分开。二是以领工区为单位，合并沿线小站工区，成立集中检修和值班工区，分别负责设备维护和日常巡检、故障处理。三是采用运行图开“天窗”方式，实行“天窗”集中检修。四是合理延长检修周期，电动转辙机道岔集中检修作业由原来每月一次延长至 3 个月一次，信号机由原来每月一次延长至每年一次，轨道电路由原来每月一次延长至每半年一次。在维修工作中，重点抓好“天窗”集中修工作。先后下文统一规定电气集中车站信号设备“天窗”修作业程序标准及作业流程，电气集中车站信号设备巡视检修作业程序标准、集中修工作计划表编制模式，与运输部门反复商定“天窗”修的界定时间及申报顺序并迅速组织实施。柳州电务段在湘桂铁路进德至和吉村间的13 个站、桂林电务段在湘桂铁路绍水至凉风桥间的 10 个站、金城江电务段在黔桂铁路流山至东江间的 13 个站、玉林电务段在黎湛铁路凤鸣至高岗间的 14 个站共 66 个站实施“天窗”修。“天窗”修的实施为行车人员和信号维修人员创造一个安全的工作环境，基本化解长期困扰运输的“修”与“用”的矛盾，杜绝违章作业和抢点蛮干现象，为实施标准化作业提供必备的条件，设备质量明显提高。

2005 年，南宁电务段工人维修道岔转撤设备

1998—1999 年，根据铁路局直管电务、通信段的实际，重新修订《电务安全生产管理责任制》《电务部门安全关键项目控制措施》和《电务安全优质段考核办法》，印发《关于公布“机电联网”设备管理办法(试行)的通知》，不断完善各项管理制度。

2000 年，颁布和实施新的《铁路信号维修规则》，制订《计算机联锁设备维护管理办法》《关于加强道岔电机、二极管、挤切销管理的通知》和《柳州铁路局信号联锁管理办法》。

2001 年 2 月，在通讯业务移交广西铁通后，柳州铁路局重新组建 4 个电务段，负责全局信号设备的中修、维修。各领工区都有明确的职责分工：信号、驼峰、机车信号领工区主要承担信号设备检维修的生产、质量、安全管理；机车信号检修所承担机车信号车载设备的安装、机车出入库的检测、机车信号设备的入所修等；信号检修所承担继电器、变压器、整流器、电源设备、闭塞设备、防雷设施等入所修；信号修配所主要承担管内道岔转换设备、色灯信号机灯组等设备入所修；信号中修队主要承担更换到期的轮修设备和器材，更换淘汰的设备、性能不良的信号电缆，更换或整修强度不足的道岔转换设备、安全装置、外锁装置及各种杆件，整修信号机、轨道电路、控制台设备等。

2002 年 5 月，柳州铁路局印发《关于道口信号设备移交及整治意见》，电务部门从工务部门全面接管 138 处道口信号的维修管理。道口信号设备入所修由信号检修所负责。2004 年 7 月，电务部门按现状接管机务段段管线的信号设备，负责维修管理。设备数量：带柄标志、电锁器转辙设备 175 组，电动转辙机 112 组。信号设备入所修由信号修配所负责。同月，焦柳铁路 800MHz 列尾和列车预警系统全线开通，该系统由车载综合电台、道口安全预警设备、列车接近预警器、列车安全防护装置及解决弱场强用的移动中继器等设备组成，由电务部门施工和管理。2002—2004 年，柳州铁路局修订《信号中修管理办法》《安全优质电务段评定办法》，制订《电务系统管理暂行办法》《道口信号管理办法》和《道口信号设备故障处理有关规定》，印发《关于明确 DMIS 设备维护分工界定的通知》《关于公布铁路运输调度指挥管理信息系统(DMIS)维护管理办法(试行)的通知》和《关于公布 S700K 型电动转辙机道岔、ZRJ 型电液转辙机、道岔、道口信号设备检修作业程序标准(试行)的通知》，以适应接管道口信号设备和大批新设备投入使用的新情况。

2005 年，柳州铁路局制订《ZPW-2000A 型无绝缘轨道电路管理办法及检维修作业程序》《智能电源屏检修作业程序及故障处理流程》和《计算机联锁设备检修作业程序及故障处理流程》等。通过逐年对规章制度的“修、建、补、废”，在维修管理等方面形成较为完善的管理制度体系。

2000—2005 年，柳州铁路局在电务设备维修中，重点抓好“天窗”修管理工作。“天窗”修经过两年试点，效果虽然明显，但存在一个突出问题是兑现率低，1999 年“天窗”修兑现率仅为 74.5%。针对这个问题，电务部门采取措施，切实加大“天窗”修的管理力度。2000 年，印发《关于规范电务“天窗”修管理的规定》，进一步规范“天窗”修的计划管理、实施过程管理、台账管理和考核工作。局电务处和铁路局调度部门就提高“天窗”修兑现率问题联合开展科技攻关，确定电务“天窗”修实行“一网络、二不准、三督促”的管理机制。一网络，即建立信息反馈处理网络；二不准，即电务人员不准迟到早退、不准随意取消计划；三督促，即局电务处调度督促铁路局总调值班主任，总调值班主任督促行车调度员，行调督促车站值班员。局电务处调度坚持每日与总调分析室交换意见，及时解决“天窗”修要点问题。各电务段严格按“天窗”修管理制度的要求，对日常工作实行动态管理，每日上午和下午坚持了解现场要点情况，及时协调解决有关问题。通过加强管理，“天窗”修工作逐步规范，兑现率逐年提高，2001—2005 年，“天窗”修计划兑现率达到 98%以上。电务设备质量不断提高，安全日趋稳定，2005 年末，柳州铁路局电务部门实现无行车责任重大、大事故 9029 天。南防等合资铁路正式投入运营后，电务无责任事故，实现安全生产 5479 天。

第四篇 铁路安全

1991—2005年，广西铁路认真贯彻执行《铁路法》和安全生产的法律法规，牢固树立安全重于“泰山”的责任感，做到安全生产第一的位置不变、主要领导抓安全的做法不变，党政工团齐抓安全的格局不变，以建立长效机制为重点，推动安全生产逐步走上科学化、规范化和制度化轨道。

广西铁路重视建立健全安全生产管理机构。柳州铁路局设有安全监察室，较大的铁路地区设有安全办公(监察)室，运输站段设有安全科(室)，广西地方铁路有限公司和广西沿海铁路公司及所属运输站段设有安全(监察)科(室)，形成横向到边纵向到底的安全生产管理网络。

广西铁路不断完善安全生产管理的长效机制，夯实安全生产的基础。柳州铁路局每年下发抓好运输安全的1号文件和抓好劳动安全的2号文件。逐级建立安全责任制，建立“三控”(自控、互控、监控)、“三重”(重奖、重罚、重教)的安全管理模式和安全生产思想政治工作、职工培训、技术设备、联防互控、生活后勤五大保证体系。制订和完善《安全生产奖罚办法》《安全评估考核办法》，实行安全风险抵押，把安全生产纳入各级领导政绩考核的内容，与职工晋级提职评先挂钩。铁路局建立百日安全奖励基金，每实现一个百日安全，对运输生产单位分档次进行奖励；严格安全责任追究，对发生事故或在安全评估中不合格的单位予以处罚。制订和完善行车、客运、货运、劳动和路外安全等一系列规章制度和管理办法，把安全生产建立在科学管理的基础上。在运输生产一线建设自控型班组、自控型岗位，提高班组和职工的现场自控能力。在行车部门开展“万安”赛，安康杯赛，调动职工搞好安全生产的积极性和创造性。在机关处室开展“六个一”(即每季分部门召开一次安全座谈会，每周召开一次安全专题处(室)务会，每个处领导分别联系本部门一个基层单位，分析解剖一个正反面典型，梳理解决一批安全重点问题，每年坚持开展一次安全检查落实)活动，提高机关驾驭安全生产的能力。局党委在党员中开展安全屏障活动。铁路局在每年春运、“两会”(全国人大、政协会议)、汛期、暑运、“十一”黄金周前开展安全生产大检查，抓住安全生产的重点部位和薄弱环节进行安全专项整治，消除安全隐患。加强行车工种人员培训，提高职工队伍素质。

广西铁路加大安全投入，发挥新技术、新设备在安全生产中的作用。1991—2005年，柳州铁路局自筹资金5.3亿元，用在改善行车安全条件和采用新技术、新设备上。车辆红外线轴温检测设备，实现检测站联网管理和车辆轴温集中监控。机车全部安装列车运行记录装置并多次升级换代，大部分机车安装走行部故障诊断系统。建设列车无线调度系统，实现调度、车站值班员和机车司机三方的通信。在列车尾部安装防护装置。在线路大中修中应用哈克、施必牢、MK和MT等新材料新技术，实现道岔无缝化，为铺设跨区间无缝线路创造条件。电务部门在铁路干线车站安装信号微机监测系统，及时发现和排除设备故障。主要客运站安装危险品检查仪和电子客运远程监控系统；主要货运站安装超偏载检测装置和轨道衡，消除客货运输中的安全隐患。

由于管理严、作风实、工作细，广西铁路安全生产逐步形成整体稳定、基本可控局面。1991—2005年，柳州铁路局实现9个安全生产周年和56个安全生产百日，其中1988年12月11日至1994年6月2日，实现无责任行车重大、大事故2000天；2000年8月14日至2005年3月14日，实现无行车重大事故1676天。劳动安全重伤率连续15年、死亡率15年中有10年在铁道部0.10‰和0.03‰的控制指标内，1997年8月，获铁道部、全国铁路总工会通报嘉奖和劳动安全奖杯。广西地方铁路有限公司于1994年5月26日实现无责任行车重大、大事故十周年；2005年末，实现无责任行车重大、大事故2805天，无职工因工死亡事故1450天，无职工重伤事故4078天。广西沿海铁路公司自成立以来，未发生行车责任重大、大事故，至2005年末，实现安全生产1292天。

第一章 行车安全

第一节 行车安全管理

铁路沿线治安综合治理

1991年前后，广西铁路运能和运量矛盾较大，加之治安管理跟不上，部分路段爬乘客、货列车的现象比较严重，运输物资被盗，站车治安案件上升，严重影响行车安全。特别是黔桂铁路的金城江至麻尾区段、湘桂铁路柳州至黎塘区段、焦柳铁路三江至牙屯堡区段曾一度被列为全国和自治区重点治安整顿区段。柳州铁路局根据中央综合治理委员会召开的全国铁路治安重点区段整治工作座谈会精神，分别制订1991—1995年治安综合治理5年规划，提出“一年打好基础，两年全面推开，三年初见成效，四年巩固提高，五年明显好转”的奋斗目标。1992—1993年，集中力量开展整治爬乘客货列车，打击货盗活动，使铁路沿线的治安秩序有所改善。

1994年2月17日，在自治区综合治理委员会(以下简称自治区综治委)的帮助下，柳州铁路局，柳州、南宁铁路分局成立护路联防办公室，加强与地方联系，组织和指导护路联防工作。3月4日，自治区综治委铁路治安综合治理领导小组在柳州铁路局召开第一次工作会议，研究制订民兵护路试点工作方案和铁路治安重点区段的整顿治理方案。根据这次会议精神，广西境内铁路沿线各地、市、县铁路护路联防领导机构相继建立。4月15日，广西军区、柳州军分区、来宾县人武部按照军队建制和民兵工作标准，组建广西第一支120人的护路民兵连队，经过集中训练后，于5月1日正式上路，担负湘桂铁路来宾县境内维都至和吉村站间60公里铁路的护路任务。

1995年4月18日，三江县护路民兵连队正式上路，担负焦柳铁路三江县境内的富用站至湖南省境内的牙屯堡站间30多公里铁路的护路任务。5月，自治区综治委铁路治安综合治理领导小组办公室召开政府承包护路研讨会，会议依据《铁路法》和社会治安综合治理“属地管理”原则，研究政府承包护路方案。会后，湘桂铁路北段沿线的全州、兴安、永福、鹿寨县和黔桂铁路沿线的河池市实行政府承包护路，承包护路里程310公里。同时，各地市以铁路沿线乡镇、村屯为单位，组建义务护路联防组织，结合日常劳动生产，开展群防群治。7月18日，自治区综治委铁

1998年，铁路公安干警开展护路宣传

路治安综合治理领导小组南宁铁路分局办公室，在南宁铁路分局管内实行由南宁铁路公安处担负护路联防任务的新模式，组建1324人的专业护路队，担负护路里程837公里，铁路治安秩序明显好转。

1996—1998年自治区综治委进一步加强和落实各级党委和政府护路联防责任。印发《关于加强铁路治安综合治理，确保运输安全畅通的通知》，要求广西境内铁路沿线各地、市、县把铁路护路联防纳入当地社会治安综合治理范围，层层签订铁路护路联防责任书，在百色地区举行各地、市、县护路联防责任书签订仪式。在全区统一实行年度考核及兑现奖罚。

截至2005年末，广西铁路沿线12个地、市的55个县(市)，成立铁路护路联防领导机构或专门办事机构291个，有专兼职管理人员1500多人；铁路沿线建立护路工作站5100多个，义务护路联防队715支，有队员12000多人。全年签订护路联防责任书1.49万份，调解涉路矛盾纠纷1400多件，协破涉路刑事、治安案件7500多件，防止耕牛上道2300多件，防止行车事故215件。护路联防工作覆盖广西境内全部铁路线，做到铁路建到哪里，护路联防工作就开展到那里；哪里的铁路护路联防工作不达标，那里的综治工作和平安铁道建设就不达标。

安全基础建设

1991—1992年，柳州铁路局建立行车安全五大保证体系：一是以行政干部和班组长为主体，以党群干部和党团员为骨干的思想政治工作保证体系；二是以提高职工队伍技术业务素质为目的，建立健全各级职工培训教育网络的职工培训保证体系；三是坚持定期检查制度，预防与整治相结合的技术设备保证体系；四是在铁路和地方各级党、政领导下，开展群防群治、路内外结合的联防保证体系；五是以调动广大职工积极性为目的，稳定行车主要工种、沿线职工队伍为重点，由行政、工会负责，生活、劳资、房建、卫生、教育部门组成的生活后勤保证体系，形成全方位、矩阵式安全生产责任制管理网络。南防铁路公司对《接发列车作业标准》作出补充规定，加强安全基础建设。

1995年2月，柳州铁路局根据铁道部《关于加强安全基础建设的决定》，成立以局长为组长的安全基础建设领导小组，制订干部队伍、工人队伍、行车设备、规章制度、班组、安全基础建设的目标任务，在全局开展安全基础建设。

1996—1998年，柳州铁路局开展“全员大练兵、设备大整治、管理上规范”活动，举办工人岗位作业标准培训班715期，培训2.17万人。举办非正常情况下应急故障处理培训班613期，1.67万人参加培训。组织班组练功上千次，7.74万人次参加练功活动。压缩非生产性支出，筹集6094万元整修影响行车安全的设备。针对日常安全管理中暴露出来的规章制度不完善问题，先后制订《安全优质电务段评定考核办法》《安全优质车站考核评分标准》《安全标准线建设行车主要岗位标准》《安全优质调度所的标准和考核办法》《乘务室安全基础建设标准》《货装部门安全基础建设标准》《工务安全标准线建设标准》《标准列车评分标准》《干部安全管理失职行为追究办法》《各级干部安全管理职责、职权和考核要求》《行车安全管理规则》《行车事故救援组织办法》《既有线施工确保行车安全办法》和《机车联控办法》等20多项安全管理制度。各基层站段也相应完善安全行车管理的办法、段规、站细，安全管理进一步完善。经过3年的努力，各级领导抓安全管理的职责加强，逐级负责制进一步落实，行车主要工种持证上岗率100%，行车设备改善，班组管理达标率98.7%，湘桂铁路安全标准线基本建成，达到铁道部标准，运输安全初步实现“有序可控、基本稳定”的目标。

1998年11月，柳州铁路局、局党委针对撤销柳州、南宁铁路分局，实行直管站段新体制给安全生产带来的新变化，提出“从严治本、基础取胜”的方针，组织开展以“安全大反思、设备大整治、规章制度大落实、职工素质大提高”为主要内容的“四大”活动，出台《安全标准线管理办法》，加强安全标准线日常管理。

1999年，柳州铁路局开展以落实“规范管理、强基达标”为目标的安全大检查活动，在桂林电务段召开“规范管理、强基达标”现场会。铁路局领导分头率领机关处室干部到南昆、黔桂、黎湛铁路现场办公，及时解决运输安全生产中的重大问题。

2000年，开展“自控型班组”“自控型岗位”建设活动，使安全标准线管理进一步完善。根据铁道部新修订的《铁路技术管理规程》要求，柳州铁路局成立以局长、党委书记为主任委员的安全委员会，基层站段成立以站段长、党委书记为主任委员的站段安全委员会。针对安全管理实际，进一步修订《行车安全管理规则》，并在全局构建以“三控”（监控、互控、自控）和“三重”（重奖、重罚、重教育）机制为主要内容的安全管理模式。围绕行车管理“控什么、怎么控、控不到位怎么办”开展大讨论。铁路局运输、机务、电务、工务、车辆等业务处，分别制订“三控”“三重”安全管理实施办法，进行构建“三控”“三重”安全管理体制工作试点，并逐步在本系统推行。机、车、工、电、辆各基层单位纷纷签订相互提醒、相互监督、互相控制的联防互控协议，推动联控措施落实。

2005 年，柳州铁路局领导在运输生产一线检查安全工作

2001—2003 年，柳州铁路局先后制订《规范管理、强基达标推进计划》《铁路局领导班子分线包保安全生产责任制》《干部五定三率考核办法》《规范管理、强基达标安全评估考核办法》《安全管理实施办法》《安全关键项目逐级负责制》《柳州铁路局安全问题分层管理办法》《柳州铁路局领导干部安全工作述职考核办法》和《柳州铁路局安全联席会议制度》。在全局范围内健全完善站段安全生产委员会工作制度，铁路局机关业务处安全管理工作制度，安全调研、信息收集反馈、事故调查处理、事故起复培训、安全问题交班、铁路局安全联席会、季度安全评定、年度安全评定考核、安全百日奖惩和事故责任追究等制度。广西地方铁路有限公司制订《合资铁路与地方铁路行车安全管理办法》《沿海铁路行车事故处理规则》和《各级干部安全生产包保办法》。柳州铁路局在规范管理上抓落实，在落实逐级负责制上下功夫，强化领导对安全的控制能力。深化“自控型班组”“自控型岗位”活动，开展示范性自控班组和示范性自控岗位建设，并把这一活动扩大到“自控型车间”建设，提高车间、班组和职工现场自控能力。在铁路局机关各业务处室开展“六个一”活动，提高业务处室驾驭安全管理能力。形成较为健全的以逐级负责制为主线，以领导负责、岗位负责为重点，以严格考核、责任追究为保证的安全管理责任体系，形成多层上下卡控，全方位约束，立体化保障的安全管理责任网。4 年间，铁路局先后 4 次组织职工代表开展查安全活动。

2004 年，柳州铁路局党委在全局开展党内“安全屏障”工程活动，构建党内安全保障体系，为安全生产提供保证。广西沿海铁路公司制订《安全问题分层管理办法（试行）》《行车安全奖罚办法（试行）》和《车机联控办法》，进一步调动职工搞好安全生产的积极性，搞好行车中的动态互控。

2005 年，柳州铁路局根据铁道部建立五级检查监督体系的要求，先后制订《柳州铁路局安全检查监督管理办法》，确定各级检查人员的职责、职权。制订安全检查监督人员安全检查制度、安全考核标准、安全检查表、安全工作述职办法，对各级检查监督人员实行月度考核并与生产奖金挂钩。制订《柳州铁路局安全责任追究办法》，规范各行车工种违章行为界定和各类事故的责任追究处分。制订《柳州铁路局行车安全奖罚办法》《职工晋级（浮动）奖励暂行办法》和《百日安全奖励办法》，加大安全奖惩力度，铁路局建立百日安全奖励基金，每实现一个百日，对行车单位按三个档次分别予以奖励。对发生责任行车事故的单位，免发百日安全奖；对发生险性及以上事故的单位，按规定比例扣罚单位工资基数。制订《柳州铁路局安全评估考核办法（试行）》，每年两次对运输生产单位的安全进行评估考核，对优秀单位给予一次性奖励，对不合格单位处以人均100元、120元罚款。制订《南宁办事处安全监察室检查工作制度》，明确铁路办事处安监室的工作范围、职能、职责和职权，赋予铁路办事处行车一般事故定性定责权，规范铁路办事处安监室工作制度和奖罚考核制度。修订《柳州铁路局营业线施工及安全管理实施细则》《柳州铁路局行车规章制度管理办法》，建立铁路局行车规章管理小组，明确行车规章制度的分类、各级管理部门对行车规章管理的分工及权限。制订行车规章制度的编制原则和要求，明确行车规章制度的编制、审核、批准、发布程序和具体实施办法，使行车规章制度管理工作进一步规范化、系统化、标准化，做到管理有序、职责落实、适应行车组织和运输安全生产的需要。广西沿海铁路公司制订《中间站长、车间主任、职工考核实施办法》《沿海铁路非正常情况下接发列车关键环节控制卡及规范控制台安全帽(卡)使用的规定》，夯实安全生产的基础。

表4-1　**1991—2005年柳州铁路局安全生产情况**

时　间　段	安全成绩	获得铁道部嘉奖
1988年12月11日至1994年6月2日	安全生产2000天	25万元+奖杯
1994年6月23日至1994年9月30日	安全生产100天	6万元
1995年1月9日至1995年4月18日	安全生产100天	6万元
1995年1月9日至1995年7月27日	安全生产200天	25.1万元
1995年1月9日至1995年11月4日	安全生产300天	37.5万元
1995年1月9日至1996年1月8日	安全生产1周年	25.1万元+奖杯
1995年1月9日至1996年2月16日	安全生产400天	12.5万元
1996年5月23日至1996年8月30日	安全生产100天	25万元
1996年5月23日至1996年12月8日	安全生产200天	25.6万元
1996年5月23日至1997年3月18日	安全生产300天	39万元
1996年5月23日至1997年5月22日	安全生产1周年	38万元
1996年5月23日至1997年6月26日	安全生产400天	—
1996年5月23日至1997年10月4日	安全生产500天	38万元
1997年10月27日至1998年2月3日	安全生产100天	26万元
1997年10月27日至1998年5月14日	安全生产200天	28万元
1998年7月13日至1998年10月20日	安全生产100天	7万元
1998年11月12日至1999年2月19日	安全生产100天	29万元
1999年10月6日至2000年1月13日	安全生产100天	—
1999年10月6日至2000年4月22日	安全生产200天	32万元+锦旗
1999年10月6日至2000年7月31日	安全生产300天	26万元+锦旗
2000年8月14日至2000年11月21日	安全生产100天	8.4万元+锦旗
2000年8月14日至2001年3月1日	安全生产200天	13万元+锦旗
2000年8月14日至2001年6月9日	安全生产300天	26万元+锦旗
2000年8月14日至2001年8月14日	安全生产1周年	—
2000年8月14日至2001年9月17日	安全生产400天	26万元+奖杯

续表

时　　间　　段	安 全 成 绩	获得铁道部嘉奖
2000 年 8 月 14 日至 2001 年 12 月 26 日	安全生产 500 天	26 万元+锦旗
2000 年 8 月 14 日至 2002 年 4 月 5 日	安全生产 600 天	25 万元+锦旗
2000 年 8 月 14 日至 2002 年 7 月 14 日	安全生产 700 天	37 万元+锦旗
2000 年 8 月 14 日至 2002 年 8 月 13 日	安全生产 2 周年	—
2000 年 8 月 14 日至 2002 年 10 月 22 日	安全生产 800 天	25 万元+奖杯
2000 年 8 月 14 日至 2003 年 1 月 30 日	安全生产 900 天	25 万元+锦旗
2000 年 8 月 14 日至 2003 年 5 月 10 日	安全生产 1000 天	25 万元+奖杯
2000 年 8 月 14 日至 2003 年 8 月 13 日	安全生产 1100 天	25 万元+奖杯
2000 年 8 月 14 日至 2003 年 11 月 26 日	安全生产 1200 天	38 万元+锦旗
2000 年 8 月 14 日至 2004 年 3 月 5 日	安全生产 1300 天	35 万元
2000 年 8 月 14 日至 2004 年 6 月 13 日	安全生产 1400 天	35 万元+锦旗
2000 年 8 月 14 日至 2004 年 9 月 21 日	安全生产 1500 天	35 万元+锦旗
2000 年 8 月 14 日至 2004 年 12 月 30 日	安全生产 1600 天	23 万元+锦旗
2005 年 3 月 18 日至 2005 年 6 月 25 日	安全生产 100 天	31 万元+锦旗
2005 年 3 月 18 日至 2005 年 10 月 3 日	安全生产 200 天	31 万元+锦旗

第二节　行车安全设备

1991—2005 年，柳州铁路局不断加大安全投入，筹集资金 5.3 亿元改善行车安全设备，大批新技术、先进设备先后投入使用，为行车安全提供保证。

1991 年，机车上安装的安全设备有机车信号、无线列调和具有简单防冒进功能的自动停车装置。车辆红外线轴温检查设备有红外线轴温探测站 14 个，装有 HW-132 型第一代红外线轴温探测设备 23 套。工务部门使用 GJ-2 型轨检车，运用弦测法原理检查线路质量。1992 年，1607 公里营业线开通无线列车调度电话。在桂林机务段的机车上试验和推广 JK-2 型列车运行监控记录装置（1994 年初全部安装完毕）。在柳州机务段机车上推广 JK-2H 型列车运行监控记录装置。在宜山、凭祥和南防铁路防城港站新建车辆轴温探测站，并将 25 套红外线轴温探测一代机改装为一代半机。1993 年，配置铁道部研究院新造的 GJ-2 型轨检车，运用惯性基准法测量原理检查线路质量。1995 年，红外线探测站增加到 17 个，装有红外线轴温探测设备 44 套，其中由微机控制的二代机 3 套。同年，在机车上全面推广 JK-2H 型列车运行监控记录装置，至 1996 年底在全部机车上安装完毕。

1997—1998 年，先后建成湘桂铁路永州至柳州段、柳州至黎塘段，南昆铁路南宁南至威舍段第二代红外线轴温探测网。湘桂铁路永州至黎塘段设区间探测站 15 个、热轴信息复示站 3 个、轴温预报中心 1 个、终端查询 1 个。南昆铁路设区间探测站 16 个、列检探测站 2 个、轴温预报中心 1 个，有探测设备 39 套。1998 年，柳州铁路局在专调机车上开始安装调车接口盒，发挥列车运行监控记录装置在调车作业中的安全保障作用。1998—1999 年，在货物列车尾部安装安全防护装置，改变列车尾部守车加运转车长的行车组织方式，实现列车“无守化”。

2000—2001 年，柳州、桂林、玉林、南宁、金城

1995年，柳州铁路局在机车上全面推广JK-2H型列车运行视频监控装置

系统利用共振解调技术，记录机车运行中走行部各部件的振动信息，通过地面分析软件发现走行部某一部位早期故障的性质，确定故障程度，将故障消灭在萌芽状态。年内，先后在客货运机车上推广应用具有双机热备功能、彩色显示屏的LKJ2000型列车运行监控记录装置。电务部门先后在湘桂、焦柳、黎湛、南昆铁路206个站安装信号微机监测系统，分别对站场图形、道岔、轨道、区间信号等22个信息进行采样，对沿线信号设备运行状态进行实时不间断监测，及时发现和排除设备隐患，保障行车安全。

江机务段机车上安装的JK-2H型列车运行监控记录装置全部更新为LKJ-93AH型，并在机车上安装无线列调机车台录音装置。在百色供电段的20台供电作业车上全部安装LKJ-93AH型列车运行监控记录装置。同年，开始推广使用机车车号识别系统，在全部机车上安装机车标签，在机务段机车闸楼安装10套AEI(地面识别设备)。与此同时，完成黎湛铁路红外线二代网设备安装、调试和交验；新建黎塘至南宁复线黎塘、南宁南红外线探测站。对黎湛铁路黎塘至湛江、焦柳铁路柳州至牙屯堡段无线列调升级改造。

2002—2004年，柳州铁路局开始在干线机车上安装GZ-1型机车走行部故障诊断系统(车载)和GZ-2型机车走行部故障诊断系统(地面)。该

2005年，柳州铁路局根据铁路第六次大提速要求，为436台机车安装新的LKJ2000型列车运行监控记录装置。焦柳铁路800MHz列尾机车预警系统全线开通。配属铁路局的GJ-5型轨检车车体验收出厂，在铁道部基础设施检测中心安装检测设备。年末，在机车上安装GZ-1型机车走行部故障诊断系统365套；在地面安装GZ-2型机车走行部故障诊断系统5套。红外线轴温探测设备基本完成一代机向二代机的升级转型，广西境内49个车站有红外线轴温探测设备109套，其中由计算机控制的第二代红外线轴温探测设备99套，有列检复示站9个，轴温监测中心1个，实现红外线轴温探测站联网管理和车辆轴温检测集中监控。

第三节　行车事故

1991—2005年，广西铁路行车事故分类及事故调查处理主要依据铁道部颁布的《铁路行车事故处理规则》，按照事故性质、损失及对行车造成的影响，分为特别重大事故、重大事故、大事故、险性事故和一般事故五种类型。各类事故的处理方法规定为：①特别重大事故按国务院《特别重大事故调查程序暂行规定》调查处理。②重大事故由铁路局调查并提出处理意见，由铁道部审查批复。大事故由铁路局调查处理并报铁道部备案。重大、大事故涉及两个铁路局(其他有关单位)意见不一致时，各自向铁道部提出事故调查处理报告，由铁道部审查裁决。③险性事故由铁路局调查处理，涉及两个铁路局意见不一致时，由铁道部审查裁决。④一般事故由基层单位调查处理，涉及2个铁路局时，由事故发生局裁决。⑤铁道部认为有必要调查的事故，可派员调查。凡发生行车重大、重大路外伤亡及以上事故的主要责任(含全部责任)单位，按照铁路局下达单位当年工资基数的3%扣罚；

重要责任单位，按2.5%扣罚。行车大事故的主要责任单位，按照铁路局下达单位当年工资基数的2.5%扣罚；重要责任单位，按2%扣罚。行车险性事故的主要责任单位，按照铁路局下达单位当年工资基数的2%扣罚；重要责任单位，按1.5%扣罚。行车一般A类事故的主要责任单位，按照铁路局下达单位当年工资基数的1%扣罚；旅客列车事故主要、重要责任单位提高0.5%扣罚。广西地方、合资铁路行车事故分类及处理比照国家铁路执行。15年来，柳州铁路局发生行车事故2053件，其中责任事故1405件；重大事故28件，其中责任事故15件；大事故3件，全部为责任事故；险性事故68件，其中责任事故44件；一般事故1954件，其中责任事故1343件。广西沿海(南防)铁路公司发生行车事故129件，其中责任事故113件；责任重大事故2件，非责任大事故1件；险性事故13件，其中责任事故9件；一般事故113件，其中责任事故102件。

1992年6月24日10时22分，南防铁路1103次货物列车，行经防城至防城港间K162+148处发生脱轨颠覆，造成货车大破1辆，中破2辆，守车中破1辆的行车重大事故。

1994年6月3日4时02分，2212次货物列车计划在湘桂铁路进德站2道停车，列车进站时，机车乘务员精神不振，错过制动时机，冒进出站信号机与正在出站的3142次货物列车机后第11位车辆侧面冲突，造成2台机车及2212次货物列车机后1—4位车辆颠覆、5位车辆脱轨，副司机受伤；3142次货物列车机后第11—15位车辆颠覆，上、下行正线分别中断行车19小时57分钟和14小时58分钟，DF型内燃机车报废2台，货车车辆报废5辆、大破3辆、中破1辆、小破3辆，线路设备损失严重，构成列车脱轨重大事故。同年9月12日3时55分，南防铁路1104次货物列车运行至小董至百浪间K67+417处，机后第4、5位车辆脱轨颠覆，中断行车13小时27分钟，损坏25米钢轨2根、水泥枕108根，货车中破2辆、小破1辆，经济损失约11万元，构成行车重大事故。

1995年1月8日17时21分，2407次货物列车运行至湘桂铁路屯里至长岗岭间K782+135处，因线路中修后道床缺砟、线路几何尺寸严重超限，造成列车第20—25位车辆颠覆，第26、27位车辆脱轨，中断正线行车14小时39分钟，车辆报废3辆、大破3辆、中破3辆，损坏50公斤/米25米长钢轨4根、木枕120根、钢筋混凝土枕60根，构成列车脱轨重大事故。

1996年5月22日4时17分，1401次货物列车行至黔桂铁路关东站2道停车交会，因机车乘务员打瞌睡，列车冒进出站信号机后与正在进站的1422次货物列车第1位车辆侧面冲突，造成2台机车及1422次列车1、2位车辆全部脱轨，中断正线行车13小时19分钟，DF型内燃机车小破2台，车辆大、中、小破各1辆，损坏道岔1组、12.5米长钢轨4根、木枕66根，构成行车重大事故。

1998年7月12日2时40分，2833次货物列车运行至焦柳铁路程祥至富用间K1470+251处，因线路状态不良，造成列车第29—37位车辆脱轨，其中第32—34位车辆颠覆，中断正线行车29小时7分钟，车辆中破7辆、小破2辆，钢轨报废243米，损坏钢筋混凝土枕447根，构成列车脱轨颠覆重大事故。

1999年3月14日5时20分，2216次货物列车运行至南昆铁路白水河至沙厂坪间K416+387处，列车紧急制动，造成第15位车辆制动主管被车上坠落的焦炭砸裂，列车调度员指示列车退回白水河站。由于坡度大，多次退行失败，运转车长经汇报列车调度员同意分部牵引。前部车列牵出后，遗留车列因防溜措施不力发生溜逸，与前部车列尾追冲突脱轨，中断正线行车31小时36分钟，车辆报废1辆、大破5辆、中破3辆、小破1辆，构成行车重大事故。同年4月16日22时28分，583次旅客列车运行至河茂铁路米山至化州间K34+510处，机车后部右侧底部碰上被外界人为因素而侵入限界的1根10.8米旧钢轨，钢轨又撞上机后第7位车辆的走行部，导致车辆后架前轮脱轨，中断正线行车7小时29分钟，客车车辆小破1辆，损坏钢筋混凝土枕102根、扣件2042套，构成列车脱轨重大事故。

2000年8月12日23时43分，2824次货物列车运行至焦柳铁路六孟至塘库间K1449+788处，因车辆、线路状态不良叠加作用，造成列车第39位车辆第1轮对脱轨，前制动软管被拉断，列车紧急制动停车，第39—41位车辆于塘库四号隧道内脱轨，中断正线行车8小时49分钟，车辆中破3辆，损坏钢筋混凝土枕1599根、防爬器26套、轨距拉杆110根，构成列车脱轨重大事故。

2002年6月25日5时28分，28008次货物列车运行至焦柳铁路罗笛至双蒙间K1549+240处，因线路状态不良，列车第31、36、37位车辆脱轨，32、33、36、37位车辆车钩分离，风管拉断，列车紧急制动停车，造成货车中破3辆、小破2辆，损坏25米钢轨6根、轨枕410根，中断正线行车5小时45分钟，构成行车大事故。同年7月22日5时25分，20201次货物列车运行至南昆铁路根龙至平林村间K331+409.53处，因线路状态不良，列车第33位车辆台车轮对脱轨，与32位车辆的车钩分离、风管拉脱，引起非常制动，造成货车车辆中破2辆、小破1辆，损坏尖轨2根、轨枕1256根、岔枕21根、普通木枕35根，构成行车大事故。

2004年6月9日23时30分，23001次货物列车运行至黎湛铁路根竹至贵港站K48+932处，爬乘该次列车回贵港的犯罪嫌疑人林华锋、李若权将列车第4位车辆折角塞门关闭，并提开第5位车辆前端钩，造成列车第5—44位车辆与前部列车脱钩分离，停在根竹至贵港站间K48+820—K49+434.9处，由于列车司机和贵港站值班员及列车调度员一系列违章，未能及时发现列车分离，盲目开通区间，导致续行的25201次货物列车23时45分与停在区间的列车相撞，造成尾部第1位车辆颠覆、第2位车辆脱轨，25201次机车及机后1—2位车辆颠覆、3位脱轨。机车大破1台，货车报废4辆、大破1辆、中破2辆、小破3辆，线路损坏50米，事故直接经济损失约302万元；25201次货物列车机车乘务员2人轻伤；中断行车5小时53分钟，构成列车尾追冲突大事故。

2005年3月17日2时30分，45114次货物列车行至南昆铁路汪甸至田丁间K255+200处，因线路山体滑坡，司机停车不及，导致机车及第15、16位车辆脱轨，机后第1—14位车辆颠覆，中断正线行车28小时，电力机车报废1台，车辆报废13辆、大破3辆、小破1辆，直接经济损失约480万元，构成列车脱轨颠覆重大事故。

表4-2　**1991—2005年柳州铁路局行车事故统计**　单位：件

年度	重大事故		大事故		险性事故		一般事故		总件数	备注
	责任	非责任	责任	非责任	责任	非责任	责任	非责任		
1991	—	1	—	—	10	2	159	48	220	—
1992	—	—	—	—	4	2	142	28	176	—
1993	—	1	—	—	9	2	170	55	237	—
1994	2	2	—	—	4	2	106	32	148	—
1995	1	—	—	—	3	1	69	32	106	—
1996	1	—	—	—	2	1	57	53	114	—
1997	1	—	—	—	2	1	74	93	171	—
1998	3	1	—	—	1	4	69	53	131	—
1999	5	1	—	—	3	1	52	50	112	—
2000	1	2	—	—	2	1	54	29	89	—
2001	—	2	—	—	2	2	53	36	95	—
2002	—	2	2	—	1	1	64	17	87	—
2003	—	—	—	—	—	3	77	15	95	—
2004	—	1	1	—	1	—	58	22	83	—
2005	1	—	—	—	—	1	139	48	189	—
总计	15	13	3	—	44	24	1343	611	2053	—

第四节　行车事故救援

救援列车设置及管理

1991 年，柳州铁路局在柳州、桂林、融安、金城江、玉林、南宁等机务段设置救援列车，担负行车事故救援任务。事故救援实行铁路局救援指挥中心、救援列车（救援班）、救援队三级管理体制。事故或灾害救援由铁路局救援指挥中心组织指挥。局机务处设专职人员管理救援列车工作；救援列车日常工作受各机务段段长直接领导。根据逐级负责原则，分别在柳州、桂林、金城江、融安、玉林、南宁等铁路地区的车站、机务段、工务段、电务段、车辆段设不脱产的救援班，站区由车务、工务、电务、公安派出所组成救援队，队长由站区站长担任，副队长由工务领工区领工员担任。按照《铁路交通事故调查处理规则》《铁路救援列车管理办法》，加强救援列车日常管理，做好救援组织工作。南防铁路公司在防城港、钦州和南宁南站成立救援队。

2003 年，桂林救援列车进行救援演练

1995 年、1998 年、2003 年三次修订和印发《柳州铁路局行车事故救援组织办法》，不断完善事故通报，救援人员组织、出动，救援组织，生活管理等工作。

1997 年，柳州铁路局在百色设置救援列车，由南宁机务段管理。2001 年，柳州铁路局在兴义设置救援列车，由百色供电段管理；2004 年 12 月，交南宁机务段管理。

2005 年末，柳州铁路局设有柳州、融安、桂林、金城江、玉林、南宁、百色、兴义救援列车（兴义在贵州省境内）。柳州、融安、桂林、金城江、玉林救援列车由柳州机务段管理；南宁、百色、兴义救援列车由南宁机务段管理。广西地方铁路有限公司和广西沿海铁路公司未设置救援列车，发生行车事故需要时，租用铁路局的救援列车。

救援设备

1991—2005 年，柳州铁路局加大投入，改造救援列车的起重机具，蒸汽轨道起重机逐步被内燃轨道起重机所代替，起重机的固定臂 70%改造为伸缩臂。配置各种专用车辆，各救援列车都配置有发电车、臂架吊车、工具车、办公指挥车、宿营车、餐车。推广各种先进救援器具，各救援列车普遍配置新型吊索具，液压起复器、扶正器，起重气袋等先进器具和挖掘机、推土机、装载机等工程机械。推广应用现代化事故救援技术，开发“柳州铁路局事故救援决策系统”“救援空间数据导航平台”，使救援组织工作达到管理规范化，组织体系化的目标。一旦发生事故或灾害，救援区间数据导航平台终端设备（现场移动端）可及时采集事故现场图像，并将图像传送至铁路局救援指挥中心，中心根据救援需要及时调动力量，迅速投入抢修救援。

1991 年，柳州铁路局柳州、融安、桂林、金城江救援列车配备100吨内燃轨道起重机各1台；南宁、玉林机务段配备60吨蒸汽轨道起重机各1台。

1992—1994年，柳州铁路局分别给金城江、柳州、融安、桂林机务段救援列车配备ZL40、50、20型轮胎式装载机。1993年，给柳州机务段配属160吨内燃轨道起重机，将原来配属的100吨内燃轨道起重机调给玉林机务段。

1997—1998年，柳州铁路局分别给南宁机务段的百色和南宁救援列车配置100吨和160吨伸缩臂内燃轨道起重机。

1999—2000年，柳州铁路局分别给金城江、玉林机务段救援列车配置WR20型履带式液压挖掘机，给桂林机务段、柳州机务段救援列车配置WJ20型履带式液压挖掘机。南宁机务段百色救援列车改配160T伸缩臂内燃轨道起重机，并将原使用的100吨伸缩臂内燃轨道起重机调给兴义救援列车。

2003—2005年，桂林、融安、玉林、金城江救援列车的吊机在大修时将固定吊臂改造为伸缩吊臂。玉林救援列车配备100吨全液压起重机。

表4-3 **2005年柳州铁路局救援列车情况（一）**

名称	驻在地点	等级	内燃轨道起重机								专用车辆数						
			合计	160吨伸缩	160吨固定	125吨伸缩	100吨伸缩	100吨固定	63吨伸缩	60吨伸缩	合计	办公指挥车	宿营车	餐车	发电车	工具车	臂架平车
柳州救援列车	柳州	特	1	—	1	—	—	—	—	—	7	1	1	1	1	2	1
融安救援列车	融安	—	1	—	—	—	1	—	—	—	7	1	1	1	1	2	1
桂林救援列车	桂林北	—	1	—	—	—	1	—	—	—	7	1	2	1	1	1	1
金城江救援列车	金城江	—	1	—	—	—	—	1	—	—	7	1	1	1	1	2	1
玉林救援列车	玉林	—	1	—	—	—	1	—	—	—	8	1	1	1	1	2	2
南宁救援列车	南宁	特	1	—	1	—	—	—	—	—	7	1	1	1	1	2	1
百色救援列车	百色	—	1	1	—	—	—	—	—	—	7	1	1	1	1	2	1
合计			7	1	2	0	3	1	0	0	50	7	8	7	7	13	8

表4-4 **2005年柳州铁路局救援列车情况（二）**

名称 \ 项目	发电机组（台）	新型吊索具（套）	防毒呼吸器（套）	液压起复器（台）	液压扶正器（台）	起重气袋（台）	工程机械（台）	复轨器材（套）	钢丝绳勾索具
柳州救援列车	2	1	10	2	1	1	挖、推土机，装载机各1台	1	全套
桂林救援列车	2	1	10	2	1	1	挖掘机1台	1	全套
玉林救援列车	2	1	10	2	1	1	挖、装载机各1台	1	全套
金城江救援列车	2	1	10	2	1	1	挖、推土机各1台	1	全套
融安救援列车	2	1	10	2	1	1	挖、推土机，装载机各1台	1	全套
南宁救援列车	2	1	10	2	1	1	挖、推土机各1台	1	全套
百色救援列车	4	1	10	2	2	1	挖、推土机各1台	1	全套
合计	16	7	70	14	8	7	15	7	

第二章 客运安全

第一节 客运安全管理

1991年，柳州铁路局继续在旅客列车上开展治安联防工作，聘请旅客担任治安联防员，与列车乘务人员一道，共同搞好列车治安联防工作，增强旅客的安全感。在较大客运车站开展行包运输专项检查，完善行包管理制度，保证行包安全。年内，仅发生行包责任事故1件，为铁路局建局以来行包事故最少的一年。

1992年，柳州铁路局根据《铁路法》制订《旅客列车治安联防工作实施办法》，对旅客列车治安联防工作的组织领导、治安联防组的任务、职责和基础工作、旅客代表的选聘条件和工作程序、治安联防工作的检查考核和评比奖励等作出具体规定。根据铁道部通知精神，将旅客乘车意外伤害保险金额由原1500元，提高到2万元。

1993年，柳州铁路局针对一些列车治安复杂问题，制订《关于加强民用爆炸物品管理使用的通知》，开展3次安全大检查和治安专项整顿，刹住随车叫卖、占位卖座、坐霸王车、设赌骗钱等歪风。先后对60多趟旅客列车防火、防爆工作进行重点治理。

1994年，柳州铁路局根据铁道部站车治安管理工作会议和《铁路旅客运输危险品检查处理办法（试行）》要求，先后抽调229名公安干警对70多趟客车实行添乘包保。同时，细化旅客列车查堵“三品”（易燃、易爆、危险品）措施，做到经常化、制度化。特别在春运、“黄金周”等重点运输季节，做到把好“十道关”（客车出库、站台清理、通道看守、进站检查、候车抽查、站台检查、门岗查验、边门管理、候车室管理、车厢管理）。铁路公安部门每年坚持对客运车站、旅客列车实行不间断检查，加强安全管理和安全防范监督。1992—1994年，加大客运安全投入，投资120万元，为南宁、柳州、桂林站配置危险品检测仪；投资72万元，为长途旅客列车配置对讲机；投资167万元，为柳州、桂林等车站设置电视监控系统和电子引导系统。

1995—1996年，铁道部先后发布《围歼旅客列车事故的实施意见》《关于落实〈围歼旅客列车事故的实施意见〉的实施细则》。柳州铁路局成立客运安全基础建设领导小组，全面开展以围歼旅客列车事故为突破口的“六整顿”（整顿旅客列车运行秩序、旅客列车服务工作、站容车容和客运设施、乘车证管理、作业标准、站车秩序）活动。将铁道部围歼旅客列车事故的24条措施细化落实到

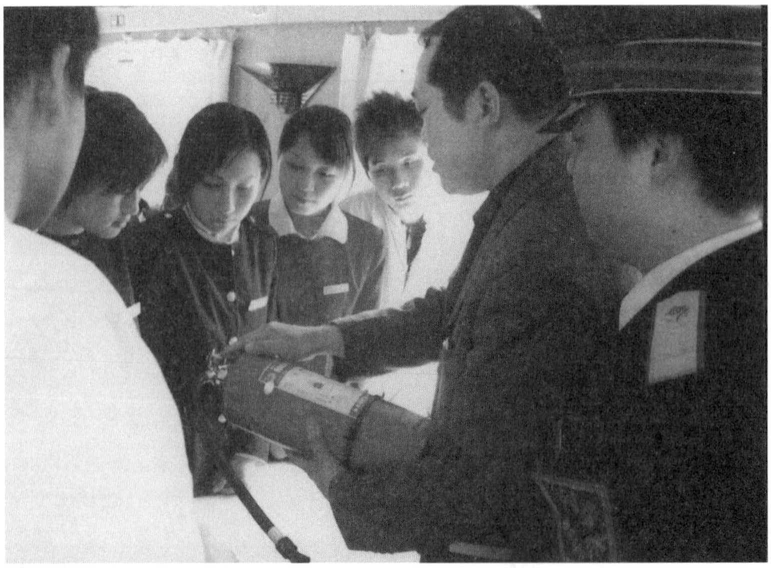

1994年，南宁客运段在旅客列车上开展消防知识教育

2000 年，桂林站使用检测设备检查“三品”

各个部门，制订行车调度指挥，列车设备管、用、修，车机联控，查堵危险品，加强客车安全等 23 项 385 条包保卡死措施。举办客运一线人员业务培训班 15 期，培训客运专业岗位人员 637 人。开展客运安全大检查，对进京、进沪、进穗重点旅客列车实行干部添乘。增加投入，购置危险品检查仪，增强列车安全查堵能力。坚持在旅客列车开展治安联防，全面推行“旅客列车乘务民警工作规范化”和聘请旅客治安员制度，在列车上选聘旅客治安员 17.47 万人（次）。在湛江—武昌 161/162 次旅客列车安装列车报警电话，编织有效的群防网。两年来，破获列车案件 271 件，其中重特大案件 53 件，重大案件比 1994 年减少 23%。查获非法携带易燃、易爆、危险品进站上车 7926 件，查获炸药 954 公斤、雷管 1923 枚、导火索 118 米，各种枪支 248 支、子弹 1887 发，烟花爆竹 138.2 万响，取得旅客列车连续 3 年不烧、不爆的好成绩。

1997—1998 年，柳州铁路局围绕“十大关键”组织攻关。车务部门重点围绕防止车辆溜逸和作业标准化落实开展攻关；机务部门坚持客运机车出乘前台台整修，并重点针对执行车机联控和防止冒进信号问题攻关；车辆部门重点围绕抓好客车整修、防止车辆切轴和客车防止火灾组织攻关；工务部门重点围绕线路胀轨、断轨和道口安全组织攻关；电务部门重点围绕确保应急通信设备万无一失组织攻关；客运和公安部门重点围绕客车安全防范和健全查堵危险品防线组织攻关。围绕确保旅客列车安全，重点抓好 40 个行车安全控制点，实行动态控制。先后针对黔桂铁路金城江—麻尾段列车容易脱轨以及汛期行车安全、机车惯性事故等难题组织专题调研、会诊、整治。在桂林召开监护道口现场会和道口工作会议，推进道口管理规范化。在南宁—上海 379/380 次、柳州—北京 157/158 次旅客列车上安装列车报警器，进行 110 报警服务试点，受到旅客好评。客车抢劫犯罪案件比上年下降 30%，治安案件下降 52%。

1999 年，柳州铁路局加大“三品”宣传、查堵力度，印制张贴涉爆通告、标语 2 万份，各车站在站场显著位置张挂大型标语，在沿线村屯、学校、施工点张挂“三品”危害列车安全宣传图片，宣传确保列车安全重要性。为13 个大站全部配置“三品”检测仪，坚持 24 小时开机检查。未配备检测仪的沿线车站，采取人工检查，防止旅客携带“三品”进站上车。旅客列车上的服务人员、执勤的乘警做到勤巡视、勤宣传、勤检查，及时发现问题，防止“三品”进入列车。铁路公安人员出动警力加强面上防控，先后对沿线 24 个有涉爆物品的单位进行检查，及时发现问题，督促整改。年内，受理涉爆案（事）件 153 件，涉及 176 人，都依法作出处理。查获非法携带、使用易燃易爆危险品 678 件，收缴炸药 121 公斤、雷管 2872 枚、导火索 189.1 米、烟花爆竹 73.2 万响、各种化工类易燃品 464.3 公斤、各类枪支 17 支、子弹 134 发，以及大批危险品，保证旅客列车安全。

2000—2003 年，柳州铁路局客运公司成立后，围绕客运安全制订《客运公司客车行车安全管理规则》《客运公司落实“三控”“三重”建设实施办法》《客运公司行车安全奖惩办法》《客车行车事故救援及事故调查工作规定》和《柳州铁路局旅客乘降组织管理办法》等客运安全管理办法。深入开展安全大检查和专项整顿，建立健全“三控”体系，形成纵向到底、横向到边安全管理网络。层层签订安全责任状，交纳风险抵押金，使安全工作落实到公司、车间、班组。公安部门始终保持对旅客列车治安防范、打击违法犯罪的高压态势，先后抽调80名公安干警在湘桂铁路北段、南宁—郑州1627/1628次、北海—成都121/122次旅客列车开展一个月的治安专项整治。

2004年，进一步完善《柳州铁路局旅客列车与直达特快列车交会安全管理办法》《柳州铁路局旅客人身伤害及自带行李损失事故处理办法的补充规定》《防火防爆安全工作标准》和《旅客列车三乘联检细化措施》等安全管理制度、办法，初步建立客运安全基础管理工作长效机制。

2005年5月，柳州铁路局针对"绿皮车"治安问题较多，印发《关于开展"绿皮车"治安专项整治的通知》，成立专项整治领导小组，柳州铁路公安局组织力量，于5月—7月开展为期2个月的"绿皮车"治安专项整治行动，检查列车151趟次、人员密集场所305次、易爆易燃危险品场所109个，破获刑事案件334件，抓获犯罪嫌疑人198人，其中刑事拘留116人、逮捕55人、劳教14人（在3趟重点"绿皮车"上破案10件，抓获犯罪嫌疑人12人，抓获网上逃犯5人）。查破治安案件3692件，查处各类违法人员5140人，其中劳教6人，行政拘留213人（在3趟重点"绿皮车"上查破177件，查处各类违法人员261人，行政拘留7人）。"绿皮车"刑事案件下降14.3%，治安案件下降25.3%。制订《柳州铁路局旅客运输灾害事故应急预案》《柳州铁路局客运安全问题管理办法》《柳州铁路局旅客列车晚点处置办法实施细则》和《柳州铁路局旅客运输非正常情况应急预案（试行）》，进一步加强客运安全管理。

第二节 旅客伤害事故

1991年4月30日，南宁开往上海的180次旅客列车运行至湘桂铁路平塘—良江区间时，列车机车后第7位硬座车厕所内发生爆炸，造成旅客死亡6人、重伤2人、轻伤14人，客车中破1辆。经公安部门勘查，确认是人为蓄意制造的严重爆炸事件，不属铁路责任事故。

1992年11月20日，南宁开往上海的180次旅客列车通过湘桂铁路亲睦村站时，列车机车后第8位硬座车1—4号座位下瞬间冒起一团浓烟，引起旅客惊慌，少数旅客从车窗跳车，尽管列车乘务人员使用紧急制动阀在区间停车，仍造成旅客死亡4人、重伤6人、轻伤38人，赔偿旅客意外伤害保险金及医疗津贴等52万元。这次旅客意外伤亡事故是1名旅客违法携带的猎枪用打火帽燃烧引起。

1993—1994年，由于四川等省的民工在节假日期间集中返回家乡，造成长途旅客列车严重超员，1993年有56人、1994年有54人因长途乘车疲劳突发精神病而跳车，造成伤亡事故，为防止此类伤亡事故，从1995年起，每年春运前柳州铁路局为客运职工举办防止及处理旅客突发精神病的培训班，加强安全防护工作。

1994年8月14日，湛江开往桂林的88次旅客列车通过黎湛铁路黄练—居仕区间时，列车机车后第16位硬座车厢发生爆炸，造成旅客死亡12人、重伤13人、轻伤26人，赔偿旅客意外伤害保险金及医疗津贴等68万元，客车大破1辆，小破2辆。经公安部门勘查、铁道部认定，这是一件人为蓄意制造的爆炸事故，犯罪分子当场被炸死。

1999年10月5日9时05分，南宁—桂林北202次旅客列车行至湘桂铁路那楼站，列车机车后第7位车厢起火，10时将火扑灭，无人员伤亡，但事故车辆已焚烧至报废，构成行车重大事故。

2004年，发生旅客伤害事故145人次（包括局内车在外局发生的69人次），其中死亡20人、重伤7人、轻伤118人（均不属铁路企业责任）。赔偿金额90.62万元（包括铁路局转账给外局金额57.04万元）。

2005年，发生旅客伤害事故115人次，其中死亡11人（均为旅客自身责任）、重伤4人（铁路企业责任1人）、轻伤100人（铁路企业责任1人）。赔偿金额71.9万元。4月24日凌晨，2011次旅客列车行至焦柳铁路八斗站附近，一位旅客在车厢内行走时，踏翻柴油机组检查盖板，坠落股道，造成旅客重伤事故。

第三章 货运安全

第一节 货运安全管理

1991—2005 年，柳州铁路局不断完善货运安全的各项规章制度，开展货运安全专项整治，停办一批安全作业条件差车站的危险货物运输业务，提高货物装载质量，使货运安全事故件数逐年下降，事故等级降低，截至 2005 年 12 月 31 日，实现无货运责任行车重大、大事故 6229 天，无货运责任火灾事故 693 天，无装卸机械设备责任重大、大事故 9496 天。

1991 年，柳州铁路局办理危险货物运输的车站有 146 个，占全局营业站 84.5%。1995 年，经调查研究，先后停办 54 个设备简陋、安全作业条件差车站的危险货物运输业务。

1996 年，柳州铁路局修订《优质货场考核评分办法》，在全局货运单位持续开展“装一辆重车，保一路平安”活动。年内，经季度检查和随机抽查，柳州东、南宁、桂林北、柳州北站等 6 个货场被评为铁路局优质货场，其中柳州东站、南宁站货场被铁道部评为三星级和二星级优质货场。

1997 年，柳州铁路局以防止“三重一限一落”（普通货物装载超重、偏重、集重，超限和货物途中坠落）为重点，坚持“装车从严，发站从严”的原则，落实货物“四卡死”制度和装车质量签认，提高货物装载质量。截至 12 月 31 日，实现连续无责任货运重大、大事故 3308 天。

1998 年，柳州铁路局根据实行直管站段新体制的要求，重新整理修订涉及货运安全的 20 多项规章制度、管理办法，理顺铁路局与站段的关系，加强对重点车站货运安全检查、指导，开展商检人员的学标对标活动，推动商检工作标准化、规范化。配备对讲通讯设备，发挥商检人员的安全哨兵作用。截至 12 月 10 日，实现无责任货运重大、大事故 10 周年。

1999—2000 年，柳州铁路局贯彻落实铁道部《提高铁路客货运输质量百点计划》，补充修订《货运管理规则》《装载加固规则》《货运服务质量标准》《货运事故处理规则》和《优质货场评比办法》等规章制度，把装载加固工作纳入优质货场考核。制订《货物装载奖罚办法》《柳州铁路局货检工作管理办法》，加强货物装载安全管理，对货物超载实行经济处罚。实行货检工作区段负责制，进一步细化和明确货检作业内容和要求，加强货检管理。

2002 年，开展危险品货物运输专项整治，停办不符合办理危险货物运输条件车站的危险货物

2005 年，南宁站工人加固装运货物

2004 年，柳州铁路局货运部门加强货物装载的安全管理。图为货运工人在指挥装车

运输业务，提高危险品货物运输的安全系数。铁路局办理危险货物运输的车站由 115 个压缩到 30 个。

2003—2004 年，柳州铁路局根据铁道部出台的《铁路货运计量安全检测设备运用管理暂行办法》，先后为柳州南、南宁南等主要货运站安装超偏载检测装置、轨道衡等设备，提高货检作业科技含量，对超偏载不良车辆及时发现及时处理。广西沿海铁路公司制订《危险货物运输管理办法（暂行）》，印发《成立装载加固技术领导小组及装车质量签认制度的通知》和《货物运输管理细则》，货运人员严格按标准作业，保证货运安全。

2005 年 4 月 8 日，柳州铁路局成立货运处，承担原由运输处负责的货运管理职能，负责铁路货运安全管理，指导、检查和监督合资铁路、地方铁路、专用线、专用铁路的货运安全工作；负责危险货物，超限、超重、超长、集重货物运输管理和货物装载等安全防范；负责货运事故处理与赔偿工作。管内 7 个直管车站、6 个车务段相继成立客货管理科，充实货运管理人员，负责本单位货运安全及货损的处理、赔付工作。对货运安全规章进行清理和修订，先后出台《柳州铁路局货运系统专业管理办法（试行）》《柳州铁路局货运安全计量检测设备管理办法》和《货运部门安全评估考核办法》等 9 项制度，公布 81 个有效文电，建立安委会工作制度和信息反馈制度，明确界定铁路局货运部门各级管理职能，健全机制，明晰权责，规范管理，强化控制。深入开展危险货物运输、装载加固、超限货物运输安全专项整治，通过加强对站段的检查、指导、监督和开展货运安全评估、货运工作质量检查考核及优质站货场检查评比，货运安全管理工作进一步加强。

第二节 货运事故

1991 年 6 月，铁道部发布《铁路货运事故处理规则》（以下简称《事规》），并于 1992 年 8 月、1994 年 5 月、1999 年 4 月，3 次对《事规》进行修订。《事规》将货运事故分为火灾、被盗、丢失、损坏、变质、污染、其他七类；对事故的等级、赔偿权限、赔偿局间清算等问题作出规定。

1991—1995 年，柳州铁路局货运部门，按照《铁道部货运事故处理作业标准》要求，规范站段货运事故处理作业标准。坚持原则，实事求是，在货运事故处理中做到“三快”（快速受理、快速调查、快速赔付）；实行发站办理赔偿，避免案件来回周转；先赔付，后划分内部责任，提高赔付效率。5 年来，取得无货运重大事故的好成绩。保价货物发生大事故 12 件、一般事故 3488 件，其中火灾事故 5 件、被盗事故 1181 件、丢失事故 1880 件、损坏事故 359 件、变质事故 42 件、污染事故 10 件、其他事故 11 件。保价货物责任赔偿 6881 件，赔款 1430.9 万元；保价货物补偿 43 件，补偿款额 36.9 万元。

1996—2000 年，柳州铁路局货运部门妥善处理保价事故，提高理赔质量和效率，货运事故下降,赔偿、补偿件数和金额增加。5年来,消灭货运重大、大事故。保价货物发生一般事故2929件,其中火灾事故4件、被盗事故994件、丢失事故1725件、损坏事故153件、变质事故29件、污染事故10件、其他事故14件。保价货物责任赔偿7621件,赔款1909.1万元,保价货物补偿143件,补偿款额386.4万元。

2001—2005年,柳州铁路局货运管理部门继续健全和完善各项货运管理制度,充实货运人员，及时做好货运事故的处理和赔付工作，货运事故进一步下降。5年来,消灭货运重大、大事故,保价货物发生一般事故1679件，其中火灾事故3件、被盗事故828件、丢失事故587件、损坏事故230件、变质事故13件、污染事故3件、其他事故15件。保价货物责任赔偿1 .53万件,赔款2165.7万元;保价货物补偿63件,补偿款额143.3万元。

表4-5 **1991—2005年柳州铁路局保价货物事故统计**

年度	事故种类								事故等级		责任赔偿	补偿
	火灾(件)	被盗(件)	丢失(件)	损坏(件)	变质(件)	污染(件)	其他(件)	合计(件)	大(件)	一般(件)	(万元)	(万元)
1991	—	40	76	15	—	—	5	136	4	132	24.2	—
1992	3	579	540	179	11	4	11	1327	5	1322	276.8	—
1993	—	185	318	83	15	4	4	609	—	609	247.7	10.8
1994	1	194	425	46	10	—	—	676	1	675	306.9	22.9
1995	1	183	521	36	6	2	3	752	2	750	575.3	3.2
1996	3	306	560	32	17	4	3	925	—	925	603.6	43.3
1997	1	195	428	22	3	3	8	660	—	660	399.0	57.9
1998	—	162	272	37	5	1	1	478	—	478	272.4	191.9
1999	—	165	309	28	2	1	2	507	—	507	297.7	75.0
2000	—	166	156	34	2	1	—	359	—	359	336.4	18.3
2001	—	233	167	47	1	—	1	449	—	449	403.2	37.1
2002	—	157	121	56	3	—	1	338	—	338	424.6	40.0
2003	2	183	140	53	4	—	1	383	—	383	510.0	15.5
2004	1	125	106	46	5	2	1	286	—	286	453.4	27.2
2005	—	130	53	28	—	1	11	223	—	223	374.5	23.5

第四章 劳动安全

第一节 劳动安全法规建设

1991—2000年，柳州铁路局每年以2号文件印发《关于做好年度劳动安全卫生工作的通知》，将劳动安全控制指标层层分解、层层负责、层层包保，逐级落实劳动安全负责制。

1993—1994年，印发《柳州铁路局关于违反劳动保护法规、规章制度的经济处罚暂行办法》，建立劳动安全激励约束机制；印发《关于进一步强化劳动安全工作的通知》，提出对各铁路分局、铁路局主管处连续实现安全年或发生重伤以上事故3条重奖重罚措施；印发《柳州铁路局主要行车工种违章违纪范围》《柳州铁路局职工违章违纪和事故处罚规定》，对在生产中违章违纪和造成伤亡事故责任人员实行行政处分和经济处罚。

1995—1996年，印发《柳州铁路局劳动安全风险抵押承包暂行办法》，对各铁路分局、铁路局主管处党政工团领导实行劳动安全风险抵押承包；印发《关于强化劳动安全工作的通知》，把劳动安全纳入各单位领导政绩考核内容，与职工工资晋级、提职、奖励、评先挂钩；印发《柳州铁路局劳动安全协作区办法》，在运输生产单位相对集中的铁路地区成立12个协作区，并对协作区工作任务、工作制度、职责权利和考核奖励作出规定；印发《柳州铁路局劳动安全卫生工作“九五”规划》，提出“九五”期间劳动安全奋斗目标和10条主要措施。转发铁道部《关于开展安全标准工地建设的通知》，对铁路局开展安全标准工地建设作出部署。

1998—1999年，印发《柳州铁路局劳动安全奖惩办法》，对生产单位劳动安全实行年度考核。重新修订《柳州铁路局关于违反劳动安全卫生规定的经济处罚办法》，完善经济处罚相关规定。

2001年，印发《柳州铁路局劳动安全卫生综合考核评价办法》和《综合考核评分表》，开展劳动安全卫生综合考核评价工作。重新修订《柳州铁路局各级领导劳动安全卫生责任制》，规定各单位行政正职领导对本单位劳动安全负全面领导责任，分管劳动安全行政副职领导负具体领导责任，其他行政副职领导负部门具体领导责任。印发《关于进一步强化劳动安全工作的通知》，公布严厉追究发生伤亡事故单位领导责任，实行事故单位领导交班制度等6项措施。

2002年1月—3月，柳州铁路局开展为期两个半月反“三违”专题教育活动。8月，开展宣传学

2005年，柳州机务段开展劳动安全检查

习《安全生产法》活动。各单位通过《安全生产法》知识竞赛、演讲比赛、专题讲座、总结经验等多种形式，营造学习《安全生产法》的浓厚氛围。要求各单位对新职工必须进行站段级、车间级、班组级不得少于40学时的三级安全教育，经考试合格后方可上岗。从事特种作业人员除进行三级安全教育外，必须经过专门安全知识与安全操作技能培训，并经过考核，取得“特种作业人员安全技术操作证”方可上岗作业，特种作业人员培训、考核、发证，按国家、自治区有关规定执行。站段领导和站段专兼职安全人员教育由铁路局干部培训部门和安全监察部门组织实施，教育时间分别不得少于40学时和120学时。年内，印发《柳州铁路局劳动安全管理办法》《柳州铁路局工程建设劳动安全管理办法》《柳州铁路局基层单位劳动安全专职人员工作条例》和《柳州铁路局关于进一步深化安全生产专项整治的通知》，进一步夯实安全管理基础，规范劳动安全管理。

2003—2004年，柳州铁路局印发《关于长途机动车辆驾驶员驾驶时间的规定》，提出驾驶员连续驾驶3小时须安排途中休息一次，每次不少于15分钟，24小时内驾驶时间累计不得超过8小时，夜间驾驶累计不得超过6小时等4项措施，防止疲劳开车引发交通伤亡事故；印发《关于使用“劳动安全信息管理系统”计算机软件的通知》，初步实现伤亡事故和劳动保护信息化管理。2004年，广西沿海铁路公司制订《劳动安全管理办法》。

第二节 劳动安全奖惩

奖惩办法

1991—1997年，柳州铁路局劳动安全奖惩实行1989年印发的《柳州铁路局职工伤亡事故处理规则》，7年，劳动安全奖励512万元，罚款135万元。

1998年，根据铁道部颁发新的《铁路职工安全生产奖惩办法》。重新修订《柳州铁路局劳动安全奖惩办法》。1998—2000年，劳动安全奖励213.7万元，罚款98万元。

2001年，再次修订《柳州铁路局劳动安全奖惩办法》，奖励标准适度提高，同时对基层单位、铁路局主管处劳动安全工作奖惩考核作出具体规定，此办法至2005年末仍在执行。5年，劳动安全奖励664.3万元，罚款91.1万元。

表4-6 1991—2005年柳州铁路局劳动安全奖惩情况 单位：万元

年份	奖励金额	罚款金额	年份	奖励金额	罚款金额	年份	奖励金额	罚款金额
1991	291.5	2.0	1996	10.2	4.0	2001	134.0	20.0
1992	42.9	3.0	1997	73.7	5.0	2002	136.8	19.4
1993	60.1	100.0	1998	80.2	17.0	2003	125.7	41.7
1994	13.1	16.0	1999	75.7	48.0	2004	136.7	8.0
1995	20.5	5.0	2000	57.8	33.0	2005	131.1	2.0

职工伤亡事故处理

1991—2005年，柳州铁路局发生的伤亡事故，按《柳州铁路局职工伤亡事故处理规则》《柳州铁路局劳动安全奖惩办法》处理。职工伤亡事故按伤害程度分为轻伤、重伤、死亡三类；按伤亡事故等级分为轻伤事故、重伤事故、死亡事故、重大死亡事故。特大事故，按国家有关规定界定。

1995年4月1日，钦州车务段钦州站扳道员杨礼军在办理522次旅客列车发车作业时，未按规范立岗发车，错误走上其他线路准备办理调车进路，被列车撞成重伤，经抢救无效死亡。南防铁路公司对钦州车务段和钦州站领导作出处理。

1999 年 5 月 26 日，第二线路大修段 58 名临时工乘坐中型客车，从南丹县瑶寨到八圩施工，途中客车翻下 40 米山坡，造成 8 人死亡、4 人重伤、38 人轻伤，铁道部列柳州铁路局责任重大死亡事故。铁路局对责任人作出处理：汽车司机留路察看一年，处以罚款，由交通管理部门吊销驾驶执照；第二线路大修段施工队长、副队长、指导员撤销职务，处以罚款；段长、副段长行政记大过，处以罚款；局工务处副处长行政记过，处以罚款；分管工务的铁路局副局长通报批评。

2002 年 1 月 10 日，来宾管理段白鹤隘站发生调车撞车事故，站长韦月宇死亡。广西地方铁路有限公司对来宾管理段领导作出处理。6 月 26 日，柳州工务段凤凰领工区领工员、党支部书记带领 8 名职工，对管内线路质量进行检查评估。工作结束后乘本领工区汽车返回，当汽车行至来宾境内六陶线 25 公里+500 米坡弯道时，为避让迎面占道驶来的 1 辆大货车，撞上右侧路边大树，造成 3 人死亡、6 人受伤的重大交通死亡事故。事发后大货车逃逸。来宾县公安交警大队于 7 月 8 日作出《道路交通事故责任认定书》，认定逃逸的大货车司机负事故主要责任，柳州工务段司机负事故次要责任。柳州铁路局 7 月 10 日向铁道部上报《关于柳州工务段“6·26”交通事故的调查报告》，铁道部认定为铁路局责任事故，按责任事故考核。据此，铁路局对事故责任单位和责任人作出处理：汽车司机在事故中死亡，不再处罚；给予凤凰领工区领工员、党支部书记行政记大过处分、各罚款 200 元；给予柳州工务段段长、党委书记、分管安全生产副段长行政记过处分，各罚款 400 元；给予局工务处处长行政警告处分，罚款 200 元；对柳州工务段罚款 15 万元；局工务处、柳州工务段主要领导写出书面检查报铁路局。

表 4-7　**1991—2005 年柳州铁路局职工伤亡事故统计**　单位：人/件

年份	重大死亡事故	死亡事故	重伤事故	轻伤事故	年份	重大死亡事故	死亡事故	重伤事故	轻伤事故
1991	0	2/2	6/6	99/98	1999	8/1	1/1	6/6	81/30
1992	0	3/3	8/8	73/71	2000	0	6/6	9/9	36/32
1993	0	4/4	6/6	50/50	2001	0	3/3	8/6	39/37
1994	0	7/7	9/9	37/37	2002	3/1	3/2	9/5	56/32
1995	0	0	5/5	45/43	2003	0	3/3	4/4	34/31
1996	0	1/1	3/3	23/21	2004	0	1/1	4/4	20/18
1997	0	0	5/5	33/27	2005	0	0	2/2	26/25
1998	0	3/3	5/5	48/40					

第三节　职工劳动保护

1991 年，广西铁路根据职工劳动防护用品发放标准，给职工发放防护用品。柳州铁路局给客车上水人员配发防护服、胶手套。

1992 年，柳州铁路局先后 7 次发文发函，为调车组、列检人员、线路工、液化气充气工、搬运工、巡道员、机车司机等 15 个工种增发劳动防护用品。

1993—1998 年，柳州铁路局每年以文电形式下发做好防暑降温工作的通知，同时根据市场物价上涨的情况，及时提高防暑降温、保健食品费发放标准。

1999 年，柳州铁路局重新修订职工劳动防护用品管理办法和发放标准，职工保健食品费管理办法和发放标准，并召开基层单位专（兼）职管理人员学习宣传贯彻会。2000 年，根据运输组织的变化，调整列尾装置作业人员、救援列车人员劳动

1997 年，柳州铁路局工务部门职工身穿劳动保护服在线路上抢险

防护用品发放标准，给车务部门运转、货运、安全室主任等配发防护雨衣和防护鞋，给各车务段中间站调车作业人员配发防寒衣。

2001 年 9 月，柳州铁路局全面开展防护用品、保健食品费、防暑降温、防寒取暖管理情况执法大检查，分别对百色、南宁、柳州、融安、金城江、白山铁路地区 10 个单位进行重点检查，通报检查中发现的问题。

2002 年，柳州铁路局为每个职工暑期增发 1 公斤防暑茶叶，冬季增发防皮肤干裂、冻伤护肤品。

2003 年，局安全监察室整理印发近年来铁道部、自治区、铁路局下发的防护用品、保健食品费、防暑降温、防寒取暖等文件汇编。

2005 年 3 月 11 日，柳州铁路局转发铁道部安监司铁路劳动保护工作要点。4 月，给参加救援列车起复人员配发救援专用的反光黄马甲，调整工务线路工、巡道工等防护服使用期限，给钢轨探伤工配发防寒衣。8 月，成立专项检查组，对桂林、柳州、南宁、玉林等地的 11 个单位执行防护用品政策的情况进行专项检查，通报违规情况。10 月，给车务部门的站务员、客运员等和工务部门的道口工配发防寒衣。

1991—2005 年，柳州铁路局支出劳动保护经费 3.99 亿元、防暑降温费用 2.08 亿元、改善职工劳动条件费用 1508.14 万元。

表 4-8 **1991—2005 年柳州铁路局劳动保护经费支出情况** 单位：万元

年度	劳动保护经费支出	防暑降温费支出	改善劳动条件经费支出	年度	劳动保护经费支出	防暑降温费支出	改善劳动条件经费支出
1991	1349.00	626.80	22.85	1999	2498.16	1221.59	177.40
1992	1688.67	786.86	55.45	2000	2737.01	1475.33	177.40
1993	2452.00	1189.00	53.38	2001	2794.44	1466.60	36.00
1994	2170.46	1389.00	37.59	2002	3268.29	1881.11	153.40
1995	3507.07	1452.50	140.17	2003	3141.27	1591.38	310.50
1996	2743.14	1256.37	53.50	2004	3357.97	2174.53	76.50
1997	2156.86	985.72	24.90	2005	3419.00	2103.23	108.40
1998	2568.35	1239.22	80.70	总计	39851.69	20839.24	1508.14

第五章 路外安全

第一节 路外安全宣传

1991年，柳州铁路局把在铁路沿线开展爱路护路安全宣传教育摆在路外安全工作首位，出动2台宣传车，深入铁路沿线乡镇、村屯、厂矿、学校，宣传《铁路法》《铁路运输安全保护条例》、铁路安全常识，开展法制教育。6月，开展爱路护路宣传教育月活动，利用报刊、电视、广播等各种宣传阵地，标语，征文，文艺演出，山歌对唱，演讲，小学生主题班会，巡回放映电影、录像、安全幻灯片，开展铁路安全有奖问答，举办“路外伤亡事故图片展览”“典型事故案例挂图巡回展出”等各种形式进行爱路护路宣传。1991—1993年，铁路局路外宣传队坚持深入铁路沿线农村，宣传《铁路法》，放映电影、录像900多场，举办画展180多场次，发放宣传资料21万多份，使铁路沿线广大群众从多种渠道受到铁路安全知识和爱路护路教育。

1997年6月，在百色革命老区举行爱路护路签名活动，有10万人参加签名。

2000年，自治区成立创建安全文明铁道线活动领导小组及办公室，制订创建活动方案，全区铁路沿线66个地、市、县都相继健全创建机构，落实创建试点路段1500公里。自治区党委、政府与12个地市，各地市与54个县、县级市，各县、县级市与铁路沿线所有乡村层层签订护路联防目标管理责任书。有489名地方县处职以上领导发表爱路护路广播电视专题讲话，各地书写爱路护路宣传标语15万多条，开展爱路护路专题对歌和演出2800场次，组织《铁路法》和铁路安全常识宣讲近万场次，受教育群众479万人次。

2001—2002年，广西铁路沿线各县乡签订护路联防责任书1.5万份，发动群众签订《爱路护路公约》25万多份，张贴爱路护路和路外安全标语31万张，发放铁路安全宣传资料17万份，上法制课1000多场、听众12万人，将安全文明铁路线创建活动引向深入。

2003年3月，柳州铁路局召开运输单位护路联防工作会议，推广百色工务段、南宁南站、三街站及贵港站公安派出所等单位开展护路联防、确保运输安全工作经验。6月，在开展爱路护路宣传月活动中，编发《铁路安全常识》宣传手册13万份。南宁护路办与南宁铁路公安处组织“南昆铁路安全法制千里行”宣传活动，使铁路沿线30万群众受到教育。7月下旬，在百色召开自治区创建安全文明铁道线活动总结表彰暨经验交流现场会，

2003年，铁路公安干警在铁路沿线村庄宣传防止耕牛上铁道

表彰奖励全国铁路护路联防工作先进集体、先进工作者和自治区铁路护路联防工作先进集体、先进个人。

2005 年初，列车撞耕牛事件连续发生，柳州铁路局召开专门会议研究对策，印发《关于进一步加强预防牲畜危及行车安全工作的通知》。铁路局综治办配合护路联防办、地方乡镇政府对铁路沿线 200 米以内 1608 个村庄、8.77 万个养牛户和 12.12 万头耕牛进行登记，签订防止耕牛上铁道责任书；制作防止耕牛上铁道警示牌 9 万多块、印制《铁路运输安全保护条例》宣传册 15 万多份，在铁路沿线广泛宣传；与耕牛户签订《加强牲畜安全协议书》3.1 万份。年内，防止撞牛事故 63 件，取得较好的宣传效果。

1991—2005 年，柳州铁路局在广西各级地方政府大力支持下，书写爱路护路宣传标语 600 多万条，印发各种宣传资料 900 多万份，放映电影、录像 50 多万场，上法制教育课 60 万场次，各级领导发表电视讲话 20 多万场次，把爱路护路知识宣传到铁路沿线的千家万户。

第二节　道口安全管理

1991 年，柳州铁路局有道口 803 处(广西境内无统计数据)，其中有人看守道口 229 处，无人看守道口 574 处；地方铁路有道口 201 处，其中有人看守道口 36 处，无人看守道口 165 处；合资(南防)铁路有道口 39 处，其中有人看守道口 3 处，无人看守道口 36 处。

1994 年 7 月，柳州铁路局和自治区公安厅联

2002 年，百色工务段道口工坚持标准化作业

合印发《关于加强铁路道口安全管理的规定》，明确各级公安部门在道口安全管理中的职责，要求铁路道口执勤人员佩戴自治区公安厅交警总队制发的“铁路道口值勤证”。1995 年 8 月，国家经贸委、铁道部、交通部、公安部、农业部、建设部、劳动部印发《铁路无人看守道口监护管理规定》。柳州铁路局及时向自治区汇报管内道口监护工作情况，主动与地方政府相互配合，做好道口安全管理工作。

1997 年，自治区成立铁路无人看守道口安全管理协调领导小组和办公室。4 月，自治区人民政府办公厅向铁路沿线各地市县人民政府发出《关于对无人看守的铁路道口加强管理的通知》。桂林、柳州地区，柳州、贵港、玉林市成立铁路无人看守道口管理机构，对湘桂、黎湛铁路历年事故较多的 47 处无人看守道口派员监护，并逐年增加监护数量。

1998 年 9 月，国家经贸委公布《关于进一步加强铁路道口安全管理确保铁路提速工作顺利进行的通知》，要求确保铁路提速安全，进一步加强铁路道口的安全管理。2001 年 3 月，国家经贸委、铁道部、交通部、公安部发布《关于进一步加强铁路无人看守道口监护管理工作的通知》，对铁路无人看守道口监护管理工作提出具体要求。

2002 年，柳州铁路局工务部门制订《巡道工与道口工、巡守工互控措施》。各工务段开始在每年春运、“五一”“十一” 黄金周和甘蔗榨季派人对事故多发的无人看守道口实行监护，年内监护道口 105 处。2003 年，增至 140 处，其中全天监护 6 处。

2005 年 5 月 9 日，铁道部《转发国务院安全

生产委员会关于下达2005年全国安全生产控制指标的通知》,国务院首次对铁路路外伤亡事故的死亡人数下达控制指标,即在2004年事故死亡人数的基础上下降2%。铁道部下达给柳州铁路局的路外伤亡事故控制指标为442人。铁路局制订控制措施,并将控制指标下达到有关站段。年内,广西各级地方政府派人监护铁路无人看守道口128处,柳州铁路局各工务段在春运,"五一""十一"黄金周,甘蔗收获季节派人临时监护道口132处,基本将事故多发的道口都监护起来。全年未发生重大路外伤亡事故,发生道口事故22件比上年下降18.5%。

第三节 路外伤亡事故处理

1991—2005年,广西铁路路外伤亡事故处理依据国务院《火车与其他车辆碰撞和铁路路外人员伤亡事故处理暂行规定》(国发〔1979〕178号,以下简称178号文)和1979年12月31日铁道部颁布的《铁路路外伤亡事故报告、处理、统计办法》办理。根据上述文件规定,铁路路外伤亡事故分为一般和重大两种。一次死亡和重伤5人及其以上的路外伤亡事故,或铁路火车与其他车辆、牲畜碰撞,铁路损失达到《铁路行车事故处理规则》规定的重大、大事故条件者定为重大路外伤亡事故;人员伤亡在5人以下,设备破损、行车影响未达《铁路行车事故处理规则》规定的重大、大事故条件者为一般路外伤亡事故。根据178号文和自治区关于《防止路外伤亡事故的报告》精神,柳州铁路局制订《路外伤亡事故处理实施措施》,规定凡发生或发现路外伤亡事故,必须立即停车,由车长、司机查明初步情况,并作简要记录,将被撞的汽车、拖拉机或尸体移出线路外,标明撞车,迅速恢复行车至前方站停车,将记录交给站长或车站值班员。多人伤亡事故由车长或司机直接向铁路局总调度室报告,伤者由列车送交最近有医院的车站转送医院抢救。站长或车站值班员接到报告后,立即报告调度,转报铁路局有关部门。多人伤亡事故应报告铁路局领导、铁路公安局、铁路局安全监察室主任、有关业务处长和铁道部。发生多人伤亡事故后,所在地站长或临近站长会同铁路及地方公安、有关业务部门、医务部门人员迅速赶赴现场进行紧急处理。期间,柳州铁路局共发生路外伤亡事故8948件,死亡5679人,受伤3258人;事故损失2893.2万元,其中铁路2744.8万元、地方148.4万元;铁路中断行车1936小时11分。在路外伤亡事故中有道口交通事故100件,其中有人看守道口20件,无人看守道口80件;铁路责任事故5件,非铁路责任事故95件。道口交通事故造成死伤120人,其中死亡100人、伤20人,各种机动车辆损坏100辆。广西合资铁路发生路外伤亡事故472件,死亡305人,受伤162人,造成经济损失72.55万元。

表4-9 **1991—2005年柳州铁路局路外伤亡事故及损失统计**

年度	件数	重大(大)	死亡(人)	受伤(人)	经济损失(万元)		年度	件数	重大(大)	死亡(人)	受伤(人)	经济损失(万元)	
					铁路	地方						铁路	地方
1991	493	—	296	197	23.4	4.8	1999	593	3	366	223	134.0	3.3
1992	492	—	305	177	37.1	36.2	2000	724	3	495	249	190.9	43.4
1993	628	1	371	256	68.5	2.3	2001	661	4	474	209	234.1	13.2
1994	634	1	363	277	142.2	5.5	2002	637	1	452	185	307.6	6.1
1995	606	1	327	265	134.9	3.4	2003	732	1	495	248	295.8	2.3
1996	494	1	275	226	114.6	1.8	2004	642	—	452	201	405.9	8.5
1997	491	—	275	187	102.8	3.1	2005	532	—	394	142	420.3	8.5
1998	589	—	339	216	132.7	6.0	合计	8948	16	5679	3258	2744.8	148.4

第五篇　铁路管理

1991—2005 年，广西铁路经营管理工作以运输生产为中心，以“安全、优质、低耗、高效”为重点，建立健全各项管理制度，企业基础建设加强，经济效益在激烈的市场竞争中稳步提升。柳州铁路局坚持开展企业现代化管理和全面质量管理活动。15 年来，涌现出 51 项国家和省部级现代化管理创新成果和 44 项国家级、546 项省部级全面质量管理优秀成果。1996 年，开展“学邯钢、转机制、抓管理、增效益”活动，以收定支倒推成本，实行成本否决和节约奖励制度，1997 年以来，年年超额完成铁道部下达的运输盈亏计划。干部管理、干部监督工作加强，干部队伍素质提高。铁路局各级领导班子成员大专以上学历和年龄 35 岁以下的分别由 1991 年的 47.2%和 4.8%提高到 2005 年的 95%和 9.7%。职工总量控制取得重要成效。1991—2005 年，在运输工作量大幅度增长的情况下，工人总量下降 13.9%。运输业劳动生产率从 54.6 万吨公里/人年，提高到 194.1 万吨公里/人年，提高 2.55 倍。职工工资收入稳步提高，人均工资 2005 年为 1991 年的 7.4 倍。职工教育，以岗位培训为重点，着眼整体素质的提高，工人队伍中大专、中专学历，1991 年占总人数 7.9%和 7.5%，2005 年提高到 15.5%和 14.3%；中级工和高级工 2005 年增加到 10269 人和 18547 人。加强物资管理，实行物资归口供应和招投标采购，15 年完成物资供应 112.4 亿元。

铁路管理体制改革迈出坚实步伐。干部人事、劳动用工、工资分配改革不断深化，基本形成职务能上能下、人员能进能出、收入能升能降的激励约束机制。住房、医疗和养老保险的改革也取得重要成果。1996 年起，柳州铁路局持续进行生产力布局调整，至 2005 年末，撤并移交运输生产单位 34 个。运输生产单位的管理跨度加大，管理机构和人员精简，资源配置优化，运输生产效率提高。1997 年 11 月，柳州铁路局运输管理体制实行重大改革，撤销柳州、南宁铁路分局，实行铁路局直接管理运输站段的新体制，铁路局从三级管理变成两级管理，克服两级法人以同一方式经营同一资产的弊端。与此同时，柳州机车车辆工厂从中国铁路机车车辆工业总公司划归铁路局领导。1995 年 10 月成立的广西地方铁路有限公司和 2002 年 6 月成立的广西沿海铁路公司，按照《公司法》要求，建立起法人治理结构和现代企业制度。实行投资体制改革，拓宽筹资渠道，通过使用国家贷款、发行企业债券、承贷境外商业贷款等方式为地方和合资铁路建设和改造筹集 14 亿元资金。1998 年，柳州铁路局在全国铁路第一批进行资产经营责任制试点，建立起以资产经营责任制为指导，以生产经营责任制为基础的资产经营、生产经营和其他经营相结合的经营责任制度。当年，在自然灾害严重的情况下，运输经营指标和国有资产保值增值率、经营性资产收益率和投资收益上交率全面完成，经铁道部考核评定为优秀。年末，在铁道部召开的资产经营责任制研讨会上，被指定惟一在会上介绍经验，对推动全国铁路资产经营责任制的实施发挥积极作用。2000 年 12 月，广西地方铁路有限公司在地方和合资铁路中实施资产经营责任制，也取得显著成果。2001 年，实现运输收入 2.73 亿元，比上年增长 9.9%；2002 年，合资铁路运输企业扭转长期亏损的局面，实现利润 1600.4 万元。

2003 年 8 月，广西国家铁路按照铁道部的要求，争取地方政府的支持，积极推进铁路运输企业的分离分立工作，将铁路企业的教育、卫生机构移交地方政府管理。截至 2005 年末，36 所中小学校、4 所职业学校、9 所医院、25 所幼儿园、6 支环卫队全部移交地方政府管理，有效地改变铁路企业大而全、小而全的组织结构，有利于铁路企业集中优势资源和精力发展运输生产，也有利于地方政府统筹、合理地利用教育、卫生等资源。

2005 年，柳州铁路局完成运输收入61.24 亿元，比上年增长 14%，为 1991 年的 4.7 倍；地方铁路完成运输收入 9414.9 万元，比上年增长 15.9%，为 1991 年的 2.9 倍；合资铁路完成运输收入 4.45 亿元，比上年增长 23%，为 1991 年的 11.1 倍。

第一章　管理机构与管理体制

广西铁路由国家铁路、地方铁路、合资铁路构成。国家铁路由柳州铁路局经营管理。地方铁路1991年至1992年9月，自治区委托柳州铁路局管理，1992年10月起，由广西地方铁路公司经营管理。合资铁路1991年至1995年9月，由南防铁路公司管理；1995年10月至2002年6月，由广西地方铁路有限公司管理；2002年6月以后，由广西沿海铁路公司经营管理。

第一节　柳州铁路局

柳州铁路局位于广西壮族自治区柳州市鹅山路三区1号。1991年，机关定员895人，其中局领导职数7人。设办公室、总工程师室、法律顾问室（行政复议委员会办公室）、安全监察室、企业管理办公室、路风建设办公室、运输处、客运处、机务处、工务处、电务处、车辆处、房地产管理处、计划统计处、基本建设处、财务处、干部处、劳动工资处、教育处、卫生处、审计处、战备武装处（人民武装部、人民防空办公室）、监察处、老干部处、开发经营处、生活管理处、集体经济处27个行政职能机构，定员874人；设地方铁路办公室管理地方铁路，定员14人。

1992年8月17日，柳州铁路局根据自治区党委书记办公会议精神，印发《关于成立广西地方铁路公司的通知》，撤销柳州铁路局地方铁路办公室。9月7日，成立柳州铁路局物资工业公司，与物资工业处合一设置。9月15日，局监察处合并到局纪委，实行“一套人马、两块牌子”，同时行使党内纪检和行政监察职能。9月30日，撤销局生活管理处、直属生活管理段，成立柳州铁路局生活服务总公司。12月2日，成立柳州铁路局房地产公司，与局房地产管理处合一设置。

1999年的柳州铁路局正门

1993年8月20日，成立柳州铁路局外事工作领导小组，下设外事工作办公室，挂靠局客运处。9月3日，成立柳州铁路建设监理公司。12月4日，对局企业管理办公室的内部机构设置进行调整，增设法律顾问室(对外称柳州铁路局法律顾问室)。

1995年1月13日，成立柳州铁路局安全基础建设办公室，挂靠局安全监察室。2月16日，成立柳州铁路局劳动法制办公室，与局劳动工资处工人科合一设置。7月，铁道部印发《关于对铁路局、分局机关实行机构编制限额管理的通知》，柳州铁路局行政领导职数9人，铁路局机关行政机构21个、机关行政人员编制540人。

1996年3月2日，铁路局机关行政机构调整为25个，即办公室(史志办公室)、总工程师室、企业管理办公室(行政复议办公室、企业管理协会秘书处、企业家协会秘书处)、安全监察室(安全基础建设办公室)、运输处、客运处、机务处、车辆处、工务处、电务处、房地产管理处(住房制度改革领导小组办公室、土地管理办公室)、计划统计处、财务处(增产节约办公室)、干部处(局党委干部部)、劳动工资处、教育处、基本建设处、卫生处(计划生育办公室、爱国卫生委员会办公室)、审计处、战备武装处(人民武装部、人民防空办公室、平战结合办公室)、路风建设办公室(精神文明建设办公室)、监察处、老干部处(局党委老干部部)、集体经济管理处(劳动服务公司)、开发经营处(经济技术开发总公司)。

1997年，铁道部作出改革柳州铁路局管理体制的决定，从11月1日起撤销柳州、南宁铁路分局，实行由铁路局直接领导基层站段的新体制，原铁路分局行政和党群工作职能改由铁路局统一管理。同时，将中国铁路机车车辆工业总公司所属的柳州机车车辆厂划归柳州铁路局领导。11月11日，将南昆铁路接管运营筹备组更名为柳州铁路局南昆铁路临管运营处。12月31日，成立柳州铁路局房地产发展中心，与局房地产管理处合一设置；成立柳州铁路局建设项目管理中心，由铁路局直接领导和管理。

1998年1月13日，成立柳州铁路局教育委员会，正处级建制，定员38人，同时撤销局教育处和柳州、南宁铁路分局教育办公室。成立铁路局收入稽查大队，列局附属机构，由局财务处领导和管理，定员63人。2月27日，局企业管理办公室更名为局政策法规处。成立“柳州铁路局医疗保险办公室”，副处级建制，列局机关机构限额外编制，定员13人。

1999年，柳州铁路局将机关行政处室机构调整为23个。撤销客运处，成立柳州铁路局客运公司。客运公司和教育委员会不列入局机关行政处室。

2000年5月25日，柳州铁路局对机关行政机构作出调整。成立局货运营销中心、装卸管理中心，由局运输处领导和管理；成立局统计中心，附属机构编制，由局计统处领导和管理。局基本建设处更名为局建设处，局开发经营处更名为局多元经营管理处。成立局离退休工作处，撤销局老干部处和相关机构。

2003年12月25日，将局劳动工资处和局卫生处合并，成立局劳动和卫生处，铁路局机关行政处室机构调整为23个。

2004年1月1日，根据铁路局、局党委的决定，撤销局客运公司，成立局客运处。将原合一设置的局多元经营管理处和柳州铁路经济技术开发总公司分别设置，局多元经营管理处同时称柳州铁路局辅业资产管理办公室。3月29日，成立柳州铁路局驻北京办事处，为铁路局的派出机构，日常工作由局办公室领导和管理。11月21日，将柳州铁路局房地产发展中心改设于局房地产管理处，与建设管理科合一设置，建设管理科对外称局房地产发展中心。成立柳州铁路局洛湛铁路建设指挥部，按局直管单位编列。

2005年1月4日，将隶属局运输处的柳州铁路局装卸管理中心改按铁路局直管单位编列，更名为柳州铁路局运输装卸管理中心；将柳州林业管理所与南宁林业管理所合并，组建新的柳州林业管理所。4月8日，调整铁路局行政机关限额内机构设置，将局政策法规处更名为局企业管理和法律事务处、局干部处(党委干部部)更名为局人事处(党委干部部)、局建设处更名为局建设管理处、局战备武装处更名为局人民武装部(人防战备处)、局房地产管理处更名为局土地房产管理处。撤销柳州铁路局教育委员会，成立局职工教育处。成立局货运处，负责原由局运输处承担的货运管理职能；成立局收入稽查处，负责原由局财务处承担的收入稽查管理职能。6月1日，撤销局物资工业处，成立局物资管理处，保留原与局物资工业处合一设置的柳州铁路局物资工业公司；将柳州铁路局建设项目管理中心更名为局工程管理所；将局机关服务中心更名为局机关服务所，按局直属单位编列。6月2日，铁路局根据铁道部关于精简铁路局机关行政机构编制的有关要求，对行政机关及附属机构进行精简和调整。调整后，铁路局机关限额内机构22个，即局办公室、总工程师室、安全监察室、运输处、货运处、客运处、机务处、车辆处、工务处（广西铁路林业管理局）、电务处、土地房产管理处（住房制度改革领导小组办公室、土地管理办公室、广西铁路土地管理局）、企业管理和法律事务处（行政复议办公室），计划统计处、财务处、收入稽查处、人事处（党委干部部）、劳动和卫生处（柳州铁道食品卫生监督处）、建设管理处、审计处、物资管理处、职工教育处、人民武装部（人防战备处、国防动员委员会办公室、战备办公室、双拥办公室），编制控制数400人。限额外机构5个，即局调度所、离退休管理处（老干部部、关工委办公室）、集体经济管理处（劳动服务公司）、多元经营管理处（辅业资产管理办公室）、社会保险管理处（医疗保险办公室），编制控制数284人。附属机构22个（不含由铁路局控制的专项经费来源的附属机构局住房公积金管理办公室，物资、工程交易所），即局机务检测所、工务检测所、电务检测所、车辆检测所、客票管理所、机要通信室、档案史志室、财务代理所、安全宣传车、收入稽核大队、资金结算所、审计室、客货运输统计所、概预算审查所、法律服务所、人才交流培训站、武器库、函授站、柳州铁路卫生监督所、职业技能鉴定指导站、劳动力调剂站、工程质量监督站，编制控制数417人（含附属机构划出由直属单位管理而预留的编制数）。办事处2个，即铁路局驻北京办事处和南宁铁路办事处，编制共52人。学（协）会3个，即广西铁道学会、局企业管理协会、财务会计学会，编制共6人。

表5-1

1991年柳州铁路局机关行政处室机构

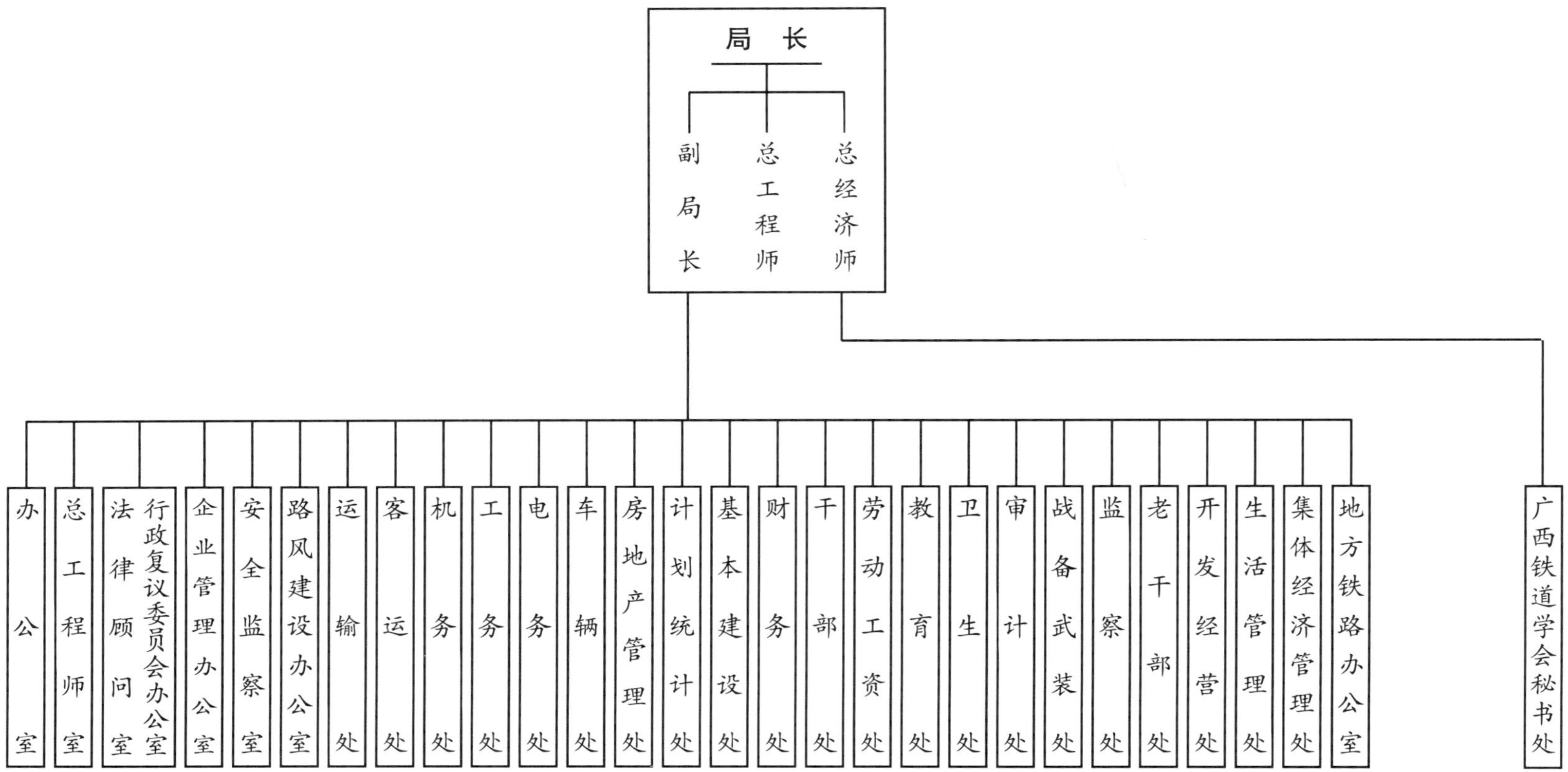

表 5-2

1991年柳州铁路局直属单位机构

柳州铁路局

- 柳州铁路分局
- 南宁铁路分局
- 工程处
- 物资工业处
- 公安局
- 南防铁路公司（代管）
- 勘测设计院
- 科学技术研究院
- 计量所
- 电子计算所
- 柳州通信段
- 直属房建段
- 第一线路大修段
- 第二线路大修段
- 桥隧大修段
- 工务修配厂
- 柳州印刷厂
- 直属生活管理段
- 液化石油气供应公司
- 柳州招待所
- 柳州铁路运输学校
- 柳州铁路司机学校
- 成人进修学校
- 成人中等专业学校
- 成人中等卫生分校
- 柳州中心医院
- 柳州中心防疫站
- 铁道部桂林疗养院
- 工程承包公司南平段建设指挥部

表 5-3

2005年柳州铁路局机关行政处室机构

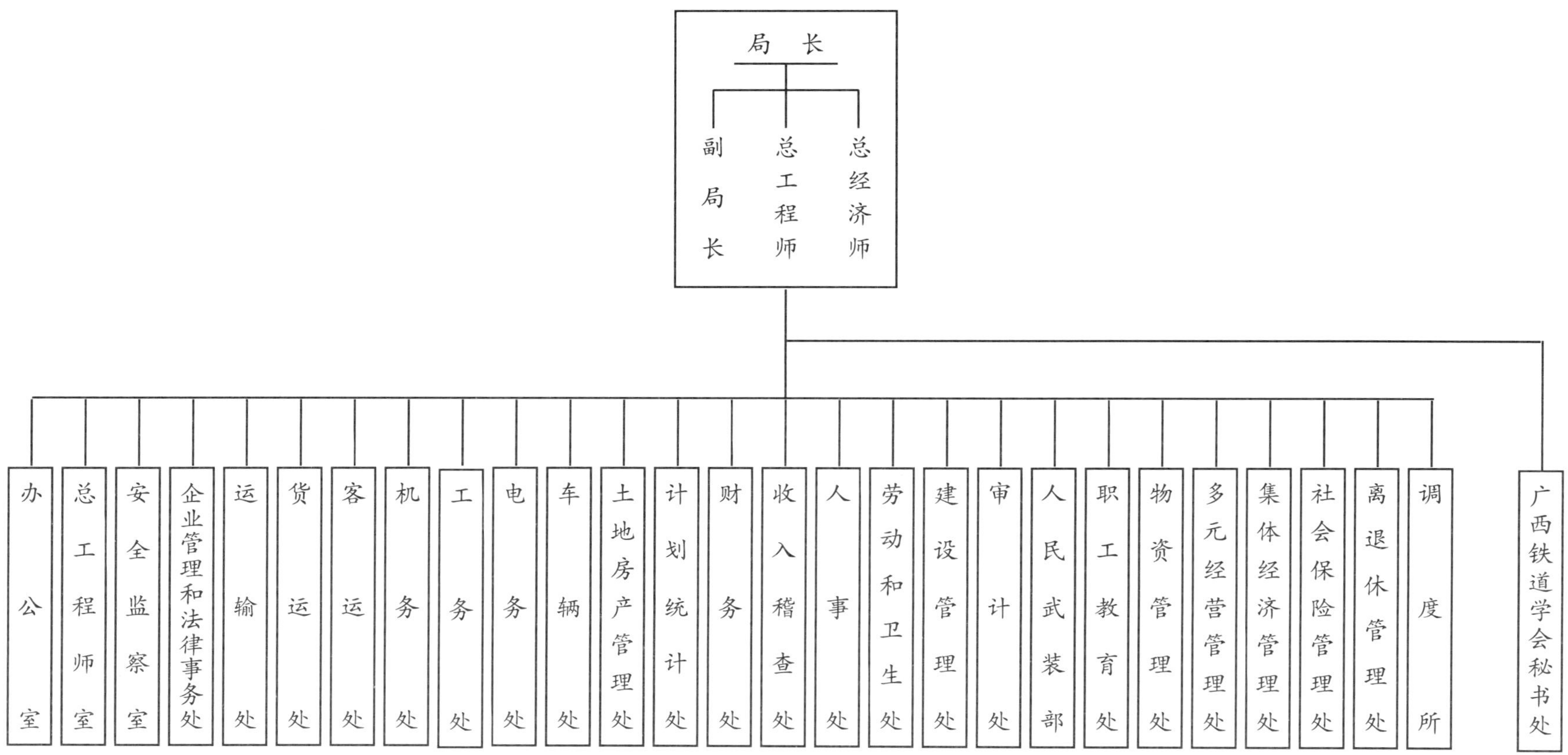

表 5-4

2005年柳州铁路局直管单位机构

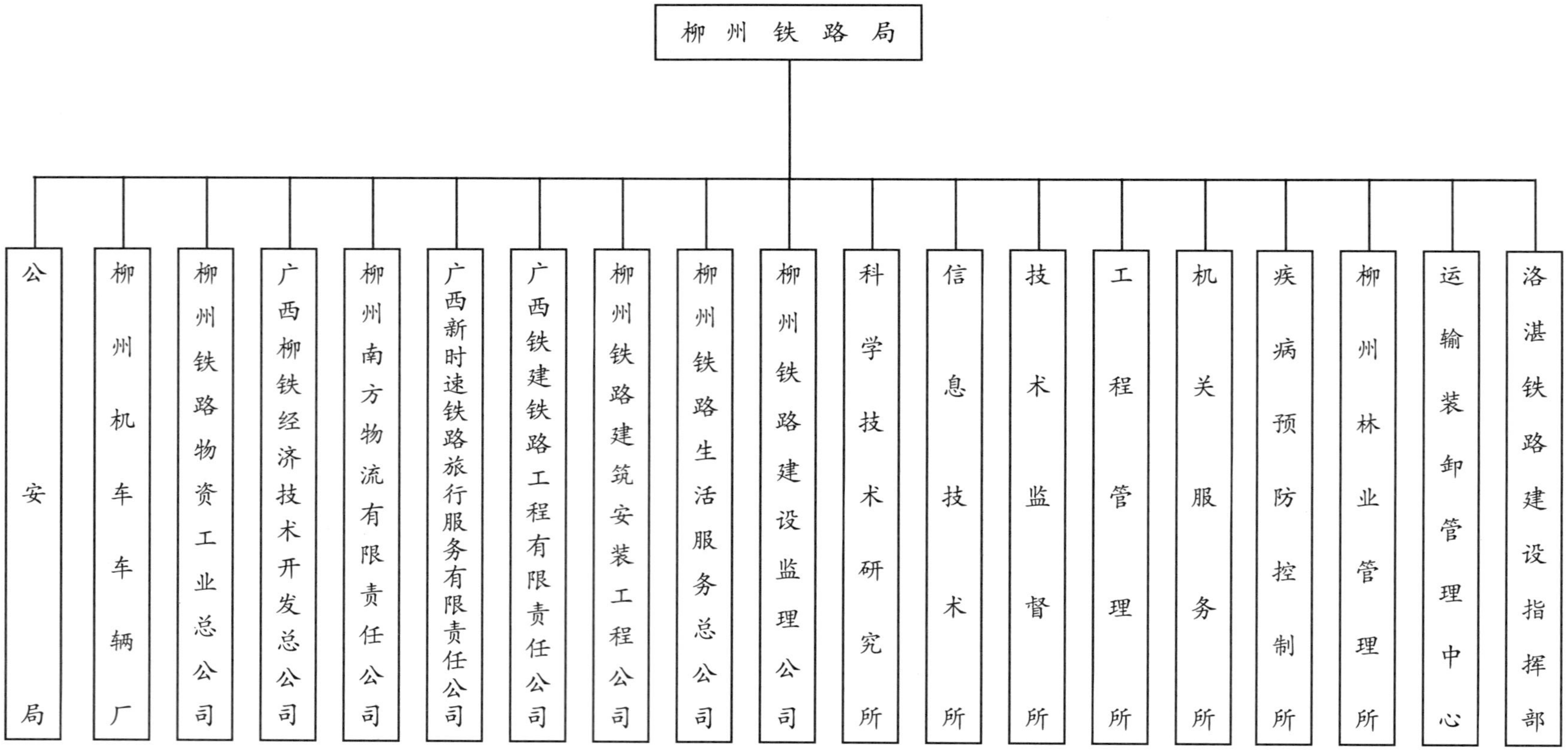

续表

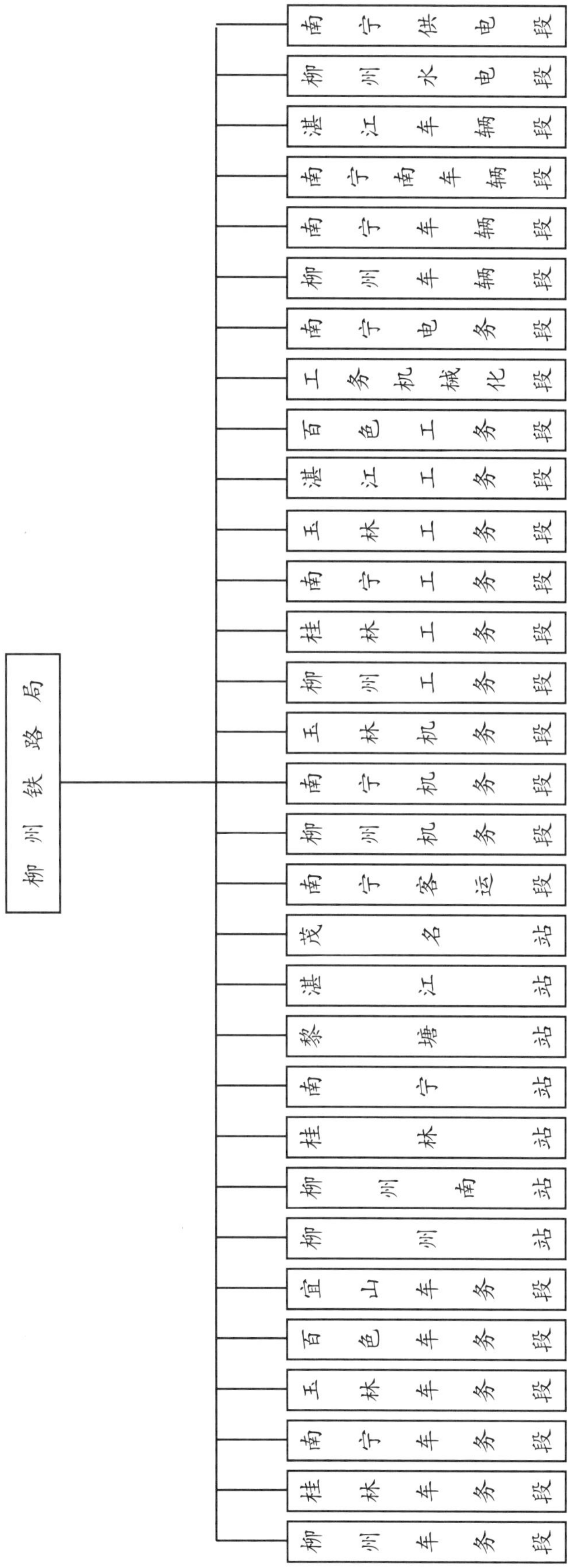
柳州铁路局
柳州车务段
桂林车务段
南宁车务段
玉林车务段
百色车务段
宜山车务段
柳州站
柳州南站
桂林站
南宁站
黎塘站
湛江站
茂名站
南宁客运段
柳州机务段
南宁机务段
玉林机务段
柳州工务段
桂林工务段
南宁工务段
玉林工务段
湛江工务段
百色工务段
工务机械化段
南宁电务段
柳州车辆段
南宁车辆段
南宁南车辆段
湛江车辆段
柳州水电段
南宁供电段

表 5-5 1991—2005 年柳州铁路局主要领导名单

姓名	职务	任期	姓名	职务	任期
李蕴	局长	1986 年 10 月—1992 年 8 月	陆禹洋	总经济师	1988 年 11 月—1996 年 4 月
曾宗标	局长	1992 年 8 月—1997 年 10 月	李世雄	总经济师	1996 年 7 月—2004 年 4 月
罗叙德	局长	1997 年 10 月—2003 年 4 月	景东平	总经济师	2004 年 4 月—
邵力平	局长	2003 年 4 月—2008 年 9 月	李蕴	党委书记	1985 年 1 月—1993 年 5 月
孙中文	副局长	1985 年 1 月—1997 年 10 月	李代华	党委书记	1993 年 5 月—1995 年 7 月
叶春华	副局长	1985 年 1 月—1997 年 4 月	罗叙德	党委书记	1995 年 7 月—1999 年 10 月
曾宗标	副局长	1986 年 10 月—1992 年 8 月	邵力平	党委书记	1999 年 10 月—2003 年 7 月
王家梁	副局长	1986 年 10 月—2000 年 11 月	姚保国	党委书记	2003 年 7 月—2005 年 4 月
罗叙德	副局长	1992 年 8 月—1995 年 7 月	邵力平	党委书记	2005 年 4 月—2005 年 10 月
王德贵	副局长	1995 年 11 月—2001 年 2 月	于孔峰	党委书记	2005 年 10 月—2008 年 9 月
陈凌	副局长	1997 年 1 月—2005 年 4 月	王书庆	党委副书记	1989 年 5 月—1997 年 10 月
黄世全	副局长	1997 年 10 月—2003 年 12 月	曾宗标	党委副书记	1992 年 8 月—1997 年 10 月
王书庆	副局长	1997 年 10 月—2004 年 4 月	朱胜卿	党委副书记	1997 年 10 月—1999 年 10 月
莫韦骥	副局长	1997 年 10 月—2001 年 3 月	莫忠	党委副书记	1997 年 10 月—2008 年 10 月
郑耀明	副局长	2003 年 7 月—	罗叙德	党委副书记	1999 年 10 月—2003 年 4 月
黄翔	副局长	2003 年 7 月—	邵力平	党委副书记	2005 年 10 月—2008 年 9 月
玉清	副局长	2005 年 5 月—	陈森标	纪委书记	1989 年 5 月—1993 年 12 月
颜忻新	副局长	2005 年 11 月—2008 年 12 月	梁玉华	纪委书记	1993 年 12 月—2004 年 4 月
胡文智	总工程师	1986 年 6 月—1997 年 1 月	张柳胜	纪委书记	2004 年 4 月—
吴伟	总工程师	1999 年 3 月—2004 年 10 月	张艳玲	工会主席	1985 年 3 月—1997 年 10 月
何曲波	总工程师	2005 年 4 月—	丁仕铨	工会主席	1997 年 10 月—2007 年 5 月

第二节 铁路分局

柳州铁路分局

柳州铁路分局机关位于柳州市南站路 19 号，主要职能是对管辖基层站段的运输生产实行统一管理、集中指挥。

1991 年，柳州铁路分局管辖湘桂、黔桂、焦柳三条铁路干线部分线路。湘桂铁路北段与广州铁路(集团)公司长沙总公司在冷水滩(今永州)至滩头湾间 K140+000 处分界，南段与南宁铁路分局在和吉村至黎塘间 K660+500 处分界；黔桂铁路西段与成都铁路局贵阳分局在麻尾至鼓里间 K310+500 处分界；焦柳铁路北段与广州铁路(集团)公司怀化总公司在塘豹至牙屯堡间 K1370+045 处分界。管内正线 1284.2 公里，其中广西境内 1208.1 公里；总营业里程 1148.1 公里，其中广西境内 1072.3 公里。管辖 130 个客、货营业车站(广西境内 123 个)，其中特等站 1 个、一等站 4 个、二等站 2 个、三等站 13 个、四等站 102 个、五等站 8 个。分局机关科室机构 32 个，人员编制 549 人，其中分局领导职数 8 人、科室人员 541 人。派出机构设桂林、融安、金城江 3 个铁路地区办事处。管辖直属车站8个，车务段5个，机务段4个，工务段6个，电务段4个，客运段、水电段、车辆段、车辆运用段各1个，车轮厂、装卸机械厂、林业管理所、成人培训学校、汽运公司、生活管理段各1个，房产建筑段2个，招待所2个，中学12所，小学15所，幼儿园3所，医院和卫生防疫站各3个。管理地方铁路管理段3个，管理站1个。4月，柳州铁路分局成立保价运输办公室，设于货运科，定员5人。

1992年10月，普洛、罗城、来宾管理段和桂海管理站从柳州铁路分局划出，交由广西地方铁路公司管理。

1993年1月28日，柳州铁路分局监察科与纪委合署办公。3月17日，撤销房产建筑科、基建办公室，成立柳州铁路分局建设公司(亦称基本建设分处)，土地管理办公室、住房改革办公室、房产管理所、设计室等机构，定员划归基本建设分处。7月26日，柳州铁路分局公布机关、附属单位的机构定员及职责范围：撤销物资设备科，设备(含机动车辆)管理工作划归总工程师室，物资(含废旧金属回收、上缴等）管理工作划归企业管理办公室；撤销整顿铁路治安秩序办公室；计划统计科的劳动工资统计(监察)工作及其定员划归劳动工资科；成立水电科。8月18日，成立柳州铁路分局史志编纂领导小组，下设办公室(挂靠柳州铁路分局办公室)。

1994年3月，柳州铁路分局路风建设办公室划归分局党委领导。6月，成立退休管理委员会办公室(简称分局退管办)和柳州铁路分局机关退管办，分别设在同级工会，组织机构属行政系列，业务委托工会领导。8月2日，柳州铁路分局根据铁路局有关文件精神，调整机关部分机构建制，行政机构中的运输科、机务科、工务科、电务科、车辆科、水电科、客运科、货运科、计划统计科、财务科、干部科、劳动工资科、职工教育科、审计科、监察科，由科级改按副处级建制，改称分处，领导职名改为分处长和副分处长，级别为副处级和正科级；办公室，企业管理办公室，安全监察室改为副处建制，主任、副主任为副处级、正科级；其余行政科室的建制和领导级别不变。收入检查室、调度所列入机关科室管理，收入检查室为副处级建制，调度所为正科级建制，隶属关系不变。除开发经营分处外，其他分处和科级机构不再设置内部机构。

1995年2月9日，柳州铁路分局成立安全基础建设办公室，挂靠安全监察室。2月15日，史志办公室改按科级建制。3月22日，桂林铁路卫生防疫站升格为柳州铁路分局桂林卫生防疫站，统一负责全分局管内的卫生防疫工作，代管普洛、罗城管理段所属站车卫生防疫工作。5月15日，柳州铁路分局公布特、一等单位内部190个职能机构和146个生产车间改按副科级建制。6月20日，成立柳州铁路分局住房资金管理分中心，与基建分处计划财务科合一设置。11月27日，柳州铁路分局根据铁路局机构编制委员会决定，分步撤销各铁路地区办事处。分局机关行政职能机构定员按288人以内编制。

1996年4月，柳州铁路分局撤销劳动安全监察科，其职能和定员划归劳动工资分处；行政复议办公室（法律顾问室）与企业管理办公室合一设置，实行“一套人马、三块牌子”；史志办公室并入分局办公室，对外仍保留史志办公室名称；计划统计分处的城市规划工作及其定员划归总工程师室；劳动定额检定组不再按附属机构编列，划入劳动工资分处编制内；战备武装科、生活卫生科、老干部科改按副处建制，改称分处；分局关心下一代工作委员会工作机构设于老干部分处。

1997年10月，柳州铁路分局行政系统设办公室、总工程师室、企业管理办公室(法律顾问室、行政复议办公室)、安全监察室、运输分处、客运分处、货运分处、机务分处、工务分处、电务分处、车辆分处、水电分处、干部分处、劳动工资分处、计划统计分处、财务分处、审计分处、基本建设分处、职工教育分处、集体经济分处、开发经营分处、生活卫生分处、战备武装分处、老干部分处、教育办公室、收入检查室。党群机构设党委办公室、组织部、宣传部、政法综治路风办公室、纪律检查委员会、机关党委、分局工会、分局团委。政法部门设柳州铁路公安处、柳州铁路运输检察院、柳州铁路运输法院。派出机构设桂林铁路地区办事处、金城江铁路地区办事处。基层单位有直属车站6个，车务段5个，客运段1个，机务段3个，工务段4个，电务段3个，车辆段、机械保温车辆段、水电段各1个，房产建筑段2个，生活管理段、车轮厂、装卸机械厂、林业管理所、工程总公司各1个，成人培训学校1所，医院3所，防疫站1个。教育办公室管辖中、小学 24 所，幼儿园 4 所。生活部门有行车公寓 8 个，职工食堂 12 个，幼儿园、托儿所 9 所，招待所 2 个，生活供应站（车）2 个。附属机构有广西铁道学会柳州分会、电子计算所、电教研究中心、劳动定额检定组、保卫室、桂林干休所、桂林招待所、分局招待所。多元经营企业有柳州铁路分局经贸实业开发总公司、柳州铁路分局储运公司、柳州铁路分局柳惠铁路实业开发公司、湛江东海岛龙铁经贸公司。分局职工定员 35974 人，现员 35601 人。

1997 年 11 月 1 日，柳州铁路局根据铁道部决定，撤销柳州铁路分局，分局党委、纪委、工会、团委机构同时撤销。

南宁铁路分局

南宁铁路分局机关位于南宁市衡阳西路 30 号，主要职能是对管辖基层站段的运输生产实行统一管理、集中指挥。

1991 年，南宁铁路分局管辖湘桂铁路南段，黎湛、河茂铁路全线。湘桂铁路北于和吉村至黎塘 K660+500 处与柳州铁路分局分界，南至接轨点与越南铁路分界；黎湛铁路自黎塘至湛江；河茂铁路西自河唇，东在茂名至茂名东 K61+651 处与广州铁路（集团）公司三茂铁路公司分界。管内正线 738.9 公里，其中广西境内 587.9 公里；营业里程 730.6 公里，其中广西境内 580.3 公里。管辖车站 74 个（广西境内 58 个、广东境内 16 个），其中一等站 5 个、二等站 5 个、三等站 9 个、四等站 52 个、五等站 3 个。南宁铁路分局机关科室机构 31 个，人员编制 478 人，其中分局领导职数 8 人、科室人员 470 人。派出机构设湛江、玉林、黎塘、凭祥 4 个铁路地区办事处，管辖直属车站 9 个，车务段 3 个，机务段 2 个，工务段 4 个，电务段和车辆段各 2 个，客运段、水电段、生活段、房建段、成人培训学校、装卸机具修配所、林业管理所和招待所各 1 个，中学 6 所、小学 10 所、幼儿园 1 所、医院 2 所、卫生防疫站 1 个。5 月 2 日，成立南宁铁路分局保价运输办公室，设于货运科。11 月 21 日，成立南宁铁路分局党委、分局信访办公室（属分局办公室领导）。12 月 16 日，成立南宁铁路分局果菜运输办公室。

1992 年 8 月 4 日，成立南宁铁路分局史志办公室。8 月 10 日，成立南宁铁路分局综合改革办公室。11 月 19 日，成立南宁铁路分局经济技术开发总公司和开发经营分处，实行“一套人马、两块牌子”，撤销多种经营办公室、果菜运输办公室、东罗管理站自备车运输管理办公室；成立南宁铁路分局工程建设总公司，撤销分局工程建设办公室、设计室、基建房产科；成立南宁铁路分局房地产开发公司，与土地管理办公室、房产管理办公室实行“一套人马、三块牌子”。

1993 年 3 月 30 日，成立南宁铁路分局基本建设分处，又称工程建设总公司，实行“一套人马、两块牌子”。

1994 年 2 月 21 日，南宁铁路分局路风建设办公室划归分局党委领导，机构定员同时划入党群系列，和精神文明建设办公室按“一套人马、两块牌子”设置。4 月 20 日，成立南宁铁路分局设备管理办公室、汽车管理办公室，机构编制设在分局企业管理办公室。8 月 17 日，根据铁路局有关文件精神，南宁铁路分局将机关行政部门的办公室、总工程师室、企业管理办公室、安全监察室、运输科、货运科、装卸管理科、机务科、车辆科、工务科、电务科、计划统计科、审计科、劳动工资科、干部科、财务科、职工教育科、开发经营分处、集体经济科、教育办公室、收入检查室、监察科，由科级建制调整为副处级建制。10 月 18 日，南宁铁路分局党校改为中国共产党南宁铁路分局委员会党校、南宁铁路分局干部学校。党校由原来独立的分局所属单位改为分局党委的一个部门。

1995 年 2 月 16 日，成立南宁铁路分局安全基础建设办公室，挂靠安全监察室。3 月 21 日，成立柳州铁路局平果临管段，科级建制，由南宁铁路分局代铁路局领导与管理。7 月 31 日，成立南宁铁路分局住房资金管理中心，与房产管理办公室合一设置。

1996 年 4 月 30 日，南宁铁路分局史志办公室并入分局办公室，对外保留史志办公室名称；将法律顾问室、行政复议办公室并入企业管理办公室，对外保留法律顾问室、行政复议办公室名称；行政管理科、老干部科、人民武装部改为副处级建制，改称行政生活卫生分处、老干部管理分处、战备武装分处；机要通讯室按副科建制，列行政附属编制，由南宁铁路分局党委管理；安全宣传车机构列行政附属机构编制，由安全监察室领导与管理；保密工作机构列机关行政编制，设在南宁铁路分局党委办公室，党委办公室对外同时称南宁铁路分局保密委员会办公室；劳动定额鉴定组划入机关行政编制，并入劳动工资分处，保留劳动定额鉴定组名称；基建分处与工程建设总公司分设，土地管理办公室并入基建分处，列机关行政编制，基建分处同时称房地产管理分处；撤销玉林铁路地区办事处、黎塘铁路地区办事处及定员，撤销凭祥铁路地区办事处机构，保留行政定员 2 人。5 月 27 日，南宁铁路分局房地产管理职能由房地产开发公司负责具体履行，保留土地管理办公室、房产管理办公室名称。6 月 20 日，成立南宁铁路集装箱运输中心，是南宁铁路分局运输主业经营集装箱和零担货物运输的经济实体。7 月 11 日，成立南宁铁路分局计算机技术开发中心。8 月 19 日，设立凭祥站区人民武装部，由南宁铁路分局战备武装分处领导与管理。

1997 年 1 月 15 日，南宁铁路分局成立多元经济管理委员会，下设办公室，挂靠多经分处。2 月 25 日，成立南宁铁路分局劳动力职业介绍服务中心。2 月 27 日，设立南宁铁路分局城市管理办公室和城市管理监察大队。10 月 1 日，将湛江东站交湛江港务局。10 月 31 日南宁铁路分局撤销前，行政机构设办公室、总工程师室、企业管理办公室（法律顾问室、行政复议办公室）、安全监察室、运输分处、客运分处、货运分处、装卸管理分处、机务分处、工务分处、电务分处、车辆分处、干部分处、劳动工资分处、计划统计分处、财务分处、审计分处、基本建设分处、职工教育分处、集体经济分处、开发经营分处、生活卫生分处、战备武装分处、老干部管理分处、教育办公室、收入检查室。党群部门设党委办公室、组织部、宣传部、干部部、党（干）校、政法路风办公室、纪律检查委员会、机关党委、分局工会、分局团委。政法部门设南宁铁路公安处、南宁铁路运输检察院、南宁铁路运输法院。派出机构设湛江铁路地区办事处。多元经营企业有南宁铁路分局房地产开发公司、南宁铁路分局工程建设总公司。基层单位有直属车站 9 个（广西境内 6 个），工务段 3 个（广西境内 2 个），车务段 2 个（广西境内 1 个），车辆段 3 个（广西境内 2 个），机务段、电务段各 2 个，客运段、水电段、生活管理段、林业管理所和防疫站各 1 个，医院 2 所，成人培训学校 1 所，教育办公室管辖中小学、幼儿园 16 所。分局职工总数 28186 人，其中干部 5167 人、工人 23019 人。

1997 年 11 月 1 日，柳州铁路局根据铁道部决定，撤销南宁铁路分局，分局党委、纪委、工会、团委机构同时撤销。

第三节　铁路地区办事处

1991 年，柳州铁路局广西境内设有桂林、金城江、融安、黎塘、玉林、凭祥 6 个铁路地区办事处（湛江铁路地区办事处在广东省境内）。各地区铁路办事处内设办公室、业务安全室（安全监察室）、人民武装部，代铁路分局管理离退休工作站。党群组织设党工委、纪检组、工会、团委。主要职责是对内协调和对外联系等，对基层站段不承担管理职能。

1996 年 4 月，撤销融安、黎塘、玉林、凭祥铁路地区办事处。

1997 年 11 月 10 日，成立柳州铁路局南宁铁路地区办事处，设主任 1 人（铁路局领导兼）、副主任 4 人。内设办公室、对内协调办公室、对外联络办公室、安全监督办公室。定员 74 人，其中管理人员63 人、服务人员 11 人。同时成立中共柳州铁路局南宁铁路地区办事处工作委员会（简称办事处党工委），办事处党工委书记由铁路局领导兼任，设副书记 1 人，内设组织组、宣传组、办公室，并设纪检监察组、工会、团委，党群组织定员 26 人。

1998 年 6 月，南宁铁路地区办事处内设的办公室与对内协调办公室、对外联络办公室合并组成新的办公室，保留安全监督机构并更名为安全监察室。行政管理和服务人员由 74 人精简为 36 人。

1999 年 2 月 26 日，成立柳州铁路局百色铁路地区办事处、中国共产党柳州铁路局百色铁路地区工作委员会和百色地区安全监察组。百色铁路地区办事处副处级建制，主要职责为对内协调与对外联系。工作范围为百色、兴义铁路地区。办事处设主任1人、主任科员或副主任科员2人、科员1人,地区党工委不设专职定员,工委书记由办事处主任兼任。百色铁路地区安全监察组由百色铁路地区办事处领导和管理,业务上接受铁路局安监室指导,定员设组长1人、监察3人。

2005年6月7日,铁路局决定撤销桂林、百色、金城江、湛江铁路地区办事处及由其领导和管理的地区安全监察组织机构编制。南宁铁路地区办事处按50人编制,设主任1人、副主任1人、综合办公室13人、安全监察室35人。同月20日,铁路局决定将南宁铁路地区办事处更名为南宁铁路办事处,其内设的安全监察办公室更名为安全监察室,下设驻桂林、金城江、百色、玉林4个安全办公室。

第四节　地方和合资铁路管理机构

广西地方铁路有限公司

1991年,广西有来合、三罗、金红、洛茂、桂海、东罗6条地方铁路,运营里程284.4公里。由柳州铁路局承包经营。下设来宾、普洛、罗城管理段,桂海、东罗管理站。有固定职工3201人。

1992年8月,根据自治区党委书记办公会议精神,柳州铁路局下发《关于成立广西壮族自治区地方铁路公司的通知》,广西地方铁路公司于1992年8月15日成立,由自治区经委主管,柳州铁路局代管,统一领导地方铁路基层单位的运输生产和经营管理,实行自主经营,独立核算,自负盈亏。公司依据柳州铁路局机构定员编制的规定,重新编制地方铁路定员3556人。

1995年1月,自治区人民政府决定成立广西地方铁路有限公司,同年10月20日在南宁正式挂牌成立。公司为自治区人民政府领导的国有独资公司,自治区人民政府授权持有广西境内各条地方铁路的产权,享有出资者权利,实行自主经营,独立核算,自负盈亏,自我发展,自我约束,依法纳税,是具有独立法人资格的经济实体和市场主体。广西地方铁路有限公司位于南宁市明秀西路100-3号。公司机关设置运输部、计财部、人劳部、基建工程部、开发经营部、总工程师室、办公室、广西地方铁路公安处等职能机构。公司直接管理柳州地铁公司、广西自备车公司、北海铁道宾馆3个全资子(分)公司及普洛、来宾、罗城管理段,桂林、东罗管理站,柳州钢化玻璃厂6个基层单位。同时,按照产权比例行使对南防、钦北、黎钦铁路公司3个子公司的投资、建设、经营管理职能和党群关系上的领导职能。

2002年6月,铁道部和自治区协商组建广西沿海铁路公司。广西地方铁路有限公司在自治区国资委的领导下持有广西沿海铁路公司39.2%股份,并直接管理来合、金城江、罗城管理段,桂林东站和广西地方铁路经济技术开发有限公司、柳州艾特吉安玻璃股份有限公司,经营来合、三罗、金红、洛茂、桂海5条地方铁路,实行资产经营责任制。

2005年末,广西地方铁路有限公司机关设办公室、运输部、人事劳资部、计划财务部、基建工程部(总工程师室)、党群工作部5部1室,实际定员54人(含公司领导)。附属机构有公安处、柳州办事处等3个。直属基层单位有来宾、金城江、罗城管理段,桂林东站4个。直属二级全资子公司有广西地铁经济开发有限公司等7个。有绝对控股子公司柳州艾特吉安玻璃股份有限公司1个,相对控股子公司广西沿海铁路公司1个。期末职工总数2312人(不含相对控股子公司广西沿海铁路公司),总资产17.49亿元。

南防铁路公司

南防铁路是由自治区和铁道部共同出资修建的合资铁路,1997年5月1日由中铁二局新线铁路运输处投入临管运营。1990年12月26日,成立南防铁路公司,1991年1月1日接管南防铁路全线。南防铁路公司位于南宁市明秀西路100-3号。公司机关设行政办公室、运输科、机辆科、工电科、基建科、计划财务科、劳动人事科、监察审计科,定员90人,其中公司领导5人。下设钦州、防城港站，南宁南机务运用段，钦州工务队，钦州电务领工区，防城港列检所，钦州水电房建领工区，钦州卫生所8个单位。年内，成立多种经营办公室。1993年，南防铁路公司重新公布公司机关行政科室机构及定员，设办公室，总工程师室，运输部（含运输、机辆、工电科），计划财务、劳动人事、基建科，定员102人（管理人员83人、生产人员19人），其中公司领导5人。1995年10月，广西地方铁路有限公司成立后，南防铁路公司为其子公司。2002年6月，南防铁路公司与钦北铁路有限责任公司、黎钦铁路有限责任公司组成广西沿海铁路公司。

钦北铁路公司

钦北铁路是由自治区筹资修建的地方铁路，1995年5月12日正式开通，7月1日由南防铁路公司临管运营。1997年6月，根据自治区人民政府批复，组建钦北铁路公司，经营管理钦北铁路。公司位于北海市北京路1号。公司机关设行政办公室、总工程师室、运输经营部、劳动人事部、计划财务部、材料室，定员53人（管理人员46人、服务人员4人、生产人员3人），其中公司领导5人。下设北海、钦东、钦州港工务领工区，北海综合领工区，北海电务领工区，北海机辆车间，北海、钦州港、钦州东、合浦、那丽、旺乡岭站，泥桥线路所，北海公寓。公司总定员526人。1996年12月，由南防铁路公司和钦州市人民政府出资兴建的钦港铁路建成。1997年6月，交由钦北铁路公司经营管理。2000年，钦北铁路公司调整部分机构及定员。公司机关设行政办公室、总工程师室、运输经营部、劳动人事部、计划财务部、材料库。定员43人（管理人员24人、生产人员19人），其中公司领导3人。下设北海、钦州东工务领工区，北海综合领工区，北海电务领工区，北海机辆车间，北海站，钦港中心站，合浦中心站，北海公寓，保健站，北海经贸公司，工程项目经理部，公司总定员487人。同年7月，钦北铁路公司与南防铁路公司签订委托经营管理协议，从2001年1月起钦北、钦港铁路再一次交由南防铁路公司经营管理。2002年6月，钦北铁路公司与南防铁路公司、黎钦铁路公司组成广西沿海铁路公司。

黎钦铁路公司

黎钦铁路是由自治区筹资修建的一条地方铁路，1996年4月破土动工。同年11月29日成立黎钦铁路公司，负责黎钦铁路建设和开通运营后的经营管理。黎钦铁路公司位于钦州市人民路293号长城酒店内。公司机关设办公室、运输部、劳人部、计财部、物资部、基建工程部、开发经营部、工程质量监督站。定员60人（管理人员49人、服务人员11人），其中公司领导6人。1997年，黎钦铁路公司机关成立计划科，原计财科改称财务科。1999年，黎钦铁路投入临管运营。同年4月，黎钦铁路公司与南防铁路公司签订委托经营管理协议，黎钦铁路由南防铁路公司经营管理。2001年2月，实现柳州铁路局管内分流。2002年6月，黎钦铁路公司与南防铁路公司、钦北铁路公司组成广西沿海铁路公司。

广西沿海铁路公司

2002年6月18日，根据铁道部和自治区协议，由南防铁路公司、钦北铁路公司和黎钦铁路公司合并组成广西沿海铁路公司。公司位于南宁市明秀西路100–3号。广西沿海铁路公司为自治区和铁道部的合资公司，接受柳州铁路局行业归口管理。公司注册资金人民币11.9482亿元（由净资产18.3819亿元按规定65%折算确定，其余35%作为广西沿海铁路公司的资本公积金），每股面值1元，合计11.9482亿股，其中广西地方铁路有限公司持4.6837亿股，占股份总数39.2%；铁道部在广西沿海铁路公司的出资人代表柳州铁路局持2.6441亿股，占股份总数的22.1%；广西开发投资有限责任公司持2.4016亿股，占股份总数的20.1%；北海市钦北铁路建设开发公司持1.3071亿股，占股份总数的10.9%；广西钦州铁路发展总公司持0.8567亿股，占股份总数的7.2%；广西横县国盛投资经营有限责任公司持0.055亿股，占股份总数的0.5%。广西沿海铁路公司董事会由13人组成，监事会由7人组成，经理层由5人组成。行政职能部门设办公室，人事劳资、财务、企划、运输部，安全监察室，基础、基建工程、鉴定审计、开发经营部；党群职能部门设党委工作部，干部部(与人事劳资部合一设置)，纪委(与监察审计部合一设置)，工会，团委。定员105人(管理人员85人、服务人员6人、生产人员14人)。下设防城港运输段、南宁南机务运用段、钦州工务段、钦州管理段4个基层单位。附属单位有机关事务管理中心、公安段。下属子公司有广西地方铁路工程承发包有限公司、广西地方铁路勘测设计有限公司。经营管理广西沿海区域的南宁至防城港、钦州至北海、黎塘至钦州、钦州至钦州港4条铁路，营业里程416公里，设26个车站、1个线路所，各营业站均与全国铁路干线联网运营。公司总资产30亿元，员工2700多人。

第五节　管理体制改革

撤销铁路分局

1997年10月24日，铁道部作出《关于改革柳州铁路局管理体制的决定》，从11月1日起，撤销柳州铁路局柳州、南宁铁路分局，实行由铁路局直接领导基层站段的新体制。根据铁道部的决定，铁路局立即制订撤销铁路分局的具体方案，成立体制改革领导小组，下设运营安全、财务接管、人事干部、计划房建、文档资产接管和综合六个专门工作组和驻柳州、南宁铁路分局工作队，迅速完成对两个铁路分局各项工作和财务、文档、资产的接管和分局机关工作人员的安置工作。结束两级法人管理同一资产的历史，实现由铁路局、铁路分局、基层站段三级管理向铁路局、基层站段两级管理的过渡。在此基础上，按照精简高效、纵横协调、直管站段、面向市场的原则，铁路局调整机关职能，精简机关人员、机构，形成“一级法人，两级中心，责权明确，各司其职，系统管理，双向协调”的直管站段新模式。与此同时，铁路局按照铁道部1997年10月24日作出的《关于改变柳州机车车辆厂隶属关系的决定》，与中国铁路机车车辆工业总公司协调，将其所属的柳州机车车辆厂划归铁路局领导。在全国铁路率先实现跨行业重组和企业重构。根据铁道部的要求，于1998年9月11日将柳州调度所合并到铁路局总调度室；1999年6月16日，撤销南宁调度所，该所的各调度台合并到铁路局总调度室，实现对铁路运输的统一指挥。

生产力布局调整

柳州铁路局原来的运输生产单位是在生产力水平较低的情况下设置的，1996年大规模生产力布局调整前，柳州铁路局有运输生产单位58个(含3个大修段)，管理跨度小，资源分散，严重制约新技术装备作用的发挥和运输生产力的发展。

1996年，柳州铁路局开始进行生产力布局调整。成立由铁路局长任组长，局党委书记、副局长和总经济师任副组长，劳资、人事、财务、计统、企法处和党委组织部等部门负责人为成员的生产力布局调整领导小组，统一组织领导和研究决定全局生产力布局调整工作。先后印发《关于加快调整生产力布局和劳动组织的通知》《关于进一步推进生产力布局调整、优化劳动组织的通知》和《关于生产力布局调整工作的若干规定》等政策性文件，对生产力布局调整中人员分流、资产交接、财务清查、在建项目处理和调整纪律等方面作出规定。10月14日，将宜山工务段与金城江工务段合并，组建新的金城江工务段；将柳州机务段与融安机务段合并，组建新的柳州机务段。

1997年6月6日，将金城江车辆运用段与柳州车辆段合并，组建新的柳州车辆段；将融安站并入融安车务段；将融安电务段与柳州电务段合并，组建新的柳州电务段。年内，新建的南昆铁路投入运营，先后成立百色供电段、百色电务段、百色工务段、兴义工务段、南宁南车务段、百色车务段、南宁南车辆段7个新的运输站段。

1998年9月18日，撤销来宾车务段，成立柳州车务段，并将柳州北站及原桂林车务段管辖的湘桂铁路对亭至鹧鸪江站和屯秋专用线成建制划归柳州车务段管理；撤销桂林车务段和全州车务段，成立新的全州车务段；撤销南宁工务段和崇左工务段，成立新的南宁工务段；撤销桂林工务段和全州工务段，成立新的桂林工务段；撤销黎塘车务段和崇左车务段，成立新的崇左车务段。

1999 年 2 月 26 日，将南宁南车务段并入百色车务段。11 月 8 日，柳州铁路局根据铁道部要求，成立柳州铁路局客运公司，并以柳州、南宁客运段和南宁车辆段为基础，分别组建柳州、南宁客运分公司和南宁客车车辆分公司。

2000 年 5 月 16 日，撤销与局工务处合一设置的铁路局工务大修中心及其机构编制，原由局工务处直接管理的第一线路、第二线路、桥隧大修段，工务工厂改按铁路局直管单位管理。自 9 月 1 日起，铁路局客运公司内部实行一级管理的新体制，撤销柳州、南宁客运分公司和南宁客车车辆分公司，由客运公司直接领导和管理车队（车间）。

2001 年 1 月 1 日，撤销第一线路、第二线路、桥隧大修段，成立柳州铁路局工务大修中心。8 月 10 日，撤销柳州电务段和金城江电务段，成立新的柳州电务段；撤销南宁电务段和百色电务段，成立新的南宁电务段。

2003 年 8 月 25 日，柳州铁路局根据铁道部关于完善铁路局内部客运公司改革的意见，组建南宁客车车辆段，列为铁路局直管单位。

2004 年 1 月 1 日，柳州铁路局根据铁道部的意见，撤销铁路局客运公司，组建铁路局客运处和柳州、南宁客运段。7 月 21 日，将桂林站、桂林北站合并，组建新的桂林站。11 月 25 日，将柳州电务段与桂林电务段合并，组建新的柳州电务段；将南宁电务段与玉林电务段合并，组建新的南宁电务段；将百色工务段与兴义工务段合并，组建新的百色工务段；将柳州工务段与金城江、融安工务段合并，组建新的柳州工务段；将柳州机务段与金城江机务段合并，组建新的柳州机务段；将南宁水电段与百色供电段合并，组建新的南宁供电段；将柳州车务段与融安车务段合并，组建新的柳州车务段。将金城江站划归宜山车务段领导和管理；将贵港站划归河唇车务段领导和管理；将凭祥站划归崇左车务段领导和管理；撤销柳州车轮厂，其业务、人员及资产按现状成建制划归柳州车辆段。12 月 31 日，将铁路局工务大修中心更名为柳州铁路局工务机械化段。

2005 年 5 月 8 日，将南宁电务段与柳州电务段合并，组建新的南宁电务段；将柳州机务段与桂林机务段合并，组建新的柳州机务段。撤销崇左车务段，成立南宁车务段，将南宁南站划归南宁车务段领导和管理；撤销河唇车务段，成立玉林车务段，将玉林站划归玉林车务段领导和管理。6 月 8 日，将全州车务段改设于桂林并更名为桂林车务段。6 月 20 日，将南宁客运段与柳州客运段合并，组建新的南宁客运段。10 月 17 日，南宁客车车辆段更名为南宁车辆段。

1996—2005 年，柳州铁路局撤并、移交运输生产单位 34 个。2005 年末，全局有运输生产单位 31 个。通过运输生产力布局调整，运输站段的管理跨度扩大，管理机构和人员精简，资源配置优化，运输效率提高，管理成本降低，对柳州铁路局的发展具有重要作用。

辅业分离和企业办社会职能移交

2000 年 9 月，广西地方铁路有限公司撤销罗城铁路小学；2001 年 9 月，撤销合山铁路小学；2002 年 7 月，撤销普洛铁路中学。至此，广西地方、合资铁路职工子女全部就近就读地方中、小

2001 年 1 月，柳州铁路局工务大修中心在生产力布局调整中成立

学。

2003年8月13日，柳州铁路局按照铁道部《关于推进铁路主辅分离辅业改制和做好再就业工作的指导意见》和铁路局要开展分离企业办社会职能，力争两年内基本完成铁路企业教育卫生机构的移交工作，将铁路企业所属的中小学校、幼儿园、职业学校、医院的人员和资产，成建制整体移交地方人民政府管理的要求，成立推进主辅分离辅业改制领导小组，由铁路局局长、党委书记任组长，总经济师任常务副组长，3名副局长任副组长，铁路局行政和党群有关部门的负责人为成员，负责组织推进全局主辅分离辅业改制工作。领导小组下设办公室，承担指导协调和归口管理工作。按照国家发改委等部委和铁道部的要求，先后与铁道建筑总公司、铁道特货运输公司、广西壮族自治区人民政府及有关地、市政府进行协商，开展主辅分离、辅业改制、移交企业办社会职能工作。10月29日，柳州铁路局根据国务院国有资产监督管理委员会《关于将铁道部第一、第四勘察设计院20户企业划转中国铁道建筑总公司有关问题的批复》，与中国铁道建筑总公司签订《移交柳州铁路工程集团有限责任公司协议书》和《移交柳州铁路勘测设计研究院协议书》，将柳州铁路工程集团有限责任公司、柳州铁路勘测设计研究院移交中国铁道建筑总公司管理。12月16日，柳州铁路局与中国铁道特种货物运输有限责任公司签订协议，将柳州机械保温车辆段移交中国铁道特种货物运输有限责任公司管理。

2004年6月28日，自治区人民政府办公厅印发《广西壮族自治区人民政府关于接收柳州铁路局所属广西境内中小学校总体方案的通知》，同意接收柳州铁路局所属广西境内中小学校，并对接收对象、接收单位、接收时间以及若干具体事项作出规定。7月16日，柳州铁路局与百色市人民政府签订《移交百色铁路中学校协议书》，从8月1日起，将百色铁路中学成建制整体移交给百色市人民政府管理。7月27日，柳州铁路局与玉林市人民政府签订《交接玉林铁路中小学校协议书》，从8月1日起，将玉林市辖区内的玉林铁路中学和玉林铁路小学，成建制整体移交给玉林市玉州区人民政府管理。7月31日，柳州铁路局与南宁市人民政府签订《移交南宁市辖区内铁路中小学校协议书》，从8月9日起，将南宁市辖区内的6所铁路中、小学校，成建制整体移交给南宁市人民政府，作为南宁市人民政府财政供养的全额拨款事业单位管理。8月4日，柳州铁路局与崇左市人民政府签订《柳州铁路局在崇左市辖区内铁路学校移交地方政府管理协议书》，从8月15日起，将崇左铁路中学、凭祥铁路小学、崇左铁路幼儿园，成建制整体移交给崇左市人民政府管理。8月10日，柳州铁路局与来宾市人民政府签订《移交来宾铁路中学校和幼儿园协议书》，即日起将来宾市辖区内的来宾铁路中学和来宾铁路幼儿园，成建制整体移交给来宾市人民政府管理。8月19日，柳州铁路局与桂林市人民政府签订《桂林铁路中小学校移交协议书》，即日起将桂林市辖区内的桂林铁路中学、桂林铁路小学、全州铁路小学，成建制整体移交给桂林市人民政府管理。同日，柳州铁路局与河池市人民政府签订《移交河池铁路中小学校协议书》，从9月1日起，将河池市辖区内的金城江铁路中学、金城江铁路小学、宜山铁路小学，成建制整体移交给河池市人民政府管理。同日，柳州铁路局与柳州市人民政府签订《柳州铁路局在柳州市管辖区内所办中小学校移交地方政府管理协议书》，从9月1日起，将柳州铁路局在柳州市辖区内所办的属于基础教育范畴的14所普通中小学校移交给柳州市人民政府管理。

2004年9月初，柳州铁路局向自治区人民政府提出请求，将其在广西境内所办的4所中等职业学校、9所医院、21所幼儿园实施整体剥离。9月13日，自治区人民政府办公厅印发《关于加快推进柳州铁路局剥离办社会职能工作的通知》，支持柳州铁路局提出的整体剥离要求。9月22日，自治区主席陆兵作出重要指示，要求加快柳州铁路局剥离办社会职能工作。9月23日，自治区人民政府在南宁召开会议，贯彻落实陆兵关于加快柳州铁路局剥离办社会职能工作的指示精神，要求南宁、柳州、桂林、玉林、河池、百色市和柳州铁路局于10月1日前签订一揽子剥离接收协议。9月28日，柳州铁路局与百色市人民政府签订《移交百色铁路医院协议书》《移交百色铁路幼儿园协议书》《移交百色市管辖区内铁路环卫队协议书》，从10月1日起，将所属的百色铁路医院、百色铁路幼儿园、柳州铁路局百色地区环卫队成建制整体移交给百色市人民政府管理。9月29日，柳州铁路局与桂林市人民政府签订《移交柳州铁路局在桂林市内办社会职能协议书》，将桂林铁路运输系统职工培训基地、桂林铁路幼儿园、桂林铁路医院，成建制整体移交给桂林市人民政府管理。9月30日，柳州铁路局与玉林市人民政府签订《交接玉林铁路医院协议书》《交接玉林铁路幼儿园协议书》，从10月1日起，将玉林铁路医院、玉林铁路幼儿园成建制移交给玉林市人民政府，由玉林市卫生部门和玉林市玉州区教育行政部门管理。同日，柳州铁路局与河池市人民政府签订《移交河池市管辖区内铁路医院协议书》《移交河池市管辖区内铁路幼儿园协议书》，将河池市管辖区内的金城江铁路医院、宜山九龙精神病康复医院和医院主办的南丹、宜山卫生所，以及金城江铁路幼儿园、宜山铁路幼儿园，成建制整体移交给河池市人民政府，由接收地政府管理。同日，柳州铁路局与柳州市人民政府签订《柳州铁路局在柳州市管辖区内所办幼儿园、职业学校、医院剥离移交地方政府管理协议》和《补充协议》，从10月1日起，将铁路局在柳州市管辖区内所办的11所幼儿园和铁路运输学校、铁路成人中等专业学校、柳州机车车辆厂技工学校以及铁路中心医院、柳州机车车辆厂医院、融安铁路医院移交柳州市人民政府管理。同日，柳州铁路局与南宁市人民政府签订《接收管理南宁市管辖区内柳州铁路局剥离办社会职能协议书》及备忘录，将南宁铁路医院、南宁铁路第一幼儿园、南宁铁路第二幼儿园、南宁铁路第四幼儿园、南宁南铁路幼儿园、黎塘铁路幼儿园、南铁环卫队，成建制移交南宁市人民政府管理。10月28日，柳州铁路局与南宁市有关单位和县、区签署若干交接附件，完成移交工作。10月12日，柳州铁路局与桂林市人民政府签订《移交桂林铁路幼儿园协议书》《移交桂林市内铁路环卫工作职能协议书》《移交桂林铁路医院协议书》《移交柳铁桂林运输系统职工培训基地协议书》，从10月16日起，将铁路幼儿园、铁路环卫队、铁路医院、铁路局桂林运输系统职工培训基地成建制整体移交给桂林市人民政府管理。10月31日，柳州铁路局与柳州市人民政府签订《移交柳州市管辖区内铁路环卫队协议书》，从11月1日起，柳州铁路地区、柳州机车车辆厂、融安铁路地区环境卫生队，成建制整体移交给柳州市人民政府管理。

截至2005年末，柳州铁路局80个社会职能单位全部移交地方政府管理，其中移交中小学校36所、职业学校4所、医院9所、幼儿园25所、环卫队6个；移交在册职工6511人，其中中小学2410人、职业学校628人、幼儿园573人、医院2878人、环卫队22人；移交退休人员1540人，其中中小学1482人、职业学校51人、幼儿园7人；移交净资产3.2亿元。柳州铁路局社会职能单位移交工作的完成，彻底改变铁路企业几十年来大而全、企业办社会的传统组织结构，有利于铁路企业集中优势资源发展运输生产，增强企业核心竞争力；有利于地方政府在更大范围内配置教育卫生资源，为全社会提供更好的公共产品。

第二章　企业综合管理

第一节　经济活动分析

1991—2005年，柳州铁路局、广西地方铁路（有限）公司、南防（广西沿海）铁路公司坚持经济活动分析制度，深入分析经济运行态势，准确把握经济运行特点，及时发现经济运行中存在的倾向、苗头性问题，科学判断经济发展趋势，进行企业科学决策，保证各项运输生产任务的完成，推进经营管理和其他各项工作的发展。

1991年，柳州铁路局两次召开经济活动分析会，铁路局党政工领导、局机关各处室、局党委各部室、政法部门、报社、学（协）会等单位的负责人参加会议。会议对照年度方针目标和晋升国家二级企业指标要求，分析全局运输、基建、大修、更改、工业生产及安全、路风、质量、效率、效益等主要指标完成情况，对运输生产形势作全面分析和估价，对实施全年运输生产和经营目标提出具体措施和要求。

1994年11月1日，柳州铁路局召开年内第2次经济活动分析会，针对二、三季度连续遭受严重自然灾害，造成欠运太多，实现全年生产经营目标难度大的情况，提出"全局总动员，大战60天，挖潜提效，全面实现全年生产经营目标"的要求，四季度掀起补欠攻关热潮。

1996年7月，广西地方铁路有限公司召开上半年经济活动分析会，分析上半年地方和合资铁路生产经营情况，认为上半年运输收入超额完成计划，多种经营经济效益提高。针对运输成本支出增加过大、基建工程总体进展缓慢、资金到位差等问题制订整改措施。

1997年5月，柳州铁路局企业管理办公室印发《关于进一步加强经济活动分析工作的通知》，对经济活动预分析小组的组成、职责，主要分析指标体系、分析的形式、程序等作出规定。在7月22日召开的上半年经济活动分析会上，针对运输市场竞争激烈、运输需求量下降等困难，要求全局各单位、各部门抓好强化营销、严控成本、接管南昆铁路三件大事，力争实现全年经营目标。

从1998年开始，柳州铁路局基本做到每季召开一次经济活动分析会。在三季度经济活动分析会上，重点分析货物发送量、运输进款收入下滑，欠账过多的原因，提出增运补欠、确保实现全年经营目标的措施和办法，并在经济活动分析会上第一次分析职工队伍的思想状况，提出解决问题的对策和措施。

1999年初，广西地方铁路有限公司召开上年度经济活动分析会，分析地方和合资铁路经济活动情况，研究解决业务活动费超支、应收款较大等问题的对策，明确今后每半年召开一次经济活动分析会。同年10月19日，柳州铁路局召开的第三季度经济活动分析会，铁路局领导要求决战四季度，确保运输安全，提前一年实现2000年盈亏目标和实现年内旅客、货物发送量，运输收入超计划3%、运输支出节约2%的"增三节二"目标。

2000年2月13日，柳州铁路局召开1999年度经济活动分析会，宣布提前一年完成铁道部下达的2000年减亏任务。局长对全年经营工作提出深化改革、强化营销、增运增收、加强管理、狠抓节支、巩固和扩大减亏成果的要求。10月17日，召开的三季度经济活动分析会，重点分析生产经营中存在安全隐患多，运输总支出的增幅大于运输营业收入增幅，工资支出的需求大于可清算的工资来源，运量与运能矛盾突出等问题。针对存在的问题，局长对四季度工作提出要求。经过努力，除

2004 年 7 月 9 日，柳州铁路局经营管理工作会议在柳州召开

旅客发送量完成年计划 99.6%外，其他各项运输生产和经营指标都超额完成，其中货物发送量、换算周转量、运输收入分别超过年计划的 11.5%、6.5%、15.9%，盈亏指标比铁道部的考核指标减亏 7048 万元。

2002 年 2 月 9 日，柳州铁路局召开 2001 年度经济活动分析会。会议认为，2001 年，运输经营实现扭亏为盈，这是经营管理上的重大转折；货物发送量突破 4600 万吨，其他主要经营指标均超额完成年计划任务，创柳州铁路局成立以来最好成绩。

2003 年 2 月 11 日，柳州铁路局召开 2002 年度经济活动分析会，会议认为，2002 年，运输生产取得显著成绩，安全生产基础加强，经营结果好于预期，货物发送量、货物周转量、运输收入、营业收入都超额完成年度计划，实现经营利润 2.22 亿元，超过年计划的 15.4%。存在的主要问题是运输支出增幅高于运输营业收入增幅 2.9 个百分点。会议对如何完成 2003 年资产经营责任制目标提出要求：千方百计增运增收，把蛋糕做大；加强经营管理，坚持“以收定支、收支弹挂、动态调整、有增有减”的原则，做到成本支出有序可控；严格控制职工总量，提高劳动生产率，开源节流，有序增加职工收入。

2004 年 7 月 9 日，柳州铁路局上半年经济活动分析会与经营管理工作会议合并召开。会议认为，上半年的经营管理工作一是高起点上体现高水平。各项主要运输经营指标在上年全面创历史新高的高起点上，再次刷新纪录。二是高标准下达到高效率。列车旅行速度、牵引定数、机车运用效率、车辆周转速度等指标都不同程度提高，为全面完成全年各项运输经营指标提供有力的保证。

2005 年 10 月 14 日，广西沿海铁路公司召开第三季度经济活动分析会。会议认为，1 月—9 月，合资铁路货运量增长，运输收入提高，运输成本控制较好，技改施工进展顺利，安全生产基本稳定。会议对进一步搞好安全生产、加强成本管理、创建节约型企业进行研究。

2006 年 2 月 22 日，柳州铁路局召开 2005 年度经济活动分析会。局长、局党委书记分别对 2005 年的经营管理工作进行总结。会议认为，2005 年，全局各项工作跨上新台阶，安全生产稳定，运输生产再次实现大幅增长，盈亏目标实现，效率、效益提高，各项改革平稳推进，客货发送量、换算周转量及运输收入、营业收入等主要生产、经营指标均超额完成年计划，与上年比，除营业收入因清算办法变化而有所减少，其他指标均大幅度增长，取得建局以来最好成绩。

第二节　企业管理现代化

1991—2005 年，柳州铁路局坚持开展企业管理现代化活动，围绕铁路运输和安全生产的关键问题，组织职工运用系统论、控制论、信息论等管理现代化的技法层层开展攻关，对提高企业的现代化管理水平，促进安全和运输生产的发展发挥重要作用。

1991 年 3 月，柳州铁路局公布年度《现代化管理实施方案》，确定实施《铁路法》、保证运输生产安全、坚持和完善厂长负责制、搞好生产经营两个承包期的衔接为现代化管理攻关课题的重点，由局安全监察室牵头，开展跨部门安全联合攻关。运、机、工、电、辆各单位以系统论为指导，健全站区安全生产联防互控体系，增强站区在安全生产中的整体功能。通过层层攻关，安全生产的各项管理制度得到落实，安全基础工作进一步加强。全年，消灭行车责任重大、大事故，实现安全年。玉林机务段“应用系统工程原理，全线联防，消灭‘列车两冒’”和柳州铁路分局运输科、来宾车务段“建立五站一所联防互控体系，确保多方向接发列车安全”两项成果，获自治区管理现代化成果二等奖。局车辆处、南宁车辆段等单位的20项管理现代化成果获铁路局三、四等奖。

1992—1993年，柳州铁路局每年都公布《现代化管理攻关工作要点》。南宁、柳州铁路分局面对三茂铁路第三步分流造成管内部分干线运输能力紧张的新形势，应用系统论原理，抓好黎湛、焦柳铁路的扩能工作，统筹安排、合理调配，压缩车辆的停、中、周时。运输部门加强运输组织工作，合理调整区内编组区段站的编组计划，减轻茂名站的负担。1992年，完成货物周转量比上年增长8.5%；1993年比上年又增长6.7%。南宁站“运用系统工程原理改善经营环境，扩大运量，提高经济效益”等3项成果获自治区管理现代化成果二等奖。16项现代化管理成果获铁路局三、四等奖。

1994年2月，柳州铁路局修订《企业管理现代化成果管理办法》，对管理现代化成果的内容，攻关立项制度，攻关活动督促检查，成果申报、评审、发表、奖励，统计报告及成果档案管理等做出规定。举办2期有88人参加的企业现代化管理骨干培训班，组织专兼职人员学习《成果管理办法》和管理现代化知识。3月，印发《柳州铁路局1994年管理现代化攻关实施方案》，针对管内运能和运量不均衡，完成全年货物发送量困难等问题，由铁路局分管运输的领导牵头，以完成全年货物发送量为主要问题开展攻关。运输部门和各单位，以市场预测、决策技术、系统工程等原理为指导，搞好货源货流调查；加强货场组织管理；抓好卸车作业，压缩车辆停时；合理调整车流，加速管内移动，扩大车种代用，提高运输效率。年末，超额完成年度货物发送量3700万吨计划。全年，管理现代化课题立项460项，获自治区一等奖1项、二等奖2项；获铁路局三等奖2项、四等奖9项。

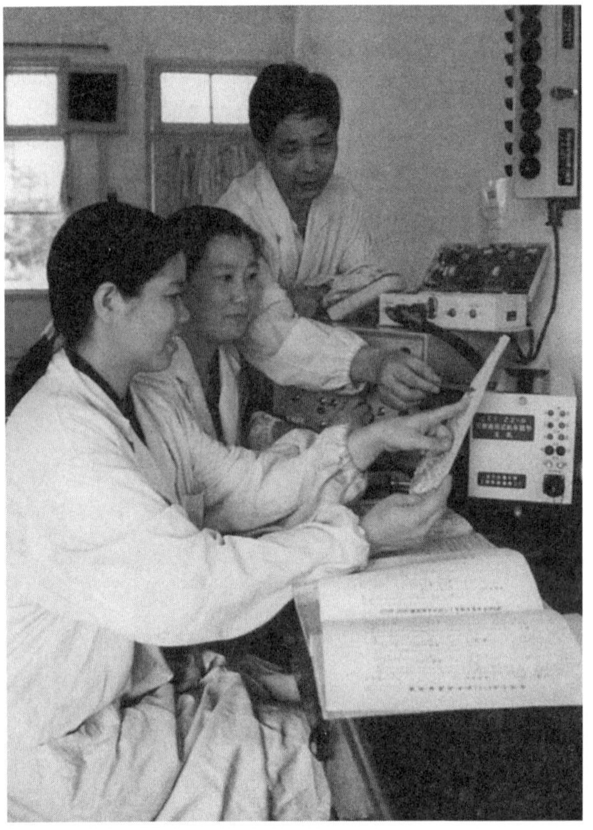

1994年，柳州铁路局电务部门职工进行现代化管理攻关

1995年，柳州铁路局举办现代化管理研讨班2期，111人参加研讨，主要学习常用现代化管理技法，探讨成果论文的撰写方法，进行成果经验交流。年内，企业管理现代化成果立项437项，其中行车安全、劳动安全、降低运输成本、压缩物资库存、搞好重点工程施工等被列为重点攻关项目。南宁站“应用系统工程原理，提高卸车作业能力”等2项成果获自治区一等奖、1项成果获二等奖；2项成果获铁路局三等奖、9项成果获四等奖。

1996年2月，柳州铁路局发布《1996年企业管理现代化实施方案》，提出在企业管理现代化方面的10项联合攻关课题和20项运、机、工、电、辆部门的专业课题。通过层层发动，全局攻关课题立项567项，取得直接经济效益1.5亿元。柳州铁路分局针对铁路运输线长点多，人员流动分散，职工思想工作难度大问题，组织课题立项攻关，建立起纵向到底、横向到边的职工思想政治工作体系，“以‘四职’为核心的全员人本管理保证体系”成果获得国家级企业管理现代化创新成果一等奖。年内，全局1项成果获自治区一等奖、1项获二等奖;13 个项目获铁路局级成果奖。6 月—7 月,铁路局企业管理办公室编印《"八五"期间企业管理现代化获奖成果汇编》。

1997 年 3 月和 1998 年 1 月，柳州铁路局分别对管理现代化成果的评定等级和立项、申报、评定时间进行修订。将原接续自治区排序的三、四、五、六、七、八等,改为铁路局自身排序的一、二、三、四、五、六等,其中一、二等为铁路局级,三、四等为铁路分局级,五、六等为站段级;规定每年的一季度为企业管理现代化课题立项登记时间,6 月为成果申报时间,7 月为组织评审时间。

1999 年,柳州铁路局重新修订《柳州铁路局企业管理现代化成果管理办法》,管理现代化成果攻关实现制度化、规范化。印发《1999 年企业管理现代化实施方案》。年内,全局有 57 个单位和部门进行管理现代化攻关课题立项 376 项，取得直接经济效益 1.26 亿元。有 2 项成果获自治区一等奖,1 项获二等奖;有 65 项成果获铁路局奖。玉林站面对经济吸引区内货源减少的困难，对货运营销立项攻关,运用现代化管理原理和技艺,开发石板材运输市场,取得显著效果,成果获自治区一等奖。11 月,召开企业管理现代化知识研讨会,有 52 个基层单位的 58 名专(兼)职人员参加研讨。

2000 年,自治区现代化管理成果评选暂停一年。柳州铁路局决定成果评审周期从 1 年改为 2 年并提高局级成果奖励标准。2000—2002 年,现代化管理攻关课题立项登记 1011 项。铁路局劳资部门针对铁路生产力布局落后，运用现代化管理原理，拟定生产力布局调整方案，在优化资源配置,促进企业减员增效中取得显著效果,被铁道部评为创新成果一等奖。2001 年 11 月,铁路局在桂林北召开企业管理现代化知识研讨会,有 57 个单位的 90 名专(兼)职人员参加会议。会上学习网络计划技术、系统工程、安全事故树分析、市场预测等原理和技法。2002 年,局政策法规处将 2000 年以来的 10 项获奖成果以及其他铁路局的部分创新成果汇编成《企业管理现代化优秀成果选编》。

2003 年 10 月,柳州铁路局根据铁道部《贯彻国务院国有资产监督管理委员会关于进一步做好全国企业管理现代化创新成果有关工作的意见》精神,在 2000 年提高铁路局级现代化管理成果奖励标准后,再次提高获国家级、省部级成果的奖励标准。2003—2005 年,主要以"挖掘运输潜力,提高运输效率"为重点,围绕增加区段列车对数、提高列车运行速度和列车牵引定数开展企业管理现代化课题研究和攻关，共登记立项 1572 项,296 项成果获奖,其中获铁道部二等奖 2 项、三等奖 3 项。

第三节　全面质量管理

质量管理活动

1991 年,柳州铁路局在 109 个推行全面质量管理的单位中,有 108 个单位实行方针目标管理。年初,铁路局、铁路分局和各单位都公布经过充分分析论证的全年工作方针和奋斗目标，以及各指标的包保责任人。日常加强对方针目标的诊断工作,对影响方针目标实现的问题,及时采取措施予以解决。年末,严格进行考核,搞好目标兑现评价,与经济责任制挂钩。在全面质量管理中,坚持始于教育、终于教育的原则,举办学习班 1106 期,参加学习 44503 人次;有 27508 人参加全国"全面质量管理基本知识"统考,均取得合格证书,平均成绩 85.32 分,13 个单位被自治区评为统考先进集体、25 人被评为先进个人。按照"以我为主,博采众长,融合提高,自成一家"的原则,开展 QC(质量管理)小组活动,提高 QC 小组的普及率、活动率、成果率。围绕运输生产、行车安全、经济效益、路风建设中的难点、关键点,成立 QC 小组,开展质量攻关。年内,注册登记质量管理小组 2992 个,占班组总数的 67.3%,参加人数 23485 人,取得成果 136 项,创经济效益 916.8 万元。

1992—1995 年,柳州铁路局把方针目标管理的着眼点放在实施上。推行月(季)活动计划书和"目标卡"制度,细化年度目标和对策措施,逐级落实责任,运用图表、数据分析、信息反馈和 PDCA 循环等方法,分析方针目标实施情况,对制约方针目

2001年，南宁机务段QC小组围绕行车安全开展质量攻关

标的关键问题实行登记销号制度，保证方针目标的兑现。QC小组活动，重点围绕安全生产和提高运输生产效率开展攻关。四年，共注册登记QC小组10313个，注册课题10491项，取得QC成果4528项，创经济效益3077.1万元。获国家级优秀QC成果2项，铁道部优秀QC成果78项，自治区优秀QC成果76项、先进QC成果71项。1994年，组织2924人参加中国质量协会组织的全国第16次“TQC基本知识”统考，合格率99%；组织157名站段长和专兼职人员参加全国质量管理电台讲座学习班学习。

1996年，柳州铁路局制订《“九五”期质量管理工作方案》，提出“九五”期间质量管理工作的目标是提高客货运输质量、产品质量和工程质量。运输质量重点是开好重载列车，提高行车速度，提高综合运输能力和运输服务水平；产品质量要求一次抽检合格率95%以上；工程质量全部达到一次交验合格，线路工程交验优良率90%以上。《方案》要求坚持抓好QC小组活动，对注册QC小组占班组总数的比例、参加QC小组活动人数占本单位职工人数的比例和QC小组活动成果率都作出规定，并决定提高成果奖励标准。1996—1997年，全局注册登记QC小组4721个，注册课题5448项，取得QC成果1845项，创经济效益7191.9万元。1997年10月，局政策法规处对1996—1997年获国家、铁道部和自治区的优秀QC成果进行整理，挑选其中24篇编印成册，供职工学习借鉴。

1998年，制订和实施《柳州铁路局质量管理小组管理办法》(以下简称《办法》)，内容包括质量管理小组活动范围、组建要求、组织管理、活动和教育、成果发表与评审、成果表彰奖励等。《办法》理顺柳州、南宁铁路分局撤销后各业务(主管)处与直管站段的关系，解决QC成果若在科学技术领域成绩突出并有推广价值的被视为科技成果问题，将局级和站段级成果的奖励标准提高1.5—2倍。6月，铁路局在铁道部召开的全路全面质量管理工作20年经验交流暨表彰大会上作题为《扎实求效地开展“小、实、活、新”的QC小组活动》经验介绍。年内，局政策法规处将部分优秀质量管理小组成果汇编成《案例分析》。针对成果中的不足及QC小组活动中的共性问题，请6名“国家质量管理小组活动诊断师”进行案例分析，帮助提高QC小组活动质量。1998—1999年，全局注册QC小组3999个，注册课题4151项，取得QC成果1511项，创经济效益1530.5万元。获国家级优秀QC成果6项，铁道部优秀QC成果37项，自治区优秀QC成果26项、先进QC成果46项，局政策法规处王卫被评为全国质量管理小组活动优秀推进者，1人被评为全路质量管理小组活动卓越领导者，5人被评为全路质量管理小组活动优秀推进者，12人被评为自治区优秀QC工作者，4人被评为自治区QC小组活动优秀推进者，2个班组被评为自治区质量信得过班组。

2000年9月，柳州铁路局积极投入由中共中央宣传部、国家质量技术监督局、国家经贸委、中华全国总工会、共青团中央联合发起的“全国质量月”活动，开展运输质量，客货服务质量，机车运用维修质量，线路、桥涵维修质量，通讯信号质量，铁道工程、房建工程施工质量大检查和“质量在我心中”演讲比赛活动。年内，注册QC小组1983个，注册课题2036项，取得QC成果723项，创经济效益602.3万元。获国家级优秀QC成果5项，铁道部优秀QC成果21项，自治区优秀QC成果14项、先进QC成果26项，2个班组被评为自治区质量信得过班组。百色车务段货运营销QC小组针对单位完成年度货物发送量和货运收入任务难度大，南昆铁路投入临管运营时间短，段内货运营销条件差问题，开展攻关活动，经过现状调查，运用因果图进行原因分析，找出造成营销效果差的9个原因，制订5项重点对策、17项措施，落实执行人，逐项落到实处，年末超额17.9%和18.9%完成年度货物发送量计划和货运收入计划，“强化货运营销，尽快发挥南昆线效益”课题，被铁道部评为优秀QC成果。

2007年，南宁电务段红绿灯QC小组获国际质量管理小组奖

2001年，柳州铁路局开展创新型QC小组活动，运用创新的思维方法、工作方法，探索研究和实施最佳方案和措施，增加成果的知识含量和科技含量。年内，围绕安全生产、运输组织，自控型班组建设，物资、设备、施工管理等问题，注册QC小组2034个，注册课题2086项，获QC成果731项，其中国家级优秀QC成果3项，铁道部优秀QC成果21项，自治区优秀QC成果16项、先进QC成果28项，创经济效益503.6万元。局电务处针对“天窗修”兑现率不高，影响信号设备质量，危及行车安全问题，注册QC小组，运用质量管理的技法，找原因，订措施，印发《关于严格“天窗”修纪律的决定》《关于规范电务“天窗”修的管理规定》，建立联系、考核制度，重点抓好交通工具、劳力组织、作业程序和标准的落实，使“天窗”修兑现率提高到95%以上。“提高‘天窗’修兑现率”课题获国家级优秀QC成果奖。

2002—2005年，柳州铁路局每年初都印发年度质量管理重点工作的通知。每年坚持开展“质量月活动”，围绕客货运输服务质量，机车、车辆检修质量，线路、通信、信号设备维修质量，工业产品质量，工程设计施工质量，运用全面质量管理的PDCA循环原理，查找存在问题、薄弱环节，分析原因，制订整改措施，使服务、设备和产品质量稳步提高，路风不良反映逐年减少，安全生产基本稳定可控。深入开展QC小组活动，2002—2005年，注册QC小组8606个，注册课题8990项，取得QC成果4138项，创经济效益2210.4万元。取得国家优秀QC成果25项，铁道部优秀QC成果84项，自治区优秀QC成果81项、先进QC成果119项，获得自治区质量信得过班组称号8个，是铁路局建局以来获得国家级、省部级QC成果最多时期。

表 5-6

1991—2005 年柳州铁路局质量管理获奖情况

奖项 / 年份	注册登记QC小组（个）	注册课题（个）	取得QC成果（项）	QC成果创经济效益（万元）	国家级优秀QC成果（项）	铁道部优秀QC成果（项）	自治区优秀QC成果（项）	自治区先进QC成果（项）	自治区信得过班组（个）	自治区优秀QC工作者（人）	自治区QC小组活动优秀推进者（人）	铁路局优秀QC成果（项）	铁路局先进QC成果（项）	铁路局优秀QC工作者（人）
1991	2992	—	1362	916.8	—	10	15	25	—	22	—	—	—	—
1992	2919	—	1358	753.9	—	28	18	28	—	20	—	—	—	—
1993	2436	2436	1020	700.9	—	18	18	18	—	—	—	32	29	—
1994	2366	2366	1075	713.6	1	18	15	25	—	—	—	40	45	—
1995	2592	2770	1075	908.7	1	14	25	—	1	12	2	40	45	60
1996	2437	3017	1119	5900.9	2	22	16	—	—	7	1	41	57	—
1997	2284	2431	726	1291	1	17	12	22	—	5	2	41	57	—
1998	2027	2122	750	728.9	2	19	13	23	2	6	2	45	61	62
1999	1972	2029	761	801.6	4	18	13	23	2	6	2	40	52	62
2000	1983	2036	723	602.3	5	21	14	26	3	—	2	46	54	—
2001	2034	2086	731	503.6	3	21	16	28	3	—	5	44	54	—
2002	2066	2098	751	73.6	6	21	17	29	2	—	4	50	62	—
2003	2158	2172	1123	712.6	7	23	18	28	2	11	4	50	80	104
2004	2350	2364	1237	723.9	5	20	23	29	2	—	1	50	70	—
2005	2032	2356	1027	700.3	7	20	23	33	2	—	1	48	69	—

质量体系建设

广西铁路的质量体系建设是从1996年开始的。年初，柳州铁路局印发《“九五”期质量上台阶方案》，要求各单位贯彻实施ISO 9000族标准，加强和规范企业内部管理，提高铁路产品、工程施工和服务质量，增强铁路企业的市场竞争力，按照GB/T 19000-ISO 9000标准，建立健全质量体系并使其有效运转。工程设计、施工单位，生产实物产品的工业单位，以及担负机车、车辆修理任务的运输生产单位，为及早与市场接轨，获取进入市场的通行证，先后建立贯标机构，学习和研究ISO 9000族标准，分析现状，找出与标准的差距，制订贯标总体目标和阶段性实施计划，开展全员培训，培养骨干队伍，清理原有文件，编写《质量手册》、程序文件以及支持文件，实施体系运作。经过几年的努力，1999年12月，局工程处通过北京九千质量体系认证中心的现场审核，获得国家ISO 9002质量体系认证证书(CNACR)和英国皇家认证认可委员会的认证证书(UKAS)，成为铁路局首家通过ISO 9000质量体系第三方认证的单位。2000年12月，铁路局勘测设计研究院、柳州机电厂、柳州车轮厂分别获得长城质量认证中心、中国进出口商品质量认证中心、中国方园标志认证委员会质量认证中心颁发的质量体系认证证书。2011年8月、12月，柳州机车车辆厂、湛江车辆段分别获得中国方园标志认证中心和北京ISO 9000标准质量体系认证中心颁发的质量体系认证证书。

2002年，柳州铁路局印发《关于进一步开展ISO 9000族标准贯标认证工作的通知》，对实施ISO 9000族标准的范围、目标，组织措施，内部达标验收，开展第三方咨询认证工作作出规定，提出按照分批试点、有序推进的原则，以运输生产单位为重点，在2—4年内全面推进ISO 9000贯标工作的要求。铁路局成立以局长为组长的贯标领导小组，下设办公室(设在局政策法规处)，负责全局的贯标、认证工作。年内，举办内审员学习班，培训内审员1005名，同时按部门举办程序文件编写班，并向上级送培站、段长以上干部23人，为全面推进贯标工作培养一支1000多人的内审员队伍。铁路局纪委在局机关率先编写《柳州铁路局党风廉政建设系统质量管理体系》。3月14日、6月12日，南宁南车辆段、柳州车辆段先后获得北京九千标准质量体系认证中心颁发的质量体系认证证书；6月12日、11月4日，柳州机保段、桂林配件厂分别获得北京世标认证中心、长城(天津)质量保证中心颁发的质量体系认证证书。柳州机车车辆厂、柳州车辆段整合ISO 14000环境管理、ISO 9001质量管理、OHSAS 18000职业健康安全管理三体系，建立管理体系，编制管理手册、程序文件并发布运行。

2003年，柳州铁路局进一步推进ISO 9000族标准贯标认证工作。9月，柳州车辆段获北京国环联合环境质量认证中心颁发的职业安全健康管理体系认证证书和环境管理体系认证证书。11月，柳州机车车辆厂获方园标志认证中心颁发的环境管理体系认证证书。12月，柳州铁路局表彰“贯标”工作先进单位，南宁客车车辆段、湛江车辆段、南宁机务段、柳州机车车辆厂获一等奖，柳州机务段、南宁南车辆段、柳州车辆段获二等奖，柳州车轮厂，局纪委、监察处等四个单位获三等奖。广西沿海铁路公司首先从南宁南机务运用段推行ISO 9001:2000族标准贯标工作，建立17个程序文件，规定开展管理活动的途径。

2004—2005年，柳州铁路局继续推进贯标工作。湛江车辆段和南宁车辆段将ISO 9000质量管理、ISO 14000环境管理、OHSAS I8000职业健康安全管理三体系进行整合，建立管理体系，编写管理手册和程序文件发布运行，并分别于2004年12月7日和2005年9月8日，获得中联认证中心和北京华厦认证中心颁发的职业安全健康管理体系和环境管理体系认证证书。2004年11月，广西沿海铁路公司南宁南机务运用段进行内部审核，2005年获北京大陆航星质量认证中心颁发的ISO 9001:2000质量体系认证证书。

用户满意度调查

广西铁路的用户满意度调查是从2003年开始的。当年10月—11月，柳州铁路局根据铁道部的统一部署，组织对桂林、柳州东、南宁等6个车站，南宁客运段5/6次车队4个车班进行旅客、货主满意度调查，发出和收回旅客问卷3850份、货主问卷3850份，5/6次车队、柳州东站被评为“全路用户满意单位”。

2004年，对柳州、南宁等4个车站，21/22次、157/158次等6个车队的二分之一车班进行旅客、货主满意度调查，发出和收回旅客、货主问卷7315份，21/22次列车、柳州东站获得“全路用户满意单位”称号。

2005年，柳州铁路局扩大用户满意度调查范围，对南宁车务段，桂林、柳州等5个车站，5/6次，149/150次等6个车队的二分之一车班进行旅客、货主满意度调查，发出和收回旅客问卷7378份、货主问卷748份。5/6次列车，柳州、桂林站获“全路用户满意单位”称号。铁路局旅客满意度获70.62分，货主满意度获73.42分。

第四节 班组建设

1991年5月，柳州铁路局、局党委、局工会、局团委转发铁道部《铁路企业班组建设暂行规定》，对班组的任务，工班长的基本条件、基本职责、权力、考核，班组生产、安全、劳动、质量、设备管理，班组核算、管理台账、民主管理、达标升级、思想政治工作和班组建设的组织领导作出规定。年内，根据1990—1992年班组建设规划，印发《关于做好班组账册簿表试行工作的通知》，按照精简为主，合并为辅，简并结合的原则和有用则填、无用不记、内容不重、填记方便、利于管理的要求，对班组账册簿表进行全面整顿。7月末，38类专业班组的生产性账册薄表整顿工作基本结束。其后印发《关于公布柳州铁路局各类专业班组生产业务账册簿表目录的通知》，公布审定的各类专业班组生产业务账册簿表目录，使班组账册簿表的形式规格基本一致并保持相对稳定，班组长填写账册簿表的负担减轻。11月，南宁铁路分局召开班组建设经验交流会，南宁电务段、黎塘车务段八塘站等15个站段、车间、班组交流加强班组建设经验。

1992年9月，柳州铁路局印发《关于表彰奖励1990—1991年度铁路局优秀班组的决定》，表彰奖励八塘站等44个优秀班组。

1994—1995年，柳州铁路局班组建设的重点是班组整顿和开展“双达标”活动。1994年4月，印发《关于加强班组整顿和建设工作的意见》，成立由铁路局局长任组长、局党委、工会、团委领导任副组长的班组建设领导小组，下设办公室，加强对班组建设的领导。整顿的重点为管理不善、安全不稳、职工两纪松弛、思想政治工作薄弱、班组建设未达标的班组。整顿工作实行干部对口包保，发动班组职工查找问题，制订整改措施，逐一抓好落实；由铁路分局组织验收，铁路局进行重点抽查，保证整顿工作不走过场，收到预期效果。11月，印发《关于深入开展“班组升级达标和职工岗位达标”活动的通知》。各分局、主管处，各基层单位把“双达标”活动作为加强班组建设的有效途径，提高职工队伍素质的有效载体，制订开展“双达标”活动计划；制订班组升级、职工岗位达标的具体内容和等级标准；建立与经济责任制融为一体的“双达标”激励和约束机制。1995年初，确定贵港站、河唇车务段、桂林机务段、崇左工务段、金城江电务段、柳州车辆段为“双达标”试点单位，并指导帮助制订实施办

2005年，柳州机务段开展自控型班组建设宣传

法，研究解决活动中的问题。4月—7月，分6个部门召开由站(段)领导和专、兼职人员参加的“双达标”现场经验交流会，由试点单位介绍经验。8月，召开“双达标”工作汇报会，听取基层单位情况介绍。通过开展“双达标”活动，班组整体素质提高。1995年末，在铁路局的3366个班组中，一级班组1331个，占39.5%；二级班组1627个，占48.3%；三级班组348个，占10.3%；未达标班组60个，占1.8%。

1996年1月，柳州铁路局印发《关于表彰奖励局标杆班组、优秀班组、标杆班组长、优秀班组长及班组建设先进个人的决定》。铁路局党、政、工、团召开班组建设表彰电话会议，由柳州南站甲班三调、电务工程段通信五班和南宁机务段自停组作加强班组建设，开展“双达标”活动经验介绍；表彰10个标杆班组、90个优秀班组、10标杆班组长、90名优秀班组长、68名班组建设先进个人。3月，印发《柳州铁路局班组管理办法》，结合铁路局的实践对铁道部1991年发布的《铁路企业班组建设的暂行规定》进行细化和完善。

1997年1月，柳州铁路局根据安全生产的实际，在继续开展“双达标”活动的同时，公布“自控型”班组的十项条件，提出建设“自控型”班组的目标。各单位的生产班组，对照十项条件，逐一解决班组中存在的问题，通过班组“自控”，把安全生产建立在牢固的基础上。

1998—2000年，柳州铁路局根据运输体制改革的新形势，确定班组建设的重点是加强组织领导，理顺管理关系，加强班组骨干队伍建设。1998年7月，印发《关于改革和完善班组建设工作的通知》，对班组建设工作进行新的分工，将过去由铁路局统管改为由站段管理为主，主管处、业务处进行检查和指导，局政策法规处负责全局班组建设的综合协调工作。在广泛征求意见的基础上，按实用、简便的要求，修改基层站段(厂)的“班组综合记事本”，进一步减轻班组长的负担。从实际出发，深入开展“双达标”和“自控型”班组建设。1998年，铁路局拨出专款，作为班组建设的专项奖励费用。同年12月，发文授予柳州南站甲班三调等10个班组铁路局标杆班组、南宁机务段6447机车组等68个班组铁路局优秀班组称号。2000年11月，发文授予河唇车务段八塘站等11个班组铁路局标杆班组、柳州南站运转甲班四调等64个班组铁路局优秀班组称号。2000年末，铁路局主要生产单位有班组2971个，其中一级班组1312个，占班组总数44.2%，二级班组1351个，占45.5%，三级班级283个，占9.5%，未达标班组25个，占0.8%；自控班组1918个，占班组总数64.6%；干部包建班组2470个，占班组总数83.1%；转化后进班组100个，占班组总数3.4%。

2001—2002年，柳州铁路局要求各单位继续开展“规范管理、强基达标”活动，规范班组管理，完善“自控型班组”和“自控型岗位”标准，落实现场自控、互控。2002年末，各主要生产单位有班组2657个，其中一级班组1325个，占班组总数49.9%，二级班组1160个，占43.7%，三级班组152个，占5.7%，未达标班组20个，占0.8%；自控班组1794个，占67.5%；干部包建班组2488个，占班组总数93.6%。有班组长3138人、预备班组长2554人。铁路局表彰2001—2002年的10个标杆班组和60个优秀班组。

2003—2005年，柳州铁路局继续加强班组建设工作的组织领导，深入开展“规范管理、强基达标”活动，并且将“双达标”活动、自控型班组建设与生产经营责任制结合起来，建立一套科学、适用的考核办法，强化激励约束机制，使安全生产有序可控。截至2005年底，铁路局运输生产单位有班组1990个，其中一级班组1026个，占班组总数51.6%，二级班组774个，占38.9%，三级班组172个，占8.6%，未达标班组18个，占0.9%；自控型班组1787个，占班组总数89.8%；干部包建班组1756个，占班组总数88.2%。有班组长2558人，预备班组长1990人。

第五节　资产经营责任制

1991—1993年，柳州铁路局继续实行全面经济承包(大包干)。

1993—1997年，柳州铁路局实行盈亏考核。

1998年初，柳州铁路局根据铁道部党组出台

2004年，柳州铁路局领导与局物资工业总公司领导签订资产经营责任书

子成员。考核对象向铁路局缴纳经营风险抵押金，每年四季度，铁路局组织联合考核组，对各单位进行综合考核。下年一季度，根据各单位上一年的经营成果，由铁路局党政联席会议决定各单位的考核成绩。铁路局根据考核结果兑现奖罚。单位一年评为不合格，给予通报批评，连续两年不合格，主要领导就地免职、解聘或降职。6月—8月，柳州铁路局组成检查组，对42个运输生产单位上半年实行生产经营责任制的情况进行检查。8月31日，印发《关于1998年上半年资产经营责任制实施情况和进一步加强经营管理工作

的《铁路国有企业资产经营责任制暂行办法》和从当年1月1日起在柳州铁路局等四个直管站段的铁路局试行资产经营责任制的决定，把推行资产经营责任制，落实企业的经营权作为深化铁路改革的重要举措，以思想教育为先导，运用各种舆论工具，宣传党的“十五大”关于深化国有企业改革的精神，宣传铁道部推行资产经营责任制的重大决策和具体内容，使干部职工学到新知识，树立新观念，形成新共识。同年3月，铁路局在全局经营工作会议上，对实行资产经营责任制作出总体部署。4月，铁路局局长分别与柳州机车车辆厂、物资工业处、工程处的法定代表人签订1998年资产经营责任书。5月下旬，相继出台《柳州铁路局1998年资产经营责任制实施办法》(以下简称《实施办法》)和7个配套管理办法。《实施办法》根据单位的不同性质和特点，实行不同类型的责任制：独立法人单位实行资产经营责任制，运输生产单位实行生产经营责任制，非经营性资产单位实行费用预算包干管理责任制，铁路局机关实行横向包保成本否决责任制。实行资产经营责任制的单位重点考核国有资产保值增值率、经营性资产收益率、投资收益上交率(以下简称“三率”)；实行生产经营责任制的运输生产单位主要考核运输进款收入、有权支出等目标指标和生产任务，质量，多经、工副业利润，综合能耗，年末职工控制人数，行车及人身安全等相关指标。目标指标为否决指标，相关指标按百分制考核。考核对象为单位领导班

确保全年经营目标实现的通知》，公布上半年的考核结果，运输生产单位全部达标。10月，铁路局党委、铁路局连续举办5期领导干部学习邓小平理论、推行资产经营责任制研讨班，508人参加学习。研讨班采取专家讲课、考察广西企业改革典型——柳州钢铁厂、五菱微型汽车厂、两面针牙膏集团公司和学习研讨相结合的方式进行。11月17日，铁道部副部长孙永福率铁道部政策法规、财务、计划、劳资司等部门的领导到柳州铁路局专题调研，肯定柳州铁路局资产经营责任制试点工作。12月4日，柳州铁路局局长罗叙德惟一在铁道部召开的资产经营责任制研讨会上介绍铁路局资产经营责任制试点的做法和经验。12月6日，《人民铁道》头版大篇幅刊登《精心耕耘试验田》——柳州铁路局实行资产经营责任制纪实专题报道，并配发《坚定不移地推行资产经营责任制》评论员文章。全年，柳州铁路局实行资产经营责任制效果明显。在自然灾害严重的情况下，铁路局运输经营指标全面完成。完成运输进款收入25.33亿元、运输清算收入23.97亿元，分别超额完成年度计划的1.3%和5%；实现运输业累计减员6021人，为铁道部下达的三年减员10800人的55.8%；运输业盈亏完成-1.82亿元，较铁道部下达的-4.63亿元政策性允许亏损计划减亏2.81亿元；“三率”全面完成，经铁道部考核评为优秀。

1999年，铁道部全面推进资产经营责任制。1月，柳州铁路局、局党委印发《柳州铁路局深化企

业改革推进资产经营责任制总体框架意见》，提出进一步完善资产经营责任制的措施和要求。成立铁路局深化改革推进资产经营责任制领导小组，拟定《柳州铁路局1999年深化资产经营责任制配套改革推进计划》，制订16个配套改革方案。同年4月，印发《柳州铁路局1999年资产经营责任制实施办法》，把具有独立法人资格的多种经营单位纳入资产经营责任制考核之中。全年，柳州铁路局超额完成铁道部下达的减亏任务，“三率”全面完成和超额完成，经铁道部考核评为优秀。

2000年，柳州铁路局修订原有资产经营责任制办法。根据新成立的客运公司的模拟企业法人定位，对其实行经营责任制考核，建立适应公司的考核指标体系。对与客运公司发生经营关系的网络站段，也考核旅客发送量、客运收入等主要指标；加大安全考核力度，实行失控扣分办法；调整部分单位经营风险抵押金标准，拉开各类单位之间风险抵押金档次；调整部分考核指标计分标准。新增对运输生产单位、实行费用包干的非运输生产单位有权支出节奖超罚的内容；在铁路局经济技术开发总公司、集体经济处所属单位实行资产经营责任制。同时，在铁路局总调度室试行经济责任制“三挂钩三考核”（与全局运输收入、营业收入、运用车挂钩；考核机车日产量、旅客列车正点率、行车安全指标）奖励办法。全年，柳州铁路局运输亏损较资产经营责任制考核指标减亏7951万元，“三率”全面完成，因为劳动安全不稳定，经铁道部考核评为良好。

2001年，广西地方铁路有限公司发布《关于实施资产经营责任制的通知》，在地方和合资铁路实行资产经营责任制。各基层单位制订成本费用管理办法，单位成本从2000年的1425.9元降到1280.7元。柳州铁路局根据铁道部关于将政治工作、干部业绩纳入企业管理考核的要求，组织相关部门研讨制订《柳州铁路局企业管理综合考核试行办法》，将政治工作与企业管理和资产经营责任制一并实行综合考核。综合考核包括资产（生产）经营指标、基础管理工作和政治工作三个部分内容。基础管理工作主要考核经营责任制，统计、财务、投资建设、劳动人事、安全、科技与质量、物资、班组建设与职工教育、标准化与计量、公文档案、合同管理、信访工作和效能监察等十二项指标；政治工作主要考核领导班子建设，党建、宣传思想工作，党风廉政建设，综治路风，信息调研保密，工会共青团工作等七项指标。2001—2003年，柳州铁路局坚持实施资产经营责任制和企业管理综合考核，有效地促进思想政治工作与运输生产经营管理的结合，减轻基层单位承受生产经营管理和思想政治工作多头考核的负担。经铁道部考核，柳州铁路局的资产经营责任制均被评为优秀。

2004年，柳州铁路局根据铁道部关于从2004年起对铁路局实行经营业绩考核的决定，制订《柳州铁路局经营业绩及企业管理综合考核暂行办法》，对资产经营责任制办法进行调整：原实行资产经营责任制的单位考核经营业绩，原实行生产经营责任制的单位考核生产经营业绩；增加流动资产周转率指标的考核；运输收入由综合指标改为否决指标；加大对行车安全、人身安全和资产安全及服务质量考核力度，对经营管理基础工作和政治工作考核的项目、内容和评分标准也作部分调整。2005年，柳州铁路局不再考核流动资产周转率指标，对经营业绩考核单位增加存货周转率和应收账款周转率考核指标，对其他考核指标也作部分微调。广西沿海铁路公司制订《公司基层单位绩效考核办法（试行）》，推进资产经营责任制深入开展。2004—2005年，柳州铁路局在铁道部的经营业绩考核中，均被评为优秀。

第六节　法律事务管理

法律事务管理机构

1991年，柳州铁路局法律事务管理机构为柳州铁路局法律顾问室（以下简称局法律顾问室），铁路局行政复议委员会办公室与法律顾问室合一设置。南防铁路公司法律事务管理职能设在公司办公室，外聘律师为公司法律顾问。

1992年12月，局法律顾问室合并到局企业管理办公室，定员2人，对外仍独立行使职权。局行政复议委员会办公室与局企业管理办公室合一设置。

1993年8月，经自治区司法厅批准，成立广西铁道律师事务所，主要办理铁路系统或涉及铁路的法律事务。

1999—2000年，广西铁道律师事务所更名为大恒律师事务所，并脱钩改制，不再作为铁路局的下属机构。

2005年，柳州铁路局设立法律服务所，定编2人，与法律顾问室合一设置，由局企业管理和法律事务处领导和管理。广西沿海铁路公司法律事务管理职能设在公司企划部，聘请大恒律师事务所为公司长期法律顾问。

经济合同管理

1991年，柳州铁路局印发《关于加强经济合同管理工作的通知》，制订《合同专用章管理办法》，要求对50万元以上的重大合同做好签订前的可行性论证和资信调查工作。局法律顾问室全年审查合同162份，其中50万元以上的重大合同28份。召开经济合同管理工作会议。印发《关于开展经济合同大检查的通知》，检查75个单位，占应检单位的56%。

1992年，重新修订《柳州铁路局铁路合同管理暂行办法》，规范合同签订、履行和管理。局法律顾问室全年审查合同34份标的5477万元。对重大合同不仅注重签约前的审查，而且参与合同谈判、签订。

1995年5月，印发《柳州铁路局经济合同管理办法实施细则》，对经济合同管理部门的职责，经济合同的签订、变更、解除、管理、纠纷处理、违约责任、奖惩等作出规定。7月—8月，局法律顾问室举办经济合同管理员培训班2期，培训238人，并发给《经济合同管理员资格证书》。全年局法律顾问室审查铁路局、局直属单位签订的合同70多份标的2000万元。参加重大合同论证研究会16次。

1996年，制订《柳州铁路局经济合同管理补充规定》。年内，全局签订合同16426份标的7.06亿元，已履行13018份标的5.62亿元。

1997年，广西地方铁路有限公司印发《多种经营经济合同管理办法》《关于加强经济合同管理补充规定的通知》，加强地方和合资铁路的合同管理工作。柳州铁路局细化经济合同管理考核评分标准，开展全局经济合同检查，在自查基础上，对16个单位进行重点抽查。评选表彰经济合同先进集体10个、先进个人38人。

1998—1999年，制订《柳州铁路局合同实施细则》。局法律顾问室举办经济合同培训班10期，培训局机关处室、基层站段主管经营工作的领导，多经、集经、技协部门各公司的经理以及经济合同管理人员739人。审查各类合同69份标的11.4亿元。

2000—2002年，柳州铁路局修订《合同管理办法实施细则》，审查湘桂铁路黎塘至南宁复线工程施工合同、黎南复线借款合同等重大合同48份。印发《关于开展铁路合同管理工作检查的通知》，每年在全局范围内开展合同检查工作，各单位普遍进行自查，相关部门进行抽查，局法律顾问室进行重点抽查。针对存在的问题，举办培训班培训合同管理人员466人。根据检查结果，表彰10个合同管理先进集体和50名先进个人。广西地方铁路有限公司印发《公司合同管理办法》，加强经济合同的管理。

2003年10月，柳州铁路局结合资产经营责任制考核，检查各单位的合同工作。12月22日—24日，铁道部合同检查组到柳州铁路局检查，认为该局合同管理比较规范，总体上符合铁道部的要求，并在全路推广该局合同审查实行责任部门联签制的做法。9月—10月，局法律顾问室培训267名合同管理人员并重新办理上岗证。全年审查铁路局签订的各类合同20份标的2.9亿元。年内，广西沿海铁路公司印发《公司合同管理办法（暂行）》，明确公司合同实行公司和基层单位二级管理。

2004年3月，柳州铁路局印发《关于进一步加强全局合同管理工作的通知》，要求各单位完善合同管理台账，全面实行合同审查联签责任制。局法律顾问室全年审查重大合同15份标的5811.2万元。在合同审查中坚持做到主体不符合不放过、合同条款不完善不放过、合同履行监督措施不到位不放过。

2005 年 11 月，局法律顾问室分两期培训在岗的合同管理领导和管理人员 264 人。全年审查以铁路局名义签订的合同 10 份标的 1.83 亿元。参与南宁冶矿线买卖合同、北京证券国债回购合同等一些重大合同的谈判和签订。2002—2005 年，广西沿海铁路公司经审查签订合同 308 份标的 1.92 亿元。

诉讼、非诉讼代理

1992—1994 年，局法律顾问室代理诉讼案件 25 件标的 1000 余万元；非诉讼代理 47 件标的 2000 多万元。已经审结的案件为铁路局挽回经济损失 600 万元。柳铁中心医院附近的 3 口鱼塘属柳州铁路局所有，但借用单位柳州市郊区新云大队迟迟不肯归还，并将其中 1 口鱼塘卖给柳州市蔬菜公司。1992 年，局法律顾问室反复与新云大队和蔬菜公司交涉，分别于当年 12 月和 1993 年 4 月将 3 口鱼塘收回。

1995—1996 年，在诉讼、非诉讼案件中重点清理催收铁路货运欠款。1995 年查证柳州钢铁厂等单位拖欠铁路运费 8000 多万元，年内清收850 多万元。1996 年追回重庆、水城、海南等钢铁厂拖欠铁路局运费 6000 多万元。

1997 年，局法律顾问室办理经济纠纷案件 30 多件，运用法律手段为铁路局挽回经济损失 100 多万元。

1998—2000 年，局法律顾问室在诉讼、非诉讼代理中，为铁路局挽回经济损失近 2000 万元。1999 年，向铁路局领导写出专题报告，否决柳州经济技术开发总公司与凤凰、宾阳两个糖厂开展补偿贸易方案，防止可能发生的资产损失。通过调查取证，解决昆明铁路旅行社等 8 家旅行社因旅客列车晚点向铁路局索赔问题。2000 年，通过非诉讼和诉讼收回南宁市明秀西路南侧的铁路用地；代理货运索赔、劳动合同争议、医疗事故赔偿等案件 12 件。

2001 年，柳州铁路局作为被告的案件有 20 件，被行政机关罚款 2 件，标的近 1000 万元。局法律顾问室积极应诉，有效维护铁路局的合法权益。标的 500 多万元的南宁北大路铁路用地行政诉讼案，历经 4 年的行政处理、行政复议、行政诉讼一、二审，2001 年 9 月 30 日铁路局最终胜诉。

2003 年，局法律顾问室参与柳州渡口村铁路土地争议行政复议，百色车务段计划生育诉讼和 28 件劳动争议等诉讼，挽回企业经济损失近 1000 万元。

2004—2005 年，柳州铁路局作为被告的经济和土地纠纷、劳动争议、路外伤亡、车辆肇事的案件多。局法律顾问室代理诉讼、非诉讼案近 140 件，有效保障铁路局经济活动的开展，维护铁路局的合法权益。

行政执法

1991—1992 年，局法律顾问室对运输安全保护、食品卫生、计量、计划生育等行政行为进行分类归纳和检查。组织行政执法调查小组，对土地、卫生防疫、计量、计划生育等部门的行政执法进行调研，召开行政执法座谈会，找出铁路局行政执法中存在的未能正确有效行使行政处罚职权、业务不熟悉等问题。柳州铁路分局实施行政处罚 859 件罚款 3.05 万元；南宁铁路分局实施行政处罚 476 件罚款 1.25 万元。

1993 年 11 月，柳州铁路局根据国务院、铁道部文件精神，成立清理规范性文件领导小组，局长任组长，局党委副书记、总经济师任副组长，下设办公室(设在局法律顾问室)。印发《关于开展规范性文件清理和执法情况检查的通知》，部署清理工作。召开清理规范性文件工作会议，进行学习动员。截至 1994 年 2 月 10 日，查阅清理从铁路局建局至 1993 年所发的各类文件 2480 件，其中规范性文件 982 件，废止 188 件，修改 39 件。3 月 1 日，以《关于清理规范性文件的情况报告》向铁道部和自治区汇报。

1996—1997 年，柳州铁路局根据铁道部的要求，检查 5 年来贯彻执行《铁路法》的情况，召开主管人员研讨会，总结执法情况，查找执法中存在的问题。培训局内的卫生、防疫、林业、土地等执法人员，组织他们学习《中华人民共和国行政处罚法》《中华人民共和国赔偿法》，发放执法人员监察证，规范执法行为。印发《关于清理行政管理规范性文件的通知》《关于公布废止和修改行政管理规范性文件的通知》,根据“谁起草,谁清理”的原则,对铁路局各业务处室和分局制订的涉及行政执法的文件进行清理,共清理各类规范性文件54件,属于行政处罚的6件。废止《柳州铁路局违章供水处罚条例》等6个文件,修改《柳州铁路局给水监察条例》。两年,培训行政执法骨干336人。

1998年,制订《柳州铁路局行政执法人员管理办法》,经培训考核,发给成绩及格的147人《行政执法证》。举办行政执法人员培训班2期,培训98人。局法律顾问室参与湛江站港产铁路专用线改专用铁路、南宁北湖客技站租用南宁重型机器厂治矿专用线、局集经处与湛江市四建终止柳州铁路局职工培训大楼联营、重新确认被南宁市果品公司等单位侵占的位于南宁市北大南路0.73公顷铁路用地使用权和贵港市人民政府要求柳州铁路局在黎湛复线建设中交纳“矿产资源补偿费”等重大经济问题谈判和签约,使问题得到合理解决。代理企业的重大法律事务,通过诉讼和非诉讼等手段挽回和避免经济损失2000多万元。

1999—2000年,以柳州铁路局为诉讼主体的民事案件增多,经局法律顾问室参与协商,一些劳动争议得到解决;一些路外索赔案件得到处理,南宁林管所与广西地方铁路有限公司林木砍伐权争议案件经协商达成解决问题的协议。久拖不决的地方单位占用南宁北大路0.25公顷铁路用地,2000年2月,向自治区人民政府申请行政复议;7月,自治区人民政府下发《行政复议决定书》,确认该宗土地权属归柳州铁路局。

2002年7月,局法律顾问室对全局土地、林业、卫生监督、环保、技术监督等行政执法和行政复议部门职责不清、关系不顺等问题进行调研,采取措施理顺行政执法和行政复议部门的关系。

2004年3月,柳州铁路局根据自治区人民政府有关清理行政许可项目和实施主体的精神,召开专门会议,组织、布置清理工作。全局清理19项行政许可项目,4月完成清理上报工作。对铁路局行政许可存在的主体资格问题,上报自治区或铁道部解决,无法解决的停止执行。11月,有128人通过自治区法制办组织的全区行政执法人员统一考试。

2005年,贯彻落实《铁路运输安全保护条例》,先后制订《柳州铁路安全监督管理办公室行政许可程序暂行规定》《柳州铁路安全监督管理办公室行政执法程序暂行规定》《柳州铁路安全监督管理办公室设置和拓宽铁路道口人行道审批办法》《柳州铁路安全监督管理办公室危险货物承运人资质许可实施细则》和《柳州铁路安全监督管理办公室超限超长超重集重货物承运人资质许可细则》,为铁路安全监督管理和行政执法奠定基础。

法律事务工作

1991年,柳州铁路局制订《法律事务工作若干规定》,规范法律事务管理工作。1992年,局法律顾问室审查规范性文件32个。

1994年12月30日,柳州铁路局印发《关于进一步加强全局法律事务管理的若干规定》,其主要内容:实行债权债务及经济纠纷报告制度,加强法律事务代理工作的管理,加强常年法律顾问聘请工作的管理。1994—1995年,采取指定专人审查和召开研讨修改会等方法审查规范性文件42个,对《柳州铁路局劳动争议处理规定》等文件提出修改意见。

1998—1999年,柳州铁路局印发《关于加强全局法律事务工作的通知》,对铁路分局撤销后依法决策、依法经营、依法行政、依法管理、合同管理等作出规定;印发《转发铁道部〈铁路内部经济纠纷调解规则〉的通知》,明确局法律顾问室为铁路局内经济纠纷调解机构,铁路局单位之间发生的纠纷,任何一方都可以向调解机构申请调解。

2003年2月,制订《柳州铁路局法人授权委托管理暂行办法》,规定局法律顾问室为办理铁路局法人授权委托的管理部门,负责铁路局法人授权委托书的制订、审查、填发、登记、资料存档等日常管理工作。明确办理铁路局法人委托授权书的程序、委托期限、委托书撤销、失效等。全年,局法律顾问室办理法人委托书25份。

2004—2005年,局法律顾问室办理法人委托书68份,对规范企业对外民事法律行为,促进企业依法经营,维护企业合法权益发挥重要作用。

2005年,柳州铁路局印发《关于加强局内建设项目及工程建设指挥部法律事务管理的通知》,完善工程建设的法律制度。

第三章 计划统计管理

广西国家铁路运输、基本建设、更新改造、勘测设计及工业计划管理，客货运输、固定资产投资、工业、运输设备等专业统计，环保管理及工程概预算审批的综合职能机构为局计划统计处（简称局计统处）；地方、合资铁路，为广西地方铁路有限公司、广西沿海铁路公司计财部。其职能是根据铁路局和公司的年度工作总体目标，编制下达年度运输、基本建设、更新改造、专项资金、勘察设计、工业生产计划，同时抓好统计数据的采集、上报和分析，及时准确为各级领导和有关部门提供信息服务。

第一节 运输计划

重点客流调查

1991—1994 年，柳州铁路局计统部门于每年 5、6 月会同客运部门，组织铁路分局和主要客运站进行重点客流调查，调查结果以柳州铁路局文件向铁道部报送客流调查分析报告，为铁道部、铁路局进行列车运行图调整、加强客运营销组织提供依据。

1995 年 5 月，局计统处会同相关部门、单位开展重点客流调查，基本掌握客流增减的原因和规律，列车能力的利用情况，调查分析报告建议增加进沪、进京列车各 1 对。建议在编制春运运行图和暑运运行图中被采纳，暑运增开湛江—广州临快旅客列车 1 对；1996 年春运，加开柳州—上海直快旅客列车 1 对；在 1997 年 4 月 1 日实行的新图中，增开柳州—上海直快旅客列车 1 对。

1997—2000 年，局计统处在调查报告中，多次提出增加往湛江、昆明、福州、厦门、北京等方向运能以及进一步提高旅客列车运行速度等建议。建议在铁道部编制 1998—2000 年的列车运行图中被采纳。在 1998 年 10 月 1 日起实行的新列车运行图中，增开柳州—北京，桂林北—湛江等旅客列车 5 对。列车运行速度提高，南宁—北京的 5/6 次、柳州—上海的 179/180 次旅客列车运行时间比调图前分别压缩 2 小时 30 分和 4 小时。1999 年 7 月微调图，把湛江—南宁、南宁—兴义 2 对管内快车合并，开行湛江—昆明直快旅客列车，增加昆明方向的旅客运能。

2001—2005 年，局计统处在调查报告中，提出在旅游城市间增开旅客列车等多种提高客运市场竞争力的建议措施，引起铁路局领导和运输部门重视，建议在新图调整中多数被采纳。2003 年 6 月，柳州铁路局在南宁—桂林(北)、南宁—玉林间开行城际旅客列车 3 对。

全面经济调查

1991 年 10 月、1992 年 10 月，柳州铁路局计统部门分别组织 500 多人成立多个经济调查组，深入铁路局管内经济吸引区的工交部门、沿海港口和 1000 多个厂矿企业进行经济调查，收集资料，研究物流市场变化规律，提出 1992 年货物发送量 3997 万吨、1993 年 4614 万吨的计划建议。

1995 年 11 月，柳州铁路局计统部门在柳州召开会议，部署全面经济调查工作。调查历时 20 天，参加人员 584 人，走访 1518 个厂矿企业，为完成铁路局“保三争四”(货物发送量在年度计划基础上保证增长3%,力争增长4%)经营目标争取货源,为编报1996年客货运输计划提供依据。

1996年9月24日—25日，柳州铁路局计统部门在桂林召开提报1997年年度运输建议计划工作会议,组织586人的经济调查队伍,走访企事业单位1518个,调查货源4121万吨。

1997年、1998年11月,柳州铁路局计统部门组织600多名客货营销员开展全面经济调查,分别走访1500多个厂矿企事业单位。在年度运输计划工作会议上,共商客货运输促销对策,提出站段客货运输建议计划。

1999年、2000年10月,柳州铁路局计统部门布置开展2000年、2001年年度经济调查和编制年度运输建议计划工作。根据调查情况分析,提出2000年营业收入预计可完成27亿元;2001年换算周转量预计比上年增加2亿吨公里。

2001年、2002年10月,柳州铁路局计统部门向各运输站段布置开展年度经济调查工作。从调查情况分析,中国加入WTO后,2002年的货运形势随着宏观经济的变化将有一定发展，客运市场受到更大挑战。

2003年9月,柳州铁路局计统部门组织开展2004年度市场调查和运输计划编制工作。各站段成立市场调查小组，对经济吸引区的厂矿企业及沿海港口进行调查摸底。局计统、运输、财务和劳资处组成三个货源落实调查组，调查分析影响货源的有利因素和不利因素，建议货物发送量预期值6200万吨，奋斗目标6400万吨。实际完成6829.5万吨。

2004年10月，柳州铁路局计统部门组织2005年度市场调查。根据防城港等港口货物吞吐量大幅增加，电煤需求仍然旺盛，柳州钢铁厂扩能、平果铝厂二期工程交付及三期工程开工、海螺水泥集团下属水泥厂投产等形成新的运输增长点和茂名石油公司通往西南地区的输油管线陆续建成投产，对铁路的石油运输将产生一定影响等情况,建议2005年全局货物发送量计划7650万吨,比上年增长12%;旅客发送量计划1920万人,比上年增长1.6%。

2005年10月，柳州铁路局计统部门根据调查分析，建议2006年客、货发送量2080万人和8100万吨。11月,广西沿海铁路公司计划部门会同铁路局计划部门，走访北部湾港口吸引的西南及自治区内大型企业、物流单位,进行全面调查,提出2006年公司运输计划建议和奋斗目标。

运输计划编制及管理

1991—1994年,柳州铁路局年度运输计划主要根据铁道部下达的计划，铁路局每年开展的全面经济调查分析,综合考虑铁路实际运输能力等因素进行编制。旅客发送量分别为2300万人、2350万人、2660万人和2880万人，货物发送量分别为3180万吨、3300万吨、3260万吨和3700万吨。

1995年，柳州铁路局深化运输计划改革,在保证国家重点物资运输的前提下,把运量大、稳定性强的大中型企业铁路运量纳入年度运输计划,通过经济合同加以实施；对其他物资实行市场调节，根据运能实行协议运输，并把此项改革纳入《柳州铁路局加强经营管理若干问题的决定》。当年，铁道部下达柳州铁路局货物发送量3700万吨,下半年铁路局提出“保三争四”经营奋斗目标,货物发送量计划调整为3820万吨—3850万吨;旅客发送量年初计划为2900万人，受10月份客票调价等因素影响,年末调整为2680万人。货车占用基数,铁道部年初安排日均12953车,铁路局计统部门积极反映南昆铁路建设、黎湛铁路施工路料用车增加等情况,铁道部在正式下达计划时,追加柳州铁路局代客货车32车/日，路用车61车/日。在铁道部三、四季度一次性核减各铁路局货车占用基数方案中，柳州铁路局计统部门争取到少核减运用货车74244车、路用车7728车,减少货车使用费291.8万元。1996年,由于及时向铁道部提出货车占用分析预测资料和反映铁路局受灾情况,为铁路局增加清算收入162万多元,并获铁道部货车占用节约奖励31万元。

1997年,柳州铁路局运输计划按“以运定收、以收定支、收支平衡、倒逼成本”的总体思路进行编制。因受国家宏观经济调控等因素影响,对旅客发送量、旅客周转量和货车周时三项主要运输指标计划进行调整:旅客发送量由2450万人调整为2380万人，旅客周转量由99亿人公里调整为92亿人公里,货车周时由2.97天调整为3.07天。铁道部下半年减免柳州铁路局货车占用超基数罚款

117.22 万元，全年获铁道部货车占用管理考核奖励 111.24 万元。

1998 年，铁道部开始实行资产经营责任制，柳州铁路局实行直管站段新体制，运输计划编制发生根本性变化，由主要以完成铁道部下达运输生产指标计划为依据，改为参照铁道部下达生产指标预期值前提下，综合考虑国内外经济发展趋势、吸引区经济发展变化、资产经营责任制要求、确保运输盈亏目标实现来制订年度运输计划。当年，铁路局把客、货发送量年度计划和货车中、停时指标纳入各运输站段经营考核，把机车日产量纳入各机务段经营考核，实行风险抵押。站段计划新增客、货发送量，周转量等指标。1998—1999 年，运输指标计划按低限和高线划分，低限为铁道部下达的基本运输任务，作为对基层站段的考核依据，高线根据铁路局生产经营需要，为多运增收、确保盈亏目标实现所确定的经营奋斗目标。1998 年运输计划：旅客发送量 2380 万人—2450 万人，货物发送量 3880 万吨—3990 万吨，换算周转量 455 亿吨公里—476 亿吨公里，货车周时 3.21 天；1999 年运输计划：旅客发送量 2470 万人—2530 万人，货物发送量 3880 万吨—3930 万吨，换算周转量 475 亿吨公里—485 亿吨公里，货车周时 3.56 天；2000 年运输计划：旅客发送量 2400 万人，货物发送量 3800 万吨，换算周转量 530 亿吨公里，货车周时 3.59 天。

2001 年，客运进款清算办法改变，铁道部仍下达旅客发送量、旅客周转量指标。柳州铁路局在客运计划中暂对客运公司下达旅客发送量和旅客周转量指标，各站段客运计划由客运公司确定，归口局计统处统一下达。全年运输计划：旅客发送量 2390 万人，货物发送量 4250 万吨，换算周转量 596 亿吨公里，货车周时 3.5 天。

2002 年，柳州铁路局运输计划编制，根据国民经济持续稳定增长和中国加入 WTO 进出口增加的形势，以扩能改造、提高运输能力和经济效益为中心，在确保资产经营责任制目标实现的基础上进行编制。旅客发送量 2200 万人，货物发送量 4700 万吨，换算周转量 598 亿吨公里，货车周时 3.45 天。

2003 年起，广西沿海铁路公司除根据铁路局分劈的年度运输计划指标外，还根据公司开展的经济调查和公司董事会下达的包保任务制订运输计划和奋斗目标。当年，旅客发送量 48 万人，货物发送量 1285 万吨，奋斗目标 1320 万吨；换算周转量 22.63 亿吨公里。2004 年，根据钦州港两个五万吨泊位投入使用，防城港站货源比较充足，货运量计划 1470 万吨，奋斗目标 1510 万吨，换算周转量 26.02 亿吨公里。

2005 年，柳州铁路局运输计划依据运能明显提高的形势编制，全年旅客发送量 1920 万人，比上年计划下降 6%；货物发送 7650 万吨，比上年计划增长 23%；换算周转量 880 亿吨公里，比上年计划增长 20%；货车周转时间 2.71 天，比上年计划缩短 10%。广西沿海铁路公司旅客发送量 42 万人，货物发送量 1650 万吨，换算周转量 29.35 亿吨公里，货车周时 1.3 天。

表 5-7 **1991—2005 年柳州铁路局客货运输生产指标计划**

年度	旅客发送量（万人）	货物发送量（万吨）	换算周转量（亿吨公里）	货车周时（天）	年度	旅客发送量（万人）	货物发送量（万吨）	换算周转量（亿吨公里）	货车周时（天）
1991	2300	3180	—	—	1999	2470—2530	3880—3930	474—485	3.56
1992	2350	3300	—	—	2000	2400	3800	503	3.59
1993	2660	3620	—	—	2001	2390	4250	568	3.50
1994	2880	3700	—	—	2002	2200	4700	598	3.45
1995	2680	3820—3850	—	—	2003	2050	5050—5150	661	3.45
1996	2260	3740	—	—	2004	2050	6200—6400	733	3.02
1997	2380	3820	—	—	2005	1920	7650	880	2.71
1998	2380—2450	3880—3900	455—476	3.21					

第二节　建设更新改造计划

基本建设计划

1991—1995 年，柳州铁路局基本建设计划 6.53 亿元，其中大中型项目 3.33 亿元。1991 年、1992 年安排南昆铁路南宁至那厘段建设1.73 亿元，1994 年、1995 年安排黎湛铁路黎塘至河唇段增建二线 1.6 亿元；小型项目 3.2 亿元，主要用于住宅、北海基地建设及旅游列车改造。南防铁路配套工程计划投资 1.93 亿元，其中铁道部投资 2000 万元，特殊运价收入拨入 3880 万元，自治区减免税转投资 2457 万元，南防铁路公司筹资 1.10 亿元。

1996—1997 年，柳州铁路局基本建设计划 7.45 亿元，其中大中型项目 4.4 亿元，全部安排黎湛铁路增建二线工程；小型项目 3.05 亿元，主要用于住宅、北海基地、多经基建项目、柳州北站扩建及兴义货场建设等。1996—1997 年，广西地方铁路有限公司基本建设计划投资 3.62 亿元，其中钦港铁路建设 1.25 亿元，黎钦铁路建设 1.5 亿元，钦北铁路站后工程建设 2544 万元以及南防铁路新开大拟、大垌站和部分车站增设股道，修建南宁南机务整备基地，更换钦北铁路 53 公里钢轨和钦港铁路站前工程。

1998 年初，铁道部下达柳州铁路局基建投资计划 3.79 亿元，年终，将计划大幅度调整为 11.34 亿元。调整后计划大中型项目 10.04 亿元，其中黎湛铁路增建二线工程 8 亿元，湘桂铁路黎南段扩能应急工程 2.04 亿元；小型项目 1.3 亿元。

1999 年初，铁道部下达柳州铁路局基本建设计划 6.15 亿元，年终调整为 6.48 亿元。调整后，大中型项目计划 6.2 亿元，其中黎湛铁路增建二线工程 6 亿元，湘桂铁路黎南段增建二线工程 2000 万元；小型项目计划 2831 万元，主要用于南昆铁路病害整治等。

2000 年，柳州铁路局基本建设计划 9.29 亿元，其中大中型项目 8.5 亿元，安排黎湛增建二线工程 4.5 亿元，黎南增建二线工程 4 亿元；小型项目 7898 万元。广西地方铁路有限公司基本建设计划 3631 万元，实际完成 10201.6 万元，主要用于南宁南机务整备基地建设等。

2001 年，柳州铁路局建设工作的重点是“一改一扩两条线”（即湘桂铁路小半径曲线改造，南昆铁路扩能，黎湛、湘桂铁路黎南段增建二线工程），基本建设投资 10.92 亿元，其中大中型项目 10.1 亿元，安排黎湛铁路增建二线工程 2.1 亿元，湘桂铁路黎南段增建二线工程 8 亿元；小型项目 8185 万元，实际完成 10261.6 万元。主要安排南昆铁路扩能、车号识别系统建设等项目。

2002 年，柳州铁路局基本建设计划 4.42 亿元，其中大中型项目 3.6 亿元，全部安排湘桂铁路黎南段增建二线工程；小型项目 8196 万元，256 万元用于车号自动识别系统及信息管理数据库项目，1480 万元用于南昆铁路新开会让站续建，另自筹资金 6460 万元用于多元经济发展项目。

2003 年初，柳州铁路局基本建设计划 1.79 亿元，年终调整为 4.47 亿元，其中大中型项目由年初的 1.32 亿元调整为 3.38 亿元，全部用于湘桂铁路黎南段增建二线工程项目；小型项目由年初的 4713 万元调整为 1.1 亿元，主要安排大型养路机械购置及多元经济发展项目。

2004 年，柳州铁路局基本建设计划 4.9 亿元，其中大中型项目 4 亿元，黔桂铁路扩能改造以及新建洛湛铁路永州至岑溪段工程各安排 2 亿元；小型项目 9001 万元，主要安排广西沿海铁路技术改造、南昆铁路牵引供电能力加强及大型养路机械购置等。

2005 年初，柳州铁路局基本建设计划 30.95 亿元，为建局 53 年来投资最多的一年。其中，大中型项目 28.2 亿元，安排黔桂铁路扩能工程 10.2 亿元、洛湛铁路永州至岑溪段新线建设 18 亿元；小型项目 2.75 亿元，利用铁路基金 1.97 亿元安排广西沿海铁路技改，6420 万元用于南昆铁路牵引供电系统能力增强项目建设，利用美国贷款 1356 万元购置最高时速 160 公里/小时的轨道检查车 1 辆，利用世行贷款 107 万元购置大型养路机械配套设备、沿海铁路和南昆铁路扩能工程竣工销号。

由于前期工作抓得紧,施工组织严密,超额完成年初下达的建设任务,年终,基建计划调整为41.99亿元,比年初计划增加11.04亿元。大中型项目计划调整为38.8亿元,比年初计划增加10.6亿元,其中黔桂铁路扩能工程调整为12.2亿元,增加2亿元;洛湛铁路永州至岑溪段建设调为24.4亿元,增加6.4亿元;洛湛铁路岑溪至玉林段建设增加2亿元;黎湛铁路河唇至湛江增建二线工程增加2000万元。小型项目计划年终调整为3.19亿元,增加4389万元。

更新改造计划

1991—1992年,柳州铁路局更新改造计划4.15亿元。重点项目有:黎湛铁路技术改造,总投资4600万元,列铁道部管项目。新建柳州机械保温车辆段,改建柳州内燃机务段,玉林和桂林内燃机务段扩能改造,湘桂铁路柳州至冷水滩段和黔桂铁路金城江至南丹段电力贯通线改造等。

1993—1995年,柳州铁路局更新改造计划13.51亿元,其中运输设备更新改造8.53亿元,专项资金技改4.99亿元。重点工程有:黎湛、焦柳、黔桂铁路扩能,柳州机保段续建,柳州、桂林、玉林机务段改造,湘桂铁路冷水滩至柳州段自动闭塞改造,黎塘至南宁段通信电缆改造等。1995年,铁路局制订《铁路运输设备更新改造计划管理实施细则》(讨论稿),要求抓好计划任务书的编报,对新上项目严格审查,对可行性研究报告进行充分论证和分析。全年向铁道部提报可行性研究报告11份,批复7份。审批计划任务书9份,压缩资金100万元。审批更新改造和大修工程项目概预算198份,核减投资400多万元。

1996年,柳州铁路局更改计划4.91亿元(铁道部管项目3878万元、铁路局管项目2.02亿元、专项资金2.5亿元)。重点工程有:黎湛铁路增建二线工程投入3486万元配合基建资金共同建设,焦柳铁路扩能改造投资8750万元,中越通车设备改造投资2200万元,湘桂铁路南宁至凭祥段电力贯通线建设投资3380万元,还有柳南编组站改造、湘桂铁路桂林至柳州段自动闭塞改造、金城江机务段内燃机车换型改造、TMIS系统工程等。南防铁路公司更新改造投资2017.4万元,主要用于线路整治等项目。同年4月,铁路局制订《铁路运输设备更新改造计划管理实施细则(试行)》,共七章三十一条,对更新改造工作范围、计划管理原则、计划项目分级管理、计划纪律及监督等作出规定。7月19日,柳州地区发生特大水灾;9月9日,湛江地区发生罕见风灾,柳州铁路局计统部门及时向铁道部汇报,争取到复旧计划5331万元。年内,对65项在建工程项目进行清理,对57项提出处理意见,落实43项工程的交验和固资入账。

1997年11月1日,柳州、南宁铁路分局撤销后,柳州铁路局重新编制和下达基本建设、更新改造和专项资金计划。全年更改计划5.45亿元(铁道部管项目3158万元,铁路局管项目2.13亿元,专项资金3亿元)。投资重点为实施4月1日新运行图有关工程,湘桂铁路永州至南宁段无线列调150MHz改400MHz、永州至柳州段第二代红外线轴温探测网工程,桂林新客站工程等。年内,南防铁路公司更新改造投资2442万元,主要用于南防铁路成段更换钢轨。

1998年初,铁道部下达柳州铁路局更新改造计划2.34亿元,专项资金计划3.5亿元。3月,国家为拉动国民经济发展,加大对铁路建设的投入。铁道部根据柳州铁路局计划完成较好和生产生活的实际需要,年底将更新改造计划调整为2.57亿元,增加2296万元;专项资金计划调整为4亿元,增加5000万元。主要工程有:焦柳铁路扩能,铁路局调度楼建设,湘桂铁路永州至南宁段无线列调400MHz改造、柳州至黎塘段红外线测轴温二代网及列车尾部安装风压反馈装置,柳州5万吨/日供水及110千伏变电站工程,柳州通信枢纽电话交换机和柳黎通信光缆改造等。焦柳铁路扩能工程主要将牙屯堡至柳州段19个车站到发线有效长不足850米的延长到850米,牵引定数由3000吨提高到3500吨。南防铁路公司更新改造投资7504.7万元,主要用于南防铁路换轨116公里。

1999年初,柳州铁路局更改计划6.62亿元,其中运输设备更新改造2.62亿元,专项资金技改4亿元,以安全、扩能、提效和改善职工生活为投资重点。由于南昆铁路交付临管运营后,沿线设备需要完善配套,更新改造投资规模有所突破,年底更改计划调整为6.78亿元,增加1517万元,其中运输设备更新改造计划调整为2.65亿元,增加

222万元；专项资金技改计划调整为3.5亿元，减少5000万元；增加机、客车购置6295万元。焦柳铁路牙屯堡至柳州段扩能工程开通使用。柳州南站编组场驼峰自动化改造工程10月动工。南防铁路公司更新改造投资4461.8万元，主要用于更新机车10台。

2000年，柳州铁路局印发《小型建设项目管理办法》，对50万元以上项目全部实行招投标，对建设项目全面实行监理制度。全年更改计划5.6亿元，其中运输设备更改2.92亿元，专项资金技改2亿元，机、客车购置6768万元。在运输设备更改投资中，行车安全、运输扩能、改善职工生活投资占61%，其中行车安全设施投资9700万元，比上年增加698万元；运输扩能投资5057万元，比上年增加1975万元（主要安排4395万元用于湘桂铁路列车提速小半径曲线改造）；改善职工生活投资3066万元，比上年增加805万元。柳州南站驼峰自动化改造工程投资5753万元，8月1日竣工。湘桂铁路永州至黎塘段列车提速可行性研究报告于10月14日报铁道部。12月21日，铁道部发展计划司分别批复永州至桂林、桂林至新村、新村至黎塘段提速工程，确定提速目标值120公里/小时，改线区段铁路等级Ⅰ级，限坡6‰，最小曲线半径800米，到发线有效长850米。改造小半径曲线39个、改线长度27.9公里，平交道口改立交25处、信号设备改造26处，核定投资额1.4亿元，其中铁道部投资9780万元，铁路局投资4175万元，列部管更新改造项目，工期2年。改造工程完成后，湘桂铁路永州至黎塘段最高速度120公里/小时，提速区段338公里，占该段总里程64%，上下行运行时分比1999年4月10日实行的运行图压缩62分钟和67分钟。同年，南防铁路公司更新改造投资2299.3万元，主要用于新购内燃机车4台。

2001年，柳州铁路局全年更改计划6.29亿元，其中运输设备更改3.25亿元，专项资金技改2.1亿元，机、客车购置9404万元（机客车购置另贷款1.05亿元）。主要项目有：湘桂铁路15处29个小半径曲线改造7219万元；湘桂、黎湛、河茂、焦柳、黔桂铁路45处平交道口改立交工程1638万元；客运设备更改1.33亿元（主要用于金城江站、柳州站站房改造）；机务设备更改2823万元；车辆设备更改1853万元；工务设备更改（不含平交改立交）1650万元；生活设施投入4963万元。专项资金安排中，南昆铁路临管运营更新改造1.33亿元，主要用于扩能（建设16个新开站）和百色、兴义站货场扩建。南防铁路公司更新改造投资2691.2万元，主要用于购置动车组1组。

2002年，柳州铁路局更改计划7.87亿元，其中运输设备更改3.36亿元，专项资金技改2.84亿元，机、客车购置1.67亿元（机、客车购置另贷款125万元）。主要工程有：湘桂铁路小半径曲线改造5430万元，36处平交道口改立交1417万元，柳州站站房改造1868万元、站台雨棚改造500万元，DMIS信息工程2281万元，TMIS信息工程668万元等。

2003年初，柳州铁路局更改计划6.51亿元，其中运输设备更新改造2.84亿元，专项资金技改2.6亿元，机、客车购置1.08亿元（机、客车购置另贷款1.74亿元）。重点用于提高运输能力、运输技术装备水平、运输安全保障能力和职工生活质量，确保结转销号项目。根据铁道部《关于2003年第四次调整更新改造计划的通知》，柳州铁路局运输设备更新改造计划年底调整为7.47亿元，其中运输设备更改计划调整为3.09亿元（部管项目3015万元，局管项目2.79亿元），专项资金技改计划调整为3.3亿元。广西沿海铁路公司更新改造投资1954.2万元，用于局域网和防城港站牵出线建设。

2004年起，柳州铁路局更新改造计划管理实行铁道部核准制，所有项目及计划金额必须经铁道部核准后才能执行，铁路局无权调整计划。全年更改计划6.83亿元，其中运输设备更新改造3.01亿元（铁道部管项目2851万元，铁路局管项目2.73亿元），专项资金技改3.53亿元，机、客车购置2858万元。投资重点：一是扩能。湘桂铁路柳州至黎塘段半自动闭塞改全自动闭塞、桂林站站房改造等相继竣工交付使用。二是投资4134万元提升运输生产单位的技术装备水平。三是提高运输安全保障能力。先后开工58个项目，其中来合铁路专用隔开设备等28个项目竣工交付使用。广西沿海铁路公司更新改造投资4167.3万元，主要用于购置内燃机车3台、客车4辆，道口平交改立交和建设红外线轴温检测站。

2005年，柳州铁路局更改计划4.45亿元，其中运输设备更新改造3.62亿元（铁道部管项目

6240万元，铁路局管项目3亿元)、专项资金技改8307万元。由于结算情况变化，铁路局管项目资金比上年减少2.5亿元，资金十分紧张。计统部门根据运输需要，重点安排南昆铁路牵引供电系统能力加强，鸬鹚江站股道延长，黎湛铁路黎塘至河唇段、湘桂铁路黎塘至稔竹段自动闭塞工程，百色站站场改造等一批扩能项目建设。加大运输设备科技含量，重点安排南昆铁路和焦柳铁路800MHz列尾及安全预警系统、安全分层管理系统建设，在全局机车上推广应用LKJ2000型监控装置，60处道口平交改立交，新增10处道口监控装置、90公里线路隔离栅栏、安全信息网络、车辆安全防范预警系统等。黎湛铁路黎塘至河唇段自动闭塞改造工程，铁道部发展计划司10月批复，投资估算1.68亿元，其中铁道部投资1.18亿元，柳州铁路局投资5053万元；工程于10月开工建设，建设工期9个月；经过自动闭塞改造，平图能力由75.8对提高至172.5对，非平图能力由47.3对提高至120对，年输送能力由3456万吨提高到7069万吨。12月31日，黎塘至贵港段自动闭塞改造工程交付使用。广西沿海铁路公司更新改造投资4733.9万元，其中生产及安全项目占93%。主要用于新购内燃机车2台、康熙岭新开站建设等。

第三节　工业计划

1991年，柳州铁路局工业计划对独立工业单位编制下达。主要下达工业总产值以及水泥、石碴、片石、红砖、机车车辆配件、焊接长钢轨、轮对新组装以及集装箱定修等主要产品产量。全年工业总产值(不变价)计划4960万元，水泥5.6万吨，道碴24万立方米，红砖2600万块。

1992—1996年，柳州铁路局局属工业单位工业总产值和水泥、道碴的生产计划呈增长趋势。1996年与1992年相比工业总产值(不变价)计划增长28.8%，水泥增长154%，道碴增长26.5%。期间，工业总产值(不变价)计划共2.74亿元，水泥46.8万吨，道碴133.5万立方米。

1997年，柳州铁路局工业计划增加工业增加值指标。全年，工业总产值(不变价)计划6461万元，工业增加值(现价)3114万元，水泥17.7万吨，道碴26万立方米。

1998年，柳州铁路局撤销柳州工程机械修造厂，该厂主要经营业务轮对新组装以及集装箱定修产品产量计划相应取消。全年，工业总产值(不变价)计划6030万元，工业增加值(现价)3110万元，水泥17.7万吨，道碴23.3万立方米，红砖2500万块。

1999年起，柳州铁路局将柳州机车车辆厂计划纳入柳州铁路局工业计划下达，全局产品产量计划增加该厂的厂修客、货车以及厂修内燃、蒸汽机车等指标。1999—2000年，工业总产值(不变价)计划2.99亿元，工业增加值(现价)1.68亿元，水泥36.3万吨，道碴42.1万立方米，红砖5550万块。厂修客车（1999年)700辆，厂修货车(2000年)1000辆，厂修蒸汽机车120台，厂修内燃机车80台。

2001—2004年，柳州铁路局由于铁路工业生产设备落后，产品单一，人工成本高，市场竞争力弱，多数工业产品的生产计划徘徊或下降。期间，工业总产值(不变价)计划9.01亿元，工业增加值(现价)6.01亿元，水泥64.8万吨，道碴40.2万立方米，红砖6600万块。厂修客车2590辆、厂修货车4500辆，厂修内燃机车430台。

2005年，柳州铁路局印刷厂和工务工厂由工附业核算改按多种经营方式核算。铁路工业生产面临更大困难。全年，工业总产值(不变价)计划2.54亿元，工业增加值(现价)1.54亿元，都比上年下降。水泥生产计划18万吨、道碴8万立方米、红砖1500万块。厂修客车计划500辆、厂修货车150辆、厂修内燃机车140台。

表 5-8　**1991—2005 年柳州铁路局局属工业单位工业计划**

年度	工业总产值(不变价)(万元)	工业增加值(现价)(万元)	水泥(万吨)	道砟(万立方米)	红砖(万块)	厂修客、货车(辆)	厂修蒸汽机车(台)	厂修内燃机车(台)
1991	4960	—	5.6	24	2600	—	—	—
1992	4850	—	6.3	24.5	2600	—	—	—
1993	5469	—	7.5	28	2700	—	—	—
1994	5574	—	8.5	27	2800	—	—	—
1995	5278	—	8.5	23	—	—	—	—
1996	6247	—	16	31	—	—	—	—
1997	6461	3114	17.7	26	—	—	—	—
1998	6030	3110	17.7	23.3	2500	—	—	—
1999	14610	8150	19.1	25.1	2800	700/0	80	30
2000	15244	8652	17.2	17	2750	0/1000	40	50
2001	16100	11355	17.3	16.2	1800	550/1200	—	70
2002	22950	15495	17.5	6	1500	640/1000	—	100
2003	25004	16481	15	8	1500	700/1200	—	120
2004	26039	16772	15	10	1800	700/1100	—	140
2005	25350	15370	18	8	1500	500/1500	—	140

第四节　统　　计

客货运输统计

1991 年，广西铁路客货运输统计主要包括旅客运输、货物运输以及行李包裹运输统计。柳州铁路局实施客货票据统一电算程序，改变铁路分局收入检查室与铁路局统计工厂重复输入数据的状况，到1992 年底，实现全部客票和 93%的货票信息综合利用。合资铁路执行铁道部的《铁路客货运输统计规则》，分别向自治区统计局、铁道部统计中心报送年度客货运输统计报表。

1992 年，合资铁路建立统计数字旬、月核对制度。每旬，各车站按规定时间向调度所核对装车数、发送吨数、到达吨数和货车停时、中时等指标的累计数字。

1993 年，柳州铁路局客货运输统计数据的采集，实行客货票据信息综合利用和手工录入“双轨制”。

1995 年 1 月 1 日起，柳州铁路局客货票综合利用实行单轨制作业，所有客货票据信息均由铁路分局收入检查室进行计算机审核，然后传输到铁路局统计工厂，由统计工厂编制统计报表上报铁道部。制订《全局客货票综合利用考核评比办法》，优化管直清算收入分配方案程序，在柳州南编组站、茂名站、牙屯堡分界站建立违流货物监测点，全年为铁路局挽回直通周转量 4.7 亿吨公里，增加运输清算收入 1412.8 万元。同年 7 月，钦北铁路开通运营，钦北站为钦北铁路与南防铁路分界站，该站和钦北铁路临管处设专人按分界站有关规定进行客货运输等统计。

1996 年 4 月，柳州铁路局在全国铁路率先实现行李包裹数据综合利用和信息共享。1997 年，由柳州铁路局统计工厂负责开发的铁道部《铁路货物运输工作量监控系统》在北京通过部级鉴定。

以“抓管理、增效益”为主题，对局内各监测点的违流货物运用计算机进行管理，加强对违流货物监测，1996—1997年，为铁路局挽回直通周转量9.05亿吨公里，增加运输清算收入2713.4万元。

1998年，在南宁南站建立车流监测点，柳州铁路局违流货物计算机信息监测网络形成。局计统处提出的恢复河唇—衡阳支点货物按最短径路运输建议被铁道部采纳，为铁路局增加运输清算收入5553.97万元。该建议被评为1998年铁路局合理化建议一等奖。加强违流监测，减少经济损失工作被评为铁路局效能监察一等奖。7月1日起，执行铁路局旅客往返客票、月票统计办法，增加旅客往返客票统计表和旅客月票统计表。

1999年，柳州铁路局制订《电子票资料上报办法》并纳入铁路局客货票综合利用考核范围。8月，在柳州、茂名站建立客流监测点。11月，召开违流监测工作会议，规范违流监测工作。

2000年，柳州铁路局转发铁道部《关于修改铁路客货运输统计规则的通知》，印发《关于全局客货票综合利用质量考核办法补充规定的通知》。年内，利用TMIS系统中的现车管理系统，对通过和到达各分界口的客货列车进行监测。

2001—2002年，合资铁路建立与国家铁路相同格式的客运营业站站名词典。柳州铁路局在全国铁路率先推广应用“客运统计信息系统”“货运统计信息系统”，实现客、货运输原始数据的采集、加工、审核、分析、上报自动化，使客货运输精密统计上报时间提前五天。期间，铁道部对《铁路客货运输统计规则》中旅客运输统计部分进行修订，铁路局据此印发《铁路旅客运输统计规则》。2003年，局计统处完善客货票据综合利用考核办法，加强数据库数据的审核。7月起，按月进行站间旅客、货物、行包运输流量统计调查。

2004年1月起，柳州铁路局正式使用80列货票数据编制货运报表。根据铁道部《铁路专业运输公司运营指标统计暂行办法》，增加专业运输公司发送(到达)量及发送收入、运输量、周转量、平均运程等报表。9月，建立合资铁路和地方铁路主要运输指标快报制度，铁路局计统部门指导、协调广西地方铁路有限公司和广西沿海铁路公司主要运输指标快报报铁道部工作。

2005年起，柳州铁路局客货运统计报表报铁道部时间提前两天，内容增加铁路局电力区段周转量统计及集装箱、特货、行包专业运输公司发送收入统计，修改“主要干线客货运输量统计表”“分品类分到局货运收入统计表”，建立“分运价号分到局货运收入统计表”“货票原始信息汇总表”和“铁路出入境运输统计报表”，“货物运输距离统计表”管内、直通、合计分别上报，客货运区段密度表由年报改为月、年报。12月1日起，按照新的统计规则统计旅客列车正晚点。

1991—2005年，柳州铁路局计统部门举办运输统计工作培训班6期培训统计人员300多人。举办运输统计工作技术竞赛和生产运动会8次，获统计工作各种技术能手称号的8人。旅客运输统计获全国铁路一等奖3次、二等奖6次；货物运输统计获全国铁路二等奖2次、三等奖9次；行包统计获全国铁路二等奖4次、三等奖2次。合资铁路获自治区运输邮电统计专业一等奖1次，被评为先进集体1次。

货(客)车统计

1991年，广西铁路货车统计主要包括货车运用、装卸车和列车运行情况统计。1月起，柳州铁路局实行铁道部新颁《铁路货车统计规则》，增加贯彻《统计法》、统计咨询、统计监督、统计监察和法律责任等内容，增加统计手段现代化要求，增加“区段实际开行列车列数统计”。建设电子计算机四级网络，实现货车统计资料收集、处理、存贮和传输自动化。合资铁路每日向柳州铁路局调度所报送运用车保有量等统计数据。

1992年，广西铁路在铁道部统一部署下进行全路货车清查工作。柳州铁路局被评为全国铁路货车清查优秀铁路局。

1994年，局计统处对《铁路货车统计规则》提出7条修改建议，其中有5条被铁道部采纳。5月，进行货车守车清查工作。

1996年起，柳州铁路局实行铁道部新的《铁路货车统计规则》，并制订《铁路货车统计规则》补充规定。根据铁道部《关于恢复凭祥国境联运站的通知》精神，制订凭祥站国境联运货车出入、货物装卸统计办法及实施细则，完善国境联运货车统计办法。5月，建立铁路分局运输统计计算机网络应用系统。11月,建立合资铁路统计报表制度,实行铁路行业统计。

1997年起,柳州铁路局实行企业自备车十八点统计应用计算机网络系统报告制度。5月,广西铁路进行货车清查,柳州铁路局被评为全国铁路货车清查第二组第三名。钦北铁路公司被柳州铁路局评为先进集体。11月,清查南昆铁路货(守)车。

1998年,铁道部发布《铁路成本计算系统运营指标统计办法》,客货车辆运用统计指标7项,由十八点统计系统编制报表并逐级上报至铁路局、铁道部两级成本数据库。4月11日起,实行企业自备货车单独统计。1999年,铁道部新增客车车辆公里统计报表3种,柳州铁路局新增经营指标报表。

2000年,地方、合资铁路管内货车纳入柳州铁路局十八点现车统计。5月,铁道部部分修改《铁路货车统计规则》,增加行包快运专列统计。12月,铁道部颁布新的《铁路货车统计规则》,取消区段实际开行列车列数报表,增加货车车辆公里、货物列车公里统计等内容,统计报表和原始记录由原来的22种增加到47种。柳州铁路局召开动员培训会,完成运输主要站段统计负责人货车统计规则的培训和统计电算程序修改等工作。

2001年,实施直通旅客列车车站上水统计。修改客、货车检修成绩报表,对货车及客车车种重新划分,由1种报表增至4 种报表。5月1日起,使用新修改的运输经营指标报表。

2003年,铁道部颁布《铁路专业运输公司运营指标统计暂行办法》,增加专业运输公司货车统计,建立专业运输公司租用货车报表和专业运输公司所属现在车报表,修改编组、区段站办理货车辆数统计表,增加编组站办理专业运输公司车数等内容。4月1日,茂名、牙屯堡分界站应用ATIS系统统计分界站货车出入、分界口排空车数和重车使用去向。7月20日至年底,柳州铁路局开展管内自备敞车收购及改号工作,收购自备敞车354辆,120辆自备敞车更改车号和修改标签,15辆自备敞车退出铁路运输。10月11日,增加主要货物品类装车去向统计表。铁路局统计中心与电子计算管理中心联合开发的"十八点统计信息管理系统"投入使用。

2004年9月,铁道部发布《关于建立合资和地方铁路主要运输指标快报制度(试行)的通知》,柳州铁路局代铁道部指导、协调辖区内广西沿海铁路公司、广西地方铁路有限公司运输指标快报工作,负责汇总、上报上述两公司的运输主要指标快报统计报表。

2005年1月1日起,铁道部改变"合资铁路货物分类装车报表"的报告期和报送渠道,增加上报"合资铁路分车种别现在车数"。调整"新线和国境分界站部属货车出入报表"部分内容,改名为"国境及特区分界站部属货车出入及境外结存部属货车报表"。5月,铁道部印发《铁路客运列车编组顺序表编制及传递办法》,自7月1日起,各客运列车始发站使用铁道部统一应用系统软件编制、传递客运列车编组顺序表。8月1日起,建立铁路现在车辆日统计制度。10月1日起,货车使用费的计取不再以18:00存有的货车数量为依据,改以铁路局实际占用货车时间(现在车辆日)为依据。

1991—2005年,柳州铁路局举办货车统计培训班16期培训统计人员1000多人次;举办货车统计知识竞赛和生产运动会3次。

机车统计

1991年,广西铁路机车统计主要包括机车运用、检修和燃料消耗情况统计。机车统计执行铁道部新颁布的《铁路机车统计规则》,增设"长交路货物机车运用状况报表"及"配属机车状况报表"等定期统计报表。1995年,铁道部修改《铁路机车统计规则》,取消长交路货物机车运用状况报表和配属机车状况报表。

1996年10月,融安机务段机车统计报表合并到柳州机务段。11月,柳州铁路局在贵港组织"司机报单对规对标竞赛",检查司机报单1555张5568项,填记正确率98.8%,计算正确率99.16%,按铁道部评分标准平均得分98.98分。1997年,根据铁道部新的《铁路机车统计规则》,重新制订《柳州铁路局机车统计规则补充规定》。

1998年7月1日起,柳州铁路局机车统计软件正式使用,这是柳州机务段引进并自行二次开发、整合的机车统计软件,机车统计实现从机车监控装置中读取司机报单数据。

1999 年起，柳州铁路局试行《铁路运输企业计算区间划分办法》，实现按计算区段正确核算成本费用、统计运营指标、计算各项运输成本。6 月，对铁路局调度机构进行改革，柳州、南宁运输调度统计并入铁路局运输调度统计，各机务段机车统计报表直接向铁路局报送。

2000 年 5 月，广西铁路根据铁道部部分修改的《铁路机车统计规则》，重新确定机车定期检修的修程，取消封存机车统计，取消备用机车统计。11 月，根据铁道部新的《铁路机车统计规则》，增加线路统计区段的划分和动车组统计等内容，铁路机车统计由 4 种报表变为 10 种报表。2001 年，柳州铁路局 5 个机务段开始使用铁道部统一的机车统计软件。

2002 年 4 月，柳州铁路局根据滩头湾车站移交广州铁路（集团）公司管理的情况，对线路统计区段进行调整，并向各铁路局发电公布，报铁道部备案。指导桂林机务段编制货运跨局机车总重吨公里统计报表，保证跨局机车工作量统计和财务清算的正确。

2004 年，柳州铁路局根据铁道部《铁路专业运输公司运营指标统计暂行办法》，增加专业运输公司客运机车车辆工作量报表和专业运输公司货运机车车辆工作量报表。年内，转发铁道部《关于修订机车统规及专业运输公司统计办法的通知》。金城江、桂林机务段统计报表分别从 2005 年 1 月、7 月起由柳州机务段统计上报。

1991—2005 年，柳州铁路局举办机车统计人员学习班 7 期、机车统计知识竞赛 2 次。

固定资产投资统计

1991 年，广西铁路固定资产投资统计主要包括基本建设、更新改造（含运输设备更新改造、专项资金技改）、机车车辆购置投资统计。柳州铁路局固定资产投资统计，在报送铁道部的同时向自治区统计局报送广西境内总投资 50 万元及以上所有项目。合资铁路分别向自治区统计局和铁道部统计中心报送年度固定资产统计投资报表。

1991—1997 年，柳州铁路局运输设备大修统计由局计统处承担。1998 年起划归局财务处负责。

2003 年，局计统处与电算中心联合开发综合统计信息管理系统，利用投资计划项目库自动生成投资统计项目字典库，并可根据不同需求进行项目查询、投资计算汇总及分析打印等。

1991—2005 年，柳州铁路局举办固定资产投资统计培训班 4 期，技术竞赛 2 次。在铁道部统计年报优秀单位评比中 9 次获第三名；在自治区固定资产投资统计工作评比中获第二名 1 次、三等奖 1 次、二等奖 2 次、一等奖 3 次、特等奖 2 次。1998 年，黎钦铁路建设指挥部获自治区固定资产投资统计直报工作先进单位称号。

表 5-9 **1991—2005 年柳州铁路局完成固定资产投资情况**

单位：亿元

年份	完成固定资产投资	其中			
		基本建设	运输设备	专项资金技改	机客车购置
1991—1995 年	22.89	6.33	11.41	5.15	—
1996—2000 年	62.83	34.30	12.67	14.55	1.31
2001—2005 年	101.96	66.57	16.29	12.32	6.78

运输设备统计

1991 年，广西铁路运输设备统计主要包括线路、桥梁、隧道、机车、客车、通讯信号及车站等方面统计。2002 年起，增加“分线别主要站段分布情况”统计。2004 年起，增加“车站客、货运设备”统计。在全国铁路专业统计年报优秀单位评比中，柳州铁路局运输设备统计 1995 年、1999 年获第三名，2002 年获第一名，2004 年获第三名。

工业统计

1991 年，柳州铁路局工业统计按铁道部《工业统计规则》执行。

1992 年，局计统处根据铁道部对工业统计定期报表制度的修订，增加“工业增加值”季度统计，“工业销售产值”月度统计，“工业经济效益评价考核指标体系”、主要财务指标季度统计，增加“向路外销售产品产值”“工业产品产、销、存”及“技术开发”有关指标。1997—2005年，柳州机车车辆厂，柳州铁路局工务工厂、印刷厂隶属关系和核算方式发生变化，柳州工程机械修造厂撤销，工业统计范围也随之变化。

1991—1995年，柳州铁路局独立核算工业生产完成总产值(不变价)3.1亿元，销售收入4.6亿元，实现利润2418万元。1996—2000年，完成总产值(不变价)6.5亿元，销售收入11亿元，实现利润-2294万元。2001—2005年，完成总产值(不变价)12.7亿元，销售收入26.2亿元，实现利润-726万元。

1991—2005年，在全国铁路专业统计年报优秀单位评比中，柳州铁路局工业统计1994年、1995年、1996年、2000年、2004年均获第三名。

统计分析

1991年来，柳州铁路局计统部门坚持月、季、年定期分析制度，围绕经营管理的重点、难点开展专题调研，为生产经营决策提供参考意见。铁路局和铁道部在每年的6月和8月分别组织优秀统计分析报告评比，铁道部每两年举行一次优秀统计科学论文评比。1991—1998年，在全路优秀统计分析报告评比中，柳州铁路局获一等奖3篇、二等奖10篇、三等奖1篇。1997年被评为全路统计分析工作先进组织单位。自1999年起，铁道部停止优秀统计分析报告评比工作。1993—1999年，在铁路局优秀统计分析报告评比中，评出一等奖14篇、二等奖38篇、三等奖36篇。自2000年起，铁路局停止组织优秀统计分析报告评比工作。

2002年8月，重新修订《柳州铁路局统计分析考核评比办法》。2003年7月，铁道部重新修订《铁路优秀统计分析报告评选办法》。2003年，铁道部、铁路局同时恢复优秀统计分析报告评选活动。

2003—2005年，在全国铁路优秀统计分析报告评比中，柳州铁路局获一等奖1篇、二等奖4篇、三等奖4篇。在铁路局优秀统计分析报告评比中，评出一等奖7篇、二等奖12篇、三等奖36篇。

在全国铁路统计科学优秀论文评选中，柳州铁路局于1995年、1997年获二等奖各1篇，2002年获二、三等及优秀奖各1篇，2004年获二、三等奖各1篇。

统计监察

1991年，局计统处设统计监察科，依法管理柳州铁路局内统计违法案件的立案、调查、处理工作，监督检查有关统计法规、制度的执行情况，及时纠正和制止违法违规行为，维护计划统计法规的严肃性。

1992年，柳州铁路局转发铁道部《关于转发统计违法案件查处工作暂行规定的通知》及铁道部计划司《关于健全全路统计监察制度、职责和岗位责任制的通知》。11月，举办统计人员普法教育培训班，54人参加学习。

1993年，柳州铁路局对统计监察人员进行审定和整顿，各专业专兼职统计监察53人重新办理《统计监察证》。在统计法规执行情况检查中，统计报告单位354个，自查352个，自查率99.4%，抽查单位114个，抽查率32.2%，查出违反统计规章3件。3月，1080人参加铁道部举办的全路统计人员普法知识竞赛活动，14人获一、二、三等奖，18人获优秀奖，柳州铁路局获组织奖。

1994年，根据车务段的统计监察改为运输统计员职名的情况，制订《柳州铁路局车务段兼职统计监察工作规范》。重新制订《运输十八点统计工作考核办法》。6月—8月，开展统计法执行情况大检查，重点检查《统计法》和有关统计法规、规章的贯彻执行情况。

1995—1996年，柳州铁路局修订《运输报表及主要指标统计质量考核办法》，并将其更名为《柳州铁路局统计质量综合考核办法》，制订《柳州铁路局统计质量综合考核暂行规定》，转发铁道部《关于开展全路统计“二五”普法考核验收和统计执法检查的通知》，成立领导小组，把统计普法验收和执法检查有机结合，在自查自纠基础上，按专业组织3个检查组，对2个铁路分局进行交叉检查，未发现违法违章统计行为，全局统计基础工作较好。在“二五”普法教育中，举办统计普法培训班

2期培训119人。铁路局各级计统部门全部达到国家统计局规定要求，获自治区统计“二五”普法工作先进单位称号。

1997年，广西地方铁路有限公司印发《关于建立合资铁路(运输)统计报表制度的通知》和《关于建立地方铁路统计报表制度的通知》，从当年1月1日起，建立广西地方和合资铁路统一的统计报表制度。年内，开展统计执法大检查，对地方和合资铁路的调度、劳动工资、货物和旅客运输的到发量、固定资产投资、运输业劳动生产率等指标的统计进行检查。同年12月，柳州、南宁铁路分局的统计监察工作归入局计统处。

1998年1月，柳州铁路局统计工厂增设3名监察定员，负责检查全局的客货运输统计工作。1998—1999年，统计执法情况大检查的重点为查处在统计数据上弄虚作假的统计违法行为；检查旅客列车正点率、机车总重吨公里等指标及原始单据质量。

2000年，柳州铁路局转发铁道部《铁路统计监察工作管理办法》，制订《柳州铁路局统计监察工作管理补充办法》，规范统计监察工作。907名专(兼)职统计人员及各单位主管领导(负责人)参加自治区统计“三五”普法考试，及格率100%。

2001年，柳州铁路局根据铁道部将《铁路统计年报考评办法》修改为《铁路统计年报及监察工作考评办法》的情况，制订统计年报及监察工作考评办法。6月，转发国家《统计执法检查规定》，全面开展统计执法检查工作。在铁道部开展的统计执法大检查工作评比中，柳州铁路局被评为统计执法检查先进单位。年内，举办《统计法》《统计法实施细则》培训班7期培训623人。

2002年，再次修订《柳州铁路局统计质量综合考核办法》，将铁路运营成本和劳动工资统计纳入考核范围，新增统计基础工作和统计机构、人员的设置等考核内容，同时制订统计监察工作考核制度。7月—9月，开展运输统计执法大检查，对7件违法违规行为进行通报批评和处罚，对7个成绩突出的单位给予表彰。举办车务、机务部门《统计法》教育培训班8期培训390人；举办站段统计负责人和统计监察统计执法检查培训班1期培训20人。铁路局统计监察工作被铁道部评为第二名。

2003年，柳州铁路局开展《统计法》颁布20周年纪念活动，举办《统计法》知识抢答赛，组织699名统计人员参加全国纪念《统计法》颁布二十周年知识竞赛和征文活动，3个单位被铁道部统计中心授予“铁路依法统计先进单位”称号，4人被授予“铁路依法统计先进个人”称号。铁路局统计中心与电子计算管理中心联合开发的统计监察管理系统投入使用。6月，铁路局统计中心印发《关于进一步加强统计数据管理确保数据质量的通知》，对确保统计数据质量提出四项要求。印发《关于规范装车数与货运收入速报数统计的通知》，对十八点装车数与货运收入速报统计提出要求。7月—9月，开展统计执法检查，重点检查贯彻执行《统计法》和开展统计“四五”普法教育情况。

2004年，柳州铁路局统计监察由注重一次性执法检查向实施经常性统计监察转变，由注重违法违章处罚向加强日常业务指导转变，由注重检查向同时开展调研转变。根据铁道部《铁路专业公司运营指标统计暂行办法》，合理规划新的统计作业流程和作业方式，加强对基层单位指导，确保集装箱、特货、行包专业运输公司统计报表编制上报。

2005年6月，由铁路局统计中心承担的统计管理职能回归局计统处。在统计执法检查中，采取自查和重点抽查相结合的方式，对各单位的统计基础工作、统计机构设置、统计手段现代化建设、统计数据质量、各种统计违法违章行为进行检查，自查率100%，运输统计抽查率52.4%，劳动统计抽查率10.5%。对发生统计质量差错的10个单位进行通报和经济处罚。

第四章 财务管理

1991—1997 年 10 月，广西国家铁路财务管理部门为局财务处，柳州、南宁铁路分局财务科(财务分处)，实行铁路局、分局、站段三级管理和铁路局、分局二级专业核算；1997 年 11 月铁路分局撤销后，实行铁路局、站段二级管理，铁路局一级专业核算。广西地方铁路的财务管理部门为广西地方铁路(有限)公司财务部，实行公司、管理段(站)二级管理。广西合资铁路财务管理经历三个阶段，第一阶段(1991—1995 年 11 月)，南防铁路公司的财务管理部门为公司财务科，1992 年 7 月前，实行公司一级管理，7 月后，实行公司、站段二级管理，一级专业核算。第二阶段(1995 年 11 月—2002 年 6 月)，南防铁路公司为广西地方铁路有限公司的子公司，财务管理部门为广西地方铁路有限公司财务部，实行公司、子公司、站段三级管理；公司、子公司二级专业核算。第三阶段，2002 年 6 月，广西沿海铁路公司成立后财务管理部门为广西沿海铁路公司财务部，实行公司、站段二级管理，公司一级专业核算。

2010 年 8 月，局财会学会召开全局财务人员献言献策研讨会，探讨如何提高全局财务管理水平问题

第一节 运输收入

运输收入管理和核算

广西铁路运输收入为铁路运输企业在办理客货运输营业时，向旅客和发(收)货人核收的票价收入、运费和杂费收入。

1991 年，柳州铁路局转发铁道部《关于加强铁路运输收入管理的若干意见》。全年完成运输收入 13.12 亿元。地方铁路完成运输收入 3243.7 万元。南防铁路公司印发《关于运输收入管理暂行规定的通知》，全年完成运输收入 4021.8 万元。

1992 年 7 月 1 日起，铁道部对经由铁路运输的货物征收铁路建设基金。9 月 1 日起，实行货物保价费单独核收管理，铁路建设基金、货物保价费收入不计入铁路局的运输收入，作铁路运输进款由收入部门管理，全部解缴铁道部。年内，柳州铁路局制订和实行新的《堵漏保收提成和分配办法》，堵漏收入缴纳营业税、城建税和教育附加后提成 10%，其中 70%用于奖励，30%用于改善站车服务设施。全年，完成运输收入 14.47 亿元，地方铁路完成运输收入 3517.6 万元。南防铁路公司印发《车站运输收入管理工作标准》《关于加强到达货物收费管理的通知》，全年完成运输收入3854万元。

1993—1994年，局财务处制订《运输收入进款上缴考核奖惩办法》，考核铁路分局的收入进款上缴情况，考核结果与铁路分局的留利、相关人员的奖金挂钩。通过考核，柳州铁路局在途资金由年初6.21天降至年末3.16天。加强运输收入专户管理，制订防止拖欠货物运杂费办法，成立清欠小组，到重庆、水城、海南等地收回欠款6241万元。修改运输进款上缴办法，建立运输收入分析制度。两年，完成运输收入35.16亿元。地方铁路完成运输收入1.1亿元。合资铁路完成运输收入1.34亿元。

1995年4月，柳州铁路局根据铁道部《关于修订堵漏保收提成分配政策的通知》，规定各单位堵漏保收奖励按堵漏收入税后的10%提取，铁路局、分局不留调剂数，全部由堵漏单位掌握使用。各站段的堵漏保收奖励提成，主要用于奖励直接参与堵漏保收的班组和个人。6月，印发《1995年度运输收入大户竞赛办法》，竞赛奖金改在铁路局工资基金中拨付。全年完成运输收入19.72亿元。地方铁路完成运输收入6687万元。合资铁路完成运输收入8097.7万元。

1997年，柳州铁路局和工商银行广西分行共同开发使用牡丹信用卡办理铁路客货运杂费结算业务，制订《牡丹铁路专用卡管理办法》，在柳州东站试行。11月，撤销铁路分局后，柳州、南宁铁路分局收入检查室合并成立铁路局收入稽查大队。成立“柳州铁路局代收款中心”。局财务处建立站段每日上报运输收入速报，按月上报收入完成情况分析，定期召开全局性季度收入分析会。制订《站车漏、少收运杂费及违反财经纪律处罚办法》，转发铁道部《关于违反铁路运输收入纪律的处罚规定(试行)》，开展“查管理、查漏洞、查违纪、保收入”活动。查出并收回漏少收款和违纪款188.1万元。此后，每年坚持开展以“三查”为内容的运输收入专项检查活动，至2005年，全局查出并收回漏少收及违纪款1539万元。

2001年，柳州铁路局根据铁道部实行客货网分账核算的运输进款清算办法和新颁布的《铁路运输收入管理规程》《铁路运输收入会计规则》以及客运清算要求，及时完成收入会计科目、运输收入汇总表和各项会计报表的修改工作。运输收入不再由收入部门直接上缴铁道部，而是划转铁路局运营财务部门。6月，局财务处与广西地方铁路有限公司计财部签订《国、地铁运输收入工作协作会议纪要》，解决地方铁路拖欠国家铁路收入进款问题。全年，完成运输收入30.86亿元。地方铁路完成运输收入8089.1万元。合资铁路完成运输收入2.27亿元。

2003年，制订《柳州铁路局内部财务会计控制制度——运输进款收入》，内容包括旅客票价进款核收与报缴，货运、行包运输进款核收与报缴，广西沿海铁路公司和广西地方铁路有限公司代收国铁运杂费的核收与报缴，邮运、军运后付运杂费的核收与报缴，运输收入会计核算，运输收入票据管理控制制度，运输收入预期目标控制，运输收入管理机构内部稽核等。制订《柳州铁路局车站运输收入工作质量考核办法(试行)》，对车站的票据填制、运杂费核收、票据管理、进款管理等内容进行考核评分，与相关人员收入分配挂钩。印发《关于加强站、车运输收入会计基础工作的通知》，建立健全收入人员岗位责任制度等4个方面19条标准。举办全局“运输收入业务知识竞赛”活动。2003—2004年，铁路局完成运输收入95.54亿元。广西地方铁路有限公司完成运输收入1.62亿元。广西沿海铁路公司完成运输收入6.6亿元。

2005年4月，柳州铁路局成立局收入稽查处，同时将运输收入稽查大队划归局收入稽查处领导和管理。年内，局收入稽查处制订《运输进款管理检查制度》《收入稽查处会计稽核制度》和《运输收入会计档案借阅、销毁制度》。根据铁道部《关于加强运输收入进款资金管理与安全的通知》《关于进一步加强资金管理防范资金风险确保资金安全的若干意见》的规定，全面检查92个站段的运输进款保管安全和制度执行情况，全面清理运输收入进款专户，取消违规账户29个，保留140个。1993—2005年，铁路局堵漏保收累计完成17.48亿元，每年平均递增7.7%。同期，在铁道部组织的运输收入决算报表会审评比中，1993年被评为良好，1994—2005年均被评为优秀。

表 5-10 **1991—2005 年柳州铁路局运输收入完成情况** 单位:万元

年度	客运收入	货运收入	路网收入	相关运输收入	合计	旅客每人平均收入率(元)	货物每吨平均收入率(元)
1991	39669.00	91544.00	—	—	131213.00	14.23	26.80
1992	45312.20	99418.80	—	—	144731.00	14.08	28.17
1993	55673.10	114905.50	—	—	170578.60	15.53	29.92
1994	63736.00	117297.00	—	—	181033.00	17.54	28.83
1995	74036.90	123132.30	—	—	197169.20	22.18	28.97
1996	80049.00	141059.60	—	—	221108.60	28.42	32.12
1997	82206.30	169921.40	—	—	252127.70	27.54	38.47
1998	84312.00	168979.00	—	—	253291.00	26.50	39.05
1999	89784.50	150616.90	—	—	240401.40	29.29	35.47
2000	96719.50	165828.00	—	—	262547.50	31.01	34.60
2001	111708.90	191869.50	3998.00	1023.70	308600.10	40.68	34.46
2002	119095.30	203398.30	4386.60	992.90	327873.10	46.33	33.97
2003	115860.90	296864.40	4523.50	936.50	418185.30	50.06	48.55
2004	142956.80	386404.50	6729.10	1103.10	537193.50	62.85	53.31
2005	155504.00	446063.00	9634.00	1245.00	612446.00	65.71	57.00

表 5-11 **1991—2005 年广西合资、地方铁路运输收入完成情况** 单位:万元

年度	合资铁路						地方铁路
	运输收入				旅客每人平均收入率(元)	货物每吨平均收入率(元)	运输收入
	客运收入	货运收入	其他收入	合计			
1991	—	4021.5	—	4021.8	—	15.58	3243.7
1992	92.3	3761.7	—	3854	5.7	12.26	3517.6
1993	282.2	3806.6	1115.3	5204.1	6.61	10.57	4908.9
1994	388.2	5179.9	2584.4	8152.5	6.64	10.87	6092.5
1995	452.2	5083.8	2561.7	8097.7	6.33	10.85	6687
1996	511.6	7695.4	3431.2	11638.2	7.95	11.57	8733.4
1997	421.3	10615.2	—	11036.5	6.63	13.12	8108.3
1998	308.5	14776.3	—	15084.8	3.97	16.04	7118.9
1999	300.5	16994.5	—	17295	3.36	16.73	6579.8
2000	362	17739.6	—	18101.6	3.58	16.4	6734.9
2001	848.9	19686	2161.6	22696.5	8.53	16.53	8089.1
2002	667.6	21555.9	2520	24743.5	11.62	16.34	7598.3
2003	571.7	26669.5	2599.9	29841.1	10.44	17.78	8062.5
2004	631.5	33217.3	2310.6	36159.4	11.99	19.53	8120.7
2005	719.9	41317.5	2456	44493.4	7.67	19.99	9414.9

注:合资铁路其他收入栏 1991—1995 年是 2.15 分运价补差,2001—2005 年是延伸服务收入。

运输收入分配

1991—1992 年，铁道部对柳州铁路局实行“现收现支”办法，即铁路局实现的运输收入全部作为清算收入，由铁道部对全路共同完成的运输收入进行统一的清算和分配，按铁路局完成的运输收入、运输工作量、运输作业及服务工作量和铁道部制订的分配办法清算铁路局所得的收入作为铁路局的运输清算收入，同时对成本补偿部分增加清算收入。两年共完成运输营业（清算）收入 29.57 亿元。铁路局对铁路分局实行“现收现支”清算，即铁路分局实现的运输收入作为铁路分局的清算收入，同时对铁路分局实行成本补偿清算。

1993 年，柳州铁路局改变“现收现支”清算办法，与济南铁路局、广州铁路(集团)公司在全国铁路首次实行“管直方案”。清算收入=管内运输收入+直通清算收入+成本补偿清算收入+下半年客货服务收入+运输支出考核奖罚。全年，完成运输营业收入 15.45 亿元。铁路局对铁路分局实行“管内归已，直通清算”分配办法：铁路分局的旅客票价收入、行包邮运收入、客货其他收入按实际完成进款收入计算为清算收入；按铁路局管界为限，完成的管内货运运费进款收入全额作为清算收入，完成的直通货运周转量×239 元/万吨公里作为直通货运清算收入；成本补偿，按铁道部对铁路局的补偿办法，以铁路局下达的计划与铁路分局实际完成数计算，作为铁路分局的清算收入。

1994 年，柳州铁路局实行全路统一的“管内归已，直通分配”运输收入清算办法。清算收入=管内运输收入+直通清算收入-调节收入+其他应得收入。全年，完成运输营业收入 15.16 亿元。对铁路分局实行管内归已、直通统一单价清算、管直清算部分调节的清算办法，铁路分局应得清算收入=(管内清算收入+直通清算收入)×(1-铁路分局上交调节收入率)+其他应得收入。直通清算单价客运 435 元/万人公里，货运 245 元/万吨公里；柳州、南宁铁路分局调节收入率分别为 30%、23%。

1995 年，柳州铁路局实行铁道部的“管直清算，一次到位”“管内部分调节，直通不同单价”清算办法。清算收入=管内清算收入+直通清算收入+其他应得收入。全年，完成运输营业收入 18.9 亿元。对铁路分局的清算办法调增直通运行清算单价，其中客运为 648.17 元/万人公里，货运为 298.31 元/万吨公里。柳州、南宁铁路分局的调节收入率分别为 34.6%，23%。

1996 年，柳州铁路局实行铁道部的“管直清算，系数调节”清算办法。清算收入=(管内清算收入基数+直通清算收入基数)×清算收入调节系数+其他应得收入。全年，完成运输营业收入 20.4 亿元。货运调价后至 1997 年分局撤销前，对铁路分局的清算改按“清算收入调节系数”办法，铁路分局应得收入=(管内清算收入+直通清算收入)×铁路分局清算收入调节系数+其他应得收入。直通运输清算单价：1996 年客运 660 元/万人公里，货运 259 元/万吨公里；1997 年，客运 660 元/万人公里，货运 270 元/万吨公里。清算收入调节系数：柳州、南宁铁路分局 1996 年 0.8194，1.0229；1997 年 0.889、1.163。1994—1997 年，铁路分局的大修理支出按局计统处下达的计划清算。

1997 年，柳州铁路局增加跨局机车交路变化增减清算和客车交路变化增减清算以及并入运输收入的关联收入清算内容。清算收入=(管内清算收入基数+直通清算收入基数)×清算收入调节系数±机车交路变化增减清算收入±客车交路变化增减清算收入+并入运输收入的关联收入±其他收入。全年，完成运输营业收入 22.22 亿元。

1998 年，柳州铁路局管内和直通清算采用不同的调节系数，另外增加中转作业清算内容。清算收入=管内清算收入基数×管内调节系数+直通清算收入基数×直通调节系数±机车跨局交路增减清算收入±客车交路变化增减清算收入+中转作业清算收入+并入运输收入的关联收入±其他收入。全年，完成运输营业收入 23.97 亿元。

1999—2000 年，柳州铁路局实行铁道部的“模拟区域运价，管内现收清算，直通作业清算，服务相互补偿”运输进款清算办法，清算收入=管内营业收入+直通营业(作业)收入+提供服务清算收入+其他收入。2000 年 7 月 1 日起货运调价增收部分由铁道部公布增加定额清算，春运浮动加价由铁路局按售票进款收入的 40%清算。两年，完成运输营业收入 57.84 亿元。

2001—2003 年，柳州铁路局实行铁道部的

"分账核算"运输进款清算办法:客运收入来自市场,货网收入合并清算,提供服务相互清算。铁路局的营业收入=客运营业收入+货网营业收入+专项收入。客运营业收入=客票与行包专列收入+车补、邮运及客运其他收入+普通行包清算收入+提供服务清算收入;货网营业收入=货运管直收入+货运其他收入+路网直接收入+单项清算收入+提供服务收入;专项收入包括营业外单位清算收入、空调候车室专项清算和运输组织中的补偿清算等。2003年,铁道部规定南昆铁路纳入正式运营核算,但南昆铁路的收入仍按原办法计算和核算。四年,铁路局完成运输营业收入171.66亿元。

2004年,铁道部修改运输进款清算办法,与2001年的清算办法相比,主要变化在计算铁路局的营业收入时,不再包括行包运输、集装箱运输以及使用D型车、B型车、J型车运输的货运进款,以及周转量及货物到达后产生的清算收入。铁路局为新组建的专业运输公司办理发送、到达、中转等作业也由过去向铁道部清算,改为根据为专业运输公司提供的服务工作量收取服务收入。全年,柳州铁路局完成运输营业收入77.66亿元。

2005年,柳州铁路局执行铁道部重新制订的《铁路运输进款清算办法》,进款清算包括客运进款清算,普通货运进款清算,专业运输进款清算,其他运输进款清算和提供服务收入清算五部分。营业收入=客运营业收入+货运营业收入+提供服务收入+专项收入。客运营业收入=客票进款收入+列车补票进款收入+客运其他进款收入+客票发展金;货运营业收入=货运管内清算收入+货运直通运行清算收入+货运直通发送清算收入+货运直通到达清算收入+货运其他收入+单项清算收入;提供服务收入=线路使用费收入+客运提供服务收入+货网提供服务收入+其他收入;专项收入包括按铁道部定额清算的营业外单位收入和空调候车室专项补偿收入。全年,完成运输营业收入76.23亿元。

1991—2005年,广西地方、合资铁路运输收入全部归已,不进行运输收入清算。

表5-12 **1991—2005年柳州铁路局运输营业收入完成情况** 单位:万元

年度	运输营业收入	其中:客运	其中:货运	其中内部收入	年度	运输营业收入	其中:客运	其中:货运	其中内部收入
1991	135256	—	—	—	1999	269498	—	—	—
1992	160419	—	—	—	2000	308913	—	—	—
1993	154545	—	—	—	2001	507221	149540	357681	66132
1994	151596	—	—	—	2002	534495	163104	371391	65734
1995	188955	—	—	—	2003	674891	157647	517244	80006
1996	204045	—	—	—	2004	776641	200928	575713	104101
1997	222179	—	—	—	2005	762344	221958	540386	153353
1998	239685	—	—	—					

注:表中"其中内部收入"为损益表中"铁道部定服务收入"加营业外清算收入之和。2005年的"铁道部定服务收入"已按总计划减去重复计算的5939万元。

第二节 运输成本

运输成本计划管理

1991年,铁道部对柳州铁路局的运输成本实行计划管理。铁道部对铁路局的运输支出除下达总支出计划外,"万含"工资、机车用煤油的单耗和价格、抽换钢轨轨枕的工作量和价格、折旧、统筹退休金等项目作为指令性计划下达,货车折旧和货车使用费单项列出。对成本支出，按总支出和不含工资、折旧的单位支出进行考核，考核结果与工资奖罚和留利分配挂钩。铁路局基本按照铁道部下达的有关计划指标编报成本计划，并按照确保完成铁路局计划的原则向铁路分局、直属、工务处下达运输总支出计划。对分局按不含工资、折旧和大修成本的单位有权支出进行考核，考核结果对留利实行节奖超罚。柳州铁路局运输成本核算执行铁道部1986年修订的《铁路运输成本管理办法》，使用铁道部颁发的铁路核算新“规程”。设成本支出科目220个、子目147个。全年，运输总支出7.81亿元。地方铁路、合资铁路按铁道部1986年修订的《铁路运输成本管理办法》实行运输成本核算。地方铁路全年运输支出3085.5万元。合资铁路全年运输支出3267.9万元。

1992年，柳州铁路局的成本计划增加粮价补贴、工资附加费为指令性计划，以不含工资和折旧的单位支出进行考核，工资奖罚力度加大。成本核算使用铁道部1991年修订的《铁路运输支出科目表》，新科目表设支出科目222个、子目297个。全年，运输总支出10.1亿元。地方铁路全年运输支出3528.8万元。合资铁路全年运输支出3539.2万元。

1993年，铁道部对铁路局继续下达运输支出和单位支出计划，并对实行成本补偿的项目逐项下达计划，按不含工资和折旧的单位支出进行考核。下半年起，铁路局成本核算执行铁道部新的《铁路运输企业成本费用管理核算规程》，按基本生产费、一般生产费、管理费的分类方法，将运输企业的全部营业支出划分为营运成本、管理费用和财务费用，将一般生产费的列支内容并入营运成本，调整和补充管理费的列支内容，增设财务费用内容，并规范营业外收支核算内容。科目编码由三位数改为四位数。铁路局全年运输总支出14.46亿元。未完成考核指标，被扣罚工资结算196.8万元。地方铁路全年运输支出4272.3万元。合资铁路全年运输支出4374.2万元。

1994年，铁道部按每万换算吨公里393.94元（含工资，折旧费用及大修支出）为支出目标向柳州铁路局下达支出计划。实际支出超过（或低于）基数且完成运输进款收入计划时，按超过（或低于）部分的8%扣减（或增加）结算工资。铁路分局建立以分局长（处长）、总会计师、财务科长为主线的成本控制责任制，按单位支出考核，按考核结果对责任人和单位实行节奖超罚。由于发生水灾，铁路局全年运输总支出19.32亿元，运输成本继续超支。地方铁路全年运输支出5883.7万元。合资铁路全年运输支出5420.6万元。

1995年，铁道部对柳州铁路局下达的运输支出计划按“分项计划”和“单位支出增长比例法”确定基数，然后对两个方法的结果按70%和30%进行加权，作为支出基数总额，并与收入弹性挂钩。铁道部对有权支出进行考核，按成本节超的10%增加或扣罚结算工资。铁路局对铁路分局实行在成本总额基数基础上与收入挂钩的弹性考核，考核结果与工资结算挂钩。全年铁路局运输总支出21.74亿元，比计划超支近5000万元。地方铁路全年运输支出6479.8万元。合资铁路全年运输支出7565.4万元。

1996年，铁道部按工资、大修、折旧、费用分项下达基数的方法，对柳州铁路局下达基数总支出计划，不再单独对成本计划完成情况进行考核奖罚，而按盈亏考核进行奖罚。铁路局实行超收增支只与运输清算收入挂钩，实行节奖超罚工资结算。由于管内发生严重自然灾害，全年，运输总支出22.93亿元，比年初计划多支出4402万元。地方铁路全年运输支出8366.4万元。合资铁路全年运输支出1.15亿元。

1997年，铁道部运输成本计划按初始计划下达，柳州铁路局可在完成盈亏目标的前提下，建立目标成本，并可自行调整和优化除工资、折旧以外的成本结构，根据盈亏计划完成情况确定有权运输支出。铁路局对铁路分局下达一个按盈亏目标确定的初始计划，实行收支动态平衡管理，年中对计划进行调整。年内，铁路分局撤销，年终对站段的成本考核按原铁路分局制订的办法进行。柳州铁路局由于学邯钢，实行成本否决，全年运输总支出24.53亿元，成本失控的现象得到遏制。地方铁路全年运输支出8242.6万元。合资铁路全年运输支出1.15亿元。

1998年，铁道部公布《铁路运输企业成本计算区间划分办法（试行）》，规定柳州铁路局湘桂铁路5个区间、黔桂铁路2个区间、焦柳铁路2个区间、黎湛铁路2个区间、南昆铁路2个区间，1个枢纽编组站柳州南站。铁路局在保证完成资产经营责任制考核指标的前提下，按照以收定支的原则编制运输成本计划，并分劈下达给基层单位。对基层单位的运输支出按以下办法清算：工资按局劳资处核定的工效挂钩工资结算数额清算；折旧按重估后的固定资产及分类折旧率提取数清算；大修支出在铁路局下达给单位的计划总数以内，已完工的按批准预算数清算，未完工的按实际支出清算；费用分别按完成工作量、按计划和按实际支出清算。为鼓励增运增收，对车站，车务、客运段实行超收补偿与成本清算挂钩的办法，较基数增收部分按不同比例增加对单位的运输支出清算。由于铁路局连年亏损，对基层单位运输成本清算实行系数调节，年初下达的调节系数为0.88，年终调为0.93，即对各单位的运输成本清算支出(或各单位的运输清算收入)=(按完成工作量清算+按计划清算+按实际清算±调整计划清算)×调节系数+损失性费用清算+超收挂钩清算。按年度成本实际支出与有权支出相比节约或超支进行考核，实行按节约或超支金额的比例增加或减少工资结算，结算比例为30%。铁路局全年运输总支出25.42亿元。地方铁路全年运输支出6741.3万元。合资铁路全年运输支出1.55亿元。

1999—2005年，铁道部不再向柳州铁路局下达运输总支出计划，但对大修支出提出要求。1999—2003年，运输成本计划由铁路局根据铁道部下达的盈亏目标和资产经营责任制有关财务考核指标自行编制，报铁道部备案。2004年，铁道部要求铁路局编报包括运输总支出预算、大修支出预算在内的10个预算，并规定其中6个预算要报铁道部核备。2005年，铁道部下达铁路局的总支出预算，包括运输总支出、直接支出、付费支出、营业外附加。铁路局对基层单位的工资、折旧大修支出清算办法基本未变，费用清算各年有所变化。1999年，工资附加费清算比例为38.2%；车站，车务、客运段营销费用，按完成运输进款收入的1‰清算；调整运输收入超收补偿清算比例；只对各决算车站，车务、客运、机务、水电、车辆、工务、电务(通信)、房建段的清算收入进行系数调节，调节系数为0.95。2000年，成立客运公司后，客运公司和其他车站、车务段的客运费用按以下办法清算：客运公司清算收入=(客运总收入-站、段客运收入)×调节系数。其他单位的清算办法未做大改变，只对部分项目作调整。2001年，按铁路局向铁道部取得的全部客运清算收入作为客运公司的营业收入，其他单位费用清算也有一些变化。2002—2004年，铁路局对基层单位运输成本的清算，根据当年实际情况作适当调整。2005年，对机务段、客车车辆段、工务段、车站、车务段、客运段等单位的清算办法作出较大调整，对改变核算性质的柳州林管所、柳州生活服务总公司、柳州工务工厂的有关运输支出单独制订结算办法。对基层单位的考核仍实行按节约或超支金额增加或减少工资结算。增加或减少的工资金额，等于节约超支金额乘结算比例。结算比例1999年为25%、2000年为20%。2001年以后，节超1%以内为15%；节超1%以上为20%。2002—2004年为15%。2005年为20%。2001年1月，铁道部根据客货网分账核算的要求，又一次更新铁路运输成本管理核算“规程”。新“规程”规定，从基层单位开始就要分客、货、网核算，在有关共同费用科目中要分客、货、网子目，在科目设置上增设客货网之间互相付费的科目。1999—2000年，成本科目235个，子目372个；2001—2005年，成本科目250个，子目912个。铁路运输成本科目中，保持按工资、材料、燃料、电力、折旧、其他六要素进行划分。从2005年开始，运营单位自营大修工程支出改变全列其他要素的核算方法，也按以上分六要素进行核算。1999—2005年，铁路局运输总支出367.27亿元。2003—2005年，地方铁路运输总支出2.43亿元。合资铁路运输总支出10.67亿元。

运输成本口径变化

1991年，柳州铁路局运输成本工资总额按铁道部“工效挂钩”工资结算办法的结算额列支。实行综合折旧，基本折旧率3.5%。运输成本中的大修费按应计折旧固资原值4%计提。其他成本费用按相关规定列支。南防铁路公司实行工资总额包干（按核定的职工定员数和南宁铁路分局职工平均收入确定工资总额)；折旧按南防铁路资产4亿元的3%计提；大修费用按应计折旧固定资产原值2%计提；职工福利费按工资总额11%、职工培训费用按工资总额1.5%计提。

2004 年，柳州机务段工人钻研节油技术，降低运输成本

1992 年，财政部发文，要求铁路企业对与收入有关的各类提成奖励办法进行整顿，与收入有关的提成奖励，须在工资总额内解决，除财政部规定的项目外，不得再单独提取。5 月起，各种副食品价格补贴中由企业福利基金负担部分改为从企业成本中列支。基本折旧率调整为 4%。其他成本费用从下半年起，柳州铁路局列入成本的职工福利费计提由工资总额的 11%提高为 14%，原则上 8%作医药卫生费、6%作福利基金。职工教育经费比照提取福利费的工资总额按 1.5%计提。南防铁路公司职工福利费提高到职工工资总额 14%（医疗卫生费 8%、福利基金 6%）。

1993 年，实行新会计制度后，柳州铁路局规范成本中工资核算口径和范围。7 月 1 日起，将原来单列的副食品价格补贴及物价补贴都归入各类人员的工资科目；原在客货服务基金及堵漏保收提成中列支属于营业支出范围的开支，改由运输成本有关科目列支。铁路局负担由铁道部分摊的货车折旧。运输成本中的大修费按应计折旧固资原值 4%计提。1994 年，原在福利费列支的洗理费及在成本其他要素列支的上下班交通费补贴、女工卫生费等列入工效挂钩工资总额基数。继续清理在成本工资要素以外和在其他各种应付款中支付工资性奖励、津贴等违规支出。基本折旧率以重估价前的固定资产原值 4%计提。1996 年开始，实行分类折旧，并以重估价后的固定资产原值 4%计提。大修费按当年实际发生的大修理费用列支。铁道部规定：对不同款源负担的大修理支出要分款源列支，大修支出不能购置固定资产。

1995 年，柳州铁路局开始在运输成本中列支职工住房公积金。占用应缴铁道部资金要按规定支付资金占用费。1995—2000 年，“多经”投资的优质优价列车加价收入的 40%交给铁路局直接冲减主业运输成本。1996 年开始，实行分类折旧，并以重估价后的固定资产原值计提。1996—2000 年，按照铁道部的规定，实际提取的固资折旧数超过铁道部下达折旧定额列支数的差额在线路折旧中冲抵（5 年冲减线路折旧 4 亿元）。在大修中，铁道部财务司停止执行关于房屋推倒重建、异地重建、平房改楼房、增加层数、扩大面积属大修范围的规定。1997 年起，在运输成本管理费中安排客货营销费用。1998 年起，使用贷款购置机、客车支付的利息在财务费用中列支。1999 年，负担铁道部分摊的 1991—1997 年机、客车购置借款利息。

2001 年开始，柳州铁路局根据铁道部重新颁布的固定资产分类折旧办法，按实际计提的折旧计列成本。2001—2002 年，铁道部规定将大修安排的 50 公斤/米钢轨及道岔更换为 60 公斤/米钢轨及道岔、机车加装改造、新增机车车辆互换配件、其他设备购置及改造项目，按实际额从运输成本大修支出中调出列更新改造支出。当年起，全国铁路收支实行客货网三分开核算，铁路局客运与货网之间，铁路局与外局及其他铁路运输企业之间实行相互清算，清算支出列入运输有关成本。铁路局发生的铁道部定付费项目包括客运支出、货运支出。客运支出项目有线路使用费、机车牵引费、车站旅客服务费、旅客列车上水服务费、挂运客车使用费、售票服务费等；货运支出项目有线路使用费、机车牵引费等。同时，铁路局要按客运营业收入的 4.3%、货网营业收入的 2.9%向铁道部上交营业外单位支出附加费，在管理费中列支。年内，铁路局原分配在各要素、各科目中的通信费用改在“支付铁通费用”科目列支。2002 年，与“客票系统发展金”有关的收益性支出列入当期运输成本费用科目。

2003 年，铁道部调整包括机车、车辆和线路的折旧率。并在发布的铁路运输企业固定资产大修理支出管理办法中，重新规定线路换轨大修、机客车入厂修、段做厂修属于大修支出，但与机车车辆厂修或段做厂修同时进行的机车车辆加装改造超过大修支出范围的部分由更新改造资金中安排。同年，铁道部规定对分离社会职能移交学校、医院等经费补助，属一次性支付一年以上的按年限分摊计入营业外支出。2004 年，铁道部进一步明确自动闭塞信号改造、机车车辆加装改造、保行车安全或直接并明显提高运输功能的改造等项目的大修、更改支出范围。同年，铁道部规定铁路局所有在铁道部定规模内购置机客车借款利息全部由铁道部统一负担。

2005 年，柳州铁路局不再负担单列的货车折旧。2004—2005 年，铁路局移交社会职能补偿支出 4.37 亿元，其中属运输营业外支出 4.04 亿元，福利费支出 1527.8 万元，其他业务（车辆厂）支出 1765 万元。以上补偿支出中，属移交学校（中专、技校、中小学）补偿 3.47 亿元，移交医院补偿 6669 万元，移交幼儿园补偿 1785.8 万元，移交环卫队补偿 543 万元。

表 5-13　**1991—2005 年柳州铁路局运输支出情况（一）**　单位：万元

年度	总支出	其中				年度	总支出	其中			
		工　资	折　旧	大　修	费　用			工　资	折　旧	大　修	费　用
1991	78139	13801	10773	12314	41251	1999	272168	54030	39191	40756	138191
1992	101012	22120	13327	13479	52086	2000	311961	60661	41477	44750	165073
1993	144588	27012	15475	15476	86625	2001	456711	65200	57826	29991	303694
1994	193184	40879	17784	32462	102059	2002	493763	72805	65034	29589	326335
1995	217364	45870	20996	34039	116459	2003	634483	96361	78697	65061	394364
1996	239258	52825	27300	39338	119795	2004	706792	108231	89882	79461	429218
1997	245293	59885	33164	30043	122201	2005	796708	111429	78537	66076	540666
1998	254198	61364	34696	35296	122842						

注：1.1991—1993 年大修为大修提成。2.2001—2002 年大修不包括调更改 1.21 亿元、1.62 亿元。3.2003—2005 年含南昆铁路。4.2005 年工资不含自营大修工资 2570 万元。

表 5-14　**1991—2005 年柳州铁路局运输支出情况（二）**　单位：万元

<table>
<tr><th rowspan="2">年度</th><th rowspan="2">营业支出（万元）</th><th colspan="2">其中</th><th rowspan="2">营业外支出（万元）</th><th rowspan="2">单位营业支出（元/万换算吨公里）</th><th rowspan="2">年度</th><th rowspan="2">营业支出（万元）</th><th colspan="2">其中</th><th rowspan="2">营业外支出（万元）</th><th rowspan="2">单位营业支出（元/万换算吨公里）</th></tr>
<tr><th>管理费用（万元）</th><th>财务费用（万元）</th><th>管理费用（万元）</th><th>财务费用（万元）</th></tr>
<tr><td>1991</td><td>70419</td><td>5304</td><td>—</td><td>7720</td><td>200.83</td><td rowspan="2">2001</td><td rowspan="2">441814
(335425)</td><td rowspan="2">45066</td><td rowspan="2">6916</td><td rowspan="2">14897</td><td rowspan="2">874.43
(663.87)</td></tr>
<tr><td>1992</td><td>91083</td><td>5044</td><td>—</td><td>9929</td><td>235.88</td></tr>
<tr><td>1993</td><td>137055</td><td>11634</td><td>-1261</td><td>7533</td><td>315.42</td><td rowspan="2">2002</td><td rowspan="2">473965
(357214)</td><td rowspan="2">50801</td><td rowspan="2">6900</td><td rowspan="2">19798</td><td rowspan="2">912.11
(687.43)</td></tr>
<tr><td>1994</td><td>181239</td><td>15375</td><td>-1215</td><td>11945</td><td>398.37</td></tr>
<tr><td>1995</td><td>205210</td><td>19397</td><td>1992</td><td>12154</td><td>454.16</td><td rowspan="2">2003</td><td rowspan="2">611448
(488424)</td><td rowspan="2">60410</td><td rowspan="2">4891</td><td rowspan="2">23035</td><td rowspan="2">897.21
(716.69)</td></tr>
<tr><td>1996</td><td>222008</td><td>22101</td><td>-128</td><td>17250</td><td>522.51</td></tr>
<tr><td>1997</td><td>228961</td><td>23581</td><td>-868</td><td>16332</td><td>519.64</td><td rowspan="2">2004</td><td rowspan="2">686128
(538920)</td><td rowspan="2">63682</td><td rowspan="2">-2740</td><td rowspan="2">20664</td><td rowspan="2">859.57
(675.15)</td></tr>
<tr><td>1998</td><td>239854</td><td>23632</td><td>862</td><td>14344</td><td>555.94</td></tr>
<tr><td>1999</td><td>259671</td><td>25806</td><td>6724</td><td>12497</td><td>602.76</td><td rowspan="2">2005</td><td rowspan="2">769972
(626711)</td><td rowspan="2">65537</td><td rowspan="2">41035</td><td rowspan="2">26736</td><td rowspan="2">878.90
(715.38)</td></tr>
<tr><td>2000</td><td>297487</td><td>28306</td><td>6976</td><td>14474</td><td>613.31</td></tr>
</table>

注：1.单位营业支出为不含营业外支出的每万换算吨公里成本。2.括弧数为不含部定项目付费及上交营业外支出附加费的营业支出及单位营业支出，其中 2005 年已对重计的支出作调整。

第三节 企业利润

运输利润

1991年,柳州铁路局实行“现收现支法”,运输收入大于运输支出,再加上成本补偿清算,全年实现运输利润4.96亿元。

1993年上半年,柳州铁路局实现运输利润8290万元,下半年由于清算收入比上半年减少和实行新财务制度后运输成本增大而亏损6601万元,盈亏相抵全年实现利润1689万元。1994年,管内收入未完成年度计划,运输支出比年初计划超支2.2亿元,全年运输亏损4.65亿元。

1995—1996年,柳州铁路局未完成铁道部下达的运输盈亏计划,其主要原因是完成直通运输周转量比清算收入调节系数测算期下降,导致直通运输清算收入减少;1996年发生严重水害及台风灾害造成运输成本增大,两年分别比铁道部调整计划-2.61亿元和-2.56亿元多亏8439万元和1.62亿元。

1997年,柳州铁路局开展“学邯钢、转机制、抓管理、增效益”活动,确立“以收定支,倒推成本,实行成本否决,实现当年经营目标”的指导思想,加强营销力度,严控成本支出,当年运输亏损3.03亿元,比铁道部下达计划-3.63亿元减少6001万元,扭转连续几年未完成铁道部下达盈亏计划的被动局面。

1998年开始实行资产经营责任制,运输盈亏指标做为资产经营责任制考核“一票否决”的指标。柳州铁路局全年亏损2.23亿元,比铁道部下达计划成本-3.34亿元减少1.11亿元。

2001年,铁道部实行新的营业收入清算办法,柳州铁路局的运输经营盈亏计划由亏变盈。面对完成年度盈亏目标困难较大的实际,铁路局加强运输成本管理,按照从紧、从严的原则编制年度财务计划,在各季度的经济活动分析中,重点分析运输收入,确保运输进款计划的完成。全年,实现运输利润3.41亿元,较铁道部计划多盈1312万元。

2002—2004年,柳州铁路局围绕企业经营目标,加强运输成本管理,努力增运增收,严控运输支出,连续三年运输均实现盈利。2002年,实现运输利润2.34亿元,较铁道部的年度计划多盈4165万元;2003年,实现运输利润1.9亿元,较铁道部年度计划多盈7391万元;2004年,实现运输利润4.47亿元,较铁道部年度计划多盈1576万元。

2005年,铁道部取消模拟区域运价系数和改变铁路局盈亏计算办法,按“硬碰硬”的思路计算并下达运输盈亏计划,柳州铁路局成为计划亏损单位。铁道部调整运输盈亏计划为-6.25亿元。铁路局通过加强运输收入管理,开展节支降耗,全年实现运输利润-5.91亿元,较铁道部调整计划减亏3399万元。

从1997年起至2004年,柳州铁路局年年完成铁道部下达的运输盈亏计划。1991—2005年,运输经营累计亏损3.6亿元。

表5-15 **1991—2005年柳州铁路局运输盈亏计划与实际完成情况** 单位:万元

年度	铁道部年度计划	铁道部调整计划	实际完成	年度	铁道部年度计划	铁道部调整计划	实际完成	年度	铁道部年度计划	铁道部调整计划	实际完成
1991	41043	—	49625	1996	-37574	-25610	-41824	2001	32764	—	34076
1992	43378	—	50408	1997	-46360	-36314	-30313	2002	19249	—	23414
1993	—	—	1689	1998	-33370	—	-22278	2003	11574	—	18965
1994	—	—	-46500	1999	-23136	-20108	-11402	2004	43110	—	44686
1995	-29423	-26092	-34531	2000	-20108	—	-13057	2005	-40372	-62463	-59064

注:1.1996年调整计划为考核指标。2.1999年调整计划为贡献指标。

其他业务利润

1991—2005年,柳州铁路局其他业务利润包括管理的工附业单位利润、运输单位代办工作利润、货车修理业务收支结算结果和南昆铁路临管期间的盈亏结果。

1991—1994年,由于水泥等工业产品销路较好,运输单位代办工作利润较高,柳州铁路局其他业务连续四年盈利,共实现利润1.06亿元,其中货车修理盈利160万元、工业盈利927万元、物资供应盈利886万元、装卸盈利3198万元、旅行服务盈利892万元、运输代办盈利4536万元、其他盈利35万元。

1995—1997年,由于工业连续出现亏损,装卸1995年、1996年亏损严重,1997年南昆铁路刚投入临管运营,柳州铁路局其他业务连续三年出现亏损,共亏损3988万元,其中货车修理盈利69万元、工业亏损1549万元、物资供应亏损315万元、装卸亏损3029万元、旅行服务盈利77万元、运输代办盈利2494万元、其他盈利251万元、南昆铁路临管运营1997年亏损1986万元。

1998—2004年,柳州铁路局除工业亏损比较严重外,其他业务均实现盈利,七年共实现利润1.33亿元,其中货车修理盈利862万元,工业亏损3034万元,物资供应盈利1856万元,装卸盈利263万元,旅行服务盈利55万元,运输代办盈利7621万元,其他盈利5140万元,南昆铁路临管运输盈利542万元。

2005年,由于机构变动,一些单位划入"多经"核算,柳州铁路局其他业务实现盈利171万元,其中货车修理盈利2万元,工业亏损1552万元,物资供应盈利759万元,旅行服务盈利6万元,运输代办亏损332万元,其他盈利1288万元。

表5-16　**1991—2005年柳州铁路局其他业务利润完成情况**　单位:万元

年份	货　修	工　业	物资供应	装　卸	旅行服务	代办工作	其　他	临管运输	合　计
1991	25	195	202	730	142	726	-34	—	1986
1992	49	286	238	227	172	795	-41	—	1726
1993	82	193	225	1918	222	2305	137	—	5082
1994	4	253	221	323	356	710	-27	—	1840
1995	7	-777	-558	-1650	34	683	23	—	-2238
1996	0	-570	185	-1511	22	597	117	—	-1160
1997	62	-202	58	132	21	1214	111	-1986	-590
1998	5	-423	508	176	8	472	490	0	1236
1999	7	-136	88	120	18	480	810	69	1456
2000	-6	-1483	144	52	60	1430	754	473	1424
2001	606	-2	277	103	15	1791	148	—	2938
2002	25	-261	470	24	15	836	289	—	1398
2003	163	-252	187	63	-66	1234	956	—	2285
2004	62	-477	182	-275	(5)	1378	(1693)	—	2568
2005	2	-1552	759	—	(6)	-332	(1288)	—	171

注:1.柳州机车车辆厂从1998年开始并入工业利润。2.旅行服务从2004年开始在会计报表按"其他"利润计算,本表按( )作了调整。装卸业务2005年已按多经核算。

铁路运输企业利润总额

1991—1993年,柳州铁路局运输企业的利润总额包括运输主营业务利润、其他业务利润和投资收益。1992年起还包括"以前年度损益调整"。投资收益主要是购买国债及其他债券的利息收入和按成本法核算的少量股权投资收益。三年,铁路局实现运输企业利润总额11.03亿元,其中运输主营利润10.17亿元,其他业务利润8794万元,投资收益 24 万元，以前年度损益调整-282 万元。地方和合资铁路实现利润总额分别为 122.1 万元和 1364.8 万元。

1994—2000 年，柳州铁路局运输企业利润总额出现连年亏损，七年共亏损 17.59 亿元，其中运输主营亏损 19.99 亿元，其他业务盈利 1968 万元，投资收益 1513 万元，以前年度损益调整 2.06 亿元。地方铁路从 1997 年开始出现亏损，特别是 2000 年亏损严重，七年共亏损 1907 万元。合资铁路 2000 年由于调整以前年度损益 2.19 亿元，造成年度严重亏损，七年共亏损 2.65 亿元。

2001 年起，柳州铁路局多经企业当年实现的利润属铁路局投资股权应得部分按投资收益处理，当年的投资收益 5.1 亿元中包括对多经累计形成的所有者权益 5 亿元。全年，铁路局实现运输企业利润总额 8.93 亿元，其中运输主营利润3.41 亿元，其他业务利润 2938 万元，投资收益 5.1 亿元，以前年度损益调整 1251 万元。地方铁路亏损 116.2 万元，合资铁路亏损 3021.3 万元。

2002 年起，柳州铁路局以前年度损益调整不再计入当年实现利润，改在利润分配中的年初未分配利润项目反映。全年，铁路局运输企业实现利润总额 3.03 亿元，其中运输主营利润 2.34 亿元，其他业务利润 1398 万元，投资收益 5479 万元，以前年度损益调整 2017 万元。地方铁路亏损 597.8 万元，合资铁路实现利润总额 1600.4 万元。

2003—2005 年，柳州铁路局运输企业实现利润总额 2.04 亿元，其中运输主营利润 4587 万元，其他业务利润 5024 万元，投资收益 1.08 亿元（2005 年，铁路局对工附业单位按合并报表方法计算投资收益）。地方铁路实现利润总额 972.9 万元，合资铁路实现利润总额 1418 万元。

表 5-17　**1991—2005 年柳州铁路局运输企业利润总额**　单位：万元

年度	运输主营利润	其他业务利润	投资收益	以前年度损益调整	利润总额	年度	运输主营利润	其他业务利润	投资收益	以前年度损益调整	利润总额
1991	49625	1986	14	—	51625	1999	-11402	1456	255	6835	-2856
1992	50408	1726	9	4	52147	2000	-13057	1424	232	3719	-7682
1993	1689	5082	1	-286	6486	2001	34076	2938	51049	1251	89314
1994	-46500	1840	30	539	-44091	2002	23414	1398	5479	(2017)	30291
1995	-34531	-2238	267	-489	-36991	2003	18965	2285	6884	(6676)	28134
1996	-41824	-1160	346	448	-42190	2004	44686	2568	3396	(1776)	50650
1997	-30313	-590	328	5490	-25085	2005	-59064	171	553	(3482)	-58340
1998	-22278	1236	55	4030	-16957						

注：1.1991 年、1992 年投资收益为其他单位转来利润。 2.1993 年的以前"年度损益调整数"是上半年专项提成。3.表中括号内数字不计入"利润总额"中。

表 5-18　**1991—2005 年广西地方铁路运输企业利润总额**　单位：万元

年度	运输收入	运输支出	营业税费	运输利润	其他利润	利润总额	年度	运输收入	运输支出	营业税费	运输利润	其他利润	利润总额
1991	3243.7	3085.5	102.4	55.8	-8.6	47.2	1999	6579.8	6255.2	213.9	110.7	-237.8	-127.1
1992	3517.6	3528.8	120.7	-131.9	1	-130.9	2000	6734.9	7457.6	217.6	-940.3	-1042.6	-1982.9
1993	4908.9	4545.3	154.4	209.5	-4	205.8	2001	8089.1	8018.2	261.6	-190.7	74.5	-116.2
1994	6092.5	5883.7	193.3	15.5	19.6	35.1	2002	7598.3	7979.2	247.2	-628.1	30.3	-597.8
1995	6687	6479.8	213.2	-6	38.5	32.5	2003	8062.5	8073.8	261.8	-273.1	120.8	-152.3
1996	8733.4	8366.4	281	86	-6.8	79.2	2004	8120.7	7886.7	263.7	-29.7	199.4	169.7
1997	8108.3	8242.6	260.8	-395.1	23.4	-371.7	2005	9414.9	8378.1	309.4	727.4	228.1	955.5
1998	7118.9	6741.3	232.6	145	282.9	427.9							

表 5-19 **1991—2005 年广西合资铁路运输企业利润总额** 单位：万元

年度	运输主营利润	其他业务利润	投资收益	以前年度损益调整	利润总额	年度	运输主营利润	其他业务利润	投资收益	以前年度损益调整	利润总额
1991	621.3	0.2	—	—	621.5	1999	1419.8	1007.1	—	421.2	2848.1
1992	182.6	—	—	—	182.6	2000	-8391.2	1416.8	—	-21754	-28728.4
1993	547	1.1	12.6	—	560.7	2001	-3653.3	634.9	—	-2.9	-3021.3
1994	2462.8	80.5	22.9	-5.5	2560.7	2002	-260.5	531.4	-149.8	1479.3	1600.4
1995	380.3	33.2	52	114.9	580.4	2003	179.1	414	-464.9	—	128.2
1996	179	92.5	1.6	-2	271.1	2004	-237.5	521.9	-199.5	—	84.9
1997	-804.3	458.4	29.5	—	-316.4	2005	171.1	449	584.8	—	1204.9
1998	-952	686.9	—	-3431.1	-3696.2						

利润分配

1991—1992 年，柳州铁路局按照铁道部的规定，实际实现利润减去上交建设资金和上交占用费，并减去（或增加）机车占用费超过（或低于）铁道部计划的部分后为应得留利。其中，按人均福利基金 1991 年 300 元、1992 年 330 元；生产发展基金 1991 年人均 100 元、1992 年 120 元计算基数留利，超基数留利部分 30%为福利基金、70%为生产发展基金。按以上办法两年共上交机车占用费 277 万元，上交建设资金 8.99 亿元（其中超基数上交 8966 万元），实得留利 1.36 亿元（其中福利基金 7933 万元、生产发展基金 5697 万元）。

1993 年，按新财务制度规定，柳州铁路局当年实现利润 6486 万元，其中上交铁道部所得税 4502 万元、特种基金 539 万元，可供分配利润 1445 万元，经铁道部批复，同意上半年已分配留利 5496 万元，年末未分配利润-4051 万元。

1994—1997 年，柳州铁路局经营亏损都作未分配利润挂账，至 1997 年末，未分配利润-15.24 亿元。

1998 年，柳州铁路局并入柳州机车车辆厂未分配利润-3294 万元。1998—1999 年，根据铁道部关于铁路局实际完成的盈亏比计划减亏或增盈部分，除按规定增列工资外可增加盈余公积，如果是亏损分配则增加未分配利润负数的规定，柳州铁路局两年分别计提盈余公积 2.78 亿元和 1.18 亿元。至 1999 年末未分配利润-21.54 亿元。

2000 年，铁道部对柳州铁路局 1994—2000 年的运输亏损给予一次性弥补，核定累计亏损17.8 亿元，弥补亏损 5.34 亿元。年内，按财政部文件规定，在取消住房实物分配制度后，对企业的住房周转金余额进行账务处理，铁路局出售住宅资产亏损 10.7 亿元，列增当年初未分配利润负数，然后用盈余公积和资本公积进行弥补。2001 年，铁路局对 1993 年以前参加工作到 2000 年未享受福利房待遇的职工进行一次性补贴，增列年初未分配利润-2.6 亿元，年末用盈余公积弥补。

2001—2005 年，柳州铁路局经过向铁道部上缴投资收益、调整对多经的收益科目、调整以前年度损益等一系列分配，至 2005 年末，报表反映盈余公积 10.02 亿元，其中公益金 3.8 亿元，未配利润-16.16 亿元。报表反映的盈余公积（含公益金），除从未分配利润红字中计提以外，大部分是合并多经权益科目调整而增加。

1993 年下半年至 2000 年，柳州铁路局对基层单位的运输支出清算实行系数调节，未给予全额清算；同时，实行新财会制度后，对基层单位报废清理固定资产的净损失也未给予清算，所以基层单位也有未分配利润红字。至 2000 年末，基层运营（含营业外）单位报表反映的累计亏损 5.92 亿元，固定资产清理净损失累计 5382 万元。铁路局决定对“分离分立”的文教卫生、房建单位及公检法单位的累计亏损及固定资产清理净损失全部给予弥补，对其他运营单位按全部亏损的 50%给予弥补，共弥补 3.36 亿元。

1991—2005 年，广西地方、合资铁路的利润分配按自治区财政厅和股份制企业的有关规定执行。

第四节 财产管理

营运资金管理

1991—1994年,柳州铁路局运营所需资金沿用“以收抵拨”的办法,根据铁道部核定的拨款额(包括应拨的运营、大修、更改支出资金),于每月分两次通知银行从铁路局的运输进款存款专户划转运营结算存款户,作为铁路局将应上缴的运输进款抵顶铁道部应拨给的运营资金。从1995年开始,铁道部实行“划分权益、资金有偿”的办法,划分铁道部、铁路局各自的资金权限,铁路局进款中的建设基金和保价收入全部上缴作为铁道部集中掌握的资金,铁路局掌握的资金为运输收入减去营业税及附加、应摊的铁道部集中性开支,应交铁道部的所得税、运输收入与清算收入差额的余额。铁路局掌握的资金与在成本考核范围内的开支所需资金的差额,原则上由铁路局自行筹集。铁道部、铁路局相互之间的资金往来实行有偿占用。

1991—1997年,柳州铁路局对铁路分局、工务处等单位的运营资金采用按计划拨款的办法,即按当年下达的运输成本计划,扣除铁道部集中开支项目和应交铁路局的固定项目款额(铁路局集中的福利、医药卫生经费等)后,连同下达的大修,更改计划合并计算,按月均数下达拨款计划,每月分月初和月中两次拨款。

1998年,柳州铁路局直管站段后,每年都下达拨款计划,拨付资金计算公式为:年拨款=计划运输总支出(含货车修理费、医药卫生经费)-折旧-局管料±统筹退休金差额-应上交医药卫生经费、福利费±其他。年拨款按月计算为月拨款,每月分两次拨付。

1999年,铁道部对柳州铁路局不再下达具体收支计划后,上缴铁道部资金定额采取动态调整办法,铁路局运营进款在完成上缴资金后,全额作抵拨留用资金。

2000年开始,柳州铁路局根据在运营单位实行物资归口供应管理的规定,对运营单位所用材料(含直发线上料)料款由局财务处直接与物资处结算,对各运营单位在次月拨款时进行抵扣。

2001年,柳州铁路局客货网分账核算后,实行新的资金管理办法。铁路局的运营资金分别与铁道部资金清算中心和财务司结算。主要内容为:①与铁道部资金清算中心结算纳入客运清算系统的资金,结算额=铁路局担当列车应得客票收入-铁路局(货网)应交发售客票进款+铁路局(货网)应收路网及相关服务收入-铁路局(客运)应付路网相关服务费支出,差额为正,表示铁路局应收回资金;差额为负,表示铁路局应付出资金,应收应付均向铁道部资金清算中心办理结算。②与铁道部财务司结算货运进款、路网进款及其他往来资金,铁路局应抵拨资金=运营进款-(客运运营进款-普通行包运营进款)+客运应交线路使用费-应缴铁道部资金,以上计算为正数,相应资金由铁路局收入专户上缴铁道部,其余作为铁路局掌握的资金全额实行抵拨;为负数,相应资金由铁道部按月补拨。铁路局与其他铁路运输企业之间的运输结算按应收(付)账款管理。

2005年,铁道部重新制订铁路运输企业运营资金管理办法,柳州铁路局的运营资金仍分别与铁道部资金清算中心和财务司结算,结算内容增加铁路局与铁道部组建的专业运输公司之间产生的运输资金清算事项。

资金运用

1991年、1992年,铁道部对柳州铁路局分别增拨581万元、300万元流动资金。铁路局对铁路分局,物资、工务处执行1987年制订的流动资金限额包干和节约奖励办法。1992年、1993年铁路局大修、更改超过铁道部计划安排。从1993年下半年开始运营出现亏损。

从1994年开始,柳州铁路局资金运用困难。10月,铁路局成立柳州铁路资金调度结算中心,在南宁设立分中心。1996年在桂林、金城江、融安、湛江、玉林,1998年在百色设立分中心。加强内部资金调剂、管理,充分利用沉淀资金,优化资金运用方案，缓解铁路局、铁路分局和基层单位资金紧张状况。

1995年、1998年，局财务处两次组织清理内部“三角债”，各单位欠物资处料款通过财务处中转抵账。1995—1997年，铁路局对铁路分局，物资、工务处，1998年对实行经营管理考核单位都下达“存货周转天数”或“存货周转天数加速率”考核指标，对考核结果实行节约奖励或加减考核分数。

1996年，铁道部对柳州铁路局实行经营责任制和集约经营考核，设“流动资金周转次数”考核指标，铁路局计划1.85次，实际完成1.93次。

1997年，广西地方铁路有限公司成立资金调度中心。

2001年开始，柳州铁路局要求各单位报送会计报表附注要对应收款进行账龄分析。同年，铁道部开始在实行国有资本效绩评价指标中设立“流动比率”指标，铁路局完成82.3%，为全路平均水平。2002年开始设立“速动比率”指标，铁路局完成71.9%，为全路平均水平；2003年完成90.3%，2004年完成80.6%，为全路优秀水平。“流动资产周转率”，2002—2004年分别完成2.6、2.0、2.39，1年为优秀、2年为全路平均水平。2001—2004年，柳州铁路局运输经营盈利12.11亿元，扣除所得税4亿元，上交投资收益4.07亿元，用于弥补以前年度亏损的资金仅有4亿元。2004年、2005年，柳州铁路局对直管单位下达流动资产周转率考核指标。2005年，柳州铁路局按照铁道部的要求，开展加强资金安全、资金集中管理活动，当年汇编、转发和印发有关开展此项活动的铁道部铁路局文件75个。

1995—2005年，柳州铁路局资金中心累计上交铁路局业务收益4.63亿元。为筹集铁路建设资金，至2005年末，借调铁道部资金中心资金18亿元。铁路局和广西地方铁路有限公司资金结算（调度）中心对缓解铁路局和地方、合资铁路的资金紧张、加强各单位的银行存款管理、支持有关借款单位的经营和发展、监督资金运用等方面发挥重要作用。

固定资产

固定资产管理 1991年，广西铁路执行铁道部1982年颁发的《固定资产管理办法》。

1992年起，广西铁路实行铁道部颁发的《铁路运输企业固定资产大修增减值办法》。

1995年，固定资产会计报表的分类方法由生产用固定资产、非生产用固定资产、租出在用、闲置固定资产等九大类改为在用固定资产、未使用固定资产、不需用固定资产等四大类；将非生产用的单身宿舍、家属住宅归到在用固定资产房屋项下，将单列项的土地也归到在用固定资产类单列项目。

1996年，广西铁路按照铁道部新颁布的《铁路运输企业固定资产管理办法》规定的分类折旧率计提折旧。

2003年11月，局工会财务人员商讨加强工会经费和资产管理

1997年起，广西地方铁路、合资铁路的固定资产报废清理，由广西地方铁路有限公司汇总报自治区国有资产管理局审批。

2000年，局财务处组织运输部门直管单位对6月末的在建工程进行逐项清查，提出7项整改措施，到年末，在建工程比6月末和上年末分别降低50%和49.5%。

2001年，铁道部重新颁发《铁路运输企业固定资产管理办法》，修订固定资产列账单位、固定资产计价等内容，固定资产统一分类取消“通信线路”类。

固定资产变化 1991年初，柳

州铁路局拥有固定资产原值27.72亿元。合资铁路固定资产建设单位尚未移交，年初数为零。年末，地方铁路拥有固定资产2.52亿元。

1993年，建设单位向南防铁路公司移交南防铁路固定资产5.5亿元。柳州铁路局对固定资产进行全面清查，对1991年及以前购建形成的账面价值与实际价值背离较大的主要固定资产进行价值重估，经报铁道部批复，铁路局重估前固定资产原值35.76亿元，重估增加原值32.51亿元；重估前固定资产净值25.28亿元，重估增加净值23.12亿元。于1994年上半年作账务处理。

1995年，合资铁路参加自治区组织的国有铁路清产核资，清查后固定资产原值为145641.9万元，增值95766万元。于1995年作账处理。同年，柳州铁路局对土地进行清查，并对除铁路基础设施用地和住宅用地以外的铁路用地进行估价，经铁道部1996年批复，铁路局估价入账土地1.43亿平方米，价值11.16亿元，批准入账5.56亿元。铁路局决定全部由土地管理部门入账，房建段等9个单位的土地固定资产作“无偿调拨”给土地管理部门入账。

1997年，柳州铁路局报废处理蒸汽机车26台，减少固定资产1685万元。1998年，并入柳州机车车辆厂固定资产原值3.41亿元。南昆临管各单位进行临管固定资产估价入账，增加临管固资98.53亿元，加上1996年、1997年已入账部分，年末临管固资原值98.73亿元。1997—1999年，钦北铁路、钦港铁路和北海客技站先后建成，钦北铁路公司增加固定资产7.16亿元。

2000年，铁通公司组建，柳州铁路局的通信线路及其他通信设备划出，分别作为减少资本和铁路局对铁通公司的股权投资处理。对已出售的住宅资产年初调减住宅固定资产原值13.13亿元。黎钦铁路公司增加新建黎钦铁路固定资产6.5亿元。2000—2004年，柳州铁路局增加基建投资的黎湛铁路增建二线工程、铁道部南昆指挥部基建投资的南昆铁路、基建投资的湘桂铁路黎南段扩能应急和增建二线工程相继移交的固定资产。多经企业购置的空调客车、发电车资产由主业以“买断方式”处理。

2002年，柳州铁路局柳州机械保温车辆段的机保车辆上转铁道部列账；湘桂北线滩头湾站及以北的线路等固资无偿划给广州铁路（集团）公司。2003年，铁道部组建专业运输公司，柳州机械保温车辆段，桂林、柳州、南宁站行包车间的固定资产及部分房产划出，柳州勘测设计院的固定资产整体划出。2004年，学校、医院、幼儿园及地区环卫队交给地方管理，其单位的固定资产作无偿调出。2005年，桂林、湛江站行包房房产移交铁道部中铁快运公司；部分单位划为多经管理调整年初数减少固定资产。

1991—2005年，柳州铁路局运输企业累计增加固定资产350.89亿元，其中基建投资189.35亿元、专项拨款9.14亿元、更改自筹78.50亿万元、无偿调入17.73亿元、重(评)估增值38.93亿元、点收旧轨料5.50亿元、盘盈1.71亿元、1991—1995年大修增值1.30亿元、并入柳州机车车辆厂等年初数调增6.89亿元、其他增加1.83亿元。运输企业减少固定资产原值65.89亿元，其中报废18.02亿元、无偿调出16.69亿元、投资转出12.2亿元、有偿处理1.21亿元、盘亏1839万元、处理住宅固资等调整年初数减少16.99亿元、其他减少6023万元。2005年12月31日，铁路局运输企业固定资产原值312.72亿元，净值238.76亿元。广西地方铁路有限公司固定资产原值6.71亿元；广西沿海铁路公司固定资产原值32.42亿元，净值26.43亿元。

固资大修、更改核算 1991—1993年实行新财务制度前，广西铁路运输设备大修费实行提成制。柳州铁路局按铁道部规定的提成率、合资铁路按照自治区财政厅批复的提成率与计提折旧时同时计提，提成资金按专用基金核算和管理。资金使用和设备修理计划由各级计划部门安排，实行分级管理，财务部门按件名和批准的预算进行核算，实际支出与预算的差额按规定办法处理。更新改造资金按专用资金核算。1993年下半年开始，取消“大修理基金”科目，当年过渡在“预提费用”科目核算，大修费仍按原费率计提。取消“更新改造基金”科目，铁道部仍对全路的更新改造资金实行统一管理，各级运输成本中的折旧费上交和更改资金下拨通过“上级拨入投资”和“拨付所属投资”科目核算；更改支出计划由各级计划部门分级管理，财务部门对更改支出按工程件名分项通过“在建工程”科目核算，工程完工后由“再建工程”科目转入“固定资产”科目。

1994 年起，柳州铁路局和合资铁路大修费不再实行预提办法，按实际发生的大修费直接记入成本费用规定科目的其他要素。1995 年起，柳州铁路局各单位年末将“上级拨入投资”科目余额列转“实收资本”科目。1997 年起，柳州铁路局大修计划管理工作由计划部门移交财务部门负责，当年仍按原定办法实行铁路局和铁路分局两级管理，局工务处下属大修段按运营单位核算，工务大修实际支出由各大修段列入运输成本。1998 年起，各单位的运输设备大修计划集中由局财务处下达，大修预算由铁路局概预算审批中心审批，由承办单位按件名核算，列入相关运输成本。铁路局在财务管理办法中专列大修管理核算。

1999 年，柳州铁路局制订《加强运输设备大修项目管理及核算的补充规定》，内容包括加强隐蔽工程检查验收、对部分大修项目试行监理制度等 17 条规定。

2003 年，铁道部印发《铁路运输固定资产大修支出管理办法》，对大修支出范围、计划管理、支出核算等方面做出规定。

2004—2005 年，柳州铁路局换轨大修中的更换钢轨、道岔和连接配件支出预算由铁道部统一下达。

表 5-20 **1991—2005 年柳州铁路局更改支出及上交折旧情况** 单位：万元

年份	更改支出	其中 部管	其中 局管	运输成本中折旧（不含货车折旧）	年份	更改支出	其中 部管	其中 局管	运输成本中折旧（不含货车折旧）
1991	17462	9270	8197	9551	1999	32476	9151	23325	30623
1992	37002	23000	14002	11640	2000	35525	11828	23697	32147
1993	32565	12913	19652	13160	2001	41760	13555	28205	47535
1994	17945	8038	9907	15202	2002	49990	20286	29704	52581
1995	31300	16880	14420	17772	2003	41672	13807	27865	68906
1996	22201	3858	1843	22483	2004	32539	5709	26830	77869
1997	24429	3157	21272	26586	2005	36216	6240	29976	78537
1998	25284	4517	20767	25702	合计	423902	129939	293963	507820

注：1.1993 年运输成本中折旧按基本折旧、大修提成各 4%计算。2.2001、2002 年更改支出已剔除大修调更改部分。

国有资产管理

1991 年，广西国家、合资铁路的国有资产由柳州铁路局财务处和南防铁路公司财务科管理，地方铁路的国有资产委托柳州铁路局管理。

1992 年 4 月，柳州铁路局在财务处增设国有资产管理科，行使国有资产管理的具体职能。5 月，规定各级主管及财务部门对流动资产的报废、冲减、核销，在签署意见报铁路局国有资产管理部门审查后，经铁路局领导批准才能执行。根据铁道部布置，年底完成铁路局及管内单位国有资产产权登记工作。

1993 年，柳州铁路局进行清产核资。年度资产负债表反映的运输企业年初实收资本 26.65 亿元，盈余公积 1254 万元，即国有净资产为 26.77 亿元。南防铁路公司作为自治区清产核资试点，开展清产核资工作。

1994 年起，柳州铁路局每年都进行上年度的国有资产产权占有和年度检查登记，逐步纠正少数无资本或国有资本出现负数仍取得产权登记的现象。1995 年，进行土地估价工作。10 月，广西地方铁路有限公司成立后，地方和合资铁路的国有资产由广西地方铁路有限公司财务部管理。

1998 年，柳州铁路局开展理顺产权关系清查工作。1999 年制订《柳州铁路局国有资本监管实施细则》，开始审核汇总各单位的国有资本季、年度监管报表。经 1994 年资产重估，1996 年土地估价进账以及南昆铁路资产估价进账，至 2000 年初，铁路局运输企业实收资本 160.92 亿元（其中其他单位投入 193 万元），资本公积 14.40 亿元，盈余公积 5.23 亿元，未分配利润-32.25 亿元，所有者权益 148.3 亿元。

2001 年，柳州铁路局财务部门完成 1998—2000 年国有资本金效绩评价基础数据的采集及评价指标测算工作。从当年开始，铁道部每年对铁路局进行国有资本效绩评价，在计量评价的13 个指标中，柳州铁路局有 8 个达到优秀；2002 年评价指标 22 个，柳州铁路局有 15 个达到优秀；2003 年、2004 年评价指标 18 个，柳州铁路局分别有 10 个、13 个达到优秀。综合评价，2003 年“良”，其余 3 年“优”。

2000—2005 年，柳州铁路局国有资产管理部门在准备执行新的企业会计制度中，两次组织财产大清查。净资产减少比较大的项目有：移交通信资产 5.43 亿元；移交铁道部部内公司和广铁(集团)公司 2.43 亿元；移交工程公司、设计院 7637.1 万元；移交社会职能单位 3.23 亿元；住房改革列销资本公积、盈余公积 13.36 亿元。2005 年末，铁路局运输企业所有者权益（净资产)242.72 亿元，其中实收资本 243.18 亿元、资本公积 5.68 亿元、盈余公积 10.02 亿元、未分配利润-16.16 亿元。广西沿海铁路公司所有者权益(净资产)19.09 亿元，其中实收资本 11.95 亿元，资本公积 7.02 亿元，盈余公积 229.4 万元，未分配利润 978 万元。

第五节 会计管理

会计制度

1991—1993 年 6 月，柳州铁路局执行铁道部 1988 年起实行的“铁路运输会计制度”，会计科目分固定资产、流动资产、运输、生产和经营、结算资金、固定资金、流动资金、运输收入、专项资金、财务成果九类，三位数编号。会计报表包括资金平衡表、运输利润表、运输支出表、营业外支出表、固定资产表、流动资金增减及运用情况表、专用基金表等。

1993 年 7 月 1 日起，柳州铁路局实行财政部制订的《运输(铁路)企业会计制度》，设置 66 个会计科目，其中资产类 28 个、负债类 17 个、所有者权益类 8 个、损益类 13 个；会计报表 4 张(资产负债表、损益表、财务状况变动表、利润分配表)。铁道部规定国家铁路运输企业还应报送固定资产表、其他业务利润明细表、成本表、大修理情况表、更新改造完成情况表、工资基金收入表、工资基金支出表、主要指标表。财政部和铁道部分别对新旧会计制度中的会计科目转换问题和有关事项的处理作出规定，年底增设“291 住房周转金”会计科目，核算企业住房制度改革有关资金。

1994 年，财政部增设“以前年度损益调整”科目，增设“应上交弥补款项表”，以提供企业交纳各种税费信息。铁道部规定，由于铁道部汇总交纳运输企业所得税，铁路局不得在所得税前弥补以前年度亏损。

1997—2000 年，根据财政部要求，柳州铁路将企业会计报表中的“财务状况变动表”改为“现金流量表”，会计报表中的“主要指标表”改为“基本情况表”。根据铁道部要求，增设“451 补贴收入”和“452 补贴支出”会计科目，以核算铁路公检法机关不准经商补贴、罚没收入及行政性收费补助的收入和支出。

2002 年，柳州铁路局根据铁道部通知，取消“损益表”中“以前年度损益调整”项目，调整以前年度损益增减的数额改在“利润分配表”的“年初未分配利润”项目反映。2004 年，根据铁道部公布《铁路运输企业合并会计报表暂行办法》，以直属会计报表，多经企业、合资铁路公司和其他企业的个别或合并会计报表为基础，编制运输企业的合并会计报表。

2005 年，柳州铁路局在实行《运输(铁路)企业会计制度》的同时，部分执行财政部于 2000 年底颁发的《企业会计制度》、2004 年公布的《铁路运输企业会计核算办法》，已进行财产清查、制订《资产减值(跌价)准备计提办法实施细则》等全部实行新制度和办法的准备工作。

会计核算

1991 年，广西铁路按照铁道部规定的权责发生制核算办法进行会计核算。

1993—1995 年，柳州铁路局财务部门制订新旧会计制度转换时有关问题的主要处理办法，对车站收取的委外装卸管理费收支核算做出规定。柳州车轮厂由工附业单位改为按运营单位核算；柳州南、南宁站等车站货场和南宁、桂林、柳州站行包车间作内部企业化管理，按工附业核算。此后，一些车站货场陆续按工附业核算。

1997 年，柳州铁路局制订资金中心的会计核算办法。规定材料(总)厂对运营单位供应材料发生的成本费用按运输成本核算。9 月起，南昆铁路开通临管运营，由南昆铁路运营接收筹备组设立财务机构进行收支核算。11 月，局财务处直接与基层站段建立拨付所属投资和上下级往来财务关系，审核接收当年基层单位的年度财务决算。1998 年，局财务处对基层单位的应收(付)账款、其他应收(付)款科目统一规定子目，规范各单位经常性核算业务。1999 年 1 月起，南昆铁路临管运营财务由局财务处直接管理，南昆接收筹备组只管理基建投资资金及工程收尾的财务收支。

2000 年，柳州铁路局开始对学校、医院实行内部分立管理，要求学校和医院在执行运输（铁路)企业财务会计制度、按原规定报送有关会计报表的同时，按财政部颁发的《中小学会计制度》和《医院财务制度》《医院会计制度》对各自的收支进行管理和核算。

从 2001 年起，柳州铁路局每年向铁路局职代会主席团联席会议报告上年财务会计报告有关内容。执行铁道部的规定实行客货网三分核算；把车站货场、行包车间原按内部企业化经营工附业核算改回按运营核算。房建段改按工附业单位核算，房屋固定资产划归使用单位列账，公共房建及住宅资产(包括小区设施)由局房建处按运营列账管理。土地管理部门改按运营单位核算。局财务处对局多经处的投资实行权益法核算，即对其实现的税后利润按照铁路局的投资比例作为铁路局运输企业的投资收益，经铁道部财务司同意，将应按期分摊的以往年度的净利润作一次计入。

2002—2003 年，柳州铁路局规范铁路客票发展金和委外装卸管理费的收支核算。印发《关于规范多经企业长期投资财务管理及会计核算的通知》，要求铁路局对局多经处、局多经处对控股或实际上拥有控股权的企业采用权益法核算，并按规定编制合并会计报表，要求柳州机车车辆厂及其他有长期投资的单位一并执行。

2004 年，柳州铁路局编报合并会计报表。将直管的柳州机车车辆厂，装卸机械厂，工务工厂，印刷厂，柳州、南宁房建段，柳州、南宁工程总公司，铁建公司，装卸公司，监理公司，房地产发展中心，局物资工业处和生活服务总公司 14 个单位划归局多经处作辅业单位管理，由局多经处编报辅业单位合并会计报表，局财务处对这些单位的“拨付所属投资”改为对局多经处辅业单位的“长期投资”，铁路局编报包括运输企业主营(合并运营及辅业报表)及多经的合并会计报表。

2005 年，南昆铁路并入正式运营核算，编制统一的会计报表。柳州铁路局编报合并会计报表明确内部单位为局内所有运营、工附业和多经单位，不包括局内的集经、技协和工会事业单位。运营单位除直管站段外，包括材料厂、石料供应中心、铁路局再生资源回收公司、铁路局财务代理所、劳动力调剂站、工程交易所、机关服务所。独立核算工附业单位指柳州机车车辆厂，物资工业总公司及其所属的采石、水泥、配件、机电和电务器材厂。建安公司、生活服务总公司、铁建公司、监理公司、装卸公司、印刷厂、工务工厂、林管所等单位改按多经管理和核算。年末，铁路局的主营会计报表以汇总运营单位报表合并独立工附业单位、多经单位报表而成，运营决算单位含局财务处共 68 个。

报 表 审 批

1991—1995 年，地方、合资铁路的年度会计报表报送自治区财政厅审核并作出书面批复。1991—1997 年，柳州铁路局的财务决算报表由铁道部财务司审核，对有关问题做出书面批复。铁路局对所属单位会计报表一直实行报表接收经办人审核制度，对发现的问题作审核记录，并要求报送单位改正。1997 年，局财务处委托会计师事务所对宜山车务段等 4 个运营单位和物资处所属工附业单位年度报表进行审计。

1996—2002 年，南防、钦北、黎钦铁路公司的会计报表，报送广西地方铁路有限公司（控股公司)，由其汇总，报自治区财政厅审批，同时请会计师事务所审计，会计师事务所出具广西地方铁路有限公司及下属子公司的会计审计报告。

1998年、1999年，柳州铁路局的年度会计报表由铁道部财务司审计，2000年，由局财务处委托会计师事务所审计。

2001年，铁道部财务司明确以后铁路局的年度会计报表都由其统一委托会计师事务所进行审计。铁路局对所属单位会计报表的审计延伸到部分基层运营单位和铁路局机关的核算单位。局财务处委托会计师事务所对铁路局管施工企业和独立核算工附业单位的年度会计报表进行审计。会计师事务所审计发现的问题，被审计单位在年内或第二年进行纠正或整改。

2003—2005年，广西沿海铁路公司的年度报表报送广西地方铁路有限公司(控股公司)集中报送自治区财政厅和专业会计师事务所，自治区财政厅作出书面批复，会计师事务所出具审计报告。

第六节　会计基础工作

1991年，柳州铁路局156个独立决算单位中，会计工作达标单位114个，达标率73.1%。有1385人领到会计证。

1995年，铁道部重新公布会计基础工作标准和会计基础工作标准化考核评分办法，规定在过去的会计工作达标升级中被确认为“会计工作二级、三级和达标单位”的，除违反财经纪律等被取消资格者外，可确认为“会计基础工作标准化单位”。

1997年，柳州铁路局开展“会计基础工作标准化活动年”活动，有201个单位(含主业、多经、集经单位，以下同)获得“会计基础工作标准化单位”证书。年内，铁道部颁布《铁路系统会计证管理实施细则》，持证会计人员更换会计证，对无证人员进行会计证考试。

1998年，广西地方铁路有限公司开展会计基础工作检查验收活动，考核总成绩在90分以上者，确认为“会计基础工作标准化”单位。

1999年，柳州铁路局有298个单位获得“会计基础工作标准化单位”证书，同时有5个单位经年检被取消“会计基础工作标准化单位”称号。年内，铁道部制订颁发铁路系统会计人员继续教育的规定，要求会计人员接受继续教育时间每两年累计不少于144小时，其中接受培训时间每两年不少于64小时(高级人员不少于80小时)，自学时间每两年累计不少于80小时。铁路局规定初级会计人员委托柳州铁路运输学校、柳州铁路局成人中专学校和柳州铁路局党校培训；中级会计人员1999—2005年的4轮培训分别委托上海、华东、西安交通大学进行。地方、合资铁路在职会计人员每年参加自治区财政厅组织的会计人员继续教育，时间不少于40小时，中级职称会计人员还参加柳州铁路局组织的四轮培训。铁路局制订《局内单位会计主管委派制试行办法》，委派主要运输生产单位会计主管28人。从2000年起，对委派人员进行年度考核。

2001年，柳州铁路局根据铁道部新公布的《铁路会计基础工作规范》及会计基础工作规范化单位考核管理办法，对申报(或重新申报)单位进行检查、考核，并对直接确认的“规范化单位”进行复检，有24个单位被新(或重新)确认为“铁路会计基础工作规范化单位”，有6个单位复检不合格，被要求限期整改。合资铁路经自治区考核评审，独立核算单位会计基础工作全部达标。年内，铁道部转发财政部《铁路系统会计从业资格管理实施办法》，规定铁路局财会主管部门负责本单位会计从业资格的管理工作。

2002年，柳州铁路局制订2003—2005年会计基础工作规范化规划。会计人员的会计证更换为财政部制作的会计从业资格证书，证书由财务主管部门每两年进行一次年检，铁路局有1915人持有会计从业资格证书。

2003年，柳州铁路局制订《会计人员准入制度(试行)》。修订《会计主管人员委派制试行办法》。

2005年，修订《柳州铁路局委派会计主管人员考核办法(试行)》和制订《柳州铁路局委派会计主管人员岗位轮换办法(试行)》。铁路局应委派会计主管32名，实际委派22名。持有会计从业资格证书的在岗会计人员1388人。会计从业人员中，有研究生1人、本科175人、大专675人、中专及其他537人；有高级职称12人、中级称职222人、初级称职854人。

年末，会计基础工作规范化单位达标率为91.4%，其中主业单位98.2%、多经单位90%、集经单位86%，实现铁路局2003—2005年推进会计基础工作规范化规划的目标和达到铁道部的要求。

第七节 基建工程财务管理

基本建设财务会计

1991—1993年上半年，柳州铁路局基本建设财务会计执行财政部1986年制订的《国营建设单位会计制度》和铁道部根据1991年国家建设银行发布的《关于基本建设财务管理若干问题的通知》作出的补充规定。铁路局除直接向铁道部报送基建决算外，将承建的南昆铁路南那段1992年年度决算改向铁道部南昆指挥部报送。

1993年下半年，实行新财务会计制度后，柳州铁路局执行财政部颁发的《建设单位若干财务问题处理办法》和《关于〈国营建设单位会计制度〉的补充规定》。按照铁道部的规定，铁路局将南防铁路在建工程移交给中铁二局，移交2.27亿元，以及地方拨付的利息6万元；承办的枝柳铁路基建在建工程当年全部销号。

1994年，黎湛铁路增建二线工程开工，当年完成基建投资8000万元。

1991—1995年，钦北铁路完成基建投资7.2亿元。

1996年，执行财政部颁发的《国有建设单位会计制度》。年末，柳州铁路局承办的南昆铁路南那段基建批准概算为4.44亿元，累计实际支出4.38亿元，工程基本竣工。

1993—1996年，钦港铁路完成基建投资8534.2万元。

1997年，局基建处将建设工程项目的财务计划拨款、清算、决算及完工财产交付职能划拨给局财务处；1998年2月，划交建设项目管理中心。

1998年，柳州铁路局执行财政部颁发的《基本建设财务管理若干规定》和《国有建设单位会计制度补充规定》。年内，湘桂铁路黎南段增建二线工程开工，完成基建投资2.04亿元。1996—1999年，黎钦铁路完成基建投资7.72亿元。1997—1998年，南防铁路更换50公里钢轨，完成基建投资8548.2万元。

2004年，柳州铁路局承办的黔桂铁路改建、新建洛湛铁路永州至岑溪段项目开工，两项目分别完成基建投资2.4亿元和2亿元。

2005年，黎湛铁路增建二线工程和湘桂铁路黎南段增建二线工程基建项目销号，其中黎湛铁路增建二线工程批准概算26.50亿元，累计基建支出26.44亿元，交付固定资产26.30亿元、流动资产155万元、无形资产1127万元、递延资产105万元。湘桂铁路黎南段增建二线工程批准概算19.88亿元，累计基建支出19.16亿元、交付固定资产18.65亿元、流动资产108万元、无形资产4903万元、递延资产52万元。

2005年末，柳州铁路局承办的基建在建主要项目黔桂铁路扩能改造累计支出14.19亿元，洛湛铁路永州至岑溪段累计支出26.39亿元、岑溪至玉林段累计支出2亿元，包括其他项目的基本建设投资年末在建工程数为46.26亿元。

表5-21 **1991—2005年柳州铁路局完成基本建设投资情况** 单位：万元

年 度	完成投资	年 度	完成投资	年 度	完成投资	年 度	完成投资
1991	12437	1995	22749	1999	70103	2003	44584
1992	13163	1996	29083	2000	86022	2004	52390
1993	14814	1997	48188	2001	108601	2005	412328
1994	19110	1998	114771	2002	48196	合计	1096539

注：1991—1996年完成投资包括南昆铁路南那段40873万元。

2.15分收支管理

1992年，经国家计委物价局批准，从7月18日起，南宁铁路公司（未正式成立）管内货物实行特殊运价，每吨公里在国铁现行运价的基础上加价2.15分，用于管内的新线建设、既有线改造等。“2.15分”由广西铁路运输部门代收，由柳州铁路局财务处代行核算。1998年4月1日起取消执行这一规定。

截至1998年3月31日，实行“2.15分”特殊运价的总收入12.40亿元，其中加价及追补收入12.34亿元、银行存款利息594万元。总支出12.40亿元，其中用于黎湛铁路增建二线工程等国铁基本建设3.70亿元、拨广西地方铁路有限公司及钦北铁路指挥部4.99亿元、拨南昆指挥部1.45亿元、拨南防铁路公司配套工程建设3880万元、拨南防铁路公司价差补贴7879万元、拨玉梧铁路指挥部500万元、拨合浦至河唇铁路建设办公室100万元、拨柳州铁路局工程处架桥机事故处理费552万元，用于桂林新客站建设5542万元，用于黎塘、贵港、玉林、湛江地区给水供电、通信光纤等建设2518万元，用于湘桂铁路微机监测系统建设等1710万元。

2003年，“2.15分”特殊运价的银行存款和会计核算专户销户。由于南宁铁路公司未正式成立，“2.15分”收支未作决算报告。

施工企业财会管理

1991年，柳州铁路局施工企业执行财政部颁发的《国营施工企业会计制度——会计科目和会计报表》，建设银行制订的《国营施工企业财务管理办法（试行稿）》，铁道部制订的《铁道施工企业会计制度补充规定》《铁路施工企业段（队）成本核算办法》。1991—1992年仍实行铁路局制订的《1988—1990年经济承包方案》中的利润分配及投资包干节约奖励有关规定。由局财务处汇总本身和局工程处的决算，向铁道部报送施工企业财务决算报表。

1993年，局基建处成立建设总公司，按施工企业性质核算，局财务处汇总本处、局工程处和建设总公司报表成柳州铁路局施工企业会计报表报送铁道部。下半年起，施工企业执行财政部颁发的《施工企业会计制度》《施工企业财务制度》和铁道部的《施工企业成本费用管理办法》，成本费用由“完全成本法”改为“制造成本法”核算，利润分配按财政部的统一规定处理，会计报表包括资产负债表、损益表、实行百元产值工资含量包干结算表、利润分配表、工程成本表、主要指标表、应上交及应弥补款专项情况表。

1996年3月，广西地方铁路有限公司成立广西地方铁路工程承发包公司，既是广西地方铁路有限公司的职能部门，又具有资质等级并持有营业执照的施工企业，负责广西地方和合资铁路的基建、更新改造工程的施工管理和会计核算，执行财政部的《施工企业会计制度》《施工企业财务制度》和铁道部的《施工企业成本管理办法》。年内，铁道部对柳州铁路局施工企业实行资产经营综合指标考核，考核指标包括国有资产保值增值率、资本收益率、资产负债率、存货周转率、产值利润率及下达资本收益上交额等。当年，铁路局施工企业除存货周转率指标完成外，其余指标均未完成，考核评分为不合格。

1997年，柳州铁路局在工程处开展学邯钢经验、推行责任成本管理活动，除资产负债率未完成规定指标外，其余考核指标均完成，铁道部综合评定柳州铁路局施工企业为合格。1998年，铁道部对全部施工企业实行资产经营责任制管理和考核，考核指标为国有资产保值增值率、投资收益上交率、经营性资产收益率。柳州铁路局及局工程处全面完成上级下达的考核指标，局工程处扭转连续三年亏损的局面，实现净利润152万元。1999年，铁路局施工企业实现利润1362万元，资产经营责任制考核评定为优秀。

2000年，柳州铁路局施工企业实现利润2430万元，税后利润除弥补以前年度挂账亏损外，还略有盈余。年末，根据铁道部关于铁路局建筑施工企业的会计报表纳入铁路局多元经营企业汇总的规定，铁路局不再单独向铁道部报送施工企业财务会计报表，局工程处及柳州工程总公司的财务会计报告从此向局多经处报送，其财务会计工作归局多经处管理。

第八节 财务监察

1991—1997年，柳州铁路局每年都组织开展税收、财务、物价大检查工作。1991年、1992年，分别组成34个和32个检查组，重点检查174个和132个单位，查出违纪金额52.08万元和32.6万元。1993年，以铁路分局、局工务处、物资处等单位组织重点检查为主，局财务处组织重点检查局直属单位，查出违纪金额54万元。1994—1997年，年年组织检查，共组成92个检查组，检查基层单位660多个(次)，查出违纪金额910.7万元。

1994年，铁道部对南宁铁路分局1993—1994年违反财经纪律挪用运输进款2330万元进行资金融通、物资处通过多经采购机车用柴油加大运输成本3763万元、铁路局更改超计划安排1.93亿元等违纪问题进行专题检查并发文通报。国家审计署驻长沙特派员办事处对柳州铁路局1991—1993年建设资金收支情况进行审计，未发现有违纪问题。

1995年，柳州铁路局组织开展清查“小金库”，506个单位全部进行自查，铁路局派出13个工作组进行重点检查，查出违纪金额901万元，经界定符合“小金库”范围的390万元，对其中74万元作出处理。1996年，开展治理“四乱一散”(即乱设“小金库”、乱挤列成本费用、乱发奖金、乱对外投资借款，资金管理分散)、整顿财经秩序活动，在各单位自查的基础上，组织人员对124个单位进行重点检查，查出违纪金额349万元。根据几次专题检查查出的问题，制订整改措施，在《柳州铁路局关于经营管理若干问题的决定》《柳州铁路局加强财务管理的实施细则》以及局财务处《关于严格“工程和修理”核算纪律的通知》中都作出相应的整改规定。

1997年，铁道部审计中心对柳州铁路局局长离任进行审计，审计决定指出，铁路局在1995—1997年执行财经纪律方面，有对报废车及轮对残值结余、从管理费中提取奖金、截留多经应补偿主业成本款、用不当款源购置固资等12个问题。年内，局财务处开展对工务大修段1996年水害复旧工程成本的专项检查，纠正挤列成本的违纪问题。1998年，自治区审计厅对地方和合资铁路建设专项资金进行审计，提出南防铁路配套工程非生产性支出2577万元不符合专款专用原则等5个问题。

1999年，柳州铁路局组织南昆临管单位清查“小金库”，查出“小金库”2870万元，对结余的1143.4万元按规定进行处理。根据会计师事务所对铁路局年度会计报表审计及铁道部审计中心对铁路局资产经营责任制经营结果审计提出的问题，制订《关于加强财务管理和核算的若干规定》进行整改。

2000年，国家审计署驻长沙特派员办事处对柳州铁路局进行财务收支审计，提出16个问题，违纪事项全部由相关单位调账处理。同年，自治区审计厅对广西地方铁路有限公司进行年度财务收支审计，提出银行借款利息到账不规范，欠提折旧等8个问题。

2001年，柳州铁路局按照铁道部在全路开展《会计法》执行情况检查的安排，在各单位自查的基础上，组织重点检查，并接受铁道部检查组的检查。各单位自查出违纪事项10类，违纪金额1131万元；铁路局重点检查查出违纪事项18类，违纪金额5259万元。同年，自治区审计厅对南防铁路公司总经理1995—2001年任职期间进行经济审计，提出欠缴企业所得税等5个问题。

2003年，铁道部审计中心对柳州铁路局局长离任进行审计，审计决定指出，铁路局1997年10月至2003年5月的主要问题为：多计当期双优列车收入造成虚增损益、多经运输代理服务收入管理费未冲减主业运输成本、报废车残值未计入营业外收入、私设“小金库”、未按建设项目管理程序超计划超规模建设铁路局调度楼等问题。

1997—2005年，广西地方铁路有限公司和广西沿海铁路公司对4个地方和合资铁路单位进行财务收支审计，查出违纪金额35万元。进行第一管理者离职审计7人次，查出违纪金额6.4万元，对第一管理者任职经济责任审计13人次，查出违纪金额135万元，进行其他专项审计2项，查出违纪金额11.6万元。

第五章　劳动人事管理

第一节　干 部 管 理

干 部 队 伍

1991 年，广西铁路有干部 20651 人，其中柳州铁路局 20492 人，南防铁路公司 159 人。在柳州铁路局的 20492 名干部中，35 岁及以下 6577 人，占干部总数 32.1%；55 岁以上 1841 人，占 9%。有领导班子 165 个、班子领导干部 860 人，其中具有大专以上学历的 406 人，占班子领导干部的 47.2%。年龄 35 岁及以下 41 人，占班子领导干部的 4.8%；36 岁—54 岁 716 人，占 83.3%；55 岁以上 103 人，占 12%。有专业技术人员 13047 人，其中高级技术职务 412 人、中级 2785 人、初级 8853 人、未聘任或不在岗的 997 人。年内，有 358 人取得专业技术职务资格，其中高级 82 人、中级 186 人、初级 90 人；1 人被批准享受政府特殊津贴，11 人获全国铁路优秀知识分子称号。南防铁路公司有管理人员 159 人，其中专业技术人员 96 人；管理人员中有领导班子干部 7 人，其中大专以上学历 3 人。

1992 年，广西地方铁路公司成立，行政人员总编制 51 人，其中行政领导 4 人。南防铁路公司新增领导班子 3 个，新增班子领导干部 12 人，其中大专以上学历 4 人。

1993 年，柳州铁路局有干部 20757 人，其中 35 岁以下 6608 人，占干部总数 31.8%；36 岁—54 岁 12271 人，占59.1%；55 岁以上 1878 人，占 9%。有专业技术人员 15003 人，其中大专以上学历 6030 人，占专业技术人员总数 40.2%，中专、高中学历 7322 人，占 48.8%，初中以下 1651 人，占 11%。

1994—1995 年，由于柳州铁路局和铁路分局机关实行机构编制限额管理，全局各单位开展劳动工资制度综合改革，精简机构，1995 年，铁路局干部减至 20051 人，其中大专以上学历 6819 人，占干部总数 34%；中专、高中学历 10267 人，占 51.2%；初中以下 2965 人，占 14.8%。有领导班子 159 个，班子领导干部 902 人，其中具有大专以上学历的 564 人，占班子领导干部的 62.5%；中专、高中 254 人，占 28.2%；初中及以下 84 人，占 9.3%。年龄 35 岁及以下 106 人，占班子领导干部的 11.8%；36 岁—54 岁 692 人，占 76.7%；55 岁以上 104 人，占 11.5%。有专业技术人员 15171 人，其中大专以上学历 6348 人，占专业技术人员总数 41.8%，中专、高中学历 7529 人，占 49.6%，初中及以下 1294 人，占 8.5%。有 4 人被评为铁道部科技拔尖人才，2 人享受政府特殊津贴。

1996 年 6 月，广西地方铁路有限公司公布机关行政机构，定员 160 人，其中公司领导 6 人。

1997 年 11 月 1 日，柳州铁路局实行直接领导和管理基层站段的新体制，同时，将柳州机车车辆厂划归柳州铁路局管理。全局干部由实施新体制前的 20656 人增至 22330 人。有领导班子 154 个，班子领导干部 932 人，其中具有大专以上学历的 564 人，占班子领导干部的 60.5%。中专、高中学历 284 人，占 30.5%；初中及以下 84 人，占 9%。年龄 35 岁及以下 110 人，占班子领导干部的 11.8%；36 岁—54 岁 715 人，占 76.7%；55 岁以上 107 人，占 11.5%。全局有专业技术人员 16630 人，其中具有大专以上学历 9268 人，占专业技术人员总数 55.7%；中专、高中学历 6730 人，占 40.5%；初中及以下 632 人，占 3.8%。

1998—2000 年，柳州铁路局以理顺撤销铁路

2005年，柳州铁路局组织专业技术人员参加全国计算机应用能力考试

分局建制后的管理体制为关键，以实施减员增效为重点，干部总量得到有效控制。2000年末，全局干部降到20852人，文化结构有所提高，具有大专以上学历10100人，占干部总数48.4%。有领导班子135个，班子领导干部765人，其中具有大专以上学历646人，占班子领导干部的84.4%；高中99人，占12.9%；初中及以下20人，占2.6%。年龄在35岁及以下80人，占班子领导干部的10.5%；36岁—54岁608人，占79.5%；55岁及以上77人，占10.1%。有专业技术人员16630人，其中具有高级技术职称的592人、中级4721人、初级11284人、未聘技术干部33人。在岗重点优秀科技人员有享受政府特殊津贴7人、全国铁路有突出贡献中青年专家2人、全国铁路青年科技拔尖人才16人、铁路局中青年科技拔尖人才40人。有正高级专业技术职称2人。

2003年1月，广西地方铁路有限责任公司与广西沿海铁路公司机构分立，人员分开。广西地方铁路有限公司机关定员48人(含公司领导职数)。广西沿海铁路公司有领导班子5个，班子领导干部37人，其中有大专以上学历31人，35岁以下7人。柳州铁路工程集团公司、柳州铁路勘测设计研究院和柳州机械保温车辆段先后移交，铁路局干部总数减至18257人。

2004年，柳州铁路局管辖的医院、学校移交地方政府管理，全局干部人数减少到12946人。

2005年，柳州铁路局进一步深化人事制度改革，实行干部竞争上岗，允许男年满50周岁、女年满48周岁的干部退出现岗位。基层单位领导班子成员和局机关科职干部男满55周岁、女满50周岁原则上可以退二线，全局干部减少到12259人，其中局级干部19人、处级干部465人、科级干部3815人、其他干部7960人。有领导班子68个，班子领导干部423人，其中具有大专以上学历402人，占班子领导干部的95%；中专、高中20人占4.7%；初中及以下1人，占0.2%。年龄在35岁及其以下41人，占班子领导干部的9.7%；36岁—54岁371人，占87.7%；55岁及以上11人，占2.6%。有专业技术人员6293人，其中具有大专以上学历4253人，占专业技术人员总数67.6%；中专、高中学历1924人，占30.6%；初中及以下116人，占1.8%。广西地方铁路有限公司直属机构定员54人(含公司领导)。广西沿海铁路公司有领导班子5个，班子领导干部33人，其中有大专以上学历29人，35岁以下2人。有518人获专业技术职称，其中高级19人、中级151人、初级348人。

表5-22 **1991—2005年柳州铁路局干部队伍状况** 单位:人

年份	干部人数	大专以上	初中以下	中专高中	35岁以下	36—54岁	55岁以上	技术人员		
								高级	中级	初级
1991	20492	5855	9641	4996	6577	12074	1841	412	2785	8853
1992	20684	6181	9906	4597	6467	12305	1912	484	3207	9756
1993	20757	6521	10090	4146	6608	12271	1878	562	3699	10196
1994	21038	6847	10480	3711	7055	12209	1774	560	3565	10734

续表

年份	干部人数	大专以上	初中以下	中专高中	35岁以下	36岁—54岁	55岁以上	技术人员		
								高级	中级	初级
1995	20051	6819	10267	2965	7281	11497	1273	489	3720	10390
1996	20656	7292	10553	2811	7692	11604	1360	577	4082	10743
1997	22330	8873	10685	2772	8695	12197	1438	631	4708	11801
1998	20940	9039	9890	2011	8458	11701	781	586	4548	11315
1999	20940	9039	9890	2011	8458	11701	781	586	4548	11315
2000	20852	10100	9063	1689	7438	12345	1069	592	4721	11284
2001	19714	10062	8153	1499	6597	12006	1111	611	4741	10264
2002	19629	10380	7891	1358	6467	11927	1235	632	4765	10183
2003	18257	10496	6705	1056	5855	11126	1276	513	3843	7716
2004	12946	7884	4335	727	3767	8094	1085	254	1990	4796
2005	12259	7842	3829	588	3511	7854	894	208	1764	4321

干部管理机构及制度

1991年，广西国家铁路干部由柳州铁路局党委、铁路局管理，按照铁路局、铁路分局（主管处）站段三级管理模式，根据任免权限负责本单位干部的管理工作。铁路局干部处（局党委干部部）是局党委、铁路局的职能部门，受党政双重领导，对全局干部工作实行统一管理。柳州、南宁铁路分局，局工程、物资工业、开发经营处等单位设干部（人事）科，负责本单位任命权限内干部的管理工作，接受局干部处的指导。广西地方铁路的干部委托铁路局管理；合资铁路的干部实行铁路局、南防铁路公司两级管理。

1994年，柳州铁路局党政联合印发《关于干部挂职下基层工作若干规定》，至2004年，全局有544名干部到基层或机关挂职。

1995年，地方和合资铁路干部实行自治区、广西地方铁路有限公司和分公司、站段三级管理。1997年11月，撤销柳州、南宁铁路分局后，柳州铁路局干部由三级管理变成两级管理。广西地方铁路有限公司印发《干部管理暂行规定》《党政领导干部选拔任用暂行规定》等5个干部管理文件。

1998—1999年，修订《柳州铁路局干部管理暂行规定》，对各级干部的管理权限、考察任免、交流调配、教育培训、纪律监督等重新作出规定。制订《领导干部能上能下暂行规定》等六个干部制度改革文件。停止基层单位自行选拔内聘干部，对各单位内聘干部情况调查清理，规定从工人中聘任干部实行统一考试，合格者发给聘任干部资格证书；基层站段从工人中聘任干部须报铁路局干部部门审批。

2000—2001年，柳州铁路局党委印发《柳州铁路局领导干部选拔任用实行任前公示制暂行办法》，对拟提拔担任处级领导职务和基层单位党政正职的干部进行任前公示；印发《调整不称职领导干部暂行办法》《柳州铁路局机关干部考核管理暂行办法》《柳州铁路局后备干部管理暂行规定》等文件，规范干部考核管理和后备干部的选拔。铁路局印发《关于做好公开选拔局机关干部工作的通知》，要求局机关岗位缺员实行公开招聘。此后5年，8次进行公开招聘，有108名干部应聘到局机关工作。广西地方铁路有限公司印发《领导干部任前公示的暂行办法》。

2002年，柳州铁路局组织各级领导干部和人事干部学习中央的《干部任用条例》，有1600人参加学习和考试。铁路局组织3个检查组，对50个基层单位贯彻执行条例的情况进行检查，促进条例的贯彻落实。

2003年1月，广西地方铁路的干部由自治区和广西地方铁路有限公司管理；合资铁路的干部由自治区和广西沿海铁路公司管理。柳州铁路局制订《领导干部选拔任用工作规定》和《领导干部任期制实施补充办法》等文件，修改《柳州铁路局机关干部考核管理办法》，实施局机关干部年度考核。

2004—2005 年，柳州铁路局印发《关于进一步加强领导班子建设的实施意见》《关于进一步加强人才工作的实施意见》和《关于领导干部报告个人重大事项的规定》等 5 个文件，加强领导班子建设，加强领导干部和人才管理。

干部培训

1991 年，柳州铁路局组织干部学习《马克思主义哲学学习纲要》《关于社会主义若干问题学习纲要》，中国共产党党史、党的建设理论，全年举办政治理论轮训班 110 多期轮训干部 9511 人。柳州铁路运输学校开办客运站段长、中间站站长、列车长、货装主任、财务主任等岗位培训班；柳州铁路成人中专学校开办物资、劳资干部和安全室主任岗位培训班，培训关键性岗位干部近千人。

1992 年，柳州铁路局组织 493 名正科级以上干部参加学习班，学习邓小平巡视南方重要讲话和党的“十四大”文件。开办领导干部进修班 4 期培训 189 人；党史党建班 3 期培训 313 人。加大专业技术人员继续教育力度，全年办班 12 期培训 346 人。

1993—1994 年，柳州铁路局对干部培训需求和培训效果进行调研，重点提高培训质量。两年办干部培训班 69 期培训 3259 人，外培 190 人。

1995 年，柳州铁路局干部培训工作结合运输生产实际，以抓好领导干部、中青年干部和主要运输部门专业技术干部的培训为重点，全年计划培训 1749 人，实际培训 2013 人。为缓解铁道工程、桥隧、工民建、通信、信号、运输等“短线”专业人才的需求矛盾，委托北方交大、西南交大、长沙铁道学院、上海铁道大学4 所院校培养本、专科毕业生 67 人，其中本科 23 人，专科 44 人。9 月，转发《铁道部关于继续开展成人高等教育（专业证书）班有关问题及 1995 年培养计划的通知》，恢复成人高等教育《专业证书》班招生工作。年内组织生源 91 人，其中在柳州铁路分局开办“铁道运输”专业班 1 期学员 50 人。“八五”期间铁路局累计培训干部 1.45 万人，为计划的 1.82 倍。

1996 年，柳州铁路局重点抓好领导干部和中青年干部的培训。全年计划培训 1761 人，实际培训 1852 人，完成计划的 105.1%。3 月，铁路局转发《铁道部关于举办大学普通进修班有关问题的通知》，年内，送培大学普通进修班 21 人，高等教育专业证书班 29 人，函授教育专科 94 人，本科 35 人。根据中央和铁道部“九五”干部培训规划的的要求，制订《柳州局 1996—2000 年干部培训规划》，对“九五”期间干部培训的指导思想、基本原则、培训目标和培训任务提出明确要求。年内，开展评选“八五”干部培训先进典型活动。10 人被授予 “八五” 干部培训优秀教师称号；23 人被授予“八五”干部培训先进工作者、优秀组织员（班主任）称号。

1997—2000 年，柳州铁路局干部培训工作围绕运输生产，突出安全重点，抓好全员培训，促进运输系统干部持证上岗制度的落实。四年举办规范化脱产培训班 174 个培训 8980 人，组织各级各类干部适应性短期业务培训 21828 人，全局运输系统干部业务考试 5104 人。组织新线干部和行车干部专项培训 206 人。1997 年，铁路局与长沙铁道学院在柳州联合开办铁道运输专业大专助考班，录取学员 71 人。2000 年，铁路局印发《关于报考工商硕士、工程硕士有关问题的通知》，对研究生送培对象、途径、管理和审核等方面作出明确规定。“九五”期间，全局先后录取在读和毕业工商、工程硕士研究生 20 余人，为铁路局运输事业的发展储备高层次专业人才。

2001 年，制订《柳州铁路局“十五”干部培训规划》。表彰“九五”期间干部培训工作成绩显著的单位和个人，有 16 个单位被授予全局“九五”干部培训先进单位、60 人被授予全局“九五”干部培训先进工作者、12 人被授予“九五”干部培训优秀教师称号。2001—2004 年，全局计划组织规范化脱产培训班 220 个培训干部 11008 人，实际组织 243 个培训 14620 人，分别超额完成计划 10.5% 和 32.8%。根据岗位需求，组织适应性短期培训 7617 人，其他业务短期培训 8458 人。加大领导干部在职攻读研究生送培力度，在原招生专业基础上，增加公共管理等专业。“九五”以来，组织 57 名领导干部在职攻读研究生。

2005年，柳州铁路局组织规范化主体脱产班81期培训干部4813人，组织其他适应性短期培训2010人，组织各种干部考试6647人。搞好干部培训教材建设，完成运输、机务、工务、计算机、营销等10个专业教材的编印发行工作。开展“十五”干部培训评先活动，评选出20个干部培训先进单位，52名先进工作者，9名优秀教师。

第二节 工人管理

工人队伍

广西国家铁路主管工人和工资的职能部门为局劳资处，广西地方和合资铁路主管工人和工资的职能部门为广西地方铁路(有限)公司和广西沿海(南防)铁路公司人劳部(科)。

1991年，柳州铁路局工人总数61300人，其中女工11768人，少数民族工人8943人。年龄结构:25岁以下11202人、26岁—35岁20205人、36岁—45岁18382人、46岁—55岁10099人、56岁以上1412人。文化结构:初中及以下36424人，高中、技校21408人，中专2884人，大专584人。广西地方铁路工人总数3283人。合资铁路工人总数1063人。

1995年，柳州铁路局工人总数59863人，其中女工11980人，少数民族工人9284人。年龄结构:25岁以下11438人、26岁—35岁19349人、36岁—45岁19523人、46岁—55岁8713人、56岁及以上840人。文化结构：初中及以下30172人，高中、技校25801人，中专3195人，大专及以上695人。合资铁路工人总数1655人。

2000年，柳州铁路局工人总数61089人，其中女工12233人，少数民族工人11214人。年龄结构:25岁及以下8944人、26岁—35岁19336人、36岁—45岁20601人、46岁—55岁11526人、56岁以上682人。文化结构:初中及以下25379人，高中、技校27830人，中专5852人，大专及以上2028人。从事技术工种工人39963人。技术等级:初级技工5346人、中级技工10767人、高级技工23598人、技师246人、高级技师6人。合资铁路工人总数1407人。

2005年，柳州铁路局工人总数52760人，其中女工10061人，少数民族工人10742人。文化结构:初中及以下18831人，高中、技校22931人，中专8388人，大专以上2610人。从事技术工种工人40787人。技术工人的年龄结构:25岁及以下2921人、26岁—30岁5677人、31岁—35岁6787人、36岁—40岁6564人、41岁—45岁7762人、46岁—50岁6393人、51岁—55岁3824人、56岁—60岁859人。技术等级:参加技能鉴定并取得职业资格证书的有26552人，其中初级技工123人、中级技工7523工人、高级技工18547人、技师327人、高级技师32人。广西地方铁路有限公司职工总数1890人。广西沿海铁路公司工人总数2028人。

2005年，柳州铁路局的机车乘务员队伍

表 5-23

1991—2005 年柳州铁路局工人队伍状况

单位：人

年份	工人总数	其中		文化程度					年龄结构				
		女工	少数民族	初中及以下	高中	技校	中专	大专及以上	25岁以下	26岁至35岁	36岁至45岁	46岁至55岁	56岁及以上
1991	61300	11768	8947	36424	17704	3704	2884	584	11202	20205	18382	10099	1412
1992	60892	11663	9262	35262	17952	4113	2968	597	10724	19801	18976	10075	1316
1993	59790	11615	9128	33273	18435	4472	3038	572	11079	19409	18688	9125	1489
1994	60285	11732	9242	31656	19949	4932	3159	589	6762	10629	10821	5385	380
1995	59863	11980	9284	30172	20524	5277	3195	695	11438	19349	19523	8713	840
1996	60161	12113	8767	29727	20558	5737	3369	770	10977	19382	19983	8984	835
1997	60257	11776	9252	28885	20753	6077	3611	931	10852	19616	19645	9313	831
1998	60760	12341	10172	27322	21101	6991	4298	1048	10796	20603	20817	8034	510
1999	60571	12709	10377	26334	20768	7010	4892	1567	9201	20413	20911	9519	527
2000	61089	12233	11214	25379	20523	7307	5852	2028	8944	19336	20601	11526	682
2001	59222	11605	9820	23985	19526	7011	6677	2023	8165	18545	20133	11680	699
2002	58770	11701	9624	23194	20029	6564	7218	1765	5874	15003	15656	9630	527
2003	55720	10941	10139	20836	19338	6125	7411	2010	4746	14806	15399	8207	606
2004	53757	10110	9062	19966	18103	4267	9373	2048	4134	13781	14913	10505	661
2005	52760	10061	10742	18831	17562	5369	8388	2610	2973	12391	13959	9833	934

职工总量控制

1991 年 6 月，柳州铁路局印发《节约用人，挖潜提效暂行办法》，对控制职工总数增长、挖掘现有人员潜力、精减非生产人员、清退计划外用工、按定员定额组织生产提出要求。从 6 月 1 日起暂停办理局外人员非政策性单调进入。11 月，制订《节约现员考核暂行办法》，提出节约现员的原则、依据。年内，调整 197 名主要生产人员到南防铁路工作。

1994 年，柳州铁路局清理从事非本职工作的机车乘务员 285 人，其中回归机车乘务员岗位 73 人。

1996 年 1 月，柳州铁路局印发《关于进一步加强工人调整工作管理的通知》；11 月，制订《柳州铁路局向南昆铁路输送人员办法》。融安机务段、宜山工务段撤并后，向南昆铁路输送职工 427 人。1997 年，从撤并单位调入南昆铁路 317 人，从其他单位调入南昆铁路 607 人，359 名政策性统配人员全部分配到南昆铁路。

1998 年初，柳州铁路局提出“从严控制紧一块、新线补充分一块、调整布局压一块、竞争上岗活一块、多种经营扩一块”的减员思路。3 月，转发铁道部《国家铁路劳动用工管理办法》，规范劳动合同管理和临时性用工管理。1999 年，依照有关规定，解除劳动合同 971 人，清理临时用工 5645 人，年末工人总数 60571 人，控制在铁道部下达的计划人数内。

2001—2005 年，柳州铁路局继续控制职工总量，职工总数每年都控制在铁道部的限额以内。

1991—2005 年，柳州铁路局在运输工作量大幅增加的情况下，工人总数从 61300 人下降至 52760 人。

用工制度改革

1991 年 11 月，柳州铁路局公布《实行先培训后就业暂行办法》，规定招工优先从铁路职业高中毕业生中择优录用，一般不再直接从社会招收未经培训合格的人员。

1992 年 8 月，柳州铁路局制订《优化（合理）劳动组合若干意见》，推动用工制度改革，年内有 46 个单位实行优化劳动组合。合资铁路招收新工人按柳州铁路局《实行先培训后就业暂行办法》执行。

1994—1995 年，柳州铁路局认真做好《劳动法》宣传实施工作，在黎塘车务段等 5 个单位实行劳动合同制试点。

1996 年，印发《柳州铁路局全面实行劳动合同制度实施办法》《关于全局实行劳动合同制有关问题的通知》和《关于进一步搞活劳动用工的指导意见》，全面实行劳动合同制度，职工于 6 月 3 日前在平等自愿、协商一致的原则下，与用人单位签订劳动合同，合同签订率达 99.6%。同时扩大使用农民工、劳务工、季节工和临时工范围，允许每年有 5%农民轮换工转为城镇合同制工人。广西地方铁路有限公司印发《全面实行劳动合同制度实施办法》，在地方和合资铁路中全面实行劳动合同制度。

1997 年，柳州铁路局制订《劳动合同制工人调配办法》，明确局外人员调入条件，审批权限。6 月，制订《富余人员安置管理办法》和《劳动力职业介绍中心暂行管理办法》，成立劳动力职业介绍中心。10 月，制订《劳动力职业介绍中心运行规则》，规定职业介绍中心主要职责、运作原则、操作程序、道德标准。

1998 年，柳州铁路局根据铁道部运输体制改革的政策和下达运输业净减员 1.08 万人的计划，印发《减员增效和再就业工程实施办法》，制订三年减员目标，成立铁路局再就业服务中心，与劳动力职业介绍中心合一设置。广西地方铁路有限公司出台《劳务工管理办法》，加强对地方和合资铁路劳务工的管理。

2000 年，柳州铁路局印发《关于继续实行内部退养制度的通知》，将内部退养条件修改为距国家规定正常退休年龄 5 年内。5 月，制订《柳州铁路局工人竞争上岗暂行办法》，对职工竞争上岗的组织领导、范围条件、方法步骤、管理、分流安置等作出规定，形成竞争上岗—内部下岗—培训提高—竞争上岗的环流格局。29 个运输站段实行竞争上岗制度，参加工种 207 个、人数 11421 人。

2002 年，广西地方铁路有限公司制订《职工内部退养实施办法》，在地方和合资铁路的职工中实行内部退养制度。

2003—2005 年，柳州铁路局不断完善劳动合同、职工内部退养、劳动用工和局内劳动力市场管理、职工竞争上岗、富余人员管理、劳动能力鉴定、临时工劳务工管理等制度，确保劳动生产率不断提高和减员增效目标的实现。

考工升级和职业技能鉴定

1991—1993 年，柳州铁路局实行八级制工人技术等级，工人职业技能鉴定和考工升级工作基本未开展。

1994 年 3 月，柳州铁路局根据国务院《工人考核条例》和铁道部《关于贯彻〈工人考核条例〉的通知》精神，制订《柳州铁路局贯彻〈工人考核条例〉实施细则》。6 月，制订《柳州铁路局考工考绩晋升技能工资办法》。12 月，铁道部根据劳动部有关规定，制订《铁道部特有工种职业技能鉴定实施办法》，对铁道行业技能鉴定作出具体规定，要求铁路局做好职业技能鉴定试点工作和职业技能鉴定站建站工作。

1996 年 6 月，经自治区劳动厅批准，柳州铁路局成立柳州铁路计算机职业技能鉴定所，鉴定对象为铁路系统职工，鉴定工种为计算机录入处理员、计算机系统操作工和计算机调试工。1997 年，经铁道部批准，柳州铁路局成立柳州铁路司机学校、柳州铁路运输学校两个鉴定站。年末，柳州机车车辆厂鉴定站划归铁路局管理。按照铁道部颁布的铁路行业 100 个特有工种职业技能标准，对柳州铁路司机学校机车乘务专业的 172 名毕业生进行鉴定，通过 52 人，通过率 30.2%。

1998 年，柳州铁路局首次对接收的技术学校毕业生进行职业技能鉴定，其中鉴定内燃机车乘务员 227 人，鉴定合格发给技术等级证书的 209 人；鉴定检车员 89 人，鉴定合格发给职业资格证书的78 人。

2000 年，柳州铁路局加大职业技能鉴定力度，全年鉴定 1420 人，其中在职职工 210 人，新参加工作的中专、技校毕业生，复退军人 1210 人，鉴定合格发给职业资格证书的 657 人。

2001 年，经劳动部批准在铁道行业成立的 28 个特有工种鉴定站中，柳州铁路局有柳州车务段、桂林机务段、柳州车辆段、柳州工务段、南宁电务段、柳州铁路局客运公司 6 个鉴定站，全局鉴定站增至 9 个，承担 94 个铁路工种鉴定。制订《柳州铁路局职业技能暂行实施办法》，全年鉴定工种 34 个 3150 人，经鉴定合格 2728 人，合格率 86.6%。

2002 年，柳州铁路司机学校与柳州铁路运输学校合并，柳州铁路局的职业技能鉴定站减为 8 个。全年鉴定工种 33 个，鉴定人数 6775 人，经鉴定合格发给职业资格证书的 6134 人。

2003 年，经自治区批准成立柳州铁路局职业技能鉴定委员会。实行先培训后鉴定办法，举办职业技能培训班 204 期，鉴定主要运输单位重点工种52 个，鉴定人数 8520 人，经鉴定合格发给职业资格证书 7498 人。

2004—2005 年，柳州铁路局举办职业技能鉴定培训班 497 期，组织鉴定 563 批，鉴定工种106 个，人数 22344 人，经鉴定合格发给职业资格证书 18561 人。

表 5-24　**2000—2005 年柳州铁路局工人技术等级**　单位：人

年份	初级工	中级工	高级工	技　师	高级技师	年份	初级工	中级工	高级工	技　师	高级技师
2000	3	154	0	246	6	2003	51	4385	8067	369	28
2001	3	811	739	321	22	2004	51	7863	14920	421	26
2002	40	3095	3981	307	21	2005	52	10269	18547	692	32

注：1.2000 年前以工资额表示初、中、高级工技术等级，已不能反映职工的实际技术水平，不再统计。2.从 2000 年开始，柳州铁路局首次按铁道部要求组织职工开展职业技能鉴定，按初、中、高、技师、高级技师确定工人技术等级。

工人技师评聘

1991—1994 年，柳州铁路局技师考评工作处于启动阶段，至 1994 年末，基本未开展技师考评工作。

1995 年 5 月，柳州铁路局根据铁道部《铁路技师管理暂行办法》，印发《关于开展高级技师评

2005 年，柳州机务段的高级技师向青工传授业务知识

聘试点工作的通知》和《关于技师考证工种范围的通知》，规定技师考证每两年一次，技师比例限额为技术工种人数的 2%，技师津贴由 20 元/月调整为 25 元/月；高级技师评聘试点开设 9 个大类 22 个工种，津贴 50 元/月。年内，有 39 个工种 423 人报考技师，12 人报考高级技师。至 1996 年，有 184 人通过综合评审取得技师任职资格，6 人通过考评，取得高级技师任职资格。有中式烹调师 7 人和中式面点师 2 人通过铁道部的考评和综合评审取得技师任职资格。

1997—1999 年，柳州铁路局参加技师考试 287 人，有 123 人取得任职资格。经铁道评审，2 人取得电影放映技师任职资格。1999 年 3 月，广西地方铁路有限公司印发《技师聘任制暂行办法》对地方、合资铁路技师的评聘条件、资格、考评程序、待遇等作出规定。

2000 年 3 月，印发《关于成立柳州铁路局技师、高级技师评审委员会的通知》，由评审委员会主持铁路局的技师、高级技师评审工作。2001 年，制订《柳州铁路局技师、高级技师考核、评审、聘任、管理实施办法》。广西地方铁路有限公司的工人技师考评委托铁路局办理。2001—2004 年，铁路局有 428 人参加技师考试，221 人取得任职资格（其中广西地方铁路有限公司 7 人），59 人参加高级技师考试，19 人取得任职资格。

2005 年 3 月，重新修订《柳州铁路局技师、高级技师考核、评审、聘任、管理实施办法》，实行技师评聘分开，增加考评工种范围、技师职数比例及工作业绩、职业道德评价考核环节。年内，报考技师855 人，符合考评条件 717 人，取得任职资格 271 人；29 人报考高级技师，15 人通过铁路局考核，报铁道部参加综合评审。年末，铁路局有技师 692 人、高级技师 32 人，广西沿海铁路公司有技师 23 人、高级技师 3 人。

第三节　工 资 管 理

基 本 工 资

1991 年 5 月，铁道部根据国家关于 6 元价格补贴计入工资标准的规定，颁布新的铁路企业工资标准表，广西国家铁路按三区标准执行。

1992 年 3 月，柳州铁路局将 1991 年和 1992 年两年的择优升级指标合并使用，给 74953 名职工增加工资，人均增加 16.7 元。12 月，实现安全生产四周年，给全局职工增加一级工资，出勤不满半年的增加半级工资。12 月，柳州铁路局印发《关于实行工龄津贴的通知》，自 12 月 1 日起，按连续工龄每工作一年每月发给 1 元工龄津贴。

1993 年 12 月，柳州铁路局印发《岗位技能工资制实施办法》，进行基本工资制度改革，自 10 月 1 日起实行岗位技能工资制度。岗位技能工资制由岗位、技能、工龄、特种、效益工资 5 个单元构成，岗位工资和技能工资是职工的基本工资，其他 3 个单元是辅助工资。未参加这次工资改革的离休人员按参加革命工作的时期，每月分别发给 60 元、50 元、40 元；退休人员按月发给 30 元。

表 5-25

1991 年铁路企业行政管理、专业技术人员工资标准

单位：元

地区 \ 系数 \ 等级		一		二		三		四		五		六		七		八		九		十		十一		十二		十三		十四		十五		十六		十七
			副		副		副		副		副		副		副		副		副		副		副		副		副		副		副		副	
三区	1.00	276	262	249	237	226	216	207	199	191	183	175	167	160	152	145	138	131	124	117	110	103	96	90	84	78	72	67	62	58	54	50	46	43

表 5-26

1991 年铁路企业工人工资标准

单位：元

地区 \ 系数 \ 等级		一	二		三		四		五		六		七		八	
		1	2	3	4	5	6	7	8	9	10	11	12	13	14	15
三区	1.00	43	46	50	54	58	62	67	72	78	84	90	96	103	110	117

表 5-27

1993 年铁路企业岗位工资标准

单位：元

工资档别	1	2	3	4	5	6	7	8	9	10	11	12	13	14	15	16	17	18	19	20	21	22	23	24	25	26
三区	36	40	44	48	52	57	62	67	72	78	84	90	96	103	110	117	125	133	141	150	159	168	178	188	199	210

表 5-28

1993 年铁路企业技能工资标准及套改对应关系

单位：元

工资档别		1	2	3	4	5	6	7	8	9	10	11	12	13	14	15	16	17	18	19	20	21	22	23	24	25	26	27	28	29	30	31	32
三区	工资标准	56	61	66	71	76	81	86	91	96	101	106	111	116	121	126	132	138	144	150	156	162	168	174	180	186	192	198	204	210	216	222	228
	对应关系	56	61	66	—	72	78	84	90	—	97	104	111	—	118	125	132	—	139	146	154	161	—	169	177	185	—	193	201	210	—	220	—

工资档别		33	34	35	36	37	38	39	40	41	42	43	44	45	46	47	48	49	50	51	52	53	54	55	56	57	58	59	60	61	62	63
三区	工资标准	234	240	246	252	258	265	272	279	286	293	300	307	314	321	328	335	342	349	356	363	370	377	384	391	398	405	412	419	426	433	440
	对应关系	231	—	243	—	256	—	270	—	—	—	—	—	—	—	—	—	—	—	—	—	—	—	—	—	—	—	—	—	—	—	—

1994年9月1日起，柳州铁路局建立效益工资，以8月份技能工资档序为标准,15档以下每月30元；16—37档每月40元;38档及以上每月50元。

1995年1月1日,柳州铁路局给职工晋升技能工资,经考试考核合格,有1072人升1档、3225人升2档、1290人升3档、53002人升4档、15447人升5档。11月4日，铁路局实现安全生产300天，从11月1日起,给全局职工增加人均3档效益工资。

1996年5月1日,柳州铁路局将职工效益工资进行转化,30元的转6档、40元的转7档、50元的转8档技能工资，在转化的基础上重新建立全局效益工资。7月1日,铁路局按铁道部文件规定,给职工晋职升技能工资,经考工考绩符合条件的有77361人,其中升1档311人、升2档41203人、升3档35847人。

1997年1月1日,柳州铁路局给经考工考绩符合条件的78877名职工晋升技能工资，其中升1档141人、升2档1490人、升3档77246人。7月1日,建立铁路局岗位工资标准,在铁道部岗位工资标准的基础上提高50%。9月1日,按自治区文件规定,广西铁路在柳州、南宁、桂林三市的职工最低工资标准由每月190元调为200元。

1998年1月1日,柳州铁路局给经考工考绩符合条件的79011名职工晋升技能工资，其中升1档134人、升2档1579人、升3档77298人。

1999年，柳州铁路局根据中央12号文件精神和铁道部要求,从7月1日起,给职工调整和建立铁路局岗位、技能工资标准,同时提高新参加工作的见习、学徒、熟练期人员待遇。

2001年,柳州铁路局根据国家、铁道部的有关文件精神,结合铁路局的实际,从7月1日起，给职工调整岗位工资标准,月人均增资约100元。根据自治区的规定，从9月1日起最低工资标准调整为每月355元。

2002年,从7月1日起,柳州铁路局调整岗位工资标准,全局职工月人均增资50元。

2004年,从7月1日起,柳州铁路局调整岗位工资标准,全局职工月人均增资50元。10月，根据自治区的通知，职工最低工资标准调整为每月460元。12月1日,调整岗位工资标准,全局职工月人均增资约100元。

从2005年12月1日起，柳州铁路局将职工工龄工资由每月2元调整为4元，同时，取消1996年建立的效益工资。

1991—2005年,广西地方铁路、合资铁路的工资管理,参照柳州铁路局的相关规定,结合自身的条件执行。

计件工资

1991年,柳州铁路局印发《关于进一步完善内部工资分配若干问题的暂行规定》,大力推行计件工资、定额工资制,加强对“万含”工资的管理。柳州、南宁铁路分局,局工程处、物资处等分局级单位亦相应制订计件工资管理办法，要求所属基层单位把工资分配同职工个人的技术高低、责任大小、劳动轻重、工作繁简紧密联系起来,克服平均主义。

从1992年至1997年11月,各铁路分局一级单位根据优质优价、高效高酬的原则,鼓励和支持所属单位不断完善分配办法，继续实行部分基本工资与计件工资“捆浮制”。各运输生产单位主要实行以产量定额为计件工资制的表现形式，其中调车人员为日均有调作业车数，运转车长为月均列车走行公里,机车乘务人员为年总走行公里,机务检修人员为年换算检修台数，工务线路维修人员为月换算线路公里，车辆段修人员为年换算段修辆数等。截至1997年末,铁路局实行计件工资面占实行劳动定额管理人数的95.8%。从1995年2月起，合资铁路对防城港站调车人员实行计件工资制。

1998年,印发《劳资处关于计件工资制工作开展有关事项的通知》,授权各单位根据支付能力和经济效益，自行研究制订本单位计件工资的分配办法、发放标准和计件单价,铁路局不再对基层单位的计件工资进行按季审批制度。

2000年,柳州铁路局劳资部门组织编制有关内燃机车检修的劳动定额1848项,至年末,全局有劳动定额31类39447项，基本形成门类齐全、水平较先进的劳动定额标准体系，为基层单位完善计件工资工作提供依据。

2001—2005年,柳州铁路局各基层单位继续以计件工资,捆浮工资等形式搞活分配制度,把职工的工资收入与所完成的工作量和质量挂钩。

奖　　金

柳州铁路局的奖金管理，主要是对全局先代会表彰、“七一”表彰、科技成果表彰、安全生产百日和路风评比表彰及铁路局领导批准的评比等一次性奖励的管理，同时按铁道部和自治区的要求，严格控制各种评比奖励活动。奖金分配实行劳资部门归口管理，建立健全奖金管理制度，明确奖金分配重点，规范各种奖励办法的操作程序、审批权限和款源渠道。

1991 年，柳州铁路局制订《路风建设奖惩暂行办法》，对年内达到考核指标的铁路分局和公安局按人均 10 元发给一次性奖励；局工程、物资工业、工务处和直属机关按人均 5 元发给一次性奖励，奖罚对等。年内，发放安全、生产、节约、劳动竞赛、堵漏补收和各种一次性奖励 6676.7 万元。

1992 年，柳州铁路局决定各类单项评比奖励活动暂停一年。全年发放奖金 6042.6 万元，比上年下降 9.5%。

1995 年，柳州铁路局规范获国家级、省部级、铁路局级的先进单位和先进个人奖励标准和奖旗、奖状、牌匾、荣誉证书的发放，并进一步明确奖励的归口管理审批程序，使奖励工作做到有章可循。1993—1995 年，全局发放生产、安全、节约、堵漏补收、劳动竞赛和各种一次性奖励等 4.68 亿元。

1997 年，柳州铁路局制订《职工培训质量考核奖罚办法》，对抽考成绩达 90 分以上者给予 20 元的一次性奖励。1996—1997 年，全局发放奖金 5.15 亿元。

1998—2003 年，柳州铁路局 6 次修订《行车安全奖罚办法》，加大运输站段的考核力度，推动行车安全责任制的落实，实现安全生产持续稳定。5 年，全局发放生产、安全、节约、堵漏补收等各类奖金及超额工资共 18.85 亿元。

2005 年，根据铁道部劳卫司等七部门的通知精神，柳州铁路局、局党委印发《关于进一步规范奖金管理工作的通知》，就严格控制出台各种奖励办法、各种评比奖励活动，合理把握奖金分配关系，加强奖金管理制度化建设，加强领导干部奖金管理等提出要求。2004—2005 年，全局发放各种奖金及超额工资 11.76 亿元。

津　　贴

1991 年，柳州铁路局发放乘务、施工、夜班、岗位、工龄等津贴和物价等补贴。10 月，调整机车乘务员、运转车长、客车检车乘务员、旅客列车乘务员等乘务津贴标准。11 月 1 日，对机要密码工作人员实行福利补贴。全年，全局发放各种津贴和补贴 5325.6 万元。

1992 年，柳州铁路局建立专业技术人员在岗津贴。从 7 月起，再一次提高机车乘务员、运转车长、客车检车乘务员、旅客列车乘务员乘务津贴标准。从 11 月起，对检察院、法院干警实行岗位津贴。从 12 月起，建立工龄津贴制度，职工离退休时，工龄津贴作为计发离退休费的基数。全年，发放各种津贴、补贴 8340.3 万元。

1993 年，柳州铁路局给职工每人每月发放 50 元的综合补贴并于 1994 年 1 月再增发 20 元。调整铁路施工津贴、流动施工津贴、夜餐费、节日加班工资和沿线养路工流动作业补助费标准。给全局职工每人每月统一增发 4 元的粮食价格补贴。全年，发放津贴、补贴 1.48 亿元。

1994 年 2 月，柳州铁路局法定节日加班工资标准由每日 14 元调整为 20 元。6 月起，调整工长津贴标准。8 月起，调整机要密码工作人员岗位津贴标准。全年，发放各种津贴、补贴 1.7 亿元。

1995 年 1 月，柳州铁路局根据铁道部规定，对公安干警实行警衔津贴。3 月，重新公布医疗卫生津贴执行范围和标准。同时，将工龄工资由 1 元调整为 2 元。全年，发放各种津贴、补贴 1.91 亿元。

1996 年 5 月，柳州铁路局将受聘担任正高、副高、中级、助理、员级专业技术职务补贴分别调整为 100 元、80 元、60 元、40 元、30 元。6 月，信访卫生保健补贴改为信访岗位津贴。7 月，对坚持正常工作的劳动合同制职工实行上岗工资补贴，按职工个人基本工资的 15%支付。9 月，对在南昆铁路工作的职工实行新线补贴。全年，发放各种津贴、补贴 2.22 亿元。

1997 年 1 月，柳州铁路局根据铁道部文件规定，调整机车乘务员和施工人员乘务、施工津贴标准。10 月，调整环境保护监测工作人员保护监测津贴。1998 年，铁路局试行安全效益工资，停止实行工龄津贴。1997—1999 年,发放各种津贴、补贴 8.05 亿元。

2000 年 1 月,柳州铁路局对离退工作管理人员实行保健补贴。根据铁道部文件规定,调整警衔津贴标准和环境保护监测津贴标准并于 2003 年再次调整提高。全年,发放各种津贴、补贴 2.78 亿元。

2001 年 1 月,根据人事部、财政部、审计署文件精神,柳州铁路局建立审计人员工作补贴。10 月,调整纪检、监察办案人员补贴标准,并再次调整公安干警警衔津贴标准。全年,发放各种津贴、补贴 2.79 亿元。

2002 年 4 月,柳州铁路局调整检察院、法院系统办案人员岗位津贴标准。7 月,调整计划生育工作人员岗位津贴标准。明确在职业技能鉴定中获中级中式烹调、面点师的津贴标准。全年,发放各种津贴、补贴 2.87 亿元。

2004 年,柳州铁路局实行兼职党支部书记津贴,对主要运输生产单位生产一线车间及以下的兼职党支部书记每人每月发津贴 60 元。全年,发放各种津贴、补贴 2.48 亿元。

2005 年 1 月,柳州铁路局将每个夜班的夜餐费标准调整为 3.5 元。调整专业技术人员在岗职务补贴标准,正高每人每月 160 元、副高 130 元、中级 100 元、助理 70 元、员级 50 元。提高技师和高级技师职务津贴标准,技师每人每月 70 元、高级技师 100 元。公布卫生防疫人员津贴标准,一类每人每工作日 9 元,二类 7 元,三类 5 元,四类 3 元。9 月,将直接从事离退休工作的管理人员保健津贴调整为每人每月 80 元,兼职人员每人每月 50 元。全年,发放各种津贴、补贴 2.63 亿元。

第四节　职工社会保险

职工养老保险

1991 年,柳州铁路局职工养老保险由局劳资处管理。6 月,国务院发布《关于企业职工养老保险制度改革的决定》,要求企业逐步建立基本养老保险与企业补充养老保险相结合的制度,规定职工个人缴纳基本养老费的标准开始时可以不超过本人工资的 3%,以后随着经济的发展和职工工资的调整再逐步提高。根据要求,铁路局于 1992 年 9 月印发《关于成立柳州铁路局劳动保险公司筹备组的通知》,成立柳州铁路局劳动保险公司筹备组,定员 6 人,负责铁路局合同制职工基本养老保险费的征收和管理工作,同时与地方各级社会保险机构联系,收回铁路局合同制职工 12884 人原向地方缴纳的养老保险费 922 万元,实行行业管理,并建立合同制职工个人缴费档案和卡片。

1993 年,柳州铁路局印发《关于印发劳动工资综合改革四个配套办法的通知》,规定从 10 月起,在职职工每月按个人基本工资的 3%缴纳基本养老保险费。年内,职工参加养老保险 68439 人,个人缴纳养老保险金 163.7 万元,单位缴纳 1091.5 万元。

1994 年 2 月,柳州铁路局撤销劳动保险公司筹备组及定员编制,成立劳动保险办公室(副处级建制),由局劳资处领导,定编 9 人,内设业务和计财部,全面负责铁路局职工的养老保险工作。根据铁道部的要求,建立职工养老保险缴费数据库和离退休人员养老保险基本数据库,养老保险日常工作实行系统化统一操作和管理。年内,职工参加养老保险 70559 人,个人缴纳养老保险金 682.2 万元,单位缴纳 5764.2 万元。

1995 年 7 月起,基本养老保险费按职工本人上年度月平均工资收入的 4%缴纳,个人缴费比例每两年提高 1 个百分点,最高不超过 8%。职工本人上年度工资收入超过全路职工平均工资 200%的,按全路职工平均工资 200%作为个人缴费的基数;低于 60%的,按 60%缴纳。7 月,柳州铁路局统一实行铁路企业职工基本养老保险计发暂行办法,并设立基本养老保险基金,基本养老保险实行铁路行业统筹管理和待遇支付。年内,职工参加养老保险 73801 人,个人缴纳养老保险金 1535.8 万元,单位缴纳 10278.5 万元。

1997 年 7 月起,广西地方铁路有限公司(含地方、合资铁路)参加自治区养老保险统筹,离退休职工待遇比照柳州铁路局的待遇办理。

1998 年 8 月,柳州铁路局根据国务院《关于实行企业职工基本养老保险省级统筹和行业统筹移交地方管理有关问题的通知》和广西壮族自治区人民政府《关于基本养老保险中央行业统筹移交地方管理和实行自治区级统筹的通知》要求，与自治区劳动厅签订养老保险移交协议，从9月起，铁路局的基本养老保险工作移交自治区劳动和社会保障厅社会保险事业管理所管理，并按照自治区的养老保险政策统一实行养老保险缴费和待遇支付工作。年内，职工参加养老保险81692人。1996—1998年，个人缴纳养老保险金1.03亿元，单位缴纳4.49亿元。

2003年1月，柳州铁路局撤销劳动保险办公室内设的业务部及定员，相应设立基本养老及失业保险部和补充养老及工伤保险部。基本养老及失业保险部负责全局基本养老和失业保险业务的统一管理，定员7人。年内，职工参加养老保险83334人。1999—2003年，个人缴纳养老保险金共3.26亿元，单位缴纳10.68亿元。

2005年11月，柳州铁路局将社会保险工作从局劳卫处分离出来，由铁路局劳动保险办公室和医疗保险办公室合并成立局社会保险管理处(简称局社保处)，负责全局职工社会保险基本管理工作。年内，职工参加养老保险67931人，个人缴纳养老保险金1.04亿元，单位缴纳2.59亿元。年末，享受养老保险待遇的离退休人员31732人，人均月领取养老金994.4元。

表5-29 **1993—2005年柳州铁路局职工养老保险缴费情况** 单位：万元

年份	参保人数	个人缴费	单位缴费	缴费合计	年份	参保人数	个人缴费	单位缴费	缴费合计
1993	68439	163.7	1091.5	1255.2	2000	84408	5384.5	19212.7	24597.2
1994	70559	682.2	5764.2	6446.4	2001	83944	6297.1	20979.9	27277.0
1995	73801	1535.8	10278.5	11814.3	2002	84164	7434.9	22867.8	30302.7
1996	76098	2427.3	12146.3	14573.6	2003	83334	8734.2	24936.9	33671.1
1997	77832	3400.7	14985.4	18386.1	2004	71778	9980.4	24944.8	34925.2
1998	81692	4445.9	17764.6	22210.5	2005	67931	10376	25935.2	36311.2
1999	82379	4716.7	18850.4	23567.1					

企业补充养老保险

1998年10月，柳州铁路局根据国务院《关于深化企业职工养老保险制度改革的通知》和铁道部《铁路企业职工养老保险暂行规定》精神，经铁道部批准，建立企业补充养老保险制度。企业补充养老保险参保范围为柳州铁路局在职职工（柳州机车车辆厂自行开设）。企业补充养老保险资金由职工个人缴费与企业注入两部分组成。企业注入部分为个人缴费的4倍。个人缴费标准按工作年限分为8个档次。企业补充养老保险实行按月缴费，个人缴费部分每月由个人工资中扣除，企业注入部分由单位按铁路局规定款源列支，其中工附业单位、多经单位和非运输挂钩款源列支单位的企业注入部分由单位全额负担，其他工效挂钩单位按60%和40%比例由单位和铁路局分别负担。年内，职工参加补充养老保险68968人，收入补充养老保险金1001.83万元。

1999年，广西地方铁路有限公司印发《企业补充养老保险暂行办法》，在地方和合资铁路建立企业补充养老保险制度，企业补充养老保险资金由职工个人缴费和企业缴费两部分组成，企业注入部分为个人缴费的4倍。职工缴费标准按工作年限分为10元/月—100元/月8个档次。

2001年，柳州铁路局成立企业补充养老保险金管理理事会。局社保处有补充养老保险专职人员定员3人。企业补充养老保险按照《柳州铁路局企业补充养老保险暂行办法》和其他相关文件规定进行日常管理并使用微机系统操作。年内，职工参加补充养老保险70771人，收入补充养老保险金4678.7万元；支付补充养老保险金人数4567人，支付金额834.23万元。

2002—2005年，柳州铁路局职工参加补充养老保险人数分别为70148人、66561人、59188人和57367人，收入补充养老资金4780.69万元、

4768.91万元、4537.27万元和4387.46万元。支付补充养老金1997人、4958人、8367人和2189人，金额688.69万元、1772.4万元、3293.87万元和1387.47万元。2005年末补充养老资金结存2.5亿元。

表5-30　**1998—2005年柳州铁路局企业补充养老保险缴费标准**

工作年限	个人缴费标准（元/月）	企业缴费标准（元/月）	工作年限	个人缴费标准（元/月）	企业缴费标准（元/月）	工作年限	个人缴费标准（元/月）	企业缴费标准（元/月）
1—5	2.5	10	16—20	10	40	31—35	20	80
6—10	5	20	21—25	12.5	50	36年以上	25	100
11—15	7.5	30	26—30	15	60			

表5-31　**1998—2005年柳州铁路局职工补充养老保险参保情况**

年份	补充养老保险参保人数	已支付补充养老金人数	补充养老资金（元）		
			收入	支出	结存
1998	68968	—	10018256.4	—	10018256.4
1999	73431	—	44269005.2	—	54287261.6
2000	73093	1616	46659521.2	2252393.7	98694389.1
2001	70771	4567	46787026.5	8342320.1	137139095.5
2002	70148	1997	47806904.1	6886913.8	178059085.8
2003	66561	4958	47689054.2	17724027.8	208024112.2
2004	59188	8367	45372656.0	32938683.1	220458085.1
2005	57367	2189	43874598.6	13874664.0	250458019.7

职工医疗保险

1991年至职工医疗保险制度改革前，广西铁路实行企业劳保医疗制度，职工实行免费医疗。

1996年1月，广西地方铁路有限公司实行医疗制度改革试点，医疗保险基金按职工工资总额8%提取，其中60%纳入单位统筹医疗基金，40%计入职工个人医疗账户。1997年12月，出台《职工医疗制度改革方案》，成立领导小组，在地方和合资铁路中推行职工医疗制度改革。

1998年6月26日，柳州铁路局根据国务院和铁道部关于职工医疗保障制度改革的意见，成立医疗保险办公室，副处级建制，定员13人。制订《柳州铁路局职工医疗保险暂行规定》，对职工医疗保险制度进行改革，由企业低水平的劳保免费医疗转变为企业和职工共同负担的医疗保险制度，实行企业统筹基金与职工个人账户相结合的方法，医疗保险费由企业和职工个人共同负担，企业按工资总额8%缴纳，个人按工资1%缴纳。实行企业内部管理，职工的门诊和住院医疗费实行通道式管理，即门诊医疗费在本人个人账户用完后可进入统筹基金。7月—12月，企业缴纳医疗保险费2209.96万元，职工个人缴纳312.64万元。广西地方铁路有限公司印发《职工医疗制度改革实施细则》和《职工医疗制度改革实施细则补充规定》，建立职工个人医疗账户卡片和职工医疗手册。

2000年，柳州铁路局根据《国务院关于建立城镇职工基本医疗保险制度的决定》和铁道部的实施意见，劳动保障部、铁道部《关于铁路系统职工参加基本医疗保险有关问题的通知》以及自治区城镇职工基本医疗保险制度改革领导小组办公室《关于柳州铁路局职工医疗保险与国务院文件精神接轨试运行的批复》等文件的精神，以铁路局为单位参加自治区本级医疗保险，执行自治区统一医疗保险政策，作为属地管理的过渡，暂由铁路局自行管理。自7月起，根据《柳州铁路局职工基本医疗保险实施办法》，实施职工基本医疗保险制度，职工医疗保险，企业按工资总额8%缴纳，个人按工资1%缴纳。门诊和住院医疗费实行分块式管理，即门诊医疗费由个人账户支付，住院医疗费由统筹基金和个人共同负担。同日，铁路局建立企业补充医疗保险制度，企业按工资总额2%、个人按12元/年缴纳补充医疗保险费（个人自愿参加），建立企业补充医疗保险基金，对参加补充医疗保险的职工、退休人员、直系供养亲属实行住院大病补贴。职工、退休人员医疗费4万元—12万元范围内补贴85%；家属在规定范围内补贴50%，并对职工住院费、计划生育手术费等进行补贴。1999—2000年，企业缴纳医疗保险费1.15亿元，职工个人缴纳1863.51万元。广西地方铁路有限公司印发《职工基本医疗保险实施办法》，对在职职工、退休人员住院治疗费用的支付作出具体规定。

2005年，柳州铁路局按照国家、自治区的有关规定对基本医疗保险支付范围，门诊慢性病，特殊病管理、特殊检查、特殊治疗管理等进行规范，制订《柳州铁路局职工基本医疗保险实施办法》《柳州铁路局职工基本医疗就医管理办法》《柳州铁路局职工基本医疗保险支付范围规定（暂行）》《柳州铁路局职工基本医疗保险特殊检查特殊治疗规定（暂行）》《柳州铁路局职工基本医疗保险药品使用管理办法》《柳州铁路局职工基本医疗保险部分门诊慢性病、特殊病管理办法（暂行）》《柳州铁路局职工基本医疗保险个人账户和IC卡管理办法》和《柳州铁路局职工基本医疗保险定点医疗机构管理办法》，从5月1日起施行。新的职工医疗保险办法降低职工住院起付标准和特殊检查、治疗、药品个人先支付标准。同年5月，对补充医疗保险政策进行调整，扩大补充医疗保险基金支付范围，最高支付限额从8万元提高到12万元。2001—2005年，企业缴纳医疗保险费3.66亿元，职工个人缴纳1.22亿元。2003—2005年，企业缴纳补充医疗保险7274.64万元，职工缴纳991.68万元。医疗保险和补充医疗保险收支平衡，略有节余。

表5-32　**柳州铁路局职工医疗保险基本情况**

政策＼时间	1998年7月以前	1998年7月至2000年6月	2000年7月至2005年4月	2005年5月至12月
基本制度	企业劳保医疗（低水平免费医疗）	企业职工医疗保险（企业个人共同负担）	属地职工基本医疗保险（企业个人共同负担）	属地职工基本医疗保险（企业个人共同负担）
门诊及住院费用负担方式	免费	直通式。职工门诊医疗费在个人账户用完后可进统筹	分块式。门诊费用（慢性病特殊病除外）由个人账户支付，住院医疗费由统筹和个人共同负担	分块式。门诊费用（慢性病特殊病除外）由个人账户支付，住院医疗费由统筹和个人共同负担
缴费水平	企业福利费负担	企业按工资总额的8%缴纳，个人按工资1%缴纳	企业按工资总额的6%缴纳，个人按工资2%缴纳	企业按工资总额的6%缴纳，个人按工资2%缴纳
基金管理	企业内部管理，无专门账户	建立独立基金专门账户，专款专用，企业内部管理	建立独立基金专门账户，专款专用，企业内部管理	建立独立基金专门账户，专款专用，企业内部管理
个人账户	无	个人工资或退休金的3.2%	45岁以下、45岁以上职工、退休人员分别为工资或养老金的3%、3.5%、3.8%	45岁以下、45岁以上职工、退休人员分别为工资或养老金的3%、3.5%、3.8%
统筹基金最高支付限额	无	4万元	4万元	4万元
住院起付标准	无	职工：个人工资5%；退休人员：无	职工：年度第1、2、3、4次住院分别为全局平均工资的8%、6%、4%、2%；退休人员为职工的50%	年度第一次住院，在三级、二级、一级医院住院，分别为：职工800元、700元、600元；退休减半。第二次及以后住院，按三级、二级、一级医院住院，分别为：职工500元、400元、300元；退休300元、250元、200元。
比例段个人支付	无	职工：5000元以内、5000—10000元、10000—40000元分别负担15%、10%、5%，退休人员减半	职工：5000元以内、5000—10000元、10000—40000元分别负担15%、10%、5%，退休人员减半	职工：5000元以内、5000—10000元、10000—40000元分别负担15%、10%、5%，退休人员减半
特殊检查、治疗、药品个人先支付	无	无	无	20—30%

职工工伤保险

1991—1997年，柳州铁路局职工的工伤事故由铁路分局一级安全部门定性，职工工伤保险待遇由各铁路分局劳资部门负责管理，费用在各单位的劳动保险项下列支。

1997年12月，铁道部印发《铁路企业职工工伤保险试行办法》，要求铁路企业必须参加工伤保险，按时足额缴纳工伤保险费；工伤保险实行铁路系统管理，设立工伤保险基金，对工伤职工提供经济补偿和管理服务；铁路局社会保险机构经办工伤保险业务，负责工伤保险管理基金的筹集、管理和待遇支付。

1998年起，柳州铁路局工伤保险部门开始对工伤职工进行工伤认定和劳动能力鉴定，并审批工伤保险有关待遇（费用在各单位成本劳动保险项下列支）。制订落实全局工伤保险管理办法，指导建立工伤保险台账。5月，铁路局机构编制委员会印发《关于局劳动保险办公室增加工伤保险职能定员的通知》，设定员3人，负责全局工伤保险管理工作。

2003年，柳州铁路局劳动保险办公室设置工伤保险和补充养老保险业务部，定员4人。

2004年1月1日，国务院颁发的《工伤保险条例》正式施行。根据劳动和社会保障部、铁道部《关于铁路企业参加工伤保险有关问题的通知》和自治区劳动和社会保障厅《关于柳州铁路局〈关于委托柳州铁路局代管局内工伤保险的请示〉的通知》的规定，柳州铁路局以铁路局为单位集中参加自治区工伤保险，工伤认定由自治区劳动和社会保障厅负责，铁路局负责建立局内工伤保险基金，并按规定筹集、使用和管理，经办工伤保险所有事务。铁路局从7月起建立工伤保险基金，用人单位的初次缴费费率按国家规定二类行业的基准费率1%确定。各单位每月缴纳的工伤保险费额=基本养老保险月缴费基数总额（剔除内退人员）×费率。

2005年末，柳州铁路局职工参加工伤保险63742人，工伤基金收缴金额1228.31万元，工伤基金支出金额422.47万元，工伤基金滚存结余1170.7万元。

失业保险

1991年，自治区劳动厅和柳州铁路局联合发文的规定，职工待业保险由各基层单位向属地参保，缴费按职工标准工资的1%提取，向所在地失业保险机构缴纳。

1993年7月，柳州铁路局根据铁道部财务司《关于编制1993年度铁路运输及多种经营企业决算的通知》规定，职工待业保险金按工资基金支出表“工资总额”的0.6%提取。合资铁路按职工标准工资1%提取。均向所在地失业保险机构缴纳。

1999年1月，柳州铁路局和广西地方铁路有限公司按中共中央、国务院《关于切实做好国有企业下岗职工基本生活保障和再就业工作的通知》规定，将失业保险基金的缴费比例由企业工资总额的1%提高到3%，由企业单方负担改为企业和职工个人共同负担，其中个人缴纳1%，企业缴纳2%。按自治区《关于中区直单位参加失业保险有关问题的通知》规定，从7月份起向自治区劳动厅所属的社会保险经办机构缴纳失业保险费，实行省级统筹，统一管理，同时停止向单位所在地、市、县失业保险机构缴纳失业保险费。由于自治区劳动部门对铁路职工失业保险费的征缴及失业人员管理和服务的政策未出台，铁路局各单位按规定提取的失业保险费暂在单位财务做挂账处理。

2001年12月，柳州铁路局根据自治区《关于做好柳州铁路局职工失业保险费的征缴及失业人员管理和服务工作的通知》精神，印发《关于局劳动保险办公室增设失业保险职能及定员的通知》，在铁路局劳动保险办公室增设失业保险职能及定员，负责失业保险费的征收、缴纳和管理等工作。

2002年1月，柳州铁路局以《关于做好职工失业保险有关工作的通知》转发自治区劳动和社会保障厅关于做好职工失业保险费收缴和失业人员的管理服务，以及进一步规范失业保险金申领发放行为的4个文件，明确保险费的征缴、失业人员的管理和服务等问题，使铁路局政策性中断一段时间的失业保险缴费等工作得到接续并正常地开展。各单位1998年7月至1999年6月的失业保险费，向各单位所在地失业保险机构缴纳；1999年7月至2001年12月的失业保险费上缴铁路局劳动保险办，由铁路局统一向自治区劳动厅社保机构缴纳。从 2002 年 1 月起，铁路局各单位按养老保险缴费基数的 3%（单位 2%、个人 1%）提取失业保险费按月上缴铁路局，由铁路局统一向自治区劳动厅社保机构缴纳。

2003—2005 年，柳州铁路局参加失业保险缴费人数分别为 74282 人、63360 人和 62836 人，单位缴纳失业保险费 6729.74 万元，个人缴费 3361.28 万元。

表 5-33 2002—2005 年柳州铁路局参加广西失业保险情况

年份	缴费人数	缴费基数（元）	单位缴纳（元）	个人缴纳（元）	缴费合计（元）
2002	74638	1008950656.88	20157464.41	10037718.11	30195182.52
2003	74282	1100286119.64	21999760.91	10976378.47	32976139.38
2004	63360	1109580133.55	22001475.18	11000737.30	33002212.48
2005	62835	1162613790.10	23296081.40	11635742.20	34931823.60

第五节 职工教育

1991—2005 年，广西国家铁路职工教育由柳州铁路局教育部门负责。铁路局教育部门经历教育处—教委—职工教育处的变化。广西地方、合资铁路的职工教育由广西地方铁路有限公司、广西沿海（南防）铁路公司劳资部门负责。

1991 年，局教育处设职工教育科，定员 6 人，负责全局职工教育规划、协调、督导、检查工作。柳州、南宁铁路分局设职工教育科，负责分局的职工教育工作。56 个主要行车站段，有独立职工教育科（室）15 个。全局有专职职工教育人员 96 人。

1995 年，柳州、南宁铁路分局职工教育科升格为职工教育分处。56 个主要行车站段有独立教育科(室)45 个。全局有专职职工教育人员 269 人。

1997 年 11 月，柳州、南宁铁路分局两个职工教育分处的职能由铁路局教育处承担。广西地方铁路有限公司成立职工教育委员会，负责地方、合资铁路职工教育管理和培训考核工作。

1998 年 2 月，柳州铁路局撤销教育处成立教育委员会（以下简称局教委）。

2005 年 4 月，撤销局教委，成立局职工教育处，定员 11 人，内设培训、综合科，函授站，负责全局职工教育工作。

1991—1995 年，柳州铁路局职工教育贯彻落实《1990—1995 年柳州铁路局教育综合改革与发展规划》，开展创建标准化教育室活动。1995 年，有部级标准化教育室 13 个、局级标准化教育室 21 个；局车辆处被评为局级标准化职工教育管理部门，其余 7 个业务处被评为局二级标准化职工教育管理部门；柳州、南宁铁路分局，局工程处教育科被评为铁路局标准化教育科。“八五”期间，铁路局授予柳州铁路分局等 20 个单位“职工教育先进单位”称号，铁路局获自治区“‘八五’职工教育先进单位”称号。

1996—2000 年，柳州铁路局制订实施《“九五”教育发展规划》，“九五”期末，高中及以上文化程度人数占职工总数 68.5%，较“八五”期提高 35%；中专及以上专门人才占 28%，较“八五”期提高 16%；工人受过系统专业教育人数占 71.1%，较“八五”期提高 39%，基本实现“九五”期铁道部“7277 人才素质工程”目标。

2001—2005 年，柳州铁路局实施科技兴局战略，全面实施培训管理的“十五”工程。“十五”期间铁路局组织技术比武 756 次 21764 人次参加，占职工总数 30%；39692 名职工参加每两年 10 个工作日的培训；2024 人取得成人教育中专学历，1378 人取得成人教育大专以上学历。

技术教育

1991 年，柳州铁路局职工技术教育以运输生产为中心，以全员岗位培训为重点，抓好新人员“先培训、后上岗”的岗前培训，做好工人考工考级工作。对新工人坚持“先培训后上岗”的原则，上岗前，必须参加培训班，接受铁路行业的职业道德教育，安全知识教育。主要行车工种、技术性工种新工人的实际操作技能培训，有条件的单位在实训基地进行，不具备条件的单位，按铁路局《师傅带徒弟教育办法》，签订师徒合同，在岗位上接受师傅的培训。同一职务的学徒工在本单位一次性入路超过15人时，初级技术理论教育由单位教育室负责，不足15人由铁路局或分局统一组织集中在铁路局培训基地脱产办班。有些技术工种新工人人数少，铁路局暂时无法开班，则采取临存整培的办法，将新工人放到车间，与师傅签订师徒合同，跟班实习，等达到办班人数后，再从车间抽出来由单位或铁路局统一组织培训，以保证新工人培训一个不漏。学徒(熟练)工期满后，根据教学计划进行全面考核，考核合格按期定职，不合格的延长3至6个月学习时间，补考不合格改为从事非技术工种工作。年内，培训新工人500多人。职工岗位培训，铁路局根据国家教育委员会《关于加强岗位培训管理工作的意见》、铁道部《关于加强岗位培训管理的意见》和《关于开展岗位培训若干问题的意见》精神，成立岗位职务培训领导小组，针对关键工种、关键岗位人员素质存在的问题，印发《关于强化新工人、行车主要工种、改职工人、工班长和五员一长岗位培训制度的通知》，严格实行新工人、改职工人“先培训、后上岗”和工班长“先培训、后上岗”及五员一长人员持证上岗制度。全年规范性岗位培训6322人，适应性岗位培训46917人，工班长管理知识培训率98.7%，新职、改职工人岗前培训率100%，全员培训率11.1%。印发《关于公布柳局职工生产运动会组织管理办法的通知》，组织生产运动会和技术表演赛635场次参赛23692人次。在全国铁路运输系统青工学标对标竞赛中，柳州铁路局车辆检车员代表队获团体第一名，客车车辆检车员获个人第一名，机务系统获副司机DF_4机车给油竞赛第一名，工务线路工代表队获团体第二名。公安代表队参加自治区公安系统军用手枪射击比赛获团体总分第一名。合资铁路以全员岗位培训为重点，落实新职人员“先培训、后上岗”制度。

1992年，柳州铁路局针对工人岗位培训教材不适应，印发《关于组织编写个人岗位培训教材的通知》，运输、客运、房建、机务等部门相继成立教材编写小组，落实12个行车主要工种的文字教材、3种音像教材的编写制作任务。9月，行车人员、线路工、列车员、机车司机、车辆检车员等12个工种的教材已完成初稿，交有关部门审阅。全年完成工人新规章培训考试11750人，新职、改职工人培训948人，工人规范性岗位培训4811人。培训人数超过年度计划9.4%。

1993年，柳州铁路局把岗位职务培训作为成人教育的重点，制订岗位职务规范，采取脱产培训与函授教育相结合、段校联合、站段联合等多种办班形式，多层次地开展培训。局教育处组织编写《列车员岗位培训教材》《瓦工岗位培训教材》《车辆检车员实作培训教材》。全年，岗位培训32585人，新职、转岗工人培训1955人，新任工班长培训517人。铁路局青工参加全国铁路青工技术比武，获技术状元称号1人，青工技术标兵、突击手称号各1人，技术能手称号7人；参加全国烹饪大赛，2人获银牌4枚，1人获铜牌2枚。

1994年，为柳州铁路局职工教育“强化培训年”。局教育处制订职工培训整顿推进计划。印发

2005年，柳州铁路局组织退役士兵参加岗前学历教育

《柳州铁路局考工考级晋升技能工资办法》《柳州铁路局〈工人考核条例〉实施细则的通知》和《关于全局工人队伍认级考试暨行车主要工种人员进行培训考核的通知》,成立工人考核委员会,召开行车主要单位教育工作会议,部署全局行车主要工种人员考工认级工作。全年组织37424名职工参加高、中、初级技术理论考试,合格率99.8%;43894名职工参加高、中、初级实作技能考试,合格率99.7%。3161名工班长经过强化培训和考试,全部取得合格证书,行车主要工种工班长实现持双证上岗。站段对部分被撤并的教育室进行恢复、整顿,制止教育基地被挤占现象。落实"三卡死"制度,完成新职、改职人员培训1833人,新任工班长培训720人,规范性工人岗位培训3890人。全局工人接受专业系统培训人数占总人数47.5%。随着新设备、新技术、新工艺的广泛应用,全局基层单位举办岗位适应性培训班1508期培训职工48985人次;举办各种技术竞赛309场次参赛人员11906人次。铁路局举办生产运动会20场次801人参赛。车务、机务系统编写岗位教材5套10册100多万字,发行49320册。编写出版《机车乘务员安全行车心理学》专著,发行5000册。

2003年,柳州机务段对机车检修人员进行岗位技术培训

1995年初,柳州铁路局在工人中进行技能工资晋升考试。制订《柳州铁路局工人技能工资晋升考试管理办法》和《柳州铁路局机车司机技术等级考核办法》,为晋升技能工资提供考核依据。工人考试办公室按照铁路局工人考核委员会的要求,做好培训考试的组织、协调、督导、验收工作。各基层站段认真清理工人技术业务档案,严格审核各工种岗位培训证书,对工人应考等级进行造册建卡。局教育、劳资处会同各业务部门,按照《铁路工人技术等级标准》组织编写和公布晋升考试复习提纲。采取工余面授、脱产培训等各种形式,组织各类培训班1145期。参加技能工资晋升考试53996人,技术理论考试合格率99.98%,实际操作考试合格率99.9%。年内,全面贯彻落实《1990—1995年柳州铁路局教育综合改革与发展规划》和铁路局、局党委《关于落实教育优先发展战略的若干规定》,围绕铁路运输安全基础建设,强化职工岗位培训演练,全年组织工人规范性岗位培训3436人,举办各类新技术、新设备、新工艺、新规章培训班1434期培训职工89717人次,新工人上岗前培训2306人次。铁路局、铁路分局、站段举办生产运动会和技术表演赛723场5229人次参赛;选树各种技术能手52名,其中省部级6名。合资铁路严格执行"三卡死"制度,行车主要工种的新职、改职、晋升人员和工班长培训率100%,持证上岗率100%。

1996—1997年,柳州铁路局继续实行工人技能工资晋升考试和开展建设安全标准线全员大练兵活动,应考工人56469人,其中技术理论考试免考14970人,实际操作免考13233人。技术理论考试合格41403人(含补考合格78人),合格率99.8%;实际操作考试合格43150人(含补考合格516人),合格率99.8%。1997年1月,在南宁车辆段召开全局工人队伍素质建设现场会。深化学标、对标、达标和持证上岗复查考试活动,要求职工对岗位必知必会做到"一口清、一手精""考不倒、问不倒、难不倒"。编印28个行车工种"必知必会"6.5万册,发至行车工种人员人手一册,做到岗岗有标准,人人学规范。经铁路局职代会审议,印发《柳州铁路局职工培训质量考核奖罚办法》,基层站段建立"必知必会"试题库。两年来,培训新工人3113人次;举办岗位作业标准化技能培训班1405

期培训96989人次；非正常情况故障处理、接发列车、围歼“双百条”培训班856期培训28894人次。完成全局48650名行车岗位人员的考试，对全局运输生产安全发挥积极作用。

1998年，组织修订《柳州铁路局职工教育工作条例》及《柳州铁路局职工教育经费管理办法》，理顺铁路局、站段二级管理的职责和关系，规范新体制下的职工教育管理。编印工班长轮训及事故救援起复培训教材13种1万多册。培训新工人991人。举办行车主要工种工班长轮训班113期轮训工班长3840人。举办中级岗位轮训班29期轮训1347人，初级岗位轮训班368期轮训6669人。制订《柳州铁路局职工离岗培训规划》，成立职工离岗培训办公室，对站段离岗、下岗职工进行为期一年的培训。广西地方铁路有限公司委外岗位培训163人，自办岗位培训班24期培训900人。

1999年，是“职工教育达标年”。柳州铁路局制订1999—2001年3年万人素质达标活动计划。按标准化教育室的评估标准，对全局56个行车主要单位教育科（室）进行检查评估，评选出铁路局职工教育优秀单位15个。开展全局人力结构调查，完成21世纪初铁路人力结构与教育结构体系第二阶段研究报告和柳州铁路局铁路运输系统岗位知识、能力、素质调查表。组织编印33个行车主要工种职工技能达标手册25700册、救援起复培训教材500册。推荐百色电务段两个奖罚办法、三项管理机制，推进全局岗位必知必会技能达标；推荐南宁车辆段一职双岗培训办法，推进一专多能达标。强化南昆铁路救援起复和非正常情况下故障应急处理培训。8月，铁路局印发《关于做好在职职工脱产轮训工作的通知》，局教委根据劳资处提供的1336名送培人员，分30个班6个办学单位开展为期一年的职工教育脱产轮训，较好地完成全局减员分流任务。从当年起，铁路局把每年的全员规范性岗位系统培训、晋升培训、技术表演、技能鉴定、每两年10个工作日轮训、定职定级考试、跟踪培训、随机抽考、学历教育等考试成绩纳入技术等级考试成绩，并载入本人档案，使培训考试与考工考级成绩合并通用，实现学、练、考、干的有机结合，促进职工队伍素质的提高。广西地方铁路有限公司委外岗位培训121人，自办技术培训班86期培训2634人，组织生产运动会20场523人参加比赛。

2000年，柳州铁路局在柳州铁路成人中专学校举办新《技规》骨干培训班3期培训骨干342人，并逐级开展《技规》《行规》《事规》培训。举办工务、电务、车辆、车务救援起复培训班18期培训810人；中级岗位技能培训班19期培训927人。制订职工教育达标单位、示范单位的考核标准和评估办法，组织考评组对11个申报部级、18个申报局级达标单位进行评估，评出部级达标单位16个、局级达标单位13个。年内，广西地方铁路有限公司委外岗位培训128人，自办技术培训班42期培训1000人，组织生产运动会20场次475人参加比赛。针对新工人的主要来源是退役士兵和定向分配或双向选择的大中专、技校毕业生的实际。制订《柳州铁路局退役士兵培训暂行管理办法》，规定，退役士兵进入铁路企业上岗工作之前，必须参加2年铁路成人中专学历教育（2004年铁道部将学制改为3年），入学前，必须参加铁道部成人中专招生统考，成绩达到录取分数线的，才有资格接受成人中专学历教育，学完教学计划规定的全部课程，经考试、考查、操行评定和职业技能鉴定合格者，发给成人中专毕业证和职工技能鉴定证书，由铁路局分配到相关

2000年，柳州铁路局举办全局职工学习新《技规》《行规》《事规》抢答赛

单位工作。大中专、技校毕业生到铁路局工作必须参加教育部门组织的不少于10个工作日的入路教育。

2001—2003年，制订《柳州铁路局职工教育"十一五"规划》《柳州铁路局工人岗位达标培训工作实施办法》等文件。研究设计至2015年全局运输行业人力结构模型，从定性与定量相结合提出至2015年各学历层次后备人才培养和在职人员培训数量、质量要求。按照铁道部党组提出的"原则上每个职工每两年都有一次不少于10个工作日培训机会"的要求，铁路局制订实施生产岗位一线人员"10个工作日"培训计划以及对1965年12月3日以后出生并且职业技能和文化层次未达到岗位标准的31个部颁岗位人员培训计划。针对运输生产单位出现的工学矛盾、职教部门单兵作战乏力等问题，铁路局及时转发济南铁路局《落实脱产培训，推进岗位达标》的做法。各单位结合实际，开展擂台赛、结合部强训、群体练功、作业标准演示、结队帮教为模式的全员岗位大练兵及过"三关"(应知理论关、应会技能关、非正常情况下应急处理关)技术比武活动，为岗位培训开辟新路子。局教委投资200多万元，为站段教育科配备多媒体教学软件，借助现代化教学媒体，缩小站段教学设备与现场的实际距离。组织业务系统编印24个行车主要工种过"三关"教材28118册，组织专校完成40个行车主要工种培训教材，并按初、中、高三个层次印成单行本发给职工学习。完成20个单位达标升级的评估验收。铁道部考核验收组对柳州铁路局5个达标单位进行抽查，全部高标准通过验收。2002年，根据铁道部的要求，开展在岗运输从业人员(不含管理人员、服务人员)"10个工作日"脱产培训，培训内容重点为职工岗位工作技能。至2003年末，共培训39692人，培训率100%，合格率100%。

2005年，玉林机务段职工进行救援起复演练

2004年，柳州铁路局根据"基层、基础、基本功"的三基建设工作思路和全路第五次大提速的要求，印发《关于做好第五次提速调图职工培训工作计划额度通知》，成立领导小组，负责新运行图实施前培训工作的督促、抽查、落实。对10个典型岗位、21个指导岗位人员全面轮训一遍。对关键岗位人员坚持反复培训、反复练，做到培训一个不漏、办班一个不缺。全局30469名行车主要工种人员参加培训，培训率100%。全年"十个工作日"脱产培训12960人，超过计划的29%。培训新工人446人。参加铁路局组织的技术比武2145人，超过计划的7.3%；参加站段组织的技术比武10200人，超过计划的128%。

2005年，柳州铁路局制订《铁路运输安全保护条例》的学习培训实施意见，培训运输生产单位教育骨干。增订《铁路运输安全保护条例问答》两万多册，下发运输生产站段。在湛江车辆段开展职工培训、考核、使用、待遇一体化试点。开展"学习型组织"知识教育与培训活动。举办工务、电务、车辆、车务救援起复培训班5期培训850人。培训新工人310人次。组织生产运动会139场次6500人参加比赛。基层站段举办生产运动会560场次26948人次参加比赛。广西沿海铁路公司成立以来至2005年末，委外岗位培训536人，自办技术培训班256期培训6136人次；组织技术表演赛42场次1311人次参加比赛。

学历教育

1991—2005年，广西铁路通过委托外培，站段与专校联合办学、鼓励职工参加函授学习、自学考试等各种形式,加强工人的学历教育,逐步改善职工的学历结构,提高职工队伍整体素质。

1991 年,西南、华东交通大学在柳州铁路局开办函授教育,北京公安大学在柳州铁路局开设大学治安管理专业自学考试。

1992 年,柳州铁路局委托外培大学本科 163 人,从职工大学、电视大学等毕业 28 人,大专院校函授毕业 58 人,自学考试毕业 46 人。

1995 年,柳州铁路局召开全局教育工作会议,制订《柳州铁路局 1996—2000 年教育与发展规划》,印发《铁路局、局党委落实教育优先发展战略若干规定》,成人教育中专毕业 120 人,大专以上毕业 214 人。

2000 年,柳州铁路局进一步加大成人学历教育力度,1256 名职工取得大中专毕业学历,其中大专以上毕业 422 人,中专毕业 834 人。

2002 年,柳州铁路局组织站段与柳州铁路运输学校、柳州铁路成人中专学校联合开办成人中专非脱产学习班,在全局 18 个单位分别设立铁路运输、铁道工程、铁道车辆、铁道信号、内燃机车、铁道供电 6 个专业教学点,招收 887 名职工参加非脱产中专学习。当年,有 167 名职工成人大专毕业,349 人成人中专毕业。

2003—2004 年,广西沿海铁路公司印发《关于校段联合办学的通知》,以南昌铁路机械学校为办学学校,108 名职工参加学制 3 年的内燃机车、铁道工程、铁道运输专业的学习;印发《关于行车主要工种学历教育的通知》,决定每年按照职工总数 2%的比例送西南、北京交大等大学铁路运输、铁路工程、铁道机车等专业学习。柳州铁路局规范成人中专站段联合办学,强化教学和考试管理,确保职工学历达标,企业招收成人中专学员 448 名。

2005 年,柳州铁路局从完善机制入手,制订《成人高等学历教育管理办法》,明确局教育处为全局在职职工成人高等教学归口管理单位。加强委外培训网建设,积极探索企校合作新机制。局职工教育处会同各业务处,对承担铁路局职工委外培训任务院校的教学大纲、教学计划、教学内容、教学效果等进行监控和评估。15 年来,铁路局职工报名参加大中专成人教育学习 12379 人,毕业 8678 人,其中中专毕业 5010 人,大专及以上毕业 3662 人。2005 年末,全局有大专以上学历职工 10452 人,占职工总数 15.5%,中专学历职工 9664 人,占职工总数 14.3%。

1998—2005 年,广西合资铁路学历教育毕业人数 389 人,其中中专 324 人,大专以上 65 人。2005 年末,广西沿海铁路公司有大专以上学历职工 486 人,占职工总数 17.7%;有中专学历职工 570 人,占职工总数的 20.7%。

表 5-34　**1991—2005 年柳州铁路局学历教育毕业人数统计**　单位:人

年份	中专	大专及以上	合计	年份	中专	大专及以上	合计
1991	74	89	163	1999	1308	384	1692
1992	86	132	218	2000	834	422	1256
1993	55	174	229	2001	266	436	702
1994	128	138	266	2002	371	359	730
1995	120	214	334	2003	549	107	656
1996	28	202	230	2004	543	318	861
1997	263	320	583	2005	295	158	453
1998	90	240	330	总计	5010	3693	8703

第六章 物资设备管理

第一节 物 资 采 供

计 划 提 报

1991 年,柳州铁路局所需物资的申请计划由物资部门归口,按照物资申请编报程序分年度、半年、季度和月度自下而上编制提报。对临时用料,实行追加月度物资申请计划。物资计划申请,坚持核算及审查制度,经技术、财务、材料人员审查后方能上报。编制依据为:申请计划数量=需用量+储备量-期初库存-内部资源。

1995 年,按铁道部《铁路物资供应合同暂行办法》规定,柳州铁路局各单位的物资购销以及由购销而产生的劳务供应,除即时清结者外,必须采用书面形式签定购销合同,实行路内供应合同制。由中国铁路物资总公司组织供应的铁路主要物资,铁道部定重点工程项目及外资贷款工程项目所需物资,铁路局物资计划申请归口部门必须按规定时间向铁道部物资总公司提出需求货单,由物资总公司统一组织订货。

从 1996 年 10 月起,柳州铁路局根据铁道部物资总公司制订的《物资总公司专供物资供应管理办法》要求,按规定格式和时间向铁道部物资总公司提出需求货单。铁道部与铁路局之间的物资申请计划,实现由计划提报向签订购销合同、提出物资需求货单转变。

1997—1998 年,柳州铁路局先后印发《局管物资保供服务承诺》的通知和《关于柳州、南宁地区运营单位实行物资归口供应制管理的通知》,要求全局各单位加强物资计划管理,计划、技术、财务、材料等部门密切配合,按生产任务、定额、资金情况认真核算编制物资申请计划。

1999 年,制订《柳州铁路局物资采购供应管理规定》。其后,由于推行物资招投标采购,物资计划申请管理实现向市场经营运作转变。

物 资 采 购

1991—1995 年,柳州铁路局物资采购实行分类管理,凡国家统配或额度分配物资,由铁道部物资总公司实行集采专供。中国铁路物资总公司受铁道部委托对国家统配物资和铁路少数专用物资实行集采专供和直接分配。根据铁道部制订的《铁路物资采购、供应的暂行规定》,中国铁路物资总公司组织供应铁路局的重要物资有:金属材料,包括钢轨及配件专用钢材,线路上部器材配件等;非金属材料,包括柴油、重油、民爆器材、铁路专用润滑油、脂等;机电产品,包括铁路机车车辆一项配件等。非国家统配和额度分配物资,由铁路局自主选择供货单位。柳州铁路局实行“三级管理、两级采购”机制,即由铁路局(物资工业处)、铁路分局(物资设备科)、基层站段三级管理,由铁路局、基层站段两级物资部门按物资分级管理权限组织采购供应。在物资采购中坚持“以放为主、放管结合、加强计划、稳定供应”和“统分结合、分级管理”的原则,合理界定企业内部物资采购权限,按照专业分工,分层次做好铁路物资采购供应工作。根据《柳州铁路局二、三类物资管理办法》,各单位所需二、三类物资由单位材料室负责采购。广西地方和合资铁路的物资采购比照铁路局的办法,实行分类管理。1991—1995 年 9 月,合资铁路的物资由南防铁路公司负责采购。1995 年 10 月起,广西地方铁路有限公司物资科负责地方和合资铁路的钢材、木材、水泥、通信信号器材、钢轨、钢轨连接件、轨枕等重点三类物资和一类机电产品及成套设备的采购供应。各基层单位负责二、三项材料、零星材料的采购。

1996 年，柳州铁路局贯彻铁道部关于“把住源头、净化渠道”的要求和铁道部《加强铁路物资管理的若干规定》，整顿物资采购供应秩序。1997 年 7 月，在桂林地区运营单位试行物资归口供应制，着手改变基层站段物资采购渠道分散的局面。11 月，铁路分局撤销后，铁路局规定，各业务部门，各单位生产车间、班组不得参与物资采购，各单位举办的多种经营、集体经济和学会、技协组织等不得从事铁路局内生产用料的采购供应业务。

1998 年，结合推进资产经营责任制，制订《铁路局物资采购供应管理规定》，明确采购供应实行分级管理，甲类物资由局物资处负责归口采购供应；乙类物资由各材料供应(总)段负责采购供应；丙类物资由各基层站、段自主采购。基层站、段自主采购的物品包括：办公用品、低值易耗品、杂备品、专用非标设备的配件、木材、竹材及汽车配件、机床配件八大类。

1999 年，柳州铁路局开始实施物资采购招投标工作。成立招投标领导小组，下设物资采购招投标办公室，负责全局物资采购招投标的日常工作。制订《柳州铁路局物资采购招投标管理暂行办法》，要求物资采购招标工作遵循公开、公平、公正、择优和诚实信用的原则，做到程序公开、机会平等、正当竞争。成立采购监督小组，负责监督重大采购的决策、渠道、价格、质量，并定期对具有采购权的部门、单位进行检查。2000 年，建立物资采购招标专家信息库，对基建、更改、大修等项目和运输生产所需的主要物资进行招标采购。2001 年，开展以查处违规采购和变相加价为重点的整顿和规范物资流通秩序执法监察活动。

2002 年 6 月，广西沿海铁路公司成立后，制订《物资采购管理规定》《物资采购招议标管理办法》，公司物资采购实行分类管理，各种设备器材、仪器、器械、办公自动化用品等，单项、台(辆)10 万元及每次批量 20 万元或年需量 40 万元以上的；各类通用材料及物资，每次批量 40 万元或年需量 80 万元以上的，必须招议标采购。

2003 年，修订《柳州铁路局物资(设备)采购招投标管理办法》，制订《柳州铁路局物资(设备)采购招投标管理实施细则》，逐步规范物资设备采购行为，营造与市场经济相适应的物资采购环境，降低采购成本。2000—2003 年，物资招标采购 95 次，中标金额 4.55 亿元，比计划节约支出 5057.1 万元。

2004—2005 年，柳州铁路局进一步整顿物资采购供应秩序，规范管理权限，印发《关于进一步加强物资(设备)采购招投标管理工作的通知》等文件，要求凡是铁道部投资由铁路局建设(铁道部招标除外)和铁路局投资的项目以及由铁路局成本列支的重要物资的采购，按品类合计每批次在 30 万元以上或年需要在 50 万元以上的，设备类的采购单项在 15 万元以上、批次在 30 万元以上以及铁路局认为必须实行招标采购的，一律由铁路局组织实行招标采购；服务类项目 5 万元、批量 10 万元以上的，也要通过招标方式确定厂商。铁路局再次明确物资采购招投标办公室、计划、财务、纪检、监察、审计等部门在物资设备采购招投标中的职责，明确其他部门和单位不得组织物资设备采购招投标活动，杜绝可能给全局利益造成损害的组织行为。两年，物资招投标采购 103 次，中标金额 2.86 亿元，比计划节约支出 1286.6 万元。广西沿海铁路公司招议标采购 23 次，中标金额 3701.38 万元，比计划节约支出 590.84 万元。

2001—2005 年，柳州铁路局设置兴业、百里村、田东、六景、新安圩等石料供应站，对一级道砟实行质量对标竞价收购，至 2005 年末，收购供应一级道砟 317.3 万立方米。

表 5-35 **2000—2005 年柳州铁路局物资招投标采购情况**

年份	招标采购项	中标金额(万元)	节约资金(万元)	降幅(%)	年度	招标采购项	中标金额(万元)	节约资金(万元)	降幅(%)
2000	7	21044.5	1684.0	8.0	2004	28	13436.3	717.1	5.3
2001	23	6245.0	1716.1	27.5	2005	75	15200.0	569.5	3.7
2002	31	7268.0	995.0	13.7	合计	182	70447.5	5648.8	8.0
2003	34	10900.0	662.0	6.1					

物资供应

1991年，柳州铁路局各级物资部门坚持为铁路运输生产服务的宗旨，牢固树立质量意识，强化质量控制，对上车上线的关键物资，从采购、验收、入库层层把关，切实保证铁路运输设备状态良好。全年，完成物资供应额2.77亿元，其中供应柴油10.99万吨、机车车辆配件610万元、机电产品720万元、钢筋混凝土枕20.97万根、木枕1.23万立方米、道岔125组、钢轨1.61万吨，保证运输生产和铁路建设顺利进行。

1992—1994年，柳州铁路局物资部门不断完善物资供应管理制度和程序，使物资供应管理有章可循，有序可控；坚持服务承诺，优化服务措施，走访用户，送料上门，努力满足运输生产和基本建设的需求。三年，完成物资供应额12.7亿元，其中供应柴油45.97万吨、机车车辆配件2275万元、机电产品2317万元、钢筋混凝土枕87.17万根、木枕4.19万立方米，道岔703组、钢轨7.4万吨。

1995年，柳州铁路局物资部门在物资供应中坚持保质保量，未经验收合格的物资不准点收入库，未经验收进账的物资不准直接发到车间班组。全年，完成物资供应额3.37亿元，其中供应柴油17.59万吨、机车车辆配件952万元、机电产品850万元、钢筋混凝土枕18.01万根、木枕8670立方米、道岔86组、钢轨2.27万吨。

1996—1997年，柳州铁路局物资部门整顿物资供应秩序，制订物资保供承诺办法和保供承诺三项考核指标（需求满足率、供货兑现率、质量合格率），向用料单位做出保供承诺，发挥物资供应主渠道作用。两年，完成物资供应额4.79亿元，其中供应柴油37.75万吨、机车车辆配件2904万元、机电产品3155万元、钢筋混凝土枕32.6万根、木枕1.46万立方米、道岔255组、钢轨4.81万吨。

1998年，柳州铁路局物资部门在南宁、柳州、桂林地区实行物资归口供应，要求上述地区所有运营单位所需的局管和非局管物资一律归物资部门组织供应。物资部门坚持为运输生产服务宗旨，除正式申请计划外，随时受理各单位提交的临时申请。各材料厂实行24小时供料值班制。全年，完成物资供应额2.58亿元，其中供应柴油18.73万吨、机车车辆配件2463万元、机电产品1745万元、钢筋混凝土枕34.5万根、木枕8958立方米、道岔293组、钢轨3.77万吨。

1999年，印发《柳州铁路局物资采购供应管理办法》，公布铁路局《采购供应分级管理目录》，物资部门坚持“把住源头、净化渠道”的原则，保安全，保重点，优质优价，及时供应。全年，完成物资供应额5亿元，其中供应柴油19.07万吨、机车车辆配件2613万元、机电产品1338万元、钢筋混凝土枕33.05万根、木枕1.48万立方米、道岔236组、钢轨2.64万吨。

2000年，柳州铁路局物资部门完善物资供应网络，自我加压，搞好服务，确保重点物资供应。在柴油指标不足，供应紧张的情况下，采取应急措施，精心组织，兑现计划指标，确保机车用油需要。对建设物资提前介入，落实需求计划，确保钢轨、道岔、轨枕等重点物资供应。加强道砟组织供应，保证湘桂铁路扩能改造、黎南复线工程用砟需要。积极筹措资金，建设百色物流基地和改造南宁、柳州材料厂仓库，物资供应基础工作加强。全年，完成物资供应额8亿元，比上年增长60%，其中供应柴油20.79万吨、机车车辆配件2930万元、机电产品2180万元、钢筋混凝土枕32.78万根、木枕7210立方米、道岔148组、钢轨2.32万吨、一

2001年，柳州铁路局物资部门采购的新钢轨

级道砟 13.5 万立方米。

2001 年，柳州铁路局启用新的《铁路物资供应目录》，供应物资共 76 大类、1215 小类、61183 项，基本包括铁路运输生产、基本建设、在用设备所需品种。加强一级道砟供应组织，确保湘铁路北段小半径曲线改造和黎南段增建二线工程建设需要。全年，完成物资供应额 12.25 亿元，比上年增长 53.1%，其中供应柴油 21.15 万吨、机车车辆配件 3364 万元、机电产品 1597 万元、钢筋混凝土枕 27.51 万根、木枕 4855 立方米、道岔 100 组、钢轨 3.31 万吨，供应一级道砟 47 万立方米，为上年的 3.5 倍。

2002—2005 年，柳州铁路局物资部门针对柴油、钢轨价格攀升、指标不足、供应紧张的状况，争取有关部门支持，采取各种措施，兑现计划，保证供应。针对道砟雨季污染、风化石多、含泥量超标、粒径超大的情况，制订《柳州铁路局道砟采购供应办法》，使道砟收购质量显著提高。四年，完成物资供应额 61.01 亿元，其中供应柴油 98.73 万吨、机车车辆配件 1.46 亿元、机电产品 5168 万元、钢筋混凝土枕 96.12 万根、木枕 1.69 万立方米、道岔 393 组、钢轨 9.71 万吨、一级道砟 269.3 万立方米，保证运输生产和基本建设的需要。

表 5-36 1991—2005 年柳州铁路局主要物资供应完成情况

年份	钢轨（吨）	道岔（组）	轨枕		机电产品（万元）	机车车辆配件（万元）	柴油（吨）	一级道砟（万立方米）	完成供应额（万元）
			木枕（立方米）	钢筋混凝土枕（根）					
1991	16116	125	12287	209681	720	610	109928	—	27700
1992	26391	208	9736	283353	750	721	131801	—	40000
1993	23070	271	10458	351770	741	750	155310	—	50000
1994	24565	224	21697	236604	826	804	172587	—	37000
1995	22715	86	8670	180053	850	952	175884	—	33700
1996	23303	95	8223	173545	1122	1284	184637	—	21626
1997	24750	160	6355	152494	2033	1620	192818	—	26300
1998	37737	293	8958	345010	1745	2463	187280	—	25800
1999	26423	236	14833	330522	1338	2613	190667	—	50000
2000	23213	148	7210	327788	2180	2930	207859	13.5	80000
2001	33126	100	4855	275108	1597	3364	211456	47.0	122453
2002	23017	136	8275	230079	1451	3832	246825	64.5	129367
2003	23162	123	7125	226348	1287	3534	227887	73.7	133847
2004	22144	91	1345	270928	1216	3277	250200	77.8	164061
2005	28770	43	110	233833	1214	3954	262371	53.3	182782
合计	378502	2339	130137	3827116	19070	32708	2907510	329.8	1124636

第二节 物 资 管 理

物资消耗定额

1991 年，柳州铁路局对物资消耗定额实行集中领导、分级管理的原则。铁路局、主管处和各业务处制订各项运营大、维修，基本建设和工业生产的综合物资消耗定额。各基层单位制订单项修程定额、产品制造和废料回收定额。物资消耗定额的查定，采用统计分析、现场写实和技术查定相结合的方法进行，力求做到先进合理。定额查定和管理与计划任务、实物消耗定额、综合费用定额密切结合，计划、财务、物资三者基本对口，发挥物资消耗定额在生产过程中的指导作用。应用铁道部“站段物资消耗定额管理微机统一应用程序”，从生产班组起实现物资消耗定额微机辅助管理。年内，组织力量对8个专业、28个修程的物资消耗定额进行全面审定，印发《关于重新公布物资消耗定额的通知》，公布经过重新修订的10938项定额。对运营单位主要物资消耗定额执行情况进行综合考核，考核定额执行情况3518项，其中实际消耗与消耗定额基本持平的276项，占7.8%；超过定额的717项，占20.4%；低于定额的2525项占71.8%。实际消耗比定额节约钢材270.5吨、木材（折原木）1679立方米、水泥341吨、白合金9.7吨。

1992—1997年，柳州铁路局每年都对物资消耗定额进行综合考核，实际消耗与定额持平的在13%左右，低于消耗定额的在51%—70%之间，高于消耗定额在30%左右。6年，实际消耗比定额节约钢材1834.7吨、木材15966.4立方米、水泥6363.5吨、白合金98.1吨。1996年，铁路局机务、车辆部门的专兼职物资定额员对近三年的物资消耗情况进行分析考核，对物资消耗定额提出修改意见。经机务、车辆和财务处商定，修订物资消耗定额641项。

1998年，柳州铁路局物资部门先后组织局机务处、车辆处、财务处等部门人员到上海铁路局对口学习，对铁路局机车、车辆检修的物资消耗定额进行查定和修改，印发《关于公布机车、车辆物资消耗定额的通知》，并立即执行。

随着铁路运输生产的发展和运输设备不断更新，原物资消耗定额从1999年起已无法执行，新的机车车辆修理物资消耗定额尚待修订。

物资储备

1991年，柳州铁路局储备机车车辆配件，钢轨、轨枕及线路配件，通信、信号器材，机电产品，仪器仪表、专用轴承等各种物资6719万元。（不含内燃机车用油、蒸汽机车用煤，下同），在物资储备中坚持“减少中间环节，降低供应成本，合理分工储备，保证物资供应”的原则，实行铁路局（各材料厂仓库），基层站、段（料库）两级储备。部属集采专供物资以及行车所需主要物资，以铁路局各材料厂（地区供应站）储备为主，部分品种复杂、用量较少、价格昂贵的物资，实行铁路局集中储备，统一核定储备定量和资金定额，统一掌握并进行调剂使用。对基层单位生产维修用料，大、维修生产作业中衔接用料，由基层用料单位料库储备，储备定量的查定由局物资工业处、财务处、机务处、车辆处等相关部门共同负责，做到查定有道理、储备有依据、修车有保证、分布合理、资金节约。3月，对各材料厂的部分物资供应储备结构进行调整，将蒸汽机车配件储备、供应业务由柳州材料总厂划归南宁材料厂；对DF_4型内燃机车配件储备进行局、段分工并查定定量；根据机车车辆配件产大于销的状况，减少长线品种库存。

1995年，柳州铁路局在《关于加强经营管理若干问题的决定》中，要求加速储备资金周转。各部门、各单位从紧核定物资储备量及资金储备定额，开展物资大清查活动并建立节奖超罚制度。局物资工业处印发《关于在全局开展“清仓利废，压缩库存，加速资金周转”活动的通知》，1995—1997年，每年坚持开展物资大清查活动。1995年，全局95个基层单位开展料库清查，查清库存物资10.27万项1.39亿元，库存物资金额比上年减少701万元。1996年，96个运营和工业单位开展物资大清查，查清库存物资9.46万项1.15亿元，比上年减少8100项2400多万元。

1997年，91个单位开展清查，查清库存物资8.11万项9399.54万元，比上年再减少1.35万项2100.5万元。物资管理部门根据“调整库存结构，压缩库存储备”和对资源较为丰富的物资要逐步实现“零”库存的要求，调整库存储备结构，处理积压物资，使物资储备更加科学合理。

1998年，由于南昆铁路投入运营和基建项目较多，各材料厂适当增加库存储备。9月，各主要运输和生产单位对库内库外物资的品种、规格、数量、金额进行清查造册，对库存物资进行保养，并结合实际调整库存结构，报废处理淘汰物资，调剂多余积压物资。清查结果，有库存物资7.68万项，较上年减少4300多项，金额1.15亿元，较上年增加2134万元。

1999—2000 年，柳州铁路局连续两年于 12 月 26 日—30 日开展库存物资清查，填报“材料清点、调整、调价”单。经统计，连续两年物资项目减少，金额下降。2000 年，库存物资 5.3 万项 6036 万元。

2003 年 12 月，柳州铁路局再次进行全局库存物资大清查，库存物资 4.08 万项 8124 万元，其中运输生产单位 3.54 万项 6686 万元，库存物资数量较上年减少 1.22 万项。

2004—2005 年，柳州铁路局未进行库存物资清查。物资储存继续下降。

仓库管理

1991 年，柳州铁路局的 5 个材料厂有仓库 32394 平方米。86 个基层单位都建有材料仓库。分别储存机车车辆配件、线路配件、通信信号器材及各种原材料。仓库管理按铁道部《铁路物资仓库管理标准》和 1987 年制订的《柳州铁路局基层单位物资仓库管理考核评比办法》进行。通过检查评比，全局 5 个材料厂的仓库都在 95 分以上，达到铁道部“奖杯标准仓库”和“优秀标准仓库”标准。

1995—1996 年，柳州铁路局按铁道部发布的《铁路物资仓库技术管理规定》和中国铁路物资总公司重新公布的《铁路物资供销企业仓库技术管理规定考核办法》，开展物资仓库考核评比，设标准分 100 分，获得总分 95 分以上，被命名为“优秀标准仓库”；总分 95 分—90 分被命名为“标准仓库”，由铁路局受匾；总分 90 分以下为不合格仓库，由铁路局通报批评，限期整改。各单位结合安全标准线建设对库容库貌进行整治，仓库管理水平提高。

1997 年，按照《铁路局物资技术管理规定》和《柳州铁路局基层单位物资仓库管理检查考核评分办法》，对材料厂和工业厂的仓库进行考核评比，柳州材料总厂、南宁材料厂、柳州机电厂、柳州木材厂、黎塘水泥厂、白山水泥厂的仓库达到“优秀标准化仓库”标准；有 5 个工厂的仓库达到“标准化仓库”标准，有 1 个材料厂、1 个工厂的仓库不达标。

2000 年，柳州铁路局筹措资金，建设百色物资供应基地，在柳州材料总厂新建 3241 平方米三层综合仓库，在南宁材料厂新建 1247 平方米三层电力配件仓库。物资仓储条件改善。

2002 年，柳州铁路局开展运输生产单位仓库管理工作考核评比。检查考核分机辆组、工电组、车务组进行，柳州车辆段、玉林工务段、全州车务段获各组第一名。

1999—2005 年，柳州铁路局坚持把物资和仓库管理与资产经营责任制（经营责任制）及企业管理综合考核结合在一起，每年对部分单位的物资和仓库管理进行检查考核，考核结果直接与单位企业管理综合考核等级的评定和对单位领导的奖惩挂钩，促进物资和仓库管理水平的提高。2004 年，南宁材料厂新建仓库楼一幢 2000 平方米。2005 年，柳州材料总厂新建钢材仓库 2 座 5000 平方米。

收旧利废工作

1991 年，柳州铁路局废钢铁管理工作统一由局物资工业公司负责，各材料（总）厂具体负责组织本地区各单位废钢铁的回收、上交、调运工作。制订《关于加强修旧利废、废旧料回收、段制品管理实施办法》，规定修旧利废的品种范围、质量管理、作价办法、工费提取，对修旧利废实行奖励，凡属于自修自用的，车间、班组可按节约价值的 3% 提取奖金。

1992 年 5 月，柳州铁路局成立再生资源回收公司，统一经营再生资源回收利用，由局物资工业处归口管理。7 月，重新修订《柳州铁路局废钢铁管理办法》，要求各单位结合实际制订具体的实施细则。1993 年，针对一些单位擅自销售废旧铁路器材的现象，印发《关于加强全局废钢铁管理的通知》，强调铁路废钢铁属国有资产，各单位无权自行处理。两年，销售废钢铁 1.97 万吨，销售收入 450 万元。

1994 年，柳州铁路局各单位结合实际完善修旧利废制度和管理办法，每月将修旧利废计划下达到车间班组，并实施考核。1991—1995 年修旧利废创造价值 5800 多万元。

1996 年，柳州铁路局对废钢铁回收实行“统一计划、统一回收、统一调送、统一上交”。全年，回收废钢铁 2.51 万吨，超年计划 33%。柳州铁路分

2000 年，金城江工务段工人回收旧钢轨

局组织废钢轨装运突击队，配合金城江工务段，用20 多天时间，将散落在黔桂铁路沿线的 3500 吨废钢轨全部集中装运回收。

1998 年，柳州铁路局再次修订废钢铁管理办法，年度进行考核。全年，销售废钢铁 2.25 万吨，销售收入 2090 万元。印发《关于加强修旧利废的补充通知》，将奖励比例从节约价值的 3%提高到8%。

2000 年 9 月，柳州铁路局公布《修旧利废回收复用项目表》，内容包括机车车辆配件，工务、电务等部门修旧利废回收复用项目范围及进账计账价格 1281 项。2001 年，印发《柳州铁路局废旧物资回收处理财务管理和核算办法》，规定全局废钢铁回收销售业务由局物资工业处所属废钢铁回收单位负责，按工附业核算。废钢铁及其他废旧物资回收价格，每年由回收单位提出建议，报局物资工业处审核，经局财务处核定后公布。5 月，铁路局决定在全局开展废残物资管理执法监察活动，经过基层单位自查自纠和铁路局监察领导小组组织抽查验收，对加强废残物资管理、规范流通秩序、促进党风廉政建设具有重要的作用。2000—2001 年，销售废钢铁 5.1 万吨，销售收入 5294 万元。

2002 年，柳州铁路局制订《报废设备和废金属竞价销售管理暂行办法》，规定铁路局的报废设备和废金属批量在 10 万元以上的均进行竞价销售（工业单位用的除外），对买方资格、竞价销售方式和工作程序、货款结算方法及监督管理都作出规定，使废旧金属管理和销售走上制度化轨道。全年，废旧金属竞价销售 7 次，销售价比基准价提高 8%。修旧利废节约3128.53 万元。

1991—2005 年，柳州铁路局利用废金属生产的配件产品 5.08 万吨，其中铸铁件 1.71 万吨、铸铜件 207.7 吨、球磨铸件 1167.78 吨、铸钢件5273.07 吨、锻钢件 1974.57 吨、中磷闸瓦 7128.3吨、高磷闸瓦 1.79 万吨。1992—2005 年，销售废钢铁 32 万 吨收入 3.89 亿元。

广西沿海铁路公司 2002 年 6 月成立后，建立修旧利废激励机制，对废金属逐步推行市场竞价、招标处置。2003—2005 年，处置废旧物资60 项收入 465.7 万元。

表 5-37 **1992—2005 年柳州铁路局废钢铁销售情况**

年份	销售量（吨）	销售收入（万元）	年份	销售量（吨）	销售收入（万元）	年份	销售量（吨）	销售收入（万元）
1992	8784.679	130	1997	35047.325	3860	2002	21612.772	2405
1993	10898.715	320	1998	22464.715	2090	2003	31429.927	4030
1994	11328.688	1377	1999	20901.934	2392	2004	31616.64	5062
1995	20404.232	2281	2000	25238.175	2601	2005	31299.493	6619
1996	23273.113	3042	2001	25788.581	2693	合 计	320088.989	38902

第三节 设备管理

1991年，广西国家铁路设备管理工作实行“铁路局—铁路分局(主管处)—基层单位”三级管理体制。柳州铁路局设备和汽车管理办公室设在局物资工业处，负责全局设备综合管理和汽车专项管理。柳州、南宁铁路分局设物资设备科;局工程处、物资工业处、多元经营管理处、集体经济处等主管处和局机关各业务处设设备管理机构,基层单位有分管设备工作的领导和专(兼)职管理人员。根据铁道部制订的《铁道部铁路局系统机械动力设备管理机制》，界定设备管理工作的范围是“铁路固定资产分类目录”第六类规定的设备,即机械动力设备。设备管理继续执行《柳州铁路局机械动力设备管理细则》。年末,铁路局有机械动力设备1.25万台，其中主要生产设备78954台，主要设备完好率94.4%,设备利用率56.9%。

1995年,局设备办公室开发的“设备管理微机应用软件”在全局推广应用并获自治区企业管理现代化成果四等奖。年末,有机械动力设备1.25万台,其中主要生产设备9560台,主要设备完好率94.8%,设备利用率53.2%。

1996年8月—10月,柳州铁路局在全局范围内开展机械动力设备大检查，共检查设备12839台,整修设备1882台,对10986台设备进行技术等级鉴定。进行红旗设备评比,评出红旗设备48台、设备管理先进单位21个、设备管理先进工作者62名。3个集体、10名职工获自治区设备管理先进集体和设备管理先进工作者称号。

1997年起,局设备办公室每年组织一次机械动力设备大检查和设备管理先进单位和个人评比表彰活动。年末,全局有机械动力设备1.47万台,其中主要生产设备1.18万台，主要设备完好率94.8%,设备利用率57.9%。

1999年,局设备办公室增加汽车保险办公室职能,对汽车实行统一保险。7月,柳州铁路局在局物资工业处成立物资采购招投标办公室，引入设备采购招标方式。一些业务处也比照招标方式组织设备“议标”采购。7月—10月,开展设备大检查,检查设备17059台,整治2007台。年末,全局有机械动力设备2.2万台，其中主要生产设备1.61万台，主要设备完好率94.7%，设备利用率62.5%。

2000年,根据铁道部制订的《铁路局(集团公司)设备综合管理规则》,修订《柳州铁路局设备综合管理细则》,重新界定的设备管理范围是:“铁路固定资产统一分类目录”第七、八、九类设备,即机械动力、起重运输、传导设备。设备按“铁道部机械动力分类代码”编号管理。铁道部设备办公室组织开发的“通用设备管理信息系统”在铁路局全面应用,实现统一的微机数据管理模式。7月—9月,开展机械动力设备大检查活动，在各单位自查的基础上,局设备办公室对75个单位的设备大检查工作进行检查验收。全局共检查设备17059台,查出有问题设备2844台，整修2007台，评出红旗设备1023台。南宁机务段等三个单位获铁道部“设备管理优秀单位”称号。年末,全局有机械动力设备2.2万台,其中主要生产设备1.7万台,主要设备完好率94.6%,设备利用率63.4%。2000—2001年,柳州铁路局招标议标采购设备276台(辆),金额5202万元,节约支出248.9万元。局物资工业处会同局纪检等部门进行招标采购,完成72辆汽车和其他设备的购置,节约购置费43万元。

2002年9月，广西地方和合资铁路有10人被自治区设备管理协会授予2001年度“全区优秀设备工作者”称号。

2003年,局物资采购招投标办公室设立物资设备采购招投标中心，将设备采购和大修服务纳入物资采购范围,实行归口管理。物资采购招投标办公室设立评标专家库，有16个专业176名评委。2004年,调整为12个专业141名评委。铁路局转发铁道部印发的《设备安全管理检查标准》,推广应用铁道部开发并完成版本升级的“通用设备管理信息系统”。两年,报废设备3930台,固定资产原值1.58亿元;调剂转让设备333台,原值2509.68万元，其中有偿转让277台，转让收入342.7万元。

2005年6月,柳州铁路局将小汽车定编管理办公室职能划归新成立的局物资管理处；汽车保险管理办公室职能设在物资工业总公司。在设备招投标中引入准入和评价考核制度。评标专家库更名为评委资源库，完善和细化为6大专业36个小专业，评委增加到410名。年内，组织招标采购75次，中标金额1.52亿元，与计划相比节约569.5万元。全年，柳州铁路局办理无偿调拨设备803台，固定资产原值2129.3万元；有偿转让设备103台，转让收入90.3万元。年末，全局有机械动力设备1.9万台，其中主要生产设备1.29万台，主要设备完好率93.7%，设备利用率56.4%。

表5-38　　1991—2005年柳州铁路局机械设备状况

年份	机械动力设备		主要生产设备（台）					主要设备完好率（%）	设备利用率（%）	机械、动力设备大修（台）
	数量（台）	固定资产原值（亿）	数量	一级	二级	三级	四级			
1991	12461	2.24	7954	1891	5502	419	142	94.44	56.86	633
1992	10927	2.51	9219	2714	5426	987	92	94.33	54.52	695
1993	11334	3.07	8889	2799	5586	385	119	93.22	59.1	265
1994	12030	3.60	9197	2573	6000	507	117	93.64	57.13	612
1995	12486	4.13	9560	3055	5897	479	129	94.83	53.24	516
1996	14683	4.82	11144	3207	7360	454	123	93.74	59.46	541
1997	14699	5.16	11803	2865	8199	560	179	94.78	57.85	847
1998	18472	7.07	13899	4245	8928	578	148	95.08	61.60	1507
1999	21972	7.66	16084	6466	8827	571	220	94.7	62.48	797
2000	21986	8.96	16959	7143	8932	712	172	94.61	63.36	462
2001	21807	10.42	16155	5870	9414	698	173	93.71	65.15	1068
2002	22519	12.16	16149	5372	9672	854	251	92.89	54.22	1068
2003	19529	12.36	14194	4188	9011	501	494	93.51	55.53	1098
2004	20232	13.13	14316	4312	9163	336	505	93.16	65.46	632
2005	19041	14.34	12851	4993	6979	700	179	93.73	56.43	636

第七章　铁路用地和房产管理

第一节　铁路用地管理

管 理 机 构

1991年，广西国家、地方铁路用地由局房地产管理处（土地管理办公室）、柳州、南宁铁路分局土地管理办公室和各地区土地管理所实行三级管理。柳州分局设柳州、桂林、融安、金城江地区土地管理所，南宁铁路分局设南宁、凭祥、玉林地区土地管理所，铁路局设柳州地区直属土地管理所，全局有土地管理人员85人。广西合资铁路用地由南防铁路公司管理，公司设土地监察定员3人。随着铁路建设的发展和铁路改革的深入，铁路土地管理体制进行过多次调整。

1997年8月，广西地方铁路有限公司设立土地管理办公室，定员7人，管理地方和合资铁路用地。11月，柳州、南宁铁路分局土地管理办公室及其所属的土地管理所撤销。12月，铁路局成立柳州、南宁土地管理所，由局房地产管理处（土地管理办公室）领导和管理，全局有土地管理人员50人。

1998年3月，经自治区土地管理局批准，成立广西铁路土地管理局和柳州、南宁铁路土地管理分局。广西铁路土地管理局内设土地管理科，建设用地、土地监察部；柳州铁路土地管理分局下设桂林、融安、金城江土地管理所；南宁铁路土地管理分局下设凭祥、玉林土地管理所，形成新的铁路土地管理局、管理分局、管理所三级铁路用地管理体制，全局土地管理定员62人。1999年2月，南昆铁路临管处百色土地房屋管理所成建制划归广西铁路土地管理局（局房地产管理处）领导和管理，全局土地管理定员69人。

2000年6月，广西铁路土地管理局机构再次调整，撤销建设用地、土地监察部，建设用地、土地监察职能由柳州、南宁铁路土地管理分局承担，百色土地房屋管理所划归南宁铁路土地分局领导和管理，其他土地管理机构保持原有建制，全局土地管理定员62人。

2003年3月，成立广西沿海铁路公司土地管理局，管理合资铁路用地。

2005年4月，局房地产管理处更名为局土地房产管理处，同时称“局土地管理办公室”和“广西铁路土地管理局”，柳州、南宁土地管理分局及其下属土地管理所保持原有建制，全局有土地管理人员56人。广西沿海铁路公司

2005年，占地88.2多公顷的柳州机车车辆厂

土地管理局有土地管理人员3人。

土 地 征 用

1991—1993年，柳州铁路局铁路用地管理部门严格审核铁路工程用地，因地制宜综合开发铁路零星闲散用地。因新建柳州机械保温车辆段及铁路改扩建零星征地57.28公顷。1991—1994年，南防铁路公司先后五次向自治区人民政府呈报办公、生产及生活设施用地18.82公顷，获自治区批准征拨用。

1996—1999年，柳州铁路局土地管理部门整治未充分利用的坑洼地、山边地、河溪边坡地，开发利用铁路用地3公顷。

1998年12月，柳州铁路局接收南昆铁路建设项目征收征用土地1834.11公顷。

2003年1月，柳州铁路局接收湘桂铁路黎塘至南宁增建二线建设项目征收征用土地311.49公顷。2003年11月至2005年末，将柳州工程集团公司、柳州铁路局勘测设计院、中铁特货公司柳州办事处、中铁集装箱柳州公司、中铁快运广西公司以及原铁路局的37所中小学、4所职业学校、9所医院、24所幼儿园、4个环卫队使用的282.2公顷铁路用地移交国资委所属企业，铁道部所属公司以及地方市县人民政府管理。

1991—2005年，柳州铁路局管内车站股道延长、小半径曲线改造、新开缓开站等扩能改造工程征收征用土地547.22公顷。2005年末，柳州铁路局管理广西境内铁路用地14515.42公顷，全局铁路用地16648.94公顷。

土 地 管 理

1991年，柳州铁路局土地管理部门按照自治区土地管理局1990年颁布的《关于铁路用地土地登记的技术要求和划分宗地、图件、地籍资料的原则规定》以及自治区土地管理局在陆川县开展铁路用地登记发证试点的要求，印发《关于我局土地指界确权事项的紧急通知》，与铁路相邻的地方单位、乡镇政府和集体土地所有者代表共同进行铁路用地指界工作。铁路地方双方派出持有法人身份证书或指界委托书的指界人，根据《城镇地籍调查规程》有关规定，到铁路用地现场共同指界，在界址调查表、地籍图上加盖公章、签字认可并与铁路沿线县市土地部门联系，开展铁路用地确权领证工作。当年，铁路局管理广西境内铁路用地13006.65公顷，全局铁路用地14209.32公顷。

1995年起，柳州铁路局土地管理部门根据广西铁路沿线城市建设总体规划以及铁路运输的发展、改善铁路职工生活环境的需要，每年编制年度用地计划和广西境内三等以上车站站区建设用地规划。对原有地籍平面图用国家大地联网控制方法进行重新测绘。年内，完成湘桂铁路黎塘至凭祥段、黎湛铁路测绘，形成第二代铁路用地地籍图。4月19日—20日，自治区土地管理局与柳州铁路局在南宁联合召开有广西、广东、湖南、贵州省(区)铁路沿线9个市、5个地区(州)、37个县(市)土地管理(国土)局长参加的铁路用地工作会议，讨论通过《关于广西境内铁路用地登记发证若干规定》，印发相关地市贯彻执行。年内，铁路局用地申报、登记和领取国有土地使用证全面铺开，在南宁、玉林、贵港三市领取71宗1160.17公顷铁路土地使用证书。在桂林市进行铁路用地权属调查，地籍测绘18宗287.42公顷。年末，铁路局用地累计领证面积达到铁路用地总面积的38.1%。

1996年，柳州铁路局土地管理部门结合《土地管理法》颁布10周年和“6·25”土地日，开展铁路用地管理宣传活动，制作宣传标语在铁路局有线电视台播放，悬挂横幅30幅，张贴标语1000余条，出动宣传车巡回宣传5日，印发土地管理法律法规宣传资料1万余份。投入29万元，与铁路局电算所共同研制和推广使用“GIS”铁路用地信息管理系统，应用计算机技术管理铁路用地。

1997年，柳州铁路局土地管理部门贯彻自治区党委、政府《关于全面开展非农业建设用地清查工作通知》的精神，全面清查1991年以来的铁路建设用地。7年间，柳州铁路局新征土地72项98.24公顷，其中耕地39.97公顷。建设用地总体规范，符合土地利用总体规划和城镇建设规划要求，用地手续合法，未出现征地不用、闲置浪费土地现象。年内，继续做好铁路用地领证工作，领取铁路用地使用证82宗1440.6公顷，铁路用地领证面积达总面积74%。年内，因成立广西路港集团有限公司需要，南防铁路公司委托南宁市地价评估事务所对南防铁路线路及站场用地进行评估，计 18 宗 814.98 公顷，8 月 30 日估价期日的土地资产总价值 3.14 亿元。

1998 年，柳州铁路局土地管理部门针对铁路用地存在粗放利用，未批先用、擅自占用等问题，加强铁路用地用途管制，印发《关于加强铁路用地管理的通知》，强调任何单位、个人，未经铁路土地主管部门同意并上报铁路局批准，都不得占用铁路用地。从 6 月 1 日起上收铁路用地审批权，凡使用铁路用地，一律报经铁路局主管土地的副局长批准。按照国家《土地登记规则》规定，将原来以柳州、南宁铁路分局作为法人登记的国有土地使用证，变更法人为柳州铁路局。年内，领取铁路用地使用证 89 宗 2036.3 公顷。

1999 年，柳州铁路局土地管理部门开展新一轮地形地籍测绘。与广西第二测绘所合作，采用全球定位系统 D 级 GPS 网为首级控网，进行 1:1000 数字化地形、地籍测绘。投资 500 万元，开展黔桂、焦柳、湘桂铁路永州至黎塘段数字化地形地籍测绘，形成第三代铁路用地地籍图。

2000—2003 年，柳州铁路局制订《铁路用地档案管理工作细则》《铁路用地管理实施细则》《铁路用地工作规则》《铁路用地地籍图件管理规定》《铁路建设工程用地竣工验收交接办法》《铁路站区规划管理办法》和《局外工程项目在铁路用地范围内施工申请报批管理办法》，不断规范铁路用地管理，提高铁路用地管理水平。2003 年 10 月，根据铁道部《关于开展铁路企业资产清查工作的通知》要求，成立铁路用地状况调查领导小组和办公室，从各用地单位抽调 300 多人，历时 3 个月，全面开展铁路用地现状调查，查清铁路局有铁路用地 16217.6 公顷。

2005 年，柳州铁路局土地管理部门加快铁路用地管理信息化建设，黎塘以北铁路用地数字化地籍测绘成果通过自治区国土资源厅的验收。在此基础上开发的应用软件获铁路局科技成果一等奖。铁路用地数字化采集完成 90%，为领导决策提供准确的数据支持，对降低铁路建设成本具有重要作用。年内，完成铁路用地确权领证 4 宗 44.27 公顷，铁路用地累计领证面积占铁路用地总面积 96.8%。办理移交地方政府管理的原铁路单位使用土地变更登记 18 宗 34.78 公顷。年末，铁路局管理广西境内铁路用地 14515.42 公顷，全局铁路用地 16648.94 公顷。广西沿海铁路公司管辖的 4 条沿海铁路获准（含补办）征用土地 2190.06 公顷，其中获划拨铁路永久性用地 1925.49 公顷。确权用地 54 宗 1838.14 公顷。

土地监察

1991 年，柳州铁路局，柳州、南宁铁路分局土地管理办公室及各地区土地管理所分别成立土地监察室，各铁路地区土地管理所人员既是土地管理员又是土地监察员，形成铁路局、铁路分局、地区三级土地监察管理体系，有土地监察员 80 余人。土地监察人员分期分批参加铁道部、自治区、地市级土地管理局和法制局举办的行政执法培训班，通过培训和考试合格分别取得行政执法证书，持证上岗，开展经常性土地监察工作。

1993 年，南防铁路公司就“部分市县对南防铁路设计用地范围内的土地和已征用的铁路用地，大量地无偿核减，再有偿转让给其他单位使用”向自治区政府呈报《关于收回南防铁路被核减土地的请示》，使这一势头得到遏制。

1995—1996 年，柳州铁路局土地管理部门加强铁路生产、生活、文化区建设用地监察管理，及时处理违法占地和违章建筑，制止拆除违章建筑 4760 件，涉及铁路用地 6.06 公顷。坚持以法治地，配合地方政府通过法律程序解决柳州市储运公司借用铁路用地、南宁铁路白苍岭市场占用铁路用地等 3 件铁路用地纠纷案件，收回铁路用地 0.52 公顷。解决河池地区邮局占用金城江站广场规划用地修建邮政分拣中心大楼、柳州市燃料公司占用柳州北站扩建用地、柳州市新云村农民占用铁路用地建房等违法占用铁路用地问题。拆除 28 户地方居民占用铁路用地的违章建筑。

1998 年，柳州铁路局 64 名土地监察人员分期分批参加自治区、各地市和铁路局组织的以土地行政执法人员持证上岗为内容的培训，培训率 100%。配合地方政府处理土地权属纠纷案件 17 件，查处违法占地案件 3 件，收回借占铁路用地 0.57 公顷。制止违法占地行为 147 件，拆除违章建筑 1486 件。

1999—2001 年，柳州铁路局土地管理部门配合局法律顾问室，运用法律手段处理土地权属纠纷。南宁市果品食杂公司等三个单位与南宁站集装箱货场0.66公顷的土地变更权属纠纷案，经过3年多的申请行政复议和行政诉讼，2000年最终获得胜诉。贵港市营汛生产队长期占用铁路用地的行政诉讼案件2001年也获胜诉，有效保护铁路用地，维护铁路部门的合法权益。

2004年，柳州铁路局土地管理部门按照铁道部和铁路局的要求，从5月下旬至10月底，开展铁路用地管理执法监察活动。通过宣传发动、自查清理、规范整改、总结抽查四个阶段，对铁路用地管理和使用情况进行全面清理，摸清底数，确定权属，规范用地管理，提高使用效益，基本实现“保护好、利用好、管理好”铁路用地的目标。年内，监察巡视铁路用地约1300人次，及时发现和制止违法占地227件3.46公顷，违章建筑150件涉及铁路用地0.5公顷。

2005年，柳州铁路局土地管理部门坚持防范和查处并重，加强铁路用地执法监察。全年对铁路用地监察巡查1200多人次，及时发现和制止违法占地101件2.26公顷，违章建筑70件涉及铁路用地5.5公顷。开展铁路用地执法监察“回头看”活动，防止在上年土地执法监察活动中查找出来的问题出现“反弹”，巩固铁路用地执法监察成果。

1991—2005年，柳州铁路局土地管理部门通过与地方政府及地方土地管理部门协调，解决铁路与路外单位及个人的铁路用地纠纷案件5件，通过法律程序审结铁路用地纠纷案件4件。通过各种途径收回沿线农民耕种铁路用地和因历史原因被路外单位或个人借用、占用铁路用地215.45公顷；调查处理违法占地、违章建筑1.33万件涉及铁路用地48.8公顷。

第二节 房产管理

管理体制

1991年，广西国家铁路房屋建筑设备由局房地产管理处负责管理，实行管修合一的管理体制。柳州、南宁铁路分局设房地产管理科，基层单位有柳州、南宁、宜山、柳州直属4个房产建筑段。房屋大修实行铁路局、铁路分局两级管理，设计和编制预算按计划管理权限分别由铁路局、分局审批。柳州直属房产建筑段辖内房屋、建筑设备的大修、更改、新建预算由铁路局审批。4个房产建筑段，按照管理权限对管辖范围内的生产、办公用房和职工住宅以及公共建筑物实行养护维修。广西合资铁路房屋建筑设备由南防铁路公司基建部管理。

1995年10月，广西地方、合资铁路房屋建筑设备由广西地方铁路有限公司基建部管理。

1997年11月，柳州、南宁铁路分局撤销后，广西国家铁路房屋建筑设备由局房地产管理处管理。撤销柳州、南宁铁路分局和直属机关房管所，成立柳州、南宁、百色房管所。12月，成立柳州铁路局房地产发展中心（简称局房地产中心），与局房地产管理处合一设置。全局4个房产建筑段直接归局房地产中心管理，负责全局住房建设、房地产开发和管理，财务实行独立核算、自负盈亏。

1998年3月1日，柳州铁路局柳州房产建筑段与柳州直属房产建筑段、宜山房产建筑段合并，组建新的柳州房产建筑段，负责柳州、宜山、柳州直属房产建筑段管辖的生产、办公、住宅房屋修缮。南宁房产建筑段负责原南宁铁路分局辖内的生产、办公、住宅修缮。广西地方铁路有限公司将地方、合资铁路房屋维修作业推向社会，实行“谁使用、谁管理和组织维修”的房屋管理、房屋维修新体制。

2000年5月28日，柳州铁路局根据铁道部《关于加快推进运输业主附分离和运输企业内部分立工作意见》，实行房屋设备产权产籍管理与修缮分离的管理体制。撤销百色房管所，柳州、南宁房管所下设桂林、金城江、融安、玉林、凭祥、百色分支机构，各分支机构按属地称房管所。柳州、南宁房管所负责由原来各房建段承担的房产设备产权、产籍管理和提报审核辖内的房屋大维修计划。9月20日，铁路局制订房建单位分离改革暂行办法，全局生产办公用房的资产和设备管理划归具有法人或模拟法人资格的使用单位管理。按照资产经营责任制的要求，行使使用、管理权并负责出资修缮，承担保值增值和安全使用责任；产权属铁路局所有，改造、报废、抵押、转让等需经铁路局批准。局房地产管理处作为铁路局房产职能管理部门，负责全局房屋设备修缮监督、检查、考核和指导。房屋生产单位与运输主业分离后纳入多元经济系统。

2003 年 1 月 1 日起，广西地方、合资铁路房屋建筑设备分别由广西地方铁路有限公司和广西沿海铁路公司基建部管理。

2004 年 11 月 21 日，局房地产发展中心与局房地产管理处建设管理科合一设置，对外仍称局房地产发展中心。将柳州、南宁房产建筑段，柳州工程总公司，南宁建设工程总公司合并，组建柳州铁路建筑安装工程公司，按铁路局工附业企业管理，经营建筑、安装、房屋修缮、住宅小区物业管理，走向市场，参与市场竞争。局房地产发展中心下属的柳州通达建设公司、南宁房地产开发公司成建制划归重组后的柳州铁路建筑安装工程公司管理。撤销柳州、南宁房管所，成立铁路局房屋调配办公室，履行原房管所承担的制订住房分配方案，职工住房调配、出售、出租，地方房产权证办理等管理职能。产权产籍管理及大维修项目审核划归局房地产管理处负责。

2000 年建成的柳州鹅岗路二区铁路职工住宅楼

房屋建筑物

1991 年，柳州铁路局有房屋 476.8 万平方米，其中生产房屋 115.19 万平方米，办公用房 16.75 万平方米，职工住宅（宿舍）271.49 万平方米，其他房屋 73.37 万平方米；有建筑物 151.53 万换算平方米。地方铁路房屋、建筑物固定资产原值 816.5 万元。年内，新建职工住宅 50 户建筑面积 2500 平方米。南防铁路公司有竣工移交房屋建筑物 135 栋 2.91 万平方米。

1993 年，柳州铁路局有房屋建筑物 2.49 万栋（件）662.74 万平方米，其中生产房屋 119.17 万平方米、办公房屋 18.27 万平方米、职工住宅 286.69 万平方米。年内，职工住宅完成投资 6641 万元，竣工 12.62 万平方米。

1994 年 1 月，南防铁路公司调度通信楼（6 层，1860 平方米）交付使用，位于南宁市明秀西路的公司机关办公、生活基地建成。

1997 年，新建南昆铁路交付运营，柳州铁路局房屋建筑物数量增加，年末，有房屋 592.32 万平方米，比上年增加 2.3%；有建筑物 182.81 万换算平方米，比上年增加 3%。

1998 年 12 月，新建桂林客运始发站交付运营，新增建筑面积 4.79 万平方米，主站房面积3.5 万平方米。

2002 年，柳州铁路局有房屋建筑物 2.83 万栋（件）1036.15 万平方米，其中生产房屋 184.46 万平方米、办公房屋 21.42 万平方米，住宅 550.77 万平方米。

2004—2005 年，柳州铁路局向地方政府划拨移交地方政府管理的学校、医院、幼儿园、环卫队等单位的房屋建筑物 1129 栋（件）68.1 万平方米，其中 37 所中小学校 743 栋（件）37.1 万平方米、4 所职业学校 134 栋（件）11.1 万平方米、9 所医院 34 栋（件）14.7 万平方米、24 所幼儿园 189 栋（件）4.9 万平方米、4 个环卫队 29 栋（件）3047 平方米。此外，根据铁道部的要求，向中铁特运公司柳州办事处划拨房屋建筑物 50 栋（件）4.2 万平方米。根据铁道部铁路局管辖分界口调整，将滩头湾站、工务工区划拨给广州铁路（集团）公司，划拨房屋 46 栋（件）4196 平方米。原柳州铁路工程集团公司、柳州铁路局勘察设计院生产办公房屋属自管房产设备,随同单位一并从铁路局剥离。

2005 年,桂林站房进行大规模改扩建,新建站房 2.02 万平方米。年末，柳州铁路局有房屋 15627 栋 897.21 万平方米，比 1991 年面积增加 88.2%,其中生产房屋 211.51 万平方米、办公用房 31.43 万平方米、职工住宅(宿舍)583 万平方米、其他房屋 71.27 万平方米，比 1991 年分别增加 83.6%、87.6%、114.7%、-2.9%；有建筑物 154.96 万换算平方米,比 1991 年增加 2.3%。广西沿海铁路公司有房屋 615 栋 29.9 万平方米，建筑物 663 件15.4 万平方米。

表 5-39　　**1991—2005 年柳州铁路局房屋建筑物数量统计**(未含柳州机车车辆厂)

年份	总计		房屋(平方米)					建筑物
	栋(件)	换算(平方米)	小计(栋/平方米)	生产	办公	住宅、宿舍	其他	(件/平方米)
1991	24278	6283376	15385/4768030	1151888	167522	2714926	733694	8893/1515346
1992	24686	6442977	15430/4885321	1169305	178955	2803357	733704	9256/1557656
1993	24928	6627379	15315/5029271	1191709	182729	2866878	787955	9613/1598108
1994	26144	6891605	15565/5191224	1231551	188934	2956601	814138	10579/1700381
1995	27073	7215724	15816/5465185	1262473	198055	3156669	847988	11257/1750539
1996	27383	7561561	15572/5787617	1280504	230632	3400601	875880	11811/1773944
1997	29780	7751217	15389/5923150	1318062	225863	3522209	857016	14391/1828067
1998	32006	8327434	15679/6392705	1356513	225675	3896278	914239	16327/1934729
1999	35046	9343148	16648/7014606	1578354	238942	4218839	978471	18398/2328542
2000	35853	9699994	16779/7312185	1722082	257514	4398893	933696	19074/2387809
2001	37555	10365536	16727/7840822	1738971	254065	4910009	937777	20828/2524714
2002	28280	10361456	16187/8559311	1844643	214202	5507731	992735	12093/1802145
2003	25309	10476519	15386/8641161	1953358	231055	5642928	813820	9923/1835358
2004	22991	10297466	15362/8754849	2120998	238668	5541942	853241	7629/1542617
2005	22100	10521685	15627/8972130	2115139	314332	5830002	712657	6473/1549555

房建设备大维修

1991 年,柳州铁路局各房产建筑段根据《铁路房屋建筑物大修维修规则》的要求和辖内房屋建筑物的技术状态，按照设备面积总量的 20%(其中维修 17%、大修 3%)作出年度计划,实施修缮,原则上 5 年内将辖内房屋建筑物轮修一遍。房屋建筑物大修,原则以整体大修为主,但某项结构或附属设备破损严重,工作量大,而其它方面状态尚好，可做单项大修。至1999年10月，房屋建筑物大维修仍然实行此规则。

1995年，柳州铁路局房建部门以安全标准线建设为载体，加大房建设备质量整治力度，投入资金1705.5万元，对湘桂铁路滩头湾至和吉村65个车站站房进行全面维修。全年完成房建大修11.4万平方米、维修133.1万平方米。

1996年7月19日，柳州铁路地区发生特大洪水灾害，柳州铁路局投入专款3550万元，铁道部拨专款1553万元，修建灾害复旧生产、办公用房和职工住宅。在安全标准线建设中，整治房屋建筑物1340栋(件)41.48万换算平方米，经铁路局验收组评定，与行车有关的房屋建筑物全部合格。

1998年，柳州铁路局完成大修投资1040万元，主要用于房建设备的重点整治，完成房建设备维修120万换算平方米，维修合格率99.6%，优良率89.7%。三级设备占房建设备总量1.3%，低于铁道部3%的标准。南宁、柳州、直属房建段先后获"铁道部安全优质房建段"称号。

1999年11月，柳州铁路局根据铁道部颁布新的《铁路房屋建筑物大修维修规则》，对房屋建筑物修缮工作作出新的规定。年内，完成大修投资2700万元，整修房建设备164万换算平方米，大修工程合格率100%，优良率80%。

2001年7月上旬，柳州、桂林等铁路地区连续遭受3号"榴梿"、4号"尤特"强台风袭击，南宁铁路地区遭受百年不遇洪水灾害，房屋建筑物设备损毁严重。铁路局投入资金6529.6万元，修复受损房建设备、设施137处，改造道路51条、排水干道28条，改造房屋电线路老化26栋，基础设施得到改善。

2002年4月，印发《柳州铁路局房屋建筑物管理和修缮办法》，进一步完善房屋修缮制度，明确各单位(部门)列账房屋设备的检修工作可签订协议，委托房建单位实施。运营单位和营业外单位(不包括客运公司、大修中心、工务大修设计所)房建设备整修及大修计划由铁路局财务处下达到各使用单位。房建整修设计文件由房管所编制、局房地产管理处审批。房建大修设计文件由局房地产管理处委托具备相应资质的设计单位编制、局房地产管理处审核、局计统处审批。12月，铁路局制订《房建工程竣工资料编制细则》《房屋建筑物零星修理工作范围》《房屋建筑物修缮工程项目格式合同》《房屋建筑物修缮工程质量评定细则》，进一步明确各使用单位、房管所和修缮单位之间的工作职责和设备管理、生产管理的各项标准，使房建设备的接管、使用、修缮、报废等各个环节制度化、规范化。全年，完成房建设备大修投资6706.4万元，完成维修5372万元、维修面积170万换算平方米。

2003年1月、9月，分别制订《柳州铁路局生产房屋建筑物资产管理及修理财务核算(暂行)办法》和《柳州铁路局生产办公房屋装修标准（试行)》，进一步规范和完善各单位生产、办公房建设备的大维修、装修标准和财务核算等管理制度。全年，铁路局完成房建设备大修投资4275.2万元，完成维修5713万元、维修面积74.9万平方米。

2005年，柳州铁路局机务部门生产厂房技术状态良好

2005年，柳州铁路局房建部门加大房建设备病害的整治力度，编制整治计划，重点整治影响运输生产和人身安全的设备各30多件，处理三级设备8.7万平方米，及时消除运输和人身安全隐患。全年，完成房屋大修投资2370万元；完成生产办公房屋维修3982.1万元，整修房建设备1719栋；完成职工住宅整修7090.9万元，整修职工住宅213栋

22.7万换算平方米。

1991—2005年，柳州铁路局房建部门大维修合格率年年保持100%，优良率65%以上；铁路局三级设备维持在1.3%—1.7%之间，低于铁道部3%的规定。2005年末，广西沿海铁路公司房建设备一级占38.8%，二级占57.3%，三级占3.9%。

表5-40 1995—2005年柳州铁路局房屋技术状态

年份	一级		二级		三级		危房	封存	小计
	栋	平方米	栋	平方米	栋	平方米	(平方米)	(平方米)	(平方米)
1995	10229	3621680	4910	1726624	162	88202	1494	27185	5465185
1997	10437	4077274	4457	1657409	123	86144	5855	27702	5854384
1998	10456	4347729	4562	1943834	118	68892	1579	30671	6392705
1999	11043	4683542	4834	2174559	173	105256	3084	48165	7014606
2000	10115	4841082	6431	2341147	217	120633	9323	—	7312185
2001	9102	4460496	5607	3027795	169	109192	—	243339	7840822
2002	7717	4283230	7125	4004383	140	110136	—	161562	8559311
2003	6358	3126125	8917	5450822	111	64214	—	—	8641161
2004	5879	2600631	9362	6082437	121	71781	—	—	8754849
2005	7473	3888979	6292	4729644	89	57634	—	6000	8682257

注：1991—1994年及1996年资料不全。

表5-41 1995—2005年柳州铁路局建筑物技术状态

年份	一级		二级		三级		危房	封存	小计
	件	平方米	件	平方米	件	平方米	(平方米)	(平方米)	(平方米)
1995	8723	1128017	2263	557043	236	63612	—	1667	1750339
1997	11909	1253431	2204	519610	210	48729	4789	1508	1828067
1998	13868	1360576	2163	529801	199	36172	3810	4370	1934729
1999	15852	1722817	2204	547235	166	40914	3809	13767	2328542
2000	16250	1731747	2637	606369	157	45143	4550	—	2387809
2001	18022	1859277	1953	536685	222	68378	—	60374	2524714
2002	9270	1188565	2340	554991	146	28073	—	30516	1802145
2003	7821	1123516	2022	682744	80	29098	—	—	1835358
2004	5859	932828	1697	584149	73	25640	—	—	1542617
2005	4679	924822	1407	519418	60	16695	—	23232	1484167

注：1991—1994年及1996年资料不全。

第六篇 科技 环保

广西国家铁路科学技术工作由柳州铁路局科学技术委员会领导，铁路局总工程师主管，日常管理由局总工程师室负责。柳州铁路局科学技术研究所承担应用科学技术研究开发工作，局技术监督（计量）所承担技术监督管理工作，局总工室（广西铁路质量技术监督局）负责技术监督的业务指导。广西铁路运营系统计算机应用管理由局信息技术所（电子计算管理中心）负责。2005 年 7 月，铁路局设立信息技术办公室，负责全局信息化管理工作。广西国家铁路环境保护工作由柳州铁路局环境保护办公室负责，铁路局成立以局总工程师为首的环境保护委员会，加强对环保工作的领导。广西地方铁路的科学技术工作，由广西地方铁路有限公司管理。广西合资铁路 1991—1994 年由南防铁路公司管理；1995—2002 年，由广西地方铁路有限公司管理；2003—2005 年，由广西沿海铁路公司管理。

1991—2005 年，柳州铁路局先后 4 次召开科技大会（工作会议）、6 次召开科技管理工作座谈会，总结部署科技工作，表彰先进。投入科研经费 3421.8 万元，有 399 项科研成果获奖，其中 1 项获国家科技进步奖，38 项获自治区、铁道部科技进步奖，360 项获铁路局科技进步奖。一批科研成果在全国铁路和地方企业推广应用，取得较好的经济与社会效益。铁路运输技术管理加强，在 1997—2005 年全国铁路五次大提速中，组织对铁路局的运行图进行五次全面调整，提速线路 3090 公里（部分线路二次提速），旅客列车运行速度和货物列车牵引重量显著提高。在 2000 年 10 月 21 日的第三次大面积提速调图中，铁路局提速线路 1380 公里，新图平均允许速度提高 8.9 公里/小时，旅客列车旅行速度提高 4.6 公里/小时，货物列车旅行速度提高 0.9 公里/小时。加强基本建设技术管理，柳州铁路局完成 102 项，合资铁路完成近 20 项新线建设前期论证、既有线改造可行性研究和对新建铁路、既有线改造工程设计和施工方案评审，提高新建铁路和既有线改造质量，降低建设和改造成本。开展技术监督工作，搞好质检机构认证和计量标准建设，加强计量工作管理，计量标准配备率、计量器具检修率年年完成计划任务。

信息技术快速发展，广泛应用。2005 年，柳州铁路局运营系统有计算机设备 8562 台（套），比 1991 年增加 27.5 倍。计算机网络逐步形成，铁路局机关，各主要站段以及广西沿海铁路公司都建成局域网。相继建成运输组织、客货营销、经营管理等信息系统。2005 年末，完成 83 个车站和车务、机务、车辆、工务、电务段的 TMIS 建设；完成 69 个车站的“客运计算机售票系统”建设；完成 15 个车站的“车号自动识别系统”建设。23 个重点项目在网上运行。15 年间，开发软件 176 项，许多应用软件除在铁路局内广泛应用外，还在其他铁路局和地方单位推广应用。地方和合资铁路建成运输组织信息系统、客货营销信息系统、经营管理系统。

贯彻执行国家环保政策，建立健全环保组织和各项管理制度，加大环境治理投入。1991—2005 年，柳州铁路局投入 2515.3 万元，完成环境治理项目 77 项。国家和合资铁路新、改、扩建工程环境评价和与环保工程“三同时”（同时设计、同时施工、同时投产）执行率 100%。柳州铁路局各项环境指标均好于铁道部和自治区的计划和考核指标。1991 年，被评为自治区“环保工作检查评比优胜单位”，铁道部“环保工作先进单位”“全国环境保护先进企业”；2000 年，获铁道部“工业污染源达标排放先进单位”称号，铁路局环保办被评为自治区环保系统先进集体。1991—2005 年，柳州铁路局有 14 个单位、35 人被国家环保局、铁道部、自治区、柳州市、南宁市评为环保先进企业、先进个人。

第一章 科学技术

第一节 科技工作

科技管理

1991年，柳州铁路局加强科技计划的管理，抓好科技计划立项管理各项规定的落实。

1993年10月，柳州铁路局、局党委印发《关于调动科技人员积极性，加快铁路现代化建设若干规定》，重奖对推进企业技术进步有重大意义的科技成果，按等级发给奖金10000元—80000元，对取得重要科研成果的科研人员给予工资津贴、住房、医疗保健、电话等优惠待遇。同年，南防铁路公司印发《关于申报科技进步、合理化建议和技术改进、管理现代化及质量攻关奖的通知》，对公司成立两年来取得的科技进步、合理化建议和技术改进成果进行鉴定和奖励。

1995年4月，印发《局总工程师室关于按规定办理科技查询咨询的通知》，规定凡要求列入铁路局及局以上科技研究开发计划、科研投资在5万元以上的重大项目，申请铁路局及局以上科技主管部门组织科技成果鉴定的项目，必须同时提交立项或成果鉴定查新报告。科技查新必须委托国家或省部科技管理部门认定的查新机构进行，并出具查新结论报告。

1996年，广西地方铁路有限公司印发《合理化建议和技术改造奖励管理办法》，各设9个奖励等级，一等奖金额1万元—1.5万元。

1998年3月，柳州铁路局印发《关于科技成果鉴定工作有关事项的通知》，重申局科委是铁道部授权归口管理和组织科技成果鉴定的部门，未受局科委委托，任何单位和部门不得组织科技成果鉴定、评定及软科学研究成果的评审，并对科技成果鉴定的申报程序、鉴定工作与奖励工作的衔接、鉴定费用列支渠道、软科学研究成果的范围及评审办法等作出规定。4月，印发《关于加强科学技术研究开发计划管理的通知》，对科技研究开发的立项原则、立项内容、立项程序和方法、计划实施办法、经费管理、项目结题方法等作出规定。同月，制订《柳州铁路局〈促进科技成果转化法〉实施细则》，由局总工室会同局计统、财务处等有关处室，依照职责范围管理、指导和协调科技成果转化工作，具体业务由局总工室（科委办）负责，下设“局科技成果转化中心”（与局科学技术信息中心“一套人马，两块牌子”），为全局科技成果转化提供服务，并对科技成果的转换方式、权益分配方式、科技成果转化的经费投入等作出规定。与此同时，制订《柳州铁路局科学技术进步奖励办法》和《柳州铁路局优秀科技工作（管理）者评选奖励办法》，规定铁路局科学技术进步奖的授予范围、奖励层次和奖励等级。奖励层次分为铁路局和基层单位两级。铁路局科学技术进步奖分一至五等，奖金为20000元—1000元。对获得国家和省部级科技进步奖的成果实行重奖，国家科技进步一至三等奖，分别奖励80000元—40000元；获省部级科技进步一至四等奖，分别奖励40000元—5000元。铁路局优秀科技工作（管理）者，每年评选一次，名额100名。同年，广西地方铁路有限公司印发《广西地方铁路有限责任公司科学技术奖励办法（试行）》《广西地方铁路有限责任公司科学技术创新基金使用管理办法（暂行）》和《广西地方铁路有限责任公司育材奖励基金管理暂行办法》，科学技术进步奖分四等，奖金20000元—1000元。

2000年8月，制订《柳州铁路局、局党委关于加强全局技术创新的决定》《柳州铁路局关于加强优秀科技人才的培养、教育、管理、使用的暂行规定》和《柳州铁路局、局党委关于调动科技人员积极性的若干决定》等文件，决定从2001年起，科技投入经费每年按10%的比例递增，科技开发经营单位，收益的30%要用于科技投入。提高科技成果和优秀人才奖励标准，对获国家科技一、二等奖项目，分别奖励100000元、80000元；获省部级科技一至四等奖项目，分别奖励50000元—10000元；获铁路局科技一至五等奖项目，分别奖励30000元—3000元等，并规定获奖项目前三名完成人员所得奖金不低于奖金总额的60%。铁路局每两年评选一次优秀科技工作(管理)者，奖励每人1000元。实行特殊人员津(补)贴制度，发给专业技术人员在岗职务、保健补贴，提高在岗专业技术人员书报费补贴标准。对与铁路局签订技术指导合同，承担指导中级青年技术人员进行科技攻关并使其取得国家或省部级科技奖励的高级技术人员，发给一次性津贴3000元。将铁道部有突出贡献的中青年专家、享受政府特殊津贴人员、铁道部青年科技拔尖人才、铁路局中青年技术拔尖人才、詹天佑奖项获得者、铁路局学科(技术)带头人、正高级专业技术人员和提高工资待遇的高级工程师等作为重点优秀科技人才直接管理，提供每月工作津贴，一次性报销科技资料费，一次性奖励，改善居住条件及健康条件，晋升正高、副高级专业技术职务不受定员指标限制等待遇。

2001年5月，柳州铁路局印发《关于对重点优秀科技人才给予一次性奖励和发给工作津贴的通知》，对评为铁道部有突出贡献的中青年专家、享受国家政府特殊津贴人员每人奖励10000元，评为铁道部青年科技拔尖人才每人奖励2000元，评为铁路局第二批中青年技术拔尖人才每人奖励1000元。从2001年1月1日起，以上受奖人员及正高级专业技术职务人员每月发给工作津贴100元，并报销一次性资料费500元。同年6月，铁路局、局党委重新制订《柳州铁路局优秀科技工作(管理)者评选奖励办法》，对各类专业人员分配比例做出调整。同年6月和2004年12月，两次对《柳州铁路局科学技术进步奖励办法》进行修订，重新规定科学技术进步奖授予范围和奖励额度。铁路局科学技术进步一至五等奖奖金30000元—3000元；国家科技进步一至二等奖，分别奖励100000元—80000元，中国铁道科学技术奖一至三等奖，分别奖励50000元—20000元。同年，广西地方铁路有限公司印发《公司科技人员待遇若干问题的补充规定》，提高科技人员待遇和科学技术、现代化管理成果的奖励标准。

2002年，广西地方铁路有限公司印发《关于科技开发与应用资金管理办法的通知》，规定公司每年安排不少于20万元的专项资金用于科学研究和成果转化。

科技规划

1992年2月，柳州铁路局编制《1991—1995年科技发展规划》，围绕“一网”(铁路局运营管理综合处理系统网络)、“二化”(安全保障监测化和机辆工电设施监测化)、“三站”(南宁、柳东、柳南站综合管理现代化第二期工程)的目标开展攻关。规划科技项目100项，推广成果20项。1991—1995年完成科技投资546.7万元。在基建、大修、更改计划中采用新技术、新设备、新工艺、新材料的投资1.69亿元。

1995年，编制《柳州铁路局科技发展“九五”计划》，围绕基建扩能、安全控制、客货营销、办公自动化、信息网络技术等重点工程开展科技攻关。1996—2000年，投入科技资金1146.46万元，科技立项194项。

1999年，广西地方铁路有限公司印发《公司科技素质提高计划实施方案》。

2000年，编制《柳州铁路局科技发展“十五”计划》，重点对安全保障、列车提速、客货运服务、通信信号、修制改革、节能环保等十二个方面的关键技术进行攻关。着重抓好全局干线旅客列车速度达100公里/小时—120公里/小时、在桂林—南宁间开行整点城际旅客列车、建成柳州—南宁南信号自动闭塞、全局驼峰基本实现调速系统自动化或半自动化、全局实现通信光纤化、建设全局调度监督系统、基本建成铁路综合运营管理信息系统和行车安全监控系统、实现干线养路机械化、研究解决长隧道内燃机车降功率问题、实现焦柳铁路列车牵引重量提高至3500吨等十大标志工程。2001—2005年，投入科技资金1728.64万元，科技立项351项。

科技开发

1991年，柳州铁路局在黔桂铁路应用“黔桂铁路小半径曲线轮轨安全措施研究”成果。该方法简单、效益明显，至1994年，黔桂铁路金麻区段未发生车辆脱轨重大、大事故。同年，“铁路货物列车动态称重装置”，获国家实用新型专利后，铁道部发函要求在全路12个铁路局安装13台进行中间试验。局科研所在“一代机”中间试验的基础上，及时推出性能更趋完善的“改型装置”。铁道部又将“改型装置”列为全路安全措施重点项目在全路扩大推广使用，使之成为局科研所的支柱产品。1995年10月，在柳州召开的“全路货运安全设备会议”上，获得14台新造、12台换型的465万元订货。从1996—2001年底，作为超偏载升级换代产品“GPZ-Ⅱ型第二代货物列车动态称重系统”在全路38个站安装使用。

1992年，局科研所研发的“单线铁路隧道射流通风系统”，在哈尔滨铁路局杜草下行隧道、呼和浩特铁路局旗下营隧道及柳州铁路局黄泥岭隧道进行示范性推广试验；1993—1994年，在沈阳铁路局枫叶岭隧道和哈尔滨铁路局兴安岭下行隧道推广应用；1999年8月，局科研所承担乌鲁木齐铁路局南疆线全长6152米的奎先隧道通风改造工程，合同金额257万元。2003年初，柳州铁路局焦柳铁路增吨扩能，局科研所承担彭莫山和牙已两座隧道通风系统改造任务。5月11日，施工改造任务提前完成，铁路局在焦柳铁路提吨牵引试验获得成功。由局科研所、郑州铁路局科研所、北方交大共同研发的“窄脉冲轨道电路”，于1992年获国家发明专利后，被铁道部列入《“八五”期间电务技术装备政策》，1996年底，有100多套在郑州铁路局、海南铁路公司和柳州铁路局安装使用。柳州铁路局焦柳铁路双蒙站的信号设备过去经常遭雷击破坏，安装该设备以来，信号设备基本保持良好的状态。

1993年，局科研所研发的“微机控制减温洗炉装置”，被铁道部机务局列为铁道部机务系统工装推优定型设备，在郑州铁路局紫金岭、梅家坪机务段及呼和浩特铁路局包头西机务段安装使用。1995年，铁道部给局科研所下达8台任务，在兰州、呼和浩特、上海、济南等铁路局机务段扩大应用；1996年，在全路安装6台；1997年，安装4台；1998年，在呼和浩特铁路局临河机务段、沈阳铁路局大安北机务段安装使用。

1994年，柳州铁路局组织16项新技术、新产品参加广西科学技术活动周展销活动，签订意向合同金额323.83万元。局科研所研制的“热管换热节能技术及应用”获展销项目金牌奖；柳铁中心医院研制的“匈牙利X线机编码装置”“脑主体定向术临床应用”，局工程处蓄电池厂开发的“全密封免维修铅酸蓄电池”获银牌奖。同年，“机车检修管理信息系统”在全路12个铁路局机务处、138个机务段和部分铁路分局使用。应用该系统，铁路局年内机破下降33.6%，降低成本200万元。

1995年，局工程处创造的石方机械化施工技术和高路堑石方光面爆破技术，在柳桂高速公路罗山石方工程应用，达到技术指标要求，提前12个月完成合同书规定任务。“党员微机管理系统”在全国铁路33个部门、国家机关工委108个单位、自治区直属机关工委44个单位和30多个地、市、县党组织推广应用，获中央组织部好评。

1996年，柳州铁路局组织33项新技术、新产品参加“96广西壮族自治区科学技术活动周暨全国新技术新产品交易会”，签订意向合同金额660万元。“高路堑石方光面爆破技术”“CD系列铅酸蓄电池专用充电器”获参展项目“金奖”和“优秀奖”。同年，“应用热管技术回收固定锅炉排烟余热装置”有70台在广西境内40多个工矿企业推广应用。局计量所开发的新型“轮径测量标准器”及“圆弧半径测量仪”等产品，全年生产销售近200台(件)，完成产值55万元。

1997年，柳州铁路局组织25项新技术、新产品参加“97广西壮族自治区科学技术活动周暨全国新技术新产品交易会”，签订意向合同金额220万元。“MFZ-1模拟负载仪”“医用全数字图像管理系统”等三项新技术、新产品获参展项目金牌奖。同年，铁路局组织“货车超偏载检测装置”“断轨动态监测装置”“隧道通风技术”“热管余热回收技术”四个项目参加全路科技成就展览。局科研所研发的国家实用新型专利产品“隧道照明灯具防尘装置”，1997年、1998年先后被焦柳铁路和南昆铁路19座隧道照明工程采用；2001年，完成乌鲁木齐铁路局南疆铁路吐鲁番至库尔勒段13座隧道照明设计任务；2002年，完成兰新铁路4座隧道照明工程设计、13座隧道照明灯具及配件的供货以及售后服务工作，合同金额119.23万元。

1998年，柳州铁路局组织24项新技术、新产品参加“98广西科学技术活动周暨全国新技术、新产品交易会”，“轻型油烟柜”“疼痛检测仪”等项目获参展项目金牌奖。组织“铁路工程项目审计信息管理系统”等8个项目参加98中国国际铁路展览会和庆祝广西壮族自治区成立40周年科技成果展览会。1998—2000年，“隧道内断轨动态监测装置”在北京铁路局京原铁路驿马岭、平型关、云彩岭、小寨、横岭5座隧道上安装使用，被铁道部列入2001—2002年示范性推广计划。2001—2005年，局科研所完成兰州铁路局关角、老鸦峡隧道，呼和浩特铁路局集通公司大坝梁隧道，沈阳铁路局福金岭隧道，北京铁路局快活岭、夹马石、下庄隧道等25座隧道设备的生产、现场安装调试以及交付使用工作。

2000—2003年，柳州铁路局先后组织8项科技成果参加“广西科学技术活动周暨全国新技术、新产品技术交流会”；17个智能项目、30个项目21块展板、14个项目录像、18个项目实物（样品、模型）参加“广西创新计划新技术、新产品展交会”；18项优秀科技成果参加“第六届中国国际现代化铁路装备展览会”展出，提高这些研究成果的知名度和影响力，拓展路内外市场，加速科研成果向现实生产力转化。局技术监督所研制的“新型微机轮轴压入记录仪”形成一定的生产能力，分别在太原晋西机器集团公司及包头车轮厂等路内外单位应用。“道口作业监控与无线预警装置”在铁路局管内有人看守道口先后安装41台。2002年，合同签订额突破1000万元。“CPZ-Ⅱ型第二代货物列车动态称重超偏载监测系统”，在上海铁路局南翔编组站、郑州铁路局宝鸡东编组站设备招投标中中标4台，合同额305.6万元；2002—2005年，在铁路局内的南宁南站安装6台、柳州南站安装3台。柳州南站完全用局科研所研制的超偏载二代机取代由美国引进的MARK-Ⅱ超偏载设备，真正实现该项设备的国产化、本地化。

2004年，柳州铁路局组织运输、机务、工务、电务、车辆五大专业和医学卫生等41个近年来研究开发的科技成果参加“广西新技术新产品交流交易会”。同年10月，铁路局具有自主知识产权、技术水平在国内处于领先地位、有较强的市场竞争力的“CPZ-Ⅱ型货物列车动态称重（超偏载监测）系统”“铁路货车承载检测台”等3项新产品获自治区批准参加由国家商务部、科学技术部等9个部门（单位）共同在广东省深圳市举办的“第六届中国国际高新技术成果交易会”展出，促进铁路局科研单位与路外企业在高新技术领域的交流与合作。同年，“BHK-1型保温车货温监控系统”，在中铁特货运输有限公司（以下简称“特货公司”）及下属5个机械保温车辆段推广应用。2005年，该系统软件经升级后，成为特货公司信息化平台的重要组成部分，为全路特货运输的经营分析和宏观决策提供重要的基础数据。

2005年1月，柳州铁路局组织36个优秀科技成果参加“广西科学技术活动周新技术、新产品交流交易会”展出。同年7月，组织20个优秀科技成果参加北京“第七届中国国际现代化铁路装备展览会”展出，分发技术说明资料900多份。在铁路局内雷击严重，设备信号密集的站场安装由局科研所研制的“全方位远程防雷器”，年内完成焦柳铁路融水、平琴等9个站场，柳州南、黎塘2个编组站51套设备的生产和现场安装施工。

科技成果

1991年1月和1993年11月，柳州铁路局召开科技大会和科技工作会议，总结、部署科技工作，表彰、奖励科研成果。1991—1995年，铁路局完成的科研成果通过鉴定70项。获铁路局科技进步奖135项、广西科技进步奖10项、铁道部科技进步奖11项、国家科技进步奖1项，其中“铁道财务会计信息管理系统铁路局通用软件系列”，获国家科技进步二等奖；“BMSS铁路气象服务微机处理及传输系统”“肝动脉插管灌注化疗及栓塞治疗中晚期肝癌”获广西科技进步三等奖；“黔桂铁路小半径曲线轮轨安全措施研究”，以静减载率限度值控制静减载率的方法，提高车辆低速通过小半径曲线轮轨稳定性，解决小半径曲线棚车低速脱轨问题，获铁路局科技进步特等奖、广西科技进步

1994 年，柳州铁路局技术人员使用 BMSS 铁路气象服务计算机处理及传输系统传输气象信息

三等奖；“单线铁路隧道射流通风技术”，在国内外铁路隧道中首次使用，获广西科技进步三等奖；“电气集中和电气化区段信号设备防雷系统”，获铁道部科技进步二等奖；“非集中联锁车站加装轨道电路联锁系统（防错办技术）”，通过铁道部鉴定，获铁道部科技进步三等奖；“铁路货物列车动态称重（货车重量超、偏载检测）装置”，可对牵引状态下货物列车的超载、偏载进行自动检测，铁道部鉴定意见为国内首创，实际使用领先，获铁道部科技进步三等奖。“柳州枢纽编组站扩建工程”，由铁路局自行设计、自行施工，将一级三场改造扩建为三级三场半自动化驼峰编组站，日编解能力由 4236 辆提高到 7252 辆，工程分别获铁道部优秀设计二等奖、优质工程二等奖和铁路局科技进步特等奖。南防铁路公司评审奖励合理化建议及技术成果 11 项，其中特等奖 1 项、二等奖 1 项、四等奖 1 项、五等奖 5 项，六等奖 3 项。

1996 年，柳州铁路局召开全局科技大会，回顾“八五”期间科技进步工作，提出“九五”推进科教兴局战略的总体要求，表彰、奖励科技进步先进单位（集体）、优秀科技工作（管理）者，科技进步、合理化建议和技术改进项目。1996—1999 年，柳州铁路局科技成果通过鉴定 29 项、评定 26 项。完成科技开发、新技术推广 127 项，获铁路局科技进步奖 76 项、广西科技进步奖 6 项、铁道部科技进步奖 6 项。“高路堑石方光面爆破技术”，解决石质边坡稳定问题，在路堑开挖工程中达到国际先进水平，获广西科技进步二等奖；“南宁站客货运输综合信息处理系统”，采用 TCP/IP 网络协议连接 4 个多用户系统、6 个单机系统和 1 个售票窗口的 13 个点的单片机网络系统，实现数据共享和信息综合处理，在路内区段、编组站和国内同类软件中处于领先水平，获广西科技进步三等奖；“JK-2H 型列车运行监控记录装置的推广应用”，获广西科技进步三等奖；“双线铁路隧道洞口集中式运营射流通风技术”，获铁道部科技进步二等奖；“铁路工程项目审计信息管理系统”，利用电子计算机和现代化管理方式对工程项目审计信息进行有效管理，达到对整个工程项目的经济活动进行实时、动态、全面地监督和控制，获铁道部科技进步三等奖。广西地方铁路有限公司评审奖励合理化建议和技术改进成果 106 项，其中特等奖 3 项、一等奖 6 项、二等奖 5 项、三等奖 2 项、四等奖 7 项、五等奖 22 项、六等奖 61 项。“黎钦铁路施工组织设计”使工程提前 13 个月竣工，实现综合经济效益 1 亿元，获特等奖。

2000 年 8 月，柳州铁路局召开技术创新大会，总结 1996—1999 年科技工作，重奖获 1998 年、1999 年度省部级科技进步奖励项目，落实铁路局科技发展“十五”计划。

2000—2001 年，广西地方铁路有限公司评审奖励合理化建议和技术改进成果 10 项，其中一等奖 2 项、二等奖 1 项、三等奖 3 项、五等奖 4 项。

2003—2004 年，广西沿海铁路公司评审奖励合理化建议和技术改进成果 11 项，其中特等奖 3 项、一等奖 2 项、二等奖 2 项、四等奖 2 项、五等奖 2 项。合理化建议特等奖“以转贷方式运作资金偿还负债”，使利率从 6.9%降至 5.3%，两年节约利息 947.9 万元”。

2000—2005 年，柳州铁路局科技成果通过鉴定 74 项、评定 32 项。完成的科研成果获铁路局科技进步奖 149 项、广西科技进步奖 2 项、铁道部科技进步奖 3 项。“铁路地理信息系统”，把铁路各业务部门的业务信息映射到共享空间数据平台上，建立铁路实现地理环境的空间信息模型，达到国内领先水平，获铁路局科技进步一等奖、广西科技进步二等奖；"计算机编制单线列车运行图"，具有列车运行图资料管理、单双线列车运行图自动编制及人工调整、时刻表输出及指标统计、运行图绘制、车站股道运用绘制等功能，获广西科技进步三等奖；"'GZ-1 型机车走行传动装置车载故障诊断系统'研制及应用"，采用共振解调检测技术，对机车走行部关键的轴承、齿轮的状态进行监测和诊断，获铁道部科技进步三等奖；"铁路限界综合管理信息系统"，可对用隧道限界检测车和人工检测等多种方法采集的数据进行智能化处理，根据货物装载的外形尺寸自动判别超限等级，运用综合限界数据库和超限车有关资料确定超限通行径路，达路内领先水平，获铁路局科技进步一等奖、中国铁道学会科学技术奖三等奖；"CZP-Ⅱ型第二代货物列车动态称重超偏载监测系统"，通过铁道部鉴定，获铁路局科技进步一等奖；"隧道内断轨动态监测装置的研究"，可对非电气化、无轨道电路无缝线路的长大隧道和桥梁的钢轨完整状态进行实时监督，鉴定为国内首创，达到 20 世纪 80 年代末国际先进水平，获铁路局科技进步一等奖；"货车 D 型承载鞍检测台"，实现对货车 D 型承载鞍实施非接触测量，获铁路局科技进步一等奖；"铁路路基岩溶陷穴探测研究"，将浅层地震反射波法应用于铁路路基病害的探测，为检测路基地质病害隐患寻求到一种新的、高效的勘测方法，获铁路局科技进步一等奖；"南昆铁路牵引供电系统能力加强研究"，针对不同牵引变电所，采用 SVC、SCC、增压变压器和 V/V 有载调压牵引变压器的组合技术，安全有效提高接触网电压，满足列车密度增加、牵引吨位提高对供电能力的需要，为电力系统薄弱的电气化铁路实施节约型牵引供电扩能提供成功的经验，获铁路局科技进步一等奖。

1991—2005 年，柳州铁路局获实用新型专利、发明专利 18 项。

表 6-1 **1991—2005 年柳州铁路局科技获奖情况** 单位：项

年份 / 奖励部门	1991	1992	1993	1994	1995	1996	1997	1998	1999	2000	2001	2002	2003	2004	2005
铁路局	16	—	34	24	61	39	21	16	—	24	23	25	23	22	32
自治区	2	3	2	1	2	2	1	1	2	—	—	1	—	1	—
铁道部	2	—	3	2	4	—	2	2	2	—	—	—	1	—	2
合计	20	3	39	27	67	41	24	19	4	24	23	26	24	23	34

第二节 技术管理

铁路运输技术管理

1991 年 7 月，柳州铁路局制订《关于出站、发车进路信号机的设置规定》，要求正线上的出站、发车进路色灯信号机采用高柱信号机，到发线上的出站、发车进路色灯信号机可采用矮型信号机。对达不到区段统一计长的正线、到发线，采取改动出站、发车进路信号机处钢轨绝缘的设置等措施，尽量少影响到发线有效长。

1992 年，南防铁路公司使用 QJ 型蒸汽机车在南宁至防城港间进行牵引试验，下行牵引定数 3000 吨，上行 2800 吨，比使用 JS 型蒸汽机车分别提高 42.9%和 55.6%。

1993 年 3 月，制订《柳州铁路局路外铁路专用线、专用铁道设计评审收费办法》，规定凡铁路局管辖和代管辖范围内，路外(含与铁路联营)铁路专用线、专用铁道新建和改扩建设计，须报经铁路局审查批准。审批前，由局总工室负责组织对可行性研究报告或初步设计进行评审。

1994年4月，根据铁道部关于整顿行车规章制度的要求，由局总工室牵头，安监、运输、客运、机务、工务等部门组成专题组，以《铁路技术管理规程》为主要依据，对与行车有关的规章制度进行清理审核，共清查1174个规章制度，需要修补的260条，新建立143条，废止88条。

1996年，广西地方铁路有限公司组织柳州铁路局的退休专家和公司技术人员成立攻关课题组，开展《关于南防、钦北铁路扩能改造措施》项目攻关。1998年12月，项目的可行性研究报告获自治区发展计划委员会批复。

1997—2005年，全国铁路实施五次大提速，柳州铁路局五次对列车运行图进行全面调整。1997年4月1日，全国铁路第一次实施大面积提速，柳州铁路局提速线路为焦柳铁路，长度235公里，线路允许速度由80公里/小时提至100公里/小时。1998年10月1日，全国铁路实施第二次大提速。柳州铁路局提速路段为南昆铁路那厘至板桃、安龙至局界段，长度280公里，线路允许速度由60公里/小时提至80公里/小时，2000年10月21日，全国铁路实施第三次大提速，柳州铁路局提速幅度较大的线路有：南昆铁路允许速度由80公里/小时提至100公里/小时；黎湛铁路新建复线提至80公里/小时；湘桂铁路桂林北至黎塘段由100公里/小时提至110公里/小时，黎南插入段及外包线提至80公里/小时；黔桂铁路柳州至金城江段由85公里/小时提至100公里/小时。全局提速线路1380公里。2001年10月21日，全国铁路实施第四次大提速，柳州铁路局提速区段黎湛铁路疏解Ⅱ线上下行、黎塘外包线及湘桂铁路小半径曲线改造地段，线路允许速度分别由60公里/小时—80公里/小时提至100公里/小时。全局提速线路130公里。2004年4月18日，全国铁路实施第五次大提速，柳州铁路局提速线路有：湘桂、黎湛、河茂铁路，其中湘桂铁路柳州南至黎塘段允许速度由110公里/小时提至120公里/小时，南宁至江西村段由85公里/小时提至100公里/小时；黎湛铁路允许速度由100公里/小时提至110公里/小时；河茂铁路允许速度由85公里/小时提至100公里/小时。全局提速线路1065公里。焦柳铁路机车索引质量由3000吨提高到3500吨。1997年，广西地方铁路有限公司投资3500.5万元，对南防铁路进行扩能改造，线路允许速度从60公里/小时，提高到80公里/小时，年输送能力提高到900万吨以上。

2001年12月至2002年12月，柳州铁路局根据铁道部《关于加强限界管理全面检测铁路建筑接近限界的通知》要求，检测铁路建筑限界，汇总相关数据，编制《柳州铁路局铁路限界信息综合管理系统》软件，实现铁路限界数据微机管理。

2002年，广西地方铁路有限公司公布公司铁路限界检测区段划分表及超限车经由路径。成立限界检测领导小组，对广西地方和合资铁路建筑接近限界进行全面检测，8月底按规定格式汇总报柳州铁路局。12月，铁路局制订《新建、改(扩)建和大修线路工程铺设线路及有关设备的若干规定》，明确新建、改(扩)建和大修线路钢轨、轨枕、联结零件、道床、道岔等设备的技术条件，并对相关设施限界、电缆埋设要求等作出规定。

2003—2005年，柳州铁路局印发《关于重申在铁路线路范围埋设安装设备及跨越铁路若干规定的通知》，规定路外单位在铁路用地范围内施工项目必须先向局总工室提报初步规划和方案，通过总工室审查批准后，方可进行下一步报批程序。根据铁道部《关于加强限界管理全面检测铁路建筑接近限界的通知》和《中华人民共和国铁路技术管理规程》《铁路超限货物运输规则》等有关法规、规章，制订《柳州铁路局限界管理办法》，并于2005年10月进行修订。铁路局成立限界管理委员会，由分管运输的副局长任主任，总工程师任副主任，局总工、安监室，运输、货运、机务、工务、电务、车辆、土地房产管理处负责人任委员。制订《柳州铁路局局外工程项目在铁路用地范围内施工申请报批管理办法》，加强局外工程在国家铁路用地范围内施工的管理。制订《柳州铁路局行车规章管理办法》，成立行车规章管理领导小组，对行车规章的管理分工、权限、编制原则、发布程序、实施要求等作出规定，实现规章管理规范化。

基本建设技术管理

1991年，柳州铁路局基本建设技术管理主要包括：组织管内新线建设前期论证，既有线改造可行性研究，拟定报铁道部意见；组织对新建铁路和既有线改造初步设计和施工方案评审，提高新建铁路和既有线改造质量，降低建设和改造成本。年内，局总工室完成湘桂铁路南凭段列车无线调度电话工程初步设计、古坡至天西段铁路改线初步设计，黎湛铁路黎塘至贵港段电力贯通线初步设计、贵港站增加股道工程初步设计，桂林北新建集装箱货场设计方案等8项工程设计方案的审查。同年，自治区委托铁二院对钦北铁路设计方案再次进行修改，提出中线综合方案。7月，自治区建委批复同意该方案。

1992年，局总工室完成南昆铁路那厘至百色段技术设计，南昆铁路引入南宁枢纽技术设计，枝柳铁路牙屯堡至柳州段一期扩能改造工程中五个新开站设计方案，黎湛铁路凤鸣至居仕、居仕至黄练、根竹至贵港3个区间(含凤鸣、居仕2站)增建二线初步设计，焦柳铁路牙屯堡至洛满段10千伏电力贯通线工程初步设计，融水站扩建设计方案，宜山站货场扩建修改初步设计等9项工程设计方案的审查。

1993年，局总工室完成黎湛铁路玉林至马坡间新开站等6项扩能工程设计，黎湛铁路增建二线引入黎塘区段站扩建设计方案，黎湛铁路贵港至玉林段增建第二线初步设计，湘桂铁路黎塘至南宁、南宁至凭祥段电力贯通线方案初步设计，金城江站站房扩建方案设计等12项工程设计方案的审查。南防铁路公司组织完成北海站综合大楼初步设计。

1994—1995年，局总工室完成柳州南站整车货场初步设计、桂林南站(平山货场)增加调车线工程初步设计、柳州客技站扩建设计方案、桂林北站扩建设计方案、湘桂铁路黎塘至南宁段技术改造可行性研究报告、焦柳铁路双蒙至罗笛间(牛鼻河)新开站设计方案、桂林北站改扩建设计方案等11项工程设计方案和可行性研究报告的审查。

1996—1999年，局总工室先后完成桂林铁路客运站初步设计、黎湛复线贵港站扩建及八塘至桥圩等四个区间站前工程设计、柳州南编组站扩建设计方案和调车场增加股道初步设计、南宁枢纽南化站设计、宜山站货场扩建设计方案、南昆铁路扩能百色站区改扩建设计、宜山货场改造初步设计、柳州南编组站驼峰自动化改造等9项工程设计方案的审查。广西地方铁路有限公司组织完成黎钦铁路初步设计、北海客车准备所设计方案、南防铁路南宁至钦州段通信光缆设计方案、南宁南机务整备基地设计、合浦货场设计等。

2000年，局总工室完成湘桂铁路黎塘至南宁段增建第二线技术设计，南宁枢纽南环线引入南宁站设计，南宁枢纽工程环发线槎路隧道修改设计，百色和板桃货场扩建初步设计，湘桂铁路永州至黎塘段列车提速可行性研究报告，湘桂铁路列车提速大溪河至塘堡和永福至葡萄间线路小半径曲线改造设计方案，湘桂铁路黎塘至南宁段增建第二线南宁枢纽工程邕宁至长岗岭既有线技术改造设计方案，金城江站前广场规划及站房初步设计，玉林Ⅰ场提速改造设计方案，鹧鸪江站改造初步设计，焦柳铁路柳州至牙屯堡段长途通信光缆工程初步设计，南昆铁路仑圩、喜屯、文佃3个新开站初步设计等12项工程设计方案的审查。

2001—2002年，局总工室完成湘桂铁路黎南段增建二线工程六景至邕宁段提高防洪标准方案，南宁枢纽羽四岭隧道Ⅰ类变更设计，南宁南编组站增加3股调车线变更设计，湘桂铁路永州至黎塘段列车提速工程横山至大溪河和塘堡至永福至葡萄间曲线改造初步设计、绍水至咸水等7个区间曲线改造初步设计、才湾至田心铺至绍水间小半径曲线改造初步设计、全州至才湾间曲线改造初步设计、永岁至新塘坪间曲线改造初步设计。焦柳铁路牙屯堡站增设到发线和三江站货物线延长设计方案，湘桂铁路柳州至黎塘段自动闭塞工程可行性研究，南宁南编组站扩能改造设计方案，柳州站站房改造设计方案和初步设计，贵港站、桂林北站、玉林站Ⅱ场增加股道设计方案等18项工程设计方案的审查。

2003年，局总工室完成黔桂铁路扩能改造可行性研究、南昆铁路南宁南站至威舍站(不含)间牵引供电系统能力增强可行性研究、南昆铁路乐里河新开站设计方案、湘桂铁路永州至柳州段扩能提速可行性研究、新建南宁站至北湖客技站联络线设计方案(修改)、黎湛铁路达速改造可行性研究、改建铁路南宁枢纽扩能工程预可行性研究、桂林客技站扩建初步设计等10项工程设计方案和可行性研究报告的审查。

2004年，局总工室完成黔桂铁路扩能改造工程初步设计，广西沿海南防铁路南宁南至马皇段增开缓开站和到发线延长工程初步设计，广西沿海南防铁路通信、信号、电力设备改造工程初步设计，广西沿海南防铁路车辆设备改造工程初步设计，南宁北湖客技站增建K16、K17整备线初步设计，桂林站改造设计方案，南宁南站峰前到达场初步设计，南昆铁路安龙、郑屯等站增延股道及田林站货场扩建初步设计，湘桂铁路黎塘至南宁南段自动闭塞工程可行性研究，南宁站站房改造设计方案，黔桂铁路扩能改造可行性研究，南宁枢纽扩能工程南宁南至江西村段增建二线可行性研究等18项工程设计方案和可行性研究报告的审查。

2005年，局总工室完成新建洛湛铁路岑溪至玉林段初步设计，黔桂铁路扩能改造工程信号补充方案，湘桂铁路衡阳至永州至柳州段扩能提速改造工程方案，湘桂铁路衡阳至柳州段、柳州至南宁段扩能提速改造工程可行性研究，黎湛铁路黎塘至河唇段自动闭塞改造工程可行性研究，黎湛铁路河唇至湛江段增建第二线初步设计，新建合浦至河唇铁路初步设计，黎湛铁路黎塘至河唇段自动闭塞改造工程可行性研究，湘桂铁路柳州至南宁段扩能提速改造工程建设方案，南昆铁路三塘、山心等7个站增加到发线初步设计方案，百色、那里站货场扩建初步设计，黎湛铁路兴业、吹塘站增加到发线初步设计方案，黎湛铁路黄练、根竹站增加渡线初步设计，湘桂铁路南宁南至江西村间3个路段增建二线工程初步设计和站后改造工程初步设计，新建南宁站至北湖客技站联络线设计方案，南宁南车辆段南场边修线设计方案，洛湛铁路岑溪站和玉林站Ⅰ、Ⅱ场信号平面布置图，柳州南站到达场增加股道工程平面设计方案，南宁南站扩能改造工程设计方案等35项工程设计方案和可行性研究报告的审查。

站区规划管理

1996年以来，柳州铁路局加强铁路站区规划管理，搞好铁路站区规划，促进铁路站区经济、生产和环境的协调发展。至2000年，先后完成金城江、宜山、崇左、兴义4个站区和桂林、南宁南、百色3个地区规划的初稿和崇左、兴义站区，百色地区规划的初审。

1997年，广西地方铁路有限公司完成钦州东生活区和南宁南铁路地区生活区规划。1999年，完成钦州铁路地区规划设计。

2001年10月，制订《柳州铁路局铁路站区规划管理办法》，规定铁路站区规划实行铁路局统一规划、归口管理。铁路局成立站区规划管理委员会，由总工程师任主任，总工、安监室，建设、房地产、计统、财务、劳资、运输、机务、工务、电务、车辆处，公安局，设计院，铁路地区办事处负责人任委员。规划管理委员会是铁路局站区规划归口管理部门，担负铁路站区规划的制订、修改、实施及监督检查等职责。

2001—2005年，柳州铁路局完成黎塘、茂名、河唇站区规划初稿；完成百色地区，崇左、兴义站区规划的修改稿、初审和审查；完成柳州地区，田林、田阳、平果、隆安、安隆、田东、扶绥、凭祥、桂林北、来宾、融安、融水、程村、贵港站区规划的初稿、修改稿、初审和审查。百色地区，兴义、田林、田阳、平果、隆安、安隆、扶绥、崇左站区的规划于2003年公布，融安站区的规划于2004年公布。2005年，广西沿海铁路公司完成防城港站区规划。

第三节　技术监督

管理体制

1991年，广西国家铁路计量工作实行铁路局、铁路分局、基层站段三级管理，由局总工室负责业务指导，具体工作由局计量所承担。柳州、南宁铁路分局，局物资、工程处等设专职计量管理人员，负责辖内各单位的计量管理工作。基层站段设专兼职计量管理人员，负责本单位计量工作。

1995年，广西地方、合资铁路计量工作由广西地方铁路有限公司总工室负责。

1997年11月，广西国家铁路计量工作实行铁路局（业务处室）、基层站段二级管理。铁路局通用和铁路专用计量器具检定工作由局计量所和各基层站段计量室负责。

1998 年 7 月，自治区质量技术监督局赋予柳州铁路局技术监督权。8 月 24 日，局计量所更名为局技术监督所，建制级别由正科级提升为副处级，作为全局唯一法定检定机构承担全局计量检定工作。基层站段根据本单位实际情况，向铁路局计量管理部门申请建标，经考核合格后，可承担本单位计量仪器、仪表检定。供电段（水电段）经自治区质量技术监督局建标考核合格后，负责本单位范围内水、电表检定工作。铁路局电力试验所经自治区质量技术监督局建标考核合格后，负责全局互感器检定工作。

1999 年 4 月，由自治区质量技术监督局和柳州铁路局联合发文成立广西铁路质量技术监督局，设在局总工程师室，受自治区质量技术监督局和柳州铁路局双重领导，行使铁路局内部的质量技术监督职能。

2000 年 6 月，柳州铁路局将锅炉压力容器检验所和能源监测所划归局技术监督所管理。2003 年，锅炉压力容器检验所更名为锅炉压力容器及特种设备检验所。同年，自治区质量技术监督局正式授权柳州铁路局自行开展特种设备检验工作。

2005 年 8 月，柳州铁路局电力试验所划入局技术监督所管理。年末，局技术监督所可开展几何量、热学、力学、电磁学、无线电、时间频率、光学、理化、铁路专用 9 大类计量器具的计量检定，静态轨道衡检定，额定蒸汽压力少于或等于 2.45 兆帕的蒸汽锅炉、压力容器、铁路罐车、电梯、起重机械、厂内机动车辆的检验，变配电所年度预防性试验和能源监测等工作。

监督管理

1991 年，柳州铁路局技术监督部门完成柳州铁路装卸机械厂等 28 个单位计量定级任务。10 月，根据铁道部规定，计量升级、定级工作停止。

1992 年 5 月，柳州铁路局召开计量管理工作会议，要求将计量工作的重点逐步转移到现代化管理上来。年内，完成质检机构认证，能源检测站、电力试验所、工程试验室等取得合格证书。加强对铁路运营衡器的管理和改造，在凭祥站安装 1 台 100 吨的静态轨道衡，改造地秤、加油机、轮轴压入记录仪等计量器具。推广应用电子计算机技术，建成计量工作微机网络，开发计量管理软件在全局推广应用。

1993—1994 年，柳州铁路局两次召开计量管理工作会议，重新公布《国家轨道衡计量站柳州分站轨道衡计量管理细则》，印发《关于全局统一审定、归口管理购置计量器具的通知》，加强计量管理。对基层站段的计量标准进行复查考核。1994 年 10 月，南防铁路公司印发《关于开展计量器具清查及编制 1995 年度计量检定计划的通知》，要求建立计量器具台账、计量机构及人员网络。

1995 年，柳州铁路局开展庆祝《计量法》颁布十周年系列活动，召开庆祝表彰会，表彰国家级计量先进个人 1 人、铁道部级 3 人、自治区级 20 人。7 月—8 月，由局计量所牵头，分三个组进行计量监督检查，检查基层单位 43 个。年末，全局建立局级计量标准 40 项，站段级计量标准 256 项，计量标准配备率、周检率 100%。

1996—1997 年，国家技术监督局和铁道部对国家轨道衡计量站柳州分站进行复查验收，换发计量授权证书。局计量所参加自治区质量技术监督局组织的强检工作检查组，对铁路局主要车站的行包衡器、医院的天平、血压计等强检计量器具进行检查。召开主要站段计量管理人员工作会议和轨道衡管理检定研讨会，加强计量队伍建设。两年，完成基层单位 174 项计量标准复核、45 项计量标准建标工作。局计量所被评为 1996 年度自治区技术监督先进单位。

1998 年 4 月，自治区质量技术监督局对局技术监督所 30 项最高标准和电力试验所的 3 项标准进行复查考核。中心防疫站和电力试验所分别通过自治区、铁道部的计量认证复核验收。

1999 年 4 月，自治区质量技术监督局对局技术监督所进行“法定计量检定机构”考核验收，获得授权证书。局技术监督所对铁路局 13 个系统、100 个基层单位的计量管理、检定人员和计量标准、计量器具重新登记造册。6 月，印发《柳州铁路局质量技术监督管理办法》，在桂林召开铁路局管内轨道衡用户计量管理年会。年内，“柳局计量管理微机软件”在全局 100 多个基层单位推广使用。

2000 年，柳州铁路局技术监督部门在全国铁路计量工作会议上作《柳州铁路局技术监督体制和产品研制推广》专题介绍。完成“钢轨探伤仪检定装置”“经纬仪(含水准仪)检定装置”和“刀口形直尺检定装置”3项全局最高计量标准的新建标工作和9个站段26项计量标准的建标、复核工作。12月,广西地方铁路有限公司组织检查组检查公司基层单位计量工作,通报检查结果。

2001年,柳州铁路局根据铁道部新颁布的《铁路计量管理办法》,制订《柳州铁路局计量管理细则》。对管内定量包装商品生产单位进行计量确认定级,对柳州水电段的水电表、液化石油气站的充气量和柳州站的食品定量包装进行检查,保障职工及消费者的利益。4月,国家轨道衡计量站柳州分站通过国家质检总局的考核复查,获国家“法定计量检定机构”授权。5月,配合铁道部计量检查组对柳州机务段等4个单位进行计量检查。年内,对铁路局锅炉、配电间进行能源测试,完成25个基层单位105项计量标准的考核复查。

2002年,局工务处印发《关于加强对钢轨探伤仪检定仪管理的通知》。技术监督部门制订《列车尾部安全装置检测台测试标准》,完成列尾装置检测技术准备工作;完成“端度类铁路专用标准器检定装置”“样板类铁路专用标准器检定装置”“轮径尺检定装置”“扭矩扳手检定器检定装置”和“钢轨测温计检定装置”5项铁路专用计量最高标准的建标工作,通过铁道部考核组建标考核。考核各站段新建或到期复查的12项计量标准。

2003年,柳州铁路局技术监督部门在应对“非典”疫情期间,对铁路局主要车站,客运段,医务、教育部门“非典”用检测仪器近500台(件)进行检测。在铁道部组织的计量能力比对中获得第一名。6月,自治区质量技术监督局正式授权局技术监督所开展特种设备检验工作。9月,局技术监督所获自治区消防局授权,正式开始全局消防设施的检测工作。广西沿海铁路公司印发《广西沿海铁路股份有限公司计量管理办法》。

2004—2005年,柳州铁路局技术监督部门组织人员,按《法定计量检定机构考核规范》的要求,修订《质量手册》《程序文件》和《作业指导书》,建立新的质量管理保证体系。通过广西质量技术监督局组织的法定计量检定机构复查考核和对铁路局2项最高计量标准的复查考核。通过铁道部考评组对4项铁路专用计量标准的复查考核。局技术监督所组织机务、工务、车辆、水电(供电)段等15个单位参加计量能力比对,对南宁车辆段等5个单位的27项计量标准进行复查考核。

人员培训

1991年,柳州铁路局技术监督部门通过自培和送培等方式培训技术监督管理和计量检定人员,提高技术监督和计量检定人员素质,为铁路运输生产提供技术支持。

1993—1995年,柳州铁路局技术监督部门举办3期计量管理软件培训班和扭力扳手检定员培训班,3期计量检定员培训、考证班和国际标准ISO 10012计量质量认证学习班,5期长度三大类、电学三表、支距尺、地称机电结合和地称司榜等计量人员培训班,培训计量专兼职管理人员、计量检定人员近1000人次。

1996年,柳州铁路局技术监督部门举办轨距尺、轮对内距尺、车轮检查器计量检定员,地中衡司磅员等上岗人员培训班培训179人;190名强检计量人员参加自治区技术监督局组织的计量检定人员普查和统考,全部通过考核。

1997—2000年,柳州铁路局技术监督部门举办铁路计量微机管理系统软件培训班,计量管理和检定人员学习班和考证培训班,长度、电学和铁路专用计量设备人员考核培训班12期,培训计量专业人员510多人次。

2001年,柳州铁路局技术监督部门举办压力表检定员培训班、技术监督管理系统软件培训班、自治区质量技术监督局考核换证培训班,培训技术监督管理人员47人、计量检定人员81人、考核换证人员81人。

2002年,柳州铁路局选派61人参加自治区、铁道部举办的《计量标准考核规范》《测量不确定度评定与表示》培训班;选派9人到自治区技术监督所接受特种设备检验培训考核,获得特种设备检定员资格证书。对全局检定人员进行“测量不确定度评定”培训;完成全局计量检定人员考核换证工作;举办长度、力学、电学及铁路专用计量设备检定人员资格考试培训班,120人取得各项目计量检定证。自治区质量技术监督局正式授权柳州铁路局自行开展特种设备检验工作。

2003—2005 年，柳州铁路局选派 102 人参加自治区、铁道部举办的各类计量培训班。铁路局每年都举办计量检定员考证、特种设备操作人员换证、取证培训班，培训特种设备操作人员 1700 多人次，杜绝无证上岗现象；培训计量检定人员 107 人。

1991—2005 年，广西合资铁路组织参加柳州铁路局举办的计量培训班 10 期培训 26 人。

1995 年，局计量所技术人员检定示波器

计量器具检定

1991—1993 年，柳州铁路局的计量器具检查工作，主要由局计量所承担，部分由基层单位承担。3 年来，局计量所完成计量器具检定 61.02 万台件，其中长度 6.14 万台件、力学 25.3 万台件、温度 1.57 万台件、电磁 24.19 万台件、无线电 2836 台件、衡器 7510 台件、铁路专用计量器具 2.41 万台件、其他 3785 台件。南防铁路公司的专用计量器具送局计量所检定，通用计量器具交当地有资质的计量检定机构检定。

1993 年后，局计量所的工作重心转移到加强计量法制建设上，许多计量器具的检修工作由已完成定级的基层单位自行完成。

1995—1996 年，柳州铁路局的 32 万多件计量器具都按检定周期送检，周检率 100%。

1998 年，广西合资铁路计量器具送柳州铁路计量所检定 19 件(台)，送钦州市技术监督所检定 10 件（台），送自治区技术监督局检定 350 件(台)。

2001 年，局技术监督所完成计量器具检定 1.25 万台件，轨道衡检定 30 台次，创产值 50 万元。完成锅炉定期检验 155 台次、压力容器定期检验 48 台(其中液化石油气储罐 12 台)，检验液化石油气铁路罐车 55 辆（其中大修检验 6 辆、中修检验 49 辆)，对 18 台新装锅炉进行安装质量监检。按计划对全局锅炉、配电间进行测试。

2002 年，局技术监督所检修计量器具 1.61 万件，完成检修产值 58.8 万元。检验锅炉 113 台次、压力容器 64 台；测试供电系统电损 24 处、电机运行参数测试 49 台。经检验、测试，发现 7 台锅炉存在安全隐患，决定其中 3 台停止运行；发现21 处供电系统功率因素达不到 0.9，电损较大。1999—2002 年，广西合资铁路计量器具送柳州铁路技术监督所检定 19 件(台)、送钦州市技术监督所检定 10 件(台)、送南宁南车辆段检定 72 件(台)、送自治区技术监督局检定 350 件(台)。

2003 年，广西沿海铁路公司建立交直流电压电流检定装置和压力表标准装置两个计量标准。

2004—2005 年，局技术监督所完成计量器具检修产值 159.2 万元，完成起重机、电梯检验 920 多台，锅炉、压力容器和铁路罐车检验 466 台(辆)，厂内机动车辆检验 50 台，发现问题和安全隐患 1000 多个，均现场指出或发整改通知。对 37 个单位的供电系统电损参数及自动消防喷淋系统进行检测，完成水平衡测试工作。

1991—2005 年，广西合资铁路送柳州铁路局技术监督所检定专用计量器具 262 件(台)，送自治区技术监督局检查压力长度等计量器具 1900 多件(台)，送南宁南车辆段检定阀表等 360 多件(台)，送地方技术监督所检定计量器具 60 多件(台)。

计 量 设 备

1991 年，柳州铁路局有计量器具、仪表 16.34 万台(件)，其中强检计量器具 12.45 万台(件)。局计量所拥有固定资产370万元，其中计量检定系统建立41套全局最高计量标准、24套工作标准和5套铁路专用器具标准装置，价值130万元。

1992—1999年，柳州铁路局投入137.25万元购置计量器具和仪表。

2000—2002年，柳州铁路局投资119.55万元，更新信号发生器检定装置，购置XX2505型X射线探伤机、钢轨测温计检定装置等设备。

2003—2005年，柳州铁路局投资120万元，装修局技术监督所检修大楼；投资117.81万元，更新钢轨探伤仪检定仪检定装置；新购转向参数测试仪、制动性能测试仪、前轮定位测量仪等各种计量器具和检测仪器。

2005年年末，柳州铁路局有计量器具、仪表21.87万台(件)。局技术监督所的主要设备有：二等活塞压力计标准装置，二等铂铑10-铂热电偶标准装置，交直流电流、电压、功率表检定装置，示波器检定装置等53套(项)全局最高计量标准或强检工作标准；铁路专用端度类检定装置、钢轨测温计检定装置等6套(项)全局铁路专用最高计量标准；电梯限速器测试仪、旋转磁场探伤仪、X射线探伤机等72台(件)特种设备检验仪器；T6F、T7静态轨道衡检衡车3台，以及高压试验台、微机保护测试仪等试验仪器。广西沿海铁路公司有计量仪器仪表固定资产772.2万元。

计量科研

1992—1995年，柳州铁路局技术监督部门推广应用电子计算机技术，建成柳州铁路局计量工作微机网络，并不断开发计量管理软件向全局推广。局计量所主持研制的“铁路车辆轮对检验台”“微机轮轴压入记录仪”“钢轨探伤仪检具”等通过铁路局级鉴定，其中“铁路车辆轮对检验台”获铁路局科技进步一等奖。“JL86系列机车、车辆轮径测量器”“扭力扳手检具”获广西新产品开发成果二等奖和三等奖。局计量所、局车辆处、车轮厂联合研制的“微机轮轴压入记录仪”获铁路局科技进步二等奖，除在局内使用外还在郑州、沈阳等铁路局推广使用。局计量所研制的“内燃机车、电力机车不落轮对车床车轮外径测量仪”通过铁路局级鉴定和铁道部评审，并在路内示范推广。“钢轨探伤仪检定仪”被铁道部列入新技术示范性推广计划，获铁路局1995年度科技进步二等奖，“电子显示器在地中衡的推广应用”获铁路局1995年度科技推广应用四等奖。

1996—1997年，由局计量所主持的科研课题“滚动轴承轴径测量仪”完成调试，在柳州车辆段等单位试用并和“机车不落轮对车床车轮外径测量仪检查器”分别通过铁路局鉴定和评定。“钢轨探伤仪检定仪”获铁道部科技成果四等奖，“机车不落轮对车床车轮外径测量仪”获铁路局科技进步二等奖。开发“新型轮径测量标准器”“圆弧半径测量仪”及“大量程数显扭矩校验器”。销售研制产品近200台件，产值55万元。

1998年7月，由柳州铁路局相关部门共同参加研制的“铁路环保信息微机管理系统”，通过铁路局科技成果评定。9月，由局技术监督所主持研制的“机车燃油卸发监控管理系统”，获铁路局科技进步三等奖。12月，“工务曲线圆顺度检测仪”样机，通过铁道部组织的测试和评审。年内，局技术监督所销售研制的铁路专用计量器具80台，其中轮径尺49台、钢轨探伤仪检定仪9台、不落轮对车床车轮外径测量仪6台，扭力扳手检具16台。

1999—2001年，局技术监督所开发的“计量管理微机软件”在全局100多个基层单位推广使用，“柳州铁路局技术监督信息系统”在全局推广应用。“新型微机轮轴压入记录仪”在柳州车轮厂、上海铁路局淮南车辆段、太原晋西集团公司和呼和浩特铁路局包头车辆厂等路内外单位应用。完成钢轨道岔多功能测量尺样机制作。2000年销售铁路专用计量产品200多万元。

2002年，局技术监督所研制的“智能型轮轴压装记录仪”和“柳州铁路局技术监督信息管理系统”通过局级鉴定和评定，获2002年铁路局科研成果二、四等奖。年内，由局技术监督所、局车辆处、柳州车辆段合作研制的全国铁路第一台全自动“货车承栽鞍D型检测台”已完成全部设计、调试工作，在柳州车辆段试用；2003年7月，通过铁路局科技成果鉴定；2004年5月，通过铁道部级技术评审，在全国同类项目中惟一获得在全国铁路推广的资格，已在郑州铁路局推广使用；2005年，获铁道部科技进步三等奖。

第二章 信息技术

第一节 网络建设

1991年,局电算所和铁道部以及柳州、南宁铁路分局电算所通过铁路专线联网;局电算所机房到局机关业务处室敷设同轴电缆,各处微机通过网卡联网;铁路局、铁路分局机关业务处室通过拨号电话与站段联网,形成铁道部—铁路局—铁路分局—运输站段专线网络。

1995年,由南宁铁路分局投资,对南宁站生产网络系统进行改造,用通信电缆将车站的客、货运各作业点连通,组成车站局域网络,由南宁铁路分局电子计算所开发应用软件,建立"南宁站客货运输综合信息系统",使车站客运服务,行包,货运营业的制票、交付,篷布、集装箱、站调、货调实现计算机联网。"南宁站客货运输综合信息系统"获铁路局科技进步一等奖。年内,柳州铁路局计算机网络在原有铁路局、铁路分局DECNET网外,增加X·25数据分组交换网,网上运行应用项目14项。

1996年,柳州南站生产网络完成前期准备工作,新建计算机主机楼,敷设通信电缆联通到达场、调车场、出发场、站办公楼和柳州东站四调各作业岗位。1997年,铁道部投资214万元,实施小型计算机系统安装。系统初期使用国产曙光GBT335T小型计算机作为网络主处理机,到达场,出发场,编组场的站调、助调、车号、编组、区长、驼峰顶、调车、信号楼、控制楼值班员等28个岗位配置微机或终端机,组成车站生产办公网络,安装北方交通大学开发的"编组站应用软件",建成柳州南编组站信息管理系统。系统完成接收确报信息、生产解体计划、编组调车计划、钩计划,发送到各作业岗位的工作人员,最后形成列车确报发送到前方车站。柳州南编组站信息系统的建成,使车站的解编能力提高。2001年7月,铁道部用1BMRS 6000/H70双机更换曙光小型计算机,并且切换使用铁道部推广的标准编组站系统软件。2002年,车站投资117万元进行生产网络系统改造,由局信息技术所开发集成系统管理软件,将站内多系统多平台的信息数据集中管理,达到信息资源共享。

1997年,柳州铁路局的计算机网络经过多年建设,已经形成广域网,局域网,多机种、多协议、多种网型互联的网络。铁道部到铁路局有卫星、专线两种联网通道;铁路局到客货运微机制票站、计算机确报站为X·25数据分组交换网;铁路局到柳州、南宁、桂林、湛江等客运机房为专线联网;机务系统、十八点统计系统、装卸管理系统通过电话拨号联网,计算机网络通道延伸到基层运输部门和岗位。年内,铁道部下发《关于数据通信网二期工程实施工作有关规定》,实施TMIS、DMIS、PMIS三大信息系统三年通信攻坚。柳州铁路局电务部门在湘桂铁路桂林至柳州、柳州至黎塘、黎塘至南宁、南宁至凭祥段,焦柳铁路柳州至牙屯堡段,黔桂铁路柳州至金城江段,黎湛铁路全线敷设长途光缆,为铁路局计算机高级网络建设创造条件。

1998—2000年,柳州铁路局计算机网络发展成以铁路局机关为中心,辐射全局37个站段的星形网络。铁道部投资800多万元,对柳州铁路局机关网络进行改造。配置6台小型计算机、11台网络交换机、29台集线器等高速网络设备,楼与楼之间采用多模光纤,楼内各办公室采用双胶线综合布线,使局机关大院内外的15幢办公楼连成一体,形成高速计算机网络,传输最高速率100兆—1000兆,并与各主要站段联网。由铁道部投资购置计算机设备和网络设备，柳州铁路局提供配套资金，先后实施桂林北、金城江、柳州、柳州东、柳州北、黎塘、南宁、南宁南、凭祥、湛江、茂名、贵港、玉林和融安等68个车站和柳州、黎塘、河唇、宜山、融安、桂林、全州、崇左、百色9个车务段的运输生产网络建设，配置性能更好的路由器、网桥，提高网络速度，其中柳州东、黎塘、南宁南、南宁、湛江配置2台小型计算机作为数据处理服务器，其他站段各配置2台微机服务器作为数据处理服务器。

2001年，柳州铁路局对铁道部2兆速率专线通信通道开通，将网上运行的所有应用项目都切换到高速网运行，网络环境改善，数据传输速度提高。

2004年，柳州铁路局完成3个车辆段和柳州机车车辆厂2M通道建设，南昆铁路TMIS网络补充建设，广西沿海铁路公司完成北海、钦州、防城港至南宁总部的网络主干线建设。年末，柳州铁路局对铁道部有4条2兆（波特）网络专线，铁路局对12个主要站和各车务、机务、车辆段各有1条2兆网络专线，各车务段对管内的车站为9600波特网络专线。

2005年，柳州铁路局新增2条2兆通道连接铁道部机关网络。年末，有23个应用项目在网上运行。各TMIS车站，车务、机务、车辆、工务段都先后建立起自己的局域网，达到站（段）内运输信息资源共享和办公自动化，并通过路由器和铁路局网络联网，速率2兆。广西沿海铁路公司完成机关局域网建设并通过专线接入自治区人民政府、党委的互联网系统。

第二节　信息系统建设

运输组织信息系统

1995年，柳州铁路局开始推进“铁路运输管理信息系统建设。年内，铁道部给铁路局下达20个车站的“货运制票系统”建设任务，设备投资204.6万元。铁路局，柳州、南宁铁路分局电算所参加设计，并完成20个车站计算机设备的安装和联网工程。1996年，实施18个车站的微机制票和在小型计算机上建立票据库，完成柳州、南宁、玉林站与铁路分局的联网试验。1995—1997年，广西地方铁路公司先后在防城港、钦州、吴圩、茅岭、北海、合浦、钦州东，钦州港站推广使用柳州铁路局电算所开发的“货运制票系统”。1998年，柳州铁路局完成鹿寨、穿山等25个小货运站与铁路局联网，全局有45个站实现微机制票、40个站与铁路局联网。2000年，铁路局有微机制票站70多个，微机制票率95%。局电算中心重点抓货票库建设和提高货票信息入库率。年末，货票信息入库率95%以上。2001年，柳州铁路局推广铁道部设计的“基于windows98平台货运制票统一软件”，并按照铁道部的要求，进行“路局直管站段”管理模式的货票信息库建设试点工作。2002年一季度，建库软件通过铁路局科委组织的技术鉴定，货票三级建库在柳州铁路局实施。全局微机制票率100%，货票信息入库率100%。“货运制票信息系统”的建成，取得减员提效、压缩车辆周时、提高运输整体效益和高质量为货主服务的显著效果。

1995—2002年，柳州铁路局建设车号自动识别系统。2000年前，铁道部实施车号刷新工程，对全路45万辆货车重新进行编码，号码由6位数字改为7位，并装上电子标签，为自动抄车号做好准备工作。2000年10月，柳州铁路局车号自动识别系统（简称ATIS）工程正式启动，铁路局成立以总工程师为组长的车号自动识别系统工程领导小组，指定局电算中心为工程建设单位。主要工程包括15个车站子系统、13个列检所列检复视系统、5个机务段的10个机务闸楼子系统、局监控中心系统（包括电算中心、机务处、车辆处3个子系统）、统计复算系统（由茂名、牙屯堡、凭祥、塘口站和局计统处运统部的计算机网络组成）、站修所编程网络系统（由柳州南、桂林北、金城江、黎塘、南宁南、湛江、茂名7个车辆站修所的计算机网络组成）和备件、备品等工程。在15个车站安装43套高、低速地面自动识别设备，25台微机服务器；在13个列检所安装17台列检复示设备；在5个机务段的10个闸楼安装10套地面自动识别设备,5台微机服务器。第一期工程完成8个车站、10个机务闸楼设备安装,共安装车号自动识别设备36台、计算机8台、列检复示设备8台,2001年6月底,设备安装完成并通过铁路局验收,7月1日正式启用。第二期工程2001年10月启动,包括桂林北、融安、金城江、贵港、玉林、凭祥6个车站系统,主要工程有新建车号自动识别系统机房2个,新建二路电力工程12处,敷设通信通道电缆16公里,车号自动识别设备、CPS设备的购置安装。2002年8月完成第二期工程验收,9月完成铁路局车号信息库设备安装调试及铁路局,局机务处、车辆处监控中心的设备安装调试,年末完成柳州南、桂林北、金城江、黎塘、南宁南、湛江、茂名等站修所"标签编程网络子系统"设备安装并投入使用。车号自动识别系统建成后,铁道部以系统收集的信息作为向柳州铁路局收取货车使用费的依据,同时为铁路车辆追踪、车辆检修控制服务。2003年,广西沿海铁路公司投资在防城港轨道衡建设车号自动识别系统;2004年,在北海、钦州站建立车号自动识别系统。

1996年,柳州铁路局开始确报信息系统建设,当年完成24个站初步设计。1997年,铁道部投资108.75万元、铁路局投资4.5万元,对桂林北、东安、鹿寨、鹧鸪江、柳州南、来宾、南宁、南宁南、崇左、凭祥、黎塘、贵港、玉林、湛江、茂名、金城江、南丹、融安、牙屯堡等28个车站,铁路局,柳州、南宁铁路分局3个调度所进行计算机设备和系统软件安装并先后投产。1998年末,广西地方铁路有限公司建成公司调度所,钦州、防城港站三个确报点,初步形成公司确报信息系统。2000年4月,铁路局电算中心对局调度所的"多平台计算机列车确报综合应用系统"升级开发。2001年,确报信息系统竣工验收。所有列车确报信息,由铁路局转发到装有确报信息系统的目的地车站。车站根据确报信息,及早作出列车计划方案。

1998—2000年,柳州铁路局实施"车站现在车管理信息系统"建设,工程投资3166.88万元,其中铁道部投资2932.73万元,铁路局投资234.15万元。1998年6月,经过局电算中心、北方交通大学、柳州南站共同努力,柳州南站"计算机现在车管理信息系统"投产。1999年,实施柳州、柳州北、茂名、玉林、贵港、凭祥、桂林北、金城江、融安9个中型"车站现在车管理系统"建设。2000年实施黎塘、南宁、南宁南、湛江4个大型区段站和柳州东大货运站"现在车管理信息系统"建设。"现在车管理信息系统"的计算机及软件由铁道部提供,各车站组成一个计算机局域网,站内的站调、助调、货调、车号、编组区长、调车作业的所有岗位配备微机或终端。系统能完成确报信息接收,辅助站调编制调车计划、钩计划并形成确报信息后发送到铁路局和前方车站,产生十八点运用车报表、十八点现在车重车空车表等十八点统计信息数据。2004年,广西沿海铁路公司在防城港、北海、钦州站安装现在车系统。

1998—2002年,柳州铁路局根据铁道部的安排,进行"集装箱追踪系统"建设。1998年,首期试点站为桂林北、柳州东等4个车站。年末除完成试点4个车站的内通道建设、集装箱管理岗位的电子计算设备和箱号追踪软件安装调试,还完成玉林、贵港"集装箱追踪系统"的建设和与铁道部集装箱信息联网。1999—2000年,进行"集装箱追踪系统"二、三期工程建设,完成南宁南、柳州北、凭祥等15个车站,广西地方铁路有限公司完成防城港站计算机设备和应用软件的安装、调试,通过计算机网络向铁路局集装箱管理中心传送集装箱追踪信息。2001年3月1日,铁道部将集装箱追踪信息作为对柳州铁路局费用清算的依据。针对已建成的22个车站"集装箱追踪系统"运行中存在的问题,局电算中心课题组深入现场,进行技术攻关,提前完成全局集装箱追踪系统的建设任务。2002年,局电算中心根据铁道部的决定,完成已建成的22个车站集装箱追踪软件由DOS版到WINDOS版的升级,并完成防城港、湛江港、地方和合资铁路"集装箱追踪系统"的建设,保证铁道部对铁路局集装箱使用费清算工作顺利进行。

2003—2004年,柳州铁路局实施"调度管理信息系统"建设工程。"调度管理信息系统"由"货运调度系统""车流计划调度系统""列车运行图系统""客运调度系统""施工调度系统"和信息共享平台组成。铁道部投资购置设备和软件,为铁路局总调度所各岗位配置微机74台、工作站微机9台、打印机71台、网络设备1台、绘图仪2台。"调度管理信息系统"的投产,使上级运输调度信息的获得，调度命令的产生、传输和各种图表的输出电算化，完全摆脱人工接收、手工记录、电话下达命令的落后方式，使调度人员更加及时、全面、准确地掌握运输调度指挥的各种信息，均衡地组织运输生产，提高运输计划的兑现率和运输效率。

客货营销信息系统

1996年9月，柳州铁路局投资1800万元建设柳州、南宁、桂林、湛江四大客运站“客运计算机电子售票系统”。年内，完成4个站的计算机等设备安装。每个站配置2台小型计算机、25台微机及相应的网络设备，实现计算机联网售票。

1998年，建成桂林北、玉林、黎塘、贵港、茂名、金城江等8个车站“客运计算机售票系统”。建立铁路局客票票务管理中心，实现铁路局管内各车站的客票动态管理、集中调度。在柳州、南宁、桂林市市区各建立2个计算机联网售票站；在柳州、桂林市市区各建立10个售票点。同年，柳州铁路局、广西地方铁路有限公司进行货运营销生产计划（管理）信息系统建设。柳州铁路局组成4个实施小组，分线分段包干，完成柳州东、桂林北、金城江、湛江、茂名等45个车站的货运营销信息系统工程的设备安装、调试和订单录入。37个车站实现与铁路局联网开通。

1999年，柳州铁路局建成全州、鹿寨、融安、来宾、崇左、百色等10个车站的“客运计算机售票系统”。局电算中心为局内54个货运站段的计划工作岗位安装计算机设备和应用软件，实现站段直接与铁路局计划调度联网。1999年4月，广西地方铁路有限公司货运营销生产管理系统联网投入使用。

2000年，柳州铁路局完成南昆铁路百色、兴义等18个车站的货运营销系统建设。

2001年，柳州铁路局新建牙屯堡、三江等22个车站的“客运计算机售票系统”。完成各车站“客运计算机售票系统”软件升级3.0版和“安全监控系统”安装工作。年末，全局有客运计算机售票车站63个、全国联网售票车站13个、全国联网售票窗口82个、远程售票窗口21个，全局旅客发送量的75%实现电子化售票。

2002年，局票务中心和主要站客运计算机电子售票系统实现4.0版软件升级，系统储存器升级，并安装防止计算机病毒、“黑客”入侵的安全监控系统。年末，全局有21个车站完成软件4.0版的切换，系统存储器升级。实现全国联网售票窗口近100个，非联网计算机售票点47个，非联网售票窗口150个，远程售票窗口21个。全局电子化售票量占全局旅客发送量95%。8月，局运输处技术计划编制人员正式使用“货运技术计划管理信息系统”，实现与“货运营销系统”同步编制月度技术计划，计划与方案一体化。

2003年，局电算中心实施货运营销系统全面升级换代，更换68个站段计算机设备及应用程序并对广西沿海铁路公司、广西地方铁路有限公司柳州公司货运营销系统升级。下半年，完成68个车站统一基础代码系统的移植安装工作。

2004年，柳州铁路局完成南宁、柳州、桂林、湛江、玉林、贵港站“快速补票系统”建设。

2005年，局信息技术所整合铁路局客票通道，完成柳州、南宁、桂林站“卡式票”系统的建设投产。年末，实现百分之百车站联网售票，全局计算机售票率100%。“客运计算机售票系统”的建成，使售票时间从原来每张2分钟压缩到30秒左右，减少旅客购票等待时间。同时减少列车坐位虚糜，提高运输效益和铁路客运的市场竞争能力。

经营管理信息系统

1991年，柳州铁路局“经营管理信息系统”建设已全面展开。局计统处实现货车统计三级联网，铁路财务通用软件在全局大面积推广，财务处实现财务信息传输。局办公室和局电算所开发的“办公自动化系统”试运行，公文管理基本实现计算机和网络化传输。

1993—1994年，局电算所开发的“运输收入财会工作管理系统”“铁路职工工伤事故情况检查分析系统”，局物资处开发的“物资网络管理系统”“劳保用品管理系统”，局工程处开发的“职教工作管理信息系统”投入使用。

1995年，局电算所开发“计划统计处管理信息系统”“局机关综合查询系统”“人事劳资福利综合处理系统”“房建管理信息系统”和“局党办办公信息系统”。局工程处开发的“审计信息系统”通过铁路局鉴定。

1996年，柳州铁路局投资118万元，由局电算所完成“铁路局综合信息查询系统”二期开发，使局机关各处室的运营信息、请求报告、汇报材料、文秘档信息从网上传输，取消100多个纸样报表和15类文字材料的报送，向无纸化办公迈出重要一步。年内由局办公室开发的“乘车证微机管理系统”投入使用，使乘车证的填写、发放管理微机化。

1995年，局办公室开发的乘车证微机管理系统投入使用

1997年，“科技信息微机管理网络系统”投入使用。

2001—2004年，柳州铁路局信息技术部门以DOMINO为开发工具，开发铁路局机关公文流转发文、收文系统，直接利用计算机系统对收发文进行管理，提高办公效率和办公质量，实现以无纸化办公为标志的办公自动化和办公现代化。局劳资处完成“劳资统计网络子系统”开发。局电算中心完成“劳动统计报表信息管理系统”在全局主要站段联网，“乘车证管理系统Windows版”升级后在全局各单位的开发与建设，“档案馆信息系统”的开发与建设和“劳资编制管理信息系统”的开发。广西地方铁路有限公司建成财务专用计算机局域网。

2005年，局信息技术所完成“全局信息发布系统”“政法综合治理与铁路联防信息系统”“网上物资资讯与交易平台”“全局党务基本管理信息系统”的开发。局人事处人才网拨号连接入网开通。

第三节 软件开发

1991—2005年，柳州铁路局开发软件176项，其中获铁路局科技进步一等奖4项、二等奖3项、三等奖5项。大多数应用软件为铁路局、铁路分局、业务处室和运输单位的辅助管理软件，对铁路局运输生产、调度指挥、客货营销、经营管理的现代化具有推动作用。

1991—1994年，柳州铁路局开发计算机软件80项，其中局办公室和局电算所开发的“办公自动化系统”，经铁道部办公厅、科技局鉴定，处于全国铁路领先地位；南宁铁路分局电算所开发的“湛江站现车管理系统”，经铁路局科委办鉴定，处于同类系统领先地位。

1995年，柳州铁路局开发“机车周转图管理系统”“工务综合信息系统”“十八点统计系统”等应用软件19项，其中柳州铁路分局电算所开发的“车机联控信息网络系统”以列车安全信息为对象，功能齐全，使用、维护方便，获铁路局科技进步二等奖和柳州铁路分局科技进步一等奖；“局党办办公信息系统”推广到哈尔滨、北京、上海、郑州、广州等10个铁路局。

1996年，柳州铁路局完成“货运计划和技术计划系统”“乘车证微机管理系统”等应用软件4项，局电算所和局机务处开发的“电力网络动态及电力调度管理信息系统”，能够对全局电力网络实行计算机管理和三级联网管理，提高电力调度的现代化水平。局电算所开发的“唯斯表处理系统”，彻底改变货运计划、技术计划编制工作中的手工作业状况，每月可完成200多个报表编制任务，工作效率大大提高。局电算所开发的“全国铁路通用分段里程计算程序”，根据货运发到站，自动准确地反映货运路径，并分段计算出运输里程，数据库维护方便，在全局货运站推广使用。

1997—2000年，柳州铁路局完成“客票微机远程售票系统”“列车长微机补票系统”“军运管理信息系统”“科技信息微机管理网络系统”“票务中心管理信息系统”“柳州南站综合信息管理系统”“干部处就业统计系统”“铁路客流统计系统”“车号识别综合软件”“机房远程监控系统”“局调度工作日况信息管理系统”等23项应用软件的开发和投产。

1991年1月，柳州铁路局客票管理中心电子计算机联网售票系统投入运行

2001年，柳州铁路局完成“铁路货票综合管理系统”“客票信息综合管理系统”“局机关公文流转收发文系统”“车号识别监控系统”“中国共产党基础信息管理系统WINDOWS版”等6项应用软件的开发。电算中心开发的“车号识别监控系统”，实现远程监控14个主要车站的车号识别信息，为车辆调度和局电算中心机房值班人员及时发现和排除车辆故障赢得时间，为铁路局运输增加效益。局电算中心开发的“铁路货票信息综合管理系统”，通过对全国铁路货票信息数据的提取、分析、加工整合，实现货票信息仓库的动态管理，为用户提供铁路货票信息的全方位在线查询，在全国铁路处于领先地位，获铁路局科技进步一等奖。

2002年，柳州铁路局完成“剧毒品运输管理系统”“全局行包制票系统”“局安全信息管理网络系统”等7项应用软件的开发和“集装箱追踪系统”“柳州东站货运信息系统”“客运计算机售票系统”软件的升级。局电算中心开发的“公文流转管理系统”，实现公文收发文全程电算化处理和流转过程的全程监控，公文流转安全可靠，系统自动与铁道部统一软件“档案管理系统”衔接，实现文档一体化和无纸办公。局电算中心和局总工室开发的“铁路界限综合管理信息系统”，应用于铁路界限检测和超限运输管理，在运行图上编辑超限车通行径路，根据车辆装载限界，自动确定运输方案，确保超限货物运输的安全。项目获铁路局科技进步一等奖。

2003年，柳州铁路局完成“统计质量监控系统”“劳动安全信息系统”“货票审核管理系统”、局总调应用的“车号识别与确报综合车流信息系统”、运输处应用的“重车车流统计系统”、计统处应用的“在途车统计系统”等10项软件的开发。局电算中心开发的“货票信息分发管理工作系统，对货票资源进行整合、综合处理与数据挖掘，为铁路局各级运输管理部门进行装卸辅助决策，制订货运营销策略，提高运输效益服务。局电算所开发的“乘车证打印统计分析系统”，实现乘车证的填发、回收、催还、缴销、统计、查询、台账的标准化，系统涵盖10种铁路乘车证、5种乘车证明、5种报表、1个汇总表、11种台账、1个总账，在全局126个单位推广使用。

2004年，柳州铁路局完成“站段速报统计分析系统”等4项应用软件开发。局电算中心和局运输处开发的“运输指标查询系统”，实现对现在车分布、分界口列车交接、运输生产任务完成、货物装车、十八点重车去向、机车运用成绩等情况的查询统计，可以实时掌握车流动态，及时调整车流方案，提高运输指挥准确率，实现运营效益的最大化。局电算中心开发的“车流管理信息系统”，具有局间分界口接入、交出重车分析，接入、交出空车分析，各编组站、区段站车流分析，局管内各站产生车流分析，货物列车编组计划完成情况分析等功能，能帮助铁路局和站段实时掌握车流动态，充分利用运力资源，提高运营效益。局电算中心、科研所和局运输处开发的“危险品运输GIS追踪管理系统”，可及时追踪查询危险品运输信息，为运输单位的领导、调度人员指挥决策提供依据，为保证危险品运输安全提供支持。

2005 年，柳州铁路局完成“全局信息发布系统”“铁路局货车清算系统”“局客票系统专用服务网站系统”“局车流推算查询系统”“老牌车查询系统”“调度综合管理系统”“铁路货物追踪系统”等 13 项软件开发。局信息技术所和局综合治理办公室开发的“政法综合治理与铁路护路联防信息系统”，不仅实现局综合治理办公室与铁路局各处室信息共享和办公自动化，而且铁路沿线 12 个地市对口单位的合法用户也可实现综合治理信息网上传送。

第四节 信息技术管理

1991 年，广西国家铁路信息技术实行铁路局、铁路分局两级管理。年内，铁路局，柳州、南宁铁路分局成立计算机安全管理委员会或领导小组，下设办公室，行使计算机安全管理和安全监察职能。全局运营系统有计算机设备 300 台套。

1992 年，制订《柳州铁路局电子计算机管理与运行办法》，确定全局电子计算机工作实行铁路局、铁路分局、基层站段三级管理。规范计算机设备管理工作。全局各级信息技术部门，建立健全计算机设备的管理制度，搞好设备维修，设备故障率明显下降，使用率显著提高，全局计算机房 80% 达到铁道部颁布标准。年末，全局有小型计算机 24 台，固定资产原值 936.5 万元；正常运行 17 台，固定资产原值 804.6 万元。有微机 936 台，固定资产原值 2381 万元；正常运用的 874 台，固定资产原值 2208.5 万元。

1993—1994 年，柳州铁路局贯彻铁道部《铁路运营系统计算机应用管理体制及编制定员的通知》和《关于铁路运营系统计算机应用工作管理体制及编制定员的研究报告》精神，逐步完善计算机应用和网络管理体制，根据编制逐步配齐计算机应用管理人员。铁路局计算机应用工作管理体制为局电子计算所，铁路分局（主管处）电算所和站段电算室三级机构。1996 年末，局电算所有职工 36 人，柳州、南宁铁路分局电算所有职工 23 人和 15 人，工程处电算所有职工 8 人。柳州南、柳州、柳州东、黎塘、桂林北、湛江等车站成立电算室。

1995 年，铁道部印发《关于铁路计算机技术设备维修规程（试行）的通知》和《TMISI 工程设备维修管理办法》，规范铁路局计算机设备维修流程。局劳资处和电算所对车站，机务、车辆段的计算机设备进行调查，根据存在问题，制订《运营计算机设备管理》《关于严格执行机房建设标准的通知》《微机操作规程》等文件，建立计算机技术档案，组织运营系统参加铁道部组织的“十佳计算机房”竞赛，局电算所机房获“全路十佳机房”称号。

1996 年，局电算所机房一角

1996 年，柳州铁路局管内部分地区遭受特大洪灾，各级信息部门抢救计算机设备 210 台，保证计算机设备和网络安全。

1997 年，局电算所针对计算机网络已经形成，制订《机房运作管理规则》《客票应用程序管理规则》等文件。成立计算机维修中心，加强计算机设备维修工作。印发《运营计算机管理》《设备管理维修规则》等文件，进一步规范计算机设备维修管理工作。铁道部为铁路局中心机房配备规程分析仪，为分析网络故障提供技术手段。

1998年3月，铁路局，柳州、南宁铁路分局3个电算所合并，成立柳州铁路局电子计算管理中心（简称局电算中心），2个铁路分局电算所的小型计算机集中到局电算中心机房运行。局电算中心定员83人，职责是：全局计算机应用技术管理、应用技术开发、计算机网上运行管理、全局计算机网络管理、局内运输管理信息系统建设和计算机设备维修。

1999年，柳州铁路局信息部门把解决“千年虫”问题作为计算机应用的紧迫任务，经调查，全局运营系统有计算机1806台，其中371台微机、6台小型计算机和21个计算机应用软件存在“千年虫”问题。铁路局发文规定，小型机问题找厂商升级操作软件解决，微机通过安装2000卡解决。经过努力，12月31日，全局计算机系统和应用软件安全过渡到2000年。年内，局电算中心制订《维修服务管理规程》，建立“用户投诉热线”。

2000—2001年，柳州铁路局建立计算机设备维修体系，在局电算中心和南宁电算所设立2个电算维修中心；在柳州南、南宁、黎塘等5个地区建立5个大型维修站；在桂林北、金城江、玉林等5个地区和百色车务段建立维修站。局电算中心针对网上计算机越来越多、传输信息量越来越大的情况，组织专门小组，历时两个月，对铁路局机关和各站段网络中的计算机IP地址，按铁道部的规定格式更换统一设计的新编号。局电算中心机房安装计算机运行保障系统（TSS），实现对计算机病毒的监测，对流经服务器文件进行实时病毒扫描和杀毒，对服务器和工作站的病毒特征码自动升级，保证网上运行系统安全。广西地方铁路有限公司公布《电子计算机管理办法》，明确公司电子计算机管理机构为公司总工室。印发《计算机网络主要设备报修办法》，严格主要设备报修程序。

2002—2003年，国家信息安全委员会在铁道部进行信息安全体系（ISMS）建设试点。柳州铁路局作为全路5个试点单位之一，全力配合试点工作，派员参加培训，完成调研和确定ISMS范围，提供有关文档，填写种类调查问卷70多份，完成第二、三阶段试点调研任务，完善各项安全规章，制订各项安全操作规程，确定重点监控部位和关键人员，落实各项安全技术措施。局电算中心向全局运营单位信息部门发出通知，开展计算机房安全大检查活动，落实安全防火措施，确保机房安全。广西沿海铁路公司成立计算机管理中心，统一电子计算机管理。制订《广西沿海铁路公司计算机货运营销系统及列车予确报系统主要设备报修办法》。

2004年，局电算中心重新制订各部门、岗位、人员职责范围，完善各项管理办法，修订各项考核标准以及各部门、岗位的服务流程。为铁路局机关各处室建立设备台账，做到账、卡、实物相符。继续进行信息安全体系建设试点工作，局电算中心与保密办、公安局对铁路局机关和站段的网络进行安全大检查。升级计算机防病毒代码，防止“震荡波”“冲击波”病毒破坏，网络运行有序安全。

2005年5月，局电算中心更名为局信息技术所，机构编制不变，定员87人。制订《柳州铁路局信息工程管理办法（暂行）》，规范和促进铁路局的信息化建设。7月，在局总工程师室设立局信息技术办公室，负责铁路局信息化管理工作。局信息技术办公室统一和规范铁路局网络与信息安全保障体系。局信息技术所进一步完善岗位责任制。值班人员实行“首问负责制”，准确录入计算机生产故障，及时维护处理，为用户解决技术难题，保证网络畅通，多次受到铁道部信息中心、运输局的通报表扬。年末，柳州铁路局有计算机设备8562台套。广西沿海铁路公司有计算机设备338台（套）。在局计算机网络中心网上运行的项目主要有：“货运五装车去向报告网络系统”“列车确报信息网络系统”“货票收集与处理网络系统”“集装箱追踪信息网络系统”“货运营销与生产管理网络系统”“十八点运输统计报告收集与处理网络系统”“货票综合利用与精密统计网络系统”“客运精密统计网络系统”“运输收入与分析计算机网络系统”“财务决算与分析计算机网络系统”“成本计划与分析计算机网络系统”“劳动工资统计报告网络系统”“车、机联控安全信息网络系统”“客票发售、预订与调度网络系统”“客票中心管理信息网络系统”“运输调度信息网络系统”“车号自动识别信息网络系统”“列车红外轴温信息管理网络系统”“劳动安全信息管理分析网络系统”等23项。

1995—2005年，柳州铁路局计算机维修部门维修各种计算机设备4.42万台次。

第三章 环 境 保 护

第一节 环 保 管 理

管 理 机 构

1991 年，广西国家、地方铁路环境保护工作的职能机构为局环境保护办公室，办公室设在局总工程师室环保科，有专职人员 4 人。各铁路分局(主管处)有专(兼)职环保管理人员 1 人，铁路局从事环保工作的专(兼)职人员 93 人。环境保护部门主要负责组织建设项目环境影响评价，监督、检查建设项目“三同时”(同时设计、同时施工、同时投产)执行，审查污染防治技术方案，检查污染治理情况，指导环境监测，做好环保统计工作。广西合资铁路环境保护工作职能机构为南防铁路公司总工室。

1994 年，柳州铁路局成立以总工程师为主任的环境保护委员会，并根据领导分工和环保机构的变化及时调整委员会成员，加强环保工作领导。

1995—2002 年，广西地方、合资铁路环境保护职能机构为广西地方铁路有限公司总工室。

2000 年 5 月，柳州铁路局的环保工作从局总工室移交局计统处，在局计统处长期计划科设 1 人专司环保工作。

2003 年广西合资铁路环境保护职能机构为广西沿海铁路公司企划部。7 月，柳州铁路局环保工作从局计统处长期计划科转到综合计划科，仍设 1 人专司环保工作。

管 理 制 度

1991 年，柳州铁路局印发《关于调整超标污水和统一超标噪声排污费征收标准的通知》，规范超标污水和噪声排污费征收工作。

1994 年，柳州铁路局把环保设备纳入固资管理，建立健全管理台账和正常的维修制度。

1995 年 10 月，局环保办、局计量所共同研制的“铁路环保信息管理系统”投入使用，环保统计报表，考核指标，设备、文档管理等实现微机管理。

1996 年，制订《柳州铁路局环境保护设施管理办法》《柳州铁路局建设项目环境保护管理办法》《柳州铁路局环境监测管理办法》《柳州铁路局环境保护设施竣工验收管理办法》。要求从下至上建立统一的环保设备卡片台账，各单位分季度上

1994 年，铁路局环境监测人员应用智能声波仪测试机车噪音

报环境设施运行报告表。年内,铁路局检查21个重点单位环保管理制度、污染防治设施管理和环保法规执行情况,指出存在问题,限时进行整改。

1997年,柳州铁路局完成环保设备微机建档工作,环保设备管理实现微机化。

1998年,局总工室印发《铁路环境监测质量保证管理规定》,规范监测站计量认证和人员培训工作。转发国家环保局、铁道部《关于印发铁路建设项目环境保护设施施工竣工验收规定(试行)的通知》,规范新建铁路、增建复线、营业线改造、新建独立大桥、大型客站等项目的环境保护设施施工和验收工作。

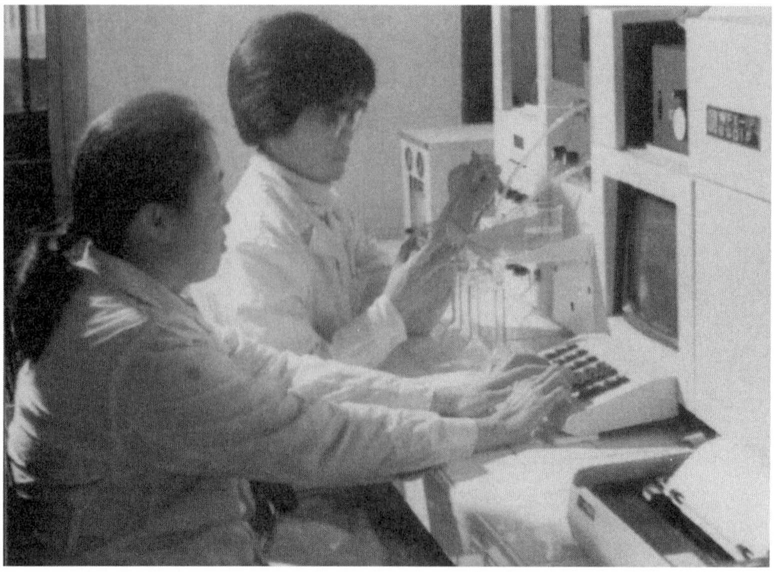

1995年,柳州铁路局中心防疫站职工用液相色谱仪进行卫生监测

2002—2003年,柳州铁路局修订1996年制订的建设项目环境保护、环境保护设施、环境监测、环境保护设施竣工验收四个管理办法,制订《柳州铁路局环境保护监察办法》。印发《柳州铁路局环保目标责任制评分办法》,进一步细化责任制考核管理。

环境保护计划和目标责任制

1991年,柳州铁路局贯彻铁道部《关于铁道企业环境保护考核办法》,制订实施细则,把"三废"治理列入铁路局方针目标管理考核制度之中。

1995年,柳州铁路局根据铁道部"九五"环境保护奋斗目标,制订"九五"环境保护计划,提出环境保护"三同时",执行率达到100%,老污染源基本治理完毕,废气排放量控制在1990年水平,管内环境质量基本稳定等要求。

1996年,柳州铁路局与自治区人民政府签订《1996—2000年柳州铁路局环保责任书》。11月,铁路局召开局长办公会议,专题讨论贯彻《国务院关于环境保护若干问题的决定》和落实铁路局与自治区人民政府签订环保目标责任书存在的主要问题,会后铁路局下发文件,就全面执行环境影响评价制度和投入资金,确保三年内治理完成超标污染源问题作出规定。1997年,铁路局与各铁路分局、主管处及相关的业务处室签订《1997—2000年环保目标责任书》,全面推行环保工作责任制。

1999年,柳州铁路局对20个局属单位进行环保目标责任制考核,3个单位优秀、16个单位良好、1个单位合格。局工程、物资、基建处和铁路局环境监测站完成责任书的各项指标和任务,通过考核。2001年5月,自治区人民政府组织环保目标责任制考核检查团,考核柳州铁路局2000年度环保责任书实行情况,肯定柳州铁路局环保工作,对考核指标完成情况表示满意。

2002年,柳州铁路局与局物资工业处、局建设项目管理中心等25个单位签订《2001—2005年环境责任书》。2003年,完成2001—2002年度环保目标责任考核自查评分报告,上报自治区。铁路局环保目标责任制考核小组对签订目标责任书的25个单位2001—2002年度环保目标责任制工作进行考核,其中3个单位优秀、16个单位良好、4个单位合格、2个单位不合格。2004年,检查主要污染源单位环保设施运作管理和环保目标责任制执行情况,柳州车辆段、玉林机务段等4个单位被评为"2004年度环保设备管理优秀单位"。2005年,铁路局考核小组考核14个单位2003—2005年环保责任书执行情况,柳州车辆段等2个单位被评为优秀单位获铁路局奖励。

清洁生产和环境管理体系建设

从2002年开始,柳州铁路局推行清洁生产审核和ISO 14001环境管理体系论证工作，为生产全过程的环境管理提供制度保障。年内，在玉林机务段、湛江车辆段进行清洁生产审核试点；以柳州机车车辆厂、柳州车辆段为试点单位，开展ISO 14001环境管理体系认证工作。

2003年，玉林机务段、湛江车辆段完成清洁生产的审核工作，提交清洁生产审核报告；柳州机车车辆厂通过中国方圆标准认证委员会的审核，柳州车辆段通过北京国环联合环境认证中心审核，分别获取ISO 14001环境管理体系认证证书。

2004年，湛江车辆段环境管理体系通过第三方审核，获ISO 14001环境管理体系认证证书。11月22日—24日，柳州铁路局在玉林机务段召开清洁生产现场会，总结该段清洁生产经验，推广清洁生产审核工作。

2005年，南宁南车辆段环境管理体系通过第三方审核，获ISO 14001环境管理体系认证证书。

第二节　建设项目环境管理

1991—1993年，柳州铁路局坚持建设项目与环境保护“三同时”制度，投资422.2万元，新建融安机务段、玉林机务段、湛江洗刷站等污水处理“三同时”工程6项。

1995年，在局勘测设计院成立环境影响评价室，通过自治区考核，取得建设项目乙级环境评价证书。环境影响评价室由局勘测设计院的7名高级、6名中级工程技术人员负责建设项目环境影响评价工作，把好建设项目的立项、设计、施工、竣工验收及运行各个环节的环境保护关口，杜绝污染源产生。年内，对黎湛铁路增建第二线环境影响进行评价，完成水和大气调查监测项目331个。

1996年2月，国家环保局委托铁道部、自治区组织专家，评审“黎塘至湛江增建第二铁路线的环境影响评价报告书”，获得通过。由铁路局环境影响评价室制作的“黎塘水泥厂扩建工程环境影响评价报告表”通过自治区环保局审批。

1997年9月，南宁铁路招待所东楼；10月，铁路局运输保价楼建设环境影响评价报告获自治区环保局批准。12月，湘桂铁路黎塘至南宁段技术改造环境影响评价大纲通过国家环保局组织的审查。

1998年，广西地方铁路有限公司新建南宁南机务整备基地项目投资1500万元，其中环境保护专项经费65.5万元，建设含油废水处理站1个，绿化面积1万平方米。北海客车整备所建设项目总投资1226万元，其中环境保护专项资金15万元，设置回收净化塔处理蓄电池充电时流溢的硫酸雾，采用深沉技术处理客车冲洗废水。柳州铁路局湘桂铁路黎塘至南宁段扩能应急工程、柳州车辆段洗车线等建设项目的环境影响评价获自治区环保局批准。自治区环境评价考核小组抽查铁路局环境影响评价技术和检验技术，达到标准，获得通过。南宁枢纽北湖客技站、南宁车辆段洗车线污水处理列入新建南昆铁路环保“三同时”项目，分别投资66万元和200万元进行建设。11月30日至12月2日，由国家环保局国家环境监测站、铁道部环保办、自治区环保局等单位组成检查组，检查新建南昆铁路的环保工作。

2001—2003年，南宁机务段水阻试验间噪音治理和南宁南车辆段含油废水治理工程列入湘桂铁路黎南二线环保“三同时”项目，分别投资218.63万元和63.7万元进行建设，2002年投入使用。南宁铁路招待所污水处理工程列入东楼扩建环保“三同时”项目，投资25万元进行建设，2003年投入使用。

2004年8月，大型建设项目洛湛铁路岑溪至玉林段、黔桂铁路扩能改造工程环境影响评价、水土保持方案，由铁道部分别报送国家环保局和水利部。

2005年，湘桂铁路南宁至江西村段增建二线环境影响评价报告表、水土保持方案分别获自治区环保局、水利厅批复。黎湛铁路河唇至湛江段增建二线工程水土保持方案获国家水利部批复，环境影响评价报告书通过广东省环保局组织的评审。

1991—2005年，柳州铁路局新建、改建、扩建工程“三同时”执行率100%。

第三节 污染源治理

1991—1992年，柳州铁路局投资175万元，用于桂林机务段内燃机车水阻噪声治理、扩建油水分离设施；投资40万元，治理柳州机务段水阻噪声。

1995年，柳州铁路局投资131.2万元，治理湛江车辆段含油废水，改造柳州车辆段动力锅炉除尘器、柳州铁路地区的医院污水处理设备。

1996年，柳州铁路局开展污染源调查，查清管内101个超标污染源情况。年内，投资109万元，新建湛江车辆段含油废水处理工程和改造金城江污水处理设备。

1997—1999年，柳州铁路局投资478万元，对超标污染源进行治理，新建南宁、柳州客运段洗涤废水处理工程。新建南宁北湖客技站污水处理工程，南宁铁路地区垃圾焚烧炉。改造柳州机务段，桂林、金城江、融安医院污水处理设备，将湛江车辆段轴承间污水引入管理站。对桂林、南宁机务段和茂名列检所的锅炉进行除尘脱硫改造，对南宁车辆段、金城江机务段等7台锅炉进行脱硫改造。柳州站、铁路局招待所、柳州客运段等7台燃煤炉改燃油炉。1999年，组织5次清理“白色垃圾”大行动，受到自治区“治理白色污染”监管小组办公室表扬。

1996年，柳州铁路局干部工人清理线路白色污染

2000年，柳州铁路局根据铁道部和自治区的要求，制订2000年工业污染源达标排放实施方案，成立工业污染源达标工作领导小组，领导和协调管内25个工业污染源单位开展达标工作。全年，投资1123万元治理废水、废气工业污染源48个，按期实现工业污染源达标治理目标。自治区重点达标单位柳州机车车辆厂、白山水泥厂、金城江水泥厂等通过自治区环保局验收。柳州机车车辆厂污水处理及回用工程被列入铁道部环境治理示范项目。11月，铁路局环保检查小组对22个重点污染源单位中的16个进行环保工作检查，通报取得成绩和存在问题。

2001年，柳州铁路局投资147.5万元，用于环境治理项目8项，其中柳州机务段、柳州车辆段中水回用等污水治理项目6项，南宁车辆段电焊锰尘治理1项，其他项目1项。年末，8个项目全部按计划完成。

2002年，柳州铁路局污染源治理实现“两个转移”，即从末端治理为主向生产全过程控制转移，从固定污染源治理向流动污染源治理转移。

2004—2005年，柳州铁路局投资331.2万元，对21个污染源项目进行治理，其中有桂林电务段、茂名机务折返段污水处理工程、南宁机务段轮对油漆加热消烟装置等。

“九五”“十五”期间，柳州铁路局积极推广节能减污项目，加大中水回用和太阳能应用投资，运用先进技术和管理手段，改变职工公寓和招待所传统供热方式，重复利用机务、车辆部门中水，降低污染治理设施运行成本。

表 6-2　**1995—2001 年柳州铁路局环保指标完成情况**

考核指标 年份	工业废水处理率（%）		工业废气处理率（%）		工业固体废物综合治理率（%）		工业废水污染物排放达标率（%）		固定锅炉排放废气达标率（%）	
	铁道部下达指标	实际完成	计　划	完　成	计　划	完　成	计　划	完　成	计　划	完　成
1995	70	93.7	65	100	89	94.2	70	96.5	86	94.8
1996	72	82.4	70	73.9	89	96.8	73	92.5	88	94.9
1997	82	84.1	85	85.7	90	95.1	88	91.2	91	95.3
1998	86.3	88.5	86	89.4	97	98	93.5	95.8	98.3	98.3
1999	90	92.2	91	95.5	98.5	98.8	96	96.1	98.5	99.1
2000	90	95.2	91	98.8	98	99.3	96	96.2	98.5	99.3
2001	95.2	100	98.8	100	99.3	99.4	96.2	99.2	99.3	99.3

表 6-3　**2002—2005 年柳州铁路局环保指标完成情况**

考核指标 年份	工业废水处理率（%）		石油类排放量（吨）		工业固体废物综合治理率（%）		烟尘排放量（吨）		化学耗氧量排放量（吨）		二氧化碳排放量（吨）	
	铁道部下达指标	实际完成	计　划	完　成	计　划	完　成	计　划	完　成	计　划	完　成	铁道部下达指标	实际完成
2002	99	100	29	28.7	99	99.7	400	205	50	39	300	128
2003	99	100	29	28.7	99	99.7	400	205	50	39	300	128
2004	99	100	28.5	27.3	99	99.1	384	314	40	38.3	288	197.5
2005	100	100	27	27	99.2	99.6	340	262	39.4	39.2	224	196.6

注：从 2002 年开始，环保考核内容发生部分变化。

第四节　环 境 监 测

1991 年，广西国家铁路环境监测工作由柳州铁路局环境监测站负责。监测站设在柳州铁路中心卫生防疫站，业务上受局环境保护办公室指导。柳州铁路分局桂林、金城江、融安卫生防疫站，南宁铁路分局卫生防疫站设立环境监测站，承担相应辖区环境监测工作。铁路局环境监测部门有 FD-71A 型晶体管小型闪烁辐射仪、Waters810 型高效液相色谱仪、UV-754 型分光光度计、FT-620 型环境 Y-X 照射量率仪、FT-636 型环境氡器仪、RJ-3 型高频近区场强仪、GS-Ⅱ型大气采样仪、HS5633 型数字声级计、Y-61 型倾斜式微压计、DW110H 型记时测烟望远镜等环保监测设备 20 多台（件），设备原值 48.5 万元。坚持每季度对局管内重点污染源单位工业废水的一类污染物浓度、PH 值、化学耗氧量及石油类浓度监测 1 次，分析达标情况，提出改进意见和措施；每年对铁道部定环保指标考核单位的一蒸吨及以上固定锅炉的烟尘至少用重量法监测1 次，同步检测林格曼黑度；每年对铁路地区大气中的二氧化硫、氮氧化物、降尘、飘尘等进行 2 次监测；参加或接受委托承担铁路建设项目环境影响评价监测；对局管内环保治理工程和“三同时”项目工程进行竣工验收监测。

1995 年，柳州铁路局环境监测部门开展黎湛二线水体和大气环境监测评价，采集水样 66 件，检验项目 350 项；采集大气样品 24 件，检验项目 96 项。1996 年，对柳州铁路地区医院废气、污水处理设备，柳州车辆段废气处理设备进行验收评价。

1997 年，自治区环境监测部门对局环境监测站的环保计量认证进行考核并通过认证。铁路局环境监测部门对南宁车辆段、南宁生活段、桂林机务段锅炉设备,柳州木材厂、湛江车辆段污水处理设备进行验收监测评价;受铁二院委托,对湘桂铁路黎塘至南宁段扩能改造工程的水、空气环境进行现状调查以及噪声监测。

1998 年 3 月,桂林、金城江、南宁环境监测站改称柳州铁路局桂林、南宁、金城江环境监测站,业务上由局环境监测站指导。8 月 13 日—14 日,铁路局环境监测站举办全局环境监测人员培训班,根据国家、铁道部、自治区对“三废”排放监测的新规定,培训业务骨干。

1999 年,柳州铁路局环境监测部门对南宁铁路医院焚烧炉、南宁站酸雾吸收塔、沙井污水处理站、南宁车辆段污水站进行竣工验收监测评价。

2002 年,撤销柳州铁路局各卫生防疫站,成立柳州铁路局疾病预防控制中心,同时称“局环境监测站”,中心所属南宁、桂林、金城江分部,改称柳州铁路局南宁、桂林、金城江铁路疾病预防控制中心,同时称南宁、桂林、金城江铁路环境监测站。年内,组建铁路环境监测网,制订网络管理办法,监督实施国家和铁路监测技术规范、标准和报告制度。铁路局环境监测网,由柳州、南宁、桂林、金城江四个环境监测站构成,纳入国家、全路环境监测网,其中局环境监测站为监测网业务管理单位,国家三级监测站建制,南宁、桂林、金城江铁路环境监测站为国家四级环境监测站建制。

2003 年,柳州铁路局环境监测部门对南宁、桂林、湛江三个城市铁路边界噪声调查监测,获取数据 80 多个;对贺州市石林风景区开展空气质量影响评价,获取数据 500 多个。

2005 年,柳州铁路局环境监测部门对辖区内重点污染源的废水、废气、噪音等进行监测,检测工业废水 531 项,合格 518 项,合格率 97%;检测废气 43 项,合格 3 项,合格率 6.9%;检测酸雨 8 项,合格项目 7 项,合格率 87.5%;检测降尘 17 项,合格 11 项,合格率 64.7%;检测噪音 2 项,合格 2 项,合格率 100%。

1991—2005 年,柳州铁路局投入 123 万元,添置 GXH-3010D 型二氧化碳分析仪、ZW-100 型总悬浮微粒采样器、TES-1330 型数位式照度计、3012H 自动烟尘(气)测试仪、AWA6270A 型噪声频谱分析仪、AX205DR 型电子分析天平、GC-14B 型气相色谱仪、AA-6701 型原子吸收仪、LRA-250A 型生化培养箱、F2000 型红外光度测油仪、3011H+型皮托管平行自动烟尘采样仪、GC-14B 型气相色谱仪等环境监测设备 52 台(件)。开展铁路辖区空气中二氧化硫、氮氧化物浓度检测,降水降尘检测 1772 次,噪声监测 25 次。2005 年末,柳州铁路局环境监测部门有环保监测设备 70 多台(件),设备原值 170 多万元。局环境监测站有专职监测人员 10 名,其中中级职称 4 人。

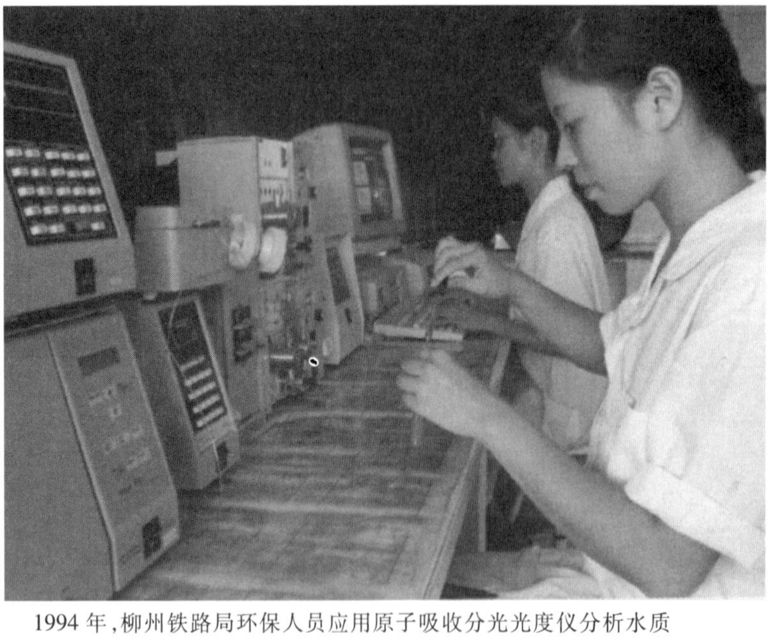

1994 年,柳州铁路局环保人员应用原子吸收分光光度仪分析水质

第七篇　党群工作　路风建设　先进人物　先进集体

1953年1月，中共柳州铁路管理局委员会(1958年8月改称中共柳州铁路局委员会，以下简称局党委)、中国铁路工会柳州区委员会(1987年2月改称中国铁路工会柳州铁路局委员会,以下简称局工会)与柳州铁路局同时成立。1957年1月，成立中国新民主主义青年团柳州铁路工作委员会（翌年8月改称中国共产主义青年团柳州铁路局委员会,以下简称局团委)。

在铁道部党组(党委)和广西壮族自治区党委的领导下，柳州铁路局各级党组织不断加强党的组织建设、思想建设、作风建设和制度建设,从1956年5月至2004年9月，局党委先后召开十次党员代表大会。党的基层组织，由建局初期的13个党总支、90个基层党支部,发展到2005年的59个党委、7个党组、2个党工委、25个党总支、1280个党支部。局党委先后制订“八五”“九五”“十五”发展党员规划,15年来,发展新党员14634名。中共十一届三中全会以来，先后开展基本国情、基本路线(“双基”)教育,邓小平理论、“三个代表”重要思想、保持共产党员先进性和科学发展观学习教育;开展创建“五型”(学习、和谐、务实、廉洁、民主型)领导班子、“五好”(支部环境好、党员队伍好、基础建设好、思想工作好、发挥作用好)党支部活动，制订和完善加强领导班子和党支部建设的各项制度,“五好”党支部动态保持在70%以上；在保持共产党员先进性教育活动群众满意度测评中,满意率99.2%;在2005年民主评议党员中,党员合格率99.97%;南宁客运段5/6次车队党总支、南宁机务段党委、柳州机保段党委被中央组织部评为先进基层党组织。构建实施反腐倡廉“双体系”(惩治和预防腐败体系、纪检监察工作融入企业中心体系)和廉政建设“大宣传”格局,加强反腐倡廉建设,2004年,局纪委、监察处被评为全路先进纪检监察组织;2005年，柳州铁路局反腐倡廉“双体系”工程获全路优秀政研成果一等奖；局纪委、监察处被广西纪检监察系统记集体二等功并被评为自治区反腐倡廉先进集体。铁路局各级党组织融入中心,服务大局,深入开展“四无”(党员无事故、无路风事件;党员所在班组无事故、无路风事件),“三个确保”(确保安全生产、增收节支、企业稳定),“创岗建区”,建设“安全屏障”工程等活动，至2005年末，全局党员实现安全生产7085天。局党委在铁路局的改革、发展、稳定工作中发挥政治核心和保证监督作用。

局工会围绕铁路局、局党委各个时期提出的中心任务,创新工作理念,推进民主管理,健全和完善职工代表大会制度,搞好厂务公开,维护职工的民主权益。开展扶贫帮困送温暖活动,保障职工生活。组织开展丰富多彩的职工文体活动,建设企业文化。组织开展具有铁路特色的劳动竞赛和评选表彰劳动模范、先进人物活动,加强劳模和先进人物的宣传。1991—2005年,铁路局有6人被评为全国劳动模范、51人被评为广西劳动模范、46人被评为全国铁路劳动模范、12人获全国五一劳动奖章。先进模范人物团结和带领全局职工在推进铁路局的现代化建设中发挥主力军作用。

局团委坚持理论学习经常化、意识教育典型化、法制教育全员化,加强团的思想建设。坚持思想建团、文化兴团、事业促团、基础强团,加强团的组织建设。遵循“向所有先进青年敞开团的大门”的方针,积极地、有计划地发展团员并做好推荐优秀团员、青年加入中国共产党的工作,2001—2005年,推荐2254名团员入党。以开展青工立功竞赛、安全竞赛、岗位成才、“青年志愿者”“青年突击队”和创建“青年文明号”等活动为载体,引导团员青年为企业运输发展、安全稳定作贡献,截至2005年12月31日，全局青工实现安全生产8614天，居全国铁路第一位。

第一章 党 委

第一节 组织机构

1952年11月20日,中共中央中南局批准建立中共柳州铁路管理局委员会。

1953年1月1日,局党委及办事机构柳州铁路局政治部成立。政治部内设组织指导、宣传、干部管理、青年工作部,生产研究室,党训班等部室。

1954年6月,经中共广西省委批准,成立局党委常务委员会。

1958年8月,柳州铁路管理局党委改名为柳州铁路局党委。

1991年,成立中共柳州铁路局治安综合治理委员会,下设办公室(简称局综治办),与政法办合署办公。

1995年5月24日,成立中共广西地方铁路有限责任公司临时委员会,管理广西地方和合资铁路各级党组织。

1998年1月1日起,撤销柳州铁路局政治部,原政治部办公室、组织部、宣传部改为局党委所属部室。

2000年,局党委增设督察机构,与党委办公室秘书科合署办公。铁路局有线电视台由隶属行政领导改由党委领导,日常管理工作由局党委宣传部负责。

2001年,经自治区党委同意,成立中共广西地方铁路有限责任公司委员会(简称广西地方铁路有限公司党委)。

2002年6月,广西地方铁路有限公司党委批准成立中共广西沿海铁路股份有限公司委员会(简称广西沿海铁路公司党委)。

2005年7月,局党委贯彻执行铁道部政治部《关于调整有关铁路局党群机关限额内机构编制的通知》和铁道部、铁道部政治部《关于铁路局机关限额外及附属机构设置的通知》精神,调整局党委限额内及附属机构编制,下设组织部,编制定员12人;宣传部,编制定员13人;党委办公室,编制定员11人。保密办,编制定员为副主任1人(主任由党办主任兼任),列行政限额内机构编制。机要通信室(党委值班室),编制定员6人,列行政附属机构编制。政法(综治)办公室,机构编制不变。精神文明建设办公室、党员电教站由限额外机构划归附属机构,各保留定员编制3人。柳州铁路局电视中心更名为柳州铁路局有线电视台,由党委事业机构调整为铁路局附属机构,编制定员21人。保留铁路局职工思想政治工作研究会、党的建设研究会机构,定员编制各2人。保留护路联防办公室,编制定员17人(自治区编制)。

第二节 党员代表大会

中共柳州铁路管理局第一次党员代表大会 1956年5月15日—19日在柳州召开。出席大会的正式代表280名、列席代表58名,代表全局3399名党员。大会听取和审议赵滔代表局党委作的工作报告,选举出席中共广西省第一次代表大会的代表6名。大会未进行局党委选举工作。11月9日,中共广西省委常委会批准中共柳州铁路管理局党委会成员19人,常委会成员7人,赵滔任第一书记。中共柳州铁路管理局监察委员会(以下简称局监察委员会)书记由王时习兼任。

中共柳州铁路局第二次党员代表大会　1959年3月30日至4月12日在柳州召开。出席大会的正式代表415名、候补代表28名，代表全局5697名党员。大会听取和审议赵滔代表上届党委会作的工作报告；选举产生中共柳州铁路局第二届委员会委员27人、监察委员会委员11人,选举出席自治区第二次党员代表大会代表12人。在局党委二届一次会议上,选举产生常委会委员9人,书记1人、副书记2人,赵滔任书记。在局监察委员会二届一次会议上,选举产生监委书记1人,卢崇正任书记。

中共柳州铁路局第三次党员代表大会　1962年4月25日—30日在柳州召开。出席大会的正式代表356名、候补代表33名、列席代表51名,代表全局9528名党员。大会听取和审议尹诗炎代表上届党委会作的工作报告；选举产生中共柳州铁路局第三届委员会委员19人、监察委员会委员9人。在局党委三届一次会议上,选举产生常委会委员7人,书记1人、副书记2人,尹诗炎任书记。在局监察委员会三届一次会议上，选举产生监委书记1人、副书记2人,钟南辉任书记。

中共柳州铁路局第四次党员代表大会　1964年8月20日—28日在柳州召开。出席大会的正式代表368名、候补代表36名,代表全局8640名党员。大会听取和审议金玉成代表上届党委会作的工作报告；选举产生中共柳州铁路局第四届委员会委员19人、监察委员会委员6人。在局党委四届一次会议上,选举产生常委会委员9人,书记1人、副书记2人,张炎任书记。在局监察委员会四届一次会议上，选举产生监委书记1人、副书记1人,周海如任书记。

中共柳州铁路局第五次党员代表大会　1971年5月26日—31日在柳州召开。出席大会的代表528名,代表全局12650名党员。大会由柳州铁路局革命委员会主任、整党建党领导小组负责人张文芳（军代表)作工作报告;选举产生中共柳州铁路局第五届委员会委员36人、候补委员7人。在局党委五届一次会议上，选举产生常委会委员9人,书记1人、副书记2人,张文芳任书记。

中共柳州铁路局第六次党员代表大会　1985年12月18日—20日在柳州召开。出席大会的正式代表260名、列席代表28名,代表全局20200名党员。大会听取和审议李蕴代表上届党委会作的工作报告；选举产生中共柳州铁路局第六届委员会委员21人、纪律检查委员会委员(以下简称局纪委)9人。在局党委六届一次会议上,选举产生常委会委员6人,书记1人、副书记1人,李蕴任书记。在局纪委六届一次会议上,选举产生纪委书记1人、副书记1人,陈森标任书记。

中共柳州铁路局第七次党员代表大会　1989年5月23日—25日在柳州召开。出席大会的正式代表237名、列席代表34名,代表全局23647名党员。大会听取和审议李蕴代表上届党委会作的工作报告；选举产生中共柳州铁路局第七届委员会委员21人、纪律检查委员会委员7人。在局党委七届一次会议上,选举产生常委会委员5人,书记1人、副书记1人,李蕴任书记。在局纪委七届一次会议上,选举产生纪委书记1人、副书记1人,陈森标任书记。

中共柳州铁路局第八次党员代表大会　1993年12月8日—10日在柳州召开。出席大会正式代表260名,列席代表34名,代表全局26211名党员。大会听取和审议李代华代表上届党委会作的工作报告；选举产生中共柳州铁路局第八届委

2004年9月22日,柳州铁路局第十次党员代表大会在柳州召开

员会委员23人、纪律检查委员会委员7人。在局党委八届一次会议上,选举产生常委会委员7人,书记1人、副书记2人,李代华任书记。在局纪委八届一次会议上,选举产生纪委书记1人、副书记1人,梁玉华任书记。

中共柳州铁路局第九次党员代表大会 1998年5月13日—15日在柳州召开。出席大会的正式代表290名、列席代表28名、特邀代表8名,代表全局32660名党员。大会听取和审议罗叙德代表上届党委会作的工作报告;选举产生中共柳州铁路局第九届委员会委员23人、纪律检查委员会委员7人。在局党委九届一次会议上,选举产生常委会委员9人,书记1人、副书记2人,罗叙德任书记。在局纪委九届一次会议上,选举产生纪委书记1人、副书记2人,梁玉华任书记。

中共柳州铁路局第十次党员代表大会 2004年9月22日—24日在柳州召开。出席大会的正式代表248名、列席代表17名,代表全局30118名党员。大会听取和审议姚保国代表上届党委会作的工作报告;选举产生中共柳州铁路局委员会第十届委员会委员23人、纪律检查委员会委员9人。在局党委十届一次会议上,选举产生常委会委员7人,书记1人、副书记2人,姚保国任书记。在局纪委十届一次会议上,选举产生纪委书记1人、副书记1人,张柳胜任书记。

2003年1月,广西地方铁路有限公司和广西沿海铁路公司分别召开公司第一次党员代表大会,选举产生中共广西地方铁路有限公司和广西沿海铁路公司委员会和纪律检查委员会。

第三节 组织建设

领导班子建设

1991年,局党委制订《领导班子思想作风建设责任制》《关于加强党委民主集中制的规定》《关于民主评议领导干部暂行办法》和《关于领导干部工资外收入公开和申报制度》等八项制度,加强党委领导班子的组织、作风和廉政建设。

1992—1995年,局党委根据党的十三届七中全会精神,制订加强领导班子建设"八五"规划,决定在全局范围内开展以"学习好、团结好、廉洁好、勤政好"为主要内容的"四好"班子创建活动。制订《关于加强局领导班子党风廉政建设若干规定》《柳州铁路局党委会议制度》,对代表大会、代表会议、全委会、党委会、常委会、党委办公会、中心组学习会、民主生活会、党政工团碰头会等会议制度作出具体规定。根据铁道部政治部印发的《铁路各级党委民主生活会细则(修订)的通知》,结合铁路局实际,提出完善各级党委民主生活会意见。制订《关于领导班子集体讨论重大问题的制度》《重大问题请示报告制度》《重要工作情况通报制度》和《关于加强各级领导班子和领导干部坚持民主集中制的监督检查的规定》。先后在柳州、桂林、南宁等地分系统召开党委书记、纪委书记、站段长参加的民主集中制理论研讨会,对健全党内民主集中制、重大问题集体讨论、高质量开好党委民主生活会等问题进行理论研讨和经验交流。领导班子民主生活会成为全局各级领导班子坚持的一项重要制度。

1997—1998年,制订《柳州铁路局党委工作细则》,明确党委在企业中处于政治核心地位,起政治核心作用,对企业的思想政治工作和社会主义精神文明建设起领导作用。制订《柳州铁路局党委关于转变领导作风的规定》《柳州铁路局所属领导班子和领导干部考核工作暂行规定》,促进领导干部作风转变。制订《柳州铁路局干部理论学习考核办法》,将局管内各单位党委学习中心组成员,局机关干部及各主管处一级机关干部,站段科(股)室、车间及以上正副职干部和后备干部纳入考核范围。制订《柳州铁路局党委工作规则》,对党员代表大会、党委全会、党委常委会、民主生活会、党政联席会、思想政治工作分析会、党务工作例会、党委办公会、专题和专业会(含现场会)等会议制度和党委的公文审批、党务活动、外出请示报告等作出规定。1997年,全局119个党委(组)100%召开2次以上党委民主生活会。1998年,局党委对少数问题较突出的运输站段领导班子发出《民主生活会指定议题通知书》，由局领导带队，到桂林北站、南宁工务段、南昆临管处等单位指导民主生活会。

1999年，局党委针对领导班子存在的作风不实、管理不严、整体功能不强等突出问题，先后制订《柳州铁路局领导班子调研制度》《柳州铁路局领导班子分线包保安全生产制度》《柳州铁路局领导班子联系点制度》《柳州铁路局领导班子出差报告制度》《柳州铁路局党委督促检查工作制度》和《柳州铁路局民主管理制度》。铁路局党政领导班子成员和局机关副处以上领导干部召开"三讲"教育专题民主生活会。会前广泛征求意见，收集整理局领导班子在学风、作风、管理、班子整体功能、党风廉政建设等方面的问题。局领导班子13名成员着重从执行政策和纪律、班子整体功能的发挥、廉洁自律和党群、干群关系等方面对照查摆，找出77个突出问题，写出个人党性分析总结，印发相关领导和职工代表，接受民主评议和监督。在此基础上，局党委召开民主生活会，领导成员对问题不护短，不讲过程，不讲客观，开展自我批评。铁道部"三讲"教育巡视组对铁路局领导班子专题民主生活会给予肯定，在民主测评中满意率88.8%。

2000年，根据中央精神，柳州铁路局各级领导班子党员领导干部民主生活会由原来一年召开2次改为一年召开1次。2001年4月，局党委针对全局安全状况不好问题，安排全局各级领导班子以安全生产为专题召开民主生活会。查找出安全思想、领导作风等645个问题，制订整改措施和方案。

2003年，局党委借鉴"三个代表"重要思想学习教育活动经验，以创建"五型"班子为载体，进一步完善《柳州铁路局党委工作规则》《柳州铁路局党员领导干部民主生活会会议制度》，制订《领导班子成员协调、沟通制度》《领导干部基层联系点制度》《路局党政正职对主要站段党政正职谈话制度》《关于党支部委员民主生活会的若干意见》《关于基层党支部参与讨论重要问题的制度》《关于各级党委抓支部建设的意见》和《关于各级领导班子成员联系党支部工作制度》，进一步规范党委领导班子和党支部建设。

2004年6月，局党委、铁路局制订《领导干部安全述职制度》《关于进一步加强领导班子建设的实施意见》。12月，制订《柳州铁路局党委全委会议事规则(试行)》《柳州铁路局党委常委会议事规则(试行)》《柳州铁路局党政联席会制度(试行)》和《柳州铁路局党委办公会制度》，对上述会议的议事范围、议事程序和要求、检查监督和责任追究等进行规范，形成党委统一领导、党政正职共同负责、班子成员分工负责、组织部门具体协调、有关部门各负其责的工作格局。年内，全局领导班子民主生活会以贯彻党的十六届四中全会《关于加强党的执政能力的决定》为主要内容，以提高思想政治素养和经营管理能力为重点，查找不适应铁路改革发展的问题，提高领导班子的创造力、凝聚力和战斗力。

2005年，局党委制订集党员学习教育、作用发挥、党性分析评议、联系群众，党内民主参与，党组织关心服务党员、基层党组织工作条件保障为一体的《柳州铁路局党委关于加强党的先进性建设长效机制》和集党建工作领导责任制度、党员领导干部联系基层党组织和党员工作制度为一体的《柳州铁路局党委关于加强自身先进性建设的若干规定》。印发《关于开好2005年度党员领导干部民主生活会的通知》，明确民主生活会以建立共产党员保持先进性建设长效机制为内容，解决领导班子和领导干部在理想信念、宗旨意识、纪律作风、先锋模范作用等方面存在的突出问题。铁道部党员先进性教育督导组组长参加铁路局领导班子民主生活会。

党支部建设

1991年，局党委以《企业党支部工作教程》和《企业党支部书记能力概要》为基本教材，以铁路局和分局党校为基地，对基层党支部书记进行岗位业务和能力培训。根据铁道部政治部印发的《铁路企业党支部建设纲要》，制订党支部规范化达标三年目标，并连续印发《柳州铁路局党支部规范化建设标准》《柳州铁路局规范化党支部验收办法》《关于实行党支部规范化建设考核评分办法的通知》和《党支部书记岗位培训的意见》四个配套文件。日常加强指导，抓好落实，坚持标准，严格考核。1992年，柳州铁路局各级党组织按照"抓整顿促发展、抓活动促落实、抓典型促深化”的总体思路，重点抓好79个后进党支部转化工作，铁路局三级党组织建立包保整顿责任制。至1993年末，规范化达标党支部累计1465个，占党支部总数95.1%，全面完成三年规划中规范化党支部要达到95%的达标任务。

1994年，局党委召开全局党支部建设会议，分析总结前三年党支部建设情况，提出“八五”后两年党支部建设意见，重点抓好生产一线党支部、机关股室党支部和多经集经党支部建设，促进全局创建规范化党支部活动开展。全年累计建成规范化党支部1502个，占党支部总数95.9%，有49个党支部被评为年度先进党支部。

1996年，局党委给予连任3届以上的170名兼职党支部书记颁发荣誉证书和证章。

1998年，局党委在全局党支部中广泛开展“达标准、创先进、争红旗”活动。2001年，局党委组织部在河唇车务段、桂林机务段抓样板党支部试点。此后，全局党支部按照“六个一”(即有一套好的基础资料、有一套管理教育设备、有一个宣传教育阵地、有一个好的办公环境、有一个学习会议室、有一个党员练功场地)的标准，开展“达、创、争”活动。

2002年7月，局党委印发《关于加强和改进全局党支部建设工作意见》，要求全局党支部建设以提高质量为重点，以发挥作用为目的，以争创“五好”党支部为载体，推动党支部建设深入开展。年末，在全局1651个在职党支部中，有标准化党支部和红旗党支部1594个，占支部总数96.5%。

2004年，柳州铁路局印发《关于实行兼职党支部书记津贴的通知》，给运输生产单位一线车间兼职党支部书记每人每月发放60元职务津贴。在全局运输生产一线开展创建党支部“安全屏障”工程活动，使党支部建设融入安全生产全过程，把党支部建设成为牢固的安全屏障。

2005年，广西沿海铁路公司党委制订《党支部工作规则》，印发《党支部规范化建设考核办法》，开展党支部规范化建设活动。

1991—2005年，柳州铁路局举办党支部书记岗位培训班182期，培训专兼职党支部书记6835人次。

党员队伍建设

建局之初，柳州铁路局有共产党员1958名。其后，党员队伍不断发展壮大，至1990年全局有共产党员24655名，其中在职党员19371名。

1991年，局党委制订柳州铁路局“八五”发展党员规划，坚持有领导、有计划、有重点地做好党员发展工作。在全局各地区、各单位建立党员电教播放站和电教播放点，定期播放《柳铁党建》音像教材。铁路局有线电视台开设《先锋颂》《堡垒颂》等栏目，宣传局内先进党组织和优秀共产党员事迹。围绕安全、路风、效益三大主题，在党内开展“四无”活动，“优胜循环红旗竞赛”，“党员安全、路风联防区”活动。1992—1994年，铁路局消灭路风事件。1991—1994年，全局党员消灭责任行车事故。

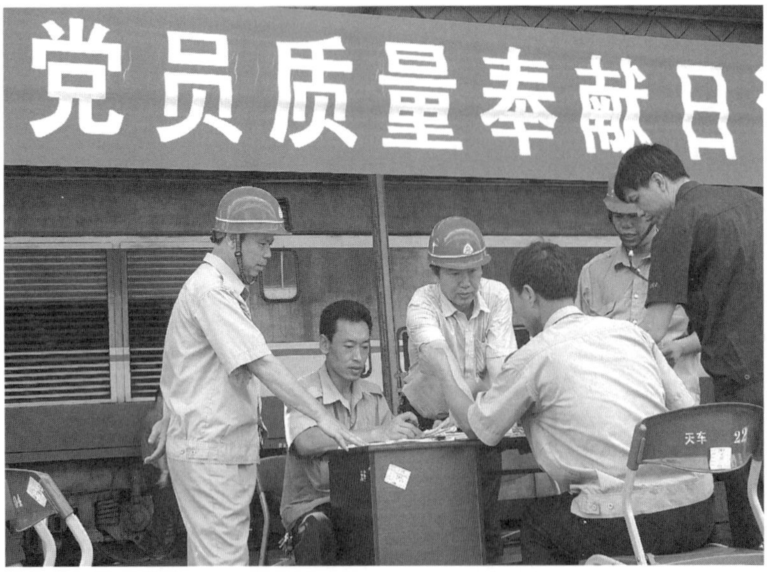

2005年，柳州机务段党委组织党员开展质量奉献日活动

1995—1997年，局党委印发《关于加强党的建设几个重大问题的决定》，用三年时间，在全局党员中开展学习建设有中国特色社会主义理论和党章活动。全局各级党组织以铁路局党校、分局党校和基层业余党校为阵地，以《邓小平同志建设有中国特色社会主义理论学习纲要》和《中国共产党章程》为教材，举办党员“双学”培训班520期培训党

员 67271 人次。1996 年,局党委制订"九五"党员发展计划,加强对入党积极分子的培训教育,全年计划发展党员 1000 人,实际发展 1299 人,为计划的 129.9%。根据铁道部政治部《关于在全路开展"创党员先锋岗、建红旗责任区"活动的通知》精神,制订开展党内"创岗建区"活动实施办法,采取试点指导、系统推进、重点突破、考核评选的方法,分别在机务、车务、工务、电务、车辆、工程等 11 个部门 128 个基层单位开展"创岗建区"活动。年内,建立党员责任岗 18003 个、党员责任区 8524 个。经考核认定,建成党员先锋岗 9812 个,占党员责任岗 54.5%;红旗责任区 5076 个,占党员责任区 59.6%。截至 1997 年底,全局党内连续实现安全生产 3306 天。

1998 年,局党委在全局党内开展民主评议党员活动,以党章为镜子,以党员标准为尺子,以提高素质、增强党性为目的,以整风精神认真搞好检查、评议并把民主评议党员工作纳入正常化、制度化轨道。1999—2005 年,全局先后开展 7 次民主评议党员活动。

1999 年,局党委围绕改革、发展、安全、营销、扭亏等重点任务,进一步细化党员先锋岗、红旗责任区标准。每年定期对岗、区进行考核验收,达标的授予"党员先锋岗"或"红旗责任区"称号,并给予物质奖励。

2001—2002 年,局党委在全局基层党组织中深入开展"三个代表"重要思想学习教育活动,全局 82 个基层党委、1578 个党支部(总支)、4718 名各级领导班子成员参加集中"学教"活动,取得干部受到教育,职工得到实惠、企业得到发展、党建得到加强的良好效果。《人民日报》、新华社等 18 家新闻单位集中报道铁路局"学教"活动带来的新变化。2002—2003 年,铁路局在党内开展"三个确保"(确保安全生产、增收节支、企业稳定)和"两保一创"(保增收、保节支、创效益)系列活动。截至 2003 年末,全局党内实现安全生产 1719 天。

2004—2005 年,局党委以中央统一印发的《保持共产党员先进性教育活动读本》为教材,以学习"三个代表"重要思想为主要内容,分两批开展保持共产党员先进性教育活动。全局 109 个基层单位 30030 名党员参加活动,每个党员平均集中学习 40 小时以上。各级党组织引导党员以新时期共产党员先进性的要求为"尺子"和"镜子","比着尺子量不足,照着镜子正衣冠",对照党章查找思想、工作作风中存在的突出问题,从世界观、人生观、价值观上剖析思想根源。全局召开专题组织生活会和民主生活会 2256 次,党员参评率 97.2%。先后提出整改问题 8.91 万个,整改 7.28 万个,整改率 81.9%。全局投入资金 2248.01 万元,为职工群众办实事 3834 件。先进性教育活动得到铁道部政治部领导的肯定和职工群众的认可,在群众满意度测评中,满意率 99.2%。随后,对先进性教育活动进行总结回顾。从加强党员教育管理、增强基层党组织活力、强化领导班子先进性建设三个层面,制订《党员学习教育制度》《党员发挥作用制度》《党内民主参与制度》《党员党性分析评议制度》《党组织关心服务党员制度》《党员联系群众制度》《保障基层党组织开展工作的制度》《党建工作领导责任制度》《党员领导干部联系基层党组织和党员工作制度》和《大额资金使用的规定》等制度,形成党员"长期受教育,永葆先进性"的长效机制。与此同时,局党委在全局 872 个生产一线党支部中开展创建"安全屏障"工程活动,构建党内安全的思想保障、岗位示范、作业监督、优质设备、突击建功和信息管理六大体系。截至 2005 年底,全局建党员责任岗 19220 个、党员责任区 6481 个,建成党员先锋岗 3698 个、红旗责任区 1033 个。全局党内实现安全生产 2451 天。在民主评议党员活动中,评为合格党员 30022 名,占党员总数 99.97%;评为不合格党员 8 名,占 0.03%;2592 名党员受表彰,其中 2319 名被授予优秀党员称号。对不合格党员进行组织处置,其中开除党籍 2 名。

1991—2005 年,柳州铁路局有 18094 名职工提出入党申请。实际发展党员 14643 名,超过计划 8.2%。2005 年底与 1990 年底相比,党员总数由 24655 名增加到 30473 名,增加 23.6%,35 岁以下党员由 3838 名增加到 5756 名,增加 50%;女党员由 3213 名增加到 4492 名,增加 39.8%;少数民族党员由 3018 名增加到 4709 名,增加 56%;大专以上文化党员由 3020 名增加到 7502 名,增加 148.4%;运输生产一线主要工种在岗党员占同类职工比例由 20.3%上升到 25%;无党员生产班组占班组总数的比例由 15.2%减少到 1.2%。2005 年末，广西地方铁路有限公司有党员995人，比1995年公司成立时增加13.6%。广西沿海铁路公司有党员796人，其中女党员104人、少数民族党员206人、工人党员355人、35岁以下党员293人、大专以上文化程度党员276人，在岗党员占在岗职工人数的26.8%。通过不断加强党员队伍建设，涌现一批先进党组织、优秀共产党员和优秀党务工作者。桂林机务段党委、河唇车务段八塘站党支部等14个党组织被铁道部评为先进基层党组织；柳州南站货运安全员韦宗磊、玉林机务段司机李富盛等25人被铁道部评为优秀共产党员；柳州车辆段到达场列检所支部书记周建华、局党委副书记莫忠被铁道部评为优秀党务工作者。南宁机务段、柳州南站、防城港运输段党委等10个党组织被评为自治区先进基层党组织；玉林机务段司机韦善庭等12人被自治区党委评为优秀共产党员；柳州车辆段党委书记李勇等5人被自治区党委评为优秀党务工作者。南宁客运段5/6次车队党总支、南宁机务段党委、柳州机保段党委被中组部评为先进基层党组织；南宁铁路医院院长胡灼君被中组部评为全国防治非典工作优秀共产党员。

第四节 宣传思想文化工作

干部理论教育

1991年，局党委以《马克思主义哲学学习纲要》和《社会主义若干问题学习纲要》为基本教材，组织正科级及以上干部到铁路局党校脱产轮训，每期20天；副科级及以下干部由铁路分局级党校轮训，每期12天。年内，举办轮训班69期轮训干部5060人，轮训率90%。

1992年，局党委在邓小平视察南方讲话发表、党的十四大召开后，及时组织493名正科级以上干部参加局党校轮训，分局级党委组织618名副科级及以下干部学习轮训。

1993—1994年，局党委组织党员干部系统学习《邓小平文选》《邓小平建设有中国特色社会主义理论学习纲要》，在局党校举办8期处级干部和站段党政正职干部培训班培训干部550人；在铁路分局党校举办14期科级干部培训班培训干部1450人。7次召开《邓小平文选》学习交流会，反映全局干部学习成果的《硕果集》由广西人民出版社出版。局党委印发《柳州铁路局干部理论学习考核办法》，对干部理论学习进行严格考核。

1996—1997年，局党委深入贯彻党的十五大精神，组织开展"两个根本性转变"(生产方式的根本性转变、管理体制的根本性转变)大讨论和党的十五大精神研讨活动，先后举办研讨培训班160期8500人次参加学习，大讨论为柳州铁路局实现"两个根本转变"打下思想基础。广西地方铁路有限公司党委在地方和合资铁路的干部中开展"两个根本性转变"大讨论。

1998年，局党委在全局掀起学习邓小平理论新热潮。自治区党委宣传部在柳州铁路局召开全区企业学习理论现场经验交流会，局党委、局党委宣传部、柳州机务段、柳州电务段、柳州木材厂、南宁车辆段在会上介绍经验。从1998年起，广西地方铁路有限公司党委持续开展学习邓小平理论，以党的十五大精神和邓小平理论为指导，先后将黎钦、钦北铁路公司委托南防铁路公司经营，为沿海铁路组建股份制公司做好思想和组织准备。

1999—2000年，局党委在全局开展以"讲学习、讲政治、讲正气"为主要内容的学习教育活动。全局62个单位分5批开展"三讲"集中教育，679名领导班子成员分批集中参加学习，收到学习研究文章258篇。《广西日报》头版头条发表长篇通讯《千里铁道扬旗帜》并配发评论员文章介绍柳州铁路局抓理论学习、促改革发展的经验。

2001—2002年，局党委印发《关于认真学习努力实践"三个代表"重要思想的决定》。局党委宣传部先后安排各级领导班子学习《毛泽东邓小平江泽民论思想政治工作》，江泽民《论"三个代表"》《论科学技术》《论党的建设》等重要论著和党的十六大精神，先后召开学习报告会、中心组学习座谈会，中心组成员、副处级以上领导干部理论研讨会，举办9期学习研讨班819名领导干部和宣传

2002年12月，自治区党委在柳州铁路局召开全区党委中心组学习经验交流会

骨干参加学习研讨。基层单位举办理论学习培训班162期8300人次参加培训。2002年底，自治区党委在柳州铁路局召开全区党委中心组学习经验交流会。

2003年，局党委印发《关于在全局开展解放思想再讨论的通知》，局党委宣传部分别在南宁、柳州等7个铁路地区，进行13次以“发展是党执政兴国的第一要务”为题的党委中心组学习交流活动，82个党委中心组450人参加交流，75名领导干部发言。举办3期副处职以上领导干部学习贯彻“三个代表”重要思想、推进铁路跨越式发展研讨班346名领导干部参加研讨。在解放思想再讨论活动中，征集论文200多篇，经整理，印成《思想的火花之探索篇》和《思想的火花之实践篇》两本文集。广西沿海铁路公司党委印发《关于加强领导干部学习的决定》《关于兴起学习贯彻“三个代表”重要思想新高潮的通知》和《关于开展解放思想再讨论的通知》，开展解放思想再讨论活动，召开讨论会11场，收到讨论文章27篇。

2004—2005年，局党委宣传部以落实党的十六届三中、四中全会精神为主线，以实践“三个代表”重要思想、树立和落实科学发展观、解决铁路局在改革发展进程中遇到的重大问题为着眼点，先后举办2期正处级及以上领导干部学习班，1期副处级领导干部培训班，培训副局级领导干部28人次、处级领导干部376人次。在南宁、百色等6个铁路地区开展以“在构建社会主义和谐社会中展示作为”为主题的党委中心组联组学习交流活动，620多人次参加学习交流。举办全局领导干部谋求柳局新跨越研讨班183名领导干部参加研讨。汇编《学习科学发展观文选》。全局理论学习经验在铁道部宣传思想工作会议和自治区党委中心组学习经验交流会上介绍。广西沿海铁路公司党委印发《关于成立公司创建学习型企业活动指导协调委员会的通知》，开展创建学习型企业活动，举办2期骨干培训班120多人参加培训；举办学习型企业和能力建设研讨会，收到论文122篇和141篇。

职工政治教育

1990—1991年，局党委宣传部在全局职工中组织开展“基本国情、基本路线”教育。建立职工政治学校73所，有专兼职教员822人。举办职工“双基”教育轮训班1301期轮训青工2.86万人次，占应训青工的93.4%。1990年11月，中共中央宣传部在铁路局召开全国（南方片）企业“基本国情、基本路线”教育座谈会，中共中央宣传部副秘书长、宣传局局长李传华、广西壮族自治区党委副书记丁廷模以及全国总工会、共青团中央、全国职工思想工作研究会负责人和22个省、市、自治区和计划单列市的党委宣传部长和企业代表143人参加会议。

1992—1993年，柳州铁路局以学习邓小平视察南方讲话、贯彻党的十四大精神为重点，在职工中开展“解放思想，转变观念”学习交流和“铁路企业转换机制，走向市场”大讨论。

1994—1997年，局党委制订《柳州铁路局爱国主义教育实施规划》，在全局开展“爱党、爱国、爱局、爱岗”“爱国从敬业做起”主题教育和“社会公德、职业道德、家庭伦理道德”教育轮训活动。期间，全局建立基层党校94所，有专职教员40人、兼职教员536人，校舍面积1.57万平方米，购置爱国主义教育图书资料12.06万册，配备电教设备347台，全局轮训职工1.7万人。1995年，自治区党委宣传部、组织部授予金城江铁路地区联合党校和南宁水电段、柳州中心医院基层党校“先进基层党校”称号。1996年7月，全国铁路职业道德交流会在柳州铁路局召开。9月，自治区“三德”教育经验交流会的代表到铁路局观摩学习。

1999年12月，全国铁路爱国主义教育基地南昆铁路纪念碑园在百色挂牌。

2001年9月，铁路局启动“树立新理念、提供新服务、塑造新形象”三新教育活动。

2002年底至2003年初，围绕建局50周年开展局情教育系列活动，印发7000多本局情教育材料，编印2200册《龙腾山水间——柳州铁路局建局五十周年》画册，拍摄和播放专题电视片，开展“柳铁50年知识竞赛”，举办“畅言新时期火车头精神”有奖征文。党的十六大召开后，局党委宣传部组织十六大精神宣讲团到南宁、桂林、玉林、百色、全州等铁路地区举办报告会23场听众1.2万人。

2004年，柳州铁路局启动“诚信铁路、诚信柳铁”主题教育活动。柳州客运段举行“诚信教育从我做起”千人签名仪式并以桂林—北京西、桂林—深圳、南宁—上海3对旅客列车为示范，进一步细化列车作业标准。铁路局先后2次组织20多人参加“服务质量行”明察暗访活动，通报有损路风路誉等问题。柳州铁路公安处治安大队民警杨顺德身患癌症，以宁可少活几年，也要换来青少年美好前程的襟怀，坚持在路内外中小学义务开展普法宣传的事迹，在新华社《国内动态清样》刊登后，国务委员陈至立等领导作批示。1月，局党委宣传部组织成立杨顺德事迹报道组，撰写《用生命之火点燃希望之光》长篇通讯和《身患重症　情系未来》的事迹材料。2月，自治区党委宣传部向各新闻媒体发出《关于杨顺德先进事迹的宣传报道意见》，新华社、《人民日报》《光明日报》《法制日报》以及《广西日报》等23家新闻单位33名记者，组成杨顺德事迹采访团到铁路局采访，杨顺德事迹很快在国内各大媒体广泛传播。随后，铁路局组织杨顺德事迹报告团到铁路沿线地区巡回宣讲。5月，在柳州铁路工人文化宫召开杨顺德事迹报告会，在全局掀起学习杨顺德先进事迹热潮。7月，中央电视台“实话实说”栏目为杨顺德制作“谁能把孩子带出网吧”节目，“焦点访谈”等栏目也先后报道杨顺德的事迹。

1991—2005年，柳州铁路局、广西地方铁路(有限)公司完成“一五”“二五”“三五”3个“五年普法”教育任务。铁路局组织全局干部职工学习42部法律、法规，举办普法骨干培训班221期培训普法骨干2.55万人次。每年举行一次全局性普法考试，职工平均参考率98%，平均及格率99%。顺利通过自治区普法检查验收团考核验收评估，铁路局被评为全国、自治区普法先进集体，杨顺德被评为全国普法模范。

形势宣传教育

1991年，东欧剧变，局党委在职工中开展“国际形势教育”。局党委宣传部印发《急剧演变的苏联局势》参考材料；在《柳铁宣传》上刊登7讲形势宣传资料，印发2.4万份；在三级党委中心组举办苏联局势报告会，帮助干部职工坚定走建设中国特色社会主义道路的信念。

1992年，邓小平视察南方讲话发表和党的十四大召开，《柳铁宣传》及时刊登100多篇改革经验文章。局党委宣传部将10多位专家、学者关于经济体制改革讲话音像资料下发各单位播放，帮助职工全面准确地理解、掌握和贯彻十四大精神，转变思想观念，深化企业改革。

1993—1994年，局党委宣传部组织全局职工学习《邓小平文选》第三卷，开展转变经营机制加快公司制改造研讨活动。

1995—1996年，铁路局进行住房制度、工资制度、医疗制度、养老保险等改革，局党委宣传部录制各项改革专题片，在各单位播放。同时举办《共创辉煌》——柳局“八五”成就回顾展，帮助职工认清形势，坚定改革信心。

1997年，局党委印发《关于开展市场形势教育的意见》，以《铁路职工市场形势教育讲座》为基本教材，开展形势教育活动。7月，局党委、铁路局、局工会在玉林站召开全局“开展市场形势教育、强化市场营销”现场会，总结推广玉林站开展市场形势教育、拓宽市场营销渠道经验。

1998年2月，结合纪念改革开放20周年和自治区成立40周年，局党委宣传部在茂名站开展深化改革形势教育试点，组织职工讲全国、全路、全局改革的大好形势。局党委宣传部自编改革形势教材1.5万册,供基层单位组织职工学习。组织改革形势宣讲团,在全局巡回宣讲96场听众2万多人次。5月,举办改革成就回顾展。8月,局党委在茂名站召开全局改革形势教育现场会,交流改革发展教育经验,部署深化改革教育。12月,举行纪念党的十一届三中全会召开20周年报告会,“改革开放20年”职工演讲比赛、歌咏比赛等活动,深化改革形势教育。

1999—2001年,柳州铁路局、广西地方铁路有限公司党委开展揭批“法轮功”活动,在广大党员和职工中进行马克思主义唯物论和无神论教育。

2003年,局党委宣传部先后印制以防治非典疫情为内容的《班组必读》5期,编印和向旅客发放防治“非典”宣传单15.6万张、防治“非典”资料31万份,印制预防“非典”宣传画8000张,编写防治“非典”专题站车广播稿7篇,激励全局上下齐心协力抗击“非典”疫情。

2004年,第一届中国—东盟博览会在南宁举行。局党委宣传部购买《东盟知识读本》3800多册,编印宣传资料4万多册发至基层。组织全局职工参加自治区举办的“东盟知识”竞赛。组织客运部门职工学习《中国—东盟自由贸易区知识读本》《日常英语ABC》,开展“诚信迎中国—东盟博览会”的大型签名活动。对全局列车长分批进行涉外运输培训,对站、车广播员进行东南亚风情节目编排培训,对车站客运职工和列车员进行沿途风光知识培训。

2005年,铁路局两次进行生产力布局调整。局党委宣传部开展专题职工思想分析,调整充实基层单位思想信息直报点,重新聘请职工思想信息员,有针对性地加强职工思想引导。

运输生产宣传

1991—2005年,局党委宣传部每年针对运输生产形势和特点,围绕铁路局安全运输目标,开展春运、两会、黄金周、安全月、暑运安全宣传活动。印发生产宣传资料6万份,宣传图片31.4万张。

1991—1992年,局党委宣传部围绕全局实现安全生产1000天、3周年奋斗目标,开展“安全、服务、效益”年宣传活动,分系统总结加强安全生产思想政治工作经验,在全局宣传推广;总结安全生产先进典型,组织安全、路风标兵事迹报告团在全局巡回报告;把安全生产经验汇编成《丰碑》一书;总结铁路局、南宁铁路分局安全生产经验,在全路运输生产安全会议介绍。

1994年,铁路局开展安全生产基础整顿。局党委印发《关于做好整顿安全基础工作中宣传思想工作的意见》,组织实施“四面八方”宣传工程,即党政工团四支队伍开展为期3个月运输安全集中宣传,从成绩、教训、目标、任务、措施、重点、典型、领导八个方面加大安全生产宣传力度。局党委宣传部编印宣传材料20多种近2万份,全局召开报告会7394场,出板报9370期,张贴宣传标语3.37万张。组织宣传、安监部门和新闻单位人员围绕安全基础建设开展为期60天的“安全千里行”活动,走访检查50多个单位,发稿40多篇。编印《整顿安全基础调研文集》《八塘站安全生产一万天专辑》。

1996—1997年,局党委宣传部围绕建设安全标准线印制彩色标语1600张;编印宣传资料5000份;创办《班组必读》专刊;举办安全基础建设知识竞赛6.17万名职工参加;拍摄建线电视片,推动建线工作开展。

2005年12月,出席柳州铁路局安全文化建设推进会的代表在现场观摩

1999—2000年，局党委宣传部组织开展“打好安全生产翻身仗”大讨论活动，编写《话说安全》专题教材下发班组学习；召开全局“打好安全翻身仗”电话会议，部署开展安全大讨论活动；总结融安车务段、玉林工务段、南宁工务段等6个单位抓安全生产的经验在全局推广。

2003年，局党委宣传部在全局主要运输生产单位开展安全生产“体现时代性、把握规律性、富有创造性”教育，编印《安全生产“三性”教育学习资料》在《柳州铁道》刊登，在局有线电视台开设安全生产“三性”教育专栏，引导职工研讨安全生产的规律性。

2005年11月，中央新闻单位记者在黔桂铁路扩能改造工程工地采访

2005年，局党委、铁路局决定用一年时间在全局开展以“共保安全、共享安全”为主要内容的安全文化建设活动。组织职工开展“共保安全、共享安全”大讨论。局党委宣传部精选部分优秀文章，编印《安全生产一事一说》，探索建立安全文化建设长效机制。12月，召开安全文化建设推进现场会，部署安全文化建设，培育具有柳局特色的“共保安全、共享安全”的安全价值观。

社会宣传

1991年，南昆铁路动工、钦州—北海铁路奠基、铁路局实现安全生产1000天。局党委宣传部门及时组织新闻单位的记者和单位通讯员进行报道，稿件被《人民日报》《光明日报》《经济日报》等中央级新闻单位采用。

1992年，柳州铁路局成立四十周年、实现安全生产四周年。局党委宣传部邀请中央驻桂新闻单位和广西主流媒体记者到铁路局采访，采写的《广西人买路》《列车市场到底有多大?》《柳铁出现“道口专业户”》等稿件分别被《人民日报》、中央电视台等多家新闻单位采用。长篇通讯《柳铁何以创造全国安全行车新纪录》在《瞭望》周刊刊登。

1993—1994年，柳州铁路局新闻单位记者和各单位通讯员采写的《列车上的年货街》《广西建设大西南出海通道》《铁路局长“查户口”》《广西甩开膀子办交通》和《铁老大登门找货》等稿件分别被《人民日报》《工人日报》、中央电视台和中央新闻社等多家新闻单位采用。

1995—1996年，柳州铁路局各级党委宣传部门围绕挖潜扩能、路风建设组织对外宣传，一批重点稿件在社会上引起较大反响，其中《百色要通火车了》《柳州客运段悬赏30万正路风》《海南号特快列车首开北京》和《柳铁局重奖科技人才》等稿件在中央各大媒体刊登。《聚散离合总关情》《关闭小站，火车轮子转快了》和《站没了，人咋办》等通讯，在《科技日报》经济特刊头版头条和《经济日报》《中国青年报》刊登，中央电视台“早间新闻”“生活”栏目进行专题报道。

1997年，柳州铁路局各级报道组以“写新视角、出精品稿”为目标，采写《柳州铁路局调整生产力布局显生机》，被《工人日报》头版头条和《人民日报》《经济日报》《科技日报》等刊登。11月，铁路局在南宁召开“南昆铁路全线通车运营”新闻发布会，中央、港澳、区内30家新闻单位45名记者到会，香港《文汇报》《商报》以最快的速度予以报道。《南昆铁路呼唤法制化管理》一稿获当年全国好新闻奖。

1998年，柳州铁路局召开新闻发布会12次，邀请记者400多人次参加。

2000—2001年，局党委宣传部宣传柳州铁路局在西部大开发战略中的地位和作用，先后采写《柳铁拓宽西南出海通道》《铁路瓶颈还能走多远》《南昆铁路驮走贫困带来欢乐》《出租火车赚大钱》

和《绿色长廊在悲泣》等稿件，在《人民日报》《光明日报》和《经济日报》等刊登，中央电视台在“新闻联播”“午间新闻”和“晚间新闻”播发。其中，《工人日报》头版头条刊用的《绿色长廊在悲泣》获当年《工人日报》通讯一等奖。铁路局在“春运”，“五一”“十一”黄金周，通过中央电视台《出行参考》栏目公布管内旅客列车开行信息。

2002 年，局党委宣传部邀请新华社、《人民日报》《经济日报》等 18 家新闻单位 27 名记者，参加“铁路局‘三个代表’学教活动”的新闻采访，采写《柳铁半年整改问题四千五百件》《实践“三个代表”，柳铁生产登上新台阶》和《张榜求批评》等文章。在迎接党的十六大召开期间，邀请《光明日报》《工人日报》等记者采访铁路局十六大代表，并发表《让西部通向大海》《从工人堆里走出的代表》等稿件。召开“南昆铁路运营五周年”新闻发布会，组织 22 名中央新闻单位驻桂记者和区内记者采访南昆铁路，发表《南昆铁路带动西南地区快步奔小康》等 23 篇新闻稿件。

2004 年 11 月，局党委宣传部协助铁道部政治部宣传部在桂林举办全路第一期新闻发言人培训班。12 月，广西铁路建设“一揽子”计划开始实施，新建洛湛铁路，黔桂、南昆、南防铁路扩能改造同时开工，局党委宣传部配合自治区党委宣传部召开新闻发布会并组织中央及省地市媒体记者采访。《广西铁路织壮锦》等稿件被各大媒体采用。

2005 年，中央媒体科学发展观大型采访团到柳州铁路局采访，《新闻社内参》连续报道铁路局加快发展成果。组织中央主要媒体驻桂记者到黔桂铁路扩能改造、洛湛铁路建设工地采访。针对铁路局开行春运民工专列，组织记者采写《民工专列，爽！》《列车上演绎“天下无贼”》和《“红头文件”为春运做宣传》等稿件，分别在《人民日报》《光明日报》和《经济日报》等媒体上刊登。针对耕牛上道阻碍铁路运输的难题，组织记者赴柳江、三江、来宾和百色等地进行“防止耕牛上道”实地采访活动，《人民日报》、中央电视台、《法制日报》《光明日报》《广西日报》和广西电视台等媒体先后发表《“铁路牧场”梗阻大动脉》《爱路护路责任意识亟待提高》等稿件。制作《柳铁开展耕牛上道专项整治》新闻专题 VCD 光盘，下发铁路沿线 40 个市(县)电视台播放。

1991—2005 年，中央级新闻单位采用柳州铁路局的稿件 3357 篇，省部级新闻单位采用 2184 篇。

第五节 党务综合管理

柳州铁路局党委办公室(以下简称局党办)为局党委负责信息调研、督察、保密、机要、公文处理等工作的办事机构。1991—2005 年，被铁道部、自治区多次评为信息工作先进单位(集体)；被自治区党委系统评为 1994—1996 年办公厅(室)先进集体；被自治区党委政研系统评为 1997—1998 年、2000—2001 年、2002—2005 年先进单位。

信 息 调 研

1991 年，局党办在全局聘请 31 名特约信息员、26 名特约调研员，在 24 个基层单位建立信息联系点。召开全局信息调研工作研讨会，以会代训，培训信息调研人员。全年收集信息 2486 条，采用 1092 条，其中中央办公厅采用 3 条、铁道部政治部采用 115 条、自治区党委办公厅采用 64 条。各级领导批示74 条，其中铁道部领导批示 2 条、自治区领导批示 5 条。收到调研文章 106 篇，采用 49 篇。

1993 年，《柳州局围绕运输安全生产加大思想政治工作力度》《柳州局党委对领导班子成员提出“三带头”“八不准”规定》等信息被评为全路党委系统好信息。

1994 年，局党委创办《柳铁政工》内部刊物，每季一期，印发至全局党支部。1995 年，铁路局研发的《党委系统信息调研自动化管理库》软件在全路推广。

1996 年，局党办在全局开展“看八五、想九五”和“两个根本性转变”专题调研征文活动，征集调研文稿 400 余篇。年内，培训信息调研人员 160 人次，上报信息在铁路系统排名第三，中央领导和自治区党委领导在铁路局2条信息上批示。

1998年,局党办协助国家计委第二咨询局秘书长郭景辉完成《柳州铁路局减层改制、减员增效成果喜人》调查报告,得到时任中央政治局常委、国务院总理朱镕基,人大常委会副委员长邹家华等近十位中央和省部级领导的批示和肯定,中央和省部级11家报刊刊登。

1999—2000年,《柳铁政工》改为双月刊,在中国企业内部报刊评选活动中,获"1998—1999"中国企业内部报刊(国有大型企业杂志类)一等奖。

2001年,柳州铁路局上报信息在全路4个直管站段铁路局中排名第一。年内,收到专题调研、体会文章150篇,《柳铁政工》和《参阅材料》刊用32篇,省部级以上刊物发表6篇,其中《实践"三个代表",坚持"两手都要硬"》调研文章在广西《政策天地》刊出并被评为全路理论学习优秀文章。

2003年,局党办组织开展学习贯彻党的十六大精神主题征文和专题信息活动,收到调研文章169篇,其中《南昆公司为何能迅速发展壮大》等一批优秀调研文章,通过文件、简报等形式发至全局各单位。

2004年,局党办组织力量对全局重点课题开展调研,撰写《关于桂林客运市场的调查》《关于在提速调图中发挥党群组织作用的调查报告》和《新图实施后对部分站段生产及职工生活影响的调查》等调研报告,为领导决策提供参考。

2005年,局党办总结铁路局直管站段7年多来政治工作经验,撰写《转变作风,服务基层,不断提高直管站段体制下的管理水平》调研文章,在铁道部政治部工作网站上发表。上报信息《通过铁路贩运毒品已成为毒品流通的重要渠道》,被中央办公厅单条采用。

1993—2005年,铁路局上报信息被中央办公厅采用82条、铁道部办公厅采用792条、自治区办公厅采用587条,被省部级刊物刊用178篇。

党务督察

从1991年起,局党委逐步建立铁路局、铁路分局(直管单位)、基层单位三级督察工作网络,制订督察工作制度,逐步形成经常化、规范化督察工作机制。

1995年,柳州铁路局立项督察155件,其中自治区党委领导批办2件、自治区党委办公厅批办1件。全年办结154件,办结率99.4%。年内,局党办分别在桂林和融水举办三级党办业务培训班,对200名专兼职督察员进行督察理论和业务培训。

1996年后,局党办坚持每季对督察工作进行统计和通报,每半年进行考核评分,年底进行评比表彰。

1998年,修订《柳州铁路局党委办公部门督促检查工作实施办法》,明确督察工作的指导思想、工作范围、工作方式、工作程序和队伍建设。

2000年5月,成立局党委督察室,加强全局党委系统督察工作。

2002年9月,局党办重新制订《督促检查工作实施办法》,进一步明确督察工作的组织领导、工作职责、工作程序、工作方式、工作要求和考核办法,为贯彻落实局党委、铁路局重大决策和重要工作部署提供制度保障。

1991—2005年,柳州铁路局立项督察重点工作和重点督察事项1131件,其中自治区党委领导批办14件、自治区党委办公厅督办30件、铁道部领导批办14件、局领导批办319件、局党办督办115件、铁路分局主管处督办321件、基层单位督办318件,基本做到件件有着落,事事有回音。2005年末,全局有专兼职督察员235人,有督察工作制度15项。

保密工作

1991年,柳州铁路局有保密组织196个,成员928名。全局有要害部门26个、保密要害部位364个。年内,对全局各公文交接站(点)和5趟列车的公文交接、传递情况进行检查,重点对柳州铁路地区公文交接站进行整顿,审查柳州铁路地区105名公文交接员,换发公文交接员证,修订公文交接工作制度。

1992年,广西地方铁路公司和南防铁路公司党委,分别建立本级党委和管辖单位的保密委员会和保密领导小组。局党委保密委员会办公室(以下简称局保密办)按保密范围的统一适用标准,对

1989年5月1日至1991年底的15749件文件资料进行清理，确定国家密级等级。针对中越国际铁路联运即将开通，邀请地方国家安全部门对凭祥铁路地区通信设施的安全保密情况进行技术检测，对发现的问题及时采取防范措施。

1993年9月，局党委明确局保密办设在局党办。制订《柳州铁路局密码电报使用和管理规定》。组织开展纪念《保密法》颁布5周年活动，张贴保密宣传画200套，举办保密工作报告会448场次。选派11名保密干部参加铁道部、自治区举办的保密干部培训班学习。

1994年8月，铁路局密码工作领导小组办公室成立，设在局党办机要科。

1996年，局党委对保密委员会成员和密码工作领导小组成员及分工进行调整，保密委主任由局党委副书记担任，副主任由一名副局长担任。铁路局密码工作领导小组组长由局党委书记担任，副组长由局党委副书记和分管运输副局长担任。修订完善《局党委保密委员会工作制度》《局党委保密办公室工作制度》《职工保密守则》和《秘密文件、资料管理保密制度》等21项保密制度和规定，汇编成册印发局机关干部和基层涉密人员。

1998年，制订《柳州铁路局领导干部保密工作责任制实施办法》《柳州铁路局保密检查评分标准》，结合《保密法》颁布10周年，在全局开展保密宣传月活动。

1999年，局保密办组织局机关42个处室及主管处副处职以上领导干部、129个基层单位正科职领导干部进行保密自查，以海南省政府办公厅席世国泄密案件为反面教材，在全局开展保密反思活动。对31个单位43台联网计算机清除黑客程序进行检查。结合政治工作考核，考核23个单位的保密工作。转发国家保密局关于《涉及国家秘密的通信、办公自动化和计算机信息系统审批暂行办法》和铁道部《铁路计算机信息网络国际联网保密管理暂行规定》，对各单位进入国际互联网的计算机严格实行申报安全管理及联网技术方案制度。

2000年，自治区保密局“三五”保密普法验收组到柳州铁路局检查“三五”保密普法工作。铁路局保密委被自治区保密局推荐为“全国保密法制宣传教育先进单位”。

2001年，在全局涉密人员中开展以“四查一整顿”（查保密观念是否增强、保密工作责任制是否到位、保密制度是否落实、保密纪律执行是否严格，对查出的问题是否进行整改）为主要内容的保密工作大检查。局保密办牵头召开计算机信息网络协调会议，明确全局计算机网络安全保密管理工作由局党委保密委员会领导，网络建设和技术管理由铁路局电算中心负责，网络的安全保护、监督、指导由柳州铁路公安局负责，网络保密建设和管理由局保密办负责，局机关办公信息网络安全监控由局电算中心负责。制订《柳州铁路局商业秘密保护暂行规定（试行）》，对全局商业秘密保护的范围、商业秘密的管理及奖惩作出严格规定。

2002—2003年，局保密办与柳州铁路公安局、局电子计算管理中心联合为94个单位办理计算机信息网络国际联网申报审批工作。对全局涉密计算机、计算机网络及互联网情况进行全面调查。审查确定16个保密要害部门、189个保密要害部位，报铁道部保密办审批。

2005年1月，局党委调整保密委员会成员，制订《柳州铁路局保密要害部门部位保密管理细则》，全局15个要害部门108人、104个要害部位115人签订《保密责任书》。

第二章　纪检监察

第一节　机构设置

中共柳州铁路局纪律检查委员会（以下简称局纪委）于1953年2月成立，办事机构为铁路局政治部组织指导部纪律检查科。

1959年4月、1962年4月、1964年8月分别在中共柳州铁路局第二、三、四次代表大会上选举产生第二、三、四届中共柳州铁路局监察委员会。1985年12月、1989年5月分别在中共柳州铁路局第六、七次代表大会上选举产生中共柳州铁路局第六、七届纪律检查委员会。办事机构设检查处、经济检查处、审理处和办公室。

1991年11月，局纪委增设教育室。

1992年9月，局党委和铁路局决定局纪委与监察处合署，实行"两块牌子、一套班子"，行使党内纪律检查和行政监察职能。

1993年12月、1998年5月、2004年9月，在中共柳州铁路局第八、九、十次党员代表大会上，分别选举产生中共柳州铁路局第八、九、十届纪律检查委员会。

2003年1月，在中共广西地方铁路有限公司和广西沿海铁路公司党员代表大会上，分别选举产生广西地方铁路有限公司和广西沿海铁路公司第一届纪律检查委员会。

2005年，局纪委办事机构设办公室、案件检查室、执法监察室、案件审理室、路风监察室，定员17人（未含列行政编制的路风监察室4人）。

2005年10月，柳州铁路局纪委领导在黔桂铁路扩能改造工程工地调研重点工程党风廉政建设情况

第二节　案件检查与审理

1991—1992年，局纪委检查审理党内违纪案件184件，其中大案要案4件。给予党纪处分168人，涉及副处以上领导干部9人。

1993—1997年，局纪委针对普遍反映受贿案件定性难的问题，定期编印《疑难典型案例》并编印《党风违纪案件定性处理50例》。多次召开受贿案件审理工作研讨会，组织纪检审理人员对受贿案件进行互检，分析各种受贿案件的定性依据、量纪标准，同时，开展案件审理质量评比，保证案件审理质量。按照中共中央纪律检查委员会关于严查大要案要求，以服务运输生产经营为中心，以查处经济案件和腐败堕落案件为重点，5年间，检查审理党员违纪违法案件286件，其中大要案131件，受到党纪处分的党员295人，其中开除党籍143人、留党察看22人、撤销党内职务22人、严重警告52人、警告56人。涉及副处级以上领导干部14人，挽回经济损失1278.09万元。1997年7月，局物资工业处处长、党委副书记谭×擅自借公款1200万元给个体户，造成重大损失等问题暴露，局纪委迅速组织力量立案审查，查明谭×有渎职、受贿、非法所得、违反组织人事纪律和生活作风腐败等违法违纪问题，将其开除党籍、公职，由司法机关判处有期徒刑。

1998—2001年，柳州铁路局纪检监察部门认真执行《中国共产党纪律处分条例(试行)》等党内条规，突破经济大要案和窝案。检查审理党员违纪违法案件216件，其中大要案155件，受到党纪处分的党员215人，其中开除党籍108人、留党察看11人、撤销党内职务2人、严重警告31人、警告63人。涉及副处级以上党员领导干部20人，挽回经济损失2097.92万元。1999年，查处兴义工务段段长唐××等16人利用工程承发包、物资采购进行贪污、贿赂违纪违法窝案。2000年，查处百色供电段段长冉××等17人违纪违法经济窝案。2001年，查处金城江机务段段长马××、党委书记何××等15人违纪违法经济窝案和百色铁路医院院长潘××、党总支书记张××等7人违纪违法经济窝案。4年间，局纪委坚持每年第四季度从各单位抽调专、兼职审理干部组成检查组，对当年审理的案件逐项检查评分、评定，保证案件审理质量。

2002年5月，局纪委编印《办理党纪政纪案件常用文书格式》一书，为全局办案人员提供参照范本。局纪委在南宁、柳州、融水等铁路地区召开案件审理工作会，培训全局专职审理案件的干部和基层纪委书记，研讨疑难案例，提高纪检干部审理案件能力。年内，查处党员违纪案件60件，其中大案要案30件，受到处分的党员56人，其中开除党籍15人、留党察看5人、严重警告8人、警告28人。涉及副处以上党员干部3人，挽回经济损失617万元。重点查处局总调度室贺××等11人利用调配车皮职权，通过信用卡受贿案。

2003—2005年，柳州铁路局纪检部门查处党员违纪违法案件115件，其中大要案95件，涉及副处级以上党员干部17人，挽回经济损失1002万元。查案重点从基层转到局机关，突破一批对全局有影响的大案窝案。2003年，查处局财务处副处长甘×、局房地产发展中心主任张××和局计统处投资计划科副科长殷××等11人受贿案；2004年，查处局有线电视台台长宋××等人贪污受贿案；2005年，查处局房地产管理处赵×等人在招投标工作中的受贿案。

1953—2005年，局纪委检查审理党内违纪案件4151件，受到党纪处分的党员3829人，其中开除党籍1030人、留党察看505人、撤销党内职务69人、党内严重警告875人、党内警告1350人。

第三节 廉政教育

1991—1992年，局纪委在全局党员中普及党规党纪条规。组织学习中共中央纪律检查委员会颁布的《关于共产党员在经济方面违法违纪处分的若干规定(试行)》，编印学习资料3500册、党纪条规知识问答2500份，典型案例选编2200册。

1993年，铁路局各级纪委与组织部门合作，在全局开展以“自觉遵纪守法，做廉洁自律模范”为主要内容的党风党纪和党的宗旨教育。全年举办培训班9期培训党支部书记238名；举办党员轮训班351期轮训党员干部8844名。同时，局纪委以“共产党员廉洁颂”为题，整理玉林铁路公安刑侦大队队长林初等8名共产党员、领导干部清正廉洁典型事迹广为宣传；把原机务处副处长边××等4人受贿11.3万元的要案通报全局。

1994—1996年，局纪委、监察处努力创新教育形式，拓展教育领域，搞好反腐倡廉系列教育。购买《权力在失去监督的时候》《一个公安局长的毁灭》等13部录像片，组织人员拍摄14部党风廉政正反典型录像片、18部专题片在全局巡回播放。举办“廉洁勤政”演讲比赛。组织党员干部参

2001 年 2 月，南宁机务段纪委举办反腐倡廉形势教育研讨班

加中纪委组织的党纪、政纪条规教育活动。召开廉政教育经验交流会。

1997—2002 年，柳州铁路局进一步加大党风廉政教育力度，成立党风廉政建设领导小组，印发《关于在全局党员领导干部中开展党风廉政法律法规学习活动通知》，开展以“讲学习、讲政治、讲正气”，学习“两规一法”(《中国共产党纪律处分条例(试行)》《中国共产党党员领导干部廉洁从政若干准则(试行)》和《中华人民共和国行政监察法》)为主要内容的党性、党风、党纪教育活动。全局各级党组织举办“两规一法”专题学习班 307 期 1.7 万人次参加学习。对新提拔的 200 多名领导干部进行廉政谈话，要求他们写出《廉洁自律保证书》。各单位党委中心组安排学习反腐倡廉有关内容 1200 次，各级领导干部写出学习心得 5062 篇。举办领导干部和“六管”人员学习班 350 期 1.75 万人次受到教育。下发党风廉政教育学习资料 4.12 万份、录像片 2520 盒(碟)，组织播放廉政教育录像 7790 场次 2.3 万名党员干部观看。组织局机关党员干部和专职纪检监察干部参加中纪委、监察部组织的《中华人民共和国行政监察法》知识竞赛。组织 1128 名三级领导班子成员参加自治区纪委开展的“我对廉政条规知多少”集中测试。拍摄《贵港明珠》《党支部书记情怀》等 4 部党风廉政教育专题片；编辑下发以剖析 38 个典型案件为内容的《明镜》《殷鉴》两本书和以铁路局 127 个勤廉先进典型事迹为内容的《清风颂》一书，为党风廉政教育提供教材。创作编排《送礼》《忏悔的灵魂》2 个党风廉政教育剧目，参加自治区反腐倡廉专题文艺会演，获演出一等奖和创作奖。向各级新闻媒体投送宣传报道铁路局党风廉政建设稿件 2180 篇，被各级新闻媒体采用 1150 篇，其中中央级新闻媒体采用 38 篇，省部级采用 218 篇。2002 年，广西地方铁路有限公司开展为期 3 个月的权力观教育，播放教育片 16 场，举办图片展 16 场，168 名副科职以上干部参加“我对廉政条规知多少”集中测试。

2003—2005 年，局党委、局纪委积极探索党风廉政宣传教育大格局，出台《柳州铁路局党风廉政宣传教育联席会议、协调会议制度》《党风廉政建设和反腐败新闻宣传工作联席会议制度》，全局形成纪检监察、组织、宣传、干部、工会、报社、有线电视台、党校等部门齐抓共管党风廉政教育的合力。《柳州铁道》、有线电视台先后开辟“廉政天地”专栏，开展“发扬艰苦奋斗精神”征文，“廉政时空”“勤廉颂”等电视专题报道，宣传勤政廉洁的先进典型。刊播反腐倡廉公益广告。以财务处副处长甘×严重经济犯罪案件为题，摄制《堕落之路——甘×腐败案件》电视片，在全局党员干部中开展反面典型教育。局文联与局纪委联合组织文艺骨干创作反腐倡廉歌曲——“一路清风好扬帆”，举办“共产党员风采”摄影大赛。在局域网设立廉政网站、成立廉政建设干部远程培训学校，探索运用网络开展廉政教育新途径。开展红色短信、廉洁从政警言征集活动，收到文章 720 多篇，短信、格言 500 多条，铁路局与邮政部门联合制作 5000 张反腐倡廉新年明信片、3000 张宣传年历寄发各级党组织和党员。2004 年，局纪委、监察处被评为自治区反腐倡廉教育先进集体。3 年来，广西沿海铁路公司纪委组织党员干部观看党风廉政教育专题片 230 多场次 6200 多人接受教育；举办廉政教育报告会、学习讨论会、座谈会，上党课等 210 多场次 11600 多人次接受教育；组织 618 名党员干部参加自治区“两个条例”知识竞赛，组织 319 名党员干部参加中纪委开展的反腐倡廉知识竞赛，均取得好成绩。

第四节 党风廉政制度建设

1991—2005年，柳州铁路局各级党委和纪检监察部门认真贯彻落实中央纪委、国务院和上级关于党风廉政建设的部署，结合铁路局实际，先后制订和修订落实党风廉政建设52项制度或规定，涵盖领导干部工作、生活、作风等各个领域。15年来，铁路局党风廉政制度建设经历3个阶段。

1991—1997年，为党风廉政制度建设创建阶段。1991年，局纪委协助局党委拟订《关于对各级党员领导干部加强党内纪律监督的规定》，明确监督内容、监督责任分工、保障监督措施和监督方法，使党内纪律监督制度化。1993—1997年，先后制订《局党委、铁路局关于对公费出国（境）旅游问题进行一次清理和自查自纠的通知》《关于加强路局领导班子党风廉政建设若干规定》《柳州铁路局科级以上领导干部廉洁自律的补充规定》《关于不准参加用公款支付的营业性场所娱乐活动的规定》《关于不准接受可能对公正执行公务有影响的宴请的规定》《关于机关干部出差廉洁自律的规定》《企业招待费使用情况向职代会报告制度》《各级干部和工作人员在公务活动中收受礼品实行登记制度》《关于加强领导干部廉洁自律的十条建议》《关于领导干部党风廉政建设谈话制度》《关于厉行节约制止奢侈浪费行为的实施细则》《关于贯彻中央纪委重申和建立党内监督五项制度的实施办法》和《关于领导干部报告个人重大事项的规定的实施办法》等23项党风廉政建设制度，使全局党风廉政建设从组织上、制度上得到加强。同时，局党委每年在安排各级领导班子民主生活会计划时，把领导干部廉洁自律作为自查自纠一项重要内容，通过自查自纠先后查出并纠正用公款学开车，接受赞助，擅自处理报废机车、车辆、旧钢轨、旧器材，以开会考察名义绕道旅游和出国（境）旅游问题，设“小金库”和利用公款吃、喝、玩、乐等问题。1996年6月—10月，局党委先后对24个处级部门及主要站段党委领导班子、237名处级领导干部进行德、能、勤、绩全面考察，调整领导班子27个，调整领导干部91人，其中解聘（免职）15人。

1998—2001年，为完善党风廉政建设责任制度阶段。每年局党委、铁路局在年初召开全局党风廉政建设和反腐败工作会议，研究部署全局党风廉政建设和反腐败工作任务。以健全和完善党风廉政建设责任制为主要内容，先后制订和修订《柳州铁路局党风廉政责任制》《关于落实党风廉政责任制的通知》《关于党风廉政建设责任实施办法》《关于领导干部述廉、评廉、考廉的规定》和《柳州铁路局反腐败抓源头工作实施办法》等12项制度，融“责任、目标、监督、警戒、考核、追究”为一体，使全局党风廉政建设责任制进一步健全完善。对通信工具、公款吃喝玩乐、评比奖励、超标小轿车、送收小“红包”等问题进行清理。全局清理出公费住宅电话3052部、公费移动电话1492部、公费寻呼机4433部。将其中公费配备的582部住宅电话、1248部移动电话、210部寻呼机分别一次性折价处理给个人，收回资金95.1万元。对小汽车进行定编管理，对基层单位的20辆超标小轿车予以没收。1999年后，以“三讲”教育为契机，加强领导

2004年4月，百色工务段党政领导签订党风廉政建设责任书

干部廉洁自律工作，要求领导干部在“三讲”中严格自查自纠。铁路局查处南宁林管所顶风违纪给局机关有关处室送“红包”，其中60人被责令检讨、41人受到经济处罚、5人被免职、11人受到党纪政纪处分。2001年，局党委、铁路局把党风廉政建设重点工作分解细化为26项，落实到分管领导和27个部处室，纳入铁路局企业管理综合考核，全面推进领导干部廉洁自律和党风廉政建设责任制的落实。年内，局党委先后对全局三分之一单位党风廉政建设责任制进行抽查，对27名在落实党风廉政建设责任制中失职、失责领导干部进行追究，其中5人受到批评教育、9人责令写出检查、8人受到经济处罚、5人受到纪律处分。161名领导干部主动上交单位、个人赠送的现金、有价证券38.4万元。

2002—2005年，为党风廉政建设制度深化阶段。把党风廉政建设的重点放在源头治理上，构建全局惩治和预防腐败的“双体系“工程，推进党风廉政建设系统管理，初步形成与生产经营相适应的全过程、全方位监督防范体系。先后制订、修订《关于进一步做好领导干部述廉、评廉、考廉的通知》《关于局机关党风廉政建设责任追究的若干规定》《柳州铁路局对运输处调度人员的五条禁令》《局党委、铁路局关于印发〈柳州铁路局落实部党组〈具体意见〉实施反腐倡廉”双体系“工程推进计划〉的通知》《建设工程施工、物资设备采购招投标工作纪律》和《大额资金联签制度的监督办法》等17项党风廉政建设制度。每年坚持在铁路局、局属各级领导班子和领导干部中全面开展“述廉、评廉、考廉”活动。针对元旦、春节党风问题高发期和一些领导干部廉洁自律存在的突出问题，作出“六个不准”的规定(不准私设“小金库”及公款私存；不准利用职权违规干预、插手工程招投标和物资设备采购；不准对非招标的零小工程私自指定施工队伍和分包转包以及擅自追加预算；不准利用权力职务之便以车以票谋私；不准违反规定乱收费、乱加价和违规扣押、拍卖货主物品；不准收受与其行使职权有关的单位、个人的现金、支付凭证和报销应由个人支付的费用)。针对局机关易发生的违纪违法问题，重新修订《柳州铁路局落实党风廉政建设责任制检查考核和责任追究办法》，规定：分管部门主要负责人发生职务犯罪或连续发生大案、窝案的，分管局领导要主动作出检查，承担责任，由局党委研究提出处理意见；部门内科长(副科长)发生职务犯罪的，处长、分管副处长要引咎辞职；副处长发生职务犯罪和部门内发生大案、窝案的，处长要引咎辞职，由分管局领导、局纪委、监察处提出处理意见；分管内科员发生职务犯罪的，科长(副科长)要引咎辞职，由部门负责人、局机关党委、纪委提出处理意见。针对局运输处一些调度人员以车谋私问题，铁路局发布对局运输处调度人员的五条禁令，违者给予纪律处分和调出铁路局机关。局党委、铁路局制订的《柳州铁路局惩治和预防腐败体系》和局纪委制订的《柳州铁路局纪检监察工作融入企业中心体系》，涵盖纪检监察工作的主要内容，初步形成以“双体系”为主线，与生产经营相适应的全过程、全方位监督防范体系。期间，1065名党员干部主动上交礼品、礼金和有价证券折合人民币103万余元；30名领导干部报告个人重大事项；87名党员干部受到失职失责追究，其中5名党员领导干部受到纪律处分、13名调度人员因以车谋私问题被调离铁路局机关。向8个单位下发《廉情预警通知书》。2004年，局纪委、监察处被评为全路先进纪检监察组织。2005年，铁路局反腐倡廉“双体系”工程获全路优秀政研成果一等奖。局纪委、监察处被广西纪检监察系统记集体二等功，并被评为自治区反腐倡廉先进集体。

第三章　工　　会

第一节　工会组织机构

1953年1月1日，中国铁路工会柳州区委员会与柳州铁路管理局同时成立。"文化大革命"初期，中国铁路工会柳州区委员会基本瘫痪。1968年10月，成立柳州铁路局革命工人委员会，活动有所恢复。1973年6月，根据党中央关于整建、恢复工会组织的指示，成立柳州铁路局工会，下设分局（主管处）和基层单位工会。局工会设组织、宣传、生产、生活和妇女5个工作组。1979年2月，更名为柳州铁路总工会。1987年4月，更名为中国铁路工会柳州铁路局委员会。

1991年，局工会下设5个分区级工会、7个地区工会工作委员会、228个基层工会，工会会员84851人，为1953年的5.8倍。

1996—2002年，广西地方铁路有限公司工会的办事机构为公司党群工作部下设的工会办公室。工会办公室内设组织民主管理女工科、生活生产保险科、宣教文体科。

2001年2月，柳州铁路局第九届职工代表大会第一次会议在柳州召开

1997年11月1日，柳州、南宁铁路分局工会撤销，局工会直接管理基层站段工会。

2003年1月，广西沿海铁路公司工会委员会成立。

2005年，局工会机关设办公室，组织、生产宣教、保障和女工、财务部。管理局体协、文联、工会企事业中心、南宁地区技协站。附属单位有局体育场、游泳池，柳州、南宁文化宫，柳州、桂林、融安、金城江、玉林、湛江俱乐部。下辖主管处（厂、公司）工会组织4个，站段级工会组织51个，有专职工会干部133人。

第二节　工会代表大会

中国铁路工会柳州区第一次代表大会　1953年4月11日—14日在柳州召开。出席大会正式代表267名。会议听取柳州区工会工作报告，推荐2名代表出席第七次全国劳动大会。大会选举产生第一届柳州区工会执行委员27名、候补委员12名。柳州区工会一届一次执委会选举产生常务委员13名，副主席1名，孙达之任副主席代主席。

中国铁路工会柳州区第二次代表大会　1955

年8月25日—26日在柳州召开。出席大会正式代表270名。会议动员全局职工投入增产节约，反对浪费，开展“满载、超轴、五百公里”运动。大会选举产生第二届柳州区工会执行委员29名、候补委员6名，经费审查委员会委员5名、候补委员2名。柳州区工会二届一次执委会选举产生代主席1名，陈化群任代主席。

中国铁路工会柳州区第三次代表大会 1962年3月15日—22日在柳州召开。出席大会正式代表444名。会议动员全局职工和家属开展运输生产安全正点立功运动。选举产生柳州区工会第三届委员会委员35名、候补委员11名，经费审查委员会委员5名。柳州区工会三届一次执委会选举产生常务委员11名，主席1名，孙达之任主席。

柳州铁路局革命工人第四次代表大会 1968年9月30日至10月4日在柳州召开。出席大会的代表1050名。会议是在“文化大革命”期间召开的，主要涉及“文化大革命”的内容。会议选举常设机构。10月18日，经柳州铁路局革命委员会批准，革命工人委员会由29名委员(暂缺3名)组成，常委11名(暂缺2名)，温甲友任副主任代主任。

中国铁路工会柳州铁路局第五次代表大会 1973年6月12日—16日在柳州召开。出席大会正式代表794名。会议强调工会要自觉接受党的领导，围绕党的中心任务主动开展工作。大会选举产生局工会第五届委员会委员53名。局工会五届一次全委会选举产生常务委员13名，主任1名，农琼任主任。

中国铁路工会柳州铁路局第六次代表大会 1984年10月16日—18日在柳州召开。出席大会的正式代表350名。会议提出工会组织要引导职工参加和支持改革，提高职工队伍素质，加强企业民主管理，为职工说话办事，建设“职工之家”。大会选举产生局工会第六届委员会委员41名、候补委员8名，经费审查委员会委员7名。局工会六届一次全委会选举产生常务委员5名，主席1名，李春兴任主席。

中国铁路工会柳州铁路局第七次代表大会 1988年4月22日—24日在柳州召开。出席大会正式代表231名。会议总结工会在围绕改革承包中心任务中，突出“代表”“维护”职能等取得的成绩，强调要进一步参政议政和为职工说话办事。大会选举产生局工会第七届委员会委员27名、候补委员3名，经费审查委员会委员5名。局工会七届一次全委会选举产生常务委员7名，主席1名，张艳玲任主席。

中国铁路工会柳州铁路局第八次代表大会 1993年9月22日—23日在柳州召开。出席大会正式代表298名。会议提出工会工作要推进铁路局经营机制的转换，大力提高职工科学文化素质，推动文化线、生活线建设，实现“八五”后3年职工生活规划。大会选举产生局工会第八届委员会委员43名，经费审查委员会委员7名。局工会八届一次全委会选举产生主席1名，张艳玲任主席。

中国铁路工会柳州铁路局第九次会员代表大会 1998年12月21日—23日在柳州召开。出席大会正式代表299名，列席代表8名。大会审议和批准局工会第八届委员会工作报告、财务工作报告和经费审查委员会工作报告，选举产生局工会第九届委员会委员43名，经费审查委员会委员7名。局工会九届一次全委会选举产生局工会九届委员会常务委员9名，主席、副主席各1名，丁仕铨任主席。

中国铁路工会柳州铁路局第十次会员代表大会 2003年12月23日—24日在柳州召开。出席大会代表252名。大会审议和批准丁仕铨代表局工会第九届委员会作的工作报告，选举产生局工会第十届委员会委员33名，经费审查委员会委员8名。局工会十届一次全委会，选举产生局工会十届委员会常务委员7名，主席1名、副主席2名，丁仕铨任主席。

第三节 工会组织建设

职工之家建设

1984年起，局工会贯彻全国总工会《关于整顿工会基层组织，开展建设“职工之家”活动的决定》，在全局工会组织中开展创建“职工之家”活动。截至1992年底，基层工会有79个获局“先进职工之家”、38个获“模范职工之家”称号；有7个

"模范职工之家"获自治区总工会表彰、5个获全国铁路总工会表彰。

1997年9月,局工会在全州车务段召开全局"建家"工作研讨暨现场会,参观获"全国模范职工小家"称号的庙头站建家情况,研讨修订4个"建家"办法。柳州水电段等3个基层工会获全路"模范职工之家"称号、8个车间工会获全路"模范职工小家"称号。

1998年5月,局工会印发《柳州铁路局工会关于坚持和发展工会工作总体思路、提高建设职工之家水平实施办法》《深化建设职工之家标准》。8月—10月,分别召开机务、车辆、车务(客运、主要站)、工务、电务部门"建小家"研讨会,制订五个部门"建小家"标准和考核验收办法,规范"建小家"工作。年内,南宁车辆段获"全国模范职工之家"称号。局工会表彰65个"模范职工小家"。

1999—2001年,中华全国铁路总工会授予宜山车务段等8个单位工会"模范职工之家"称号,南防铁路公司防城港电力工区工会小组获全国"模范职工小家"称号。自治区总工会授予南宁站、柳州南站工会"模范职工之家",客运公司T5/6次车队等3个支工会(小组)"模范职工小家"称号;局工会表彰柳州站工会等45个"模范职工之家"和74个"模范职工小家"。

2003年10月,局工会印发《柳州铁路局工会深化建设职工之家管理办法》《柳州铁路局基层工会深化职工之家建设考核验收标准》《柳州铁路局车间工会深化职工小家建设验收标准》和《柳州铁路局班组工会小组深化职工小家建设考核标准》等文件,进一步健全和完善建家各项制度。12月,铁路局表彰2001—2002年度"模范职工之家""模范职工小家",授予百色供电段等13个基层工会"模范职工之家"称号,柳州站售票车间等83个车间、班组支工会、工会小组"模范职工小家"称号。

2004年,自治区总工会授予广西沿海铁路公司南宁南机务运用段运转车间工会"模范职工之家"称号,

2005年5月,南宁南车辆段工会和柳州机车车辆厂空调车间工会被中华全国总工会分别授予"全国模范职工之家"和"全国模范职工小家"称号。6月,柳州站、桂林机务段工会被中华全国铁路总工会授予全路"模范职工之家"称号,局经济技术开发总公司兴义分公司工会、柳州客运段1379/1380次车队第三包乘组工会小组、全州车务段永福站工会被授予全路"模范职工小家"称号。12月,局工会授予柳州机车车辆厂等19个基层工会"模范职工之家"称号,柳州水电段桂林水电管理所等6个支工会"模范职工小家"称号。

工会干部培训

1991—2005年,局工会先后制订"八五""九五"和"十五"工会干部培训规划,培训分"自培"和"送培"两种形式,培训内容分"适应性培训""岗位培训"和"专题培训"三种。

1991年2月,局工会举办4期职工代表师资培训班。1992年8月,举办商品经济等新知识研讨班。1995年5月3日至6月8日,举办第七期工会干部岗位培训班51名专职工会干部参加培训,通过考试全部取得岗位培训合格证书。至此,全局工会干部"八五"期间岗位培训率100%。局工会工会干部教育培训工作受到自治区总工会表彰。

1996年5月—9月,局工会举办3期每期一周的工会干部适应性培训班,培训铁路局、铁路分局、基层单位专职工会干部235人,基层单位兼职工会主席17人。1997年8月,局工会举办1期工会干部适应性培训班培训工会干部121人,通过考试全部取得"劳动争议调解员""劳动法律监督员"和"集体协商代表"资格证书。10月,举办铁路局、铁路分局两级机关工会干部学习党的十五大精神专题学习班185人参加学习。此外,分3批推荐31名基层工会干部参加自治区总工会举办的工会领导干部岗位培训班,11名工会干部参加自治区和全国铁路总工会举办的"集体协商""集体合同"师资培训班。2000年5月,局工会举办工会基础工作培训班54人参加培训。同月,59名专职工会干部参加局工会组织的微机培训班,经考试55人取得合格证书。4月—7月,分3批输送19名新任工会干部参加自治区总工会举办的领导岗位培训班,经考试均取得岗位培训合格证书。至此,局工会完成"九五"期工会干部培训计划。

2001年6月,局工会在桂林举办全局工会主席培训班80多人参加培训,在工会业务知识考试中合格率98%。8月—12月,分别举办微机等培

训班4期356人参加培训。2004年4月,局工会在桂林举办工会干部学习贯彻中华全国总工会十四大精神培训班62人参加培训。10月,举办“十五”第三期工会干部培训班55人参加培训。至此,局工会完成“十五”工会干部培训计划。2005年,局工会分3批输送10名新任工会领导干部参加自治区总工会举办的岗位培训班,经考试全部取得岗位培训合格证书。5月,局工会女职工委员会举办女职工委员会主任培训班;6月、11月,局工会举办2期工会干部适应性培训班177名专兼职工会干部参加培训。10月,分6批输送26名局工会干部参加局人事处、局安全监察室联合举办的《安全生产条例》学习班学习。

第四节　职工民主管理

职工代表大会

1953年4月、1954年5月,柳州铁路管理局曾两次召开职工代表会议,但由于历史原因,这项制度未能坚持,直到1963年4月,铁路局才召开第一届职工代表大会(以下简称职代会),并通过《柳州铁路局职工代表大会组织条例(初稿)》。

1965年4月,柳州铁路局召开第二届职代会。

1966—1976年“文化大革命”期间,职代会制度被废止。

1978年,柳州铁路局,柳州、南宁铁路分局和基层单位陆续恢复和健全职代会制度。1981年底,全局93个主要运输生产单位,90个已恢复职代会制度,占96.8%。

1982年4月,柳州铁路局召开第三届职代会,审议通过《柳州铁路局第三届职工代表大会实施细则》,规定铁路局职代会每2年为一届,每年召开一次会议。

1986年4月,柳州铁路局五届一次职代会对《细则》进行修改,增加职代会评议铁路局行政领导干部和签订集体合同等内容,同时明确铁路局职代会下设生产经营、生活福利、监督评议干部3个委员会。

1989年1月,柳州铁路局六届二次职代会通过《柳州铁路局职工代表大会行使职权规范修正案》,规定职代会每4年为一届,每年召开一次代表大会。

1992年3月,柳州铁路局七届一次职代会通过《局职代会与职工代表联系制度》《局职代会代表团长、专门工作委员会负责人联席会议制度》《局职代会生产经营专门工作委员会工作条例》和《局职代会评议监督干部专门工作委员会工作条例》。其后,铁路局教育部门、生活后勤部门、多元经营部门等单位普遍建立健全职代会制度。1993年2月、1994年1月、1995年1月,铁路局分别召开七届二次、三次、四次职代会,听取审议局行政工作报告、职代会工作报告,审议并通过《职工福利基金、住宅建设和职工工资收支情况的报告》,审议全年铁路运输计划和职工培训计划,民主评议铁路局行政领导干部,签订铁路局年度集体合同。七届四次职代会审议通过《柳州铁路局1996—2000年教育改革发展规划》。

1996年1月,柳州铁路局召开八届一次职代会,听取审议铁路局行政工作报告、职代会工作报告;审议《铁路局1995年业务接待费使用情况的报告》;审议并通过《铁路局“九五”计划建议和1996年年度工作计划》《铁路局1996年职工教育工作计划》和《铁路局全面实行劳动合同制实施办法》;选举参加铁路局管理委员会的职工代表和参加铁路局劳动争议调解委员会的职工代表;通过第八届职代会各专门委员会名单;评议铁路局行政领导干部;签订铁路局1996年集体合同和1996—2000年铁路局治安综合治理责任书;修改并通过《柳州铁路局职工代表大会联席会议制度》《柳州铁路局职工代表大会各专门委员会工作条例》;通过《大力弘扬新时期火车头精神,在加快柳局改革与发展中再立新功》大会倡议书;通过《关于行政工作报告的决议》《关于全面实行劳动合同制度实施办法》的决议。1997年、1998年、1999年、2000年1月,分别召开铁路局八届二次、三次、四次、五次职代会。八届二次职代会作出《关于“九五”职工生活规划的决议》《关于学邯钢实行成本否决实现1997年经费目标实施方案的决议》和《关于职工培训质量考核奖罚办法的决议》。八届三次职代会审议决定铁路局职工医疗制度改革方案，通过《关于职工医疗保险暂行规定的决议》，签订1998—2000年治安管理责任书。八届四次职代会审议并通过《全局住房公积金归集使用情况报告》。八届五次职代会修订《企业职工奖惩条例实施细则》。

1998年8月、1999年1月、2000年2月、2001年1月、2002年2月，广西地方铁路有限公司在南宁分别召开公司首届一次、二次、三次、四次、五次职工代表大会。大会主要审议行政工作报告、职工培训计划，评议行政领导干部和签订年度为职工办实事协议书等。

2001年2月，柳州铁路局召开九届一次职代会，听取审议铁路局行政工作报告、民主管理工作报告；审议《铁路局2000年业务招待费使用情况报告》；审议通过《住房公积金归集使用情况报告》《劳动安全卫生工作报告》和《2001年职工教育工作计划》；签订铁路局2001年集体合同和安全包保责任状、治安综合治理目标责任书；评议铁路局行政领导班子成员。大会产生“评议监督干部”“安全生产”“生活福利”和“提案审查”4个工作委员会成员，选举5名职工代表参加铁路局企业管理委员会工作。2002年1月、2003年2月、2004年3月、2005年1月，分别召开铁路局九届二次、三次、四次、五次职代会。听取审议局行政工作报告、职代会民主管理工作报告；审议铁路局年度业务招待费使用情况报告；审议通过《住房公积金归集使用情况报告》《劳动安全卫生工作情况报告》、年度职工教育计划；签订铁路局年度集体合同和包保责任状、安全综合治理目标管理责任书；开展铁路局领导干部述廉，并对铁路局领导班子成员评议、测评。九届二次职代会通过《关于职工代表大会重大事项实行无记名投票表决的规定》。九届三次职代会审议通过《补充医疗保险资金筹集和使用情况报告》，将职代会审议通过的铁路局2003年集体合同文本报送自治区社会和劳动保障厅审核。九届四次职代会以无记名投票方式表决通过《柳州铁路局职工代表大会实施细则（修订稿）》《柳州铁路局平等协商和签订集体合同实施办法（修订稿）》。九届五次职代会通过《2004年铁路局职工健康互助互济会资金筹集使用情况报告》。

2003年3月、2004年2月、2005年2月，广西地方铁路有限公司在南宁分别召开公司二届一次、二次、三次职代会。大会主要审议行政工作报告、职工教育培训计划、财务会计工作报告，评议公司领导班子成员，签订公司集体合同。二届二次职代会审议通过《公司企业养老保险办法》，二届三次职代会审议通过《企业年金试行办法》。

2003年3月11日—12日，广西沿海铁路公司在南宁召开公司首届一次职代会。大会主要审议行政工作报告、职工教育培训计划、财务会计工作报告，评议公司领导班子成员，签订公司集体合同。审议通过《职工医疗保险暂行办法》，选举公司董事会、监事会中的职工董事、监事等。2004年2月、2005年2月，广西沿海铁路公司在南宁召开公司首届二次、三次职代会。三次职代会审议通过《广西沿海铁路公司基本医疗保险实施办法》《广西沿海铁路公司企业年金试行方案》。2005年4月8日、4月11日，广西沿海铁路公司分钦州、南宁片区召开公司首届四次职代会。表决通过推荐黄建民为自治区劳动模范。

2001年2月，柳州铁路局职工代表投票民主评议领导干部

职代会联席会议

1987年3月,柳州铁路局成立由局长,副局长,总工程师,总经济师,党委、工会领导和若干名职工代表组成的职工管理委员会,负责审议铁路局生产经营、企业管理、职工切身利益等重大政策和决策。

1992年3月,柳州铁路局根据《全国总工会关于全民所有制工业企业职工代表大会条例》的规定,制订《局职代会代表团团长、专门工作委员会负责人联席会制度》,明确职代会闭会期间,需要临时解决的重要问题由局工会召集各职工代表团团长和专门委员会负责人联席会议协商处理,并向下一次职代会报告予以确认。职代会联席会议可以根据会议内容,邀请铁路局党政负责人或其他人员参加。此后,职工管理委员会职权逐步由职代会及职代会联席会议取代。

1995年2月,召开柳州铁路局七届四次职代会第一次联席会议,审议并同意劳资部门提出的五项工资调整措施,调整工龄工资标准和考工考绩晋升技能工资;同意铁路局1995年基本建设大修改造计划的安排。8月,召开第二次联席会,审议通过《柳州铁路局深化住房制度改革实施办法》。

1996年,召开柳州铁路局八届一次职代会第一次联席会议,研究、讨论关于转化和重建效益工资问题,关于1996年职工考工考绩晋升技能工资问题,关于建立上岗补贴问题。会议原则同意将1994年实行的效益工资转化为特种工资,重新建立全局效益工资;开展1996年职工考绩晋升技能工资工作;建立上岗工作补贴;与安全挂钩发放一次性奖励。1999年,召开八届四次职代会联席会议,审议并通过《在职职工增加工资的建议方案》。2000年,召开八届五次职代会第一、二、三次联席会议,审议通过《柳州铁路局职工奖惩规定》《柳州铁路局工人竞争上岗暂行办法》《关于2000年职工调整技能工资的方案》《职工补充医疗保险暂行规定》《柳州铁路局住宅小区物业管理实施细则(试行)》和《柳州铁路局进一步深化住房制度改革加快住房建设实施办法》。

2001年,召开柳州铁路局九届一次职代会第一次联席会议,审议铁路局2000年度运输业财务会计报告,以无记名投票方式表决通过《柳州铁路局关于调整岗位工资标准的办法》《柳州铁路局职工竞争上岗实施办法》和《柳州铁路局职工健康互助互济会暂行办法》。2002年,召开九届二次职代会第一、二、三次联席会,审议铁路局运输业2001年度财务会计报告。审议通过《关于调整岗位工资标准的建议方案》《柳州铁路局企业补充医疗保险暂行办法》。2003年,召开柳州铁路局九届三次职代会第一、二、三、四次联席会议,审议铁路局2002年、2003年年度运输业财务会计报告;审议通过《柳州铁路局职工健康互助互济会暂行办法(修改稿)》;审议《关于2003年度住房制度改革有关事项的通知(讨论稿)》《柳州铁路局职工住房建设管理暂行办法(讨论稿)》;听取铁路局总经济师关于将柳州铁路工程集团有限责任公司和柳州铁路勘测设计院移交中国铁道建筑总公司管理的情况。2004年,召开柳州铁路局九届四次职工代表大会第一、二次联席会议,审议铁路局2003年铁路运输业财务会计报告,《柳州铁路局职工健康互助互济会管理办法》;审议通过《关于调整岗位工资方案》。

2005年,召开柳州铁路局九届五次职代会第一、二、三次联席会议,审议铁路局2004年度运输业财务会计报告;审议通过《关于推荐邵力平局长为全国劳动模范人选的建议》《关于扩大局职工健康互助互济会特殊病种范围的建议》《柳州铁路局运输业职工竞争上岗和富余人员管理办法》《柳州铁路局职工基本医疗保险实施办法》《关于2005年增加工资的方案》《关于提高职工岗位工资的实施方案》《局党政工团关于进一步落实“三不让”承诺意见》《铁路局困难职工救助实施办法》《铁路局困难职工子女助学实施办法》《铁路局医疗保障(健康互助会)实施办法》和《铁路局安全责任追究办法》。

2003—2005年,广西沿海铁路公司召开首届一、二、三、四次职代会代表团团长联席会议,审议通过公司《职工奖惩暂行办法》,公司调整岗位工资标准,《关于以市场运作方式建设职工住房的方案》《提高住房公积金缴存比例及建立补充公积金制度方案》和《关于追加一次性企业年金的方案》。

厂务公开

1999年7月,铁道部党组印发《关于铁路企事业单位实行厂务公开制度的指导意见》。9月,局党委印发《关于实行厂务公开制度的实施意见》,对厂务公开的内涵和应遵循的基本原则,厂务公开的主要内容、主要形式,厂务公开的组织机构和工作制度等作出具体规定。成立由局党委书记、局长任组长,局纪委书记、工会主席任副组长,党、政、纪、工有关职能部门负责人组成的厂务公开工作领导小组,设立办公室(设在局工会组织部)负责日常工作。基层单位成立领导机构和工作机构,制订厂务公开《实施细则》和工作制度。全局形成“党委统一领导、党政共同负责、有关部门齐抓共管、职工群众全员参与”的领导机制和工作机制。

2003年,柳州铁路局各单位普遍设立厂务公开栏和厂务公开意见箱

2000—2001年,局厂务公开工作领导小组在抓好试点工作的基础上,召开全局厂务公开工作经验交流电话会议,物资工业公司、南宁机务段、柳州工务段、玉林电务段4个单位介绍经验。局党政主要领导在会上讲话,号召全局各单位全面推行厂务公开工作。制订《关于进一步规范厂务公开工作的意见》《柳州铁路局厂务公开考核办法》《铁路局厂务公开工作展开表》和《关于规范厂务公开工作台账的通知》等一系列制度、办法,夯实厂务公开工作基础。

2002年4月,局党委印发关于做好厂务公开工作文件。6月,局党办、局办全文转发《中共中央办公厅、国务院办公厅关于在国有企业、集体企业及控股企业深入实行厂务公开制度的通知》。9月,铁路局召开“贯彻中央‘两办’《通知》精神,深化厂务公开工作经验交流暨先进表彰大会”,全局各单位党、政、纪、工负责人参加会议,南宁机务段等8个单位介绍经验,表彰10个先进单位,59名先进个人。铁路局党政主要领导在会上讲话。局党委印发《柳州铁路局厂务公开责任制实施细则》,进一步明确党、政、纪、工及有关职能部门在厂务公开中的职责。

2003年,广西沿海铁路公司印发《公司党委、公司关于实行厂务公开制度的通知》《沿海铁路公司厂务公开暂行办法》。

2004年4月—8月,柳州铁路局由局党办、局办、纪委办公室和局工会联合组成厂务公开检查考核小组,对全局73个单位的厂务公开工作进行检查考核。评定优良单位51个,占考核单位69.9%;合格单位18个,占考核单位24.7%;不合格单位4个,占考核单位5.5%。9月,铁道部厂务公开检查组对铁路局车务、车辆、多经部门厂务公开工作进行检查,认为“柳州铁路局认真贯彻中央两办《通知》和铁道部党组文件精神,抓基础、抓管理、抓规范,厂务公开取得突破性进展”。12月,铁路局在柳州召开第二次“厂务公开民主管理经验交流暨先进表彰大会”,各主管处、直管单位的党、政、纪、工领导及铁路局机关各部处室负责人300人参加会议。柳州南站等4个单位介绍经验,柳州机车车辆厂等12个单位被评为“铁路局厂务公开工作先进单位”,97名干部工人被评为“铁路局厂务公开工作先进个人”。局党委书记作《总结经验,深化认识,把厂务公开民主管理工作不断推向深入》讲话,局长对进一步深化厂务公开工作提出要求。

2005年4月,柳州铁路局厂务公开工作领导小组分别在铁路局机关前楼、东楼和西楼安装电子触摸屏,公开机关各处室的处务工作并借鉴ISO 9000质量管理模式管理厂务公开工作。8月,举办“局务公开网络员”培训班,铁路局机关各部处室29名网络管理员参加培训。

第五节　职工生产与劳动保护

劳动竞赛

局工会从成立之日起，就把组织职工开展有铁路特色的劳动竞赛、技术创新、评先进树典型活动作为重要任务。建局初期，先后组织“铁牛运动”“爱国主义竞赛”“满载、超轴、五百公里”生产运动，为广西铁路运输恢复作出贡献。在“一五”“二五”期间，组织职工开展“一帮一、一对红”“红旗货场”“红旗列车”等形式多样的社会主义劳动竞赛。

1993年8月，局工会在全局机务部门组织开展“机车百趟安全正点竞赛”（以下简称“百安赛”），全局409台机车、3596名机车乘务员参赛。1999年4月，柳州机务司机李铁石首创全局机务系统“百安赛”安全正点1000趟纪录。

1994年11月，局工会组织运输生产一线中间站、乘务室的值班员、助理值班员、信号员、扳道员，调车组的调车长、连结员、制动员和运转车长参加百班安全正点竞赛。截至1995年底，1060人取得并保持100班以上的达标成绩。

1995年4月，局工会在全局货车列检部门开展万辆无漏检安全优质无事故竞赛活动（以下简称“万安赛”），1361人参赛。截至1996年末，1160人取得万辆以上无漏检的达标成绩，占参赛人数的85.2%。

1996年4月，局工会在全局工务部门正线道口看守人员中开展百班安全正点竞赛，945人参赛，年末，743人取得百班以上达标成绩，占参赛人数的78.6%。

2000年5月15日，铁路局、局工会在全局开展以“我懂安全，我要安全，从我做起，保证安全”为主题的“安康杯”竞赛活动。7月，局工会在全局组织开展“火车头经济技术创新工程”和“争当新世纪新型劳动者”活动，发动和组织职工学习新知识、掌握新技能、创造新方法、创建新业绩。2001年11月21日，表彰奖励10个实施“火车头经济技术创新工程”优秀组织单位、10个争当“新世纪新型劳动者”活动优秀组织单位、20个“先进攻关小组”、10名“经济技术创新能手”、85名“新世纪新型劳动者”。

2005年，广西沿海铁路公司组织职工参加全国和自治区开展的“安康杯”竞赛，被评为全国和自治区“安康杯竞赛优胜企业”。公司开展“百安赛”“百班赛”等竞赛活动。机务“百安赛”截至10月末有81人实现100趟、15人实现500趟、3人实现1000趟以上安全无事故。车务“百班赛”截至11月末，有298人实现200班以上安全无事故。截至2005年末，铁路局先后有4个集体获“全国铁路优秀技术创新示范岗”，8名职工获“全国铁路优秀技术能手”称号，1991—2005年，7人被评为全国劳动模范，52人被评为自治区劳动模范，47人被评为全国铁路劳动模范。

1993年8月，南宁机务段司机谭青山在机车“百安赛”中，创安全行车1000趟好成绩

合理化建议活动

1995年，局工会在全局开展“我为‘八五’决战献计献策”合理化

建议活动。印发《柳州铁路局合理化建议和技术改进活动管理实施细则》《关于公布柳州铁路局合理化建议和技术改进评审委员会机构的通知》，成立由15人组成的铁路局评审委员会。局总工程师任主任委员，局工会副主席、局副总工程师任副主任委员，办公室设在局工会生产部，局总工程师室、企业管理办公室、局财务处分别负责技术、经营管理、财会评审小组的日常工作。

2002年9月，铁路局、局工会根据形势的发展，重新修订《柳州铁路局合理化建议和技术改进活动管理实施细则》。1995—2002年，全局有2.35万人提合理化建议5.08万条，其中采纳1.93万条，实施1.55万条，创经济效益2.98亿元。铁路局运行图编制工作组提出的《改革司机报单交接办法的建议》获全国铁路合理化建议奖。

2003年5月，广西沿海铁路公司印发《合理化建议和技术改进奖励办法》。1996—2005年，合资铁路采纳合理化建议128条，创经济效益1000多万元。

劳动保护

1991—1992年，局工会生活保险部与行政有关部门制订《柳州铁路局劳动保险工作程序与标准》，主要内容有：基础资料标准；铁路局、铁路分局（主管处）、基层单位三级工会（劳保委员会）管理、审批劳保待遇的程序和标准；行政、工会、退管会劳保工作职责范围与制度建设标准。劳保工作逐步规范化。1992年4月，铁路局和局工会在南宁召开全局有害作业治理工作会议，解决有害作业治理问题，保障职工在生产过程中的安全与健康。

1998年，局工会发出《关于推广应用有毒有害化学物质信息卡工作的通知》，编发《柳州铁路局常见有毒有害化学物质信息卡》5000册，在全局推广应用国际劳工局有毒有害化学物质信息卡工作（以下简称“推卡”）。11月，召开“推卡”暨劳动保护研讨会，全局各基层单位工会主席和劳动保护专兼职干部58人参加。

1999—2000年，局工会开展以“推卡”和“三文明、三不伤害”为主要内容的全局劳动安全竞赛，表彰奖励“推卡”成绩突出的5个集体和48名先进个人。在全局实行工会小组劳动保护检查员挂牌上岗制度，印发《柳州铁路局工会劳动保护监督检查员条例》和《柳州铁路局工会劳动保护监督检查员实施细则》，对检查员的聘任、使用和待遇作出规定。聘任58名铁路局一级劳动保护监督检查员，发给《安全检查证》。对所有聘任的检查员进行业务知识培训。

2001年2月2日，铁路局工会印发《关于推广使用“岗位人身安全检查表”的实施意见》（以下简称“推表”）。在全局部署开展“强两纪一化（劳动纪律、作业纪律，作业标准化），灭人身伤亡”主题教育活动和“千家万户保平安保安全”签名活动，90个单位4万名职工、家属在劳动安全旗上签名。4月，举办工会专职干部和行政安全干部“推表”培训班。截至年底，“岗位人身安全检查表”在全局185个工种、5万名职工中推广使用。

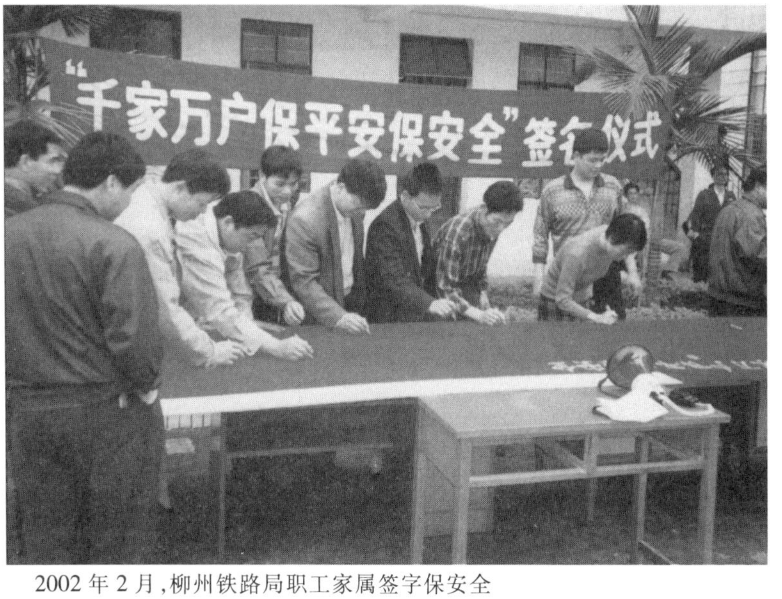

2002年2月，柳州铁路局职工家属签字保安全

第六节 职工生活保障

生活线、文化线建设

1991年,柳州铁路局着手进行生活、文化线建设。1993年,铁路局党、政、工、团联合印发《进一步加强生活线、文化线建设的通知》,把旨在改善沿线职工生活的生活线、文化线建设推上一个新阶段。1991—1996年,铁路局先后投入4600万元对铁路沿线的生活、文化设施进行改造,建立卫星地面接收站234座、沿线文化园点280个、文化室26个,购置彩电696台、桌球台550张、乒乓球桌480张、音响602套、卡拉OK机602套,建设浴室、小食堂各53个。

1997年,柳州铁路局投资5519.6万元进行文化线、生活线、卫生保健线(以下简称“三线”)建设。铁路局党政工团联合印发《关于进一步深化文化线、生活线、卫生保健线建设的意见》,使建线、管线工作步入正规化轨道。年底,局工会召开文化线、生活线建设经验交流表彰会,表彰先进单位8个、先进个人20名、先进文化室20个、先进伙食团15个、先进服务队10个、小养殖先进集体5个。

1998年,柳州铁路局和局工会分别投入68万元和49.5万元为湘桂、焦柳铁路61个站区文化活动室配置音响、健身器材、图书;为黎湛铁路56个文化活动室购置乒乓球桌、彩电、组合音响和书籍。局工会在宜山车务段召开全局沿线伙食团工作现场会,表彰伙食团工作先进单位3个、先进集体20个、先进个人77名。2000年,命名生活线建设“标杆服务队”4个、“优秀服务队”7个、“优秀服务员”73人。

2003年,局工会组织5个检查组,分别对全局21个建线单位的65个站区、90个点的文化线、生活线建设情况进行全面检查。10月,在桂林召开全局“三线”建设表彰会,表彰奖励53个先进文化室,128个先进个人。

2004年,广西沿海铁路公司拨款90万元,改善文体生活设施。

2005年,局工会派员到焦柳铁路30个车站、37个工区调研,提出深化建线方案,协调有关部门抓点推进。截至11月底,铁路局先后对焦柳铁路投资436万元,装修改造小厨房60个、浴室59个、文化室51个,安装太阳能热水器76台,购置乒乓球桌35张,配置一批体育健身器材,并对全线26个小给水点的设备进行维修和整修,使焦柳铁路成为高标准的生活线。

1991—2005年,柳州铁路局对文化线、生活线建设投入资金1.53亿元。

扶贫帮困送温暖活动

1991—2005年,每年元旦、春节期间,由局工会组织、局领导带队,行政和工会筹集资金,以“访万家、送温暖、战春运、保安全”为主题,以走访慰问困难职工、探视病人、困难救济为主要形式,开展送温暖活动。15年,全局各级党、政、工领导走访慰问困难职工、劳模、军烈属、离退休人员、伤病员及职工遗属28万人(户)次,送温暖活动支出1.66亿元。

1992年,局工会再次提高因病和因工死亡职工直系亲属困难补助标准,城镇户口,每月补助1人为40元、2人为70元、3人为90元,农村户口1人为35元、2人为60元、3人为75元。

从1995开始,局工会通过签订集体合同,每年安排3000名一线职工到北海职工培训基地休养5天,到2005年,参加休养职工3.19万人(次)。

从1996年开始,局工会在全局职工中开展“一帮一”献爱心活动,全局67个单位与特困职工家庭建立“一帮一”包保帮扶制度,帮扶963户职工家庭。5月,印发《柳州铁路局贷款扶贫管理办法》,截至2005年,先后向279户困难职工家庭发放小额贷款74.2万元。7月,柳州地区发生特大洪灾,铁路局党政工团在全局开展“为受灾职工家属献爱心”活动,捐款446万元、衣物1.84万件;发放救灾补助款1019.74万元,补助职工、遗属1.01万户。

1997年，局工会在全面调查研究的基础上，建立全局特困、重困职工档案,截至2005年,全局有特困职工150人,重困职工491人;特困退休人员30人,重困退休人员339人。年内,局财务处、局工会生活保险部联合印发《关于职工困难补助经费的使用额度和使用范围的通知》，规定从1998年1月1日起,职工困难补助经费按本单位上年度其他福利费的2.5%—3%掌握使用。

1998年5月,局工会制订《柳州铁路局生活困难补助工作管理办法》,进一步明确困难职工的界定、测算办法、困难补助标准。6月24日,桂林、黎塘等铁路地区遭受内涝，局工会为受灾严重的258户职工家庭发放救灾款3.85万元。

2001年4月,局工会制订《2001—2004年全局职工互助合作保障体系发展规划》,提出以“送温暖、互济会、增进福利、促进就业”为主要内容的职工互助合作保障体系的发展目标和实施步骤。6月,印发《柳州铁路局职工健康互助互济会暂行办法》,成立职工健康互济会。互济基金当年由铁路局行政资助300万元,局工会资助100万元,入会职工每人交基本会费200元；以后每年行政资助100万元，工会资助30万元，个人交会费20元。7月,局管内湛江、河唇、南宁等地区遭受严重台风灾害，全局6.58万名职工捐款123.62万元，支援受灾地区群众。

2003年4月,广西沿海铁路公司成立劳动争议调解委员会。同年印发《关于调整在职职工因病或非因公死亡供养直系亲属救济费的通知》。2003—2005年,柳州铁路局职代会联席会先后三次修改完善互济会办法,逐步扩大资助范围,降低资助门槛,提高资助标准。主要项目有:特殊病种资助、大额医疗费用资助、重病资助、伤残资助、住院资助、死亡资助、门诊特殊病资助。截至2005年底,铁路局互济会有会员5.87万人,占职工总数的87%，先后受资助会员8308人次，支助金额573.47万元。

2004年7月,铁路局又一次提高困难补助经费额度,按全局其他福利费10%提取,其中5%由局工会、5%由基层工会用于帮困救助工作。

2004—2005年,局工会先后出台《关于适度扩大助学范围、提高助学标准的通知》,修订《柳州铁路局困难职工救助实施办法》《柳州铁路局困难职工子女助学实施办法》和《柳州铁路局职工医疗保障(健康互济会)实施办法》,并经铁路局职代会联席会议审议通过,进一步扩大对特困、重困、一般困难职工救助和补助标准,明确助学范围,提高助学标准,规范经费来源,使遇到困难的职工能够及时得到资助。

第七节 职工文化生活

职工读书自学活动

20世纪六七十年代，局工会组织职工学习《毛泽东选集》,建立职工政治夜校407所,2.56万人参加读书活动。

进入八十年代，成立以局工会主席为主任的柳州铁路局振兴中华读书活动指导委员会，组织职工参加全国振兴中华职工读书活动。局工会1985年、1987年、1989年3次表彰职工读书活动先进集体83个、优秀读书活动组织者30名,推动读书活动深入发展。1985—1992年,有2个集体被自治区、铁道部评为读书先进集体、4人被评为读书积极分子。

1994年8月,局工会印发《关于在全局职工中开展“振兴中华,岗位成才”读书自学活动的通知》,在柳州车辆段试点,探索新形势下职工读书自学活动的途径和方法。12月,召开全局职工读书自学活动现场会，推广该段职工读书自学活动的经验。

1995年,全局各级工会组织建立职工读书自学指导委员会134个，成立读书小组1522个,参加读书自学的职工1.56万人。局工会表彰奖励职工读书自学先进集体41个、先进个人111名、优秀组织者27名。

1999年4月,局工会制订《柳州铁路局职工读书自学管理办法》,规范全局职工读书自学管理和表彰奖励标准，在主要站段聘请102名工人理论辅导员作为理论骨干，在桂林举办有50人参加的工人理论辅导员培训班，提高辅导员的辅导能力和理论水平。

2000年，铁路局、局工会积极引导职工把学习重点放在学习新知识、掌握新技能、提高自身发展能力和竞争能力上。局工会举办全局迎接新世纪职工计算机知识普及、应用竞赛，各单位以《全国职工计算机知识普及教材》为教材，组织职工(重点是中、青年职工)学习计算机知识。8月，局工会在柳州铁路运输学校举办全局职工“迎接新世纪计算机知识普及、应用竞赛”，112名选手参赛，31人获奖。截至2000年底，全局有14名职工获得省部级自学成才奖、6个读书自学小组获读书自学先进集体称号、5人获优秀组织者奖。

2002年12月30日晚，柳州铁路局举办建局五十周年文艺晚会。图为职工表演调车舞

2001年2月，局工会对全局职工读书自学活动进行调查，整顿各级学习组织，强调实用，突出效果，全局重新建立46个职工读书自学指导委员会、716个自学小组，参加自学的职工9489人。

2004年，柳州铁路局、广西沿海铁路公司开展“创建学习型组织，争做知识型职工”活动。6月，局党委、铁路局、局工会、局团委联合印发《开展“创建学习型组织，争做知识型职工”活动实施意见》，成立由局党委书记、局长任组长，局工会主席任副组长的“创争”活动领导小组，下设办公室，局工会生产宣教部负责日常工作，形成“党委领导、行政主管、团委配合、工会牵头”的运作模式。2005年12月，铁路局在柳州召开“创争”活动推进会，各单位党政工领导和局机关各处室领导217人参加，总结试点单位经验，提出深入开展“创争”活动的新要求。会上表彰7个学习型示范单位、15个示范车间、40个示范班组和100名知识型职工。

职工文化娱乐活动

1991年，柳州铁路局有柳州、南宁2个铁路文化宫，柳州、柳北、桂林、融安、金城江、黎塘、玉林、湛江、工程9个俱乐部，占地面积9.22万平方米，建筑面积3.1万平方米，有专职工作人员115人，馆藏图书16.85万册。1992年，局工会组建铁路局文艺队，参加建局40周年庆祝活动，在全局8个地区演出12场。

1995年，局工会编印职工创作的歌曲集《柳铁工人的歌》。8月，柳州铁路局中心医院制作录像音乐片，参加全总、中国音协等5个单位联合举办的纪念抗日战争胜利50周年“全国群众歌咏比赛”，获优秀奖。

1997—1998年，柳州铁路局各级工会先后组织庆祝香港回归祖国歌咏演唱会214场，参加演唱的职工、家属1.49万人，组织专题大型文艺晚会92场观众3.2万人。举办“转观念、促改革、做主人”小品、曲艺会演，37个单位参演，演出43个节目。

1999年10月19日，铁路局、局工会投资建设柳州俱乐部新活动楼。活动楼使用面积4275平方米，拥有会议室、图书室、活动室、健身房等多功能综合文体娱乐设施。

2002年12月31日，柳州铁路局举办庆祝建局50周年大型文艺晚会——“一路高歌”，

2004年4月，举办全局首届“火车头群星奖声乐大赛”。8月，举办纪念邓小平诞辰100周年专题歌咏晚会。在1996—2004年的10年间，柳州铁路局先后举办3次“新时期火车头精神赞”大型文艺汇演，参加演出1700多人，演出节目306个，

制作录像带、光碟312盘,下发基层播放3万多人观看。广西沿海铁路公司举办庆祝国庆五十五周年职工摄影展、群众歌咏晚会、女职工健身操、职工篮球赛等文化体育活动。

2005年,柳州铁路局有柳州、南宁2个文化宫,柳州、桂林、融安、金城江、玉林、湛江6个俱乐部。年内,局工会对文化宫、俱乐部和局体协补贴经费343万元,用于购置图书、设备和开展文化体育活动。广西沿海铁路公司举办公司成立三周年诗联评选,气排球赛,拍摄公司纪实电视片。

第八节　女工工作

组织建设

1953年1月,中国铁路工会柳州区委员会设女工部,并规定凡有女职工20人以上的站段厂工会成立女工工作委员会,不足10名女职工的单位工会设1名女工委员。

1990年11月,柳州铁路局首届女职工委员会成立,有委员23人。1992年,柳州铁路局有各级女职工委员会120个。

1994年,通过民主协商选举产生局工会第二届女职工委员会,有委员25人。12月,局工会、局劳资处、局干部处联合印发《关于全局女职工委员会主任待遇问题的通知》,明确基层女职工委员会主任按同级工会副主席待遇办理,不设工会副主席的单位,比照股室主任待遇办理。

1997年2月,局工会女职工委员会第二届四次会议在柳州召开,会议通过《柳州铁路局妇女人才协会章程》和理事会名单,以及《关于部分女职工委员会委员因工作变动实行替补的决定》。同月,柳州铁路局妇女人才协会成立。4月,局工会女工部印发《关于下达柳州铁路局女职工工作达标考核办法的通知》,对各分局、主管处、直属机关工会女工委员会进行女职工工作达标考核。

2001年3月,局工会在柳州召开柳州铁路局第二次女职工代表大会,通过《柳州铁路局工会女职工委员会工作细则》,选举产生局工会第三届女职工委员会。

2004年6月,局工会女职工委员会在桂林召开全局女工工作会议,讨论修改《姐妹亲情互助基金会奖励办法》,宣布2003年度女职工工作考核结果。

2003—2005年,广西沿海铁路公司工会在南宁先后召开女职工及家属会议和女职工委员会第二次会议。提出《关于加强女职工工作的意见》,宣布女职工委员会委员名单。2005年末,柳州铁路局有女工组织50个,占应建单位100%;有专职女工干部2人,兼职女工干部(委员)251人。

2001年3月9日,柳州铁路局第二次女职工代表大会在柳州召开

女工活动

1991—1992年,局工会继续在女职工中开展创建“三八”红旗手活动。在女职工和职工家属中开展创建“五好家庭”(学习、工作好,民主和睦、勤俭持家好,计划生育、教育后代好,遵纪守法、移风易俗好,邻里团结、治安卫生好)活动。在女职工中开展“一学三比”(学先进,比技能、比发明、比奉献)巾帼建功竞赛

活动,95%的女职工参加竞赛活动,39 人被评为铁路局技术能手。

1994 年 10 月,局工会与局运输处、局卫生处联合举办运输、卫生系统女职工生产运动会,有 4 人获“岗位女技术状元”、8 人获“岗位女技术标兵”、12 人获“岗位女技术能手”称号。

1995 年 2 月,局工会组织全局女职工开展“做贡献、塑形象、迎四大”建功立业活动,迎接第四次世界妇女大会在北京召开。9 月,局工会女工部组织开展女职工为民奉献日活动,柳州、南宁等 11 个铁路地(站)区 2000 多名女职工参加活动。全年,全局各单位组织女职工岗位练兵技术比赛 688 场(次)1.47 万人次参加;女职工提出合理化建议 2694 条,被各单位采纳 580 条。

1996 年 10 月,局党、政、工、团联合转发《中国妇女发展纲要》《广西妇女发展规划》,并在全局开展《纲要》《规划》学习宣传月活动。局工会女工部组织学习《纲要》《规划》知识竞赛,印发学习资料 2.4 万份,参赛女工 1.32 万人。局工会召开有关领导、劳模、职工代表座谈会,征求意见,研究制订《柳州铁路局女职工发展规划》。年内,全局女职工开展“九五”建功立业五大系列(建功、成才、维权、文明、爱心)活动,全局女职工围绕运输生产人均义务献工 18.8 小时,提合理化建议 1755 条,被采纳 122 条,创经济效益 67.8 万元。

1997 年 1 月,印发《柳州铁路局女职工发展规划(1996—2000 年)》,年内检查执行情况;1999 年,对全局执行情况进行第二次专题调查和评估,并形成柳州铁路局执行《〈中国妇女发展纲要〉实施方案(1996—2000 年)》的情况汇报,上报铁道部。年内,在全局开展“三德”(社会公德、职业道德、家庭美德)文明女职工竞赛活动。

1999 年 6 月—7 月,局工会会同有关部门对全局执行《柳州铁路局女职工发展规划》各项指标完成情况进行检查评估。

2002 年,局工会印发《关于开展“女性素质自我达标”活动的决定》,定于 2002—2004 年在全局女职工中开展“思想政治达标、文化科学达标、业务技能达标、体能水平达标”活动。期间,局工会女工部开展“女职工学法用法”知识竞赛、“巾帼奉献日”“巾帼竞显才技”作品展、“健美操大众锻炼标准”赛等系列活动。

2004 年 7 月,局工会建立姐妹亲情互助基金,开展“姐妹”亲情传送活动,慰问有特殊困难女职工、重困单亲女职工 100 多名,发放慰问金 4.38 万元。年内,局工会决定开展女职工素质提升工程活动,该工程以形成一个理念(终身学习)、提高三种素质(思想道德、文化技术、身体心理)、增强四种能力(学习、实践、创新、竞争)为基本内容,促进女职工整体素质的提高。

2003—2005 年,广西沿海铁路公司在女职工中开展“双文明”竞赛活动,实施“女职工建功立业工程”和“女职工素质提高工程”。选派 6 名选手参加自治区工会组织的女职工列车员技能大赛,4 人获奖,1 人获个人全能第一名,1 人获个人全能第三名;获单项二、三等奖各 4 个。2005 年,柳州铁路局工会女工部在女职工中开展以提高素质、增强能力为主题的形势教育活动。组织送亲情慰问活动,重点慰问特困女职工、重困单亲女职工、有特殊困难女职工 49 人,发放慰问金 2.25 万元。

权益维护

1991 年,柳州铁路局女职工委员会努力维护女职工权益,在铁路局的重视和支持下,一些有碍女工生理健康的岗位不再安排女职工,一些从事养路等工作的女工的岗位得到调整。到 1992 年,从事重体力劳动工种的女职工由 1980 年的 885 人下降到 234 人。

1995 年,局工会女工部与有关部门协商,将免费为全局 40 岁以上(含 40 岁)女职工做五项妇科检查列入局七届四次职代会《集体合同》。5 月,女职工卫生费由每人每月 5 元提高到 8 元。1998 年 12 月提高到每人每月 12 元。

1996 年 3 月,铁路局局长办公会通过《柳州铁路局岗位技能工资制日常管理办法》,确定女职工产假期满 2 年内,经批准办理离岗休假,工资按本人基本工资 75%计发。9 月,局工会印发《关于发放哺乳期补助费补充说明的通知》,明确女职工哺乳期 12 个月,哺乳期补助费每月 12 元。

1997 年 8 月,局干部处印发《关于在干部工作中进一步贯彻实施〈中国妇女发展纲要〉保障妇女合法权益的通知》,加强女干部培养,维护女干部权益。

2000年7月,印发《柳州铁路局女职工生育待遇暂行办法》,规定女职工顺产一次性可获1200元生活费补贴,难产或一次多胎生育可获2200元生活费补贴。

2005年,局工会女工部组织女职工参加全国女职工权益保障法律法规知识竞赛活动,提高女职工依法维权意识。

女干部、女职工培训

1995年5月,局工会女工部选送58名女工干部到河南省妇女干部培训班学习。6月,在局党校举办妇女领导干部培训班,76名科级以上领导干部参加学习。

1996年,柳州铁路局各级工会组织围绕女职工"九五"建功立业活动举办女职工培训班55期1698人参加培训,有7793名女职工参加各种技术比赛,有2人在全路青工技术大赛中分获第一、第五名。召开女职工论文写作研讨会,讲授论文写作知识,交流论文写作经验。50名女干部和女职工参加研讨。

1999年6月,局工会女工部举办女职工干部电脑培训班65人参加培训。

2003年7月,局工会女职工委员会在局党校举办女职工干部能力提高培训班,请自治区妇女干校教授作心理健康讲座,开展提高自身素质经验交流,演讲,形象、服装展示等活动,98名女职工干部参加培训。

2005年,局工会女职工委员会举办全局女职工主任培训班,请专家讲授写作知识和职业女性修养,交流女职工工作经验。年内,选送7名女职工委员会主任委员参加铁道部总工会与北京师范大学联合举办的心理咨询师职业资格学习培训,全部通过全国统一的职业资格考试,取得由国家劳动和社会保障部颁发的心理咨询师(三级)职业资格证书。

先 进 表 彰

1992年3月,局工会表彰100名先进女职工、10个女职工先进集体。有10名先进女职工、2个女职工先进集体受到全国总工会、全国铁路总工会、自治区总工会表彰。

1996年3月,局工会召开女职工"八五"建功立业表彰会,表彰先进女职工、先进家属集体20个,个人200名。局工会女工部被自治区妇联授予自治区"维权"工作先进集体称号,1人被授予全国铁路先进女职工工作者称号,1人被授予全国铁路先进女职工称号。

1997年,由群众投票评选出柳州铁路局1997年度"三八"红旗手标兵10人、"三八"红旗手标兵候选人提名奖5人、"三八"红旗手160人、"三八"红旗集体10个、"五好家庭"56户。被全国铁路总工会评为女职工先进集体2个,先进女职工工作者2人、先进女职工4人。局工会女职工委员会被评为全国女职工先进集体,受到全国总工会表彰。

1998年3月,柳州站韦志华在自治区党委组织部、宣传部,自治区人事厅,自治区妇联组织的"八桂英杰"评选活动中被评为"八桂英杰"。2人被自治区妇联授予巾帼建功标兵和"三八"红旗手标兵。张艳玲被全国总工会授予全国先进女职工工作者称号。

1999年3月,南宁电务段赵称英被中华全国总工会授予全国先进女职工称号。5人被全国铁路总工会授予全国铁路先进女职工、1人被授予全国铁路先进女职工工作者、1个女职工委员会被授予"全国铁路先进女职工集体"称号。铁路局、局工会表彰"三八"红旗手标兵8名、"三八"红旗集体14个、"三八" 红旗手163名、"五好家庭"56户。

2001年2月,铁路局、局工会印发表彰决定,授予18个女职工集体"三八"红旗集体、8人"三八"红旗手标兵、157人"三八"红旗手、56户家庭"五好家庭"称号。

2002—2003年,局工会女工部被中华全国总工会授予实施送温暖工程先进单位称号。铁路局、局工会联合发文,表彰12名"三八"红旗手标兵、10个"三八"红旗集体、200名"三八"红旗手、95户"五好家庭"。

2005年3月,局工会表彰"三八"红旗集体12个、"三八"红旗手标兵10名、"三八"红旗手129名、"五好家庭"82户。广西沿海铁路公司表彰"三八"红旗集体4个、"三八"红旗手23名、女职工工作先进个人7名、文明家庭18户。

第四章 共 青 团

第一节 团组织机构

1953年1月1日，柳州铁路管理局成立时，政治部设青年工作部，负责全局青年团工作。1957年1月1日，根据团中央和铁道部政治部联合决定，成立中国新民主主义青年团柳州铁路工作委员会。6月，局党委确定团工委的机构建制，配备专职干部，任命代书记和副书记，同时撤销青年工作部。8月，改称中国共产主义青年团柳州铁路管理局委员会。1958年8月改称中国共主主义青年团柳州铁路局委员会。“文化大革命”开始后，局团委工作停顿。1972年5月30日，在铁路局政治部组织处设立青年工作科。1973年4月26日，恢复局团委。党的十一届三中全会后，局团委机构比较稳定。1979年，局团委机关设组织、宣传、学校部，办公室，下辖铁路分局级团委5个、基层单位团委78个、团总支36个、团支部825个。

1991年，柳州铁路局有铁路分局级团委7个、基层团委95个、团总支56个、团支部1060个，局团委机关设组织、学校、宣传部，办公室。

2001年10月9日，共青团中央书记处第一书记周强（右一）在南宁站看望“全国青年文明号”职工

1997年11月，南宁、柳州铁路分局团委撤销。1998年，局团委机关定编15人，内设组织学校、宣传生产部，办公室。下辖主管处团委8个、基层团委83个、团总支62个、团支部1160个。其后，局团委机关的定编多次变化，内设机构也进行一些调整。

2001年，局团委机关定编12人。下辖主管处团委10个、基层团委86个、团总支63个、团支部1061个。

2005年，局团委机关定编11人，现员10人，内设组织、宣传生产部，办公室。下辖基层团委46个、团总支25个、团支部402个。广西沿海铁路公司有公司团委1个、基层团委6个、团支部33个。

第二节 团 代 会

柳州铁路管理局第一届团代会 1958年7月1日—8日在柳州召开。出席大会代表248人。

2000 年 12 月，共青团柳州铁路局十二次代表大会在柳州召开

冯兆信代表局团委作工作报告。大会选举产生共青团柳州铁路管理局第一届委员会。

柳州铁路局第二届团代会 1960 年 1 月 18 日—24 日在柳州召开。出席大会代表 336 人。大会总结第一届团代会以来局团委的工作，提出新的工作任务，选举产生共青团柳州铁路局第二届委员会。

柳州铁路局第三届团代会 1963 年 4 月 15 日—20 日在柳州召开。出席大会代表 318 人。韩杼滨代表上届团委会作工作报告。大会选举产生共青团柳州铁路局第三届委员会。

柳州铁路局第四届团代会 1973 年 4 月 21 日—26 日在柳州召开。出席大会代表 702 人。浣孝文代表局四届团代会筹备领导小组作工作报告，大会选举产生共青团柳州铁路局第四届委员会。

柳州铁路局第五届团代会 1978 年 11 月 28 日至 12 月 2 日在柳州召开。出席大会代表 285 人。吴振仓代表四届团委会作工作报告。大会选举产生共青团柳州铁路局第五届委员会。

柳州铁路局第六届团代会 1982 年 8 月 1 日—4 日在柳州召开。出席大会代表 235 人。浣孝文代表五届团委会作工作报告。大会选举产生共青团柳州铁路局第六届委员会。

柳州铁路局第七届团代会 1985 年 8 月 16 日—17 日在柳州召开。出席大会代表 228 人。黄卫民代表六届团委会作工作报告。大会选举产生共青团柳州铁路局第七届委员会。

柳州铁路局第八次团代会 1988 年 8 月 30 日至 9 月 1 日在柳州召开。出席大会代表 227 人。吕军代表七届团委会作工作报告。大会选举产生共青团柳州铁路局第八届委员会。

柳州铁路局第九次团代会 1991 年 10 月 7 日—9 日在柳州召开。出席大会代表 250 人。张柳胜代表八届团委会作工作报告。大会选举产生共青团柳州铁路局第九届委员会。

柳州铁路局第十次团代会 1994 年 10 月 7 日—8 日在柳州召开。出席大会正式代表 199 人，列席代表 12 人。刘江代表九届团委会作工作报告。大会选举产生共青团柳州铁路局第十届委员会。

柳州铁路局第十一次团代会 1997 年 9 月 8 日—10 日在柳州召开。出席大会正式代表 197 人，列席代表 12 人。朱崇友代表十届团委会作工作报告。大会选举产生共青团柳州铁路局第十一届委员会。在局团委十一届一次全委会上，选举产生局团委十一届常务委员会委员 5 人，书记 1 人。

柳州铁路局第十二次团代会 2000 年 12 月 12 日—14 日在柳州召开。出席大会正式代表 200 人，列席代表 12 人。王凌云代表十一届团委会作工作报告。大会选举产生共青团柳州铁路局第十二届委员会。在局团委十二届一次全委会上，选举产生局团委十二届常务委员会委员 5 人，书记 1 人，副书记 1 人。

柳州铁路局第十三次团代会 2004 年 3 月 8 日—10 日在柳州召开。出席大会正式代表 190 人。杨黎明代表十二届团委会作工作报告。大会选举产生共青团柳州铁路局第十三届委员会。

第三节 团组织建设

团员队伍建设

1954 年，柳州铁路局有团员 1648 人，到 1964 年，发展到 5005 人。“文化大革命”期间，团的工作停顿。1971—1976 年，随着基层团组织的重新建立，团员发展工作逐步恢复，到 1979 年底，全局有团员 11032 人。

1986—1992 年，局团委贯彻共青团全国代表大会提出的“积极地、有计划地发展团员，向所有先进青年敞开团的大门”的方针，发展团员 13567 人，平均每年发展1938 人。

1993—1997 年，局团委在青年中积极发展团员，到 1997 年底，全局有团员 22339 人。

1998 年，局团委通过纪念“五四”运动八十周年和建国五十周年等活动，加强对青年积极分子的培养教育。有 2998 名青年加入共青团。年末，全局有团员 24069 人。

2005 年，南宁供电段团员带头学习业务技术

2002 年，柳州铁路局各级团组织按照继续向所有先进青年敞开团的大门的方针，以建团八十周年为契机，发展团员 2608 人。年末，全局有团员 22081 人。

2003—2005 年，由于铁路局生产力布局调整，学校、医院等部门移交地方政府管理，企业长期不向社会招工，发展新团员和全局的团员数量减少，期间，全局仅发展新团员 54 人，全局团员下降到 6055 人。广西沿海铁路公司有团员 887 人。

推荐优秀团员青年入党

1994 年起，局团委根据党组织关于要大量吸收先进青年入党的精神，加强培养和推荐优秀团员、青年入党工作。年内，有 2259 名团员、青年递交入党申请书，有 90 人加入中国共产党。

1995—1996 年，柳州铁路局各级团组织组织团员开展学习《中国共产党章程》活动，重点抓住“培优”“育优”两个环节，不断探索推优最佳途径，以“如何引导青工向党组织靠拢”为课题，开展“推优”QC 攻关活动，两年，举办积极分子培训班 32 期培训优秀团员 1591 名，有 1060 名优秀团员青年经推荐加入中国共产党。

1998 年，局团委加强对团员中要求入党的积极分子的理论、党的知识、法制教育，提高他们的思想政治素质。年内，有 542 名团员被推荐加入中国共产党。

2000 年，局党委抓好新时期“党建带团建”工作，坚持把团的工作纳入党委工作总体部署，把“推优”工作纳入党员发展规划，年内，有 617 名团员被推荐加入中国共产党。

2001—2005 年，局团委通过举办入党积极分子学习班，继续加强对优秀团员、青年的教育培养，5 年来，有 2254 名团员被推荐加入中国共产党。

团干队伍建设

1953 年建局以来，柳州铁路局的团组织就开始抓团干队伍建设，逐步建立团干的教育培训制度。

1991 年，局团委对专职团干实行岗位职务培训，并纳入全局党政干部培训规划。到1992年，全局有专职团干162名，其中大学文化程度46名，占专职团干28.4%；中专、中技、高中文化程度116名，占专职团干71.6%。

1993—1995年，局团委以提高团干自身素质为重点，抓好“三级”团干培训，举办培训班12期培训团干2500人次，组织2100名基层团干参加自治区团委举办的团支部书记函授班学习。

1997年，局团委以提高“理论素养、工作技能、管理水平”为重点，严把团干部“选拔、培训、考核”关，按照“有知识、有形象、勤实践、能适应、出成效”的要求，加大对团干部的指导、培训和考核力度。全年举办专兼职团干培训班31期培训团干1100多人次。

1998—1999年，局团委从培养跨世纪人才的战略高度和新时期党对青年干部的要求出发，开展团干塑形活动，塑造团干部“朝气蓬勃、办事果敢、刻苦学习、勤奋工作、勇于创造、自觉奉献”的新形象，要求团干做到“四个主动”“四个提高”（主动进入角色、提高适应能力，主动自我加压、提高独立工作能力，主动加强横向联系、提高协调解决问题能力，主动请示汇报、提高处理突发事件能力）。全局举办专兼职团干培训班53期培训团干1300人次。

2000年，局团委对团干培训提出“三关、五有、六个一”要求，即：把好教案、课程、活动质量关，做到有目标、有制度、有计划、有措施、有总结，培训期间参加一次团的业务知识考试、一次模拟团支部换届选举、一次即兴演讲比赛、一次团的工作座谈、一次文艺活动、一次体育竞赛活动。

2002—2003年，局团委以做“学习型、奉献型、实干型、创造型、健康型”团干为内容，举办5期专、兼职团干岗位培训班对364名团干进行培训，加强对团干思想作风、工作作风、领导作风、生活作风教育管理，优化团干部工作环境。

2004—2005年，局团委重点加强对团干网络培训，先后举办10期专、兼职团干部培训班，对726名专兼职团干进行网页制作、科学发展观、企业文化建设、学习型组织、企业青年文化建设基本内涵、青年职工生涯规划、共青团能力建设及团干部素质培养、新形势下铁路团建工作的创新与发展、电子团务管理应用和网络安全管理等内容的培训，拓展现代企业管理知识，提高团干部的学习能力、服务能力、创新能力、凝聚能力和协作能力。

第四节　团组织重要活动

主题教育活动

1991年，柳州铁路局团组织开展“在党的领导下，坚定走社会主义道路”主题教育活动，坚定广大团员在改革开放新形势下走建设有中国特色社会主义道路信心。

1992—1994年，局团委开展“高举团旗跟党走，建功立业育新人”主题教育，用建设中国特色社会主义理论武装青年，通过观看革命历史影片、参加“中国近代史知识竞赛”、开展“团徽在闪光”征文等活动，引导团员青年解放思想、转变观念，适应市场经济的新要求。

1995—1996年，局团委围绕物化团的思想教育成果，在全局开展“展青春风采，做敬业青工”“学习梁海章，岗位创一流”“讲长征精神，重走红军路”“讲文明语言、做文明职工、创文明新风、塑行业形象”等主题教育活动，举办辩论会、演讲会、知识抢答赛874场次57000人次参加。组织全局团员青年参加“全国铁路青年爱国主义知识竞赛”活动，获优秀组织奖。

1998—2000年，局团委以党的十五大和共青团十四大精神为指针，加强团组织思想建设，做到主题教育经常化、意识教育典型化、法制教育全员化、文化建设阵地化，全局有青年理论学习小组725个，青年之家254个，各种兴趣小组1153个。举行“继承五四光荣传统、再创青年辉煌业绩”为主题的十八岁成人仪式；开展“五四文化广场”“五四运动与新世纪的铁路青年”“相聚2000——柳铁青年五四大联欢”和“迎五四、忆传统、明使命、话未来”等主题教育活动，增强团员青年的时代责任感。总结团组织思想建设经验，完善“三个建立”

(建立机制、载体、阵地)、"五个一"(建立一个书柜、开辟一块读书墙报、选好一个书柜管理员、每月写一篇读书心得、固定好一个点评日)等制度,使团员青年的活动制度不断完善。

2004年,局团委根据新形势,确立"思想建团、文化兴团、事业促团、基础强团"的工作思路,通过集中培训统一团干思想,用科学发展观推动全局共青团工作全面、协调可持续发展。在南昆铁路纪念碑园举行柳铁青少年"寻伟人足迹,扬南昆精神,做企业新人——纪念邓小平同志100周年诞辰"主题教育活动。

2005年,局团委在全局团员青年中以学习实践"三个代表"重要思想为主要内容,先后开展"激情促跨越,青春献祖国""学理论知团情"和"与先进同行,为团旗增辉"等专题教育,开展各种活动417场次6400名团员青年参加。在国际互联网的"柳铁共青团"网站上开设专题网页,编发信息简报24期,引导团的教育活动深入开展。

青工安全生产竞赛

1978年起,局团委围绕铁路安全运输,在全局团员青年中开展安全竞赛,涌现出一批"行车万里无事故""调车万辆千列无事故""检车万辆无事故"和"售票万张无差错"等先进典型。

1991年,局团委总结已开展多年的安全竞赛活动经验,在全局开展"青工安全夺杯赛",将全局团员青年按不同专业分为10个组,开展安全竞赛评比,各组第一名授予流动奖杯,并发给活动经费。1992年5月31日,全局青工连续实现无责任行车重大、大事故10周年,10次获得全国铁道团委颁发的"安全年奖杯"。

1996年,局团委制订《柳州铁路局青工安全路风管理办法》,铁路局、铁路分局、站段团委逐级签订安全承包合同,完善"层层有包保,一级保一级"的青年安全监控、互控网络。在青工中开展"奋战百日夺'五千',迎接'九五'献厚礼"主题活动和业务技术"学标、对标、达标"活动,举办全局青工生产运动会,全局青工开展学技练功活动1360多次参加活动3万多人次,"一手精、一口清、三不倒"率达90%。有15名青工在全路技术大赛中获奖,青工杨群芳获信号全能第一名,被授予"全路技术状元"称号,获全国铁路"火车头奖章";青工李干锋获机车钳工个人全能第三名,被授予"全路青工技术标兵"和"新长征突击手"称号,还有13名青工被授予"全路青工技术能手"称号。年末,全局青工实现连续安全生产5328天,居全国铁路第一位。

1998年12月,柳州铁路局召开青工安全工作会议,总结交流安全生产经验,表彰青工安全生产先进集体、先进个人和岗位能手。局长和局团委书记签订青工安全路风包保责任状。年内,全局青工实现安全生产6000天,创铁路局青工安全生产新纪录并稳居全路青工安全生产的榜首。

2001年,柳州铁路局各级团组织通过签订《青工安全、路风包保责任状》,完善安全生产管理、运作、保证三大体系,开展团旗传递和万名青工安全签名活动,把青工的安全工作落到实处。通过分部门、分层次、分工种组织青工学技练功,提高青工安全自控能力和应急处理能力。结合铁路局安全生产奋斗目标,在青工中开展"抓反思、强意识,练技能、保安全"主题活动,与铁路局安全监察室联合编印《柳州铁路局青年职工行车安全、劳动安全警示录》,组织青工学习讨论,达到举一反三、居安思危、警钟长鸣的目的。截至7月31日,全局青工实现连续安全生产7000天。

2002年,局团委提出"素质保安全、网络控安全、活动促安全、作风推安全"工作思路,深入开展"强素质、保安全、展作为、献厚礼"主题活动,编印《青春与安全同行》一书,总结推广青工安全生产经验。组织《安全生产法》学习宣传和安全形势教育,确保全局青工安全生产有序可控。5月31日,全局青工实现安全生产20周年。

2004年,局团委结合铁路第五次提速调图,组织团员青年开展"三查一比"活动,通过抓好"三基"(基层、基础、基本功)建设,进一步夯实青工安全基础。4月26日,实现安全生产8000天。局团委、局安全监察室联合召开全局青工安全生产8000天总结表彰大会,表彰青工安全生产先进集体、先进个人。

2005年,全局各级团组织、团干部层层落实青工安全包保责任和青工安全工作机制,重点实施青工安全提素工程。抓住春运,汛期,暑运,"五一""十一"黄金周等重点时期运输安全工作特点,结合铁路局"3·17"重大事故教训,深入开展安全大反思和安全专项整治活动，以提高青工实作技能和在非正常情况下安全处理能力为主要内容，广泛开展“学、练、赛”技术练兵活动，从思想意识、业务技能和制度保证等方面筑牢青工安全防线，截至12月31日，全局青工实现安全生产8614天，安全天数继续位居全路第一位。

2004年12月，柳州机务段青年电器包修组举行全国和全路“青年文明号”挂牌仪式

“青年文明号”创建活动

1994年，局团委在全局团员青年中开展创建“青年文明号”活动。柳州车辆段到达场列检所，南宁客运段5/6次第二、第七包乘组，柳州客运段179/180次第七包乘组，南宁站贵宾室，柳州机务段3609机车包乘组6个青年班组分别获全国和省部级“青年文明号”称号，82个集体分别被铁路局、铁路分局命名为“青年文明号”。

1996年，局团委以“创名牌、出精品”为目标，以“巩固成果抓规范、连点成线抓规模、扩大领域抓影响”为重点，制订《全局青年文明号管理办法》，抓好培养、申报、命名、考评四个环节，进一步规范“青年文明号”的创建工作，做到成熟一个、命名一个、巩固一个。4月26日，柳州机务段3263号青年机车组被团中央授予全国“青年文明号”称号。5月2日，共青团广西壮族自治区委命名柳州客运段179/180次第二包乘组等6个班组、派出所为自治区“青年文明号”。年末，全局建成“青年文明号”“共青团号”班组、机车、道岔、桥涵、扳道房223个，其中国家级4个、省部级10个、铁路局级23个、其他186个。

1997—2001年，全局各级团组织坚持以“打名牌、创精品”为目标，以创“作业标准岗、设备优质岗、服务文明岗”为载体，深入开展“青年文明号”创建活动。通过完善“青年文明号”运行机制，开展“青年文明号”承诺等活动，进一步规范和深化“青年文明号”的创建工作。开展创建“青年文明号”列车和“青年文明号”服务进社区、下沿线等活动，扩大“青年文明号”活动的覆盖面和影响力。1998年，局团委与局安全监察室、南昆临管处共同发起创建“南昆青年文明线”活动。2000年，南昆铁路田东—田林区间被全国铁道团委授予“青年文明示范线”称号，2001年末，全局建成国家级“青年文明号”9个、省部级“青年文明号”11个、局级“青年文明号”30个。

2002—2005年，局团委提出深化内涵、创新机制、全面推进创建“青年文明号”工作要求，加大争创和管理力度。开展服务承诺、“青年文明号信用建设示范行动”等活动，推行文明服务、标准作业。举办“青年文明号”号长岗位培训班，制订《青年文明号日常工作考核办法》，不断规范创建过程，强化日常监督，确保“青年文明号”在运输生产经营中的标杆作用。截至2005年底，全局有国家级“青年文明号”14个、省部级“青年文明号”10个、铁路局级“青年文明号”38个。

青年志愿者和青年突击队活动

1953年，柳州铁路局团组织在建立初期就组织青年突击队，在运输生产的急、难、险、重任务中开展突击活动。

1994年，铁路局管内发生“6·17”特大洪灾，730支青年突击队4000多名团员青年活跃在抗洪抢险一线。

1995年，局团委以“企业急需、社会必需”为宗旨，开展青年志愿者活动，并与“青年突击队”等活动融为一体，在全局的抗洪抢险和重大生产、社会活动中发挥作用。1月31日全局近万名青年在柳州、南宁、桂林等12个主要车站、上千公里铁路线路、13对旅客列车、5个职工住宅小区开展“柳铁青年志愿者新春献爱心”活动。3月5日，全局开展“学雷锋青年志愿者服务月”活动，上万名青少年在全局各车站开展便民服务，做好事1万多件。6月5日，全局上万青年志愿者响应铁道部号召，参加“千里铁道清理白色垃圾”活动。11月9日—12日，全路第八届体育检阅大会田径比赛暨闭幕式在柳州举行，1500名青年志愿者参加“柳铁青年志愿者八检会献爱心”活动，为与会人员提供导游、购物、咨询、缝补等服务，受到大会组委会的赞扬，《中国青年报》等多家新闻媒体予以报道。

1996—1997年，全局青年志愿者和青年突击队在运输生产和经营管理的各个环节，围绕急、难、险、重任务，充分发挥生力军作用。在服务群众方面以职工生活区为重点，以一助一包保为主要形式，在全局设置服务站180多处，固定包保困难群众128人，涌现出“全路优秀青年志愿者集体”南宁铁路医院医疗服务队、“全路优秀青年志愿者”韦伟新等一批省部级优秀青年志愿者和志愿者集体。局团委被团中央授予“中国青年志愿者行动组织奖”，成为全路惟一获此荣誉的单位。在1996年“7·19”特大洪灾和河湛茂“9·9”风灾期间，全局有150支青年志愿者抢险突击队近4000人昼夜奋战，保桥护路、抢险救灾，抢救险情500多处，抢运物资3000多吨，挽回国家经济损失2000多万元。第一工程段青年突击队、桥隧大修段青年突击队被铁路局授予“抗洪抢险特级英雄群体”称号，局团委志愿者抢险突击队等6支青年突击队被授予“抗洪抢险英雄群体”称号。

1996年7月，柳州铁路局青年志愿者在柳州站抢险

1998—2000年，全局青年志愿者和青年突击队在全局建立综合服务站6个、服务点870个，在全路实施新运行图中义务献工8100多小时，整修设备1600台，处理各种故障700件；在清理“白色污染”工作中，投入人力5万人次，改善沿线的环境；在服务群众中固定包保服务对象200人；在铁路建设会战期间，先后有志愿者和突击队3万多人次参加会战，义务献工8万多小时，5项“青”字号工程完成任务总额336.5万元。

2001年，局团委在全局启动火车头绿色行动，青年志愿者、青年突击队主动参与建立青年绿化园（林）和青年绿化路（区）活动。在右江和邕江抗洪抢险中，2000余名青年突击队员和青年志愿者参加抢险救灾，抢修受灾线路20多处，救助灾民40余家，运送救灾物资10吨，卸送救灾物资100多吨，为铁路和职工群众挽回经济损失100万元。

2003年，局团委联合局党委宣传部和局关工委举行“柳铁注册志愿者制度启动暨帮孤助残结对签字仪式”，全局1750人申请注册志愿者。在“抗击非典”期间，局团委组织客运一线青年班组，在旅客列车上开展让“团徽在非典疫区闪光”和“青年文明号与抗非典同行”服务活动；车务部门团组织成立“非典”防治青年特遣队，为进出站旅客测量体温，做好旅客健康登记；公安系统团组织开展“金盾挡‘非典’、丹心铸警魂”主题活动，组织青年民警排查密切接触者和留观病人；后勤单位团组织开展“为奉献者奉献”青年志愿服务活动，帮助抗“非典”一线职工解除后顾之忧。

2004—2005年，在全路第五次大面积提速调图中，柳州铁路局各级团组织开展“共青团保安全促营销”和青少年“知路、爱路、护路”活动。在柳州、桂林站广场举行“柳铁青年志愿者提速调图营销宣传文艺演出”。在“中国—东盟博览会”期间，青年志愿者踊跃参加“服务东博会、当好东道主”活动，为盛会提供优质服务，展示铁路新形象。

第五章 路风建设

第一节 路风管理

组织建设

1991年,广西国家铁路的路风建设领导机构为柳州铁路局路风建设领导小组，下设路风建设办公室(以下简称局路风办),路风建设实行党委领导,行政主管体制。铁路局管辖的柳州、南宁铁路分局和各客货“窗口”单位相应成立路风建设领导小组,设置机构,配备专(兼)职路风监察干部,逐步建立起一支由铁路局、铁路分局专职路风监察干部和客货“窗口”单位路风监察人员组成的监察队伍，对铁路局和本单位的路风进行经常性检查。广西合资铁路路风建设的领导机构为南防铁路公司监察审计科。

1993年6月,局路风办、精神文明建设办公室合署办公。12月,铁路局政法、综治、路风建设、精神文明建设办公室实行“一套人马、四块牌子”。

1995年10月至2002年末,广西地方、合资铁路路风建设领导机构为广西地方铁路有限公司运输部。

1998年,铁路局和客货“窗口”单位特邀社会各界知名人士组成一支850人的路风监督员队伍,授予其“调查、监督、评议、表决”路风问题的四项权利,随时对铁路局各单位的路风现状进行监督检查。

2000年，柳州铁路局组建路风监察大队,成员为基层单位的路风专兼职干部，任务是实施并完成跨地区、跨单位、跨部门的路风监督检查。

2003年1月,广西地方、合资铁路路风建设领导机构分别为广西地方铁路有限公司运输部和广西沿海铁路公司监察审计部。同年,广西沿海铁路公司成立行风建设领导小组。

2005年5月,柳州铁路局、局党委将局路风办并入局纪委监察处，成立局纪委监察处路风监察室,列行政编制,对外仍称“柳州铁路局路风建设办公室”。10月,柳州铁路局、局党委印发《贯彻〈铁路路风管理办法〉实施意见》,进一步健全路风工作机制：全局路风工作由铁路局党政主要领导负总责,分管运输的副局长负责路风管理工作,分管宣传的局党委副书记负责路风宣传教育工作,铁路局党委副书记、纪委书记负责路风监察监督工作。在路风管理上,实行基层单位负责与系统负责相结合,基层单位承担主要职能和责任,铁路局机关主管业务处室负有管理责任。全局路风工作的协调、指导、督促,由局路风监察室负责,路风监察监督工作由局路风监察室牵头，局机关各业务处室、党群部门积极配合,齐抓共管。

制度建设

1991—1993年,柳州铁路局先后制订《路风监察工作规则》《路风建设监督监察实施细则》《路风建设管理标准》《路风建设管理办法》《路风来信来访(举报)查处办法》《关于建立路风建设管理体系的通知(试行)》《关于深入反腐败、整顿路风,推动我局党风路风建设再上新台阶的实施意见》《贯彻铁道部严禁以车以票谋私规定实施细则》《关于坚决贯彻执行三项制度四条纪律的通知》和《关于重申在客货运输主要“窗口”单位配备路风建设专职人员的通知》等14个路风建设制度。各级党政工团组织,围绕路风建设整章建制1097条,废止201条，充实完善833个关键部门岗位的路风控制点。

1994—1995年，柳州铁路局颁布《路风建设责任包保考核奖惩办法》，在路风管理上实行全员责任包保，46个客货运输“窗口”单位向柳州、南宁铁路分局和柳州铁路局实行全员路风建设目标责任包保，30284名职工交纳路风建设风险抵押金。制订《关于路风问题判定及处罚实施办法》，重点治理以车以票谋私、乱收费乱加价问题。

1997年9月，柳州铁路局认真贯彻铁道部《关于发生路风问题到部交班的暂行规定》和《铁路路风通报实施办法》，制订《局党委、铁路局关于贯彻铁道部路风建设两个重要文件的通知》，实施发生路风问题到铁路局交班和通报制度。

1998年，柳州铁路局完善路风建设管理和监督监察机制，修订《路风工作量化考核办法》，对基层“窗口”单位的路风工作实施量化管理及考核。铁道部路风办对这一做法给予肯定，在铁道部1998年第10期《路风动态》上向全路转发该办法。8月，印发《客货运输星级服务管理办法》，规范“星级服务”活动内容，推进岗位星级达标和形象设计活动开展。

1999—2004年，柳州铁路局印发《关于提高铁路局路风监督检查质量的通知》，规范站段路风专兼职干部的路风监督检查工作。把路风建设纳入资产经营和党风廉政建设责任制。广西地方铁路有限公司印发《行风考核评分办法》对行风问题的认定标准和考核作出规定。广西沿海铁路公司制订《行风管理实施办法》，加强地方和合资铁路的路风管理工作。

2005年，根据铁道部新的《铁路路风管理办法》，重新修订《柳州铁路局〈铁路路风管理办法〉实施意见》，进一步规范路风工作机构设置、路风工作机制和制度、路风问题监督监察程序、路风责任追究与处罚等内容。客、货运输，多集经等12个部门按照铁路局党委、铁路局在全局构建和实施反腐倡廉“双体系”工程要求，重新修订或制订本部门加强路风建设源头治理的卡控措施和具体办法。

路风包保及考核

1991年，柳州铁路局建立各级领导干部路风联系点395个，233名铁路局、铁路分局、站段领导干部直接与客货运输“窗口”单位或班组建立路风包建联系点。1992年，推行路风工作包建责任制，铁路局12名党政工团领导负责6趟跨局旅客列车的路风包建工作。基层单位路风建设直接与经济效益挂钩，经严格考核，对路风达标单位给予奖励。1994年，实行路风全员责任包保，对路风问题频发或发生影响较大路风事件的责任单位，实施评优评先“一票否决”。1998年，对“窗口”单位实行路风量化考核，使路风工作考核更具严肃性和可操作性。2000年，把路风建设纳入资产经营和党风廉政建设责任制，夯实路风管理工作基础。通过开展路风包保，加强路风管理，实行严格考核，路风形势不断好转。1996—2000年，连续五年消灭严重以上路风事件。1999年，铁路局收到路风来信231件，其中表扬149件，批评82件，表扬来信近十年来首次超过批评投诉。

2001年2月，中国保护消费者基金会在北京钓鱼台国宾馆举行颁奖大会，全国人大常委会副委员长王光英，全国政协副主席万国权、孙孚凌出席会议并颁奖，柳州铁路局出席大会并获全国“保护消费者杯”。

2005年，杜绝严重及以上路风事件，一般路风事件2件，路风不良反映4件。全局24个路风“窗口”单位，有11个无任何路风投诉，占窗口单位的45.8%，路风建设实现良性循环。

第二节　职业道德教育

宗旨、路风教育

1991年，柳州铁路局进行全员路风教育培训，客货运输职工和工班长不少于12课时，其他职工不少于6课时。局党委宣传部、路风办、教育处联合编印《路风建设简明教材》1.6万册，培训骨干900多人，职工路风教育培训率85.2%。召开客货“窗口”单位整顿路风思想教育座谈会，推广桂林站等5个单位抓好宗旨、路风教育，搞好路风建

2005 年，桂林站职工学习“人民铁路为人民”宗旨和职业道德规范

设的经验。1991—1994 年，编发路风宣传教育材料 5.66 万份，编印路风培训课本 2.5 万多册，各级领导和党的宣传员、报告员向干部职工作路风报告 889 场，听报告职工 5.1 万人次。

1995—2000 年，柳州铁路局运用办班学习、座谈讨论、宣传表演等多种形式，深入开展“人民铁路为人民”宗旨教育、职业道德教育和市场形势教育，以《人民铁路职业道德基本规范》为教材，对职工进行职业道德轮训；以路风典型案例为教材，组织职工对照检查，汲取教训。

2001—2005 年，柳州铁路局开展“人民铁路为人民”宗旨、职业道德和“三新”(树立新理念、提供新服务、塑造新形象)等路风建设教育活动。针对客货运“窗口”单位路风干部兼职多、新手多情况，加强路风干部的思想和业务培训，编印《铁路路风监督监察问答 150 题》3000 册，办路风学习班 10 期。组织路风干部及“窗口”单位领导开展路风源头治理调研活动，写出路风调研分析文章 135 篇，局路风办与思想政治工作研究会联合召开成果发布会，交流奖励 35 篇优秀调研论文，其中《建立客车路风源头治理长效机制的调查与思考》一文，在全国铁路路风工作会议上交流。

路风竞赛评比活动

1991—1994 年，柳州铁路局以“学雷锋、正路风、树新风”活动为内容，在客货“窗口”单位开展“比优质服务，赛社会信誉；比作业标准，赛工作质量；比基础建设，赛管理水平；比道德风尚，赛廉洁风气”为主要内容的“路风杯”竞赛活动，玉林站等 12 个单位被评为“路风杯”优胜单位。开展“清洁卫生好、站车秩序好、尊客爱货好、执行两个规定好、综合治理好”的“五好”竞赛活动和“做合格，争优秀，创最佳列车员、货运员” 星级达标活动，评出星级货运员、列车员 9852 人。客货 “窗口”单位职工平均每年为旅客、货主做好事 5 万余件，拒收钱物价值 25 万余元，获社会各界表扬 31 万余件。40%的后进职工有不同程度的转变，15%的后进职工有较大的进步，有效地预防和减少路风事件的发生。

1995—2000 年，柳州铁路局在路风建设中组织开展 “形象设计”“岗位达标”“塑形工程”“我为路风添光彩”活动和“无路风不良反映百日攻关”等竞赛。6 年来，在形象设计和岗位星级达标活动中有 453 名客运、货运、车辆等单位职工被评为“四星级”职工。2000 年，是铁路局开展便民服务活动 10 周年。1991—2000 年，设便民服务项目 186 个，“帮孤助残”基金、“客车 110”等 54 个项目先后被评为优秀便民服务项目。

1991—2005 年，柳州铁路局坚持每年春运结束后开展评选表彰春运“路风十佳好事”活动；每两年评选和表彰一次在路风建设中成绩突出的 10 个先进集体、100 名先进个人、20 名路风建设优秀工作者。15 年共评选 7 次，表彰先进集体 100 个、先进个人标杆 50 名、先进个人 1031 名、路风建设优秀工作者 60 名。用典型深化职业道德、路风、宗旨教育，促进路风好转。

第三节　路风专项整顿

1991 年，柳州铁路局开展 “自查自纠” 全员路风整顿活动，有 2.78 万名客货运职工主动查摆服务质量不高、敲诈旅客货主等问题，涉及金额56万元。在慢车和中间站中开展“抓基础、上质量、保安全、正路风”为内容的整顿达标活动，经过整顿，车站治安秩序明显好转，围车叫卖问题得到有效治理。慢车自检问题137个，处理责任者31人，补充修订有关规章制度45条，全面整修残损服务设施2.67万处，消灭不合格列车，慢车“脏、乱、差”面貌改变。新华社、《人民日报》、中央电视台、中央人民广播电台等16家新闻单位报道柳州铁路局整顿慢车的经验，广西电视台播放《柳州铁路局整顿慢车纪实》专题片。

1992年，柳州铁路局加强路风监督监察工作，铁路局、铁路分局两级路风办人员上车下站检查293趟/次，发出通报7份、路风监察通知书2份。对路风实施齐抓共管综合治理，抓住客货运输的“结合部”开展路风联防区活动，形成各单位“责任共担、路风共保、荣誉共享”的新局面。

1993年，柳州铁路局开展整顿旅客列车班组、在领导班子中进行路风专项自查自纠和在职工中查纠整改路风个人不良行为专项活动，22个“三乘”后进班组经过整顿达到合格标准;249个党委、党总支、直属支部领导班子召开专题民主生活会，进行路风自查自纠，有3个站段班子退回地方厂矿赠送的礼金、赞助共建费23万多元;客货“窗口”单位职工纠正路风不良行为253件(次)。严肃查处以车以票谋私、敲诈勒索旅客货主的职工，其中辞退、开除路籍留路察看4人，给予记过或警告处分11人，公开处理11件损害路风路誉行为。2次对经营性收费进行清理整顿，停止25种收费；清理整顿各类公司518个，撤销116个，有93个公司退出客货延伸服务，终止和取消12项以车皮为条件的“联营”合同，有91名干部辞去公司的职务。通过《广西日报》等新闻媒介公布取消18项不合理收费。

1994年，柳州铁路局开展全局性“巩固路风整顿成果回头看”“重点站车路风现状调研”“路风千里行”等活动。发出《关于坚决贯彻落实铁道部整顿路风三项制度四条纪律的通知》。先后3次组织90多名干部对站车旅服、跨局列车、黔桂铁路的路风现状进行调研和检查指导。召开3次路风问题报告会，通报路风问题23件，查处路风个体行为86人(次)。

1995年4月—6月，柳州铁路局开展客车路风专项整顿。干部职工查摆问题近2000个，涉及金额63万元，对顶风违纪的4人送易地教育，21人被处离职待岗或政纪处分、经济处罚。在柳州客运段召开路风问题扩大分析会，通报和升格处理粗暴待客、私带无票旅客和安排越席乘车等4件路风问题。1996年，开展货运价外收费和站车茶座服务收费的清理整顿，取消或暂停收费10项。

1997年，柳州铁路局开展客货运输价外收费清理整顿。铁路局、铁路分局及客货运输站段成立清理整顿领导小组，按照“逐级负责，谁定谁清，谁错谁纠”的原则，全局27个客货运输站段及铁路局、铁路分局两级机关业务处室全部进行自查清理。依据党中央治理乱收费、减轻企业负担的要求和上级的政策规定，5次研究甄别客货运输价外收费项目78项，保留38项，暂停2项，取消38项。7月—10月，在铁路局283个单位和部门开展主业(营)外收费清理。9月—11月，对管内249条铁路专用线收费进行全面清理整顿，清理各项收费27项。整改未明码标价和亮证收费，超标准、超范围收费以及服务不到位、收费不服务等问题。12月，开展客货运输价外收费清理整顿“回头看”活动和“治乱减负”工作。同年，广西地方铁路有限公司在地方和合资铁路各车站开展“四一两全”(即一个窗口、一次开票、一次收费、一票到底，全过程负责、全方位服务)活动。

1998年，柳州铁路局对客运、货运、公安等部门的收费再次进行清理整顿，整顿的重点是：主业、延伸服务、代地方政府收费、行政事业性收费和其他收费。清理各类收费53项(运杂费除外)，取消客货运延伸服务收费12项、代地方政府收费2项。8月，特邀《桂林日报》《柳州日报》《南宁晚报》《南国早报》等7家新闻单位的记者，对站车进行路风检查。9月—12月，对铁路局教育、卫生部门收费进行清理和规范。同年，广西地方铁路有限公司在地方、合资铁路客货部门开展“三要四心五主动”活动，制订服务公约，简化运输手续和中间环节。

1999年，柳州铁路局专项检查车务段和二等以上车站的货物到达综合服务费，未发现变相收取服务费问题。根据铁道部《1999年提高客货运输质量的百点计划》要求，再一次对12对旅客慢车服务工作进行整顿，车厢卫生差、服务设施不完好、无开水供应现象基本消除。对刁难敲诈货主、乱收费,参与贩烟、客票搭售茶座票、私带无票旅客、以票谋私等路风问题进行调查处理。

2000年,柳州铁路局对运输主业、公安部门及多(集)经公司、技协的各类收费进行全面清理并开展执法监察。经两次清理和依政策甄别审定,保留收费26项、取消9项、不列入清理范围19项。5月,印发《关于进一步规范客货运输收费的通知》,对保留项目、取消项目和不列入清理范围项目作出明确规定,重申各类收费必须明码标价,做到服务收费、不服务不收费。全年,铁路局直接查处各类重要路风问题13件,先后对4个单位的乱收费、1个订票合同单位票外加价、2趟旅客列车乘务员私带无票旅客并收取好处费、侵吞票款等路风问题作出定性处理,在全局通报批评。

2001年一季度,柳州铁路局开展旅客列车"内外勾结、站车联手私带无票旅客"专项检查,检查管内旅客列车46趟(次),车站28个(次),跨局旅客列车15趟(次)。查出列车私带无票旅客211人,追补票款1.15万元。二季度,对"边远站、交接口站及附近车站路风状况"开展专项检查,采取"全面查与重点查、站段自查与铁路局抽查、路内查与路外访、系统查与交叉查"相结合的方法,查出主要问题有:运输代理服务不够规范,有强制收费现象;票据填写不符合要求;客车私带无票旅客、收钱不开票、长票短补等问题,及时作出处理。三季度,对15个新成立的运输代理公司、分公司的运输代理服务和收费情况进行全面调研,查阅运输代理合同1000多份、收费票据2800多张,召开5次货主座谈会,走访物资单位35家,发现站段多经企业"你我不分",相互兼职,少数分公司使用合同文书和填写收费票据不规范等问题。铁路局发出电报,要求各站段对存在问题认真整改。

2002年2月—3月,柳州铁路局成立整顿治理工作组,对铁路客票票外加价问题进行整顿治理,重点检查旅客列车23趟,暗访客票代售点21家,在南宁召开23家订票合同单位、9家新闻单位的整顿治理情况通报会,公开宣布取消铁路客票外加价问题严重的6个单位的订票资格及1个铁路客票代售点的代理资格。《人民日报》等18家中央及省级新闻媒体对此予以报道。8月,对运输主业、多经、集经、技协、对外服务等部门的收费进行全面清理整顿,涉及86个站段(公司),自查各类收费120项,未发现严重的乱收费行为。坚持抓好路风的监察监督工作,围绕春运、暑运和"黄金周"三个路风问题高发期,路风监察大队先后检查旅客列车635趟(次),车站、货场283个(次),查出收费不规范、私带无票旅客、以票谋私、服务不到位等问题15个。各"窗口"单位也认真开展自查自纠、监督检查活动,填发和上报《路风监察纪实》744篇、路风信息1060条。

2003年4月15日至5月15日,柳州铁路局对运输主业、货运代理、延伸服务、技协等经营性收费和是否存在"运能切块"或"运能垄断"的问题进行清理整顿,经过甄别,保留收费项目43项,停止不规范收费3项,在清理和检查中,未发现性质严重的乱收费行为。年内,查处柳州铁路公安处和柳州林管所、百色车务段2件严重路风事件和4件一般路风事件。

2004年1月—3月,柳州铁路局对客票销售情况开展专项检查。明察暗访16个站、25个路外火车票经销点、5个铁路旅行社、15趟客车,征求200多名旅客的意见。主业和多经企业基本没有票外乱加价问题。在专项检查中,公安机关审查、清理倒票嫌疑人员233人,抓获票贩子18人,治安处罚31人。根据铁道部开展客车专项整顿统一部署,铁路局将桂林北—昆明2059/2060次、郑州—南宁1627/1628次旅客列车作为重点整顿列车,并对其他客车进行整顿。各单位以"私带无票旅客、长票短补、送持短途票的旅客上车从中获利"等问题为重点,自查自纠,查处整改问题659个。开展规范铁路运输收费检查,停止"三农"物资运输过程中的延伸服务收费和运输代理收费。铁道部检查组表扬柳州铁路局规范铁路运输收费工作行动果断、政令畅通、令行禁止、效果很好。年内,铁路局对主要站经营项目调查整顿,全局客运站162个经营网点的经营范围、经营项目等达到铁道部要求。广西沿海铁路公司针对钦州站个别货主倒卖车皮和装车秩序混乱问题,开展为期一个月专项整顿。

2005年,柳州铁路局加大整治票外加价力度,对桂林、柳州、南宁、贵港、玉林等22个市区客票代售点进行明察暗访,公开曝光一批违规售票单位,停掉15家宾馆饭店的订票合同。车站所辖车票代售点均能按标准收费，无违规行为和以票谋私行为。通过坚持不懈地抓整顿，铁路路风问题得到有效遏制，路风形势明显好转。年内，全局受理路风投诉44件，比1992年的307件下降86%。

第四节 民主评议行风

从1992年开始连续8年，柳州铁路局每年在春运结束后都集中3个月时间开展“路风千里行”活动，邀请行风评议代表、特邀路风监督员和省、地、市及铁路新闻单位记者参加，分成若干小组，以暗访为主，采用纪实手法，大范围地对客货运输站段路风建设情况进行监督检查和现场民主评议，并在《柳州铁道》等新闻媒体上曝光揭短。8年“路风千里行”，行程10万多公里，检查车站货场248个(次)、列车352趟(次)，采写文字稿件135篇，采拍电视新闻229条，拍摄照片75幅，撰写监察纪实、内参材料24份，主动曝光问题92个。印发《路风千里行》专辑1000册。有力地促进行业风气的好转，在路内外产生积极影响。

1994年2月，柳州铁路局邀请在广西工作的11名全国人大代表和政协委员对铁路的行风建设、春运工作进行专题视察，听取14个单位部门的汇报，实地检查11个车站货场、3趟旅客列车、2个调度所，走访18户职工家庭，受访者对铁路整顿路风工作的成效和组织春运的措施给予好评，并提出建议意见。铁路局从参加视察的代表委员中聘请6人为特邀路风监督员，赋予他们对铁路行风建设的调查、监督、评议、表决权。其后6年，铁路局先后6次邀请21位在广西工作的全国人大代表、政协委员，对铁路行风建设、形象设计活动、客车路风整顿和安全标准线建设等进行视察，先后听取26个单位工作汇报，实地察看桂林站等13个车站及货场，走访旅客货主87人，召开12家厂矿企业的货主座谈会。代表、委员们对铁路的行风建设工作给予肯定，并提出宝贵的建议意见。

1998年，柳州铁路局在客货“窗口”单位开展民主评议行风活动。1月，印发《关于贯彻全区行风评议工作会议精神，搞好我局行风评议工作的意见》。2月，在柳州站、南宁客运段5/6次旅客列车两个试点单位召开民主评议行风活动座谈会。4月，在南宁站召开全局民主评议行风工作会议。7月，民主评议行风活动在全局客货“窗口”单位全面铺开。9月21日—25日，邀请全国和自治区人大代表、政协委员，驻桂部队、武警、大中型企业和新闻单位的负责人26人对铁路局进行行风评议，先后检查桂林、柳州、柳州北、柳州东站和6次、379次旅客列车，提出意见33条、建议5条，涉及20个方面的问题。同时讨论通过《柳州铁路局行风评议工作办法》，使评议活动制度化、规范化，受到广西壮族自治区纠风办的赞扬。

2000年，自治区党委、自治区人民政府决定对铁路等系统行风进行民主评议，铁道部也决定在柳州铁路局进行行风评议工作试点。铁路局成立由党政“一把手”负总责的行风评议领导小组，制订推进计划和考核办法。各参评单位开展“四评四看”和互评活动，查摆问题822个；走访地市县级政府21家，征求意见262条；走访旅客货主2000多人，收集意见3254条，针对存在问题认真对照整改。铁路局两次召开全局行风评议情况通报会。自治区铁路系统行风评议组充分肯定铁路局行风建设取得的成绩，同时也指出存在的一些问题并向社会公布对铁路局行风状况问卷调查的情况：向社会发放问卷调查表6493份，认为行风状况较好的占76.3%，认为便民服务措施较好的占73.9%，认为旅客列车行风状况较好的占69.2%，认为所在地车站行风状况较好的占77.9%。12月，自治区党委、自治区人民政府在南宁召开全区公安、教育、铁路系统行风评议大会，柳州铁路局行风建设在大会上获得良好评价。同年，广西地方铁路有限公司成立行风评议领导小组，在地方和合资铁路中开展民主评议行风和民主评议行风“回头看”活动，主要运输窗口单位制订《客货运服务质量抽查评比办法》，向旅客货主发放调查问卷222份，查摆出行风建设上存在的问题104个。针对存在问题，各单位制订措施进行整改。

2001年，柳州铁路局客货运输人员全部挂牌上岗，主业、延伸服务各收费点做到明码标价，公布收费依据、收费项目及标准，一点一证，亮证收费。客货

2001 年，柳州铁路局邀请在广西工作的全国人大代表、政协委员视察铁路路风建设

“窗口”单位在服务场所设立路风监督投诉电话、路风监督举报箱。年内，走访企业货主单位 2000 余家，召开旅客货主座谈会 1100 余次，发出服务质量征求意见卡 1.4 万多张，主动征求旅客货主意见，自觉纠正行业不正之风。7 月—10 月，参加自治区党委和政府部署的，包括工商、国税、地税、公安、卫生、教育、铁路、电力、邮政、电信等 11 个行业的全区民主评议行风“回头看”活动。铁路局以“回头看”社会测评好占 67.8%、一般占 26.9%、差占 5.3%的成绩在全区 11 个行业中名列第一，实现铁路局提出的“政府满意，群众认可，企业受益”的行风评议目标。6 月，国务院和中纪委在山东日照市召开“全国民主评议行风经验交流会”，柳州铁路局作为全国铁路系统的惟一代表出席大会，并在会上作《以评促纠，以评促建，不断实现民主评议行风的新突破》经验介绍。同年，自治区和北海、钦州、防城港市行风检查组通过行风问卷调查，对广西地方铁路有限公司的北海、钦州、防城港站进行行风问卷调查，综合满意率达 92%以上，居当地 10 个被评议行业和系统的前列。

2002—2005 年，柳州铁路局行风评议工作向纵深发展。通过直评和委托各主管处自评的方法，连续 4 年对旅客列车、医院卫生所、公安所队、中小学校、职工住宅小区、运输代理分公司、货场、站台售货、水电营业收费所、行车公寓、主要站和车务段的劳动服务公司进行行风评议。铁路局从基层单位选聘 338 名优秀的职工代表作为行风评议员，分组培训后对被评议单位明察暗访，并通过走访旅客货主、召开群众座谈会、发放问卷等进行行风调查。在铁路局召开的民主评议行风大会上，对被评单位的领导进行面对面的评议，促进基层单位行风建设和“老大难”问题的解决。2004 年，在南宁站召开行风评议大会，自治区纠风办领导在会上指出：“这几年，柳州铁路局抓行风建设走在广西各行业的前面，取得明显成效。”2004—2005 年，2 次对南宁、柳州、桂林等 4 个主要站，进京、进沪、进穗和城际列车进行站、车服务质量满意度问卷调查，向旅客、货主发放《用户满意度调查手册》3.5 万本，调查问卷 1.55 万份。旅客满意度 69.3 分和 70 分，货主满意度 73.8 分和 73.4 分。

表 7-1

1991—2005 年柳州铁路局路风状况

单位：件

年度	来信投诉	不良反映	路风事件 重大	严重	一般	年度	来信投诉	不良反映	路风事件 重大	严重	一般
1991	135	6	0	0	2	1999	82	3	0	0	2
1992	307	2	0	0	0	2000	104	4	0	0	2
1993	262	2	0	0	0	2001	81	3	0	1	3
1994	228	0	0	0	0	2002	97	8	0	0	5
1995	202	9	0	1	1	2003	47	6	0	2	4
1996	171	11	0	0	0	2004	55	8	1	0	2
1997	138	16	0	0	2	2005	44	4	0	0	2
1998	99	9	0	0	0						

第六章 先进人物 先进集体

中华人民共和国成立后，广西铁路部门把组织职工开展具有铁路特色的劳动竞赛和选树劳动模范、先进典型作为弘扬先进，激励职工的创造精神和主人翁责任感，不断开创广西铁路建设发展新局面的一项重要任务，坚持高标准、严要求，切实做好劳动模范和各种先进人物的推荐、评比和选树工作。1991—2005年，广西铁路有6人被评为全国劳动模范、51人被评为自治区劳动模范、46人被评为全国铁路劳动模范；有12人获全国五一劳动奖章、20人获广西五一劳动奖章、354人获全国铁路火车头奖章。

广西铁路部门加强劳动模范和先进人物的管理，关心他们的工作和生活，及时帮助他们解决困难，使他们自觉保持先进性。2002年2月—6月，柳州铁路局工会对中华人民共和国以来的全国、自治区和全国铁路劳动模范以及29名享受劳模待遇的军转人员的工作和生活情况进行全面调查和分析，建立劳模档案。2004年5月和2005年9月，分别举办劳模如何保持先进性研讨班，探讨如何更好地发挥劳模的先锋模范作用。1998—2005年，柳州铁路局根据职工代表大会签订的集体合同，先后组织劳模和先进人物赴厦门、黄山、海南、大连、青岛、昆明、延安等地作短期休养。

广西铁路部门重视劳模先进人物事迹的宣传工作，发挥先进人物的带头引领作用。柳州铁路局定期召开劳模、先进人物表彰大会，给他们披红戴花，营造劳动伟大，先进光荣的氛围。组织劳模事迹报告团，在铁路地区巡回报告；编印劳模画册；出版先进工作法专辑；在铁路文化宫、俱乐部设立灯光橱窗；在《柳州铁道》上开设“铁路工人风采录”专栏，宣传劳模和先进人物的事迹，使争先创优和学赶先进蔚然成风。

第一节 人物简介

周天赐 男，汉族，1946年8月生，1965年4月参加铁路工作，在桂林机务段任机车副司机、司机等职，2001年5月退休。在工作中，他严格执行规章制度，搞好车机联控，自1972年5月担任机车司机到退休，未发生任何责任行车事故和事故因素，安全行车78.62万公里。他勤于思考，勇于探索，总结出“三步停车工作法”，防止各类行车事故104件，其中险性事故31件。他勤俭节约，1980—1995年，为国家节煤527吨，节油275吨，折合人民币68万元。1992年被铁道部授予“安全司机标兵”称号，1995年获全国铁路火车头奖章，同年获全国劳动模范称号。

覃焕芳 男，壮族，1946年6月生，1964年11月参加中国人民解放军，1969年6月参加铁路工作，在第二线路大修段任线路工、线路工长等职，2000年7月，在工务大修中心退休。他安心线路工作，克服线路大修工作生活条件差、照顾不了家等困难，二十六年如一日，始终以单位为家，把精力放在大修事业上。他恪尽职守，任劳任怨，带领工班职工质量良好地完成各项生产任务。1987—1994年，工班累计完成线路清筛242公里、整理道床12公里、更换轨枕8.27万根、路基大修20万元，质量全部优良。截至1994年12月31日，工班安全生产4245天。他1991年5月获全国铁路火车头奖章，1993年9月和1995年4月分别获全国铁路劳动模范和全国劳动模范称号。

梁海章 男，汉族，中共党员，1965年10月生，1985年参加铁路工作，在南宁客运段任列车员、列车长等职。他在当列车员时，坚持优质服务，做到“一记四勤”和“三知三会”，为旅客做好事1000多件，获书面表扬7000多件。他精通业务，能迅速准确地说出5/6次旅客列车各停站的到发时间、中转车次和当地交通线路；能迅速准确地默画出全国“铁路示意图”。在班组发起建立铁路局第一个旅客心理研究小组。1993年3月担任列车长后，他探索出班组管理“一传、三树、五教”的路子，严管理、严律己、抓塑形、抓培育，1994—1995年，班组消灭路风事件，收到旅客表扬信500多封。他1990年被评为“全路新长征突击手”，获全国铁路火车头奖章；1992年被评为自治区劳动模范；1993年被评为“广西十大杰出青年”；1995年获全国劳动模范称号。

李盛富　男，汉族，中共党员，1957年7月生，1974年12月参加铁路工作，在玉林机务段任机车司机、司机长、车队指导司机等职。1986年担任机车司机后，连续14年不请一天假，不缺一次勤，实现连续安全行车36万多公里，防止各类事故80多件；超轴牵引1470余次，多拉货物16.8万吨；节约标准煤1120吨、柴油436吨，节约总价值122.9万元。1988年担任3708号机车司机长后，以“爱岗敬业作表率，遵章守纪保安全”为工作准则，带领机车组职工全身心投入运输生产之中，机车保养连续8年保持全优，所在机车组成为玉林机务段和铁路局的标杆班组。所在机车被铁路局、局党委命名为全局首台“先锋号”机车。他1995年获全国铁路火车头奖章，1998年获全国铁路劳动模范称号，2000年4月获全国劳动模范称号。

韦志华　女，汉族，中共党员，1952年7月生，1971年到柳州站从事客运工作，先后任客运员、售票员、客运值班员等职。2002年8月退休。她三十年如一日，一片真情待旅客，一流标准干工作，为旅客做好事3000多件，收到表扬信70多封。1982年担任客运值班员后，在岗位上挽救2名轻生少女，帮助3名孕妇生产，为5名旅客找到走失的亲人，为旅客找回失物384件价值11万多元。她拿出自己的奖金4000元，设立“为旅客帮困解难基金”。1993年，被评为全国先进女职工，1997年获自治区劳动模范称号，1998年获全国“五一”劳动奖章，1999年被铁道部评为铁路标兵，2000年获全国劳动模范称号。

侯树德　男，汉族，中共党员，1957年7月生，1980年参加工作，在南宁车辆段任乘检、乘务长、质检员等职，他严格作业标准，刻苦钻研业务，不断提高应急处理旅客列车运行中车辆发生故障的能力，确保旅客列车安全。17年来，他发现处理客车故障1350多件，其中重大故障306件，截至2004年12月31日，所在班组实现安全生产9153天。他自觉维护路风路誉，为旅客做好事105件，拒收好处费350多次共3万多元。调任段安检科质检员后，短短几个月就发现客车故障170多件，先后被评为铁路局先进生产者标兵，铁道部路风工作先进个人标兵，2003年获全国铁路火车头奖章，2004年获全国铁路劳动模范称号，2005年获全国劳动模范称号。

第二节　列表人物

表7-2　　1991—2005年广西铁路全国劳动模范名录

授誉年份	姓　名	性别	民族	出生年月	政治面貌	单　位	职　务
1995	周天赐	男	汉	1946年8月	—	桂林机务段	机车司机
1995	覃焕芳	男	壮	1946年6月	中共党员	柳州铁路第二线路大修段	线路工长
1995	梁海章	男	汉	1965年10月	中共党员	南宁客运段	列车长
2000	李盛富	男	汉	1957年7月	中共党员	玉林机务段	指导司机
2000	韦志华	女	汉	1952年7月	中共党员	柳州站	客运值班员
2005	侯树德	男	汉	1957年7月	中共党员	南宁车辆段	质检员

表 7-3　**1991—2005 年广西铁路全国铁路劳动模范名录**

授誉年份	姓　名	性 别	民 族	出 生 年 月	政治面貌	单　　位	职　　务
1991	梁胜雄	男	汉	1937 年 9 月	—	柳州机务段	司机长
1991	赵忠新	男	汉	1940 年 11 月	中共党员	南宁车辆段	工　人
1992	莫红军	男	汉	1952 年 2 月	中共党员	黎塘车务段	八塘站站长
1992	李毓芬	男	汉	1933 年 3 月	中共党员	玉林工务段	工　长
1992	翟年旺	男	汉	1940 年 2 月	中共党员	桂林机务段	司机长
1992	黄上权	男	汉	1954 年 2 月	中共党员	柳州机械化工程段	质检员
1993	覃永朝	男	壮	1946 年 9 月	中共党员	柳州客运段	茶水员
1993	覃焕芳	男	壮	1946 年 6 月	中共党员	柳州铁路第二线路大修段	线路工长
1993	韦善庭	男	壮	1954 年 12 月	中共党员	玉林机务段	司机长
1993	李桂莲	女	汉	1937 年 8 月	中共党员	局工程处	总工程师
1994	石耀成	男	汉	1962 年 5 月	中共党员	桂林北站	车间副主任
1994	杨美珍	女	汉	1950 年 3 月	中共党员	湛江车辆段	工　长
1994	张本齐	男	汉	1935 年 10 月	中共党员	局物资工业处	副处长
1995	邵汉松	男	汉	1948 年 11 月	中共党员	桂林工务段	工　长
1995	李枝木	男	汉	1949 年 10 月	中共党员	融安机务段	工　长
1995	贤桂清	女	汉	1954 年 4 月	中共党员	南宁电务段	党支部书记
1995	向荣寿	男	汉	1940 年 8 月	中共党员	电务工程段	领工员
1995	杨华南	男	汉	1935 年 10 月	中共党员	局集体经济处	处　长
1995	韦国作	男	壮	1945 年 10 月	中共党员	柳州铁路桥隧大修段	工　长
1995	张德贵	男	汉	1938 年 6 月	中共党员	湛江车辆段	工　长
1995	秦成功	男	汉	1940 年 5 月	中共党员	南防铁路公司	经　理
1997	李叶发	男	汉	1952 年 10 月	中共党员	金城江站	运转值班员
1997	谭国庆	男	汉	1951 年 1 月	中共党员	柳州客运段	段　长
1998	李盛富	男	汉	1957 年 7 月	中共党员	玉林机务段	司机长
1998	李宝钧	男	汉	1952 年 5 月	中共党员	南宁车辆段	检车员
1998	李柳生	男	汉	1956 年 11 月	中共党员	柳州机车车辆厂	班　长
1998	陆世员	男	汉	1955 年 6 月	中共党员	电务工程段	信号工长
1998	夏英银	男	汉	1940 年 8 月	中共党员	柳铁中心医院	副主任医师
1998	朱秋莲	女	汉	1959 年 9 月	中共党员	柳铁第一快餐馆	厨　师
1998	陈汉生	男	汉	1957 年 7 月	中共党员	南宁铁路公安处	侦察员
2001	李康华	男	汉	1948 年 6 月	中共党员	柳州南站	党委书记
2001	姚水苟	男	汉	1950 年 5 月	—	桂林工务段	巡道工
2001	王柳城	男	汉	1958 年 12 月	中共党员	宜山车务段	德胜站站长
2001	杨小龙	男	汉	1962 年 5 月	中共党员	柳州机车车辆厂	班　长

续表

授誉年份	姓　名	性 别	民 族	出 生 年 月	政治面貌	单　　位	职　务
2001	陈湘明	男	汉	1948 年 11 月	中共党员	柳州铁路机电厂	工　长
2001	苏　斌	男	回	1967 年 12 月	中共党员	柳州铁路公安处	刑侦大队长
2001	谢振华	男	汉	1972 年 2 月	中共党员	玉林电务段	信号工长
2001	黄建琼	女	汉	1966 年 6 月	中共党员	局生活服务总公司	厨　师
2004	李素美	女	汉	1968 年 2 月	中共党员	全州车务段	客运值班员
2004	潘国进	男	汉	1953 年 5 月	中共党员	南宁机务段	分析员
2004	朱子英	男	汉	1950 年 7 月	中共党员	玉林工务段	工　长
2004	杨顺德	男	汉	1956 年 6 月	中共党员	柳州铁路公安处	主任科员
2004	杨衡西	男	汉	1953 年 12 月	—	南宁电务段	信号工长
2004	王永昌	男	汉	1946 年 11 月	中共党员	桂林北站	站　长
2004	侯树德	男	汉	1957 年 7 月	中共党员	南宁车辆段	乘务长
2004	张有忠	男	汉	1956 年 6 月	中共党员	湛江车辆段	党委书记

表 7-4　**1991—2005 年广西铁路自治区劳动模范名录**

授誉年份	姓　名	性 别	民 族	出 生 年 月	政治面貌	单　　位	职　务
1992	韦宗磊	男	壮	1934 年 8 月	中共党员	柳州南站	货运安全员
1992	覃昌金	男	汉	1953 年 11 月	—	融安工务段	巡道工
1992	王德贵	男	汉	1942 年 8 月	中共党员	柳州铁路分局	分局长
1992	梁海章	男	汉	1965 年 10 月	中共党员	南宁客运段	列车长
1992	吕永志	男	汉	1933 年 2 月	中共党员	局工务处	处　长
1992	王振荣	男	汉	1932 年 11 月	中共党员	柳州铁路公安局	局　长
1992	莫光勇	男	汉	1938 年 11 月	中共党员	南宁铁路医院	副主任医师
1993	黄永强	男	汉	1944 年 10 月	中共党员	局工程处	处　长
1993	彭宗卫	男	汉	1958 年 1 月	中共党员	柳州铁路公安处	警　长
1993	陈治军	男	汉	1950 年 3 月	中共党员	玉林站	维修工长
1993	高武生	男	汉	1946 年 6 月	中共党员	柳州房建段	工　长
1993	叶　尹	男	汉	1937 年 8 月	中共党员	湛江站	客车上水员
1994	姚栋家	男	汉	1947 年 8 月	中共党员	南宁工务段	领工员
1995	吴华春	男	侗	1944 年 1 月	中共党员	柳州铁路分局	工会主席
1995	何棣南	男	汉	1939 年 1 月	中共党员	湛江工务段	工　长
1995	郭银华	男	汉	1964 年 4 月	中共党员	桂林站	客运值班员
1995	文崇森	男	汉	1939 年 10 月	中共党员	全州车务段	车站值班员
1995	陆慰琴	女	汉	1939 年 11 月	中共党员	柳铁一中	高级教师
1995	邓土记	男	汉	1945 年 12 月	中共党员	柳州第二工程段	线路工长

续表

授誉年份	姓　名	性 别	民 族	出 生 年 月	政治面貌	单　　位	职　务
1995	曾宗标	男	汉	1941 年 4 月	中共党员	柳州铁路局	局　长
1995	甘东发	男	汉	1940 年 10 月	中共党员	柳州机务段	司机长
1995	欧朝成	男	汉	1945 年 7 月	—	南宁电务段	通信工
1995	覃秀珍	女	壮	1954 年 4 月	—	玉林机务段	天车司机
1996	朱胜卿	男	汉	1945 年 8 月	中共党员	柳州铁路分局	党委书记
1996	马春亭	男	汉	1955 年 9 月	中共党员	金城江机务段	总工程师
1996	梁振影	女	汉	1954 年 4 月	—	柳州第一工程段	汽车司机
1996	兰开弟	男	汉	1944 年 4 月	—	金城江电务段	工　长
1996	陈树清	男	汉	1942 年 5 月	中共党员	南宁机务段	机车司机
1997	梁福华	男	汉	1959 年 8 月	中共党员	白山采石水泥厂	开山工
1997	王玉良	男	汉	1950 年 11 月	中共党员	玉林工务段	段　长
1997	李厚鹏	男	汉	1945 年 9 月	—	金城江机务段	机车司机
1997	韦志华	女	汉	1952 年 7 月	中共党员	柳州站	客运值班员
1998	秦开文	男	汉	1948 年 6 月	中共党员	桂林工务段	工　长
1998	罗佩君	女	汉	1954 年 11 月	中共党员	南宁水电段	给水司机
1998	陈宏良	男	汉	1968 年 9 月	—	柳州铁路勘测设计院	工程师
1998	高永康	男	汉	1935 年 6 月	中共党员	黎钦铁路公司	董事长
1999	廖彪强	男	汉	1947 年 12 月	中共党员	防城港运输段	段　长
1999	李铁石	男	汉	1966 年 2 月	中共党员	柳州机务段	司机长
1999	罗映明	男	汉	1949 年 12 月	中共党员	局技术监督所	高级工程师
2000	吴昌平	男	汉	1942 年 7 月	中共党员	南宁房建段	泥瓦工
2000	胡远能	男	汉	1945 年 12 月	—	全州车务段	运转车长
2005	秦有生	男	汉	1951 年 12 月	中共党员	桂林机务段	司机长
2005	宁庆云	男	汉	1961 年 5 月	中共党员	柳州机车车辆厂	班　长
2005	莫日才	男	壮	1950 年 8 月	中共党员	湛江车辆段	工　长
2005	刘伯凯	男	汉	1959 年 1 月	中共党员	桂林工务段	工　长
2005	龚志超	男	汉	1953 年 11 月	中共党员	桂林站	站　长
2005	黄镇修	男	汉	1963 年 4 月	中共党员	河唇车务段	八塘站站长
2005	潘　洁	女	汉	1969 年 9 月	中共党员	局疾病预防控制中心	副主任
2005	杨顺德	男	汉	1956 年 6 月	中共党员	柳州铁路公安处	主任科员
2005	钟卓西	男	汉	1962 年 5 月	—	玉林电务段	信号工
2005	黄建民	男	汉	1946 年 10 月	中共党员	广西沿海铁路公司	总经理

表 7-5

1991—2005 年广西铁路全国五一劳动奖章获得者名录

授誉年份	姓　名	性别	民族	出生年月	政治面貌	单　　位	职　务
1991	赵忠新	男	汉	1940 年 11 月	中共党员	南宁车辆段	工　人
1992	覃永朝	男	壮	1946 年 6 月	中共党员	柳州客运段	茶水员
1993	黄永强	男	汉	1944 年 10 月	中共党员	局工程处	处　长
1996	罗佩君	女	汉	1954 年 11 月	中共党员	南宁水电段	给水司机
1997	李叶发	男	汉	1952 年 10 月	中共党员	金城江站	运转值班员
1998	韦志华	女	汉	1952 年 7 月	中共党员	柳州站	客运值班员
1999	梁福华	男	汉	1952 年 5 月	中共党员	白山采石水泥厂	开山工
2001	李宝钧	男	汉	1950 年 5 月	中共党员	南宁车辆段	检车员
2002	李柳生	男	汉	1956 年 11 月	中共党员	柳州机车车辆厂	班　长
2002	黄启翻	男	汉	1954 年 12 月	中共党员	金城江管理段	线路工
2003	李枝木	男	汉	1949 年 10 月	中共党员	融安机务段	工　长
2004	宋天喜	男	汉	1960 年 10 月	中共党员	贵港站	调车长

第三节　先进集体

表 7-6

1991—2005 年广西铁路先进集体名录

授誉年份	集　体　名　称	荣　誉　称　号	授　誉　单　位
1991	湛江工务段	安全优质工务段	铁道部　全国铁路总工会
1991	南宁工务段	安全优质工务段	铁道部　全国铁路总工会
1991	金城江电务段	安全优质电务段	铁道部　全国铁路总工会
1991	桂林站	文明单位(保持称号)	自治区党委　自治区人民政府
1991	柳州站	文明单位(保持称号)	自治区党委　自治区人民政府
1991	南宁站	文明单位(保持称号)	自治区党委　自治区人民政府
1991	柳州站	先进企业	自治区人民政府
1991	柳州铁路局	全国职工教育先进单位	国家教委
1991	柳州铁路分局	劳动保护先进集体	铁道部
1991	5/6 次旅客列车	红旗列车	铁道部
1991	八塘站	先进中间站(保持称号)	铁道部
1991	179/180 次旅客列车车队	全国五一劳动奖状	中华全国总工会
1991	南宁铁路公安处乘警大队	廉政爱民先进集体	公安部
1992	桂林工务段	安全优质工务段	铁道部　全国铁路总工会
1992	崇左工务段	安全优质工务段	铁道部　全国铁路总工会
1992	桂林站	文明车站	铁道部
1992	湛江站	文明单位	自治区党委　自治区人民政府

续表

授誉年份	集 体 名 称	荣 誉 称 号	授 誉 单 位
1992	南宁电务段	文明单位	自治区党委 自治区人民政府
1992	柳州铁路公安局机关	文明单位	自治区党委 自治区人民政府
1992	柳州铁路局	全国环境保护先进企业	国家环保局
1992	南宁铁路分局	社会治安综合治理先进单位	自治区党委 自治区人民政府
1992	柳州电务工程段信号领工区	全国五一劳动奖状	中华全国总工会
1992	柳州铁路局人防办	人民防空工作先进单位	中华人民共和国人民防空委员会
1993	湛江工务段	全国五一劳动奖状	中华全国总工会
1993	玉林站工会	全国模范职工之家	中华全国总工会
1993	柳州水电段	交通战备工作正规化建设先进单位	国务院、中央军委交通战备领导小组
1993	柳州铁路中心防疫站	全国卫生防疫防治工作先进集体	卫生部 铁道部 中国人民解放军总后勤部
1993	全州车务段庙头站工会小组	全国模范职工小家	中华全国总工会
1994	柳州工务段	安全优质工务段	铁道部
1994	柳州车辆段	安全优质车辆段	铁道部
1994	柳州机车车辆厂	文明单位	自治区党委 自治区人民政府
1994	南宁客运段	文明单位	自治区党委 自治区人民政府
1994	柳州机车车辆厂	清产核资工作先进单位	铁道部
1994	2571/2572 次旅客列车	文明列车	自治区党委 自治区人民政府
1994	柳州水电段	抗洪先进集体	自治区党委 自治区人民政府
1994	柳州站	抗洪先进集体	自治区党委 自治区人民政府
1994	柳州电务段	抗洪先进集体	自治区党委 自治区人民政府
1994	南宁客运段	抗洪先进集体	自治区党委 自治区人民政府
1994	崇左站	军交工作正规化建设十周年先进单位	广州军区
1994	黎塘站	军交工作正规化建设十周年先进单位	广州军区
1994	柳州南站甲班三调	青年文明号	共青团中央
1994	南宁站客运计划 QC 小组	全国优秀 QC 小组	中国质量协会 中华全国总工会 共青团中央 中国科学技术协会
1995	桂林机务段	安全标准机务段	铁道部
1995	南宁水电段	安全标准水电段	铁道部
1995	玉林工务段	安全优质工务段	铁道部
1995	柳州电务段	安全优质电务段	铁道部
1995	桂林电务段	安全优质电务段	铁道部
1995	玉林电务段	安全优质电务段	铁道部
1995	桂林车务段	先进优质车务段	铁道部
1995	柳州铁路分局	全国护路联防先进单位	中央综治委 公安部 铁道部 中国人民解放军总参动员部
1995	铁路局综治办	全国护路联防先进单位	中央综治委 公安部 铁道部 中国人民解放军总参动员部

续表

授誉年份	集体名称	荣誉称号	授誉单位
1995	南宁站	全国卫生车站	全国爱国卫生运动委员会 铁道部
1995	5/6 次旅客列车第二、第七青年包乘组	青年文明号	共青团中央
1995	柳州车辆段到达场列检所	青年文明号	共青团中央
1995	91/92 次旅客列车车队 QC 小组	全国优秀 QC 小组	中国质量协会 中华全国总工会 共青团中央 中国科学技术协会
1995	南宁水电段南宁给水所工会小组	全国模范职工小家	中华全国总工会
1996	南宁机务段	安全标准机务段	铁道部
1996	融安工务段	安全优质工务段	铁道部
1996	全州工务段	安全优质工务段	铁道部
1996	南宁电务段	安全优质电务段	铁道部
1996	南宁车辆段	安全优质车辆段	铁道部
1996	柳州水电段	安全标准水电段	铁道部
1996	桂林站	先进优质车站	铁道部
1996	柳州站	先进优质车站	铁道部
1996	柳州东站货场	三星级优质货场	铁道部
1996	柳州铁路分局	全国企业管理现代化创新成果一等奖	国家经贸委
1996	5/6 次旅客列车车队党总支	先进基层党组织	中共中央组织部
1996	柳州站	全国卫生车站	全国爱国卫生运动委员会 铁道部
1996	桂林站	全国卫生车站	全国爱国卫生运动委员会 铁道部
1996	5/6 次旅客列车	全国卫生列车	全国爱国卫生运动委员会 铁道部
1996	179/180 次旅客列车	全国卫生列车	全国爱国卫生运动委员会 铁道部
1996	91/92 次旅客列车	全国卫生列车	全国爱国卫生运动委员会 铁道部
1996	南宁站	爱国卫生先进单位	全国爱国卫生运动委员会 铁道部
1996	柳州电务段	1991—1995 年普法先进集体	自治区党委 自治区人民政府
1996	柳州站	1991—1995 年普法先进集体	自治区党委 自治区人民政府
1996	柳州站工会	拥军优属先进单位	自治区党委 自治区人民政府 广西军区
1996	5/6 次旅客列车车队 QC 小组	全国优秀 QC 小组	中国质量协会 中华全国总工会 共青团中央 中国科学技术协会
1996	南宁车辆段团委 QC 小组	全国优秀 QC 小组	中国质量协会 中华全国总工会 共青团中央 中国科学技术协会
1996	柳州机务段 3263 机车组	青年文明号	共青团中央
1997	柳州通信段	安全优质通信段	铁道部
1997	湛江车辆段	安全优质车辆段	铁道部
1997	河唇车务段	先进优质车务段	铁道部
1997	柳州房建段	安全优质房建段	铁道部
1997	柳州车轮厂	安全优质车轮厂	铁道部

续表

授誉年份	集体名称	荣誉称号	授誉单位
1997	柳州机务段	文明单位	自治区党委　自治区人民政府
1997	柳州客运段	文明单位	自治区党委　自治区人民政府
1997	柳州北站	文明单位	自治区党委　自治区人民政府
1997	宜山车务段	文明单位	自治区党委　自治区人民政府
1997	金城江站	文明单位	自治区党委　自治区人民政府
1997	南宁南站	文明单位	自治区党委　自治区人民政府
1997	凭祥站	文明单位	自治区党委　自治区人民政府
1997	柳州生活管理段	文明单位	自治区党委　自治区人民政府
1997	柳州中心医院	文明单位	自治区党委　自治区人民政府
1997	局工会女职工委员会	全国女职工先进集体	中华全国总工会
1997	379/380次旅客列车	红旗列车	铁道部
1997	379/380次旅客列车第二、第六包乘组	青年文明号	共青团中央
1997	南宁客运段京快二组QC小组	全国优秀QC小组	中国质量协会　中华全国总工会 共青团中央　中国科学技术协会
1998	南宁机务段	安全标准示范机务段	铁道部
1998	南宁站	先进优质车站	铁道部
1998	柳州客运段	先进优质客运段	铁道部
1998	玉林工务段	文明单位	自治区党委　自治区人民政府
1998	南宁车辆段	文明单位	自治区党委　自治区人民政府
1998	201/202次旅客列车	全国卫生列车	全国爱国卫生运动委员会　铁道部
1998	八塘站	全国五一劳动奖状　全国先进班组	中华全国总工会
1998	南宁铁路检察院	人民满意检察院	最高人民检察院
1998	南宁车辆段工会	全国模范职工之家	中华全国总工会
1998	桂林机务段检修车间工会	全国模范职工小家	中华全国总工会
1998	南宁站行包房QC小组	全国优秀QC小组	中国质量协会　中华全国总工会 共青团中央　中国科学技术协会
1998	149/150次旅客列车	文明列车	自治区党委　自治区人民政府
1998	2055/2058次旅客列车	文明列车	自治区党委　自治区人民政府
1998	柳州水电段关西给水所	自治区民族团结先进集体	自治区党委　自治区人民政府
1999	南宁客车车辆分公司	安全优质示范车辆段	铁道部
1999	南宁站货场	三星级优质货场	铁道部
1999	南宁机务段	先进企业	自治区人民政府
1999	柳州工务段	文明单位	自治区党委　自治区人民政府
1999	南宁水电段	文明单位	自治区党委　自治区人民政府
1999	柳州建筑工程段	文明单位	自治区党委　自治区人民政府

续表

授誉年份	集体名称	荣誉称号	授誉单位
1999	金城江机务段	文明单位	自治区党委 自治区人民政府
1999	金城江医院	文明单位	自治区党委 自治区人民政府
1999	柳州材料总厂	文明单位	自治区党委 自治区人民政府
1999	南宁机务段	节能样板单位	铁道部
1999	宜山车务段	全国民族团结先进集体	国家民委
1999	5/6 次旅客列车	全国创建文明行业工作先进单位	中央精神文明建设指导委员会
1999	379/380 次旅客列车	全国创建文明行业工作先进单位	中央精神文明建设指导委员会
1999	茂名站	军交工作正规化建设先进单位	铁道部 中国人民解放军总后勤部
1999	南宁房建段大理石镶贴 QC 小组	全国优秀 QC 小组	中国质量协会 中华全国总工会 共青团中央 中国科学技术协会
1999	柳铁中心医院病理科 QC 小组	全国优秀 QC 小组	中国质量协会 中华全国总工会 共青团中央 中国科学技术协会
1999	湛江车辆段湛江检修车间台车组	青年文明号	共青团中央
1999	南宁站软席候车室	青年文明号	共青团中央
2000	南宁铁路检察院	人民满意检察院	最高人民检察院
2000	南宁站	军交工作正规化建设先进单位	广州军区
2000	南宁南车辆段	第二届全国设备管理优秀单位	中国设备管理协会
2000	玉林站工会	模范职工之家	中华全国总工会
2000	柳州铁路局中心卫生防疫站	全国预防与控制艾滋病性病先进单位	卫生部 教育部 广电总局
2000	柳州电务段无线测试 QC 小组	全国优秀 QC 小组	中国质量协会 中华全国总工会 共青团中央 中国科学技术协会
2000	柳州通信段程控室 QC 小组	全国优秀 QC 小组	中国质量协会 中华全国总工会 共青团中央 中国科学技术协会
2000	柳州机保段技术室制冷 QC 小组	全国优秀 QC 小组	中国质量协会 中华全国总工会 共青团中央 中国科学技术协会
2000	柳州机保段运用车间电器 QC 小组	全国优秀 QC 小组	中国质量协会 中华全国总工会 共青团中央 中国科学技术协会
2000	桂林配件厂贝氏体斜楔 QC 小组	全国优秀 QC 小组	中国质量协会 中华全国总工会 共青团中央 中国科学技术协会
2000	南宁电务段黎塘Ⅰ场信号工区	青年文明号	共青团中央
2001	南宁机务段党委	先进基层党组织	中共中央组织部
2001	柳州机保段党委	先进基层党组织	中共中央组织部
2001	柳州铁路局生活服务总公司	文明单位	自治区党委 自治区人民政府
2001	柳州铁路局	送温暖工程先进单位	中华全国总工会
2001	宜山车务段	厂务公开先进单位	铁道部
2001	南宁机务段	厂务公开先进单位	铁道部
2001	柳州铁路局治安综合治理办公室	1997—2000 年全国社会治安综合治理先进集体	中央综治委 人事部
2001	柳州站派出所	2000 年度全国人民满意公安基层单位	公安部

续表

授誉年份	集体名称	荣誉称号	授誉单位
2001	柳州铁路局电务处QC小组	全国优秀QC小组	中国质量协会 中华全国总工会 共青团中央 中国科学技术协会
2001	柳州车辆段设备维修二组QC小组	全国优秀QC小组	中国质量协会 中华全国总工会 共青团中央 中国科学技术协会
2001	柳州机保段三机车间成本控制QC小组	全国优秀QC小组	中国质量协会 中华全国总工会 共青团中央 中国科学技术协会
2001	河唇车务段八塘站工会小组	全国模范职工小家	中华全国总工会
2001	广西地方铁路有限公司钦州管理段防城港电力工区工会小组	全国模范职工小家	中华全国总工会
2001	贵港站运转丙班一调	青年文明号	共青团中央
2001	百色供电段百色变电所	青年文明号	共青团中央
2002	桂林站	全国创建文明行业工作先进单位	中央精神文明建设指导委员会
2002	湛江站	全国创建文明行业工作先进单位	中央精神文明建设指导委员会
2002	柳州铁路局	全国群众体育先进单位	国家体育总局
2002	南宁铁路检察院	全国模范检察院	最高人民检察院
2002	玉林电务段	文明单位	自治区党委 自治区人民政府
2002	南宁南车辆段	文明单位	自治区党委 自治区人民政府
2002	茂名站	文明单位	自治区党委 自治区人民政府
2002	桂林电务段	文明单位	自治区党委 自治区人民政府
2002	柳州路桥工程公司	文明单位	自治区党委 自治区人民政府
2002	玉林铁路医院	文明单位	自治区党委 自治区人民政府
2002	柳铁一中	文明单位	自治区党委 自治区人民政府
2002	柳州铁路公安局“三项教育”领导小组办公室	全国公安机关“三项教育”活动先进集体	公安部
2002	柳州工务段道岔班QC小组	全国优秀QC小组	中国质量协会 中华全国总工会 共青团中央 中国科学技术协会
2002	柳州车辆段电焊QC小组	全国优秀QC小组	中国质量协会 中华全国总工会 共青团中央 中国科学技术协会
2002	柳州电务段机车信号检修所柳州检修工区QC小组	全国优秀QC小组	中国质量协会 中华全国总工会 共青团中央 中国科学技术协会
2002	柳州工程总公司施工技术科QC小组	全国优秀QC小组	中国质量协会 中华全国总工会 共青团中央 中国科学技术协会
2002	柳州电务工程公司湛江通信项目部QC小组	全国优秀QC小组	中国质量协会 中华全国总工会 共青团中央 中国科学技术协会
2002	柳州电务工程公司黎湛线计轴闭塞项目部信号六班QC小组	全国优秀QC小组	中国质量协会 中华全国总工会 共青团中央 中国科学技术协会
2002	玉林工务段居仕工区	青年文明号	共青团中央
2003	桂林北站	先进优质车站	铁道部
2003	南宁电务段	优秀企业	自治区人民政府
2003	广西沿海铁路公司防城港运输段党委	先进基层党组织	自治区党委
2003	南宁客车车辆段	设备管理先进单位	铁道部

续表

授誉年份	集体名称	荣誉称号	授誉单位
2003	柳铁中心医院团委	全国"五四"红旗团委	共青团中央
2003	柳州铁路局双拥办	爱国拥军模范单位	民政部 中国人民解放军总政治部
2003	柳州铁路局武装部	铁路桥隧守护部队营房整治先进单位	铁道部 中国人民武装警察部队
2003	化州站公安派出所	2002年度全国人民满意公安基层单位	公安部
2003	柳州水电段柳州净水组、技术科综合QC小组	全国优秀QC小组	中国质量协会 中华全国总工会 共青团中央 中国科学技术协会
2003	柳州工务段铁龙QC小组	全国优秀QC小组	中国质量协会 中华全国总工会 共青团中央 中国科学技术协会
2003	南宁工务段沙三工区QC小组	全国优秀QC小组	中国质量协会 中华全国总工会 共青团中央 中国科学技术协会
2003	柳州电务段驼峰自动化工区QC小组	全国优秀QC小组	中国质量协会 中华全国总工会 共青团中央 中国科学技术协会
2003	南宁房建段工程队QC小组	全国优秀QC小组	中国质量协会 中华全国总工会 共青团中央 中国科学技术协会
2003	柳州机保段运用车间电器QC小组	全国优秀QC小组	中国质量协会 中华全国总工会 共青团中央 中国科学技术协会
2003	柳州电务工程公司湘桂北"二合一"信号项目部QC小组	全国优秀QC小组	中国质量协会 中华全国总工会 共青团中央 中国科学技术协会
2003	宜山车务段工会	全国模范职工之家	中华全国总工会
2003	局客运公司北京车队支工会	全国模范职工小家	中华全国总工会
2003	桂林工务段大溶江工区工会小组	全国模范职工小家	中华全国总工会
2003	广西地方铁路有限公司金城江管理段肯甫车站工会小组	全国模范职工小家	中华全国总工会
2003	贵港站运转丙班一调	青年文明号	共青团中央
2003	南宁铁路医院内二科青年护理组	青年文明号	共青团中央
2003	柳州铁路公安处桂林刑侦大队	全国创建文明行业工作先进单位	中央精神文明建设指导委员会
2004	玉林站	先进优质车站	铁道部
2004	南宁机务段	文明单位	自治区党委 自治区人民政府
2004	南宁工务段	文明单位	自治区党委 自治区人民政府
2004	柳州南站党委	先进基层党组织	自治区党委
2004	柳州机务段党委	先进基层党组织	自治区党委
2004	广西沿海铁路公司	全国安康杯竞赛优秀企业	中华全国总工会 国家安全生产监督管理总局
2004	河唇车务段	军交运输正规化建设先进单位	铁道部 中国人民解放军总后勤部
2004	湛江站	军交工作正规化建设20周年先进单位	广州军区
2004	桂林车务段	军交工作正规化建设20周年先进单位	广州军区
2004	南宁客运段	爱国拥军模范单位	自治区党委 自治区人民政府 广西军区
2004	玉林机务段技术科QC小组	全国优秀QC小组	中国质量协会 中华全国总工会 共青团中央 中国科学技术协会

续表

授誉年份	集体名称	荣誉称号	授誉单位
2004	局工务处桥隧病害整治QC小组	全国优秀QC小组	中国质量协会 中华全国总工会 共青团中央 中国科学技术协会
2004	柳州工务段铁龙QC小组	全国优秀QC小组	中国质量协会 中华全国总工会 共青团中央 中国科学技术协会
2004	南宁电务段综合领工区继电器QC小组	全国优秀QC小组	中国质量协会 中华全国总工会 共青团中央 中国科学技术协会
2004	南宁站软席候车室	全国巾帼文明岗	中华全国总工会
2004	柳州站软席候车室	全国巾帼文明岗	中华全国总工会
2004	宜山车务段工会	全国模范职工之家	中华全国总工会
2004	桂林工务段永福桥梁工区工会小组	全国模范职工小家	中华全国总工会
2004	柳州工务机械化段施工四队第一团支部	全国“五四”红旗团支部	共青团中央
2004	柳州机务段青年电气包修组	青年文明号	共青团中央
2005	桂林站	全国文明单位	中央精神文明建设指导委员会
2005	南宁站	全国文明单位	中央精神文明建设指导委员会
2005	5/6次旅客列车	全国文明单位	中央精神文明建设指导委员会
2005	柳州站	全国精神文明建设先进集体	中央精神文明建设指导委员会
2005	1379/1380次旅客列车	全国精神文明建设先进集体	中央精神文明建设指导委员会
2005	玉林车务段	先进优质车务段	铁道部
2005	百色车务段	全国民族团结先进集体	国家民委
2005	南宁铁路检察院	全国十佳检察院提名奖	最高人民检察院
2005	柳州机务段财务科	全国铁路会计工作先进集体	铁道部 全国铁路总工会
2005	柳州机务段技术科柴辅QC小组	全国优秀QC小组	中国质量协会 中华全国总工会 共青团中央 中国科学技术协会
2005	柳州车辆段设备车间QC小组	全国优秀QC小组	中国质量协会 中华全国总工会 共青团中央 中国科学技术协会
2005	湛江车辆段玉林红外线QC小组	全国优秀QC小组	中国质量协会 中华全国总工会 共青团中央 中国科学技术协会
2005	南宁电务段信号技术科QC小组	全国优秀QC小组	中国质量协会 中华全国总工会 共青团中央 中国科学技术协会
2005	茂名站运输组织QC小组	全国优秀QC小组	中国质量协会 中华全国总工会 共青团中央 中国科学技术协会
2005	柳州铁路建筑安装工程公司柳州第九项目部QC小组	全国优秀QC小组	中国质量协会 中华全国总工会 共青团中央 中国科学技术协会
2005	南宁南车辆段工会	全国模范职工之家	中华全国总工会
2005	柳州车辆厂空调车间支工会	全国模范职工小家	中华全国总工会
2005	柳州机务段桂林运用车间快车组	青年文明号	共青团中央
2005	南宁铁路检察院	全国检察机关信息工作先进单位	最高人民检察院

大事纪略

1991 年

1 月 1 日　1990 年 12 月 28 日在南宁挂牌成立的南防铁路公司正式接管南防(合资)铁路，负责其运营及配套建设。

2 月 9 日　铁道部授予南宁客运段 5/6 次旅客列车“红旗列车”称号。自治区党政主要领导在南宁站为列车挂匾。

4 月 13 日　自治区召开电话会议，动员全区各级政府与铁路部门密切配合，保证《铁路法》顺利实施。

4 月 22 日　柳州铁路局贯彻《铁路法》，成立保价运输管理委员会。5 月 1 日，对承运货物办理保价运输业务。

4 月 30 日　桂林—南宁 91/92 次旅客列车改用全空调新型客车，铁道部部长李森茂、自治区副主席袁正中在南宁站为换型后首趟客车剪彩。

同　日　15 时零 7 分，南宁—上海 180 次旅客列车运行到湘桂铁路平塘—良江区间，7 号车厢右侧厕所发生爆炸，造成旅客死亡 6 人、轻重伤 18 人，客车中破 1 辆事故。5 月 20 日，铁路局公安部门侦查确认，作案者系被炸成重伤的犯罪嫌疑人黄桂利。5 月 24 日，经检察机关批准，将其逮捕归案。

6 月 17 日　柳州铁路局治安综合治理委员会成立。

9 月 6 日　柳州铁路局实现建局以来第二个连续无行车责任重大、大事故 1000 天。

9 月 18 日　柳州铁路局获“全国职工教育先进单位”称号。

同　日　新建柳州机保段工程动工；1992 年 12 月 25 日，该段正式成立；1993 年 2 月 8 日，该段的机械保温车投入运营。

11 月 1 日　钦(州)北(海)铁路开工典礼在钦州市牛头湾举行；1995 年 5 月 12 日，在北海车站举行通车典礼；同年 7 月 1 日，正式办理客货运营业务。

1992 年

1 月 1 日　南防铁路开行 521/522 次旅客列车，结束北部湾不通旅客列车的历史。

2 月 27 日　黎湛铁路黎塘至贵港段增建二线工程首先在黄练至覃塘 32 公里处动工。1995 年 12 月 20 日开通。

4 月 23 日　南宁铁路分局召开安全生产 3000 天庆祝大会，铁道部部长李森茂到会祝贺、颁奖。

5 月 2 日　柳州铁路局有线电视台开播。这是经广电部批准的全国企业首家有线电视台。

5 月 3 日　柳州铁路局在全国环境保护先进企业表彰大会上被授予“全国环境保护先进单位”称号。

5 月 20 日—23 日　中越国境铁路联合委员会第二十一次会议在越南河内举行。柳州铁路局局长李蕴作为中方铁路代表团团长，率团出席会议。

7 月 15 日　国务院批准成立南宁铁路公司。公司由铁道部与自治区合资组建，所辖线路 7 月 18 日起货运实行特殊运价。由于公司未正式成立，特殊运价于 1998 年 4 月 1 日停止执行。

8 月 15 日　柳州铁路局根据自治区党委书记办公会精神，撤销铁路局地方铁路办公室，成立广西地方铁路公司，统一管理广西地方铁路的运输、经营业务，实行自主经营、独立核算。柳州、南宁铁路分局不再领导地方铁路的基层单位。

12 月 26 日　柳州铁路局电算所、局财务处开发的“铁路财务会计信息管理系统铁路局通用软件系列”获国家科委 1992 年度科技进步二等奖。

12 月 28 日　自治区党委书记赵富林到柳州铁路局视察。

12 月 30 日　柳州铁路局庆祝建局四十周年，自治区、铁道部领导到会祝贺。

1993年

1月6日 中共中央政治局常委、国务院副总理朱镕基到柳州铁路局视察并为铁路局建局四十周年题词。

2月18日 由广西地方集资修建的玉（林）梧（州）铁路动工，线路（含容县至岑溪段）全长226.021公里。1995年，因筹集资金困难，玉梧铁路停止施工。

3月31日 湘桂铁路冷水滩（永州）至南宁、黔桂铁路金城江至麻尾间各站全部使用电气集中设备。

8月10日 柳州铁路局召开劳动工资制度综合改革工作会议，对劳动用工、干部人事、工资、养老保险四项制度进行配套改革。10月，公布职工合同化管理、聘任干部、工人考工认级、职工个人缴纳基本养老保险四个暂行办法并组织实施。

8月16日 由地方集资修建的钦州至钦州港铁路动工，线路正线29.25公里、港区专用线3.4公里。1996年12月28日建成通车，1997年1月1日投入运营。

9月9日 钦北铁路北海火车站动工，总投资1.06亿元。1995年7月1日建成投入运营。

11月25日 柳州铁路局颁布实施《关于调动科技人员的积极性，加快铁路现代化建设的若干规定》。

12月8日—10日 中共柳州铁路局第八次代表大会在柳州召开，大会选举产生中共柳州铁路局第八届委员会委员23人；八届一次全委会选举产生常委7人，李代华任书记。

1994年

1月14日 南宁铁路分局实现安全生产10周年，居全路57个分局第二位。

1月16日 自治区党委书记赵富林、副书记丁廷模一行视察钦北铁路建设工程。

2月18日—22日 在广西的全国人大代表、政协委员一行6人到柳州铁路局视察。

2月20日 全路第一个非电化单线计轴闭塞试验区段在湘桂铁路灵川—桂林北间开通。

3月4日 自治区综治委铁路治安综合治理领导小组在柳州举行第一次会议，研究全区铁路民兵护路联防工作。

6月2日 柳州铁路局实现连续2000天无责任行车重大、大事故，创全局安全生产历史纪录，是当时全国12个铁路局中惟一实现行车安全2000天的铁路局。国务院副总理邹家华为其题词：“严格管理、安全运输”。

6月17日 柳州发生特大洪灾。12时，柳江水位89.6米(黄海高程)。柳州铁路地区有103个单位、4274间厂房、7869户职工住宅被淹。6月中旬，铁路局管内大部分地区遭到台风和暴雨侵袭，发生线路塌方126处，直接经济损失1.99亿元。

8月20日 黎湛铁路八塘车站实现安全生产10000天。

11月22日—24日 铁道部部长韩杼滨和自治区领导视察南昆铁路东段铺轨工地及湛江、南宁铁路地区。

12月3日—6日 全国政协副主席邓兆祥率领全国政协视察团视察南宁铁路地区。

1995年

3月21日 湘桂铁路冷水滩至桂林段计轴自动闭塞工程通过铁道部验收。开通后，可增开列车2.5对。

3月29日—30日 铁道部验收组对南昆铁路南宁至那厘段（全长107.375公里）进行初步验收，从4月1日起正式交柳州铁路局临管运营。8月1日，那（厘）百（色）段开通临管运营。

5月17日 黎湛铁路全线换铺60公斤/米无缝钢轨。

7月29日 柳州铁路局召开电话会议，宣布铁道部党组调整铁路局领导班子的决定，罗叙德任局党委书记，李代华调广铁(集团)公司工作。

8月12日 湘桂铁路柳州至冷水滩段光纤通信电缆贯通，沿线小站全部使用程控自动电话。

9月15日 南昆铁路电气化工程开工典礼在南昆铁路零公里处举行。

10月1日 柳州铁路局开始实行每周5天工作日。

10月20日 广西地方铁路有限公司在南宁挂牌成立。公司直属自治区人民政府领导，具体负责广西境内地方铁路和自治区政府投资的合资铁路的投资、规划、评估、咨询、建设和经营管理。

11月20日 湘桂铁路衡(阳)至柳(州)段数字通信工程开通。

12月28日 桂林铁路客运始发站动工。车站总投资2.41亿元，站房建筑面积4.79万平方米，1998年12月18日正式投入使用。

1996年

1月31日 铁道部副部长国林和越南交通运输部副部长斐文倡在越南河内正式签署《中华人民共和国铁道部和越南社会主义共和国交通运输部关于恢复国际铁路客货联运问题的会谈纪要》。柳州铁路局局长曾宗标和越南铁路第一区域联合企业总经理王庭庆签订《中华人民共和国铁道部和越南社会主义共和国交通运输部国境铁路第二十一次例会议定书》。2月12日，中断17年的中越铁路恢复开行中国北京—越南同登国际换乘旅客列车。14日，中越双方分别在中国凭祥火车站、越南同登火车站举行恢复中越国际联运通车庆典。中国外交部副部长唐家璇、铁道部副部长国林以及自治区、柳州铁路局领导出席通车庆典。8月9日，中国凭祥—越南同登口岸恢复办理国际铁路货物联运业务。

7月1日 柳州铁路局决定，日均发送旅客少于20人的黄土井等53个中间站、年均货物到发量小于5000吨的凉风桥等62个中间站，分别停办客货运输业务。

同　日 南宁客运段5/6次旅客列车车队党总支部被中组部授予“先进基层党组织”称号。

7月19日 19时，柳江柳州段水位涨至92.96米(黄海高程)，比历史上有记载的最高水位92米(1902年)高出0.96米。柳州铁路地区90%以上的单位及职工住宅被淹，通讯中断，水电停供。7月上、中旬，湘桂、焦柳、黔桂3条铁路干线沿线普降特大暴雨，造成塌方断道220多处。这次洪灾给铁路局造成经济损失10亿元。

8月6日 柳州铁路局抗洪抢险总结表彰大会在柳州举行。局党政工团对在抗洪抢险中因公殉职的柳州铁路分局工会干部钟越、柳州水电段工人王俊各追记大功一次；授予全力支持丈夫抗洪抢险的遇难职工家属覃玉珍“模范妻子”称号；表彰奖励抗洪抢险的8个特级英雄群体、22个英雄群体、39个先进集体、279名先进个人。1997年6月，钟越、王俊被自治区民政厅追认为烈士。

10月3日 中共中央政治局常委、国务院总理李鹏视察柳州时，接见柳州地区、柳州市和铁路局领导干部。

10月8日 经全国爱委会检查评定，桂林、柳州、南宁站和5/6、179/180、91/92次旅客列车被评为全国卫生站、车。

10月30日 中共中央总书记、国家主席、中央军委主席江泽民视察柳州时，接见柳州地区、柳州市和铁路局领导干部。翌日，江泽民到南昆铁路永乐一号隧道和百色站视察，在百色站题词：“建设南昆铁路，造福西南人民”。

11月6日 柳州铁路局首趟列车提速试验由92次旅客列车在柳州—桂林段进行并获得成功。列车平均运行速度提高12公里/小时，最高时速100公里。

11月29日 黎钦铁路公司在钦州市挂牌成立。公司由广西地方铁路有限公司控股，系黎钦铁路的建设单位和集投资、建设、运营、管理和债务偿还为一体的项目法人。

11月30日 中国职工思想政治工作研究会在柳州铁路分局召开企业思想政治工作经验交流会。中宣部秘书长、中国职工思想政治工作研究会副会长兼秘书长戴舟，自治区党委副书记杨基常，铁道部政治部副主任郭安智出席会议并讲话。

12月30日 柳州铁路局使用中的最后一台蒸汽机车在南宁机务段落火下线，成为全国铁路第二个实现牵引动力内燃化的铁路局。

1997年

3月18日 南昆铁路全线铺通庆祝大会在百色火车站举行，中共中央政治局常委、国务院总理李鹏，中共中央政治局委员、副总理邹家华出席大会。铁道部部长韩杼滨，副部长孙永福、蔡庆华，自治区党委书记赵富林、主席成克杰，贵州省省委书记刘方仁、省长吴亦侠，云南省省长和志强等参加庆祝活动。柳州铁路局局长曾宗标、党委书记罗叙德参加庆祝大会。

4月17日—18日 自治区企业文化建设现场经验交流会在柳州铁路局召开。

4月18日 黎(塘)钦(州)铁路全线动工，线路全长154.49公里，新建正线107.99公里。1998

年12月1日全线铺通；1999年4月28日投入临时运营。

6月12日 柳州铁路局在百色革命老区开展10万人爱路护路签名活动，自治区、铁路局和百色地委领导出席。

6月18日 钦北铁路公司在北海市挂牌成立。公司由广西地方铁路有限公司控股，负责钦北、钦港铁路的经营管理。

8月1日 新任自治区党委书记曹伯纯到柳州铁路局检查指导工作。

8月4日 柳州铁路局决定成立百色车务、工务、电务段，百色土地房屋管理所，百色铁路医院，百色防疫站，南宁南车务段，兴义工务段，撤销平果临管段。

8月29日 南昆铁路南宁至百色段电气化工程通过铁道部初验，翌日18时交付柳州铁路局临管运营，结束广西无电气化铁路的历史。

8月31日 柳州铁路局实现连续4个劳动安全周期，创建局44年来劳动安全最好成绩，首次获得铁道部颁发的劳动安全奖杯。

11月1日 铁道部在柳州召开铁路局运输管理体制改革大会，宣布撤销柳州铁路分局和南宁铁路分局，实行铁路局直接领导基层站段的新体制。同时，将隶属中国铁路机车车辆工业总公司的柳州机车车辆厂划归柳州铁路局领导。根据铁道部党组的决定，铁路局组成新的领导班子，罗叙德任局长、局党委书记。

12月2日 南昆铁路全线开通运营庆祝大会在贵州省兴义火车站举行。国务院副总理邹家华出席庆祝大会并讲话。铁道部部长韩杼滨，贵州、云南、广西省（区）政府领导出席庆祝活动。11月30日，南昆铁路全线开通，南宁—威舍段交付柳州铁路局临管运营。

12月21日 自治区党委书记曹伯纯、主席成克杰视察黎钦铁路建设工地。

1998年

1月24日 柳州铁路局根据铁道部决定，停运管内5趟客车，抽调"三乘"人员赶赴广州，参加疏运由于受低温天气影响，滞留的10多万名旅客。

2月15日 中共中央纪律检查委员会常务副书记、铁道部部长韩杼滨，视察桂林新客站、桂林机务段等单位，检查春运工作。

3月30日 柳州铁路局党内统计软件由中组部在全国推广使用。

4月7日 自治区主席李兆焯到铁路局检查工作，并为379/380次旅客列车乘务组题词。

4月30日 湘桂铁路黎塘至南宁段扩能应急工程动工，总投资2亿元。同年12月25日投入运营。年输送能力从810万吨提高到1300万吨。

5月13日—14日 中共柳州铁路局第九次代表大会在柳州召开，选举产生中共柳州铁路局第九届委员会委员。15日召开第一次全委会，选举产生新一届局党委常委、书记、副书记，罗叙德任书记。同日，召开中共柳州铁路局第九届纪律检查委员会第一次全体会议，选举产生局纪委书记、副书记，梁玉华任书记。

5月31日 广州军区政委史玉孝上将视察驻局军代处。

6月22日 13时25分，由于受暴雨袭击，湘桂铁路亲睦村至矮岭间K426+600~800处右侧路堑塌方3100立方米，将南宁—西安316次旅客列车机车及机后第一位行李车掩埋，行车中断。经过500多名干部工人和解放军官兵的连续奋战，线路于23日15时15分恢复通车，中断行车25小时50分钟。

7月1日 柳州铁路局在柳州至桂林间试行客票选乘制。2000年8月11日，选乘范围扩大至桂林—柳州—南宁。

8月5日 柳州铁路局和驻局军代处投入全国抗洪救灾工作，一个多月组织军列74列，输送部队约6万人，输送紧急物资7批。全局职工为灾区捐款400多万元，捐衣、被5000多件。

8月20日 南宁北湖路客技站开通使用。

9月1日 柳州铁路局退休（职）人员的养老保险工作移交地方政府统筹，实行自治区级管理。

9月21日—25日 由全国、自治区35名人大代表、政协委员组成的广西壮族自治区行风评议团，对铁路局的车站、列车进行行风评议。

10月1日 柳州铁路局实行新列车运行图，开行旅客列车45对，其中新增5对。开行柳州—北京西158/157次特快列车，使用25G型空调车辆。

11月7日 全国政协副主席周铁农率领由7名常委、53名委员组成的全国政协考察团，对南昆铁路进行为期4天的视察。

12月4日 柳州铁路局局长罗叙德在全路资产经营责任制研讨会上作中心发言。翌日，《人民铁道》在头版发表长篇通讯，介绍柳州铁路局试行资产经营责任制经验，并配发评论员文章。

12月25日 南昆铁路通过国家正式验收。

12月31日 柳州铁路局在湘桂铁路柳州至南宁段进行通过能力试验，上、下行开大列超长列车。柳州至黎塘段、黎塘至南宁段通过能力分别由3500吨和2800吨提高到4000吨。

1999年

1月5日 柳州铁路局首列由湛江开往丰台的8790次鲜活果菜快运直达班列开行，标志着国家级铁路鲜活商品"绿色通道"正式开通。

1月14日 柳州铁路局车务部门实现无责任行车重大、大事故15周年，居全国车务部门前列。

1月18日 柳州铁路局客票管理中心及湘桂、黔桂、黎湛铁路12个车站、101个售票窗口的电子计算机联网售票系统正式投入运行。

4月14日 铁道部部长傅志寰视察黔桂、南昆铁路。

5月7日—8日 由柳州铁路局协办、中央综治委铁路护路联防工作小组召开的全国铁路治安重点整治工作经验交流会在桂林举行。全国24个省、市、自治区和军区、铁路系统的领导到会。

6月8日 柳州铁路局调度室迁入新调度大楼。原柳州、南宁铁路分局调度所先后撤销，铁路运输由铁路局总调度室实行集中统一调度指挥。

8月18日 黎湛铁路黎塘至河唇段增建第二线工程全线开通。

9月16日 5/6次、379/380次旅客列车被中央文明委命名为"全国创建文明行业工作先进单位"。

9月16日—21日 中越国境铁路第二十三次会议在桂林举行。柳州铁路局局长罗叙德作为中方代表团团长率团参加会议。双方就运输组织、旅客运送、货物交换等方面签署会议《议定书》。

10月16日 广西地方铁路有限公司获准面向全国发行三年期1.5亿元企业债券，所筹资金用于黎钦铁路建设。

10月28日 铁道部党组调整柳州铁路局领导班子，邵力平任局党委书记；罗叙德任局党委副书记，免去其党委书记职务。

11月8日 柳州铁路局客运公司成立。

12月7日 铁道部政治部在百色举行南昆铁路纪念碑落成暨全国铁路爱国主义教育基地启用仪式。铁道部政治部主任王宪魁、自治区党委副书记杨基常在仪式上讲话。柳州、昆明铁路局和百色铁路地区的主要领导参加仪式。

12月30日 湘桂铁路黎塘至南宁段增建二线工程在南宁动工。2003年1月8日，柳州铁路局在南宁车站举行工程全线通车典礼，铁道部副部长蔡庆华、自治区党委副书记、自治区人民政府副主席王万宾为通车剪彩。

2000年

5月13日 中国柳州铁路局与越南铁路第一区域运输联合企业就中越国际旅游合作意向进行会谈，双方达成共识，开辟中国桂林—越南下龙湾国际旅游"绿色通道"。

5月21日—22日 铁道部部长傅志寰率部机关部分司局领导到柳州铁路局调研，听取"三讲"教育情况汇报，召开多元经营与运输主业分离分立座谈会，对铁路局工作给予肯定。

7月3日 由自治区组织，柳州铁路局客运部门担当乘务工作的广西旅游铁路"大篷车"从南宁站始发，途经湖南、湖北、河南、陕西、甘肃、新疆7个省区，历时21天，行程1.25万公里，进行33场宣传促销活动，达成意向送团协议304个，签订正式合同10个。

9月13日 越南交通运输部副部长兼越南铁路联合企业总经理陶庭平率领越南铁路代表团访问柳州铁路局。

9月16日—18日 由国家建设部常务副部长叶如棠、科技部副部长程津培等国家科技进步奖评委组成的专家评审组，对南昆铁路柳州铁路局管内的线路、桥梁、隧道等设施进行考察评审。

10月21日 柳州铁路局在全国铁路第三次提速调图中，提速线路1380公里，占全局线路的48.8%；新图平均允许速度由1998年的81.75公里/小时提到 90.65 公里/小时;全局旅客列车总运行时间缩短 42 小时，平均旅行速度提高 4.6 公里/小时；货物列车的旅行速度提高 0.9 公里/小时。

11 月 16 日 4 时 55 分,K143 次旅客列车行至黔桂铁路南丹—关上间 K263+276 处，线路右股钢轨下发生爆炸,造成旅客列车脱轨、中断行车 8 小时 32 分的行车重大事故。2001 年 5 月 16 日,“11·16”特大恶性爆炸铁路案件告破,莫家贤等 6 名犯罪嫌疑人先后落入法网。5 月 23 日,自治区党委副书记、政法委书记陆兵致贺电,向参加侦破案件的铁路公安干警表示祝贺和慰问。

11 月 28 日 柳州铁路局最大的工民用变电站——柳州 11 万伏变电站工程通过初步验收。工程造价 4500 万元,开通使用后,供电能力由原来的 2 万千伏安增加到 4 万千伏安。

11 月 30 日 柳州铁路局 2300 多公里运营线货物列车全部使用“列车尾部安全防护装置”,取消守车。

12 月 6 日—10 日 中越国境铁路第二十四次会议在越南河内举行。柳州铁路局局长罗叙德作为中方代表团团长率团参加会议，并代表中方在《议定书》上签字。

2001 年

2 月 28 日 铁通公司广西分公司成立,原电务部门的通信业务从柳州铁路局分离。

3 月 8 日 柳州铁路局决定新建南昆铁路江西村至威舍间的 16 个缓开车站。年内建成 9 个站,2002 年全部建成，南昆铁路列车通过能力由 30 对提高到 43.5 对。

3 月 9 日 自治区综治委在南宁召开整顿铁路治安暨护路联防表彰大会,奖励 1998—2000 年的 45 个先进集体和 165 名先进个人。柳州铁路局有 21 个集体和 57 名个人受表彰。

4 月 1 日 柳州至湛江、茂名间实行机车长交路,同时调整柳州至黎塘,黎塘至湛江、茂名间的列车运行图。

6 月 21 日 柳州铁路局在国务院、中纪委召开的全国民主评议行风经验交流会上介绍经验。

7 月 1 日 南宁机务段党委、柳州机保段党委被评为全国先进基层党组织，在中共中央召开的“庆祝中国共产党成立八十周年”大会上受表彰。

7 月 2 日—8 日 柳州铁路局管内遭受罕见的台风和洪水灾害，路堑坍塌 9 处、路堤坍塌 7 处、路基下沉 5 处、大滑坡 1 处、水漫道床 14 处。湘桂、黎湛、南昆铁路行车中断,南宁、贵港、宁明、崇左等铁路地区停水停电,旅客滞留,职工住宅被淹,运输生产受到严重影响。8 日—12 日,铁路局出资 78 万元,在南宁、柳州、黎塘等地租用大巴等交通工具 528 辆(次)接运旅客 2 万人。受到社会舆论和铁道部称赞。

7 月 17 日 经中越铁路双方协商,北京西—河内国际联运旅客列车在南宁—河内间提速。南宁—河内压缩旅行时间 5 个多小时，河内—南宁压缩 3 个多小时。

8 月 24 日—25 日 柳州铁路局治安综合治理办公室被评为 1997—2000 年全国社会治安综合治理先进单位，周和平被评为全国社会治安综合治理先进工作者。

10 月 9 日 共青团中央第一书记周强、书记处书记黄丹华等到柳州铁路局检查共青团工作。

12 月 4 日 在广西的全国人大代表、自治区人大代表 31 人到柳州铁路局视察。

12 月 14 日 由柳州铁路局物资工业处、浙江三维橡胶制品有限公司、台商合资组建的广西宾阳成跃铁路轨枕有限公司，通过铁道部和铁路局的产品技术鉴定正式投入生产，填补广西和铁路局钢筋混凝土轨枕生产的空白。

同 日 柳州铁路工程集团有限责任公司成立。公司下设 9 个分公司、5 个子公司。

2002 年

2 月 6 日 南宁铁路运输检察院被最高人民检察院授予“全国模范检察院”称号。

2 月 14 日至 3 月 2 日 柳州铁路局增开兴义—广州的民工专列 16 列。春运期间运送黔西南民工 16.3 万人。

4 月 1 日 柳州—玉林—南宁间货物列车实行大三角长交路，牵引定数由 2800 吨增至 3500 吨。

4 月 26 日 柳州铁路局在桂林举行中国桂林—越南下龙湾“友谊号”国际旅游专列首发式。

年内开行旅游专列31对。

4月30日 18时，根据铁道部批复，湘桂铁路分界点调整为K147+600处，滩头湾车站（含工务、电务）人员、设备移交广铁（集团）公司。

5月31日 柳州铁路局3万多名青年职工实现连续无责任行车特大、重大、大事故20周年，居全路青工安全生产首位。

6月15日—18日 以宋德全为团长的越南铁路联协观摩团访问柳州铁路局，参观南宁站、南宁机务段。

6月18日 广西沿海铁路公司在南宁市挂牌成立，公司由铁道部、自治区政府和地方企业出资组建，经营管理南防、钦北、黎钦、钦港铁路。

7月16日 广州军区司令员刘镇武中将视察驻局军代处。

8月21日 铁道部在贵阳召开黔桂铁路扩能改造可行性审查会，确定黔桂铁路2003年开始扩能改造，工期3年。改造后的黔桂铁路为国家Ⅰ级电气化干线，牵引定数3500吨，线路允许速度120公里/小时。

12月31日 柳州铁路局党委、铁路局在柳州集会庆祝建局五十周年。铁道部党组副书记、副部长孙永福，自治区党委副书记、自治区人民政府副主席王万宾，广西军区副司令员崔晓军等应邀出席大会。最高人民检察院检察长（铁路局原局长）韩杼滨发来贺电并题词："再创柳局辉煌"。铁道部原部长刘建章题词："安全生产，优质服务"。

2003年

3月28日 运输调度指挥管理信息系统-KMIS系统在湘桂铁路桂林北至蓝家村间26个车站投入使用。

4月10日 柳州铁路局召开电话会议，宣布铁道部党组调整铁路局领导班子的决定：任命邵力平为局长，免去罗叙德局长、局党委副书记、党委常委、委员职务。

5月10日 柳州铁路局实现安全生产无特大、重大事故1000天，取得自1994年6月以来安全生产最好成绩。

6月1日 焦柳铁路货物列车牵引定数由3000吨增至3500吨。

7月25日 柳州铁路局党委、铁路局召开全局电话会议，宣布铁道部党组调整铁路局领导班子的决定：姚保国任局党委书记、常委、委员；邵力平任局党委副书记，免去其局党委书记职务。

9月26日 柳州铁路局建局以来最大的职工住宅区——桂林北职工住宅新区动工兴建（总面积8.34万平方米）。

10月15日—19日 柳州铁路局在湘桂、黎湛、焦柳铁路进行客车提速试验并获得成功。

10月28日—29日 南昆铁路进行第三次提速试验，列车运行速度达到100公里/小时。

11月16日 柳州铁路局在南宁—桂林（北）、南宁—玉林间开行K901/902、903/904次和K898/900次城际快速列车。

11月19日 柳州铁路局将柳州铁路工程集团有限责任公司、柳州铁路勘测设计研究院移交中国铁道建筑总公司。

12月5日 中国铁路代表团团长、柳州铁路局局长邵力平与越南铁路代表团团长武春洪在柳州签订中越国境铁路第二十七次会议《议定书》。

12月7日 柳州铁路局党委常委、副局长黄世全在凌晨完成事故救援任务返回途中，因交通事故不幸因公殉职，终年56岁。

12月16日 柳州铁路局将柳州机保段移交中国铁道特种货物运输有限责任公司。

2004年

1月1日 柳州铁路局、局党委决定撤销铁路局客运公司，成立客运处及柳州、南宁客运段。

1月9日 柳州铁路局党委、铁路局下发《关于批转〈公安局党委关于向杨顺德同志学习的决定〉的通知》。2月19日，局党委授予柳州铁路公安处治安大队民警杨顺德"模范共产党员"称号。

同　日 柳州铁路局被评为"全国拥军模范单位"，在全国"双拥"工作会议上受表彰。

6月1日 湘桂铁路黎塘至南宁段72个小半径曲线一期改造工程开工，6月29日完工。

7月1日 柳州铁路局首次配属时速200公里的25K新型客车42辆，用于4月29日开行的桂林—深圳L108/105/106/107次旅客列车。

8月19日 柳州铁路局所属36所中、小学校（其中广西境内33所、广东境内2所、贵州境内1所），2441名教职工和1476名退休教师移交所在地政府管理。

9月2日 铁道部与广西壮族自治区在南宁签署《加快广西铁路建设会谈纪要》。

9月23日—24日 中共柳州铁路局第十次代表大会召开。大会选举产生由23名委员组成的新一届中共柳州铁路局委员会和由9名委员组成的纪律检查委员会。24日，召开中共柳州铁路局第十届一次全委会，选举产生常委会。常委会由7人组成，姚保国任书记。同日，召开中共柳州铁路局纪律检查委员会十届一次会议，选举张柳胜任书记。

9月29日 湘桂铁路桂林至柳州区段的24个小半径曲线；10月24日，黎塘至南宁区段的32个小半径曲线改造工程全部完工。列车运行速度由110公里/小时提高到120公里/小时。

10月11日 由$SS_7$0109号机车单机牵引总重4536吨的货物列车，从兴义站安全正点抵达百色站，南昆铁路增吨试验再一次取得成功。

11月9日 柳州铁路局在南宁召开第九次见义勇为表彰大会，22名先进个人受表彰奖励。

11月11日 零时起，柳州铁路局调整滩头湾至南宁段和黎湛、河茂、南昆铁路等列车运行图。管内有6个区段增开货物列车，部分旅客列车再次提速。

12月7日—10日 以柳州铁路局局长邵力平为团长的中国铁路代表团与以越南铁路局局长武春洪为团长的越南铁路代表团，在越南河内举行中越铁路第二十八次会议。

12月15日 洛湛铁路广西段开工动员大会在广西贺州市钟山县望高镇望高村举行，自治区党委书记曹伯纯、主席陆兵，区党委副书记、副主席郭声琨，铁道部副部长王兆成等出席动员大会。

12月16日 黔桂铁路，南昆铁路、广西沿海铁路扩能改造工程开工动员大会分别在柳州市郊福塘乡、南宁市郊沙井村举行。

12月30日 柳州铁路局实现安全生产1600天。

2005年

1月25日 桂林—南宁N801/802、N803/804次城际列车再次提速，运行时间压缩到4小时30分，比原来缩短30分钟。

1月29日 自治区主席陆兵一行到铁路局慰问，发给铁路局“突出贡献奖”100万元。

1月 广西沿海铁路公司被中华全国总工会、国家安全生产监督管理总局授予“全国安康杯竞赛优秀企业”称号。

3月6日 零时起，柳州铁路局调整管内列车运行图，有18趟旅客列车提速，分别压点10分钟—60分钟。

3月17日 南昆铁路45224次货物列车发生脱轨重大事故，中断铁路局1676天安全天数。

4月14日 局长邵力平兼任局党委书记，局党委书记姚保国调成都铁路局工作。

7月5日—8日 柳州铁路局有20个科研新技术项目、新产品在北京第七届中国国际现代化铁路装备展览会上展出。

7月6日 柳州铁路局与共青团广西区委、少工委在来宾市实验中学举行“广西青少年铁路平安行动”启动仪式。

10月7日 铁道部党组决定：任命于孔峰为柳州铁路局党委委员、常委、书记；任命邵力平为局党委副书记，免去其局党委书记职务。

10月26日 中央文明委在北京人民大会堂举行全国精神文明建设工作表彰大会，南宁站、南宁客运段T5/6次旅客列车获“全国文明单位”称号，桂林站、柳州站、南宁客运段1379/1380次旅客列车获“全国精神文明建设工作先进单位”称号。

11月14日—16日 由新华社、《人民日报》《经济日报》、中央人民广播电台、广西电视台等9家新闻媒体组成的采访团，采访黔桂铁路扩能改造8个重点工程标段。

12月2日 柳州铁路局电务部门实现连续无责任行车重大、大事故9000天，无职工因工死亡事故6414天。

附　录

自治区人民政府关于成立广西地方铁路开发有限责任公司的通知

桂政发〔1995〕4号

各地区行署，各市、县、自治县人民政府，柳铁，区直各委、办、厅、局：

为了适应组建南宁铁路公司的需要，加快广西铁路和大西南出海通道的建设，经研究，决定成立广西地方铁路开发有限责任公司。现将有关事项通知如下：

一、广西地方铁路开发有限责任公司直属广西壮族自治区人民政府领导，是代表广西壮族自治区铁路投资产权的国有独资公司，具体负责广西境内地方和有广西壮族自治区人民政府投资的合资铁路的投资、规划、评估、咨询、建设和经营管理，并具有指导、监督和考核职能。公司的资产范围为：广西地铁公司的资产，以及广西壮族自治区人民政府在各条铁路的投资。公司以加快铁路建设，促进经济发展为首要任务，以取得良好的经济效益和社会效益为目的，建立起适应社会主义市场经济客观需要的新型管理体制。公司实行自主经营、独立核算、自负盈亏、自我发展、自我约束、依法纳税，是具有独立法人资格的经济实体。

二、广西地方铁路开发有限责任公司设立董事会，董事会成员由自治区人民政府直接委派。董事长由自治区人民政府在董事成员中指定。董事长为公司法定代表人。公司设总经理一人，副总经理若干人。总经理由董事会聘任。根据工作需要，董事长可兼任总经理。根据经营需要，公司可以自行决定公司内部经营管理机构的设置。

三、广西地方铁路开发有限责任公司主要经营广西地方(合资)铁路及其附属设施的投资、建设和经营管理，从事交通运输业和仓储业。公司可实行一业为主多种经营。

四、广西地方铁路开发有限责任公司成立后，有关注册登记手续和开办工作，由该公司按有关规定办理。

注：公司成立时定名为广西地方铁路有限责任公司。

铁道部关于改革柳州铁路局管理体制的决定

铁劳〔1997〕99号

柳州铁路局：

为认真贯彻党的十五大会议精神，加快铁路运输管理体制改革，推进两个根本性转变，减少管理层次，提高效率效益，决定自1997年11月1日起，撤销柳州铁路局柳州分局和南宁分局，实行由铁路局直接领导基层站段的新体制。现将有关事项通知如下：

一、原分局行政和党群工作职能，改由铁路局统一管理。

二、在南宁设立办事处，作为铁路局派出机构。主要负责南宁铁路地区与地方政府联系、路内联劳协作。可组织力量检查运输安全、加强堵漏保收、开展多种经营，并协助铁路局做好人员安置工作。在过渡时期，人员编制可适当多些，以后逐年减少。

三、要积极创造条件，尽快将原分局调度所集中到铁路局。在未全部集中之前，铁路局调度和原分局调度所必须坚守岗位，切实履行职责，保证运输统一指挥。

四、调整机构的具体工作，由你局制订方案负责实施。局机关机构编制要贯彻改革精神，坚持精干、高效原则，按照部定限额制订方案报部批准后执行。调整后，要积极推进机关内部各项改革，转换机制，闯出新路，积累经验。

希你局切实加强领导，精心组织，严格纪律，统一行动。要认真做好思想政治工作，多渠道妥善安置分流人员，切实加强对基层站段的领导和管理，确保队伍稳定，确保运输安全，确保南昆线按期开通运营。全局干部和职工都要讲政治、顾大局，团结奋斗，开拓创新，为推进铁路改革和发展做出新贡献。

铁道部关于改变柳州机车车辆厂隶属关系的决定

铁劳〔1997〕106号

柳州铁路局、中国铁路机车车辆工业总公司：

为贯彻落实党的十五大会议精神，加快推进铁路改革，调整铁路结构，优化资源配置，经研究决定，自1997年11月1日起，将中国铁路机车车辆工业总公司所属柳州机车车辆厂划归柳州铁路局领导。具体交接事宜，由总公司与铁路局在部协调下协商办理。

柳州铁路局关于生产布局调整工作的若干规定

柳铁企〔1997〕19号

为规范我局生产布局调整中人员分流、资产交接、财务及债权债务清查等工作，防止国有资产流失，确保生产布局调整工作顺利推进，特制定本规定。

一、组织机构

铁路局成立生产布局调整领导小组，局长任组长，局党委书记、总经济师任副组长，成员由局建制办，企管办，干部、计统、财务、劳资、审计、监察处，南昆接管运营筹备组，物资工业处，党委组织部，工会组织部及相关部门组成，并视具体情况设立调整工作小组。

1.领导小组的职责：

(1)研究确定生产布局调整总体方案的分步实施；

(2)作出生产布局调整决定；

(3)确定人、财、物、设备调配的原则；

(4)根据需要指定牵头部门，组织调整工作小组开展工作。

2.调整工作小组职责：

(1)协调、解决在合并过程中出现的各类问题；

(2)拟定交接工作程序，对物资、设备的调拨和人员分流提出处理意见和建议；

(3)组织监督交接工作的执行。

二、人员分流

1. 生产布局调整时，人员需跨分局主管处分流安置的，由局劳资处、干部处会同有关部门负责制订人员分流安置方案。具体调配工作由各分局主管处劳资和干部部门分别办理，局劳资、干部处负责指导、协调。不涉及分局主管处分流的，由分局主管处自行调整安置。

2.生产布局调整后，人员分流原则上由被撤并单位按成建制调动。非成建制人员分流调动时，各种人员的调动由调整工作小组根据调整需要确定，从路局公布单位调整之日起，被撤并单位不得再办理职工调动。

3.被撤并单位人员分流去向：主渠道为南昆线，调配政策按《关于印发柳州铁路局向南昆线输送人员办法的通知》(柳铁劳〔1996〕109号)的规定办理；还可输送到劳动力急需的单位。

4. 被撤并单位人员调动时尽量不要造成新的两地分居，按以下原则掌握：

(1)向南昆线输送人员，夫妻双方都是局管内单位职工的，可一同调动；

(2) 职工配偶在被撤并单位地区以外地方单位的，职工可协商调动，目前暂不解决分居问题。

(3)夫妻一方在同地区地方单位的，暂不调动；

(4)职工配偶有一方无正式工作的，可以调动；

(5)已明确成建制调动的，除按规定不能调动的人员外，其余人员必须服从调动；

(6)符合局内退休条件和申请停薪留职的干部、职工，允许在合并后的单位或接收单位办理局内退休和停薪留职；

(7)长病、长学人员不予调动。

5.在生产布局调整过程中，除成建制调动外，其他分流输送干部的年龄一般掌握在50岁以下，各类专业、行管、党群干部的比例，原则上应与原单位撤并前的比例基本一致(除成建制移交外)。待分流的干部应维持原职务、级别，严禁突击提职、提级。属内聘干部，合并后的单位或接收单位可按内聘干部或工人安排。

6.因大批干部调动，合并后的单位或接收单位一时难以安置时，可协商分批实施。原则上成建制移交的干部、未婚干部、本单位双职工，可先期调动。暂时留守的干部，由合并后的单位派员进行管理，被合并单位协助做好工作。调整布局分流后的富余干部，原则上应在合并后的单位消化安排。对富余人员联系调出局外的，可免收人才交流、培训费，并为其调动提供方便。

7.合并后的单位管理跨度及承担工作量不变，主要生产组劳动生产率不低于全路平均水平的，工效挂钩工资总额不减；低于全路平均水平的，当年工效挂钩工资总额也不减，第二年再根据全路平均水平核定。

8. 合并后的单位按上级主管部门核定的机构定员组织生产，核减的定员指标由上级主管部门收回。

三、资产处理

1.在生产布局调整决定宣布后，由局调整工作小组组织，被合并单位负责组成资产清查小组对本单位实行资产清查，对房屋、设施、机械动力设备、非标准设备、各种配件、备件、原材料、低值易耗品和其他公用财产等分类列出清单，写清原值、数量、状态、使用年限。对账物不符的，要查明原因；占为私有的，要追究当事人的责任。被合并单位资产由局调整工作小组统一指挥调配。

2.资产处理需跨分局主管处调配的，由局调整工作小组协调，局设备办公室负责办理；不跨分局主管处调配的，由主管业务处提出调配意见后，再由分局主管处按分级管理的原则办理。

3.各类设备及物资的调配，要保证合并后的单位正常生产、生活。富余的设备原则上往南昆线调配。被合并单位的上级主管业务处应在充分论证合并后单位所需设备的基础上，兼顾有关单位需要，列出调配方案和清单，按设备管理分级负责制由局设备办公室负责办理调配。调配南昆线的设备，均按有偿调拨，有台账的，按台账的净值(固资重估后的净值)计算，无台账的，按资产清查时估价净值计算。其他多余的设备由分局主管处征求主管业务处意见后，按设备管理有关规定进行调剂。对已无使用价值的设备，由合并后的单位按有关规定办理报废。

4.低值易耗品、家电设备(如电视机、摄像机)等，列出清单后，比照上述原则办理。

5. 被合并单位的微机，合并后的单位需要继续使用的，由主管业务处提出分配方案，列出清单，经局调整工作小组确定后根据实际需要调配，多余微机由路局收回后另行分配使用。

6.撤并单位的房屋、场地、设施等，除局有指定用途外，由分局主管处负责积极组织开发利用，并报局核备。

四、财务交接

1. 被合并单位双方均为同一个分局主管处所属范围内的单位，由分局主管处派人代表主管单位参加合并单位的会计交接工作。

2. 被合并单位双方分属两个分局主管处的单位，由铁路局派员参加合并单位的会计交接工作。

3. 被撤并单位必须留有必要的会计人员办理清理工作，编制决算，未移交前，不得离职。

4.被撤并单位的会计人员办理移交手续前，应编制移交清册，列明应移交的各项资料、报表和现金、物品等；填制完毕已经受理的经济业务但尚未填制的会计凭证、尚未登记的账目，应登记完毕，并在最后一笔余额后加盖印章，对未了事项应写出书面材料。

5. 财务报告期被撤并的单位应以报告期的财务决算为移交决算，未到财务报告期就被合并的单位应编制移交决算。

6.移交人员要按照移交清册和移交决算逐项移交，接管人员要逐项核对点收，并注意库存现金、有价证券必须与账簿余额一致；会计凭证、账簿、报表和其他会议资料无遗漏；银行存款账户余额与银行对账单核对相符；各种财产物资和债权债务的明细账户余额，要与总账有关账户的余额相符。

7. 被撤并单位的会计档案应单独编制移交清册移交给并入单位，无并入单位的交上一级主管部门。财务负责人还应将全部财务会计工作、重大财务收支遗留问题写成书面材料交并入单位。

8.交接完毕后，交接双方和监交人要在移交清册上签名或盖章，并应在移交清册上注明：单位名称、交接日期、交接双方和监交人的职务、姓名、移交清册页数以及需要说明的问题和意见等，移交清册和移交决算应填制一式四份，交接双方各执一份，上级主管部门一份，存档一份。

9.合并后的单位，原两单位形成的全部债权债务均由合并后的单位承担；撤销的单位，其债权债务由其上级主管部门承担。

10.对撤并单位的行政第一管理者及法人代表应进行离任经济责任审计，明确经济责任，办理离任交接手续。

五、建设项目交接

被撤并单位的在建项目，由建设单位提出续建或停建意见，报局调整工作小组审定，已决定停、缓建项目的建筑材料及设备应予冻结。

六、档案交接

1.被撤并单位的档案交接，必须执行铁道部的规定，全部(含文书、科技、声像、荣誉)档案按标准整理，编制移交目录(目录输进计算机)，档案与软盘一起向局档案馆移交。撤销单位的档案人员在档案未按规定交接清楚(以局档案馆签字为据)时，不得离职。

2.单位合并的档案交接，由合并后的单位派出档案人员与被合并单位的档案人员共同做好交接工作。被合并单位的档案如未达到局规定的标准，交接前必须组织人力进行整理，编制移交目录方可办理交接手续。档案移交过程中发生的有关问题，由合并后的单位领导具体协调解决。

七、调整纪律

1.在生产布局调整过程中，有关单位应严格遵守本规定及局有关文件精神。对不执行本规定的单位领导，要追究责任、严肃处理。

2.严肃组织纪律，对无故不服从组织安排的干部、职工，在教育无效的情况下，给予党纪政纪处分；对在合并过程中发生突击提职、提级等严重违纪行为的单位和领导干部，要追究责任。

3.为防止国有资产流失，账外资产必须如实清点。凡属公共财产，不论何种渠道购置、有无台账，均应先冻结，后清查，再调配。合并后的单位应在资产清查完毕，调整工作小组提出调配意见之后，才能接收资产。在资产未划交前，被撤并单位应指定专人进行看守和养护，造成资产流失的，要追究单位领导责任。

4.合并单位私设小金库又隐瞒不报的经查出，要严肃处理有关领导及当事人。在单位撤并过程中，不准突击发放奖金、劳务费。

本规定自发布之日起执行，前发有关规定与本规定不符的，以本规定为准。

柳州铁路局深化铁路运输改革建立市场营销机制若干意见

柳铁劳〔1997〕53 号

为进一步引导全局干部职工树立市场竞争观念，强化市场营销意识，加快铁路运输企业走向市场，开拓市场，促进产销衔接，提高经济运行质量和效益，现就加强全局客货运输市场营销工作提出如下意见。

一、制定适应市场、符合局情的客货营销战略

1.根据我局在全路路网的位置，以及经济吸引区内的发展状况，全局客货营销战略是：巩固、扩大中长途客运市场，保持适度的短途客运市场，开拓旅游、边贸客运市场，逐步扩大行包市场。保持大宗及季节性货物运量持续增长，积极组织零星货物上线，大力提高集装箱、空车方向和高、远、重货物的市场份额，拓展多种形式的联运市场，扩大快运和保价运输市场。建立以市场为导向，以效益为目标的市场营销机制，组建责权明确、整体协调的市场营销机构，形成信息灵敏、反应快速、保障有力的运输组织体系。

2. 客货营销是铁路运输企业经营活动的重要组成部分，是企业增强产品竞争力的重要手段和方式。它能够有效地使企业适应市场、开拓市场，并以市场为导向调整结构，衔接产销，提高经济运行的质量和效益。因此，各级领导要改变观念，瞄准市场，把市场营销工作摆在本部门、本单位工作的重要位置，认真分析和研究市场，提高营销决策水平，不等不靠，在权限和职责范围内，主动制定产品设计、市场促销、组织保障、约束激励等方面的措施。

二、推进促销方式改革，强化客运营销工作

3.坚持“有流开车、无流停运、超流加开、少流减编”的原则，按照效益和服务并重的方针，根据客货运输市场的需求，合理组织、灵活调整管内开车比例和结构。局属双优列车中管内和中长途列车在技术条件允许时，可适当编挂一定比例的普通客车。同一方向开行的双优列车和普通列车的比例应适当。

4.大力开发旅游和边贸客运市场。充分利用我局区位和地缘优势，抓住团体流，盯住学生、民工流，吸引旅游中转流，竞争局内短途流。积极做好国内、国际旅游组团，开行专项服务的旅游、节假日及大型经贸活动的专门列车。组织开行管内旅游城市、大中城市之间的夕发朝至列车。

5.科学合理地利用价格杠杆，最大限度地吸引客流。针对当前客运市场及季节不同的特点，灵活、及时地调整管内的双优列车上浮部分的运价；按照有关规定制定双优列车浮动票价与上座率挂钩，收入定额上缴，收入列报办法。管内列车和我局担当的直通列车管内运行区段，昼间空闲卧铺逐步试行下浮票价。研究制定定期票、往返票、团体票价格优惠政策。

6.大力推进计算机客票发售和预订系统建设。尽快实现柳州、桂林、南宁、湛江四个主要客运站间计算机售票联网，做到“一窗有票，窗窗有票；一处有票，处处有票”。积极与金融机构联合研究自动售票系统，利用IC卡实现自动售票。管内列车试行出售月、季、年票，主要客运站预售一个月内各日各车次的客票。

7.实行灵活多样的售票方式。充分发挥车站售票厅售票的主导作用，在票额分配上保证其基本需要。扩大电话订、送票业务。延长预售时间，增设售票网点，实行流动售票、上门售票。在站台上增设流动或固定的售票点，让需要立刻中转的旅客及时买票上车。研究制定在我局的列车上客运人员代售客票的办法。各主要客运站实行开放的管理方式，开辟“绿色快速通道”，让旅客直接上车补票。有计划地逐步发展无轨售票网点，形成网络，拓展旅客联运业务。

8.制定客票票额有偿使用制度。切实加强客票票额的分配、调节和管理，减少层层控票和部门控票，净化客票销售流程，向旅客公告在窗口出售的票额。局内控票数量不得超过各次列车票额总数的3%。制定客票票额利用考核办法，根据各站的实际，规定相应的票额出售率，按期考核，对达不到规定票额利用指标的单位、个人按规定实行经济制约。重新核定订票合同单位，制定合同单位票额管理办法。因订票合同单位责任产生票额浪费时，由其负责赔偿。

9.加强客运运力营销及企业形象宣传。借助各种社会媒介，采取多种宣传方式，利用列车广播、站车广告宣传铁路运输新产品。各车站及时、醒目地发布车票发售动态信息，主要客运站要将客票销售信息通过当地新闻媒介定时公布，积极与当地信息中心(或寻呼台)联网，以方便查询。允许营销发生的网点代办费、广告宣传费、设施维修费等按上级规定的比例列入成本。

10.改进列车食品供应方式和旅行食品结构，向地面为主、餐车为辅的供应方式转变。试行短途双优列车免费或优惠向旅客供应食品，逐步取消慢车的餐车，其他中长途列车以供应快餐为主。探索旅行服务管理体制改革途径，完善承包核算办法，鼓励有能力的企业租赁承包经营餐车。

三、面向市场参与竞争，促进货运市场营销

11.继续深化货运计划改革。货运计划的审批坚持适应市场、减少环节、缩短周期、方便货主、提高效益的原则，坚持配车向货源充裕、运距长、整体经济效益好和运输市场竞争激烈的区域倾斜。实行装车落空的经济处罚办法。

12.用好回空车运输货物的优价政策。加大回空方向的运输份额。

13.允许有条件的货场破墙开店，改变过去单一生产功能模式，面向市场，开拓经营。

14.扩大集装箱运输业务，增开大型箱办理站。积极与港口、企业协作，合作开发集装箱海铁、公铁联运业务。依托凭祥国境站，开展国际集装箱运输代理业务。提高海口无轨站集装箱运用效率，压缩箱停时。

15.变传统的货源组织为货源培植。以代办、联营和联运等形式，联合企业实行产运销一条龙服务。加强铁路与企业、货主间的联系，密切供需双方关系，及时调整服务方式及手段。

16.主要货运站、车务段逐步实行多元经营一体化管理。将车站的货运、装卸、多经、集经统一管理，简化手续，方便用户，一次服务到位。逐步试行货运服务订单，明确供需双方的权利与义务，严格按订单项目服务收费。

17.变“坐商”为“行商”。逐步实行“货主家中坐，收发天下货”的服务方式，有条件的单位要实行货物的发到、仓储、装卸、汽车运输一条龙服务；实行电话预约服务和门到门运输服务。

18.做好保价运输服务。简化保价手续，严格执行保价运输管理规定及考核办法。对保价货物事故要按规定及时理赔。努力扩大保价运输业务，争取把各大企业通过铁路运输的产品都纳入保价运输范围。加强综合治理和护路联防工作，切实整顿好站车治安秩序。

四、加快配套改革步伐，落实营销保障措施

19.在基本运行图的基础上，根据客货流变化及时对运行图进行微调。简化加开管内客车审批程序，及时、合理调整列车编组和种类，调整管内客车车次和开车点，做好长途列车与短途列车的衔接，方便旅客中转换乘。

20.制订局内慢车内部承包办法。根据部关于慢车承包办法的精神，包死基数，确保收入，超收归己，欠收自补。

21.加快行包改革步伐。试行行李车及行包房一体化管理，按照企业化方式进行承包、租赁经营。试行隔离车承包办法。

22.规范专用线管理。清理整顿与企业和单位联办、联营的专用线，重新签订运输协议。停办业务量小的专用线。

23.深化货场内部企业化改革。年内在抓好柳州东站、南宁站试点工作的同时，总结试点经验，完善管理措施，并将试点逐步扩大到各货运大站。继续加快装卸改革的步伐，总结经验，扩大试点。

24.对不适应市场需求和发展变化的客货规章制度进行及时清理、修改和完善。

25.试行对路外人员为铁路揽货、引客的激励措施，按揽货、引客为铁路增加的运费或票额的千分之一支付销售业务费，所需支出列客货营销费用。

26.采取有力措施，清理价外不合理收费。不准乱开新的价外收费项目，净化收费环境，制定灵活、合理的价外收费项目及标准，报经有关部门核准后公告。严格管理，严格收费。

27.在全局客货运系统开展以“安全、方便、快捷、经济、优质”为主题的“优质服务促销”活动。全面推进服务承诺制，继续开展“十百千”、“塑形工程”、“装一辆重车，保一路平安”等活动。以优质服务为手段，保运力促销为目的，重塑铁路形象。不断改进服务质量，落实便民措施。所有站段一律向社会公布监督投诉电话，将客货服务置于社会监督之下。

28.局和分局的客货运输职能管理部门，在不突破现有机构编制的前提下，通过职能转换和机构人员调整，组建或明确相应的营销机构，充实人员，强化营销职能。局成立有客运、运输、财务、劳资、计统、企管、宣传等部门参加的运输营销协调领导小组，并设立相应的客货营销机构。二等以上的客货运站和车务段，在不突破现行编制的前提下，以现有的客运和货场中的相关部门为基础，建立和加强营销机构和队伍；车间一级营销机构的设立，由站段提出建议报分局审批，班组一级的营销机构的设立，由站段根据需要自行确定。专门从事营销的工作人员，不改变现职身份，根据需要对外可使用营销员、业务主管、业务经理等职名。

29.强化局、分局、站段三级营销网络管理。制定营销机构及人员的职责范围、岗位责任制和营销工作指标考核奖罚办法，赋予权力，明确责任，实行营销效益包保制。以分配为杠杆，调动营销人员积极性，促进营销工作开展。客货运单位及职工的收入、费用支出与营销成果挂钩，即与售票数、装车数、进款收入挂钩。试行万元进款收入工资、费用含量，万发送人、万发送吨工资费用含量办法。

30.举办各种层次、各种类型的市场营销学习班、研讨班、培训班，深入开展市场形势的教育，增强干部职工市场营销观念，提高营销技术和水平。通过多种形式宣传，普及现代市场营销知识，培养营销人才，提高企业营销队伍素质。

柳州铁路局减层改制减员增效成果喜人

柳州铁路局是一个国有特大型运输企业，所辖铁路跨越广西11个地市和广东、湖南、贵州3省境内的部分地区，运营里程2383.67公里，其中既有线1893.3公里，临管南昆线490.37公里，拥有固定资产原值114.04亿元（不含南昆线部分），在运输生产、经济效益上都曾有过辉煌的历史。但是，由于铁路企业在计划经济体制下形成的积弊较深，近年来，柳州铁路局和全国其他铁路企业一样，所承受的外部竞争日趋激烈，内部冗员过多，成本逐年攀升的双重压力越来越大，生产经营步履维艰，到1997年底，该局已累计亏损15.2亿元。去年11月，铁道部党组对柳州铁路局管理体制实行重大改革，撤销柳州、南宁两个分局，由路局直接管理基层站段；同时，将柳州机车车辆厂划归该局管理。一年来，新组建的局领导班子，坚决响应国务院关于铁路要当好全国交通战线三年扭亏“突破口”的号召，以完善管理体制为主线,因局制宜,因时制宜地稳步推进以减员增效为重点的改革攻坚,取得了显著效果。至今年9月末,全局职工总数84966人,较铁道部下达的年度计划少5065人;运输业累计减员7313人,完成铁道部要求的到2000年减员10800人目标的67.7%。运输全员劳动生产率按相同口径统计比上年同期增长8.71%。今年上半年,各项主要经济指标全面实现“双过半”,综合经济效益位居全国铁路前列,呈现近几年少有的好势头。在去年实现减亏6390万元的基础上,今年前三个季度共减亏1.781亿元。

减员增效被许多人视为国有企业的“世纪难题”。柳州铁路局何以能取得如此瞩目的成果,他们的几点主要做法给我留下深刻的印象。

——思路新。局领导班子对共性与个性的辩证关系有较深刻的理解,认为减员增效是党的十五大对企业深化改革的共性要求,而怎样减员,如何增效则必须立足企业自身实际,艰苦细致,扎扎实实地工作。基于这种思想认识,他们从局情出发,确立并实施了“精干主体,分立分离,布局调整,提高效益”的减员增效思路。精干主体,分立分离,就是着眼于降低运输成本,将非运输生产单位推向市场,放开搞活,逐步实现“四自”。今年初,该局相继成立了路局教育委员会,房地产发展中心,建设项目管理中心,生活服务总公司,旅游集团,合并医疗卫生部门,实行经费包干。目前,分离分立的格局已基本形成,每年可减轻运输主业工资负担5500多万元。布局调整,提高效益,就是着眼于资源的优化配置,重新科学合理地设置生产单位,提高管理效率和经营效益。今年以来,该局采取撤并、分流、精简、重组多种形式加大生产布局调整力度,使独立核算单位由145个减少到115个,减幅达20.7%。目前,全局既有线上车务段由8个调整为6个,车辆段由5个调整为4个,工程段由6个调整为4个,房建段由4个调整为2个,精减人员1000余人。不仅有效解决了过去生产单位管理跨度过小、人浮于事、设备闲置、资源浪费、效率低下和单位间相互制约的“老大难”问题,每年还可节约管理费350多万元。同时通过对撤并单位资产的重组,实现了资产的有效盘活。目前,该局生产布局调整工作基本完成,提前一年半实现了铁道部要求到2000年上半年完成生产布局调整的目标。

——政策稳。减层改制、减员增效涉及单位的撤并,人员的去留,工作难度很大。该局按照周密部署,有序推进,积极慎重,稳妥操作的精神,通过制定并实施符合局情的减员分流政策和措施,认真做好干部职工的分流安置工作。在去年11月撤销柳州、南宁分局机关时,制定了先“下”后“上”、先“消”后“调”的分流原则,即先安排分局机关正科职及以下的干部,再安置处级干部和分局领导;正科职及以下干部一律先安排到基层站段,分流结束后再考虑路局机关人员的调整、补充。这样一个尺度,谁也没有例外,既能减少分流中的矛盾,也有利于干部的统筹安排。同时坚持个人志愿与组织分配相结合,分流干部和调整领导班子相结合,安置干部和培养后备力量相结合的原则,保证了分流工作各个程序环环相扣,步步相连,一步到位,不留尾巴。仅两个月时间,分流的874名干部全部到达新的工作岗位,分流干部总体满意率达97%。今年该局生产布局调整力度空前加大,分流转岗涉及的干部职工多达4000多人,有的领导干部被压级使用,有的干部被安排到工人岗位,有的职工要远离亲人到新线工作,但由于政策措施到位,没有一名职工上访,没有一个干部骂娘。

——工作细。这个局的领导认为,靠行政手段强制分流只能使被分流者身体到位,靠思想教育推动分流则可以使被分流者思想到位。心情舒畅就会在新的岗位上恪尽职守,拼搏奉献。因此,在减层改制、减员增效的改革中,他们始终坚持把政治工作做深做细,充分发挥党组织的政治核心作用,党员的先锋模范作用和宣传思想工作的疏导激励作用。在撤销机构、单位时,党组织最后撤离,保证干部职工的思想工作有人做;组建新的单位时,首先由局党委指定党组织临时负责人,并尽快组建新的党组织,有效防止了政治工作的“断档”和“脱节”。同时充分利用各种宣传工具和手段,广泛开展改革形势教育,引导干部职工理解改革,服从改革,支持改革,以主人翁的姿态积极参与改革。今年该局在推进管理体制改革的同时,“三项制度”改革和教育、医疗、住房、养老保险统筹等各项改革措施密集出台,力度加大,均实现了平稳推进。全局干部职工思想稳定,生产经营积极性、主动性高涨。如工程部门的职工克服时间紧、工期短、任务重的困难,以讲政治、求效益的责任感投身铁路建设大会战,抢进度、保质量,加快湘桂线黎(塘)南(宁)、黎(塘)湛(江)复线和黎塘枢纽改造和扩建,为拓宽大西南出海通道作出了贡献。至10月底,完成基建投资额8.1亿元,为年计划的70.3%,比上年同期增长346.6%。

——作风实。该局之所以能打好减员增效这场硬仗,关键是有了一个好的局领导班子和一个好班长。他们多谋善断,真抓实干,做到公正、公平地对待每一个职工,带着浓厚的阶级感情对待每个职工,坚持“工作指导在一线,问题解决在一线,政绩创造在一线,经验总结在一线”。局长、党委书记罗叙德以身以作,带头到改革一线摸实情,想实招。今年初,他下到一线单位蹲点调研,提出了“六个一块”,即“从严控制紧一块,新线补充分一块,调整布局压一块,竞争上岗活一块,多种经营扩一块”的减员思路,切合局情,实施后效果明显。局领导班子其他成员也都做到每月有三分之一的时间深入基层现场办公,调查研究。局领导身体力行产生了极大的示范效应。各级班子保持良好的精神状态,自我加压,主动向路局立下扭亏为盈“军令状”,组织职工增运增收,积极开辟新的经济增长点,利用铁路的技术优势和闲置的场地、房屋、设备大力发展多种经营、种养殖业,仅今年9~10两个月,又安置了1200名富余人员。这个铁路局实施减员增效攻坚以来,没有将一名富余人员推向社会，展现出职工转岗不下岗，企业减员又增效的良好局面。

国家发展计划委员会第二咨询组
郭景辉
1998年11月9日

调查报告《柳州铁路局减层改制减员增效成果喜人》受到广泛重视。1998年11月至1999年1月，先后得到朱镕基、邹家华、王忠禹、曾培炎、盛华仁、傅志寰、曹伯纯等领导同志的批示。

中共中央政治局常委、国务院总理朱镕基批示：

请志寰同志阅。

朱镕基　11月15日

全国人大常委会副委员长邹家华批示：

最后两句话是好经验。

邹家华　11月19日

国务委员、国务院秘书长王忠禹批示：

请华仁、黔贵同志阅，可否登《经贸简讯》介绍，借以推动减人增效工作。

王忠禹　11月13日

国家发展计划委员会主任曾培炎批示：

减员增效是国企扭亏增盈的重要措施。柳州铁路局的做法，减层改制，完善管理体制，减人增效取得了可喜变化。建议请《经济导报》核后，作适当报道。

曾培炎　元月13日

国家经济贸易委员会主任盛华仁批示：

即送淑和同志阅，建议摘发。

盛华仁　11月23日

铁道部部长傅志寰批示：

请党组同志阅。办公厅、政策法规司、劳动和卫生司阅。

傅志寰　11月19日

四川同志，郭景辉同志的调查报告可登《人民铁道》，同时请你打个电话给他，感谢他对铁路工作的关心和支持。

傅志寰　12月28日

中共广西壮族自治区党委书记曹伯纯批示：

请转自治区企业改革整顿办公室。

国家计委第二咨询组郭景辉同志关于柳铁企业改革的调查报告，充分反映了柳铁改革的决心和真抓实干的精神，并取得了明显成效。值得我区各地学习和借鉴，务请转发，以促进我区企业改革整顿的深入发展。

转发件请寄一份给郭景辉同志。

曹伯纯　12月14日

自治区人民政府关于同意发起设立广西沿海铁路股份有限公司的批复

桂政函〔2002〕93号

广西沿海铁路股份有限公司筹备组及广西地方铁路有限责任公司：

你们《关于以发起方式设立广西沿海铁路股份有限公司的请示》(沿海铁筹〔2002〕10号)悉。经研究，现批复如下：

一、同意依据《中华人民共和国公司法》(以下简称《公司法》)将广西南防铁路公司、广西钦北铁路有限责任公司和广西黎钦铁路有限责任公司(以下简称3公司)合并组建发起设立为广西沿海铁路股份有限公司(以下简称沿海公司)。

二、3公司的资产可暂不作评估，待沿海公司股东大会认为必要时再作评估，并调整股权比例。合并时以3公司2001年末经审计确认的财务决算报表数值为依据，按照股东商定的原则，界定各股东在沿海公司的持股数。

三、沿海公司注册资金为人民币11.9482亿元(由净资产18.3819亿元按65%折算确定，其余35%作为沿海公司的资本公积金)，每股面值1元，合计11.9482亿股。其中发起人广西地方铁路有限责任公司持4.6837亿股，占股份总数39.20%；铁道部在沿海公司的出资人代表柳州铁路局持2.6441亿股，占股份总数的22.13%；广西开发投资有限责任公司持2.4016亿股，占股份总数的20.10%；北海市钦北铁路建设开发公司持1.3071亿股，占股份总数的10.94%；广西钦州铁路发展总公司持0.8567亿股，占股份总数的7.17%；广西横县国盛投资经营有限责任公司持0.055亿股，占股份总数的0.46%。

四、沿海公司的股份均为普通股。股权的管理和转让按《公司法》和国家有关政策法规的规定办理。

五、沿海公司为自治区和铁道部的合资公司，可按照国家政策建立合资铁路运价机制。沿海铁路实施合资铁路运价时，取消地方铁路建设附加费。

六、沿海公司历年来使用的北部地方铁路收取的地方铁路建设基金及附加费5544万元，转为沿海公司对广西地方铁路有限责任公司的债务，逐年偿还，专款用于广西地方铁路建设。

七、沿海公司必须严格按照《公司法》和国家有关政策法规及《沿海公司章程》依法开展生产经营活动。

八、沿海公司成立后，要抓紧工作，尽早纳入铁道部全路统一调度指挥，尽快实现与国铁同价，增加运量、提高经济效益，以提高西南出海大通道的市场竞争力。

九、未进入沿海公司的广西地方铁路部分仍继续收取地方铁路建设基金及附加费，并将其纳入运价中。

铁道部　广西壮族自治区人民政府关于商谈加快广西铁路建设等问题的会议纪要

2004年9月2日，铁道部部长刘志军与广西壮族自治区党委书记曹伯纯、自治区主席陆兵在南宁就广西铁路建设和运输等问题举行了工作会谈。双方认为，在党中央和国务院的正确领导下，在铁道部的大力支持下，广西铁路建设取得了显著成效。目前广西已建成湘桂线、黔桂线、黎湛线、枝柳线、南昆线等5条国家铁路，到2003年广西铁路运营里程达2751公里。铁路建设的不断发展，有力地促进了广西经济社会的持续快速健康发展。进入新世纪以来，广西经济呈现出快速发展的良好势头，但铁路建设还不能很好地适应经济发展的需要，主要是总体覆盖面较小，铁路通道偏少，技术等级和装备水平不高，沿海铁路集疏运条件滞后等。

随着国家西部大开发战略的深入实施，中国—东盟自由贸易区和泛珠三角经济区建立进程的加快，使广西沿海、沿边和连接华南经济区、西南经济区、东盟经济圈的独特区位优势更加明显。双方认为，为了进一步贯彻党的十六大精神，落实科学发展观的要求，统筹区域经济协调发展，充分发挥广西作为西南地区出海通道的作用，今后要按照“扩大路网、提升质量、加快建设、促进发展、发挥优势、期到必成”的思路，进一步加快广西铁路的建设和发展。双方就下一步广西建设和运输问题达成如下意见：

一、铁道部支持广西铁路建设“一揽子”计划。

铁道部同意并支持广西在今明两年和“十一五”时期按照“建设洛湛通道、合河铁路两条新线，扩能改造黔桂铁路、湘桂铁路、南昆铁路、沿海铁路和焦柳铁路五条既有线，改扩建南宁、柳州两个铁路枢纽，规划黄桶至百色铁路、田阳至德保铁路两条新线”的框架计划，加快广西铁路建设，进一步完善路网结构，提高通过能力，适应经济和社会发展的要求。

二、铁路项目建设的时间安排。

（一）2004年开工建设洛阳至湛江铁路通道广西段，对黔桂铁路、南昆铁路实施扩能改造，对广西沿海铁路实施扩能改造并最终实现由国铁控股。

（二）2005年开工建设合浦至河唇铁路。

（三）2006年实施湘桂铁路广西段扩能改造。

（四）“十一五”期间适时安排焦柳铁路广西段、南宁和柳州铁路枢纽扩能改造。

（五）铁道部将黄桶至百色铁路、田阳至德保铁路适时纳入铁路建设规划，双方共同推进项目前期工作。田阳至德保铁路建设与广西桂西氧化铝基地建设同步实施。

三、广西大力支持、积极配合铁道部加快项目建设。

（一）洛湛通道广西段的征地拆迁：岑溪以北段，按2002年部省协议确定的铁道部按征地13300元/亩、拆迁250元/平方米的标准进行补偿，由广西负责征地拆迁工作，不足部分由广西补贴；岑溪以南段，由铁道部按征地10000元/亩、拆迁250元/平方米的标准进行补偿，由广西负责征地拆迁工作，不足部分由广西补贴。

（二）黔桂、湘桂铁路广西段扩能改造的征地拆迁：铁道部按征地13300元/亩、拆迁250元/平方米的标准进行补偿，由广西负责征地拆迁工作，不足部分由广西补贴。

（三）合浦至河唇铁路的征地拆迁：由广西负责征地拆迁工作及费用。

（四）其他铁路线路和枢纽建设比照广西重点项目建设的优惠政策予以支持。

四、铁道部帮助广西解决铁路运输有关问题。

铁道部同意给予广西柳钢等重点企业配备少量的自备车，在柳州铁路局管内执行点对点的大宗原料运输任务；加大到港物资的疏运力度，重点保证西南地区疏港物资的运输需求，同意增加运力保证广西各电厂及柳钢等企业用煤需求。

五、为贯彻落实上述建设内容，双方议定成立加快广西铁路建设小组和相应的工作班子。由铁道部一位副部长、广西一位副主席担任领导小组组长。

索　引

说 明

一、《广西通志·铁路志》采用主题索引。索引分主题词、表格、图片、人名四个部分。

二、索引按汉语拼音字母(同音字按声调)顺序排列。章作索引款目的用黑体字,其余用书宋。

三、索引款目后的数字表示内容所在的页码。数字后的字母 a、b,表示栏别(即该页左、右两个版面区域),a 为左栏,b 为右栏。索引款目后只有数字的为通栏。

四、空两字起排的款目为上一主题的"附见"。同一主题的"参见"只标页码。

五、概述、大事纪略、附录、后记不选入索引。

主题词索引

H

J

K

L

T

W

X

表格索引

B

F

G

J

L

N

P

Q

S

T

X

Y

Z

内文图片索引

M

N

P

Q

R

S

T

X

Y

Z

人名索引

后　　记

《广西通志·铁路志》续修工作是根据《自治区人民政府批转自治区地方志编纂委员会〈关于开展广西第二届三级志书编纂工作意见〉的通知》(桂政发〔2000〕66号)的部署进行的。

2004年末,柳州铁路局下发文件,成立第二届史志编纂领导小组和史志编纂委员会,由局长、局党委书记担任领导小组组长和编纂委员会主任。

2005年,铁路局史志室编写《广西通志·铁路志》篇目,制订《广西通志·铁路志》行文规定、编纂方案和编纂工作规划等,分印成5册,发至承修单位和修志人员。4月,铁路局印发《关于续修〈广西通志·铁路志〉〈柳州铁路局志〉的通知》,要求各部门、单位组织精干人员开展续修"两志"工作。在铁路局办公室设立《广西通志·铁路志》编纂委员会办公室,具体负责修志的组织和编纂工作。12月,铁路局召开全局修志工作会议。局总经济师景东平受局长委托,就续修《广西通志·铁路志》作出部署,要求做到领导到位、机构到位、经费到位、队伍到位、工作条件到位,如期、高质量地完成续修"两志"任务。

2006年3月,铁路局举办续修"两志"培训班,培训骨干近90人。续修《广西通志·铁路志》工作全面展开。

2006—2007年,铁路局办公室分别发出《关于开展修志进度检查的通知》和《关于全局续修"两志"工作进展情况的通报》,对修志工作进行督促检查。2008年8月,铁路局下发《关于转发〈铁路修志工作的规定〉的通知》。铁路局领导在全局经营工作会议上再次对推进续修《广西通志·铁路志》工作提出要求。

2009年12月,局史志室指定专人负责《广西通志·铁路志》总纂工作。2011年8月,将总纂初稿报送自治区地方志编纂委员会办公室(简称自治区方志办)。其后,根据自治区方志办通志工作处领导和专家的指导意见,对《广西通志·铁路志》总纂稿进行全面修改。

2012年6月,将志稿返回承修单位审核。铁路局领导在交班会上对志稿审核工作提出严格要求。

2013年4月初,局史志室将评议稿报送自治区方志办,同时送铁路局和相关部门的在职领导和离退休老领导审读,并通过召开内部评议会、座谈会、个别听取意见等方式,广泛听取、收集对志稿的修改意见。5月31日,铁路局在南宁召开《广西通志·铁路志》评议会,自治区方志办的领导和专家出席评议会,对志稿进行充分的讨论和认真的评议,提出了许多宝贵的修改意见和建议。局史志室根据评议会和铁路局内部各方面的修改意见对志稿进行反复和认真的修改,分别于2014年10月和2015年6月形成送审初稿和送审稿。

2015年8月21日,自治区地方志审查验收委员会召开《广西通志·铁路志》审查验收会议,经与会的9位领导和专家评委的严格审查评分,《广西通志·铁路志》顺利通过审查验收。局史志室根据审查验收会上领导、专家的意见对志稿再一次进行修改后,12 月 8 日,自治区方志办发函称:《广西通志·铁路志》书稿,顺利通过广西地方志编纂委员会审查验收后,经过三个月的艰苦修改,质量又有明显提高,已经达到出版要求,同意送广西人民出版社出版。

《广西通志·铁路志》续修工作在铁路局、局党委的领导和重视下,在各部门、单位的支持下,经过 100 多名专兼职修志人员的共同努力和历时 10 年的艰苦奋斗,终于出版发行。编纂过程中,得到自治区方志办的大力支持和热情帮助。对《广西通志·铁路志》的篇目结构进行认真审查并形成书面指导意见;自治区方志办的领导和专家三次亲临铁路局,对《广西通志·铁路志》的编纂工作进行检查指导;李秋洪主任和自治区方志办其他领导、专家参加评议会、召开审查验收会,对志稿进行严格评议、审查,提出许多宝贵的修改意见;通志工作处领导和唐放明副调研员对《广西通志·铁路志》稿三次进行全面审读,给予热情的指导与帮助。对确保《广西通志·铁路志》的质量和顺利出版发挥了重要作用。在此,我们表示衷心的感谢。

《广西通志·铁路志》续修期间,正值铁路局大规模的生产力布局调整、铁路运输体制改革、局机关南迁、铁路企业社会职能移交,机构人员变动大,资料收集困难,加之运输生产、铁路建设繁忙,编纂人员不足并缺乏修志工作经验,错漏不当之处,敬请读者批评指正。

《广西通志·铁路志》编纂领导小组办公室

2016 年 4 月 30 日